W0089656

So bunt ist unser Glaube

Herausgegeben im Auftrag
der Katechetischen Arbeitsgemeinschaft
im Bereich der Berliner Bischofskonferenz
von Alexander Ziegert

Textgestaltung und Redaktion:
Alexander Ziegert
Gudrun Schlechte

Fachliche Beratung:
Heinrich Bengsch, Schwerin
Prof. Franz-Georg Friemel, Erfurt
Martin Fritz, Magdeburg
Maria Geburek, Leipzig
Gottfried de Haas, Dresden
Gerhard Kroll SJ, Leipzig
Dr. Gabriele Schieb, Leipzig
Dr. Franz Schrader, Magdeburg
Dr. Siegfried Seifert, Bautzen
Sybille Ziemann, Leipzig

Lektor:
Michael Zorr

Grafische Gestaltung:
Hans-Jürgen Willuhn, Blankenfelde

Illustrationen und Vignetten:
Egbert Herfurth, Leipzig

Sachillustrationen:
Willuhn / Marianne Kurek, Leipzig

Kartenzeichnungen:
Günter Oehmigen, Dresden

Einband:
Herfurth / Willuhn

St. Benno-Verlag GmbH Leipzig

So bunt
ist unser Glaube

Zur Einführung

Was ist ein Christ? Die Frage ist schwer zu beantworten. Es gibt solche und solche Christen.
Wie lebt ein Christ? Da wird es schon konkreter. Ein Christ wird beobachtet. Von seinem Handeln kann man auf die Gesinnung schließen. Vom Erscheinungsbild der Christen und der Kirche gelangt der Fragende zum Kern.
Was ist das Christentum? Auch dazu läßt sich schwer eine glatte Antwort finden. Der Befragte muß weit ausholen, will er verstanden werden. Er muß vom Äußeren auf das Innere zu sprechen kommen. Auf den Glauben.
Dieses Buch will denselben Weg gehen, von außen nach innen. Es will sich den vielen Fragen stellen, die an Kirche und Glaube gerichtet werden. Und es will möglichst richtig und ehrlich antworten.
Wer wird mit diesem Buch angesprochen? Alle, die Fragen haben an die Kirche. Vor allem junge Menschen, zum Beispiel die Firmlinge, die sich rüsten zum bewußten Leben aus dem Glauben. Auch die Eltern, die ihren Kindern Rede und Antwort stehen wollen. Vielleicht auch Suchende, Halt Suchende?
Das Buch ist geschrieben aus der Glaubenserfahrung katholischer Christen. Aber es möchte andere Christen richtig sehen und das Christentum im Verhältnis zu den großen Religionen der Welt betrachten.
Die Fülle der Themen entspricht dem Reichtum der christlichen Botschaft und ihrer Lebensformen. Doch war Beschränkung geboten und maßvolle Auswahl aus der Überfülle an möglich Mitteilbarem. Wer einen Berg bereits erstiegen hat, der sieht mit einem Blick das ganze Land vor sich. Wer aber aufsteigt, der muß das Einzelne am Weg ins Auge fassen.
Der Leser wird bald merken, daß dieses Buch reizt, sich weiter mit manchen Fragen zu befassen. Jedenfalls ist die Methode daraufhin angelegt. Gesprächspartner will es sein und solche suchen lehren. Das Buch ist nicht Lehrbuch, sondern Schaufenster in die bunte Welt des Glaubens.

Alexander Ziegert

Gesamtübersicht

Christen nennen sich alle

Kirchen und christliche Gemeinschaften

Religionen sind Straßen zu Gott

Die großen Religionen der Welt

Wagnis und Vollendung

Die Kirche und ihre Heiligen

Stein und Stimme loben Gott

Kunst in der Kirche

Bete und arbeite

Ordensleute gestern und heute

Gotteswort in Menschenhand

Kirche zwischen Heiligkeit und Sünde

Christen nennen sich alle

Kirchen und christliche Gemeinschaften

Christen nennen sich alle

✷

Kirchen und christliche Gemeinschaften

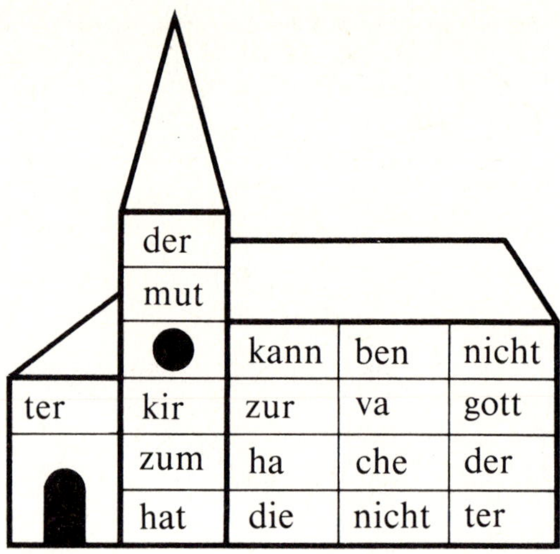

Guter Rat

Der Rösselsprung ergibt einen Ausspruch des hl. Cyprian von Karthago.

Warum sterben die Christen nicht aus?

Es geschah im Jahr 304 nach Christi Geburt. Soldaten drangen in den Raum, in dem sich Christen zum Gottesdienst versammelt hatten. Diese Christen!
Heimlich trafen sie sich am Sonntag. Obwohl ihr Gottesdienst verboten war, kamen sie in allen möglichen Verstecken zusammen. Wie hier in Abitine.
Die Soldaten hatten leichtes Spiel. Keiner wehrte sich. Sie ließen sich wie Schafe wegtreiben. Der Priester Saturnin mitten unter ihnen. Das römische Recht verlangte ein richterliches Urteil. Dazu mußte man die Männer, Frauen und Kinder in die Hauptstadt Karthago bringen.
Der Richter wendet sich zuerst an den Priester: »Du weißt, daß es euch untersagt ist, einen anderen Gott als den Kaiser anzubeten. Du weißt, daß es verboten ist?« Der Priester antwortet: »Ja, ich weiß es.« Der Richter: »Wenn du es weißt, warum hast du diese da zum Gottesdienst eingeladen?« Der Priester: »Wir haben Gottesdienst gehalten; Jesus Christus, unser Herr, hat uns ermahnt, seiner und seines Opfers zu gedenken. Wir tun das an dem Tag der Woche, da er von den Toten auferstanden ist.«
Für diese mutige Antwort wurde der Priester geschlagen und gefoltert. Einer aus der Gruppe der Gemeinde konnte die Qualen des Priesters nicht mehr mit ansehen. Er trat vor und rief: »Ich allein trage die Schuld an allem. In meinem Haus fand der Gottesdienst statt.« Der Richter: »Warum hast du es erlaubt?« »Weil sie meine Brüder sind und weil der Herr uns lehrte, keine Furcht vor Menschen und ihrer Macht zu haben.« Da wurde auch er mißhandelt. Und einer nach dem anderen wurde gefragt: »Warum hast du das Gebot des Kaisers übertreten?« Sie alle blieben bei der Wahrheit und versicherten dem Richter: »Wir sind Christen. Wir müssen Gott mehr gehorchen als dem Kaiser.« So starben sie. Trotz blutiger Verfolgungen im ganzen Weltreich der Römer starben sie nicht aus. Wurde einer hingerichtet oder im Zirkus von Bestien zerrissen, standen zehn andere an seiner Stelle.
Neunundvierzig Christen wurden in Karthago getötet, weil sie den Tag des Herrn, den Sonntag, geheiligt hatten.

Von der Hauskirche zur Weltkirche

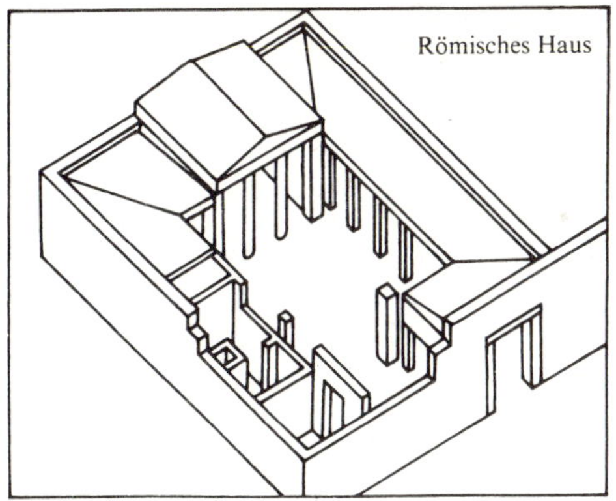

Die ersten Christen versammeln sich meist in ihren Häusern zum Gottesdienst.
In der Hauskirche sind die Aufgaben auf viele Personen verteilt. Der Vorsteher oder Älteste leitet die Feier. Der Kantor singt die Psalmen. Der Hausvater sorgt für alles, was zur Feier der Eucharistie und für das anschließende Liebesmahl (Agape) benötigt wird. Wer kann, bringt dafür etwas mit: Wein, Brot, Kerzen. Der Diakon teilt danach den Armen und Kranken von den Gaben aus.
Die Gemeinde der Hauskirche ist wie eine große Familie.

Wir gehören nicht zur Kirche –
wir sind die Kirche
*
Papst Pius XII.

Die Pfarrgemeinde

Als die Zahl der Christen wächst, braucht die Gemeinde einen eigenen Versammlungsraum (Versammlungshaus). Sie nennt ihn »dem Herrn gehörig«. Aus dem entsprechenden griechischen Adjektiv bildet sich das Wort »Kirche«. Seit dem 4. Jahrhundert, seit das Christentum im Römischen Reich als Staatsreligion anerkannt ist, werden die Gemeindegrenzen festgelegt. Diese decken sich häufig mit den Grenzen der staatlichen Diözesen (von griech. dioikesis = Verwaltung). Der Vorsteher der christlichen Gemeinde, jetzt Bischof genannt, ist Staatsbeamter. Er betreut die Christen und verwaltet die Angelegenheiten der Gemeinde. Sein Haus bildet mit der Kirche zusammen den Mittelpunkt der Gemeinde.
Das deutsche Wort Gemeinde hängt eng zusammen mit dem lateinischen »communio« (= Gemeinschaft).

Lebendige Kirche: Marienwallfahrt, Rosenthal 1979

κύριος	kýrios	Herr

↓

κυριακῆ	kyriaké	dem Herrn gehörig

↓

Kirche

Wortstämme für »Kirche«

Die Entstehung der Pfarrei

Das Christentum hatte zunächst in Städten Fuß gefaßt. Die Bischöfe sandten aber auch Priester und Diakone hinaus aufs Land. Bald bildeten sich dort feste und dauerhafte Seelsorgezentren. Diese wurden damals nach dem griechischen Wort paroikía (= »Aufenthalt in der Fremde«) als Pfarreien bezeichnet. Diese Entwicklung dauerte über Jahrhunderte an und verlief viel komplizierter, als das hier dargestellt werden kann. Heute werden Stadt- und Landgemeinden Pfarreien genannt. Die Pfarreien sind die Lebenszellen der Gesamtkirche.

Die Leitung der Pfarrei

Die Pfarrei hat feste räumliche Grenzen. Ihr Leiter ist der Pfarrer. Er wird vom Bischof eingesetzt.
Pfarreien, die sehr weit ausgedehnt sind oder sehr viele Gläubige zählen, können oft nicht durch den Pfarrer allein betreut werden. Der Bischof bestellt Geistliche als Helfer, die als Kuratus, Vikar oder Kaplan eingesetzt werden. Sie wohnen beim Pfarrer oder in einem eigenen Gebiet. Nicht selten wird dieses Gebiet später von der Pfarrei abgetrennt und selbständige Pfarrei. Das geschieht, wenn die Gemeinde des betreffenden Gebietes auf eine gewisse Größe angewachsen ist. Umgekehrt kann der Bischof solche Seelsorgestellen wieder auflösen, wenn die Gemeinde abgewandert oder zusammengeschrumpft ist.

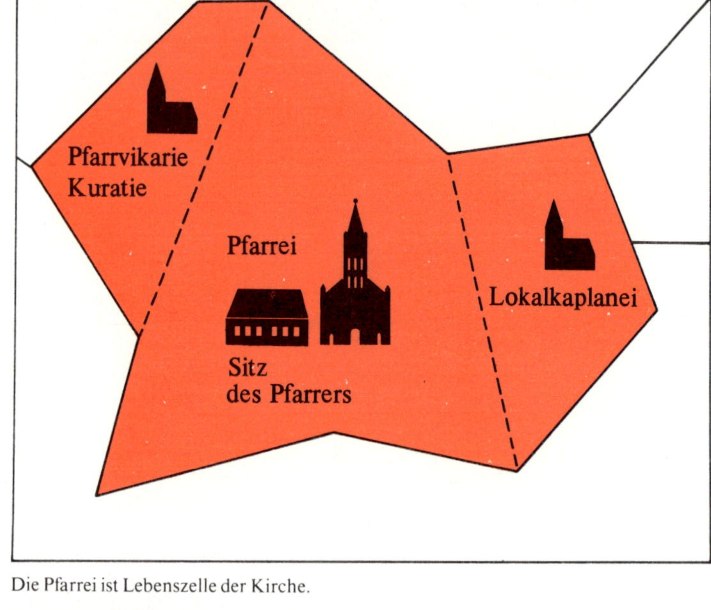

Die Pfarrei ist Lebenszelle der Kirche.

Katholische Kirche in Flöha
Mittelpunkt der christlichen Gemeinde ist das Gotteshaus. Die Bezeichnung »Kirche« gilt für das Volk Gottes und auch für sein Versammlungshaus.

Gemeinde nach dem Gottesdienst

Die Helfer des Pfarrers

Geistliche, die dem Pfarrer in der Zentralgemeinde helfen, sind im allgemeinen junge Priester. Sie werden Kapläne oder Vikare genannt. Damit sie möglichst viele Gemeindesituationen kennenlernen, werden sie in den ersten Jahren ihrer Tätigkeit häufig versetzt, gewöhnlich nach 2 bis 4 Jahren. Nach Ablegung des Pfarrexamens dürfen sie sich um eine Pfarrei bewerben. Dort sollen sie dann längere Zeit tätig sein.
In jeder Gemeinde gibt es einen Pfarrgemeinderat. Mitglieder der Gemeinde und Gemeindeleitung treffen sich regelmäßig und beraten über das Leben in der Gemeinde.

Wir machen alles gemeinsam,

sagte der Pfarrer zum Kaplan: »Wir gehen jetzt zum Briefkasten; ich stecke den Brief ein, und Sie halten die Klappe.«

Auflösung von S. 10 (Guter Rat):

DER KANN GOTT NICHT ZUM VATER HABEN, DER DIE KIRCHE NICHT ZUR MUTTER HAT.

Kleines Gemeindelexikon

Bischof	von griech. epískopos (= Aufseher); das Wort wird durch das Neue Testament zum Kirchenwort. Bischof ist ursprünglich der Vorsteher in jeder christlichen Gemeinde. Im Laufe der Jahrhunderte bildet sich die Praxis, wonach der Bischof einen größeren Kirchenbezirk leitet. Wir kennen auch noch den Weihbischof, der dem sogenannten Ortsbischof als Helfer bei der Spendung von Weihen oder bei anderen Aufgaben zu Seite steht.
Caritas	lat. (= Liebe), zu griech. diakonia; ist die tätige Liebe gegen den Nächsten, besonders in ihrer organisierten Form. Sie gehört zu den Grundvollzügen der Kirche. In der Gemeinde wirken Caritashelfer aller Altersgruppen, Elisabeth- und Vinzenzkonferenzen sowie Mitglieder caritativer Orden. Weltweit trägt die Caritas Internationalis mit Sitz in Rom dazu bei, die Not in der Welt zu lindern.
Dekanat	von griech. deka (= zehn); kirchliches Verwaltungsgebiet, von etwa 10 Pfarreien gebildet, dem der Dekan (= Dechant) oder früher Erzpriester vorsteht (→ S. 16).
Diakon	von griech. diakonos (= Diener); zu seinen Aufgaben in der Meßfeier gehören: Verkündigung des Evangeliums (und Predigt), Führung der Gemeinde bei den Fürbitten, Hilfe bei der Kommunionspendung; außerdem darf er die feierliche Taufe spenden, bei der Trauung assistieren, die Begräbnisfeier leiten. Sein Amt ist von Anfang an in der Kirche besonders geachtet. Ursprünglich war er auch Diener an den Armen der Gemeinde.
Kantor	lat. (= Sänger); er leitet den Gesang der Gemeinde, trägt Psalmen und Gesänge vor und ist häufig zugleich Chorleiter und Organist.
Kaplan	Heute ist er ein Geistlicher, der dem Pfarrer in der Seelsorge hilft. Ursprünglich war er der Geistliche, der den Gottesdienst an einer (Burg-)Kapelle zu versehen hatte (→ auch Vikar).
Katechet	von griech. katechein (= unterrichten, belehren); eine im Auftrag der Kirche für die Erteilung von Religionsunterricht ausgebildete Person.
Kommunionhelfer (Akolyth)	Er hilft dem Priester bei der Spendung der Kommunion in der Meßfeier oder an die Kranken. Auch kann er beauftragt werden, selbständig Wortgottesdienste mit Predigt und Kommunionspendung zu leiten.
Konzelebrant	von lat. celebrare (= feiern); wenn mehrere Priester gemeinsam die Messe feiern (= konzelebrieren), unterscheiden wir den Hauptzelebranten (= Prinzipalis) und die Konzelebranten.
Kuratus	von lat. curare (= sorgen); Seelsorger in einem Bezirk, der von einer Pfarrei abhängt, wo er Vertreter des Pfarrers ist. Auch Pfarrkurat.
Küster	von lat. custos (= Wächter); gleichbedeutend sind landschaftlich geprägte Bezeichnungen, wie Sigrist, Meßner, Kirchner, Glöckner, Kirchwarter.
Lektor	lat. (= Vorleser); er ist beauftragt, die Lesungen der Heiligen Schrift, mit Ausnahme des Evangeliums, vorzutragen.
Liturgie	bezeichnet in der griechischen Antike den Dienst des Volkes etwa im Kriegsfalle durch Gaben für die Kämpfenden, Bereitstellung von Schiffen usw.; die Kirche versteht Liturgie als den Dienst des Gottesvolkes ihrem Herrn gegenüber, also den Gottesdienst, die Spendung der Sakramente und das Chorgebet.

Ministrant

von lat. minister (= Gehilfe, Diener, auch Meßdiener); er ist Helfer des Priesters bei der Feier der Liturgie.

Organist

von lat. organum (= Orgel); er ist der Orgelspieler.

Pfarrei

von griech. paroikía (= Aufenthalt in der Fremde); bezeichnet heute:
1. das Gebiet einer bestimmten Kirchengemeinde und
2. diese Gemeinde selbst.
Leiter ist der Pfarrer.

Priester

griech. presbyter (= Ältester, der der Gemeinde vorsteht); übers Lateinische wanderte das Wort ins Mittelhochdeutsche und wurde zu »Priester«. Bedingungen für den Empfang des Weihesakramentes sind das Versprechen des Gehorsams dem Bischof gegenüber, der freiwillige Verzicht auf eheliche Bindung (Zölibat) und ein mehrjähriges Studium philosophischer und theologischer Wissenschaften an einer Hochschule oder Universität und das vorgeschriebene Studium der Seelsorgeaufgaben im Priesterseminar.

Der Ministrant ist Vertreter der Gemeinde am Altar.

Priesterweihe

Seelsorgehelfer(in)

auch Pastoralassistent(in) oder Gemeindereferent(in) genannt; hauptamtliche Mitarbeiter in der Pfarrgemeinde für Aufgaben in der Katechese, Pastoral und Verkündigung.

Schola

lat. (= Schule); vielfach bestimmte man im Altertum schon kleine Jungen wegen ihrer durchdringenden Stimme zu Lektoren und erzog sie im Haus des Bischofs (Pfarrers). Daraus entwickelte sich die Schola als Schulinstitut. Knabenchöre, wie z. B. die Leipziger Thomaner, die Wiener Sängerknaben, die Regensburger Domspatzen oder die Poznańer Nachtigallen sind aus dieser Tradition erwachsen.

Vikar

von lat. vicarius (= Stellvertreter [z. B. ist der Generalvikar Vertreter des Bischofs; Pfarrvikar der Vertreter des Pfarrers in einem eigenen Gebiet]). Vielfach wird Vikar im selben Sinne wie Kaplan gebraucht.

Zeremoniar

von lat. caeremonia (= Feierlichkeit); er sorgt bei der feierlichen Liturgie für einen richtigen und ruhigen Ablauf. Als »Regisseur« verfügt er über gediegene Kenntnis der Handlung.

Auflösung →

(Gemeinde, Kantor, Kantor, Schola, Küster, Pfarrer, Lektor, Ministranten, Kommunionshelfer, Küster, Pfarrer, Organist, Gemeinde, Pfarrer, Schola, Schola, Ministranten, Pfarrer, Gemeinde, Pfarrer, Pfarrer)

Es (f)liegt was in der Luft

Die . . . war vollzählig versammelt, als der . . . ein Lied zu üben begann. »Erfreue dich, Himmel!« Offensichtlich aus dem Schlaf geweckt, flatterte ein Schwalbenpärchen durch die Halle. »Zschiwit, zschiwit!« Der . . . ermahnte die Sänger der . . .: »Wir lassen uns bitte nicht ablenken!« Es erschien der . . ., um die Kerzen anzuzünden. Er schüttelte sein gewichtiges Haupt, als er der Schwalben gewahr wurde. Dann strich er mit der Hand über die weiße Altardecke und vergaß natürlich, was er zu tun vorgehabt hatte. Er stürzte in die Sakristei und meldete die Neuigkeit dem . . ., der, in sein Predigtmanuskript vertieft, am Ankleidetisch stand. Erschreckt schaute der . . . auf, der seine Lesung übte. »Hoffentlich«, dachte er bei sich, »lenken mich die Tiere nicht ab.« Die . . ., in ihren frischgestärkten Chorhemden, witterten sofort, daß außergewöhnliche Dinge in der Luft lagen, was ja fast stimmte. Und der . . . äußerte besorgt, er werde die Hostienschale sicherheitshalber bei der Austeilung abdecken. »Ich habe aber doch die Fenster geschlossen«, rechtfertigte sich der . . ., »nachdem ich gestern gelüftet hatte.«
»Wir fangen an«, sprach seelenruhig der . . . »Unsere Hilfe ist im Namen des Herrn.« »Der Himmel und Erde geschaffen hat.« Draußen kreisten die Schwalben aufgeregt über den christlichen Haarschöpfen und Hüten und zwitscherten vergnügt. Die Kinder kicherten und tuschelten. Die Mütter dachten bei sich: Was soll das nur werden? Der . . . griff kräftig in die Tasten, um die Schwalben zu übertönen. Es gelang ihm nicht. Die Schwalben hatten einen ausgesprochenen Sinn für Zwischenräume.
Nun wurde im Wechsel zwischen Schola und . . . das Lied gesungen. Keiner war so recht bei der Sache. Alles blickte prüfend dem . . . ins Gesicht. Man kannte ihn zu gut. Was wird er zu den Schwalben sagen? Er, den sonst bei der Predigt jedes Husten nervös macht und der es fertigbringt, Zuspätkommenden einen Wecker zu versprechen!
Inzwischen war man bei der vierten Strophe angelangt. Da sang die . . . so schön vor: »Ihr Tiere des Feldes, ihr Vögel der Lüfte –« An dieser Stelle erstickte der Gesang der . . . im Lachen. Nur mit Mühe retteten Orgel und Gemeinde den Kehrvers. »Achtung!« flüsterten die . . . im Altarraum mit gutem Gewissen. Sie hatten sich wie immer vorsorglich des Mitsingens enthalten.
Der . . . trat vor seine . . ., ohne eine Miene zu verziehen. »Liebe Gemeinde«, sprach er ernsthaft, »ich begrüße euch alle zum heutigen Gottesdienst.« Es fehlte das Wort »herzlich«. Er legte eine Pause ein und räusperte sich. Das galt bei ihm als böses Vorzeichen. »Jetzt geht es los«, dachten alle, zogen die Köpfe unwillkürlich ein und beobachteten aus geschützter Stellung mit einem Auge ihren . . . und mit dem anderen die fliegenden Angreifer. Da, genau in die Stille hinein, ertönte von der Orgelempore her ein fröhliches »Zschiwit«, und aus der Altargegend kam die klare Antwort: »Zschiwit, zschiwit!« Da konnte sich keiner der Anwesenden mehr halten. Ein befreiendes Lachen erfüllte den Raum, und auch der . . . lachte mit. Und dann sagte er: »Ich begrüße auch die beiden Gäste, die uns Gott wohl schickte, um uns zu belehren, wie schön so ein heiterer Gottesdienst ist.« An diesen Gottesdienst erinnern sich alle, die dabei waren, noch gut und gern.

Das Dekanat

Mehrere Pfarreien sind zu größeren Einheiten zusammengenommen, die wir Dekanate nennen. Das Wort kommt aus dem Griechischen: deka = zehn. Ungefähr zehn Pfarreien gehören zu einem Dekanat.
Ein Priester des Dekanates sorgt dafür, daß die Anliegen des Bistums in den Pfarreien beobachtet werden. Er vertritt die Geistlichen auch dem Bischof gegenüber. Das ist der **Dekan**. Er wird durch die Geistlichen des Dekanates gewählt und vom Bischof für das Amt bestätigt.

Der Dekan ist das »Auge des Bischofs« im Dekanat.

Zu den Aufgaben des Dekans gehören:

Einführung eines neuen Pfarrers
Leitung der Priesterkonferenzen
Weiterbildung der Mitarbeiter
Sorge um kranke Priester

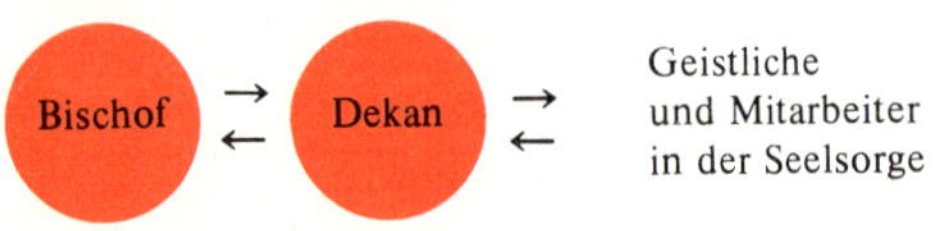

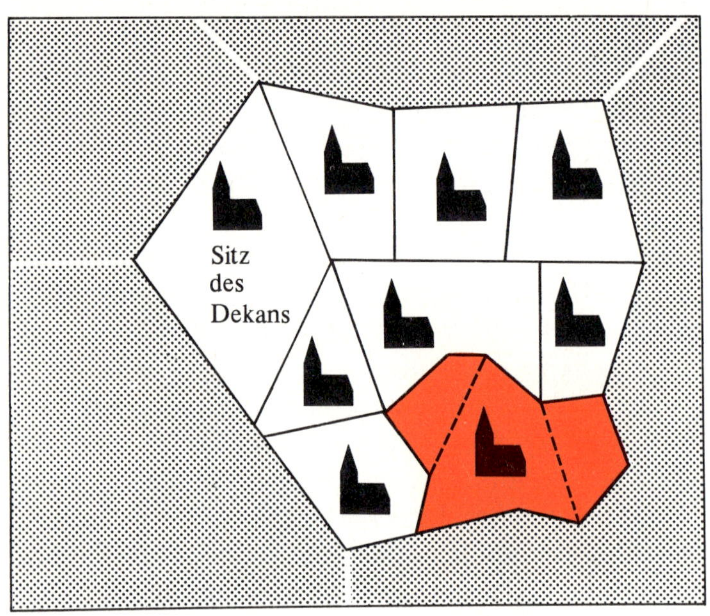

Beispiel eines Dekanats
Ungefähr 10 Pfarreien bilden ein Dekanat.

Das Bistum

Das Bistum ist ein kirchlicher Verwaltungsbezirk, dem ein Bischof vorsteht. Er ist dafür verantwortlich, daß die katholischen Christen nach der Botschaft des Evangeliums leben. Ursprünglich waren weltliche und kirchliche Verwaltungsgebiete identisch. Das hat sich aber im Verlauf der Geschichte häufig geändert.
Heutzutage werden Bistümer errichtet, aufgehoben oder verändert durch den Apostolischen Stuhl in Rom, also durch den Heiligen Vater. Die Gesamtzahl aller Bistümer liegt gegenwärtig bei 2300.

Bistum oder Diözese?

Beide Wörter meinen dasselbe. Nur ihre geschichtliche Herkunft ist verschieden.

Diözese

von griech. dioikesis (= staatlicher Verwaltungsbezirk, etwa im Weltreich der Römer. Die Kirche hat die Verwaltungsbezirke und die Bezeichnung übernommen).

Bistum

gilt *nur* für einen kirchlichen Verwaltungsbezirk. Das Wort hat einen langen Weg durch viele Sprachen gemacht. Der Ursprung ist das griechische Wort für Aufseher (= epískopos).

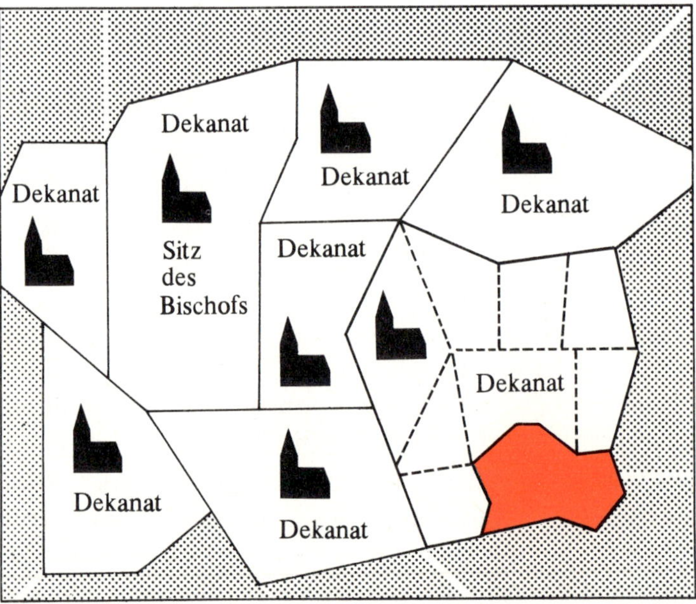

Beispiel eines Bistums
Ein Bistum umfaßt ein ganz bestimmtes Gebiet. Die Größe ist sehr verschieden. In Italien gibt es Bistümer von der Größe unserer Dekanate. In Afrika dagegen kommt es vor, daß ein Bischof ein Flugzeug braucht, wenn er in seinem Bistum auf Firmreise geht.

Der Bischof leitet das Bistum

Alle Bischöfe sind Nachfolger der Apostel. In ununterbrochener Reihenfolge geht die Vollmacht der Bischöfe auf die Apostel zurück. Weitergegeben wird die Vollmacht durch die Bischofsweihe.

Bischofsernennung

Der Bischof wird durch den Papst ernannt. In der Regel legen das Domkapitel oder die Bischofskonferenz des Landes eine Liste mit drei Kandidaten vor. An diese Vorschläge muß sich der Papst aber nicht halten. In einem Informativprozeß wird sorgfältig geprüft, ob der Kandidat die Bedingungen für die Übernahme des Bischofsamtes erfüllt: eheliche Geburt, unverheiratet, 35 Jahre alt, gute Sitten und Glaubenseifer, Klugheit und Leitungserfahrungen.
Nach der Ernennung wird dem künftigen Bischof die Bischofsweihe gespendet, das ist die höchste Stufe des Weihesakramentes (= Konsekration). Nach altem Brauch wird die Bischofsweihe durch einen Nachbarbischof und zwei andere Bischöfe (Mitkonsekratoren) vollzogen.

Bischofsstuhl

Symbol der bischöflichen Vollmacht ist der Bischofsstuhl in der Bischofskirche. Er steht dem Bischof nur in seiner Bischofskirche zu. Meist ist er mit dem Wappen des Bischofs geschmückt und durch einen Baldachin gekrönt. Siehe auch bei Kathedrale Seite 19.

Insignien des Bischofs: Mitra und Hirtenstab

Die Aufgaben des Bischofs

Priesteramt	Gottesdienst und Spendung der Sakramente Spendung des Weihesakramentes und der Kirchweihe Spendung der Firmung Weihe der heiligen Öle
Lehramt	Verkündigung und Bewahrung der Glaubenslehre Ausbildung von Priestern und Mitarbeitern Sendung von Diakonen und Helfern
Hirtenamt	Leitung des Bistums Seelsorge, Caritas, Personal, Finanzen, Bau

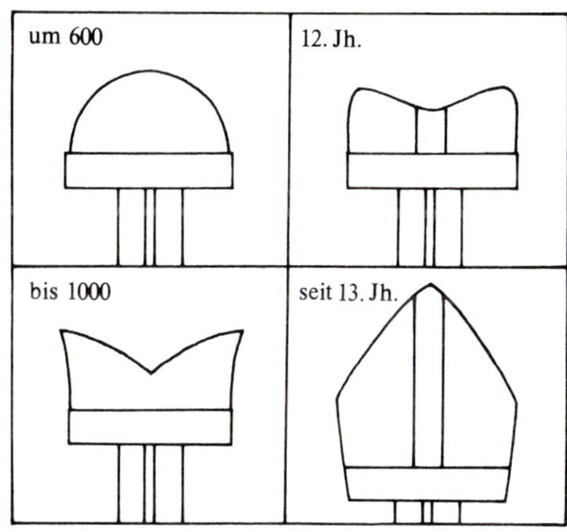

Die Entwicklung der Mitra

In der ersten Zeit der Kirche waren die Bistümer entweder räumlich klein oder hatten nur wenige Gläubige. Da war der Bischof zugleich der Pfarrer. Als die Bistümer aber wuchsen, brauchte der Bischof immer mehr Helfer. Das sind die Pfarrer. Sie helfen dem Bischof bei der Ausübung der drei Ämter.

Helfer und Mitarbeiter des Bischofs

Priesteramt	Pfarrer, Pfarrvikar, Kaplan, Kommunionhelfer
Lehramt	Priester, Seelsorgehelfer(in), Pastoralassistent(in), Katechet(in), Gemeindereferent(in), Religionslehrer(in) Dozenten und Professoren an kirchlichen Schulen, Universitäten und Instituten
Hirtenamt	der Generalvikar und die Mitarbeiter im Ordinariat, Pfarrer und Mitarbeiter in der Seelsorge, alle Mitarbeiter in caritativen Einrichtungen der Pfarrei, des Bistums, der Orden

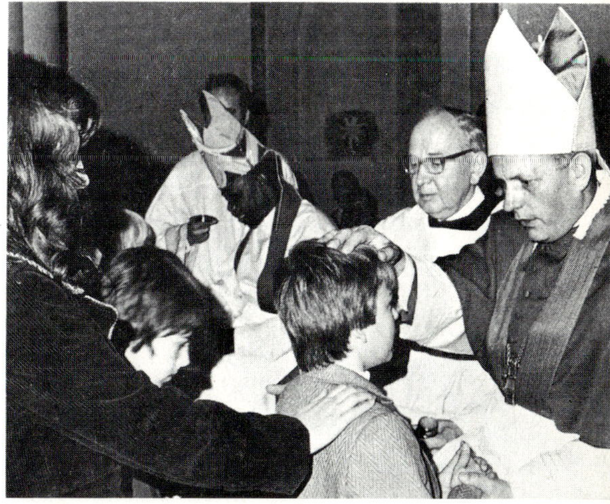

Der Bischof spendet das Sakrament der Firmung.

Manche Aufgaben allerdings bleiben dem Bischof vorbehalten. Dazu gehören die Spendung des Weihesakramentes, der Kirchweihe und üblicherweise des Firmsakramentes.
Helfer des Bischofs, besonders bei der Spendung von Weihen, ist der Weihbischof.

Das Ordinariat

oder das Generalvikariat ist das oberste Verwaltungsamt eines Bistums. Die erste Bezeichnung ist abgeleitet von »Ordinarius«. So nennt das Kirchenrecht den Bischof oder einen anderen »zuständigen« Leiter des Bistums. Die andere Bezeichnung macht deutlich, daß an der Spitze aller Mitarbeiter des Bischofs der Generalvikar steht. Er vertritt den abwesenden Bischof als dessen »anderes Ich« in allen Angelegenheiten.

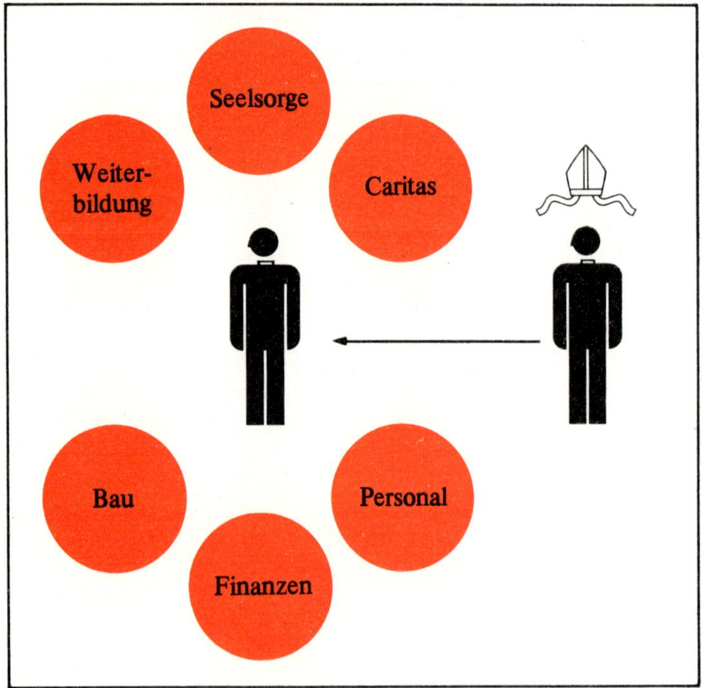

Der Bischof »regiert« das Bistum. Dazu braucht er Helfer. Das »zweite Ich« des Bischofs ist der Generalvikar. Er ist zugleich der Leiter der Bistumsverwaltung.

Zur Leitung und Verwaltung des Bistums bedarf der Bischof vieler Mitarbeiter. Es sind Referenten, Sachbearbeiter und Schreibkräfte. Einige von ihnen haben die Aufgabe, den Bischof in einem bestimmten Fachgebiet zu beraten. Sie heißen deshalb Ordinariatsrat.
Die Anzahl der Mitarbeiter im Ordinariat hängt ab von der Größe des Bistums. Zum Beispiel sind in Köln etwa 200 Mitarbeiter im Ordinariat tätig, in Berlin etwa 50.

Was Städtenamen verraten

Vor rund tausend Jahren gründete Kaiser Otto I. im Osten seines Reiches die sogenannte Ostmark. Slawische Stämme lebten in diesen riesigen Gebieten. Der Verlauf der Elbe sollte die östliche Grenze bilden. Otto wollte die Stämme dem Reich einverleiben und sie zum Christentum bekehren. Er und seine Nachfolger errichteten in Magdeburg, in Naumburg, Zeitz und Meißen und danach auch östlich der Elbe in Brandenburg und Havelberg Bistümer als Zentren der christlichen Mission. Der Papst bestätigte diese Gründungen. Mit seinen Soldaten schickte der Kaiser auch Bischöfe und Missionare in diese Gebiete. Mönche, vor allem Benediktiner, später auch Zisterzienser kamen mit, um Schulen zu gründen und die Einwohner mit Handwerk und Kunst vertraut zu machen.
Die slawischen Stämme wehrten sich lange Zeit mit aller Kraft gegen jede Unterwerfung unter die Gewalt der Eroberer. Vor allem weigerten sich die freien Bauern und Handwerker, künftig nur noch Abhängige und Hörige der neuen Feudalherren zu sein. Auch der Annahme des christlichen Glaubens setzten sie an vielen Orten Widerstand entgegen. In den Missionaren, den Bischöfen und Mönchen sahen sie begreiflicherweise nur die Stützen einer verhaßten Fremdherrschaft, die sie in vielen blutigen Aufständen abzuschütteln suchten. Erst ganz allmählich wuchs bei den unterworfenen Slawen die Einsicht, daß ihre Kraft nicht ausreichte, um dem weiteren Vordringen der politisch und wirtschaftlich überlegenen deutschen Herrschaft Einhalt zu gebieten. Das heilige Leben vieler Bischöfe und oft auch ihr heldenhafter Tod bewiesen den Slawen aber überzeugender als alles andere die Wahrheit des christlichen Glaubens. Wir nennen als Beispiele die Bischöfe Otto von Bamberg, Adalbert von Prag, Norbert von Magdeburg und Benno von Meißen. Das Christentum ist daher seit dem Ende der deutschen Ostexpansion bei vielen slawischen Völkern tief verwurzelt.
Bis auf den heutigen Tag lassen Orts- und Flurnamen auf das einstige Wirken eines Bischofs und auf die Liebe des Volkes zu ihm schließen.

Ein paar Beispiele:

Bischdorf Dorf des Bischofs
Bischofferode Waldgebiet, das der Bischof roden ließ
Bischofswerda Siedlung auf einer Insel, die dem Bischof gehört (Werder = Insel im Sumpf)
Bismark Mark, Landesteil des Bischofs

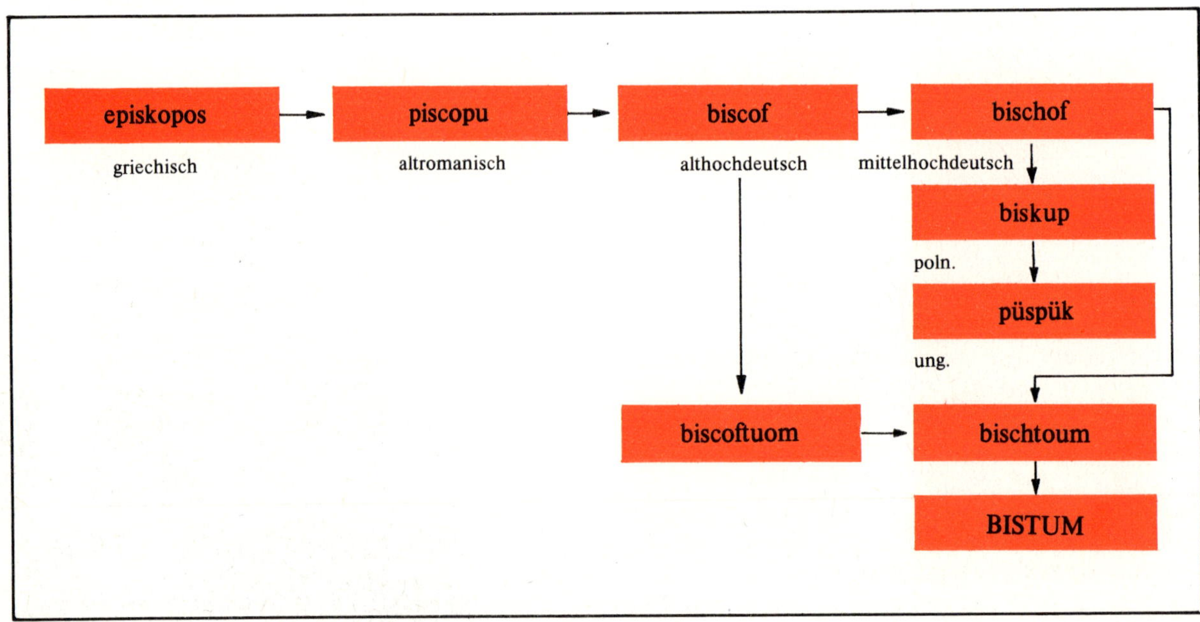

Wie die Wörter »Bischof« und »Bistum« entstanden sind

Wir kennen für die Bischofskirche zwei Bezeichnungen

Kathedrale

ist abgeleitet von griech. kathédra (= Lehrstuhl, Sitz). Die Kathedrale ist die Kirche, an der der Bischof seinen »Sitz« (Bischofssitz) hat. Der thronartige Stuhl ist Symbol seines apostolischen Amtes.

Dom

kommt von lat. domus Dei (= Haus Gottes). Die Bezeichnung »Dom« wird aber auch für besonders stattliche Kirchen und für Hauptkirchen eines Gebietes, die *nicht* Bischofskirchen sind, angewandt (z. B. in Freiberg, Wurzen, Zwickau, Goslar).

Das Kirchenrecht schreibt vor, daß an jeder Bischofskirche ein Gremium von Priestern besteht, das bestimmte Dienste versieht. Es ist das *Domkapitel* (von lat. caput = Haupt). Seine Mitglieder sind die Domkapitulare.
Sie sind allesamt gleichberechtigt. Nach außen wird das Domkapitel durch ein gewähltes Mitglied vertreten. Das ist der Domdekan oder Dompropst.

Die Aufgaben des Domkapitels:

Gottesdienst am Dom

Beratung und Unterstützung des Bischofs

Leitung des Bistums bei unbesetztem Bischofsstuhl

Vorschlag des neuen Bischofs

Die Mitglieder des Domkapitels sind oft auch gleichzeitig im Ordinariat mit Leitungsaufgaben betraut.

Neue Mitglieder ernennt der Bischof in völliger Freiheit. Vorschläge kann das Domkapitel machen. Die Mitgliedschaft gilt auf Lebenszeit.

Die Marienkirche von Zwickau wird ihrer Schönheit wegen »Dom« genannt. Sie ist nie Bischofskirche gewesen.

Erzbistum und Kirchenprovinz

Mehrere Bistümer können einem Erzbistum unterstellt werden. Diese Bistümer bilden mit dem *Erzbistum* zusammen eine *Kirchenprovinz*.
Der Bischof des Erzbistums ist der Erzbischof. Ihm obliegt die Leitung der Bischofskonferenz seiner Kirchenprovinz. Er vertritt die Angelegenheiten des Papstes bei seinen Amtskollegen und umgekehrt. Alle Bischöfe bleiben aber selbständige Oberhirten.
Der Erzbischof heißt auch *Metropolit.*

Bistümer, die direkt dem Papst unterstellt sind, nennen wir *exemt* (= ausgenommen).
Für eine Exemtion kann es verschiedene Ursachen geben.

Ein Beispiel:

Das Bistum Meißen war bereits seit dem 14. Jahrhundert exemt. In der Reformation war es untergegangen. Als es 1921 wiedererrichtet wurde, kam es auch direkt unter die Aufsicht des Heiligen Vaters.

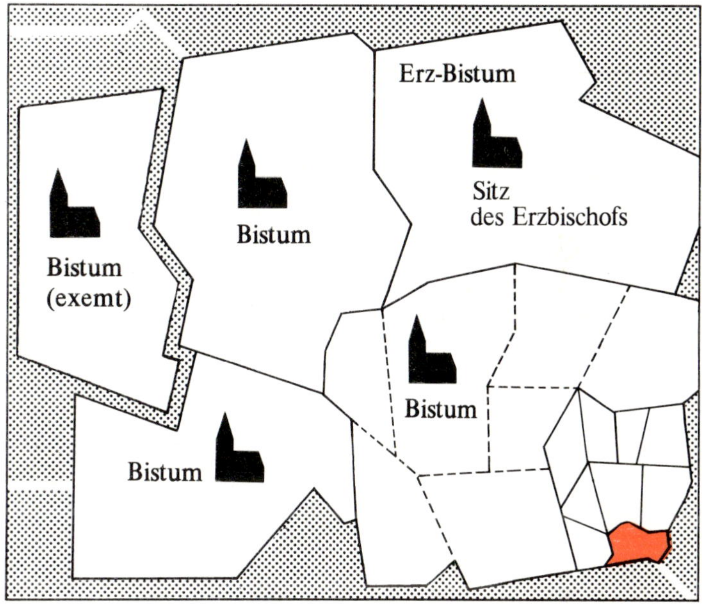

Beispiel einer Kirchenprovinz

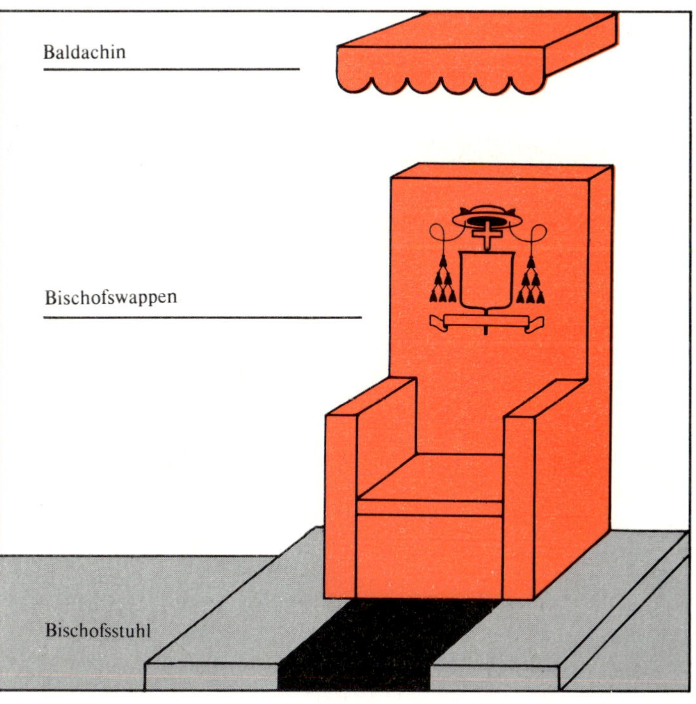

Die Weltkirche

Im Jahre 1983 lebten auf der Erde 750 Millionen Katholiken. Oberhaupt aller katholischen Christen ist der Papst in Rom. Die Gesamtkirche ist gegliedert in Bistümer oder Diözesen. Gegenwärtig zählt man etwa 2300 Bistümer und ca. 250 bistumsähnliche kirchliche Verwaltungsgebiete, die größtenteils durch Bischöfe geleitet werden.

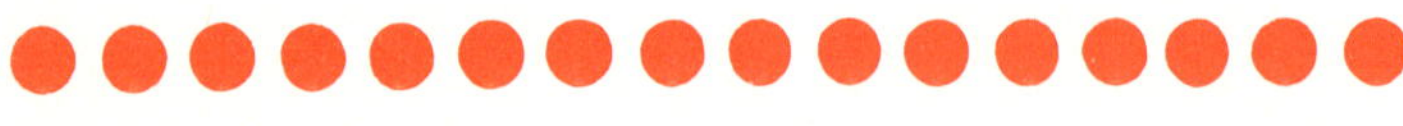

Papst Pius XII. empfing zwei durch ihre Lustspielerfolge bekannte Schauspieler. Es hieß, sie seien zwar keine Katholiken, hätten aber den Wunsch geäußert, Sr. Heiligkeit ihren Respekt zu bezeugen. »Ah«, lächelte der Papst, »Komödianten. Ausgezeichnet! Das Lachen kennt keine Konfession. Es sollte mehr Lachen in der Welt sein.«

Conrad Ferdinand Meyer

Der römische Brunnen

Aufsteigt der Strahl und fallend gießt
Er voll der Marmorschale Rund,
Die, sich verschleiernd, überfließt
In einer zweiten Schale Grund;
Die zweite gibt, sie wird zu reich,
Der dritten wallend ihre Flut,
Und jede nimmt und gibt zugleich
Und strömt und ruht.

Im Zentrum der Weltkirche

Die Päpste seit 1903

Von Petrus, dem ersten Oberhaupt der Kirche, bis zu Johannes Paul II. sind nahezu 2000 Jahre vergangen. In dieser Zeit haben 266 Päpste die Kirche geleitet. Ungenaue Nachrichten aus der ersten Zeit der Kirche und das Auftreten von Gegenpäpsten im Mittelalter lassen verschiedene Zählweisen zu. Eine verbindliche Liste gibt es nicht. Unser Ausschnitt stammt aus der Liste, die das Lexikon für Theologie und Kirche bringt.

259.	Pius X.	1903–1914	(heiliggesprochen)
260.	Benedikt XV.	1914–1922	
261.	Pius XI.	1922–1939	
262.	Pius XII.	1939–1958	
263.	Johannes XXIII.	1958–1963	
264.	Paul VI.	1963–1978	
265.	Johannes Paul I.	1978	(nur 33 Tage im Amt)
266.	Johannes Paul II.	1978–	

Papst Pius X. war ein volkstümlicher Papst. Ihm lag besonders die Seelsorge in den Gemeinden am Herzen.

Papst Benedikt XV.

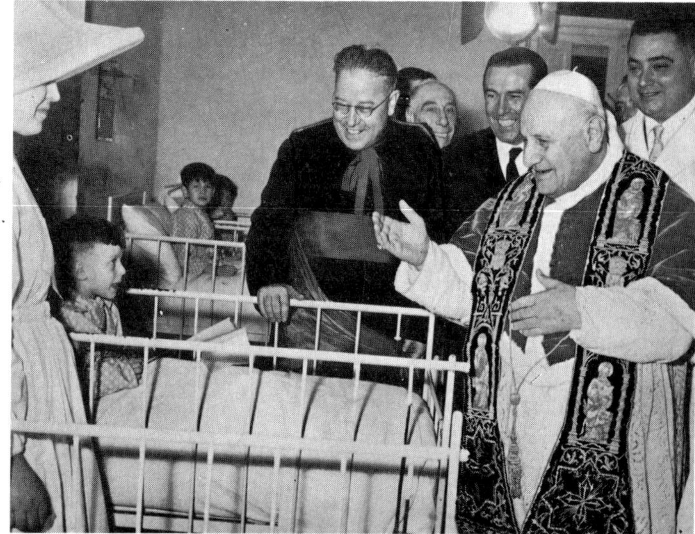

Johannes XXIII. besucht das römische Kinderkrankenhaus »Bambino Gesu«

Pius XII. regierte die Kirche in den schweren Jahren des zweiten Weltkrieges. Vorher war er auch in Deutschland als Nuntius tätig.

Papst Paul VI.
Zum ersten Mal spricht ein Papst vor der Vollversammlung der Vereinten Nationen.

Paul VI. (1963–1978)

Der hochbegabte Giovanni Battista Montini wurde 1897 in Oberitalien geboren. Sein Vater war Chefredakteur und Abgeordneter im Parlament. Nach glänzenden Studien wurde Giovanni 1920 zum Priester geweiht.

Mit 34 Jahren war er Professor an der Päpstlichen Diplomatenakademie in Rom. 1954 wurde er zum Erzbischof von Mailand ernannt, wo er überaus segensreich wirkte. 15 Jahre lang leitete Giovanni Battista Montini die Kirche als Papst Paul VI. Er führte das von Papst Johannes XXIII. begonnene Konzil zu Ende. Paul VI. war eine große Persönlichkeit. Weisheit und Weitblick zeichneten ihn aus. Auch über die Kirche hinaus genoß er hohes Ansehen.

Johannes Paul I. (1978)

Nur 33 Tage waren dem lachenden und herzlich auf die Welt zugehenden Papst in seinem Amt vergönnt. Albino Luciani kam aus einem einfachen Elternhaus. Zehn Jahre lehrte er als Professor am Priesterseminar in Belluno. Mit 46 Jahren wird er Bischof von Vittorio Veneto, 1969 Patriarch von Venedig. 1978 wird er in eintägigem Konklave zum Papst gewählt. Als erster Papst verzichtet er auf die Krönung mit der Tiara.

Johannes Paul I., der Papst, der nur 33 Tage regierte

Das Wappen von Papst Johannes Paul II. zeigt das Symbol des Kreuzes und weist damit auf die Erlösung durch Jesus Christus hin. Das M versinnbildlicht die Stellung Mariens unter dem Kreuz und spielt gleichzeitig auf die Herkunft des Papstes an. In Polen wird Maria als Schutzpatronin innig verehrt. Außerdem gehört das Marienheiligtum Czestochowa zur Kirchenprovinz Krakau. Dort wirkte der Papst ehemals als Kardinal. Über dem Wappen ist die Tiara abgebildet, das Zeichen der päpstlichen Hoheit. Die Schlüssel deuten die Binde- und Lösegewalt des Petrusamtes.

Sonne strahlt in den Petersdom

Johannes Paul II. bei seiner Amtsübernahme am 16. Oktober 1978

Johannes Paul II.

Am 16. 10. 1978 ging eine Sensationsmeldung um die Erde: Ein polnischer Kardinal, Karol Wojtyla, der Erzbischof von Kraków (Krakau), ist zum Papst gewählt worden. Seit 450 Jahren ist er der erste Nicht-Italiener auf dem Stuhl Petri!

18. 5. 1920	wird er in Wadowice bei Kraków geboren. Nach dem Abitur beginnt er ein Studium der Philologie. Im Krieg arbeitet er in einer chemischen Fabrik und hat die Absicht, Theaterwissenschaft zu studieren.
1944	entschließt er sich, Theologie zu studieren.
1. 11. 1946	wird er zum Priester geweiht. Es folgt ein Aufbaustudium in Rom. Hier lernt er die italienische Sprache. Anschließend wird er zur Betreuung polnischer Katholiken nach Frankreich und Belgien gesandt. Hier erlernt er die französische Sprache.
1948	Karol Wojtyla ist wieder in Polen. In Kraków wird er zum Dr. theol. promoviert.
1953	Professor an der Universität Kraków und an der Katholischen Universität in Lublin.
28. 9. 1958	Bischofsweihe, seit 1964 Erzbischof von Kraków
1967	Paul VI. ernennt ihn zum Kardinal. Im II. Vatikanischen Konzil wirkt er wesentlich an der Gestaltung von Dokumenten mit.
16. 10. 1978	Im 8. Wahlgang wird er zum Papst gewählt.

Città del Vaticano

Was ist das? Es ist die Vatikanstadt, das Hoheitsgebiet des Papstes, der Rest eines früher umfangreichen Kirchenstaates. Die Größe der Vatikanstadt wird mit 0,44 Quadratkilometern angegeben; sie paßt also bequem in eine Fläche, die einen Kilometer lang und einen halben breit ist. Sie ist ein Teil der Stadt Rom.

Zur Vatikanstadt gehören:

1. der Vatikan

(ursprünglich einer der sieben Hügel Roms, heute Begriff für das Zentrum der katholischen Kirche)

- die Peterskirche
- der Vatikanpalast mit der Wohnung des Papstes und den Büros für die Regierung der Kirche
- die Vatikanischen Museen
- die Vatikanische Bibliothek, eine der größten ihrer Art mit 800 000 Bänden, davon 60 000 wertvolle Handschriften
- die Vatikanischen Gärten
- Radio Vatikan
- Bahnhof Vatikan
- ein kleiner Flugplatz für den Hubschrauber des Papstes
- die Vatikanische Post
- die Bank des Vatikans

2. in der Stadt Rom verstreut

- St. Johannes im Lateran, die Mutterkirche der ganzen Welt
- die Kirche St. Paul vor den Mauern
- die Kirche Maria Maggiore

3. außerhalb von Rom

- der Sommersitz des Papstes, Castell Gandolfo, 27 km von Rom entfernt

Blick von der Kuppel der Peterskirche in Rom auf den Petersplatz. Die Architektur des Platzes soll die weltumspannende Kirche zum Ausdruck bringen.

Die »Straße der Versöhnung« führt zum Petersplatz.

Überall begehrt sind die Briefmarken der Vatikanischen Post. Der Vatikan hat auch eine eigene Währung. Sie hat zwar denselben Kurswert wie die italienische Lira und ist nur in wenigen Scheinen oder Geldstücken im Umlauf. Aber es gibt sie. Beliebt bei den Römern sind die Münzen mit dem Bild Johannes' XXIII.
Ein Rombesucher erzählte, daß er einem Taxifahrer versehentlich dies Geldstück gegeben habe. Eigentlich wollte er es als Andenken mit nach Hause nehmen. Als er den Taxifahrer bat, das Geldstück zurückzugeben und ein anderes dafür zu nehmen, schüttelte dieser lachend den Kopf und sagte: »Den Papa Giovanni ich behalte!«

Die Papstwahl

Der Papst wird in freier, geheimer Wahl gewählt. Wahlmänner sind die Kardinäle. Stirbt der regierende Papst, müssen alle Kardinäle unverzüglich nach Rom reisen. Am 16. Tage, spätestens am 19. Tage, müssen sie dort sein. Sonst dürfen sie an der Wahl nicht mehr teilnehmen. In der Sixtinischen Kapelle findet die Wahl statt. Vorher müssen alle Kardinäle und Begleiter einen Eid ablegen, daß sie strengstes Stillschweigen über die Wahl wahren. Telefone, Radio, Fernsehen und Tonbandgeräte sind verboten, auch Fotoapparate. Dann wird der Zugang verschlossen, in früherer Zeit wurde er sogar vermauert. Die Kost ist einfach und soll bei zu langer Wahlzeit immer mehr eingeschränkt werden. Ärzte und sonstige Betreuer werden für alle Kardinäle gemeinsam bestellt. Man nennt die Papstwahl mit allem Drum und Dran das KONKLAVE, was soviel heißt wie »Einschluß«.
Warum dieses alles? Muß man mündige Menschen auf solche Weise behandeln? Sind denn die Kardinäle nicht klug genug, um ihrer Ge-

wissensentscheidung auch ohne diese äußeren Bedingungen Ausdruck zu verleihen? Nun, es gab Zeiten in der Kirche, da die weltlichen Herrscher sich kräftig eingemischt haben. Sie wollten einen Kandidaten ihres Geschmacks auf den Heiligen Stuhl bringen. Und dann war ihnen jedes Mittel recht, von der Bestechung bis zum Gift. Deshalb bildete sich im Laufe der Jahrhunderte eine Wahlordnung heraus, die jedem unredlichen Eingriff von außen vorbeugen soll.

Einzug ins Konklave, in dem Papst Johannes Paul II. gewählt wurde

Ein kurzer Blick in die Geschichte

Ursprünglich: Der Papst wurde durch die Nachbarbischöfe, die anwesenden Priester und das Volk gewählt.

Später: Komplikationen treten ein. Es ging nicht immer friedlich zu. Parteien bildeten sich und wollten »ihren Mann« durchbekommen. Oder der weltliche Herr griff ein und »mischte« kräftig mit. Die Wahl zog sich über Wochen, sogar über Monate hin. Man konnte oder wollte sich nicht einigen. So wurde die Wahl durch das Kirchenrecht geregelt.

Seit 1179: Nur die Kardinäle dürfen wählen. Es ist Zweidrittelmehrheit erforderlich.

Seit 1274: Das Konklave wird eingeführt, um die Verschleppung des Wahlvorgangs zu vermeiden. Nach 8 Tagen werden die Kardinäle auf Wasser und Brot gesetzt.

Seit 1406: Stimmzettel in Gebrauch.

Heute: Wählbar ist jeder getaufte männliche, rechtgläubige Katholik.

Üblicherweise wird einer der Kardinäle gewählt. Gewählt ist, wer zwei Drittel plus eine der Stimmen auf sich vereinigt. Durch Anordnung Papst Pauls VI. können nur die Kardinäle den Papst wählen, die das 80. Lebensjahr nicht überschritten haben.

Die Stimmzettel werden im Archiv aufbewahrt. Ein genaues Protokoll wird angefertigt und aufbewahrt. Der Gewählte kann Bedenkzeit erbitten. Mit der Annahme der Wahl ist der Empfang des päpstlichen Amtes verbunden. – In der Regel nimmt der Kandidat einen neuen Namen an. Das Ergebnis wird dem Volk verkündet. Der neue Papst spendet den ersten Segen »Urbi et orbi« (d. h. »der Stadt Rom und dem Erdkreis«).

Der Ofen in der Sixtinischen Kapelle, der für das Rauchzeichen eigens aufgestellt wird.

Namen, die die Päpste nahmen

Der Brauch, daß ein Papst sich nach seiner Wahl einen neuen Namen zulegt, ist erst im 11. Jahrhundert entstanden. Vorher behielten die Päpste – von Ausnahmen abgesehen – ihren Taufnamen bei. Es waren Einzelfälle, als im 6. und 10. Jahrhundert einige Päpste andere Namen nach ihrer Wahl annahmen, weil ihr Taufname heidnischen oder »barbarischen«, d. h. weder lateinischen noch griechischen Ursprungs war. Der erste Papst, der bei der Besteigung des Stuhles Petri seinen Namen änderte, war Johannes II. Er regierte die Kirche von 533 bis 535. Er hieß vorher Mercurius, trug also den Namen einer römisch-heidnischen Gottheit. Aus einem ähnlichen Grund änderte Papst Johannes XII. (955–964) seinen Namen: Er nannte sich vor seiner Papstwahl genauso wie der heidnische römische Kaiser Augustus, nämlich Octavian.

Um zu vermeiden, daß der römische Papst einen »barbarischen« Namen führte, änderte der erste germanische Papst, der Sachse Bruno, seinen Namen in Gregor V.; er regierte von 996 bis 999. Sein Nachfolger, der Gerbert hieß, folgte dem Beispiel Brunos und nannte sich als Papst Silvester II. (999–1003). Aus Achtung und Ehrfurcht vor dem Apostel Petrus, dem ersten der Päpste, legten zwei Päpste ihre Taufnamen ab, als sie den Stuhl Petri bestiegen: Pietro da Pavia nannte sich Johannes XIV. (983–984), und Pietro da Albano wählte den Namen Sergius IV. (1009–1012). Von Sergius IV. an wurde es dann zur Gewohnheit, daß ein Papst seinen Namen nach seiner Wahl änderte. Erheblich dazu beigetragen haben dürfte der damals in den Klöstern schon seit geraumer Zeit übliche Brauch, einem Kandidaten einen neuen Namen zu geben, wenn er seine Mönchsgelübde ablegte. Doch auch Überlegungen, die sich auf die Schrift stützten, mögen mitgespielt haben, insbesondere die Tatsache, daß auch Jesus dem Simon einen anderen Namen gab – den Namen Petrus –, als er ihn zum Ersten der Apostel berief. Nur zwei Päpste haben seither auch nach ihrer Wahl ihren Taufnamen beibehalten: der Niederländer Hadriaan Florensz, der als Papst Hadrian VI. die Kirche vom 31. August 1522 bis 14. September 1523 regierte, und Marcellus Cervini aus Montepulciano, dessen Pontifikat als Papst Marcellus II. eines der kürzesten der Kirchengeschichte war: Er regierte 20 Tage, vom 10. April bis 1. Mai 1555.

Auch die römischen Zahlen, mit denen Päpste gleichen Namens unterschieden werden, sind erst zwischen dem 10. und dem 11. Jahrhundert allgemein gebräuchlich geworden. Ursprünglich wurde ein Papst, der als erster den Namen eines Vorgängers trug, als »junior« – der Jüngere – bezeichnet. Trug ein weiterer Papst denselben Namen, nannte man ihn »secundus junior«. Der erste, der die römische Ordnungszahl seinem Namen beifügte, war Papst Gregor III. (731–741). Doch Allgemeingut wurde dies erst später.

L'Osservatore Romano

Da man nicht weiß, wer Papst wird, und unmittelbar nach der Wahl sein Auftreten erwartet, müssen die vatikanischen Schneider vorsorglich drei verschiedene Talare anfertigen. Für einen kleinen Mann, für einen mittleren und für einen langen. Einer von den Talaren wird dann schon passen.
Einmalig ist die Anzeige des Wahlergebnisses bei der Papstwahl. In der Sixtinischen Kapelle steht ein Ofen. Sein Rohr führt oben zum Dach hinaus. Der Rauch zeigt das Ergebnis der Abstimmung an. **Dunkler** Rauch bedeutet: Die Wahl hat **keinen** Papst gebracht. **Weißer** Rauch bedeutet: **Wir haben einen neuen Papst.**
Früher wurden die Stimmzettel verbrannt. Wollten die Kardinäle dunklen Rauch aufsteigen lassen, mischten sie feuchtes Stroh bei. Da heute die Stimmzettel nicht mehr vernichtet werden, erzeugt man das Rauchsignal durch chemische Mittel.

So sind die Zimmer eingerichtet, in denen die Kardinäle während des Konklaves wohnen.

Das Kardinalskollegium (Circa-Angaben)

EUROPA: 43 Kardinäle aus 17 Ländern

Italien	15	Polen	2	Österreich	1
Frankreich	6	ČSSR	1	Portugal	1
Spanien	4	DDR	1	Schottland	1
Belgien	2	Großbritannien	1	UdSSR	1
BRD	2	Irland	1	Ungarn	1
Niederlande	2	Jugoslawien	1		

AMERIKA: 34 Kardinäle aus 14 Ländern

USA	9	Kolumbien	2	Ecuador	1
Brasilien	5	Venezuela	2	Guatemala	1
Kanada	4	Bolivien	1	Peru	1
Mexiko	3	Chile	1	Puerto Rico	1
Argentinien	2	Dominik. Rep.	1		

AFRIKA: 13 Kardinäle aus 13 Ländern

Ägypten	1	Madagaskar	1	Tansania	1
Algerien	1	Nigeria	1	Uganda	1
Angola	1	Obervolta	1	Zaire	1
Elfenbeinküste	1	Senegal	1		
Kenia	1	Südafrika	1		

ASIEN: 12 Kardinäle aus 10 Ländern

Indien	2	Korea	1	Thailand	1
Philippinen	2	Libanon	1	Vietnam	1
Indonesien	1	Pakistan	1		
Japan	1	Sri Lanka	1		

OZEANIEN: 3 Kardinäle aus 3 Ländern

Australien	1	Neuseeland	1	Samoa	1

und in Rom: 32 Kurienkardinäle aus 10 Ländern

Der Kardinalshut

Der Kardinalshut ist ein breitkrempiger roter Hut mit je 15 Quasten an beiden Seiten.
Er wurde erstmals 1245 von Papst Innozenz IV. den Weltgeistlichen unter den Kardinälen verliehen. Heute wird dieser »Pontifikalhut« kaum mehr getragen. Er dient als Würdezeichen des Kardinals in seiner Titelkirche oder im Vorzimmer zum Audienzsaal in seiner Residenz.

Die Kopfbedeckung war früher mehr als heute auch Erkennungszeichen:

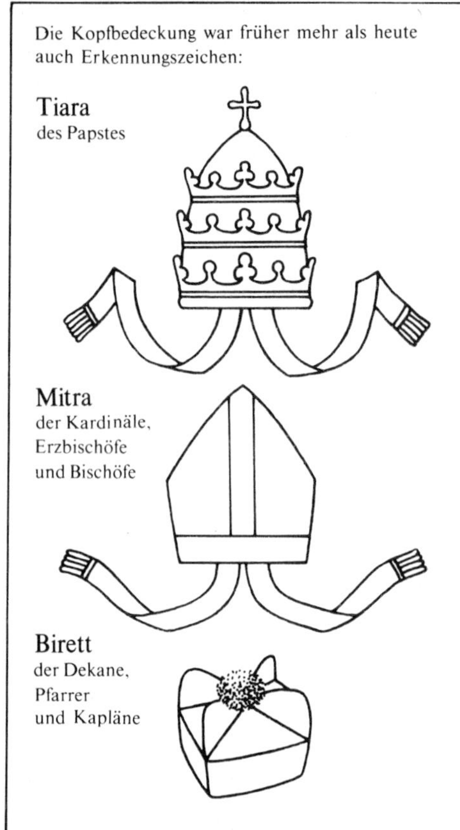

Diese Ehrengarde des Papstes besteht seit 450 Jahren.

Wußtest du schon, ...

- daß im 12. Jahrhundert zum erstenmal ein Nicht-Italiener Kardinal wurde? Es war der deutsche Erzbischof von Mainz, Konrad von Wittelsbach.
- daß die scharlachrote Kleidung die Kardinäle ermahnen soll, für Christus, wenn es sein muß, zu sterben?
- daß jeder Kardinal in Rom eine sogenannte Titelkirche erhält und somit römischer »Pfarrer« ist?
- daß diejenigen Kardinäle, die in Rom an der Verwaltung der Kirche mitwirken, Kurienkardinäle genannt werden?

Das kleinste Heer der Welt

Eigentlich kann man nicht von einem Heer sprechen, wenn man die Wachmannschaft des Vatikans meint. Ihre Bewaffnung besteht nämlich aus einer mittelalterlichen Stoßwaffe, der Hellebarde, und einem Gasspray. Und das ganze »Heer« ist heute 90 Mann stark. Die Männer tragen eine zwar bunte und (nach Überlieferung) von Michelangelo entworfene, aber für Soldaten höchst unpraktische Uniform. Aha, Michelangelo! Der Kundige rechnet und sagt uns, daß es diese Truppe seit etwa 450 Jahren geben muß. Richtig. Im Jahre 1505 berief Papst Julius II. 150 schweizerische Söldner zu seiner Bewachung. Sie galten als besonders treu und sollten den Papst gegen Angriffe kaiserlicher Landsknechte schützen. Ein anderer Papst, Clemens VII., hatte der Schweizergarde sein Leben zu verdanken. Mit Müh und Not entkam er den Landsknechten Kaiser Karls V. in die Engelsburg. Dabei kamen die meisten Gardisten um. Nur 42 überlebten. Das war am 6. Mai 1527. Seither wird am 6. Mai alljährlich die Vereidigung der Rekruten vorgenommen.
Zur Schweizergarde gehören auch heute noch nur Schweizer. Sie kommen aus allen Berufen: Handwerker, Kaufleute, Landwirte, Techniker verpflichten sich für mindestens zwei Jahre. Natürlich sind sie katholisch. Ihr Alter: 18–25 Jahre.

Lageplan des Vatikans

Die Ministerien des Papstes

Zur Leitung und Verwaltung der Kirche braucht der Papst viele Helfer und Mitarbeiter. Sie bilden die Römische Kurie (von lat. curia = Hof), auch der Heilige Stuhl genannt. Leitende Mitarbeiter des Papstes sind die Kurienkardinäle. Sie sind die Chefs der einzelnen Regierungsabteilungen. Die Römische Kurie kann man mit Fug und Recht als die älteste Regierung der Welt bezeichnen. Sie wurde mit der Apostolischen Konstitution „Pastor bonus" („Guter Hirte"), die mit 1. 3. 1989 in Kraft treten wird, neu geordnet. Das folgende Schema gibt den Aufbau der Kurie **vor** diesem Datum wieder.

Die Organe der Römischen Kurie

Staatssekretariat

Aufgaben: Beziehungen zu anderen Ländern, internationale Einrichtungen, Information und Dokumentation, Auszeichnungen und Zeremoniell, Personalfragen.

Rat für die Öffentlichen Angelegenheiten der Kirche

Aufgaben: Beziehungen zwischen Staat und Kirche, soviel wie Außenministerium

Kongregationen

Aufgaben: Bearbeitung der innerkirchlichen Dinge, also soviel wie Innenministerium mit zahlreichen Abteilungen.

für die Glaubenslehre
für die Sakramente
für den Gottesdienst
für die Glaubensverbreitung (Mission)
für das katholische Bildungswesen
für die orientalischen Kirchen
für die Bischöfe
für den Klerus
für die Ordensleute und Säkularinstitute
für die Selig- und Heiligsprechungsprozesse

Gerichtshöfe

Aufgaben: Rechtsprechung nach dem Kirchenrecht

Apostolische Poenitentiarie
Oberstes Tribunal der Apostolischen Signatur
Sacra Romana Rota

Sekretariate

Aufgaben: Wahrnehmung besonderer päpstlicher Aufträge

für die Einheit der Christen
für die Nichtchristen
für die Nichtglaubenden

Räte, Kommissionen

Aufgaben: Beratung über aktuelle Fragen der Weltkirche

Päpstlicher Laienrat
Päpstlicher Familienrat
Päpstliche Kommission für Lateinamerika
Päpstliche Kommission für die Seelsorge am Menschen unterwegs (Urlauber, Nomaden usw.)
Päpstliche Kommission für sakrale Archäologie
Päpstliche Kommission für soziale Kommunikationsmittel
und noch andere

Ämter

Aufgaben: Interne Verwaltung des Vatikanstaates

Apostolische Kammer
Verwaltung der Güter des Apostolischen Stuhles
Amt für päpstliche Zeremonien
Päpstlicher Chor
Schweizergarde
Zentralamt für kirchliche Statistik
Dombauhütte St. Peter
Vatikanische Apostolische Bibliothek
Vatikanisches Geheimarchiv
und viele andere

TU ES PETRUS

Diese lateinischen Worte sind Teil einer Inschrift
hoch oben an der Innenwand der Kuppel der Peterskirche in Rom.
Sie sind auch Teil einer Verheißung, die Jesus Christus an Simon,
den ersten Apostel, gerichtet hat.
Petrus heißt: »Felsen«, »Fundament«.

14 9 10 16 13 5 15 11 5 17 9 13

9 4 14 7 9 2 14 16 11 13 11 4 2 11 18 13 11 4

6 16 18 18 16 1 8

12 11 16 4 11 3 16 17 1 8 11 10 7 9 11 4

Wie der ganze Ausspruch lautet, sagt uns das Rätsel. Dabei sind die Ziffern in Buchstaben umzusetzen.
Gleiche Ziffern bedeuten gleiche Buchstaben.
Zur Auflösung dienen die folgenden Schlüsselwörter:

Gabe der Weisen aus dem Morgenland 6 11 16 8 17 7 9 1 8
Ein Teilnehmer an der Papstwahl 3 7 17 14 16 4 7 18
Erster Bischof von Rom 15 11 5 17 9 13
Anderer Name für Diözese 10 16 13 5 9 12
Tiersymbol für Christus 2 16 13 1 8

Treten Sie näher!

Eine Kirchenführung

Pfarrer:
Liebe Besucher unserer Kirche! Ich begrüße Sie herzlich zu unserer Führung. Sie wollen unsere Kirche kennenlernen. Ich hoffe, daß Sie Freude daran haben werden.

Wenn Sie Fragen einwerfen wollen, tun Sie das, wie es Ihnen beliebt. Wir fangen an, und zwar gleich hier an der Tür. Da sehen Sie

das Weihwasserbecken

Daran erkennen Sie eine katholische Kirche. Der Brauch, sich beim Eintritt in ein Haus zu waschen und zu erfrischen, ist besonders im Orient lebendig. In einer Kirche hierzulande bedeutet der Brauch etwas anderes. Reinigung und Erfrischung werden im übertragenen Sinn verstanden. Wenn Christen den Raum betreten, benetzen sie sich mit diesem Wasser und erinnern sich an die Taufe als den Beginn des christlichen Lebens. Auch beim Verlassen des Raumes besprengen sie sich wieder.
Sie wollen in der Welt als Christen leben.

Sie haben sich vorhin in Kreuzform besprengt. Was bedeutet das?

Das Kreuzzeichen

Pfarrer:
Ja, Sie haben richtig gesehen. Das Kreuz ist das Zeichen für Jesus Christus. Wenn ich dieses Zeichen über meinen Körper mache, bringe ich meine christliche Gesinnung zum Ausdruck.

Das Kreuz als Zeichen

ist schon aus vorgeschichtlicher Zeit bekannt. Als Ornament, Bildzeichen oder Symbol läßt es sich nahezu bei allen Völkern nachweisen. Zwei Beispiele:

Das Henkelkreuz

ist älter als 5000 Jahre. Es ist eine ägyptische Hieroglyphe (Schriftzeichen) und Symbol für Mensch, Leben. Die christliche Kirche der ersten Jahrhunderte – besonders in Nordafrika – übernahm es zuerst als Geheimzeichen und dann als beliebtes Motiv in der Kunst.

Das Radkreuz

war bei unseren germanischen Vorfahren das Sonnenzeichen. Bei den Indianern Amerikas bedeutet es »Mensch«, aber auch »Sonne«. Das Radkreuz ist auch bei alten Kulturen Afrikas und Asiens nachgewiesen.

Das Henkelkreuz war ursprünglich Zeichen für »Leben« in der ägyptischen Hieroglyphenschrift.

Was man wissen sollte

Die Kreuzigung galt im Altertum bei den Römern und bei anderen Völkern als Entehrung und wurde nicht an römischen Bürgern vollzogen. Sie wurden mit dem Schwert hingerichtet.

*

Das Kreuzzeichen hat seinen Ursprung in der christlichen Taufe und der Taufformel »Ich taufe dich im Namen des Vaters und des Sohnes und des Heiligen Geistes«. Es soll den Christen erinnern, daß er durch die Taufe mit Christus gekreuzigt und auferstanden ist.

*

Das Fest Kreuzerhöhung ist das älteste Kreuzfest der Kirche und geht zurück auf die feierliche Errichtung eines Kreuzes bei der Einweihung der konstantinischen Doppelkirche auf dem Kreuzigungsberg in Jerusalem am 14. September 353 n. Chr.

Weihwasserbecken, Stiftskirche in Wechselburg

Viele machen das Kreuzzeichen auf die Stirn, ohne sich um den Sinn zu kümmern. Gott will Täter seiner Zeichen, nicht Maler. Trägst du auf der Stirn das Zeichen der Demut Christi, so trage im Herzen die Nachahmung der Demut Christi.

Augustinus

Christliche Kreuzformen

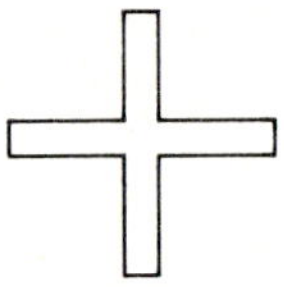

Griechisches Kreuz;
ältestes christliches Zeichen.

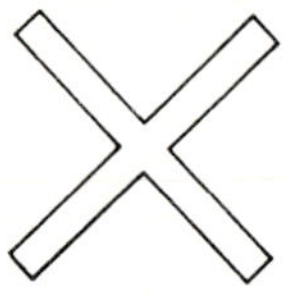

Andreaskreuz;
schon lange vor Christus in der hebräischen Kunst als Schutz- und Eigentumszeichen verwendet (Buchstabe Tav).

Lateinisches Kreuz;
häufigste christliche Kreuzform.

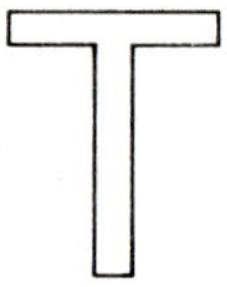

Tau-Kreuz;
nach dem griechischen Buchstaben Tau (= T) benannt.

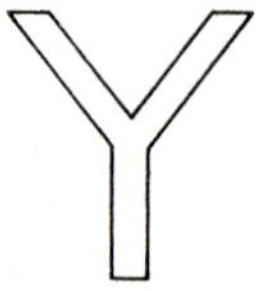

Gabelkreuz;
gilt als Kreuzform der Schächer.

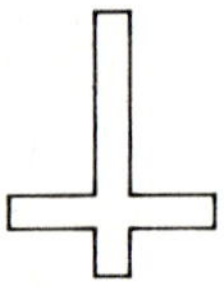

Petruskreuz;
weil Petrus der Legende nach mit dem Kopf nach unten gekreuzigt worden ist.

Russisches Kreuz;
der obere zweite Querbalken ist wohl eine Stilisierung der Kreuzesinschrift, der untere das Brett, an das die Füße Christi genagelt waren.

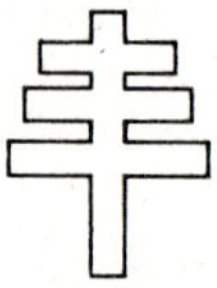

Papstkreuz,
das ausschließlich dem Gebrauch des Papstes vorbehalten ist. Es weist auf das dreifache Amt des Papstes hin: Priesteramt, Hirtenamt, Lehramt.

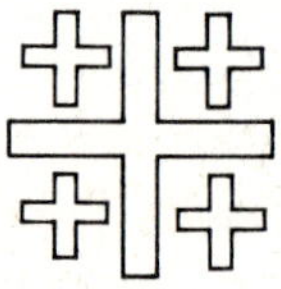

Jerusalemer Kreuz;
es erinnert an die fünf Wunden Christi.

Malteserkreuz;
auch Abzeichen des Johanniterordens.

Christuszeichen

Christusmonogramm.
Zugrunde liegen die beiden Anfangsbuchstaben des Namens Christus in griechischer Schrift: X (= ch); P (= r) (gesprochen Chi und Rho).

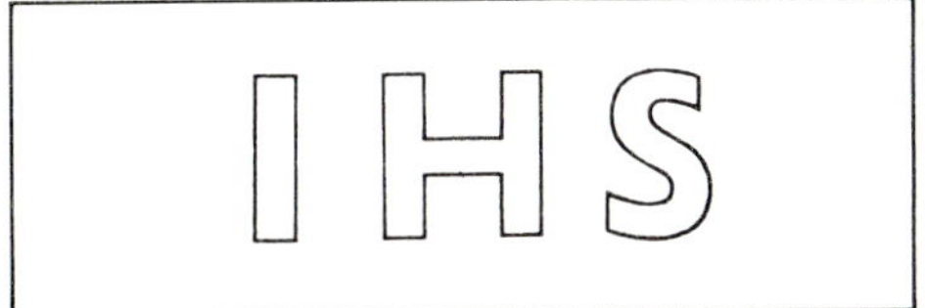

Jesusmonogramm nach den drei Anfangsbuchstaben des Jesusnamens IHΣOYΣ, teilweise latinisiert.

I für Jota (I oder J)
H für Eta (Ä-Laut)
S für Sigma (Σ oder C)

Eine volkstümliche Deutung: Jesus, Heiland, Seligmacher. Als Siegel der Jesuiten fand es im Barock besondere Verbreitung.

ist die Abkürzung der Kreuzinschrift. »Jesus Nazarenus Rex Judaeorum« (»Jesus von Nazaret, König der Juden«), die der Statthalter Pontius Pilatus in aramäischer, griechischer und lateinischer Sprache am Kreuz anbringen ließ. Dies entspricht altem Brauch, den Grund der Hinrichtung auf einer Tafel am Kreuz anzugeben.

Dieses Zeichen wird häufig in der christlichen Kunst verwendet. Es heißt: Jesus Christus, siege! Mit dem Ruf NIKA (= »siege!«) wurden in der Antike die Wettkämpfer angefeuert. Die Buchstaben bedeuten:

IC	JESUS	(C = S-Laut)
XC	CHRISTUS	(X = CH)
NIKA	SIEGE!	

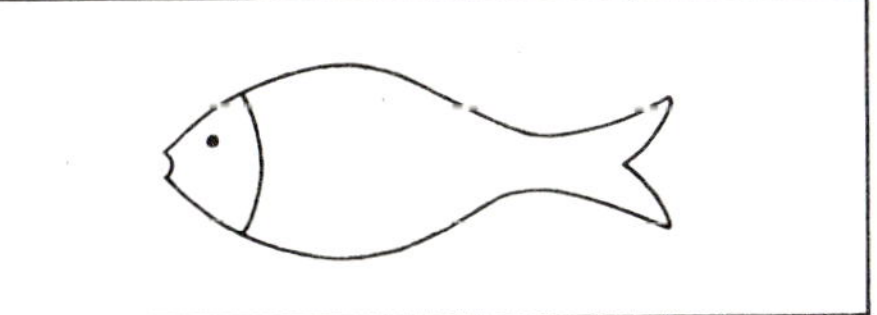

Uralt ist der Fisch als Christuszeichen. Die griechischen Buchstaben des Wortes »Fisch« sind nämlich Anfangsbuchstaben für ein kurzes Glaubensbekenntnis:

ι = Jesus
χ = Christus
ϑ = Theós (Gott)
υ = Hyjós (Sohn)
ς = Sotér (Erlöser)

»Jesus Christus, Gottes Sohn, Erlöser«

Interessantes über das Kreuzzeichen

Bei den Juden wurde der Buchstabe Tav (= X) schon lange vor Christus als Weihezeichen verwendet.

*

Die ersten Christen benutzten das Christusmonogramm Chi (= X) als Eigentumszeichen.
Es wurde etwa bei der Taufe auf die Stirn des Täuflings gezeichnet und besagte: Nun gehörst du Christus.

*

Gleichzeitig kam auch der Gebrauch des Kreuzes in der Form des griechischen Buchstabens Tau (= T) auf. Diese Form des Kreuzes war im ganzen frühen Mittelalter äußerst beliebt. Der Orden der Franziskaner benutzt sie bis heute.

*

Im 4. Jahrhundert sollen die römischen Kaiser, die ja inzwischen Christen geworden waren, Elefanten abgerichtet haben, so daß diese mit dem Rüssel ein Kreuz schlugen.

*

Die orthodoxen Christen fügen die drei ersten Finger der rechten Hand zusammen (Sinnbild der Heiligen Dreifaltigkeit) und berühren nacheinander die Stirn, die Brust, die rechte Schulter und die linke.
Die kleinen Unterschiede zum Kreuzzeichen der Katholiken sind wohl erst nach der Kirchenspaltung von 1054 als Merkmale der anderen Auffassung gedeutet worden.

Taufstein in Pokalform im Dom zu Halberstadt, Ende 12. Jh.

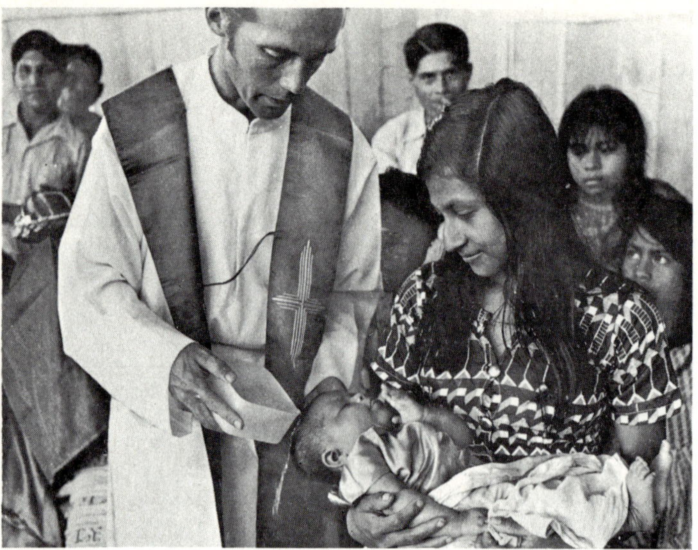

Taufe eines Indianerjungen

Pfarrer: *Die Taufe ist ein Aufnahmeritus. Sie ist ein Zeichen für einen Neubeginn. Mit dem Empfang der Taufe beginnt der Christ ein neues Leben. Von jetzt an will er die Gesinnung Christi zur eigenen machen.*
Wer dieses Zeichen durch die Kirche an sich vollziehen läßt, bekennt sich zu dieser Kirche und wird in ihre Gemeinschaft aufgenommen. Der Täufling wird dabei mit Wasser übergossen. Der Taufende nennt den Täufling beim Namen und spricht die Worte:

Ich taufe dich
im Namen des Vaters
und des Sohnes
und des
Heiligen Geistes.

Besucher: *Woher kommt das Wort »Taufe«?*

Pfarrer: *Von »tauchen«. Denn ursprünglich wurde der Täufling untergetaucht. Die Taufstelle war in den Boden eingelassen und entsprechend tief. Daher der noch gebräuchliche Name »Taufbrunnen«.*

Besucher: *Sie sagten: »Der Getaufte bekennt sich zur Kirche.« In den meisten Kirchen werden doch aber die Kinder im Säuglingsalter getauft.*

Pfarrer: *Ich will Ihnen dies zu erklären versuchen. Die Taufe ist für den Christen mehr als nur ein Bad. Sie ist eine neue Geburt. Der Mensch wird gleichsam neu geboren durch den Glauben an Jesus Christus, »neugeschaffen aus dem Wasser und dem Heiligen Geist«, sagen wir. Er bekommt ein neues Leben, das er vorher nicht hatte. Von dieser Sicht her betrachtet, die übrigens alle großen christlichen Bekenntnisse teilen, ist auch die Kindertaufe begründet. Mit der Heiligen Schrift kann man sie nicht schlüssig beweisen. Aber sie ist eine uralte Tradition. Auch das Kind kann als volles Glied in die Familie der Glaubenden aufgenommen werden. Die Eltern und Paten sollen dann durch ihr Beispiel dem Kind die eigene Entscheidung für den christlichen Lebensweg erleichtern. Vielleicht reicht diese kurze Erklärung, die natürlich einer zweitausendjährigen kirchlichen Praxis nicht auf den Grund gehen kann.*

Was man wissen sollte

Die Taufe ist die Grundlage aller anderen Sakramente.
Die Taufe ist in allen christlichen Kirchen und Gemeinschaften Anfang eines neuen Lebens.
Die Taufe nennen wir das erste Sakrament. Sakrament ist ein heiliges Zeichen, das auf Jesus Christus zurückgeführt wird und Ausdruck christlicher Gesinnung ist.

Wir kennen sieben Sakramente:

1. Die Taufe

2. Die Firmung

(von lat. firmare = stärken, festigen) stellt die Vollendung der Taufe dar. Durch die Kraft des Heiligen Geistes wird der Christ gestärkt zum Bekenntnis seines Glaubens.

3. Die Eucharistie

ist die dankbare Erinnerung an das Leiden und Sterben Jesu Christi und an das Liebesmahl, das Jesus mit seinen Jüngern gefeiert hat.

Brotbrechen – nannten es die ersten Christen.
Herrenmahl – sagten die Christen im alten Rom.
Abendmahl – vom Liebesmahl, das am Abend stattfand, wurde die Bezeichnung auf alle Feiern übertragen, die das Mahl Jesu als Mitte hatten.
Messe – vom Sendungsgruß am Ende der Feier: Ite, **missa** est = Geht, ihr seid gesandt.

4. Die Buße

als Grundhaltung des Christen wird zum äußeren Zeichen in der Beichte.

5. Die Krankensalbung

ist das Zeichen der Stärkung und der Sündenvergebung in Krankheit und Lebensgefahr.

6. Die Ehe

begründet den Lebensbund von zwei liebenden Menschen vor Gott.

7. Das Weihesakrament

Zum apostolischen Dienst werden Männer durch die Weihe ermächtigt.

Dank sei dir, Va-ter, für das ew-ge
Le-ben und für den Glau-ben, den du uns ge-
ge-ben, daß wir in Je-sus Chri-stus
dich er-ken-nen und Va-ter nen-nen.

Da hinten steht der Beichtstuhl

Kommen heutzutage auch noch Leute zum Beichten?

Pfarrer: *Das ist der Platz des Beichtvaters. So nennen wir vertrauensvoll den Geistlichen, der im Auftrag der Kirche den Dienst der Vergebung vollzieht. Das Bußsakrament ist so alt wie die Kirche. Die äußere Form freilich hat sich mehrfach gewandelt.*
Die Urkirche kannte die öffentliche Beichte. Schwere Vergehen wurden im Angesicht der Gemeinde bekannt. Das ist jetzt nicht mehr üblich. Die Einzelbeichte ist die heute praktizierte Form.

Älteste Darstellung der Beichte. Regensburg um 1200

Pfarrer: *Ja. Es gibt feste Zeiten, die unsere Christen kennen. Dann hält sich ein Geistlicher als Beichtvater bereit. Wer nicht im Beichtstuhl beichten will, kann das auch an einem anderen Ort tun.*

Besucher: *Sie kennen sicher den Einwand: »Die Katholiken können sündigen, wie sie wollen. Sie können ja nachher alles wieder beichten.« Ist diese Einstellung nicht schädlich?*

Pfarrer: *Sie ist genauso schädlich wie ein verräterischer Kuß. Wenn jemand die Beichte so versteht, dann fehlt ihm das Wesentliche dabei, nämlich die echte Gesinnung der Umkehr. Eine solche Beichte ist wertlos.*
Ich nehme einen Vergleich zur Hand. Die Mutter ist traurig, weil das Kind abends immer so spät nach Hause kommt. Eines Tages gibt es Tränen. Die Mutter hat für die Zukunft Hausarrest verordnet. Als das Kind verspricht, jetzt immer pünktlich heimzukommen, hebt die Mutter ihr Verbot auf. Sie weiß aber im voraus: Das Kind wird mit Sicherheit wieder zu spät kommen. Sie nimmt aber dennoch das ehrlich gemeinte Versprechen an und baut erneut darauf.
Etwas Ähnliches geschieht bei der Beichte. Gott vergibt die Schuld und ermöglicht einen neuen Beginn, obwohl er weiß, daß der Mensch wieder versagen wird. Das nenne ich Erbarmen.

Besucher: *Der Geistliche ist doch auch nur ein Mensch. Wie kann der wissen, was Gott will?*

Pfarrer: *Ich verstehe Ihre Frage. Sehen Sie, die Christen wissen, daß der Geistliche ein Mensch ist wie sie. Aber sie wissen auch, daß er nicht als Herr Meier handelt, sondern im Auftrag der Kirche. Und die Kirche tut, was ihr Jesus Christus aufgetragen hat. Sie übt Erbarmen und ermöglicht neuen Anfang.*

Der Apfelbaum

(Nach John Kord Lagemann)

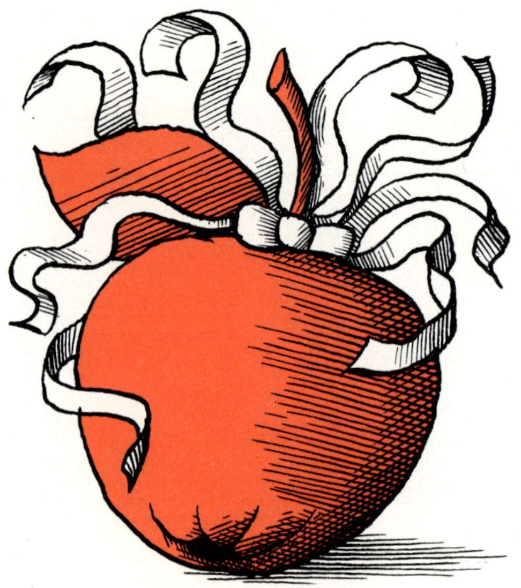

Einmal saß ich bei einer Bahnfahrt neben einem jungen Mann, dem sichtlich etwas Schweres auf dem Herzen lastete. Schließlich rückte er denn auch damit heraus, daß er ein entlassener Sträfling und jetzt auf der Fahrt nach Hause sei. Seine Verurteilung hatte Schande über seine Angehörigen gebracht, sie hatten ihn nie im Gefängnis besucht und auch nur ganz selten geschrieben.

Er hoffte aber trotz allem, daß sie ihm verziehen hatten. Um es ihnen aber leichter zu machen, hatte er ihnen in einem Brief vorgeschlagen, sie sollten ihm ein Zeichen geben, an dem er, wenn der Zug an der kleinen Farm kurz vor der Stadt vorbeifuhr, sofort erkennen könne, wie sie zu ihm stünden. Hatten die Seinen ihm verziehen, so sollten sie in den großen Apfelbaum an der Strecke ein weißes Band einbringen. Wenn sie ihn aber nicht wieder daheim haben wollten, sollten sie gar nichts tun, dann werde er im Zug bleiben und weiterfahren, weit weg. Gott weiß, wohin.

Als der Zug sich seiner Vaterstadt näherte, wurde seine Spannung so groß, daß er es nicht über sich brachte, aus dem Fenster zu schauen. Ein anderer Fahrgast tauschte den Platz mit ihm und versprach, auf den Apfelbaum zu achten. Gleich darauf legte er dem jungen Sträfling die Hand auf den Arm. »Das ist er«, flüsterte dieser, und Tränen standen ihm plötzlich in den Augen, »alles in Ordnung. Der ganze Baum ist voll weißer Bänder.«

In diesem Augenblick schwand alle Bitternis, die ein Leben vergiftet hatte. »Mir war«, sagte der Mann später, »als hätt' ich ein Wunder miterlebt.« Und vielleicht war's auch eins.

Was sind das für Bilder
hier an der Wand?

Pfarrer: *Es sind vierzehn Bilder aus dem Leiden Jesu bis zur Grablegung. Sie finden diese* **Kreuzwegstationen** *fast in jeder katholischen Kirche.*

Kreuzweg

Dieser Kreuzweg zeigt dir Gegenstände und Symbole aus der Leidensgeschichte. Nimm Bleistift und Papier und schreibe ihre Namen der Reihe nach auf. Die Zahl auf dem Stationskreuz gibt an, den wievielten Buchstaben du jeweils unterstreichen sollst. Die unterstrichenen Buchstaben ergeben, hintereinander gelesen, den Namen des Heiligen, dessen Orden die Kreuzwegandacht verbreitet hat.

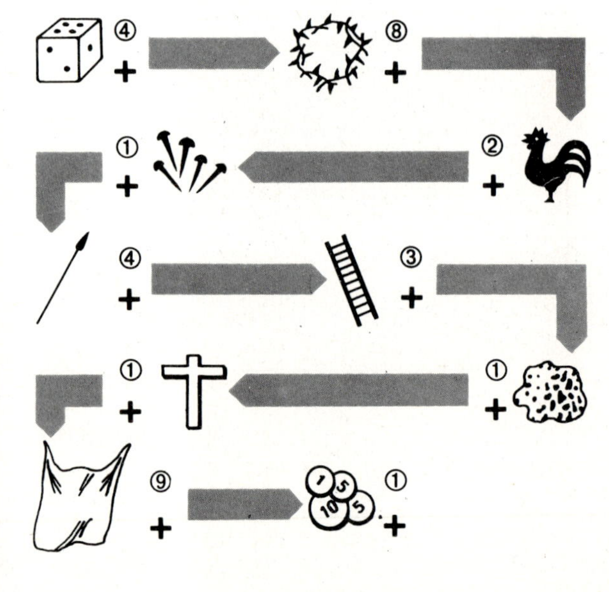

Warum der Kreuzweg gebetet wird

Die Betrachtung des Leidens Jesu zeigt uns: Durch Tod und Auferstehung wurde die Welt befreit. Auch wir kommen durch Jesus Christus vom Tod zum Leben. Deutlich sagen es die Worte, die bei allen Kreuzwegandachten gleich sind: Wir beten dich an, Herr Jesus Christus, und preisen dich, denn durch dein heiliges Kreuz hast du die Welt erlöst.

Fast in jeder katholischen Kirche befinden sich Kreuzwegbilder. Meist sind diese an der Wand befestigt. Gelegentlich finden wir sie auch außerhalb der Gotteshäuser, jedes Bild in einer kleinen Kapelle. Vierzehn Bilder verkünden das Leiden und Sterben von Jesus Christus.

Der erste Kreuzweg

In den Berichten der Evangelisten wird der Weg beschrieben, den Jesus von der Burg Antonia bis zum Berg Golgota gegangen ist. Es ist der letzte Weg des Herrn. Bald wurde dieser Weg in Jerusalem zum Ziel zahlreicher Pilger aus aller Welt. Sie wollten gehen, wo Jesus gegangen war, und machten »Station« an den Stellen, von denen die Überlieferung berichtet. Eine feste Zahl von Stationen gab es nicht. Auch der Inhalt der einzelnen Stationen war am Anfang nicht festgelegt. Man beugte das Knie, weil Jesus gestürzt und wieder aufgestanden war.

Die Kreuzwegandacht

Als die Pilger dann nach Hause kamen, bildeten sie den Kreuzweg nach. Zunächst an Bergen, die als Nachbildung des Hinrichtungsberges von Jerusalem verstanden wurden. Namentlich Wallfahrtsorte bauten Wege zum Kreuzweg aus. Die Zahl der Stationen nahm zu. Im 18. Jahrhundert zählt man die bis heute bekannten 14 Stationen. Inzwischen hatten die Christen dieser beliebten Andachtsform unter dem schützenden Dach ihrer Kirchen einen festen Platz zugewiesen.

Der hl. Franz und der Kreuzweg

Der hl. Franziskus und sein Orden der Minderbrüder haben den Kreuzweg über ganz Europa verbreitet. Seit alter Zeit haben die Franziskanermönche daher das Vorrecht, jeden neu errichteten Kreuzweg einzuweihen. Kleine Holzkreuze erinnern daran.

Auf der Via Dolorosa in Jerusalem, dem Weg, den Jesus als seinen Kreuzweg gegangen ist

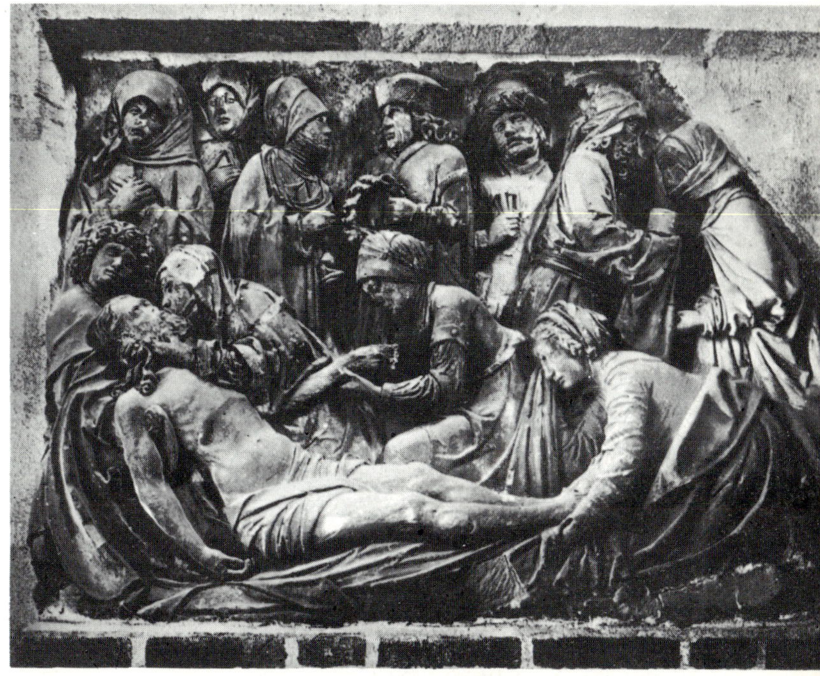

Kreuzwegbild von Adam Krafft, um 1506. Jesus wird ins Grab gelegt.

Im Kreuz ist Heil,
im Kreuz ist Le - ben,
im Kreuz ist Hoff - nung.

Kreuzwegstationen, von Kindern gestaltet

Der Körper ermöglicht Sprache ohne Worte.

Pfarrer: *Ich wollte damit meine Ehrfurcht vor Gott zeigen. In der alten Kirche galt die* **Kniebeuge** *als heidnisch. Die Römer knieten vor dem Kaiser nieder. Die christliche Haltung war das* **Stehen**. *Die aufrechte Haltung sollte Achtung, Bereitschaft und Verehrung gleichermaßen ausdrücken. Erst um die Jahrtausendwende änderte sich das unter dem Einfluß der germanischen Auffassung. Das Knien als Ausdruck der Demut und Anbetung verbreitete sich rasch – nicht ohne Widerstände.*

Der tiefen Ehrfurcht vor dem Sakrament des Altares entsprach das **Knien** *als ideale Körperhaltung. Zeichen der tiefsten Erniedrigung und auch der echten Bußgesinnung ist das Liegen auf dem Boden, wie es in der katholischen Liturgie noch am Karfreitag beim Priester zu sehen ist oder auch bei der Spendung der Priesterweihe. Es fand erst am Ausgang des Mittelalters Eingang in die Liturgie.*

> *Stehen ist das Symbol der Auferstehung und der österlichen Freude;*
> *Knien ist das Symbol des Schuldbewußtseins und der Bußgesinnung.*

Vielleicht gestatten Sie noch eine Bemerkung zum Händefalten.

Das **Händefalten** *entstammt wohl dem germanischen Feudalrecht. Es ist ein Treueversprechen. Der Vasall legt seine Hände in die des Herrn. Die Treue des Untertans wird belohnt durch den Schutz des Herrn. Im Sinne des Treueversprechens geschieht das so noch bei der Priesterweihe bis heute.*

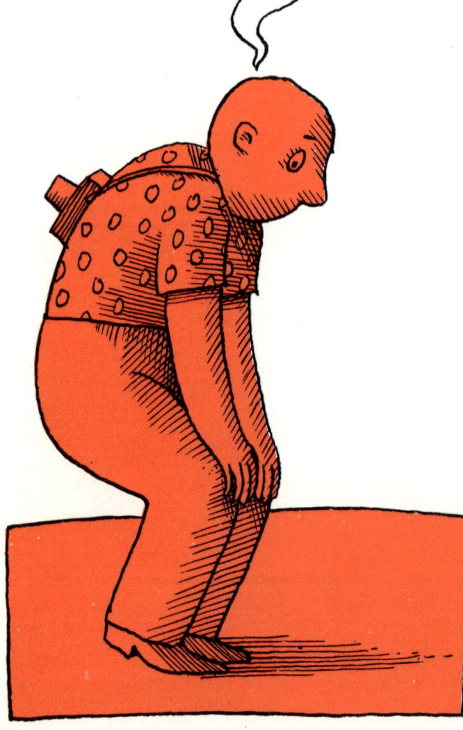

Eine Frage, Herr Pfarrer! Was hat es zu bedeuten, daß Sie sich eben niedergekniet haben?

Der Altar

Hier sind wir im Zentrum unserer Kirche. Sie sehen den Altar. Er hat die Gestalt des Tisches. Denn Jesus hat mit seinen Freunden an einem Tisch das letzte Abendmahl gehalten und ihnen aufgetragen, zu seinem Gedenken immer wieder dieses Mahl zu feiern. So wird Jesus für seine Freunde auch heute in der Feier des Meßopfers gegenwärtig.

Besucher: *Warum sagen Sie Meßopfer?*

Pfarrer: *Gut, daß Sie danach fragen! Ich will es erklären. Ich nannte vorhin diesen Tisch einen »Altar«. Ein Altar ist eigentlich eine Opferstätte. Tiere zum Beispiel wurden geschlachtet und geopfert, um Gott zu versöhnen. Wir Christen erinnern uns auch des Todes unseres Herrn am Kreuz. Sein Tod wird im Gottesdienst gegenwärtig. Und diesen Tod verstehen wir als ein Opfer. Jesus hat sich für uns geopfert, sagen wir.*

Besucher: *Was ist ein Hochaltar? Ich las dieses Wort in einem Kunstführer.*

Pfarrer: *In früheren Zeiten war es üblich, daß sich mehrere Altäre in einer Kirche befanden. Der Hauptaltar der Kirche war der Hochaltar.*

Besucher: *Und stand im Osten des Kirchenraums ...*

Pfarrer: *Ja. Das entspricht dem mittelalterlichen Denken: Im Osten geht die Sonne auf. Die Sonne ist Symbol für Auferstehung und Wiederkehr unseres Herrn. Alle schauen in das Licht. Auch der Pfarrer. So stand er jahrhundertelang mit dem Rücken zum Volk. Heute setzen wir einen anderen Akzent im Gottesdienst. Vereinfacht gesagt: Jesus, unser Bruder, ist unter uns. Wir erfahren seine Gegenwart im Wort und im Mahl. Der Priester ist ein Mensch wie alle an-*

deren, aber er wird auch in der Rolle Jesu erfahren. Er spricht für Jesus – wir hören. Er teilt aus wie Jesus – wir nehmen an. Darum steht der Tisch mitten in der Gemeinde.

Hingabe und Annahme: die Priesterweihe

Gotische Kirche, 15. Jh., Werben

Katholische Kirche in Leipzig-Schönefeld

Die Gestaltung der Kirche folgt einer Idee. Hier ist der Abendmahlssaal Vorbild für die Gestaltung. Welche Unterschiede zu einer gotischen Kirche fallen dir auf? Wie erklärst du die Unterschiede?

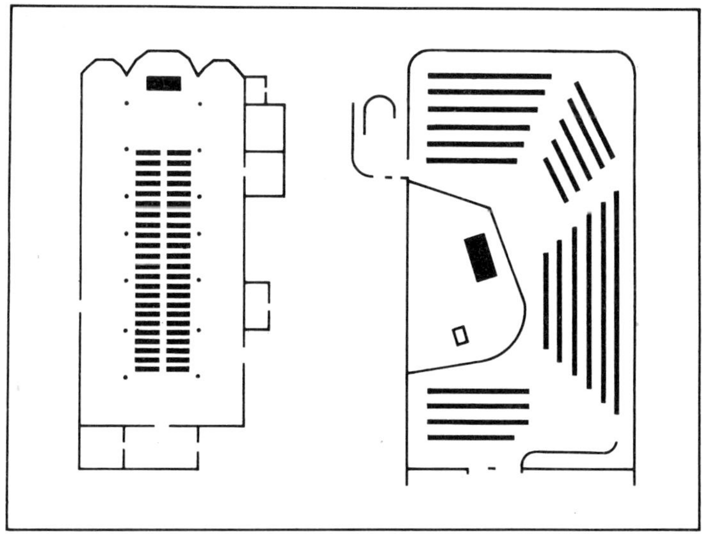

Grundrisse der Kirchen in Werben und Leipzig-Schönefeld

Was man wissen sollte

Opferstätte

ist der Altar in vielen Religionen. Die Juden kannten das Brandopfer. Tiere und Früchte wurden Gott restlos zum Opfer gebracht, daher verbrannt. Der Altar sollte auch an eine besondere Gotteserfahrung erinnern. So baute Noach Gott einen Altar, als er mit seinen Leuten aus der Arche kam.

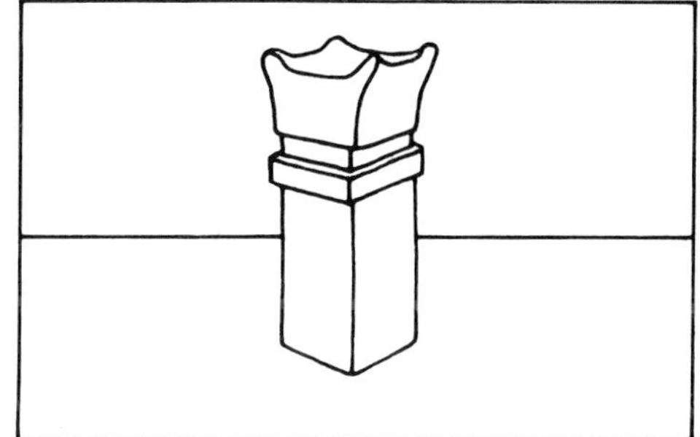

Mahltisch

ist der Altar der christlichen Gemeinde. Der Tisch, an dem Jesus mit seinen Jüngern das Abendmahl feierte, ist Vorbild des christlichen Altars. Der Opfercharakter ist aber auch erhalten. Denn Jesus hat sich geopfert. Darum ist auf jedem unserer Altäre ein Kreuz sichtbar.

Diesen beiden Deutungen *Mahltisch – Opferstätte Christi* fügen wir eine dritte an, die über Jahrhunderte Bedeutung hatte: Der Altar ist auch **Gedächtnisstätte**.
Gedächtnis zuerst an den Tod Christi, dann aber auch an die, die für den Glauben in den Tod gegangen sind. Über dem Grab von Märtyrern errichteten die Leute einen Altar. Daraus erwuchs der alte Brauch, daß in jedem Altar eine Reliquie (s. S. 172) eines Heiligen eingelassen war. Heute ist das nicht mehr unbedingt notwendig.

In der Kirche haben sich – je nach Ort und Zeit – unterschiedliche Altarformen ausgebildet.

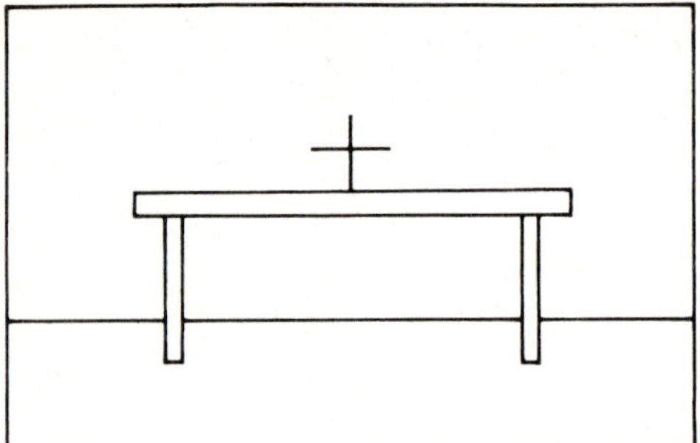

Tischaltar

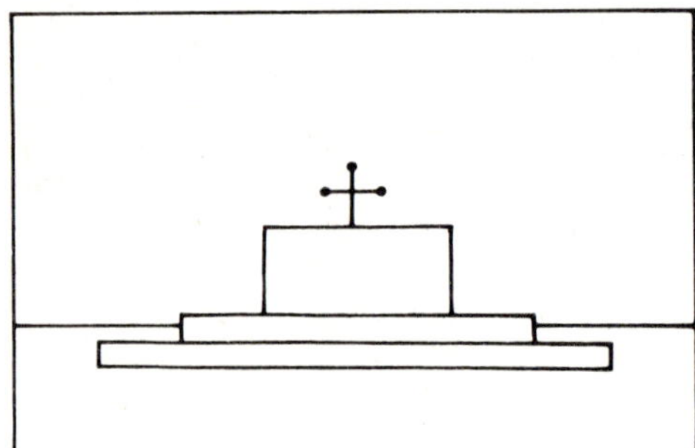

Blockaltar

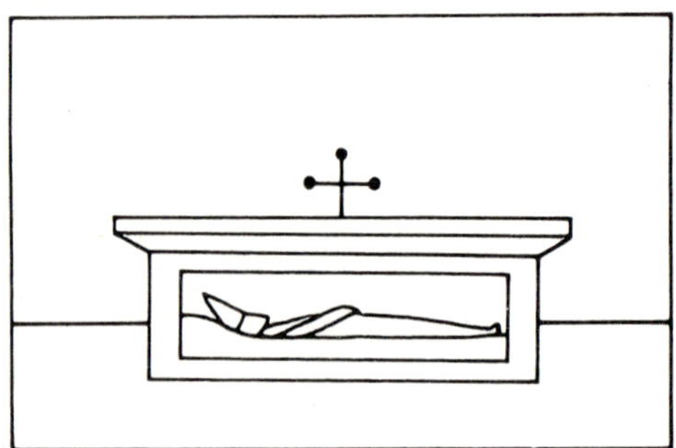

Sarkophagaltar. Der Sarkophag mit dem Leichnam eines Heiligen bildet den Unterbau für die Altarplatte.

Baldachinaltar. Der Baldachin betont die Erhabenheit der heiligen Stätte.

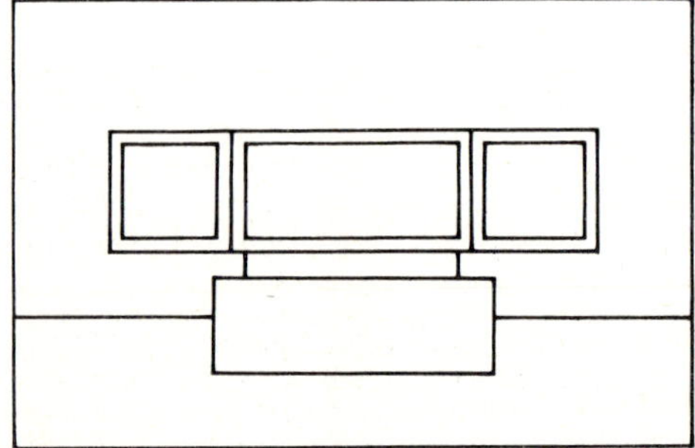

Altar mit Tafelbild oder Schnitzwerk

Flügelaltar in der Marienkirche zu Zwickau mit Heiligenfiguren des jungen Veit Stoß, um 1480

Im Auftrag des Herrn

Nimm Papier und Stift. Schreibe die gesuchten Wörter auf. Dann kannst du die dritten Buchstaben aneinanderreihen. Das ergibt ein griechisches Wort, das »Danksagung« bedeutet.

1. Jesus feierte im Kreis seiner Jünger das
. . . .
2. Welcher Apostel war ein großer Missionar?
. . . . . .
3. Am 2. Februar feiern wir das Fest Mariä
. . . .
4. Wie redet man u. a. auch eine Ordensfrau an?
. . . .
5. Das kleine Kreuzzeichen machen wir zum
. . . .
6. Wer schrieb das zweite Evangelium?
. . . . . .
7. Seine Primiz feiert ein neugeweihter
. . . .
8. Eine Mitra als Kopfbedeckung trägt der
. . . .
9. Das Meßopfer wird dargebracht auf dem
. . . . .
10. Welche Heilige lebte auf der Wartburg?
. . . .
11. Jedes Gebet schließt mit einem
. . . .

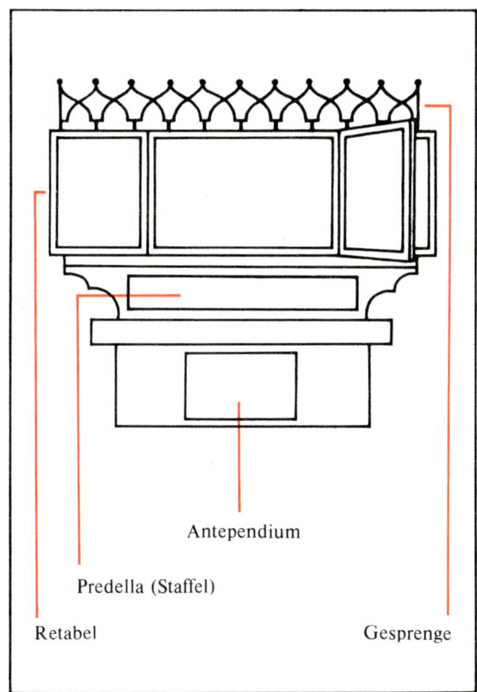

Es gibt verschiedene Typen des Flügelaltars. Solche mit drei Tafeln nennt man Triptychon. Seltener sind Altäre mit zwei Tafeln. Sie werden Diptychon genannt.
Eine Weiterführung des Triptychons ist die sogenannte Wandlung. Bei dieser sind beiderseits mehrere Flügel angebracht. Diese können vor das Mittelbild gewendet werden. Sie zeigen dann auf der Rückseite Motive, die meist dem Kirchenjahr entsprechen.

Der Lettner in der Stiftskirche zu Wechselburg

Priestersitz und Ambo

Pfarrer: *Auf dem Priestersitz nimmt der Priester Platz, der dem Gottesdienst vorsteht. Er tut dies in der Rolle von Jesus, an seiner Stelle. Weil er also Jesus vertritt, ist dieser Ort hervorgehoben, wie Sie sehen.*

Besucher: *Und dies ist das Rednerpult?*

Pfarrer: *Dies ist der Ambo, der dritte wichtige Ort für die Feier des Gottesdienstes. Hier wird das Wort verkündet. Das Wort, sagte ich, und meinte damit die Schriften des Alten und Neuen Testamentes. Aus diesen beiden Büchern wird in jedem Gottesdienst vorgelesen. Daran schließt sich eine Auslegung an.*
Weil dies immer so war, hat jede Kirche einen Ort für das Wort. Verschiedentlich hatte man sogar zwei Orte für das Wort vorgesehen: einen für die Lesungen und einen für die Verkündigung des Evangeliums.
Seit dem 13. Jahrhundert hatte man den Ambo fest mit dem Lettner verbunden und erhöht angebracht. Als Beispiele nenne ich den Dom zu Brandenburg und die Klosterkirche Maulbronn im Schwarzwald. Auch einige Pfarrkirchen in der Steiermark weisen einen Lettner auf.

Das ist der Priestersitz.

Besucher:	*Und die Kanzel, ist sie aus dieser Entwicklung hervorgegangen?*
Pfarrer:	*Ja, im späten Mittelalter war der Ort des Wortes meist an einem Pfeiler der Kirche. Damit war der Sprecher dem Volke näher. Wir dürfen auch nicht vergessen, daß die Kirchen inzwischen wesentlich größer geworden waren.*
Besucher:	*An vielen Kanzeln sieht man dieselben künstlerischen Motive. Wie kommt das?*
Pfarrer:	*Sie haben recht. Wir kennen für die Kanzel des Mittelalters einige Bildprogramme, die sich oft wiederholen:*

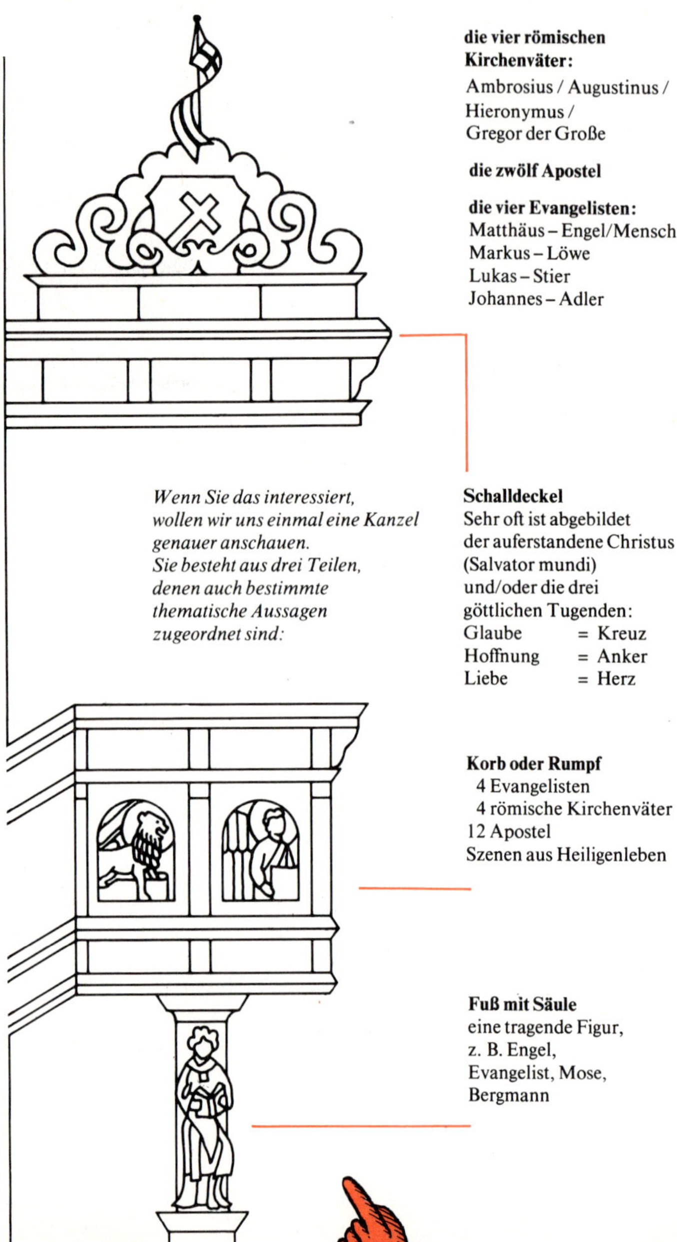

die vier römischen Kirchenväter:
Ambrosius / Augustinus / Hieronymus / Gregor der Große
die zwölf Apostel
die vier Evangelisten:
Matthäus – Engel/Mensch
Markus – Löwe
Lukas – Stier
Johannes – Adler
Wenn Sie das interessiert, wollen wir uns einmal eine Kanzel genauer anschauen. Sie besteht aus drei Teilen, denen auch bestimmte thematische Aussagen zugeordnet sind:
Schalldeckel
Sehr oft ist abgebildet der auferstandene Christus (Salvator mundi) und/oder die drei göttlichen Tugenden:
Glaube = Kreuz
Hoffnung = Anker
Liebe = Herz
Korb oder Rumpf
4 Evangelisten
4 römische Kirchenväter
12 Apostel
Szenen aus Heiligenleben
Fuß mit Säule
eine tragende Figur, z. B. Engel, Evangelist, Mose, Bergmann

Die Tulpenkanzel im Dom zu Freiberg. Hans Witten gestaltete sie als Baum, der reiche Frucht trägt. Auf dem hölzernen Schalldeckel: Maria, umgeben von den Evangelistensymbolen

Ein Priester,

der gern über die Beichte predigte, wurde gemahnt, er sollte doch auch einmal über etwas anderes predigen; z. B. käme jetzt das Fest des hl. Josef. Also begann der Priester: »Wir feiern heute das Fest des hl. Josef. Dieser Heilige war ein tüchtiger Zimmermann. Er hat viele schöne Sachen für die Heilige Familie gebaut, die sie notwendig brauchte. Der hl. Josef ist der Schutzpatron der Kirche, und wenn er heute bei uns wäre, dann würde er das Wichtigste bauen, was wir brauchen: Beichtstühle. Darum wollen wir heute über die Beichte sprechen ...«

Der Diakon

geht nach seiner Predigt zum alten Tom und fragt: »Tom, was gab's denn so Wichtiges, daß Sie während meiner ganzen Predigt geschwätzt haben?« »Das muß ein Irrtum sein«, entgegnete Tom, »ich spreche nämlich nicht im Schlaf!«

Auflösung von S. 28 (TU ES PETRUS):

Die Schlüsselwörter:
Weihrauch, Kardinal, Petrus, Bistum, Fisch
DU BIST PETRUS, UND AUF DIESEN FELSEN WILL ICH MEINE KIRCHE BAUEN (Mt 16,18).

Auflösung von S. 34 (Kreuzweg):

Würfel, Dornenkrone, Hahn, Nägel, Lanze, Leiter, Schwamm, Kreuz, Schweißtuch, Silberlinge. FRANZISKUS

Die Predigt der Kanzel

An dieser Kanzel sehen wir vier geflügelte Wesen. Zum ersten Male tauchen sie in der Gottesschau des Propheten Ezechiel auf (Ez 1). Johannes übernimmt diese Vision in seiner Offenbarung (Offb 4) und schildert, wie diese Wesen ständig zu Gottes Ehre und Lob rufen: »Heilig, heilig, heilig«. Später wurden die vier Wesen auf das Heilswirken Christi gedeutet. Danach weist der Mensch auf die Geburt Jesu, der Stier auf sein Opfer am Kreuz, der Löwe auf den Sieg der Auferstehung und der Adler auf die Himmelfahrt. Eine andere Deutung etwa zur gleichen Zeit ordnet die vier Wesen symbolisch den vier Evangelisten zu. In unserem Rätsel ist auf der Kanzel neben dem Symbol jeweils der Name des Evangelisten in Ornamentschrift angegeben.

Übertrage die gefundenen Buchstaben in die zwei waagerechten Zeilen unter der Kanzel. Es ergibt sich dann bei richtiger Lösung oben der Titel und unten der Name eines Heiligen, der uns die Zuordnung der Symbole zu den Evangelisten überliefert hat. Er starb 420 in Betlehem.

Und so erklärt er die Bedeutung der Symbole
Der erste Evangelist beginnt mit dem Stammbaum, aus dem Jesus hervorgegangen ist.
Symbol: Mensch
Der zweite Evangelist berichtet zuerst von Johannes, dem Rufer in der Wüste.
Symbol: Löwe
Der dritte Evangelist erzählt zu Beginn seines Berichtes vom Opfer des Zacharias.
Symbol: Stier
Der vierte Evangelist eröffnet sein Evangelium mit einer großartigen Gottesschau.
Symbol: Adler

Das Ewige Licht

Was ist das für eine Lampe da?

Pfarrer:
Kennen Sie den Brauch, an einem Gedenktag eine Kerze anzuzünden?

Besucher:
Ja, etwa am Hochzeitstag zündete meine Großmutter eine Kerze an. Dadurch wurde sie an ihren verstorbenen Mann erinnert. So sagte sie.

Pfarrer:
Sehen Sie! Eine ähnliche Aufgabe hat dieses Licht. Es soll erinnern oder aufmerksam machen. In diesem kostbar geschmückten Kästchen bewahren wir das Brot auf, das beim Gottesdienst übriggeblieben ist oder für die Kranken zurückbehalten wurde.
Wir lieben dieses Zeichen des Brotes und glauben, daß Jesus selbst dadurch anwesend ist. Darum erweisen wir diesem gegenwärtigen Jesus alle Ehre.

Besucher:
Das ist wohl dasselbe wie das Sakramentshäuschen in gotischen Kirchen?

Pfarrer:
Ja, wir sagen mit dem lateinischen Wort dazu **Tabernakel**, *das heißt: »Zelt oder Wohnung«. Das Licht heißt »Ewiges Licht«, weil es immer brennt, wenn das heilige Brot hier aufbewahrt wird. Aber vielleicht sagt Ihnen diese Erklärung mehr: Das Brot ist Jesus. Jesus ist Gottes Sohn. In Jesus ist die Güte des ewigen Gottes sichtbar geworden. So beten wir an diesem Ort auch den ewigen Gott an.*

Wir stehen vor dem Marienbild

Tilman Riemenschneider, Maria mit dem Kind, Staatl. Museen Berlin

Pfarrer:

Häufig trägt Maria eine Krone. Sie wird die Königin der Engel und Heiligen genannt. Denn als Mutter von Jesus Christus hat sie unter allen Heiligen einen besonderen Rang. Die katholische und die orthodoxe Kirche können auf eine lange Tradition der Marienverehrung verweisen. In allen Bereichen der Kunst gibt es ungezählte Zeugnisse dieser Verehrung. Dichter, Musiker, Bildhauer, Maler und Baumeister haben ihrer Liebe zur Gottesmutter unvergängliche Denkmale gesetzt.

Ich lese Ihnen einen schönen Text vor, der vor 450 Jahren geschrieben wurde.

> *»Die ›großen Dinge‹ (die Gott an Maria getan) sind nichts anderes, denn daß sie Gottes Mutter ist worden, in welchem Werk so viele und große Güter ihr gegeben sind, daß sie niemand begreifen kann. Denn da folget alle Ehre, alle Seligkeit, und daß sie im ganzen menschlichen Geschlecht eine einzigartige Person ist über alle, der niemand darin gleich ist, daß sie mit dem himmlischen Vater ein Kind, und ein solches Kind, hat. Darum, in einem Wort, hat man alle ihre Ehre begriffen, so man sie Gottes Mutter nennt; kann niemand Größeres von ihr noch sagen, wenn er gleich so viele Zungen hätte, als Laub und Gras, Sterne am Himmel und Sand am Meere ist.«*

Was meinen Sie, wer der Verfasser ist? – Martin Luther hat diese Worte über Maria gesagt.

Aus meiner Kindheit

Im 9. Lebensjahr faßte ich den Entschluß, Priester zu werden. Ich errichtete mir aus Pappschachteln, die mit rotem Kattun überdeckt wurden, auf einer alten Kommode in meinem Schlafzimmer einen Altar. Der Tabernakel war eine hochgestellte Zigarrenkiste. Links und rechts von ihm brannten je zwei weiße Christbaumkerzen, die in kleinen Medizinfläschchen steckten. Als Meßbuch diente das stattliche Gebetbuch meiner Großmutter. Es hatte farbige Bilder, fetten Druck und bunte Bänder als Lesezeichen. Meine Kanzel war ein umgedrehter Sessel. Ich predigte in der Albe – einem ausgedienten Nachthemd meines Vaters. Das Zingulum bestand aus einer grünen Kordel. Während der Predigt zog ich die langen Ärmel meines Nachthemdes fortwährend hoch. Das hatte ich bei unserem Herrn Kaplan gesehen und bewundert.

Mein um drei Jahre jüngerer Bruder machte den Ministranten. Das heißt, der Name Ministrant war ihm zu gering; er wollte als Küster angeredet werden. Um des Friedens willen gab ich nach und ernannte ihn zum Küster. Da unser richtiger Küster in der Kirche einen Talar trug, so steckte er sich in den dunkelgrauen Sommermantel meines Vaters, dessen Ärmel er weit umkrempelte, so daß das helle Futter zu sehen war.

Der Spielverderber war meine Schwester. Zu allen Feierlichkeiten lachte sie – nicht aus Bosheit, sie war der beste Mensch der Welt, sondern weil ich den Dienst so ungeheuer ernst und wichtig nahm.

Der Küster hatte längst das schlechte Betragen der Gemeinde bemerkt. Als er den Wein in einem Milchkännchen reichte, flüsterte er mir zu, daß das unmöglich so weitergehen könnte. Ich suchte ihn zu beschwichtigen, indem ich mit großen Augen, mit Wiegen des Kopfes und Achselzucken auf die Heiligkeit des Ortes und der Handlung hinwies. Als ich mich aber drehte und sah, daß meine Schwester in die Knie gesunken war – nicht aus Ehrfurcht, sondern vom unbändigen Lachen, da gab es keine Rücksicht mehr. Ich zog die stärksten

Register meiner Stimme und sagte mit einem Blick auf meinen Bruder und einer energischen Handbewegung auf meine Schwester: »Küster, schaffen Sie die Frau hinaus!« Der Küster, welcher beweisen wollte, daß er seinem neuen Amt gewachsen wäre, erhob sich blitzschnell aus der Kniebeuge, packte meine Schwester, die vor Lachen wehrlos war, an der Kehle und drängte, drückte und quetschte sie zur Tür hinaus, wobei er über seinen Talar stolperte und sich mit aller seiner Würde und Entrüstung auf der Erde kugelte. Atemlos erhob er sich, krempelte hastig die langen Ärmel wieder um und riegelte die Tür ab. Nachdem Ruhe und Ordnung hergestellt waren, setzte ich die Messe fort. Doch ich kam zu keiner geistigen Sammlung, empört über den Skandal und aufs neue gestört durch meine Schwester, deren Lachen vor der Tür noch lauter wurde. Ich hielt mit dem Küster Rat, was da zu tun wäre. Der Küster wollte sich in seinem Eifer von frischem auf die Frau stürzen und sie zur Räson bringen. Ich aber lehnte ab. Für die Schwester beten, das schien mir kirchlicher und christlicher als Gewaltmaßregeln. Pfarrer und Küster knieten also nieder und beteten ein Vaterunser für die Bekehrung des Sünders. Der Sünder vor der Kirchentür aber dachte nicht an Bekehrung. Er lachte und konnte gar nicht aufhören zu lachen. Als wir bemerkten, daß unser Gebet keinen Erfolg hatte, standen wir auch auf, löschten die Lichter aus, kleideten uns um und traten bekümmert ans Fenster unseres Schlafzimmers, wo wir – seufzend über die Schlechtigkeit der Menschen – den Himmel betrachteten, auf dessen blauer Wiese weiße Wolkenschäfchen friedlich weideten.

(gekürzt) *Johannes Kirschenbauer*

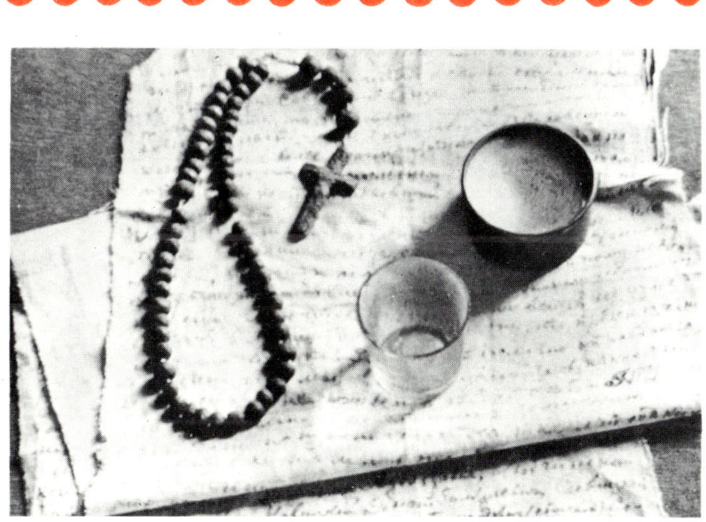

Diesen Rosenkranz haben Häftlinge in einem faschistischen Konzentrationslager aus Brotteig geknetet.

Rosenkranzformen

Dominikanischer Rosenkranz	Heutiger Rosenkranz	Fingerrosenkränze
15 Vaterunser-Perlen 150 Ave-Perlen	5 Vaterunser-Perlen 50 Ave-Perlen 5 Einleitungsgebetsperlen	für 1 Gesätz

Vergleiche dazu in »Gotteslob«, Nr. 33, die Anordnung der Gebete und die auf Jesus Christus bezogenen Einschub-»Sätze«.

Besucher:
Gut! Gegen die Verehrung eines Menschen ist nichts einzuwenden. Aber in ihren Gebetbüchern stehen Mariengebete, die sich in der Form kaum von einem Gebet zu Gott unterscheiden. Was sagen Sie zu dem alten Vorwurf: »Die Katholiken beten Maria an!«

Pfarrer:
Dazu gestatten Sie mir bitte zwei Antworten:
1. *Was Sie an den Texten beobachtet haben, stimmt teilweise. Sie können auch die Bitte eines Kindes an die Mutter hernehmen: »Liebe Mutti, du bist so gut. Bitte doch den Vati, daß er mich nicht straft.« Klingt das nicht wie ein Gebet? Ist das schon Anbetung? Wir meinen, nein.*
2. *Der Volksmund sagt: »Hans betet seine Gretel an.« Gemeint ist doch bedingungslose Liebe. Wenn Sie das mit Anbetung in bezug auf Maria meinen, kann ich Ihnen zustimmen. Aber wir katholischen Christen wissen, daß Anbetung im strengen Wortverständnis nur einem zukommt, nämlich Gott allein.*

Besucher:
Ist nicht der Rosenkranz ein Mariengebet?

Pfarrer:
Ja, da haben Sie recht. Das Rosenkranzgebet ist ein betrachtendes Gebet. Es ist gerichtet an die Mutter Jesu. Zugleich schaut es aber auf das Wirken ihres Sohnes. Und im Hintergrund deutet es das Handeln Gottes an Maria.

Besucher:
Was ist das: Rosenkranz?

Pfarrer:
Der Rosenkranz ist eine Perlenkette mit einem Kreuz. An den Holzperlen werden die einzelnen Gebete gezählt.

Besucher:
Ist er so etwas wie die Gebetsschnur der Mohammedaner?

Pfarrer:
Ja, richtig. Die Moslems benutzen eine Gebetsschnur mit 99 Knoten. Damit zählen sie die 99 Eigenschaften Allahs, um keine beim Gebet zu vergessen. Übrigens: die Tibetaner kennen die Gebetsschnur schon seit Jahrtausenden. Uns wurde diese Gebetsform von den ägyptischen Mönchen etwa im 11. Jahrhundert überliefert. Dies hier ist ein solches »Gebetbuch« aus Perlen. Auch der Blinde kann damit beten.

Besucher:
Was hat solch eine Perlenschnur mit Rosen zu tun?

Pfarrer:
Der mittelalterliche Mensch gab seinen Gebetbüchern gern Namen wie »Blumengarten« oder ähnlich. Daher wird der Rosenkranz üblicherweise erklärt als ein Kranz von Rosen zu Ehren der hl. Maria.

Folgen Sie mir
nun in die Sakristei

Pfarrer:
Dies ist der Raum der Vorbereitung. Hier werden die Geräte und Gegenstände bereitgehalten, die für den Gottesdienst benötigt werden. Hier kleiden sich die Priester und Ministranten um. Das ist das Reich des Küsters.
Werfen wir einen Blick in zwei Schränke. Hier in diesem Schrank befinden sich die Kelche und die anderen Geräte, wie Monstranz, Leuchter, Klingeln, Weihrauchfaß, Kännchen und Schale für die Spendung der Taufe. Im Schrank daneben hängen die liturgischen Gewänder.

Kaselalbe; sie wird in unseren Tagen gern bei der Konzelebration getragen.

Besucher:
Warum sind die Gewänder so buntfarbig gehalten?

Pfarrer:
Die Farbe gehört wie die Musik, das Wort, der Geruch (Weihrauch) und die Bewegung zu einem festlichen Gottesdienst. Die Farben und ihre Bedeutung will ich ihnen erläutern:

Der Überlieferung zufolge hat die hl. Elisabeth eigenhändig an diesem Meßgewand gestickt. Heute im Domschatz zu Erfurt.

Sakristeischrank

Auflösung von S. 38 (Im Auftrag des Herrn):

1. Abendmahl, 2. Paulus, 3. Lichtmeß, 4. Schwester, 5. Evangelium, 6. Markus, 7. Priester, 8. Bischof, 9. Altar, 10. Elisabeth, 11. Amen.
Der gesuchte Begriff lautet: EUCHARISTIE.

Weiß	→	Freude, Herrlichkeit an Herren- (Christus-) Festen Marientagen Bekenner- und Heiligentagen
Rot	→	Blut, Feuer, Liebe an Pfingsten (Hl. Geist) Karfreitag Martyrertagen
Grün	→	Hoffnung, Alltag an Sonntagen im Jahreskreis Wochentagen ohne besonderes Gedenken
Violett	→	Erwartung, Buße an Sonn- und Wochentagen im Advent, in der Fastenzeit

Besucher:
Sie haben doch im Schrank auch schwarze und rosa Gewänder. Werden die noch benutzt?

Pfarrer:
Sie können, aber müssen nicht benutzt werden. Schwarz war bis vor wenigen Jahren die klassische Karfreitagsfarbe. Schwarz trug der Pfarrer auch zu Sterbemessen und zu Totenfeiern. Jetzt ist für Karfreitag rot vorgesehen, und die Sterbemesse kann mit violetter Kleidung gefeiert werden. Denn die Farbsymbolik von Violett spricht mehr von Hoffnung, gibt aber auch der Trauer Ausdruck.
Rosa wurde bis vor kurzer Zeit nur zweimal im Jahr getragen: einmal sonntags in der Adventszeit und in der Fastenzeit. Jetzt kann statt Rosa auch Violett als liturgische Farbe gewählt werden.
Für heute genug! Ich danke Ihnen, meine Damen und Herren, für Ihre Aufmerksamkeit und für Ihr Interesse. Vor allem für die Ehrfurcht, die Sie gezeigt haben. Für unsere Gemeinde ist die Kirche ein »Zuhause«. Ich hoffe, daß Sie das gespürt und vielleicht ein besseres Verständnis für die katholische Kirche gewonnen haben.

Der Meßkoffer

Die Geschichte beginnt in einer Ministrantenstunde. Da fragte der Kaplan: »Wer will am Sonntag mit mir auf die Außenstation fahren?« Robert, einer der Jüngsten aus der Gruppe, meldete sich. Im stillen freute er sich auf die Autofahrt. »Gut«, sagte der Kaplan; »sei pünktlich um acht hier. Du packst den Meßkoffer. Wenn ich dann von der Frühmesse komme, können wir gleich los. Du weißt doch, was alles in den Meßkoffer hineinkommt?« Robert nickte. »Das haben wir ja in der Ministrantenstunde geübt.« Zu Hause wollte er aber doch noch einmal im Ministrantenbuch nachsehen, um auch nichts zu vergessen. Doch wie das so geht, es kam dies und das dazwischen. Robert dachte den ganzen Samstag mit keiner Silbe an den Meßkoffer. Erst beim Abendgebet ging ihm urplötzlich ein Licht auf und der Koffer zu Herzen. Er bat die Mutter dringend, sie möge ihn rechtzeitig wecken.
In Gedanken trug er alle Gegenstände zusammen, die in den Koffer gehörten. Darüber schlief er ein.
Er mußte es wohl verschlafen haben. Denn als er sich auf dem Weg zur Kirche befand, schlug die Glocke schon achtmal. Robert schwitzte. In der Sakristei suchte er den Koffer. Als er ihn öffnete, sprangen ihm kleine Katzen entgegen. Er suchte weiter. Wo war nur die Hostienschale? Das Zingulum hing an der Lampe. Und das Lektionar war auf russisch geschrieben. So was! Gehörte nicht auch der Kollektenkorb in den Koffer? Aber der wollte nicht mehr hineinpassen. Robert kniete sich auf den Koffer und drückte und drückte. Aber die Schlösser schnappten nicht ein. Außerdem hingen die Bänder vom Schultertuch heraus. Als er sie fassen wollte, gab es einen lauten Krach. Robert brach in den Koffer ein und – wachte auf. Ein Glück, es war nur ein Traum gewesen.
Als die Mutter klopfte, saß er schon über dem Ministrantenbuch. Ihr könnt inzwischen das Durcheinander in dem Koffer ein wenig ordnen. Mal sehen, ob ihr auch alles zusammenbekommt, was in den Meßkoffer gehört.

Wir packen mit Robert den Meßkoffer

Die alphabetisch geordneten Großbuchstaben verbinden wir mit dem Buchstabensalat dahinter, schütteln das Ganze und verstauen die richtigen Gegenstände im Koffer.
Viel Glück dabei!

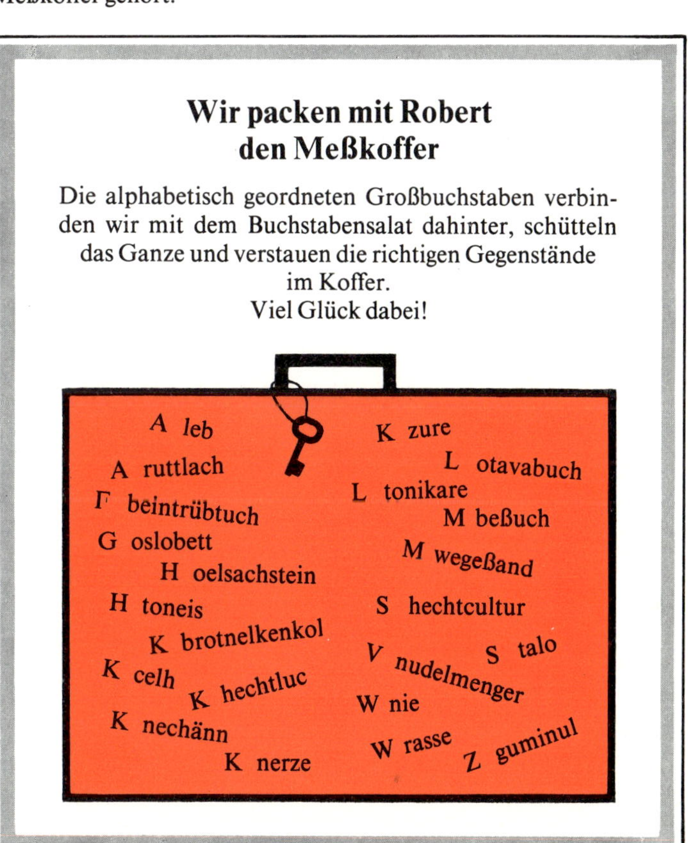

Notizen aus einem Reisetagebuch

über die Ostkirche

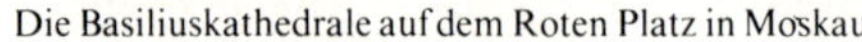

Die Basiliuskathedrale auf dem Roten Platz in Moskau

Die Kuppeln sprechen eine besondere Sprache

8. April: Nach der Glaubensstunde Austausch über Urlaubspläne. Um meine Rumänienreise werde ich beneidet. »Ostkirche«, »romanische Sprache«, »herrliche Klosterbauten« und ähnliche Stichworte fallen. Muß mich unbedingt noch informieren!

9. April Lexikon studiert. Rumänien: Volksdemokratie in Südosteuropa, 18,6 Millionen Einwohner, davon 86% Rumänen, größtenteils Nachkommen der romanisierten Daker. Hauptstadt: Bukarest. Lage: im Westen die ungarische Tiefebene, im Osten das Schwarze Meer. Rumänien wird von den Karpaten durchzogen, die über 2500 m Höhe erreichen. Hauptfluß ist die Donau, die zum Teil die Landesgrenze bildet. Die Landschaft Moldau, östlich von Siebenbürgen, von 1350–1859 selbständiger Staat, ist bekannt wegen der Moldau-Klöster. – Über Ostkirche werde ich den Kaplan fragen.

Zwei orthodoxe Bischöfe in Rom

Die Sprache der Kuppeln

Orthodoxe Kirchen erkennen wir schon äußerlich an den Kuppeln. Ihre Anzahl will uns etwas sagen.

Eine Kuppel auf einem Gotteshaus will uns erinnern, daß Jesus Christus das Haupt der Kirche ist.

Drei Kuppeln sind ein Hinweis auf den dreifaltigen Gott, den Vater, den Sohn und den Heiligen Geist.

Fünf Kuppeln sind ein Bild für Jesus Christus und die vier Evangelisten, die seine Botschaft in die Welt getragen haben.

Sieben Kuppeln deuten auf die sieben Sakramente der Kirche hin, durch die wir zum Heil gelangen.

Neun Kuppeln stellen die neun himmlischen Chöre der Engel dar, die singend vor Gottes Thron stehen.

Dreizehn Kuppeln bezeichnen Jesus Christus als das Haupt und die zwölf Apostel, die aus seinem Wort leben.

Was der Kaplan wußte

Ostkirche? Nun, das sind alle christlichen Kirchen im Osten Europas und im Vorderen Orient. Sie waren ursprünglich mit der katholischen Kirche vereinigt, haben sich aber allmählich gelöst und 1054 endgültig getrennt. Dazu gehören die orthodoxen Kirchen, zum Beispiel die griechisch-orthodoxe und die russisch-orthodoxe Kirche. Es gibt kleine Teile der Ostkirche, die sich nach langer Eigenständigkeit wieder mit Rom vereint haben. Das sind die unierten Kirchen.
Die Ostkirche hat kein Oberhaupt, das unserem Papst entspricht. Eine gewisse Oberhoheit hat der Patriarch von Konstantinopel, sozusagen ehrenhalber wegen der Bedeutung der Stadt.

orthodox
von griech. orthos = gerade, richtig; und doxa = Glaube: heißt rechtgläubig.
uniert
von lat. unio – Vereinigung: heißt vereinigt

Die Lehre der Ostkirche ist fast die gleiche wie die unsre. Nur die Rolle des Papstes wird nicht anerkannt. Gemeindeleben und Liturgie sind stark östlich gefärbt, eben wie es der Mentalität der Gläubigen in diesen Ländern entspricht.

Auflösung von S. 41 (Predigt der Kanzel)

Auf der Kanzel: MATTHÄUS, MARKUS, LUKAS, JOHANNES

Aus den Buchstaben entstehen unter der Kanzel der Titel KIRCHENLEHRER und der Name HIERONYMUS

Ostkirche

ist die **Gesamtheit der christlichen Kirchen**, die aus der alten Kirche **in der östlichen Hälfte** des Römischen Reiches hervorgegangen sind . . . Es werden vier ungleich große Gruppen unterschieden (vgl. dazu die Tabelle S. 48):

1. orthodoxe Kirchen
- die vier alten Patriarchate
- die von Konstantinopel aus gegründeten Nationalkirchen

2. monophysitische Kirchen

3. nestorianische Kirche

4. die mit dem Päpstlichen Stuhl **unierten Kirchen** aus den Gruppen 1–3

Die Trennung der ersten drei Gruppen vollzog sich während der Dogmenbildung in der alten Kirche. Anlaß gaben Streitfragen um die Person Christi und Unterschiede in der Denkweise und im Lebensgefühl der Völker.

Auflösung von S. 45 (Wir packen mit Robert den Meßkoffer):

Albe, Altartuch, Fürbittenbuch, Gotteslob, Hostienschale, Hostien, Kollektenkorb, Kelch, Kelchtuch, Kännchen, Kerzen, Kreuz, Lavabotuch, Lektionar, Meßbuch, Meßgewand, Schultertuch, Stola, Vermeldungen, Wein, Wasser, Zingulum.

Die Ostkirchen

Orthodoxe	Die alten Patriarchate:	Konstantinopel Alexandrien Antiochien Jerusalem	In der Lehre wesentliche Übereinstimmung mit der römisch-katholischen Kirche.
	Die Nationalkirchen:	Griechische Kirche Russische Kirche Südslawische Kirche Bulgarische Kirche Rumänische Kirche Georgische Kirche	Nicht anerkannt: Vorrang des Papstes Lehre vom Fegefeuer Anerkennen die sieben alten Konzilien (→ S. 50)
	Erzbistum Zypern		
Gesamt: ca. 140 Mill.	Neubildungen in	Polen, Estland, ČSSR, Finnland, Albanien	
Monophysiten	Jakobitische Kirche	in: Syrien, Irak, Kurdistan, Libanon, Indien (Thomas-Christen)	Anhänger einer frühchristlichen Irrlehre: Jesus Christus sei wahrer Gott, aber nicht zugleich Mensch wie wir.
	Koptische Kirche	in: Oberägypten	Im 6. Jh. Abspaltung von der Kirche unter Bischof Jakob Baradai (Jakobiten)
	Äthiopische Kirche	in: Äthiopien	
Gesamt: ca. 8 Mill.	Armenische Kirche	in: Armenien, Iran, Indien	Anerkennen die ersten drei Konzilien
Nestorianer	Erzbistum im Irak Bistum im Iran Erzbistum in Indien (Thomas-Christen)		Anhänger des Nestorius, dessen Irrlehre über Jesus Christus 431 auf dem Konzil zu Ephesos verurteilt wurde (→ S. 412) Mission bis Indien (Thomas-Christen) und China. Mitte des 16. Jh. vereinigte sich ein großer Teil mit Rom und erhielt den Namen »Chaldäische Kirche«. Anerkennen die ersten zwei Konzilien.
Gesamt: 2,3 Mill.			
Unierte	Orthodoxe	Melchiten (in Syrien)	Mit der katholischen Kirche vereint, erkennen sie die Unfehlbarkeit und den Vorrang des Papstes an, behalten aber ihre Eigenheiten in Liturgie und kirchlichem Leben.
	Monophysiten	Westsyrisch-antiochische Kirche Maroniten (im Libanon) Malankaresen (Thomas-Christen) unierte Äthiopische Kirche unierte Armenische Kirche	
Gesamt: ca. 2 Mill.	Nestorianer	Chaldäische Kirche (in Indien: Thomas-Christen)	

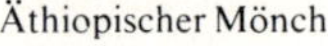

Äthiopischer Mönch

Maronitischer Bischof beim Konzil in Rom

Thomas-Christen in Indien

Fast zweitausend Jahre leben in Indien Christen. Alter Überlieferung zufolge kam der Apostel Thomas um 50 n. Chr. nach Malabar, dem heutigen Bundesstaat Kerala.

Das Neue Testament berichtet nichts davon. Die früheste schriftliche Kunde geben die sogenannten »Thomasakten«, eine apokryphe Apostelgeschichte aus dem 3. Jahrhundert. Dieses Schriftstück berichtet ausführlich von der Ankunft und der Mission des Apostels in Südindien. Tausende soll er bekehrt haben. Auch den König Gundaphorus mit seiner Familie habe er zum Christentum geführt. (Dieser König ist durch Münzfunde historisch nachweisbar.)

Kirche der Thomas-Christen in Kerala (Südindien)

Ein Thomas-Christ. Er könnte Petrus heißen.

Seine Missionserfolge brachten ihm aber die Feindschaft der Priesterkaste der Hindu ein, die auf seine Ermordung drängte. Von Lanzenstichen tödlich verwundet, starb er am 3. Juli 72 in Mylapore. Eine Kirche wurde ihm zu Ehren errichtet. Bis heute verehren die indischen Christen in Mylapore sein Grab in der Kirche auf dem St.-Thomas-Mount (= Berg).

Legenden und Hinweise über den Aufenthalt des Heiligen gibt es in Fülle. Schon Bischof Ambrosius von Mailand († 397) erwähnt das Wirken des Thomas in Indien.

Darüber hinaus bezeugen die fast ununterbrochene Tradition der südindischen Christen, ferner die Apostelverzeichnisse diese Überlieferung.

Seit dem 4. Jahrhundert bekam die Gemeinde ein syrisches Gepräge. Der Missionar Thomas von Kana (oder Jerusalem) hatte die syrische Sprache eingeführt, die bis 1962 Liturgiesprache blieb.

Im übrigen aber sind Gottesdienstgestalt und Lebensführung völlig in die einheimische Kultur und Tradition eingebunden.

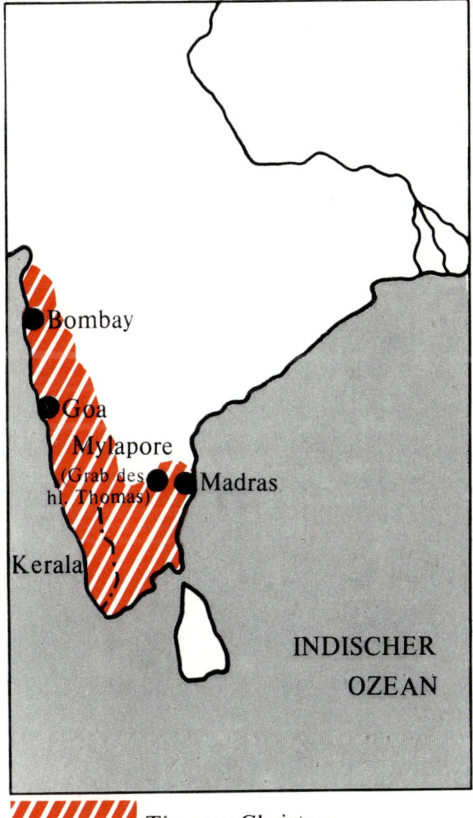

Thomas-Christen in Südindien	um 1900	1983
Gläubige	ca. 300 000	2,6 Mill.
Weltpriester	428	1 800
Ordenspriester	66	2 300
Ordensschwestern	80	14 800

Unsere Glaubensbrüder

Als die portugiesischen Kolonialisten im 16. Jahrhundert in Indien landeten, wurden sie von den Thomas-Christen als Glaubensbrüder freudig empfangen. In der Folgezeit aber unternahm Rom den Versuch, die Thomas-Christen von ihren alten, in Indien gewachsenen Formen abzubringen und die römische Kirchenordnung einzuführen. Der Versuch scheiterte. Hatten sich die Thomas-Christen bisher nicht als von Rom getrennte Christen verstanden, so kam es jetzt zur betonten Eigenständigkeit und zur Aufspaltung in mehrere Richtungen. 1896, unter Papst Leo XIII., erhielt ein großer Teil der Thomas-Christen einheimische Bischöfe ihres eigenen Ritus.

Allgemein werden die Thomas-Christen unter den Ostkirchen aufgezählt. Der Grund dafür liegt in der seit dem 5. Jahrhundert erfolgten Beeinflussung durch die Lehren des Nestorianismus. Noch heute gibt es eine kleine Sondergemeinschaft von Nestorianern unter ihnen.

24. April: Der Kaplan hat mir ein Buch über Kirchengeschichte ausgeliehen. Läßt sich ganz gut lesen. Man müßte mal in der Glaubensstunde über die Ostkirche sprechen. Keiner weiß da so richtig Bescheid. Vielleicht nach dem Urlaub, mit Dias und einem Reisebericht. Werde mir jedenfalls Notizen machen.

In der Kirchengeschichte geblättert

Reichsteilung – unterschiedliche Sprachen – Kirchenspaltung

Im Jahre 330 verlegt Kaiser Konstantin seinen Regierungssitz von Rom nach Byzanz, das von da an Konstantinopel (heute Istanbul) heißt. Um der Stadt auch kirchlicherseits einen besonderen Rang zu geben, erklärt der Kaiser, daß der Bischof von Byzanz im Rang unmittelbar dem Bischof von Rom folgt. Der Kaiser kann nicht vorausahnen, daß dies zu einem Ausgangspunkt für die erste große Kirchenspaltung wird. Nach dem Tode Theodosius' des Großen († 395) wird das Römische Reich in ein West- und ein Ostreich, mit den Hauptstädten Rom und Konstantinopel, geteilt. Die Kirchensprache war damals schon nicht mehr einheitlich.

Im Osten wird die Liturgie in griechischer, im Westen in lateinischer Sprache gefeiert.

Man redet auch im übertragenen Sinn in verschiedenen Sprachen.

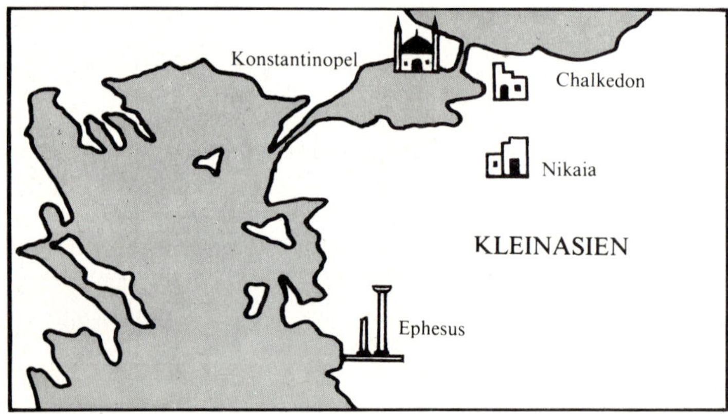

Die sieben »alten« Konzilien fanden im Ostreich statt:
1. Nikaia 325, 2. Konstantinopel 381, 3. Ephesus 431, 4. Chalkedon 451, 5. Konstantinopel 553, 6. Konstantinopel 680, 7. Nikaia 787.
Nur diese sieben Konzilien werden von den Orthodoxen anerkannt.

Zum offenen Konflikt zwischen der Kirche des Ostens und der des Westens kommt es auf der Synode von Toledo (589). Rom macht unter anderem seine Vormachtstellung geltend. Den Titel »Ökumenischer Patriarch« (Patriarch der ganzen Christenheit), den der Bischof von Konstantinopel trägt, bezeichnet Rom als Anmaßung.

Die Hagia Sophia (= Heilige Weisheit) wurde im 6. Jahrhundert als christliche Kirche gebaut und 1000 Jahre später zur islamischen Moschee umgestaltet. Seit 1934 ist sie Museum.

Innenraum der Hagia Sophia

Das 7. Ökumenische Konzil in Nikaia (787)
Ein Irrlehrer unterwirft sich dem gemeinsam gesprochenen Urteil von Kaiser und Bischöfen. Byzantinische Buchmalerei, Ende 10. Jh.

1054 bricht die Einheit endgültig auseinander. Ursachen sind Kleinigkeiten, die aus rein politischen Gründen in den Vordergrund gespielt werden. Während eines Gottesdienstes übergeben Gesandte des Papstes dem Patriarchen die Bannbulle. Darin wird der Patriarch als Feind des Glaubens und der Kirche verdammt. Der Patriarch von Konstantinopel vergilt Gleiches mit Gleichem.
Erst nach reichlich 900 Jahren, nämlich im Jahre 1965, erklären Ostkirche und Westkirche die gegenseitige Exkommunikation von 1054 für aufgehoben.

Diakon und Priester in ihren liturgischen Gewändern

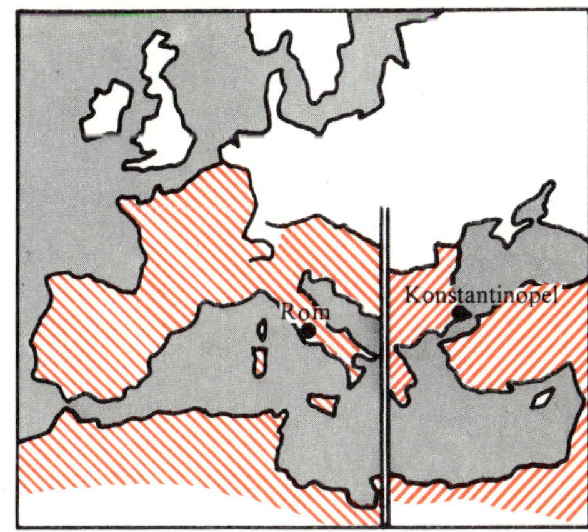

Die Trennung von Ostreich und Westreich

Papst Paul VI. und Patriarch Athenagoras versöhnen sich.
Ist dies der erste Schritt zur Einheit?

ökumenisch
Das griechische Wort oikuméne bezeichnet die bewohnte Erde. Es steckt darin das Wort oikos (= Haus). Im Verständnis der Ostkirche heißt ökumenisch soviel wie »von der ganzen bewohnten Erde«.

Patriarch
das Wort setzt sich zusammen aus lat. pater (= Vater) und griech. archaios (= uralt). Es gilt sowohl für die alttestamentlichen Stammväter wie auch für die Bischöfe bestimmter Bischofssitze, besonders der Ostkirche.

Synode
von griech. synhodós (= gemeinsamer Weg); das Wort bezeichnet wie das lat. consilium: Konzil (= Rat), eine Versammlung, hier eine Bischofsversammlung.

Das Rila-Kloster in Bulgarien. Wohnhaus der Mönche

Rila-Kloster. Blick auf die Klosterkirche

In der Vorhalle

Aus der Liturgie der russisch-orthodoxen Kirche

Sehnsucht nach Versöhnung und Frieden unter den Christen und zwischen den Völkern spricht aus diesen Fürbitten. Sie werden in jedem Gottesdienst feierlich gesungen.

Diakon
Wieder und wieder lasset uns in Frieden beten zu dem Herrn.

Пáки и пáки мíром Гóсподу помóлимся.

Chor:
Herr, erbarme Dich.

Гóсподи, помúлуй.

Diakon:
Um den Frieden von oben und um das Heil unsrer Seelen lasset uns beten zu dem Herrn.

О свы́шнем мúре, и спасéнии душ нáших, Гóсподу помóлимся.

Chor:
Herr, erbarme Dich.

Гóсподи, помúлуй.

Diakon:
Um den Frieden der ganzen Welt, um den Wohlbestand der heiligen Kirchen Gottes und um die Einigung aller lasset uns beten zu dem Herrn.

О мúре всегó мúра, благостоя́нии святы́х Бóжиих церквéй и соединéнии всех, Гóсподу помóлимся.

Chor:
Herr, erbarme Dich.

Гóсподи, помúлуй.

Typisch für die orthodoxen Kirchen im Moldaugebiet ist die farbige und figürliche Bemalung der Außenwände. Im Bild: die Kirche von Sucevița (Rumänien)

10. Juni: Letzte Reisevorbereitungen. Noch drei Farbfilme für Dias gekauft. Belichtungsmesser!!! Morgen geht es los mit dem Orientexpreß.

11. Juni: Endlose Bahnfahrt! Ziemlich k. o. in Suceava angekommen. Abends noch einen kleinen Stadtbummel gemacht. Überall gemütlich plaudernde Leute vor den Häusern. Strömen irgendwie Ruhe aus. Alle grüßen freundlich.

12. Juni: Der Obst- und Gemüsemarkt ist ein Gedicht. Herrliche Südfrüchte. Habe nicht widerstehen können und Melonen gekauft. Die freundliche Bauersfrau konnte etwas Deutsch. Sollte mir unbedingt das Kloster in Sucevița ansehen.

Abends: das erstemal in eine orthodoxe Kirche geschaut, sozusagen »Ortsbegehung«. Es herrscht ein ständiges Kommen und Gehen. Die Leute bekreuzigen sich, kaufen eine Kerze, stellen sie vor das Bild der Muttergottes oder eines Heiligen, entzünden sie und beten eine Weile. Bevor sie wieder gehen, verneigen sie sich mehrmals vor verschiedenen Bildern. Erkennen kann ich nicht sehr viel, weil der Gottesdienstraum nur von Kerzen erhellt ist.

13. Juni: Bin vor der Kirche beinahe gestolpert. Die wunderschöne Malerei auf der Außenwand der Kirche habe ich gestern gar nicht bemerkt.

Vor lauter Schauen habe ich nicht auf die Stufen geachtet. Es ist überwältigend! In der strahlenden Sonne leuchten die Farben, als wäre die Kirche erst gestern frisch bemalt worden. Ich gehe erst mal um die Kirche herum. Das reinste Evangelium in Bildern. Es ist Zeit hineinzugehen. Schon an der Tür kommt mir der Geruch von Weihrauch und brennenden Kerzen entgegen. Viele Leute sind gekommen. Alle stehen und sind im Gebet versunken. Bänke gibt es keine. Ich weiß gar nicht, wo ich zuerst hinsehen soll. Mich nimmt das große Christusbild in der Kuppel sofort gefangen.

Nun kann ich zwischen den Menschen hindurchschauen und die Bilderwand betrachten. Das also ist eine Ikonostase.

Metropolit Philaret beim Gottesdienst

Die Ikonostase

= Bilderwand, auch der Ikonostas genannt, von griech. eikón (= Bild) und hístemi (= stellen). Die Ikonostase entstand im Laufe des Mittelalters aus den Altarschranken. Sie trennt den Altarraum vom Kirchenschiff.

Die Ikonostase

Drei Türen, kunstvoll verziert, durchbrechen die Bilderwand:
die mittlere, die Königs- oder Paradiestür, führt zum Altar;
die linke zum Tisch, auf dem die Opfergaben vorbereitet werden;
die rechte in die Sakristei.

Die Königstür wird während des Gottesdienstes mehrfach geöffnet und wieder geschlossen. Da der Altarraum das himmlische Jerusalem darstellt, das Kirchenschiff dagegen das irdische Dasein des Menschen, hat jedes Öffnen und Wiederschließen der Tür eine liturgische Bedeutung. Auf den oberen Feldern der Königstür befinden sich Bilder von der Verkündigung (Maria und der Engel Gabriel), denn das Ja der Gottesmutter hat die verschlossene Paradiestür wieder geöffnet. Darunter sind Ikonen von den Evangelisten zu sehen, weil sie diese frohe Botschaft in die Welt getragen haben. Ist die Königstür geöffnet, sehen die Gläubigen den Altar und die Priester und Diakone bei der heiligen Handlung.

Bei geschlossener Tür schauen die Gläubigen betend auf die Ikonostase. Sie fühlen sich dabei von den sprechenden Augen der abgebildeten Propheten und Heiligen der himmlischen Kirche angeschaut. Sie sehen, wie alle fürbittend vor Christus dem Weltenrichter stehen, und wissen, ihr eigenes Gebet ist mit aufgenommen in die große Fürbitte der Kirche. Ein Bild der Gottesmutter, der wichtigsten Fürsprecherin, ist in erreichbarer Höhe links neben der Königstür angebracht, damit es die Gläubigen durch Kuß, Verneigung und Bekreuzigung verehren können. Die Festtagsreihe auf der Ikonostase zeigt Bilder aus dem Marienleben und dem Leben Jesu, den Beginn unserer Erlösung.

Übersichtsschema einer Ikonostase

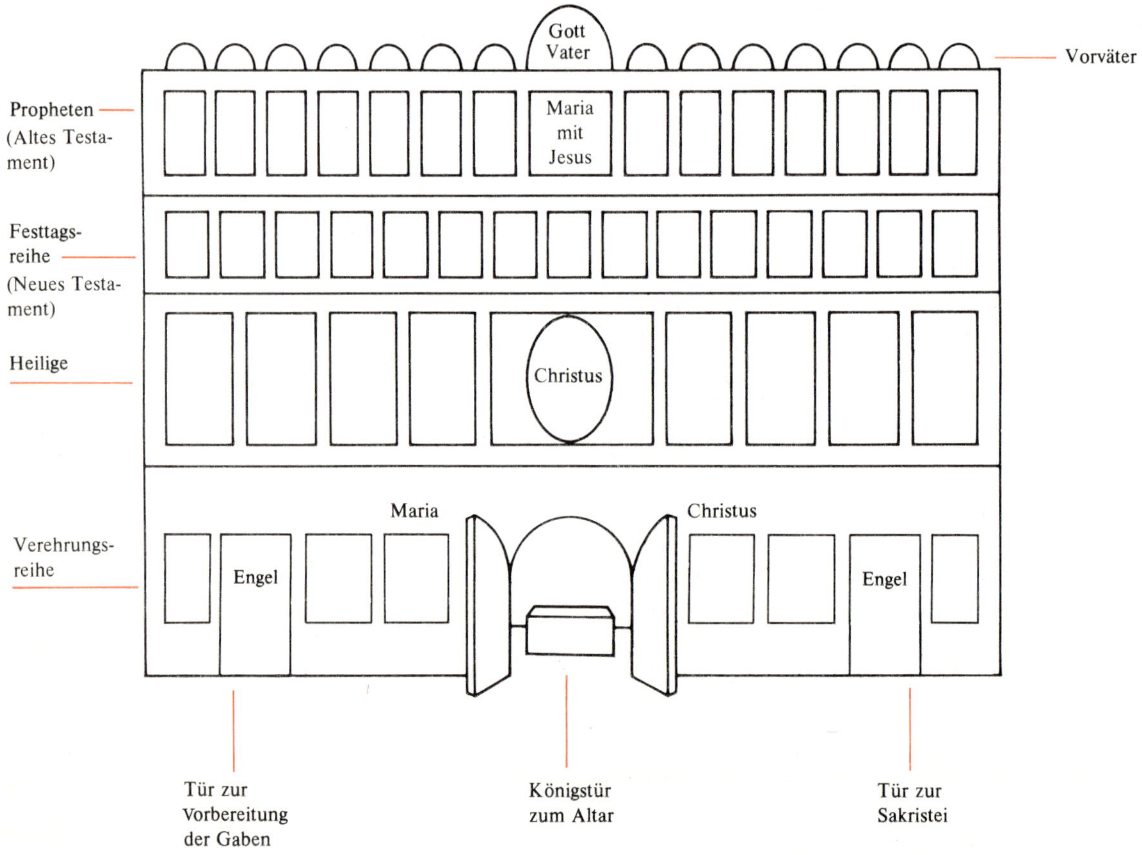

Gott Vater
Vorväter
Propheten (Altes Testament)
Maria mit Jesus
Festtagsreihe (Neues Testament)
Heilige
Christus
Verehrungsreihe
Maria
Christus
Engel
Engel
Tür zur Vorbereitung der Gaben
Königstür zum Altar
Tür zur Sakristei

Die Feier der Göttlichen Liturgie unseres heiligen Vaters Chrysostomos (so nennt die Ostkirche die Eucharistiefeier) beginnt. Priester und Diakon ziehen ein. Sie verneigen sich mehrmals in tiefer Verehrung vor dem Bilde Christi und dann vor dem Bild der Gottesmutter. Der Diakon kommt anschließend in den Kirchenraum und ruft den Gläubigen etwas zu. Verstehen kann ich es nicht, da es in der Volkssprache geschieht. Es scheint mir wie ein Aufruf zum Gebet. Und da kommt auch schon herrlicher mehrstimmiger Gesang als Antwort. Erst jetzt entdecke ich die Sänger; es sind nur wenige, die links vorn stehen. Eine Orgel gibt es in der Kirche nicht, doch dieser Gesang hat keine Begleitung nötig. Nach diesem längeren Wechselgesang öffnet der Diakon die Königstür, die mittlere in der Ikonostase. Der Priester gibt dem Diakon das Evangelienbuch.

Ehrfürchtig, als würde er Christus selber tragen, schreitet der Diakon in den Kirchenraum. Die Priester, mit brennenden Kerzen in den Händen, begleiten ihn. Mit dieser Prozession wird der Wortgottesdienst eingeleitet. Nach dem Wortgottesdienst werden die Opfergaben in einem großen Einzug zum Altar getragen. Die Bereitung der Opfergaben, die heilige Handlung, vollzieht sich hinter der Ikonostase.

Mir wird bei der Feier bewußt, daß äußere Zeichen und Symbole hier eine eigene Sprache sprechen. So habe ich den Gottesdienst mitfeiern können, obwohl mir die Sprache fremd ist. Nach dem Segen habe ich es gar nicht eilig. Ich kaufe mir auch eine Kerze und zünde sie vor dem Bild meines Namenspatrons an.

Nach der Kommunion singt der Chor:

Wir haben das wahre Licht gesehen, wir haben den himmlischen Geist empfangen. Wir haben den wahren Glauben gefunden. Die unteilbare Dreifaltigkeit beten wir an, denn sie hat uns erlöst.

Inneres einer orthodoxen Kirche mit Bilderwand

Notizen ... ➜ Eindrücke ... ➜ Bilder ... ➜

Orthodoxer Mönch beim Gebet in der Grabeskirche zu Jerusalem

Von Mönchen

Die Ostkirche ist die Heimat des christlichen Mönchtums. Basilius der Große gab den Mönchen Kleinasiens das Ziel: **Die Mönchsgemeinde soll ein Bild der wahren Gemeinde Christi sein.**
Die persönliche Heiligung jedes einzelnen Mönchs wird sichtbar in der Liebe zu Gott und den Nächsten.
Eine Aufspaltung in eine Vielzahl verschiedener Orden, denen jeweils besondere Aufgaben zugewiesen sind, gibt es in der Ostkirche nicht. Den Mönchen ist die Seelsorge anvertraut, daneben pflegen sie das theologische Studium.
Im Umkreis der Klöster leben auch oft noch Eremiten – in der Ostkirche »Starzen« genannt – in winzigen Hütten. Diese Einsiedler stehen den Gläubigen, die sie aufsuchen, mit Rat und Hilfe bei.

Eremiten
sind einsam lebende Mönche. Einsamkeit heißt auf griechisch: eremia.

Kleriker
zusammenfassende Bezeichnung der Geistlichen vom Diakon an aufwärts (→ S. 306).

Metropolit
von Metropole (= Hauptstadt); er ist der oberste Bischof einer Kirchenprovinz, die mehrere Bistümer umfaßt, also ein Erzbischof.

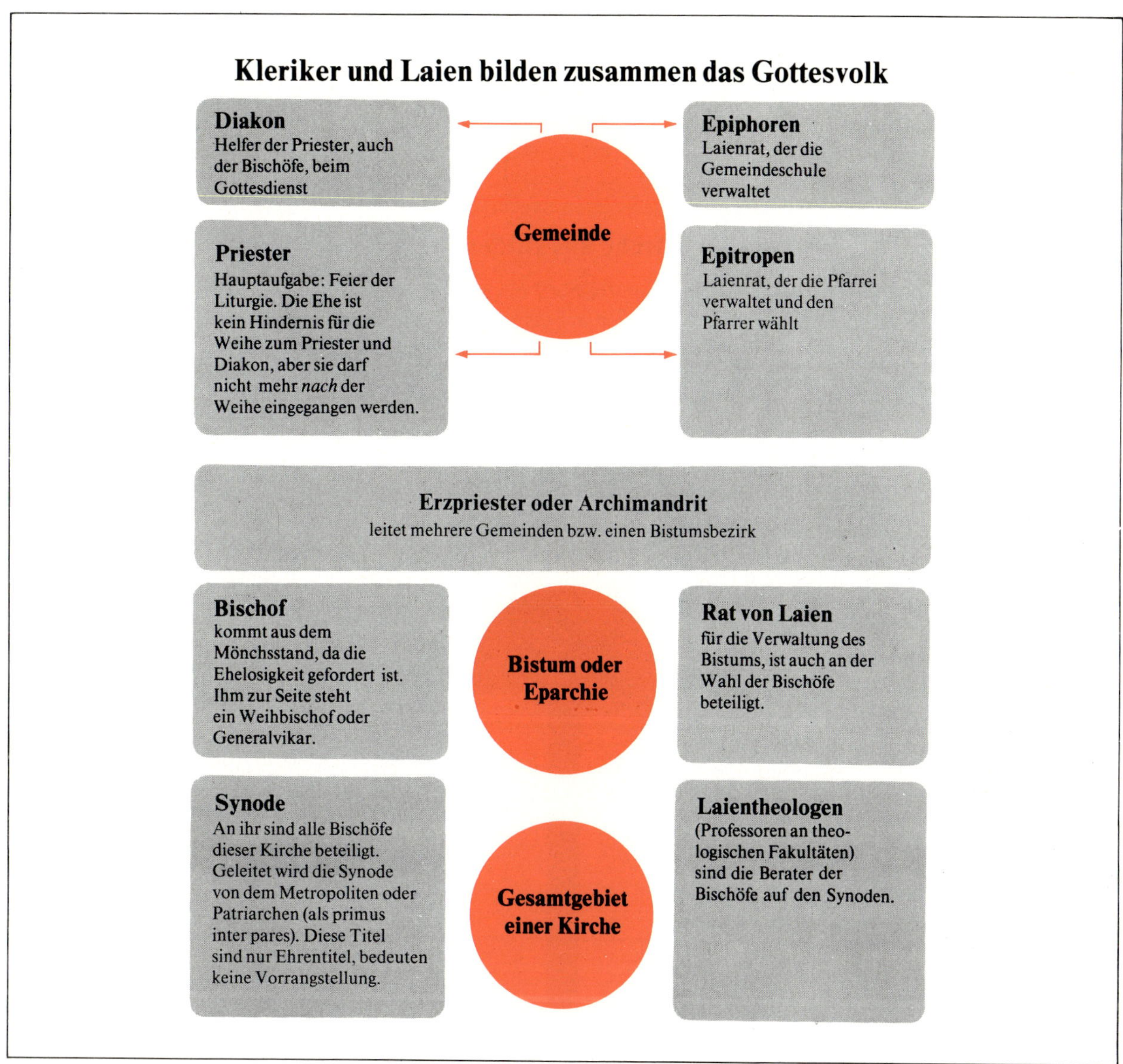

Kleriker und Laien bilden zusammen das Gottesvolk
Diakon
Helfer der Priester, auch der Bischöfe, beim Gottesdienst
Epiphoren
Laienrat, der die Gemeindeschule verwaltet
Gemeinde
Priester
Hauptaufgabe: Feier der Liturgie. Die Ehe ist kein Hindernis für die Weihe zum Priester und Diakon, aber sie darf nicht mehr nach der Weihe eingegangen werden.
Epitropen
Laienrat, der die Pfarrei verwaltet und den Pfarrer wählt
Erzpriester oder Archimandrit
leitet mehrere Gemeinden bzw. einen Bistumsbezirk
Bischof
kommt aus dem Mönchsstand, da die Ehelosigkeit gefordert ist. Ihm zur Seite steht ein Weihbischof oder Generalvikar.
Bistum oder Eparchie
Rat von Laien
für die Verwaltung des Bistums, ist auch an der Wahl der Bischöfe beteiligt.
Synode
An ihr sind alle Bischöfe dieser Kirche beteiligt. Geleitet wird die Synode von dem Metropoliten oder Patriarchen (als primus inter pares). Diese Titel sind nur Ehrentitel, bedeuten keine Vorrangstellung.
Gesamtgebiet einer Kirche
Laientheologen
(Professoren an theologischen Fakultäten) sind die Berater der Bischöfe auf den Synoden.

21. Juni

Heute habe ich noch ein paar Fotos von der Kirche gemacht. Der Diakon hatte mich offenbar beobachtet. Voller Stolz erzählte er mir, daß die Außenbemalung der Moldaukirchen einmalig auf der Welt sei. Er spricht gut Deutsch. Ich habe noch viele andere Fragen auf der Zunge. Er merkt es und lädt mich zum Essen ein. Fünf Minuten später sitze ich am Mittagstisch der Familie. Da die Frau und die Kinder des Diakons nichts verstehen, müssen wir uns mit Händen und Füßen verständigen. Es gibt eine lustige Unterhaltung. Ich erzähle vom geplanten Jugendabend und erhalte auf alle meine Fragen eine Antwort. Nach meinem Abschied von der Familie des Diakons bin ich ganz beglückt. Schade, daß es eine Kirchenspaltung gegeben hat. Schade, daß sich die Ost- und die Westkirche so auseinandergelebt haben. Beide sollten beieinander in die Schule gehen.

Klaus

Kirche aus Bildern

Schneide dir ein Stück Transparentpapier 7 cm × 7 cm groß. Lege dieses nacheinander auf die folgenden Bilder und ziehe jeweils die Linien auf deinem Transparentpapier mit Bleistift nach. Am Ende erhältst du ein neues Bild.
Was stellt es dar?

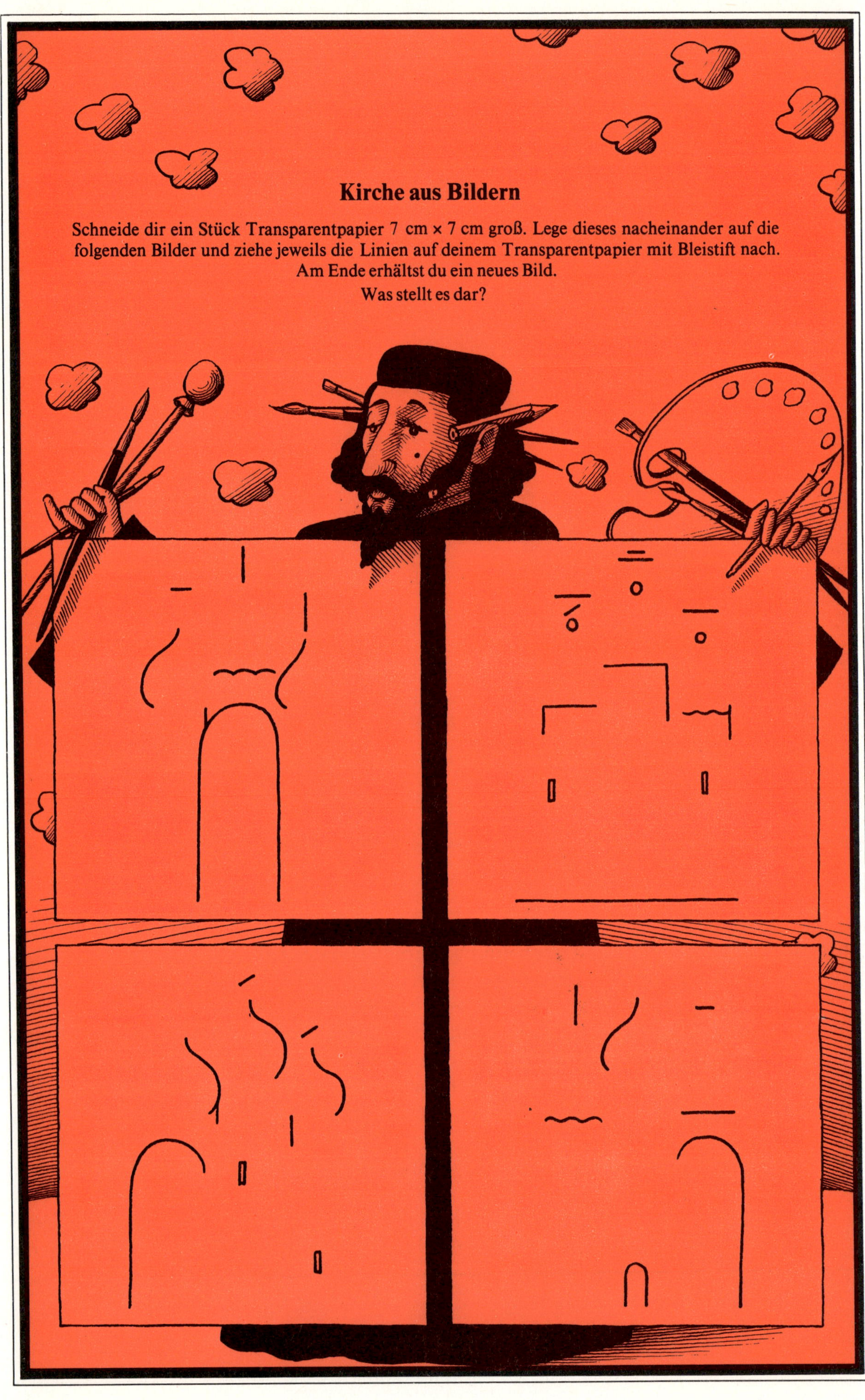

Ein Briefwechsel

über die evangelische Kirche

Angelika,

16 Jahre alt, gehört seit ihrer Geburt der katholischen Kirche an. Sie hat wie selbstverständlich von klein auf ihre Kirche mit allen Formen der »Hausordnung« lieben gelernt.
Jetzt hat sie ein Problem: Warum sind die Christen so verschieden? Glauben nicht alle an denselben Gott? Berufen sie sich denn nicht alle auf denselben Herrn Jesus Christus?
Sie will Antwort auf ihre Fragen haben. Was tut sie? Sie schreibt einen Brief.

Elke

müssen wir auch vorstellen. Das ist die Freundin von Angelika. Sie beantwortet die Briefe und erlaubt sich, mit »Martin Luther« zu unterschreiben. Sie will – natürlich nach Rücksprache mit ihrem Pfarrer – ja ganz im Geiste Luthers sprechen.

Und hier ist der Briefwechsel:

Sehr geehrter Herr Dr. Luther!

Sie müssen wissen, ich bin katholisch. Meine Freundin Elke ist evangelisch. Wir verstehen uns in allen Dingen. Oft kommt es vor, daß wir zur gleichen Zeit denselben Gedanken aussprechen. So gut stimmt unser Denken überein. Nur in Glaubensdingen sind wir uneins. Gott sei Dank, im Grundsätzlichen sind wir uns einig. Daß Gott unser aller Vater ist und Jesus Christus unser Bruder wurde, glauben wir ohne Unterschied. Aber wenn zum Beispiel die Rede auf die Mutter Jesu oder auf den Papst kommt, dann können wir uns wie zwei Hähne streiten. Sonntags geht jeder in seine Kirche. Und das Komische daran ist, die beiden Kirchen liegen keine 100 m voneinander entfernt. Dienstags geht Elke in die Christenlehre. Am Mittwoch besuche ich unseren Religionsunterricht.
Muß das sein?
Sie sind doch Professor der Theologie gewesen und hätten ein bißchen über Ihre Zeit schauen können. Ehrlich gesagt, es wäre mir lieber, Elke und ich würden in derselben Kirche zu Hause sein.
Haben Sie die Glaubensspaltung gewollt, als Sie die Thesen an der Tür der Schloßkirche in Wittenberg angeschlagen haben?
Entschuldigen Sie meine Aufregung. Aber vielleicht verstehen Sie mich.

Ihre Angelika

Liebe Angelika!

Als ich vor knapp 500 Jahren geboren wurde, sah es auf der lieben Erde ganz anders aus als heute. Deswegen verstehe ich Deine Aufregung ganz gut. Und Deine Sorgen sind mir ganz aus dem Herzen gesprochen. Aber ich will mich bemühen, Dir einen Einblick in diese meine Zeit und ihrer Kirche zu geben.
Du weißt, im Mittelalter war die Macht der Kirche sehr groß. Die Päpste besaßen den Kirchenstaat, in dem sie wie weltliche Fürsten herrschten. Viele hohe Geistliche konnten der Versuchung nicht widerstehen, ein allzu weltliches Leben zu führen. Sie nahmen in Ritterrüstungen an Kriegszügen teil, gaben glänzende Feste und kümmerten sich oft wenig um das Wohl der ihnen Anvertrauten. Das Volk, vor allem der Bauernstand, litt große Not. Immer mehr sehnte man sich nach einer Reform. Die Bettelorden (Franziskaner und Dominikaner) riefen zu einer Erneuerung der reichen Kirche im Sinn der Botschaft Christi auf. Doch nicht überall wurden sie gehört und ernst genommen. Die Reformen wurden hinausgezögert; das Unbehagen steigerte sich rasch. Meine Stimme war zunächst eine unter vielen, die nach Erneuerung der Kirche riefen. Ich erhob sie gegen den Mißbrauch mit dem Ablaß. Dazu muß ich aber etwas weiter ausholen. Also: Papst Leo X. (1513–1521) hatte zur Baufinanzierung der Peterskirche einen Ablaß gewährt. Als Zeichen der Bußgesinnung sollten die Christen ein gutes Werk tun und den Aufbau des Petersdomes in Rom unterstützen. Aber leider artete diese an sich gute Sache aus: Viele einfache Gemüter glaubten, sich mit dem Geld den Himmel erkaufen zu können. Ablaßhändler, die Verdienst witterten, sorgten sehr schnell dafür, daß der Ablaß zum reinen Geschäft herabgemindert wurde. Als Theologieprofessor und Beichtvater bereitete mir das Sorge. Ich bat mehrere Bischöfe, dagegen vorzugehen.
In 95 Thesen – ich sage besser in 95 Gedankenanstößen – trug ich öffentlich meine Bedenken vor. Dank der eben erfundenen Buchdruckerkunst machten diese sofort die Runde in ganz Deutschland. Sie brachten eine Wirkung, die ich in dieser Weise nicht beabsichtigt hatte. Ich wurde deswegen nach Rom vorgeladen. Aber ich fürchtete einen Prozeß. Eine Kirchenspaltung, liebe Angelika, lag mir so fern wie Dir das Jahr 1517, in dem das alles begann. Vielleicht genügt Dir diese Schilderung fürs erste Verstehen. Schreib mir bald, was Dir weiter am Herzen liegt.

Dein Martin Luther

Original der Bannandrohungsbulle.
Es wird im Staatsarchiv Dresden aufbewahrt.

Als Ketzer verdächtigt

wurde Luther, nachdem er die Thesen am 31. Oktober 1517 an Kardinal Albrecht von Wittenberg gesandt hatte. Der Papst drohte mit dem Kirchenbann, falls er nicht binnen 60 Tagen widerrufen hätte. Das veranlaßte Luther zum Bruch mit Rom.

Aus der Bann-Androhungsbulle

Rom bei St. Peter, 15. Juni 1520

Leo, Bischof, Diener der Diener Gottes.
Erhebe dich, o Herr, schenke unseren Bitten Gehör, denn es sind Füchse aufgestanden, die sich anschicken, den Weinberg zu verwüsten . . ., dessen Verwaltung du Petrus als Haupt . . . übertragen hast. Diesen Weinberg will ein Wildschwein aus dem Walde verderben . . . ein wildes Tier frißt ihn kahl . . .
. . . da die genannten Irrtümer in den Schriften eines gewissen Martinus Luther enthalten sind, verurteilen wir diese Schriften . . .
. . . diesen Martinus ermahnen wir mit dieser Urkunde zum heiligen Gehorsam. Sollten aber der erwähnte Martinus und seine Beherberger der Lehre des Apostels zuwiderhandeln, so erklären wir, daß sie Ketzer sind, und gebieten, daß sie von allen Christgläubigen als solche angesehen werden. (Übersetzung)

Kreuzigung und Erlösung, Altarbild von Lucas Cranach dem Jüngeren (gemalt 1553–1555), Weimar, Stadtkirche St. Peter und Paul. Rechts im Bild: Martin Luther mit der Bibel in der Hand.

Auflösung von S. 58 (Kirche aus Bildern):

ORTHODOXE KIRCHE
Diese Bauweise ist typisch für die Ostkirche.

Holzschnitte von Lucas Cranach d. Ä., 1521
»Die Wucherer Christus ußtreibt vom Tempel sein« (oben)
»Mit Bullen, Bannbrieffen zwingt sy der Papst wiedhinein« (unten)

Portal der Schloßkirche in Wittenberg. Damals war es üblich, daß die Professoren der Universitäten ihre Diskussionsvorlage schriftlich aushängten. Ob Luther seine Thesen tatsächlich an dieser Tür anschlug, ist umstritten.

Nach 450 Jahren: Vertreter dreier Konfessionen bei einem ökumenischen Gottesdienst. Von links nach rechts: evangelischer Kirchenpräsident, anglikanischer Bischof, katholischer Bischof.

Evangelischer Abendmahlsgottesdienst

Sehr geehrter Herr Prof. Dr. Luther!

Nun verstehe ich die Zeit, in der Sie lebten, etwas besser. Ich habe sogar in verschiedenen Büchern über die Reformation nachgelesen und auch Ihre Schrift »Von der Freiheit eines Christenmenschen« von Deckel zu Deckel gelesen. Meine Freundin Elke gab mir das evangelische Kirchengesangbuch, damit ich die Artikel der Augsburger Konfession und den kleinen Katechismus kennenlerne.

Dabei habe ich festgestellt:
1. Es gibt in der Lehre beider Kirchen deutliche Unterschiede, aber erstaunlich viel Gemeinsames.
2. Manches aber, was Sie und Ihr Freund Melanchthon lehrten und festhielten, wird in der heutigen evangelischen Kirche anders gehandhabt.
3. Sie müssen einen tiefen Abscheu gegen viele katholische Formen empfunden haben, vor allem gegen den Papst.

Mich interessiert, was Sie dazu sagen. Wären Ihre Worte heutzutage genauso scharf und bissig? Wäre es zu einer Kirchenspaltung gekommen, wenn Sie in unseren Tagen leben würden?
Ich freue mich schon auf Ihre Antwort.

Ihre Angelika

Liebe Angelika!

Es hat mich gefreut, daß Du selbst auf die Idee gekommen bist, über mich und über die Reformation nachzulesen. Weißt Du, Angelika, Ihr Christen habt es heute viel leichter, Ihr hört wieder aufeinander.In den Schulen sitzen evangelische und katholische Kinder friedlich nebeneinander.
Du schreibst, daß so vieles übereinstimmt. Muß das nicht sein? Unser Glaube hat doch dieselbe Quelle: den Tod und die Auferstehung Christi. Unser Glaube beruht doch auf demselben Zeugnis der Heiligen Schrift. Du schreibst mir über Deine Besorgnis wegen meiner Stellungnahme zum damaligen Papsttum. Danke Gott dafür, daß Ihr heute solche gute Päpste habt, die nicht weltliche Fürsten sind, sondern Diener Gottes. Du schreibst über den Unterschied zwischen meiner Glaubensauffassung und der der heutigen evangelischen Kirche. Nun, liebe Angelika, Du hast bei Deinen Studien sicher festgestellt, wie unterschiedlich das Leben in den evangelischen Kirchen gewachsen ist. Das hat verschiedene Wurzeln.
Ja, ich beklage es und habe zu meinen Lebzeiten dagegen angekämpft, wenn sich Lutheraner und Kalvinisten beschimpften; wenn sich immer neue Sekten abspalteten. Weiß Gott, es haben sich evangelische Christen mit Hader überzogen. Ich leugne es nicht. Und doch – auch das wird Gott wissen –: sie haben allesamt versucht, einen neuen Weg zu finden aus dem Evangelium, frei von überflüssigem menschlichem Gesetz. Sie alle blieben freilich dabei ganz Mensch, das will sagen, der Möglichkeit zu irren ausgeliefert.
Was aber sagt der alte Luther zu den Unterschieden zwischen damals und heute in der evangelischen Kirche? Vieles ist das Ergebnis einer normalen Entwicklung. Anderes ist Ergebnis der Feindschaft. Ja, ich muß es so nennen, was evangelische und katholische Christen einander über 400 Jahre angetan haben. Auf beiden Seiten gab es Ablehnung und Verhärtung. Das Kreuzzeichen, das ich bis an mein Lebensende hochgeschätzt und selbst über mich gezeichnet habe, wurde später abgelehnt. Warum? Weil es als katholisch galt. An solchen Kleinigkeiten machte sich die Spaltung nach außen sichtbar.

Andererseits haben die evangelischen Christen Neues gebracht, was von unschätzbarem Wert für alle Christen geworden ist. Ich denke an die Muttersprache im Gottesdienst und an unsere schönen geistlichen Volkslieder.
Liebe Angelika, überlege Dir, was Du zur Einheit der Christen beitragen kannst, und sei herzlich gegrüßt von

Deinem Martin Luther

Martin-Luther-Denkmal von Gottfried Schadow (1821) auf dem Markt zu Wittenberg

Lutherstube auf der Wartburg. In diesem Raum schuf Martin Luther als »Junker Jörg« seine Bibelübersetzung.

Verhärtung der Standpunkte

1519:
Eck (kath. Theologe) zu Luther:
»Wenn ihr glaubt, ein rechtmäßig versammeltes Konzil habe geirrt oder irre, so seid Ihr wie ein **Heide** und **Zöllner.**«

1555:
Der Augsburger Religionsfriede gestand den Anhängern der Augsburger Konfessionen im wesentlichen Gleichberechtigung mit der alten (kath.) Religion zu. **Die Untertanen hatten das Bekenntnis des Landesherren anzunehmen** (cuius regio, eius religio) **oder mußten auswandern.**
Ein Vorschlag der Fürsten von Brandenburg und der Pfalz, auch den Untertanen die Wahl der Religion freizugeben, drang nicht durch.

1629:
Großglogauische Beichte, so die abgefallenen Lutheraner tun sollen: »Ich armer elender Sünder bekenne euch, daß ich so viele Jahre der **verdammten, gottlosen lutherischen Lehre** beigewohnt habe.«

1630:
Abschiedsrede König Gustav Adolfs im Reichstag zu Stockholm: »... diesen Krieg zu unternehmen, dessen größtes Ziel es ist, unsere unterdrückten Religionsverwandten **aus den Klauen des Papstes zu befreien** ...«

Lutherrose
über der rechten Ecke
des Katharinenportals
am Lutherhaus
Wittenberg

Martin Luther

Der gelehrte Mönch

wurde am 10. November 1483 in Eisleben geboren. Sein Vater, Hans Luther, war Bergmann. Er siedelte 1484 nach Mansfeld über. Martin besuchte die Schulen in Mansfeld, Magdeburg und Eisenach. Da er begabt war, nahm er an der Erfurter Universität das Studium der »Freien Künste« auf, so nannte man das Studium der Grundlagen der Philosophie und Theologie. Hier trat er in den Orden der Augustinermönche ein. Anlaß war ein Gelübde, das er beim Erleben eines furchtbaren Gewitters gemacht hatte.
Martin Luther schloß die Studien in Erfurt ab, wurde dann zu Vorlesungen nach Wittenberg geschickt (1508), wo er zum Dr. theol. promovierte und als Theologieprofessor bis zu seinem Tode lehrte.

Sorge um das Evangelium

Dr. Martin Luther wurde wegen seiner Thesen zum Bußsakrament (1517) in einenKetzerprozeß verwickelt, von der Kirche mit dem Bann belegt und vom Kaiser in die Reichsacht getan. Luther drohte die Gefangennahme. Er wurde von Freunden auf der Wartburg versteckt (1521–1522). In diesem Versteck übersetzte er das Neue Testament aus dem Griechischen in die deutsche Sprache. Damit leistete Luther einen wichtigen Beitrag zur Verbreitung der Heiligen Schrift in der Muttersprache, aber auch zur Entstehung des Hochdeutschen.

Dem Volk aufs Maul schauen

Luther hat bei seiner Übersetzung »dem Volke aufs Maul geschaut«, wie er selbst sagt. Dieses Wort zeigt uns Luthers tiefe Volksverbundenheit. In seiner Schrift »Von der Freiheit eines Christenmenschen« schreibt Luther: »Ein Christenmensch ist (im Glauben) ein freier Herr über alle Dinge und niemand untertan.« Für Luther ist das Gewissen des einzelnen Menschen die letzte Richtschnur. Und das Gewissen soll sich allein am Glauben, dessen Grundlage die biblische Offenbarung ist, ausrichten. Eine Kirche als Verwalterin der Heilsgüter zwischen Gott und dem Menschen ist bei einem mündigen Christen nach Luthers Ansicht nicht notwendig.

Weiter in Freiheit

1522 konnte Luther nach Wittenberg zurückkehren. Der Kaiser war durch den Krieg mit Frankreich abgelenkt. Die Landesfürsten neigten zum Teil selbst der evangelischen Lehre zu und führten deshalb die Reichsacht gegen Luther nicht streng durch. Viele Landesherren förderten die Reformation, weil sie den Grundbesitz der Kirchen und aufgehobenen Klöster für ihre Länder, z. B. zur Gründung von Schulen, verwenden konnten. Sie übernahmen es, auf ihrem Gebiet für Ordnung in den Kirchen zu sorgen. (→Landeskirchen)
1525 heiratete Luther die ehemalige Zisterziensernonne Katharina von Bora, die mit anderen Schwestern das Kloster Marienthron in Nimbtschen bei Grimma verlassen hatte.

In einer Umbruchszeit

Luther war es um die Erneuerung der Kirche gegangen. Er hat sein Ziel in gewissem Sinne auch erreicht. Ohne ihn wäre es wohl nicht zum Trienter Konzil und damit zur Erneuerung der katholischen Kirche gekommen. Allerdings der Preis war hoch: Spaltung der Christenheit und im Gefolge Streit und Haß. Später im 30jährigen Krieg führten Christen gegen Christen Krieg.

Das alles hatte Luther nicht gewollt

Er wollte eine geistige Bewegung anstoßen. Seine Zeit aber war aufgewühlt und unruhig. Die Bauern standen gegen die Fürsten auf, die Menschen sehnten sich nach einer neuen Zeit. Luthers Bewegung trifft in eine Zeit des Umbruchs. Wäre sein Anliegen in einer anderen Zeit genauso wirksam geworden?

Gläubig bis in den Tod

Obwohl sich Luther 1521 als Reaktion auf den Bann des Papstes von der römischen Kirche losgesagt hatte, blieb er bis an sein Lebensende ein tieffrommer, konsequenter, seiner Absicht folgender Mensch.
Er starb am 18. Februar 1546 in Eisleben.

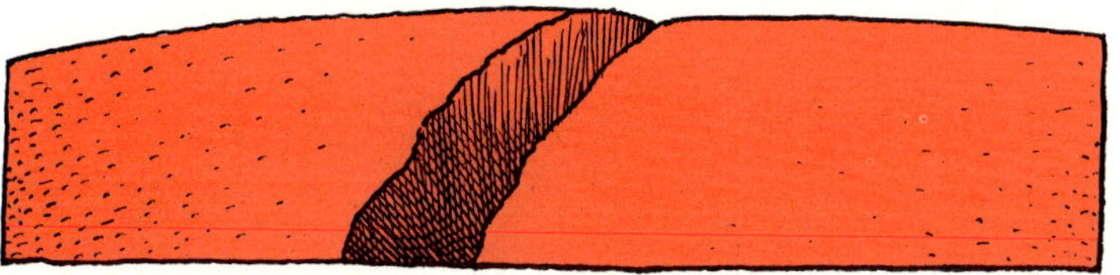

Was man wissen sollte ... meint Angelika

Reformation

von lat. reformare = erneuern, verbessern; Erneuerung, besonders des Glaubenslebens.
»Erneuerung an Haupt und Gliedern« ist eine Forderung, die zum Wesen der Kirche gehört.
Konzilien und Kirchenversammlungen hatten die Erneuerung der Kirche zum Ziel. Im besonderen waren Reformkonzile die zu Pisa 1409, zu Konstanz 1414–1418 und zu Basel 1431–1449. Die heutige Kirchengeschichte und auch die Profangeschichte verstehen unter Reformation die von Martin Luther durch seinen Protest gegen das Ablaßwesen eingeleitete Kirchenspaltung und die damit einhergehenden sozialen und politischen Ereignisse.

Reformatoren

Auch Franziskus von Assisi und viele andere Heilige waren Reformatoren der Kirche. Kirche muß sich immer erneuern. Anstoß kann dazu die Auseinandersetzung mit der Umwelt sein. Oft sind es eigene Glieder, die sich aus Liebe zur Kirche voll für eine Erneuerung einsetzen – meist gegen starken Widerstand. Bei ihrem eifrigen Bestreben um Reform kommen manche in Widerspruch zur kirchlichen Lehre (des Evangeliums) und werden deshalb von der Kirche verurteilt. Nur diese wenigen bezeichnet die Geschichtsschreibung als Reformatoren. Im wesentlichen sind es fünf Männer:

1. Die sogenannten Vorreformatoren

John Wiclif (auch Wicliffe), geb. um 1325, gest. 1384, englischer Reformator, Professor in Oxford, der gegen Verweltlichung und Mißstände in der Kirche kämpfte. Er schuf eine bedeutende Übersetzung der Bibel ins Englische. Er lehrte, daß die urchristliche Kirche wiederhergestellt werden sollte. Das Konzil zu Konstanz erklärte ihn zum »Ketzer«. Seine Ideen wirkten auf Hus und die Führer des englischen Bauernaufstandes von 1381.

John Wiclif

Jan Hus
Er wurde 1415 als Irrlehrer verbrannt. (Bild rechts)

Jan Hus, geboren 1370 in Husinec (Südböhmen), daher der Name Hus; 1415 als »Ketzer« in Konstanz verbrannt. Der aus einfachen Verhältnissen stammende Jan empfing 1400 in Prag die Priesterweihe. Als Lehrer an der Prager Universität und als Volksprediger an der Betlehemskirche setzte er sich unermüdlich für die Erneuerung der Kirche ein. Die Mißstände nannte er beim Namen. Reformfreudige Kreise in Prag und das Volk griffen seine Gedanken dankbar auf. Die offizielle Kirche jedoch brachte sie mit der Lehre Wiclifs in Verbindung und hörte dessen Irrlehren aus seinen Worten heraus. Es kam zu Predigtverbot, zur Anklage und zur Exkommunikation. Dank der Gunst des Königs Wenzel konnte Hus die Maßnahmen der Kirche mißachten, bis er 1414 vor das Konzil von Konstanz geladen wurde. Er erschien dort, weil der Kaiser Sigismund freies Geleit zugesichert hatte. Hus wurde jedoch eingekerkert.
Er aber sah in den Anklagepunkten eine Entstellung seiner Aussagen und Absichten und lehnt ab, diese zu widerrufen. Seine Lauterkeit beeindruckte seine Richter. Sie legten ihm gemilderte Formulierungen vor. Auch sie erschienen Hus als Entstellung. Er widerrief nicht, obwohl er wußte, daß das seinen Tod bedeutete. So starb er in den Flammen des Scheiterhaufens.
Durch seinen Tod und die erregenden Begleitumstände wuchs die Zahl seiner Anhänger schnell. Es bildeten sich zwei Parteien:
die **Taboriten** werden nach der von den Hussiten gegründeten Stadt Tabor genannt. Sie gingen in ihrem Radikalismus noch über die Lehre von Hus hinaus;
die **Utraquisten** (von lat. sub utraque specie = unter beiden Gestalten) forderten nur, daß beim Abendmahl auch den Gläubigen der Kelch gereicht würde. Sie werden auch Kalixtiner (von lat. calix = Kelch) genannt.
Es kam zu blutigen Kämpfen zwischen Taboriten und Utraquisten und zu Gefechten beider mit kaiserlichen Truppen. Die Reste beider Parteien schlossen sich nach 1453 den Böhmischen und Mährischen Brüdern an (→ Brüdergemeinden S. 85).

2. Die eigentlichen Reformatoren

Martin Luther, geboren 1483 in Eisleben, gestorben 1546 in Eisleben, Augustinermönch in Erfurt, dann Professor für Philosophie und Theologie in Wittenberg, wo er am 31. Oktober 1517 seine 95 Thesen gegen den Ablaßhandel veröffentlichte und damit den Bruch mit der Kirche herbeiführte. Von der Kirche mit dem Bann belegt und vom Kaiser geächtet (»Acht« bedeutet vogelfrei, d. h. ohne Recht auf Leben und Würde), floh er auf die Wartburg. Dort übersetzte er die Bibel. Dieses Werk sollte für die Entwicklung des Hochdeutschen bleibende Bedeutung erlangen (→ S. 65).

Martin Luther mit 43 Jahren. Gemälde von Lucas Cranach dem Älteren von 1526

Huldrych Zwingli (1484–1531), Schweizer; er begann seine Reform unabhängig von Luther, wurde aber durch Luthers Vorgehen bestärkt und setzte sich von Zürich aus für eine Reformation ein, die Kirche, Wirtschaft und Sozialordnung in gleicher Weise umfaßte. Obwohl mit Luther in der Grundabsicht einig, kam es zu keiner Vereinigung, vor allem wegen der Unterschiede in der Abendmahlslehre. Zwingli kam als Feldprediger in einem Gefecht gegen die katholisch gebliebenen Kantone der Schweiz ums Leben.

Johannes Calvin (Jean Cauvin) (1509–1564), Franzose, der 1534 wegen seiner reformatorischen Ideen aus Paris fliehen mußte: er setzte in Genf mit äußerster Strenge die Reform der Kirche durch. Seine Anhänger vereinten sich nach 1549 mit den Anhängern Zwinglis zur Reformierten Kirche.

Huldrych Zwingli, Gemälde von Hans Asper

Jan Calvin, Abbildung auf einer Gedenkmünze

Papst Hadrian VI. war der letzte nichtitalienische Papst vor Johannes Paul II. Leider regierte Hadrian nicht einmal zwei Jahre lang die Kirche.

Aus dem Brief, den Papst Hadrian VI. (1522–1523) an den Reichstag zu Nürnberg (1523) schrieb.
Der Reichstag sollte über die Sache Luthers entscheiden.

Wir alle, Prälaten und Geistliche, sind vom Weg des Rechtes abgewichen, und es gab schon lange keinen einzigen, der Gutes tat. Deshalb müssen wir alle Gott die Ehre geben und uns vor ihm demütigen; ein jeder von uns soll betrachten, weshalb er gefallen, und sich lieber selbst richten, als daß er von Gott am Tage seines Zornes gerichtet werde. Deshalb sollst Du in Unserem Namen versprechen, daß Wir allen Fleiß anwenden wollen, damit zuerst der Römische Hof, von welchem vielleicht all diese Übel ihren Anfang genommen, gebessert werde; dann wird, wie von hier die Krankheit ausgegangen ist, auch von hier die Gesundung beginnen. Solches zu vollziehen, halten Wir Uns um so mehr verpflichtet, weil die ganze Welt eine solche Reform begehrt. Wir haben nicht nach der päpstlichen Würde getrachtet und hätten Unsere Tage lieber in der Einsamkeit des Privatlebens beschlossen; gerne hätten Wir die Tiara ausgeschlagen; nur die Furcht vor Gott, die Legitimität der Wahl und die Gefahr eines Schismas haben Uns zur Übernahme des obersten Hirtenamtes bestimmt. Wir wollen dasselbe verwalten nicht aus der Herrschsucht noch zur Bereicherung Unserer Verwandten, sondern um der heiligen Kirche, der Braut Gottes, ihre frühere Schönheit wiederzugeben, den Bedrückten Beistand zu leisten, gelehrte und tugendhafte Männer emporzuheben, überhaupt alles zu tun, was einem guten Hirten und wahren Nachfolger des heiligen Petrus zu tun gebührt . . .«

Warum kam es dennoch zur Reformation? Ist dieser Brief etwa nicht ehrlich gemeint?
Papst Hadrian VI. starb leider viel zu früh, am 14. September 1523, und der Reichstag hat die Behandlung der Reformation nicht für so wichtig erachtet. Schade!

Liebe Angelika!

Was sagt Dein christliches Herz zu dieser Gegenüberstellung?

Angelika meint:	Elke meint:
Es gibt zwei Säulen der Kirche und des Glaubens. Es sind die **Heilige Schrift** und die **Überlieferung** (Tradition).	Im evangelischen Verständnis gibt es nur eine Quelle des Glaubens, nämlich die **Heilige Schrift**.
Die Kirche lehrt, daß es sieben **Sakramente** als Heilszeichen gibt: Taufe, Firmung, Eucharistie, Buße, Krankensalbung, Weihesakrament und Ehe.	Es gibt nur zwei **Sakramente**, die vom Herrn gestiftet sind: Taufe und Abendmahl (Eucharistie). Die anderen lassen sich in der Heiligen Schrift nicht nachweisen.
Der **Papst** ist als Bischof von Rom, als Nachfolger des Heiligen Petrus und als Stellvertreter Christi das Oberhaupt der sichtbaren Kirche.	Die Kirche kennt nur einen Herrn. Das ist der Herr Jesus Christus. Oberhaupt bei uns ist eine **Synode**, ein Bischof oder ein Präsident.
Bischöfe und **Priester** erhalten im Weihesakrament die Vollmacht, ihr Amt auszuüben.	Die Kirche kennt nur einen Priester. Das ist Jesus Christus. Unsere **Pfarrer** erhalten ihren Auftrag durch Ordination.
Es ist gut und heilsam, die **Heiligen** zu verehren, ihr Beispiel nachzuahmen und ihre Fürbitte anzurufen.	Die **Heiligenverehrung**, besonders der Marienkult, wird abgelehnt, weil Gott allein die Ehre gebührt und Jesus Christus allein unser Vorbild ist.

Und was sagt unser gemeinsamer Herr?

Ich schreibe Dir eine Stelle aus dem Johannesevangelium (Joh 17,11) ab. Da spricht Jesus mit seinem Vater im Himmel und bittet ihn für uns, seine Brüder und Schwestern im Glauben. Er sagt:

Heiliger Vater, bewahre sie in deinem Namen,
den du mir gegeben hast, damit sie eins sind, wie wir.

Deine Elke

Zerlesene Bücher

Manche evangelische Christen lesen täglich in der Bibel. Da Oma Müller aber auch gern mit ihren Enkeln singt und ihnen vorliest, sind die Blätter all dieser Bücher lose. Ein Windstoß hat etliche von den Blättern verstreut. Hilf du ihr, die Blätter wieder einzusortieren! Welches Blatt gehört in welches Buch? Bei richtiger Zuordnung (schreibe dir die Titel auf einen Zettel) nennen die fettgedruckten Anfangsbuchstaben auf den losen Blättern einen Teil der Heiligen Schrift.

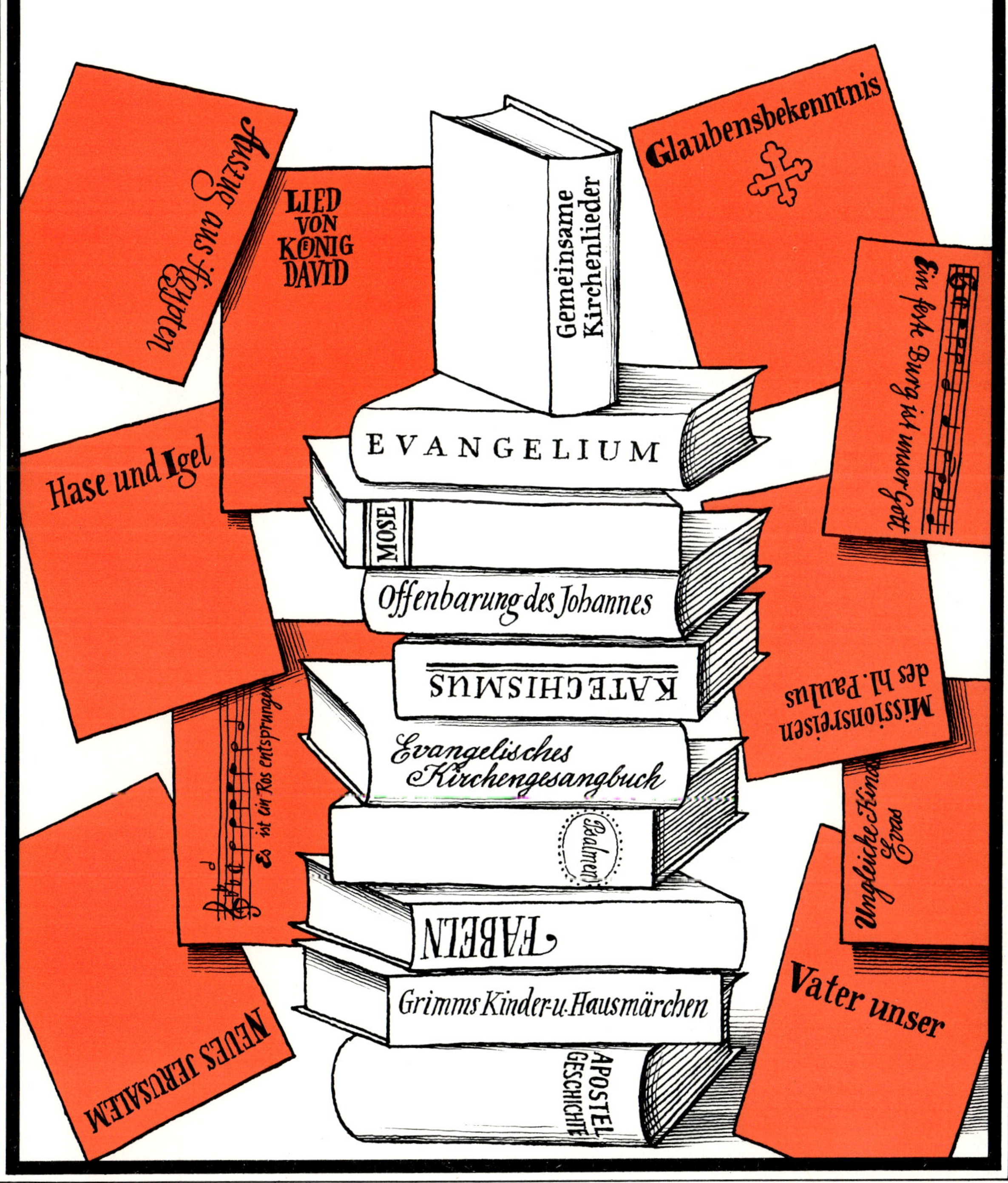

Wege zur einen Kirche

Der Knoten

Unter den Schweizer Eidgenossen war es einmal zu ernsten Streitigkeiten gekommen. Da stieg einer von ihnen hinauf in die Berge zu Nikolaus von Flüe, um Rat zu holen. Der Heilige hörte ihn an und dachte nach. Dann nahm er seinen Gürtelstrick, machte einen Knoten und reichte ihn dem Ratsuchenden hin: »Kannst du diesen Knoten lösen?« »Ja«, war die Antwort, »mit Leichtigkeit!« Und da hatte der Gefragte auch schon den Knoten gelöst. »Genauso«, sagte Nikolaus von Flüe, »muß man die Schwierigkeiten der Menschen lösen.« Sein Gesprächspartner widersprach: »*Das* ist nicht so leicht!« Da antwortete der Heilige: »Du könntest auch diesen Knoten nicht lösen, wenn wir jeder an einem Ende der Schnur zögen – und das ist es eben, was die Menschen immer tun.«

Eine Simultankirche und ihre Geschichte

Simultan – Was ist das? Ein neuer Heiliger oder eine wenig bekannte Konfession?

Eine Simultankirche ist eine Kirche, in der Angehörige zweier verschiedener Bekenntnisse ihren Gottesdienst feiern (simultan: von lat. simul = gemeinsam).

Eine Simultankirche und dazu Bischofskirche ist der Petridom in Bautzen. In der Reformationszeit schloß sich der größte Teil der Einwohner Bautzens der lutherischen Lehre an. Das Domkapitel blieb katholisch und überließ das Kirchenschiff, das durch einen Gitterlettner vom Altarraum getrennt war, den evangelischen Christen und richtete im Altarraum das Gotteshaus für die katholisch gebliebenen Gläubigen ein. Schon 1558 wurde zwischen dem Domkapitel und den evangelischen Gläubigen ein Vertrag über die gemeinsame (= simultane) Nutzung abgeschlossen, der heute noch gültig ist. Ein genauer Stundenplan von 0 bis 24 Uhr regelt die Benutzungszeiten für die beiden Gemeinden. Bei der letzten Erneuerung des Domes nach den schweren Zerstörungen des zweiten Weltkrieges wurde 1952 das 4 m hohe Gitter durch eine 80 cm hohe Schranke ersetzt. Für große Feiern stellen die Gemeinden ihre »Räume« einander zur Verfügung.

Das Gitter wird abgebaut.

Zwei amerikanische Vorschläge

1. Technik macht's möglich

Die Christenheit Amerikas, in viele kleine und kleinste Glaubensgemeinschaften gespalten, kennt auch die Probleme, die entstehen, wenn Angehörige mehrerer Konfessionen nur *einen* Kirchenraum zur Verfügung haben. In einigen Kirchenräumen versenkt man durch einen Aufzugsmechanismus den Altar der einen Konfession und hebt den der anderen empor. Diese Haltung dürfte aber sicher nicht im Geiste Christi sein! Von den Außenstehenden lockt das vielleicht eine Zeitlang technisch Interessierte an, aber Glaubensuchende überzeugt es wohl kaum.

Setze dich nicht
mit den Menschen auseinander;
setze dich
mit ihnen zusammen.

Walter Goes

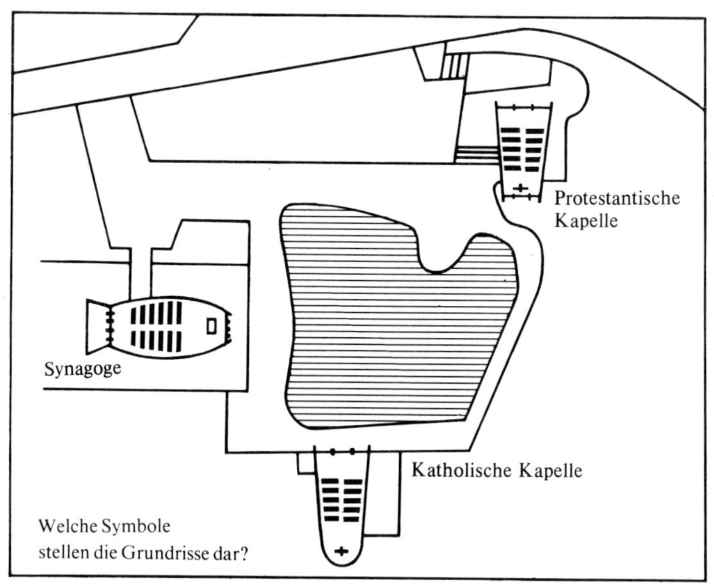

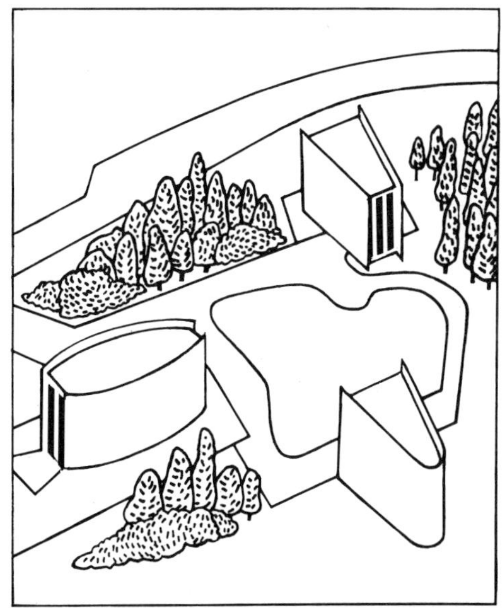

2. Toleranz macht's möglich

Die Architekten Harrison und Abramovitz haben dem Gemeinsamen in den Bekenntnissen nachgespürt. Sie beachteten das gleiche Grundanliegen der Glaubensgemeinschaften, aber auch die Verschiedenheit der Einzelformen. Auf dem Gelände der Waltham-Universität in Massachusetts (USA) bauten sie 1957 eine Synagoge für die jüdische Gemeinde und für die katholische und für die protestantische Gemeinde je eine Kapelle. Diese drei Bauwerke sind aus dem gleichen weißen Backstein und gleich hoch. Die Grundformen jedoch sind verschieden. Die Synagoge und die Kapellen wurden um einen kleinen künstlichen See herum gruppiert. Ihr Abstand voneinander schließt eine gegenseitige Störung aus; man sieht aber sofort, daß sie irgendwie zusammengehören.

Der evangelische Professor Nathan Söderblom aus Schweden war ein Bahnbrecher für die Einheit unter den evangelischen Christen.

Ökumene im Vormarsch

Nathan Söderblom

Der Gründer der ökumenischen Bewegung, Nathan Söderblom, wurde 1866 im lutherischen Pfarrhaus von Noralla in Schweden geboren. Er studierte in Uppsala und in Paris Theologie. 1901 wurde er Professor für Religionsgeschichte in Uppsala und lehrte 1912–1914 auch in Leipzig. Von 1914 an war er Erzbischof von Uppsala und damit das Oberhaupt der schwedischen Kirche.
1919 legte er sein Programm des **»Ökumenischen Rates der Kirchen«** dar.
Alle christlichen Konfessionen sollten sich zusammenschließen und einen gemeinsamen Rat bilden. Dies wäre eine Stufe zur Einheit unter den Christen. Söderblom erhielt 1930 den Friedens-Nobelpreis. 1931 starb er.
1948 wurde sein Plan verwirklicht und der Ökumenische Rat der Kirchen, der sogenannte Weltkirchenrat, gegründet.

W. A. Visser't Hooft trug wesentlich bei zur Gründung des Weltkirchenrates.

Willem A. Visser't Hooft

Der Mitbegründer und langjährige Leiter des **Ökumenischen Rates der Kirchen** nannte sich selbst einmal bescheiden »Briefträger Gottes, der die Botschaft von einer zur anderen Kirche bringt«.
Aus kleinsten Anfängen, mit fünf Mitarbeitern, schuf Visser't Hooft eine weltumspannende Organisation – jetzt ein ganzer Häuserblock in Genf und ein Mitarbeiterstab aus zahllosen Ländern.
W. A. Visser't Hooft wurde 1900 in Haarlem (Holland) geboren.

Erst in seiner Heimat, später in den USA, studierte er evangelische Theologie. In Amerika begegnete er, selbst Calvinist, den Quäkern. 1924 wurde er Sekretär des Christlichen Vereins junger Männer; 1931 Generalsekretär des christlichen Studentenbundes. Seine Kenntnis vieler Sprachen, sein Einfallsreichtum und sein Arbeitstempo befähigten ihn, 1948 bei der Gründung des **Weltrates der Kirchen** in Amsterdam die Aufgaben des Generalsekretärs zu übernehmen.

Papst Johannes XXIII.

Papst Johannes XXIII. wird in der Kirchengeschichte als *der* Papst des **Zweiten Vatikanischen Konzils** weiterleben. Angelo Giuseppe Roncalli wurde 1881 bei Bergamo (im damals österreichischen Oberitalien) geboren. Er war das dritte von 13 Kindern eines Kleinbauern.

Weitere Daten aus seinem Leben: 1904 Priesterweihe; bischöflicher Sekretär; Sanitäter und Feldgeistlicher im ersten Weltkrieg; Mitarbeiter im päpstlichen Missionswerk; Vertreter des Vatikans in Bulgarien, in der Türkei und in Griechenland; 1944 Nuntius in Paris; 1952 römischer Beobachter bei der UNESCO; 1955 Kardinal und Patriarch von Venedig. Am 28. Oktober 1958 wurde er »unerwartet« zum Papst gewählt. Überraschend für die Welt kam bald seine Ankündigung eines Konzils. Ziel war die Erneuerung der Kirche und die Wegbereitung zur Einheit der Christen.

Johannes XXIII. hatte die Folgen der Kirchenspaltung persönlich auf dem Balkan als Apostolischer Visitator erfahren. Ein armenischer Bischof – so wird erzählt – sprach mit ihm: »Exzellenz, wir lesen im Evangelium, daß der Herr alle Sünden vergibt, daß aber *eine* Sünde nie vergeben wird, weder auf dieser Erde noch im Himmel. Welches ist diese Sünde, Exzellenz? Ist es nicht vielleicht die Spaltung der Kirche?«

Papst Johannes XXIII. war Andersdenkenden gegenüber offen und verständnisvoll. Daher kam er auch gut mit Ungläubigen, ja sogar mit Kirchengegnern zurecht. »Ich tue mich manchmal leichter mit einem Atheisten oder Kommunisten als mit gewissen fanatischen Katholiken.« »Ich bin Josef, euer Bruder«, so sprach er vor den Bischöfen, vor dem Kirchenvolk, vor den Evangelischen und Orthodoxen, vor den Juden und auch vor Ungläubigen. So wurde er in ungeahnter Weise über alle Bekenntnisgrenzen hinweg zu einem großen ökumenischen Papst, der das echte Gespräch unter den Christen erreicht hat. »Gott hat ihn geschickt«, sagte der Präsident des

Papst Johannes XXIII. hatte seine Schwierigkeiten mit der Feierlichkeit, aber nicht mit den Menschen. Hier begrüßt er einen orthodoxen Konzilsbeobachter.

Kardinal Augustin Bea SJ knüpfte im Auftrag des Papstes die Fäden zu den anderen Kirchen.

Was heißt Ökumene?

μένειν
(menein)
bleiben

Im Haus bleiben

Ökumene bedeutet:

1. in der Antike:
die *bewohnte* Erde

2. in der alten Kirche:
Gemeinschaft zwischen Ostkirche und Westkirche; Gemeinschaft aller Patriarchate

3. bei den Evangelischen:
Gemeinschaft aller Christen

4. bei den Katholischen:
Gemeinschaft aller Christen in *einer* Kirche

Lutherischen Weltbundes. Johannes XXIII. hat in den kaum fünf Jahren seines Pontifikats die Tore zu einer neuen Epoche der Kirchengeschichte geöffnet. Er starb am Pfingstmontag 1963, von der ganzen Welt betrauert.

Kardinal Augustin Bea

Als Präsident des **Sekretariats zur Förderung der Einheit der Christen** übernahm Kardinal Bea die schwere Aufgabe, die seit Jahrhunderten entfremdeten christlichen Konfessionen einander näherzubringen. Daß am Zweiten Vatikanischen Konzil 152 Vertreter von 30 nichtkatholischen Kirchen als Beobachter teilnahmen, ist allein sein Verdienst – das Verdienst dieses bescheiden lebenden Jesuitenpaters.

1881 wurde er in Riedböhringen im Schwarzwald geboren. Sein Vater war Zimmermann. 1902 trat Augustin Bea in den Jesuitenorden ein; 1912 wurde er zum Priester geweiht und arbeitete dann als Dozent und Professor an einer Ordenshochschule. 1922 unternahm er im Auftrag des Ordens eine Reise nach Japan und besuchte dabei auch Moskau. 1930 wurde er Rektor des päpstlichen Bibelinstitutes in Rom.

Papst Pius XII. erwählte sich Pater Bea zum Beichtvater. 1959 ernannte ihn Papst Johannes XXIII. zum Kardinal. 1962, bei einem Besuch in Berlin, predigte er von der Ökumene: »Von dieser Zusammenarbeit habt ihr ein Beispiel in der großmütigen Überlassung von mehr als 1000 Kirchen für euren Gottesdienst, und ich möchte die Gelegenheit benützen, unseren evangelischen Brüdern von ganzem Herzen zu danken für diese Tat der Liebe.«

Kardinal Bea besuchte mehrfach den Primas der anglikanischen Kirche in London und den ökumenischen Patriarchen von Konstantinopel. Wiederholt führte er Gespräche mit dem Generalsekretär Dr. Visser't Hooft und suchte in Genf die Ökumenische Zentrale auf. Am 15. Oktober 1962 empfing Kardinal Bea die nichtkatholischen Beobachter-Delegierten des Konzils mit den Worten: »Meine lieben Brüder in Christus! Anstelle einer langen Aufzählung Ihrer Titel, die ich selbstverständlich respektiere, erlauben Sie mir, Sie mit den einfachen und so tiefen Worten anzureden: ›Meine Brüder in Christus!‹ Diese Anrede ist stärker als alles, was uns trennt.«

Kardinal Bea, der »Kardinal der Einheit«, starb am 16. November 1968, tief betrauert von unzähligen Menschen aller Konfessionen. Zu seinem Nachfolger wurde der niederländische Kardinal Willebrands berufen.

Katholische Priester und Ordensleute werden in ein Konzentrationslager der Hitlerfaschisten abtransportiert.

Auflösung: von S. 69 (Zerlesene Bücher):

Bücherstoß, von oben nach unten: Es ist ein Ros' – Vater unser – Auszug aus Ägypten – Neues Jerusalem – Glaubensbekenntnis – Ein feste Burg – Lied von König David – Igel und Hase – Ungleiche Kinder Evas – Missionsreisen des hl. Paulus – EVANGELIUM

Die Kathedrale in Dresden nach der Zerstörung Dresdens im zweiten Weltkrieg

Gott schreibt auf krummen Zeilen gerade

*

Portugiesisches Sprichwort

Kriege, gemeinsam erlittene Not und Schwierigkeiten bringen Menschen einander näher – auch die Menschen verschiedenen Glaubens.

30 Jahre Notzeit

Einen kleinen Schritt gehen die Katholiken und Protestanten am Ende des 30jährigen Krieges aufeinander zu. Im Westfälischen Frieden von 1648 heißt es:

5. 1.: Zwischen beiden Religionen soll eine völlige gegenseitige Gleichberechtigung herrschen. Alle Gewalttätigkeit zwischen beiden Teilen soll auf ewig verboten sein.

5.34: Andersgläubige Untertanen sollen geduldet werden. Mit Gewissensfreiheit dürfen sie ihre Andacht zu Hause, aber nicht öffentlich verrichten.

Schwierigkeiten der Missionare

Der zweite Anstoß zu einer Annäherung der Konfessionen kam von den Missionaren. Ein Methodistenmissionar schrieb vor 50 Jahren: »Die Inder suchen Christus und bewundern ihn; aber sie suchen ihn außerhalb der christlichen Kirchen, weil sie Christus nicht in Verbindung bringen können mit den gespaltenen und untereinander widerstreitenden kirchlichen Organisationen, die sie umwerben . . . Daher muß endlich Kirche sein.«

Gemeinsame leidvolle Erfahrungen

Die gemeinsamen leidvollen Erfahrungen in den faschistischen Konzentrationslagern führten die Gefangenen der verschiedenen Bekenntnisse und Weltanschauungen zueinander. Eine katholische Polin, die die Schreckenszeit in Auschwitz überlebte, erzählte: »In diesen entsetzlichen, täglich neuen Qualen gab es ein Erlebnis, das ich in solch beglückender Tiefe weder vorher noch nachher wieder erfahren habe: Katholiken, Protestanten, Juden – Geistliche wie Laien –, Kommunisten und Angehörige anderer Weltanschauungen standen zueinander. Ein trockener Brotkanten zum Beispiel konnte dies ausdrücken, wenn er in dieser Hölle zum Geschenk zwischen zwei Menschen verschiedenster Weltanschauung wurde.«

Diaspora

Die Nachkriegsjahre mit Ruinen und Hunger brachten die Christen einander näher. Viele Menschen, in traditionsbewußtem katholischen Land aufgewachsen, fanden sich plötzlich in der Diaspora, von Andersgläubigen und Ungläubigen umgeben. Sie erfuhren Nächstenliebe von den »anderen«. Sie lernten ihren Glauben kennen und benutzten gemeinsam die Kirchen.

Damit die Welt glauben kann

Nimm Papier und Bleistift und beantworte die folgenden Fragen. Unterstreiche im Lösungswort die jeweils durch Zahlen angegebenen Buchstaben. Sie ergeben, hintereinander gelesen, eine Weisung aus dem Neuen Testament.

1.
Papst, der den Bannspruch gegen die Ostkirche aufhob (2/4)

2.
Gründer der Ökumenischen Bewegung (7)

3.
»Kardinal der Einheit« (2)

4.
So nennt man verstreute Gemeinden in andersgläubigem Gebiet (4/6)

5.
Nachfolger von Kardinal Bea (3/4)

6.
Gemeinschaft aller Christen (5/6)

7.
Evangelischer Theologe, Organist und Urwaldarzt (5/6)

8.
Papst, der zu Andersgläubigen »Bruder« sagte (6/8)

9.
Kirche, in der Angehörige verschiedener Bekenntnisse Gottesdienst feiern (1/14)

10.
Arbeitsgebiet, auf dem die Spaltung der Kirche besondere Schwierigkeiten bereitet (5/7)

Der erste Schritt – ein Bund

Von Anfang an gab es innerhalb jeder einzelnen von Rom getrennten Konfession viele voneinander unabhängige Gliedkirchen. In der Reformation war in den deutschen Ländern die Bischofsgewalt auf die »Landesherren« übergegangen, und jede »Landeskirche« war dadurch völlig selbständig. Erst 1918 kam mit der Absetzung der Könige und Fürsten auch das Ende des »Landesherrlichen Kirchenregimentes«.

An der Spitze der Landeskirchen stehen seither gewählte Bischöfe oder Kirchenpräsidenten. Die enge Verbindung zwischen Landesfürstentum und Kirche hatte sich vielfach ungünstig ausgewirkt. Lebendige Christen suchten deshalb das Christentum ohne Kirche zu verwirklichen. Bei den Auswanderungen im 18./19. Jahrhundert nahmen die Menschen ihre Unzufriedenheit über das enge kirchliche Leben mit in die neue Heimat. Dort, in Amerika, gab es keine Landesherren. Jede neu ankommende Gruppe bildete eine selbständige Gemeinschaft, etwa nach dem Muster ihres Herkunftslandes. Einseitige Betonung von Glaubenslehren oder Lebenshaltungen führten zur Abspaltung vieler protestantischer Sondergemeinschaften. Amerika ist groß – man hatte Platz. Für die späteren Generationen schrumpften die Entfernungen zusammen. Eisenbahn und Dampfschiff waren erfunden. Gegenseitige Verbindungen wurden aufgenommen. Der Wille zur Einheit wuchs wieder. Der *eine* Herr sollte auch *eine* Kirche beleben. Dieser Wille zeigte sich in der Gründung von Kirchenbünden:

1867	Vereinigung der Anglikaner
1877	Weltbund der Reformierten
1881	Ökumenische Methodistenkonferenz (hier wird der Begriff »ökumenisch« eingeführt!)
1891	Weltbund der Kongregationalisten
1922	Deutscher evangelischer Kirchenbund aus 28 lutherischen Landeskirchen
1923	Lutherische Weltkonferenz in Eisenach
1947	Lutherischer Weltbund
1948	Evangelische Kirche in Deutschland (Bund von 28 lutherischen, reformierten und unierten Landeskirchen) (= EKD)
1969	Bund der Evangelischen Kirchen in der DDR (Bund von 8 Evangelisch-lutherischen Landeskirchen und Evangelischen Kirchen)

Auch in den anderen deutschsprachigen Ländern Österreich und Schweiz rücken die evangelischen, lutherischen und reformierten Kirchen einander näher. Zur Gründung von Kirchenbünden kam es nicht.

Gemeinsam Gott loben

Ein ständiges Bemühen der großen Konfessionen um ökumenische Kontakte erwuchs aus dem Willen, gemeinsam Gott zu loben.
Zum Gotteslob gehören das Singen, das Bekenntnis und das Gebet. Zuerst besann man sich auf gemeinsames Liedgut und kennzeichnete es in den Gesangbüchern als Einheitslieder. Dann wurden Glaubensbekenntnis und Vaterunser im gleichen Wortlaut eingeführt. Sollte nicht auch die Hl. Schrift in einer von allen anerkannten Übersetzung verkündigt werden? Ein erster Schritt dafür waren die Loccumer Richtlinien 1971 → S. 331. Inzwischen liegt die ganze Hl. Schrift in einer deutschen Einheitsübersetzung vor. Alle biblischen Texte, die wir in unserer Meßfeier hören, sind ihr entnommen.
Bis zur vollen Einheit des Glaubens wird es noch vieler solcher Schritte bedürfen.

Während seiner Pastoralreise nach Großbritannien nahm Papst Johannes Paul II. an einem ökumenischen Gebetsgottesdienst in der anglikanischen Kathedrale von Canterbury teil. Der Primas der anglikanischen Kirche, Erzbischof Runcie, trägt Hirtenstab und Mitra, während der Papst nur das priesterliche Amtszeichen, die Stola, angelegt hat.

Ökumenische Zusammenschlüsse bei den nichtkatholischen Kirchen

Der Weltrat der Kirchen
bedient sich dieses Zeichens bei seinen Veröffentlichungen.

1895 **Christlicher Studentenweltbund**
1897 erste **Weltmissionskonferenz** in London, fordert eine geeinte Kirche um der Heiden willen
1925 **Weltkonferenz für praktisches Christentum** in Stockholm (Söderblom – private Beobachter aus Rom)
1927 **Weltkonferenz für Glaube und Kirchenverfassung** in Lausanne
1948 **Weltrat der Kirchen**, ÖRK, in Amsterdam gegründet
1954 zweite Vollversammlung in Evanston (USA): das Generalsekretariat leitet W. A. Visser't Hooft
1961 dritte Vollversammlung in Neu-Delhi
1968 vierte Vollversammlung in Uppsala
1973 wurde in Utrecht bei einer Tagung des ÖRK der farbige Methodistenpfarrer Dr. Philip Potter aus Jamaika zum neuen Generalsekretär gewählt.
1975 fünfte Vollversammlung in Nairobi; an ihr nahm eine katholische Beobachterdelegation unter Kardinal Willebrands (Nachfolger von Kardinal Bea) teil.
1983 sechste Vollversammlung in Vancouver.

Ökumenische Nachrichten

Kardinal Willebrands würdigte die gute Zusammenarbeit zwischen dem Weltkirchenrat und der katholischen Kirche in der »Kommission für Gesellschaft, Entwicklung und Frieden« (SODEPAX) (1973).

*

Über den Rundfunk führen fünf Kirchen im **brasilianischen Bundesstaat Parana** seit März 1973 eine gemeinsame religiöse Unterweisung durch. Sie wollen damit den großen Mangel an Religionslehrern teilweise überbrücken. Die Sendungen werden von dem katholischen Sender ausgestrahlt und von ca. 1500 Grundschulklassen empfangen. Das Projekt wurde von einer Arbeitsgruppe der katholischen, methodistischen, presbyterianischen, kongregationalen und evangelischen Kirchen ausgearbeitet.

*

Im Petersdom zu Rom hielt 1981 erstmals ein orthodoxer Bischof, der Metropolit Damaskinos, Leiter des orthodoxen Zentrums von Chamesy bei Genf, in der Pfingstvesper die Predigt. Er sprach über die Einheit der Christen im Geiste Gottes und spielte auf die erhoffte volle Abendmahlsgemeinschaft zwischen Katholiken und Orthodoxen an.

*

Eine wahrscheinlich einzigartige religiöse Gemeinschaft lebt und arbeitet in **Äthiopien** zusammen. Im Dorf Sabbat schlossen sich zwei koptische Ordensfrauen, zwei protestantische Missionarinnen aus England und zwei katholische Kombonianerschwestern aus Italien zu einer Gemeinschaft zusammen, die sich der Krankenpflege widmet und eine Klinik leitet (1976).

Vom 29. August 1974 bis 1. September 1974 fand die Eröffnung des »Konzils der Jugend« in **Taizé** statt. Beim abschließenden Gottesdienst stellte der Prior der ökumenischen Bruderschaft von Taizé, Roger Schutz, den »Bruder Papst Johannes XXIII.« als Vorbild hin.

*

Aktion Sühnezeichen
lädt ein zu einem Praktikum der Versöhnung
Unser Dienst in den diakonischen Einrichtungen unserer Kirchen, in evangelischen und katholischen Gemeinden oder auf einem jüdischen Friedhof will ein Tatzeugnis der Versöhnung sein. Die Lagergemeinschaft hilft uns, daß wir aufeinander eingehen, miteinander sprechen, voneinander lernen, füreinander einstehen ...

Zu einer ersten gemeinsamen Konferenz mit dem Hauptthema »Frieden« sind je 40 Vertreter des Rates der Europäischen Bischofskonferenzen (CCEE) und der Konferenz Europäischer Kirchen (KEK) vom 10. bis 14. April 1978 in **Chantilly bei Paris** zusammengetroffen. Kirchenvertreter bezeichnen dieses Treffen als »ökumenisches Ereignis, wie es seit der Reformation in Europa noch keines gab«. Bereits 1972 wurde beschlossen, alljährlich eine gemeinsame Tagung zwischen einigen Vertretern dieser beiden europäischen Kirchenorganisationen abzuhalten. Daraufhin entstand vier Jahre später der »Gemeinsame Ausschuß CCEE/KEK«.

Albert Schweitzer (1875–1965), Theologe, Arzt und Organist

Auflösung von S. 74 (Damit die Welt glauben kann.):
Paul – Söderblom – Bea – Diaspora – Willebrands – Ökumene – Schweitzer – Johannes – Simultankirche – Mission:
ALLE SOLLEN EINS SEIN.

Ökumenischer Gottesdienst in der Brüsseler Kathedrale. V. l. n. r.: Vertreter der protestantischen, der griechisch-orthodoxen, der anglikanischen Kirche. Dann der katholische Gastgeber: Kardinal Suenens. Weiter: ein russisch-orthodoxer Patriarch und ein Vertreter der holländischen reformierten Kirche

Kardinal Bengsch von Berlin im Gespräch mit dem Generalsekretär des Weltkirchenrates, Dr. Potter

Aus meiner Kindheit und Jugendzeit

In der Günsbacher Kirche konnte sich mein andächtiges Träumen in einem katholischen Chor ergehen. Sie diente nämlich zugleich dem protestantischen und dem katholischen Kult.
Als das Elsaß durch Ludwig XIV. französisch wurde, bestimmte dieser, um die Protestanten zu demütigen, daß in den protestantischen Dörfern, in denen zum mindesten sieben katholische Familien wohnten, den Katholiken der Chor eingeräumt werden müßte. Allsonntäglich sollte ihnen die Kirche zu bestimmten Stunden für ihren Gottesdienst zur Verfügung stehen. So kommt es, daß eine Reihe von elsässischen Kirchen protestantisch und katholisch zugleich ist.
Der katholische Chor, in den ich hineinschaute, war für meine kindliche Phantasie der Inbegriff der Herrlichkeit. Ein goldfarben angestrichener Altar, große metallene Leuchter mit majestätischen Kerzen; an der Wand, über dem Altar, zwischen den beiden Fenstern, zwei große goldfarbene Statuen, die für mich Josef und die Jungfrau Maria bedeuteten; dies alles umflutet von dem Lichte, das

durch die Chorfenster kam; und durch die Chorfenster hindurch schaute man auf Bäume, Dächer, Wolken und Himmel hinaus, auf die Welt, die den Chor der Kirche in die unendliche Ferne fortsetzte und mit dem Scheine der Verklärung umflossen war. So wanderte mein Blick aus der Endlichkeit in die Unendlichkeit. Stille und Friede überkamen meine Seele . . .

Noch eines habe ich aus der zugleich protestantischen und katholischen Kirche mit ins Leben hinausgenommen: religiöse Versöhnlichkeit. Die aus einer Herrscherlaune Ludwigs XIV. entstandene protestantisch-katholische Kirche ist mir mehr als eine merkwürdige geschichtliche Erscheinung. Sie gilt mir als Symbol dafür, daß die konfessionellen Unterschiede etwas sind, was bestimmt ist, einmal zu verschwinden. Als Kind schon empfand ich es als etwas Schönes, daß in unserem Dorfe Katholiken und Protestanten in derselben Kirche Gottesdienst feierten. Noch heute erfüllt es mich mit Freude jedesmal, wenn ich den Fuß in sie hineinsetze. *Albert Schweitzer*

Die gegenwärtige Struktur des Ökumenischen Rates der Kirchen

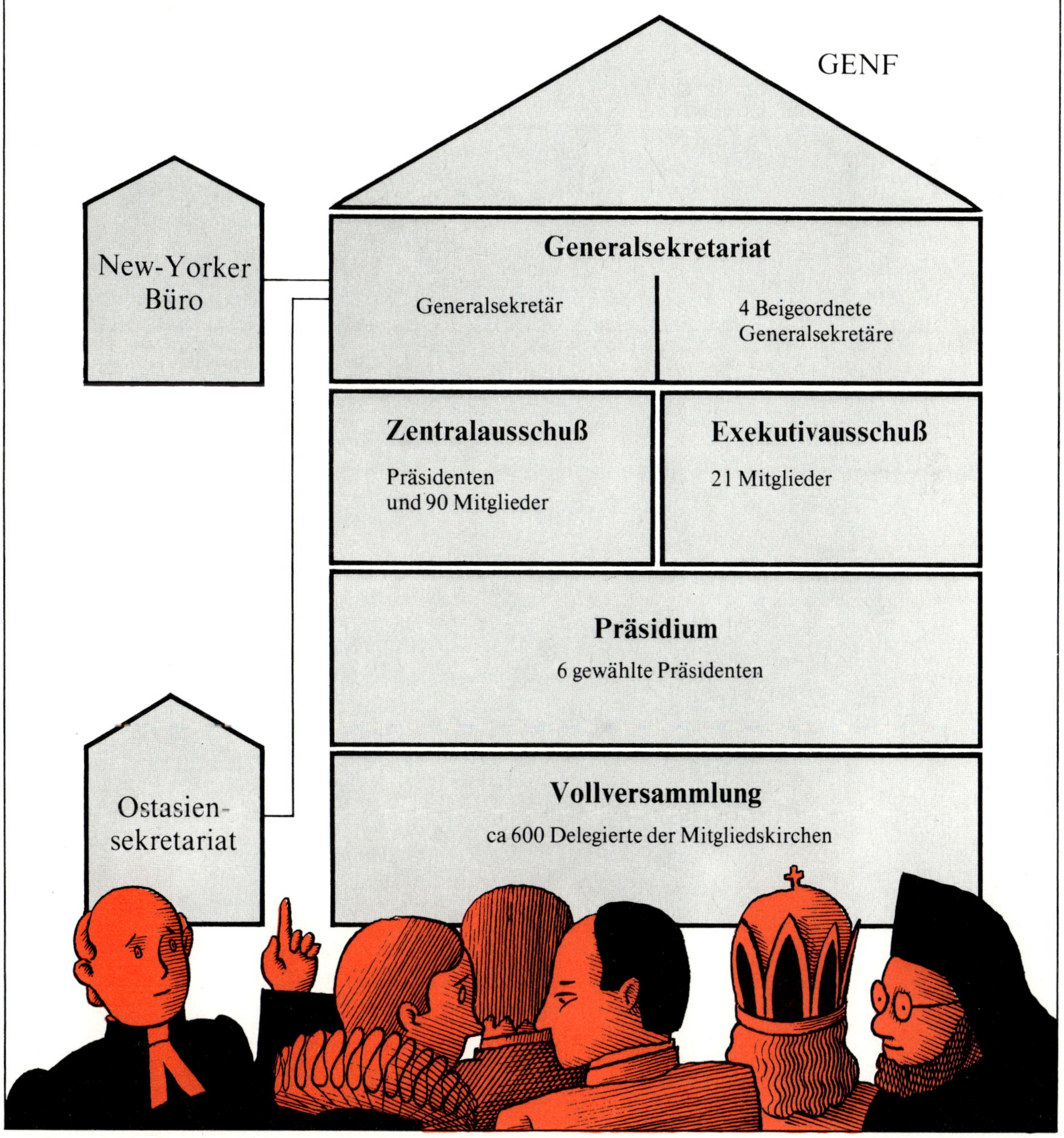

GENF

New-Yorker Büro

Generalsekretariat

Generalsekretär

4 Beigeordnete Generalsekretäre

Zentralausschuß

Präsidenten und 90 Mitglieder

Exekutivausschuß

21 Mitglieder

Präsidium

6 gewählte Präsidenten

Vollversammlung

ca 600 Delegierte der Mitgliedskirchen

Ostasien-sekretariat

Brevier
von lat. brevis (= kurz); das offizielle Stundenbuch der Kirche. Es enthält vor allem Psalmen, Lesungen, Hymnen und Gebete. Das Stundengebet, zu dem alle Diakone, Geistlichen und Ordensleute verpflichtet sind, ist über den Tag verteilt.

Diaspora
griech. (= »Zerstreuung«); ein Gebiet, in dem Mitglieder einer Religionsgemeinschaft unter überwiegend andersgläubiger oder nichtgläubiger Bevölkerung leben.

Klerus
von griech. klerós (= Los, Anteil, Erbe); bezeichnet den hauptamtlichen, geweihten Amtsträger in der Kirche vom Diakon an aufwärts. (Siehe auch Kleriker [S. 56 u. S. 306].)

Konfession
von lat. confiteri (= bekennen; Bekenntnis). Wir verstehen das Wort im Sinne von Glaubensbekenntnis.

Monsignore
it. (= mein Herr); ist der einfachste der vom Papst verliehenen Ehrentitel für Priester (Abk.: Msgr.).

Nuntius
von lat. nuntiare (= melden, vertreten); ist der Vertreter des Heiligen Vaters, meist Erzbischof, bei den Regierungen vieler Staaten, zu denen der Vatikan diplomatische Beziehungen unterhält.

Ökumene
von griech. oikuméne (= umfassend, allgemein); bezeichnet ursprünglich die im Altertum bekannte Welt. Wir nennen Ökumene das Bemühen um Einheit unter den christlichen Konfessionen.

Papst
von it. papa (= Vater); Bezeichnung für den Heiligen Vater, den obersten Leiter der katholischen Kirche und Bischof der Stadt Rom.

Pater
lat. (= Vater): Anrede für Geistliche, bei uns vorwiegend für Ordensgeistliche üblich (Abk. P. vor dem Namen, z. B. P. Damian de Veuster)

Pontifikalmesse
Messe eines Bischofs. In der alten Kirche hatte der Bischof den Titel »Pontifex« (= Brückenbauer).

Prälat
höherer päpstlicher Ehrentitel für Priester

Propst
von lat. praepositus (= Vorsteher); eigentlich Vorsteher eines Stiftes oder Klosters. Heute werden auch Geistliche an bedeutenden Kirchen mit dem Titel »Propst« bezeichnet. In älterer Fassung auch »Probst« geschrieben.

Sekte
von lat. sequi (= folgen, nachgehen); religiöse Sondergruppe, die sich von einer umfassenden kirchlichen Gemeinschaft gelöst hat.

Talar
langes, meist schwarzes Amtsgewand von Geistlichen oder Richtern.

Theologie
von griech. theós (= Gott) und lógos (= Rede, Lehre): Lehre von Gott. Die Theologie erforscht Geschichte, Lehre und Praxis des Christentums (oder anderer Religionen). Wir unterscheiden:

1. Historische Theologie:
Bibelwissenschaften, Kirchengeschichte, Dogmengeschichte u. a.

2. Systematische Theologie:
Glaubenslehre (Dogmatik), Sittenlehre (Ethik), Fundamentaltheologie

3. Praktische Theologie:
Lehre vom kirchlichen Gottesdienst (Liturgik), Glaubensbildung (Katechetik), Predigt (Homiletik), Seelsorge (Pastoral)

Kirchen und christliche Gemeinschaften

von A–Z

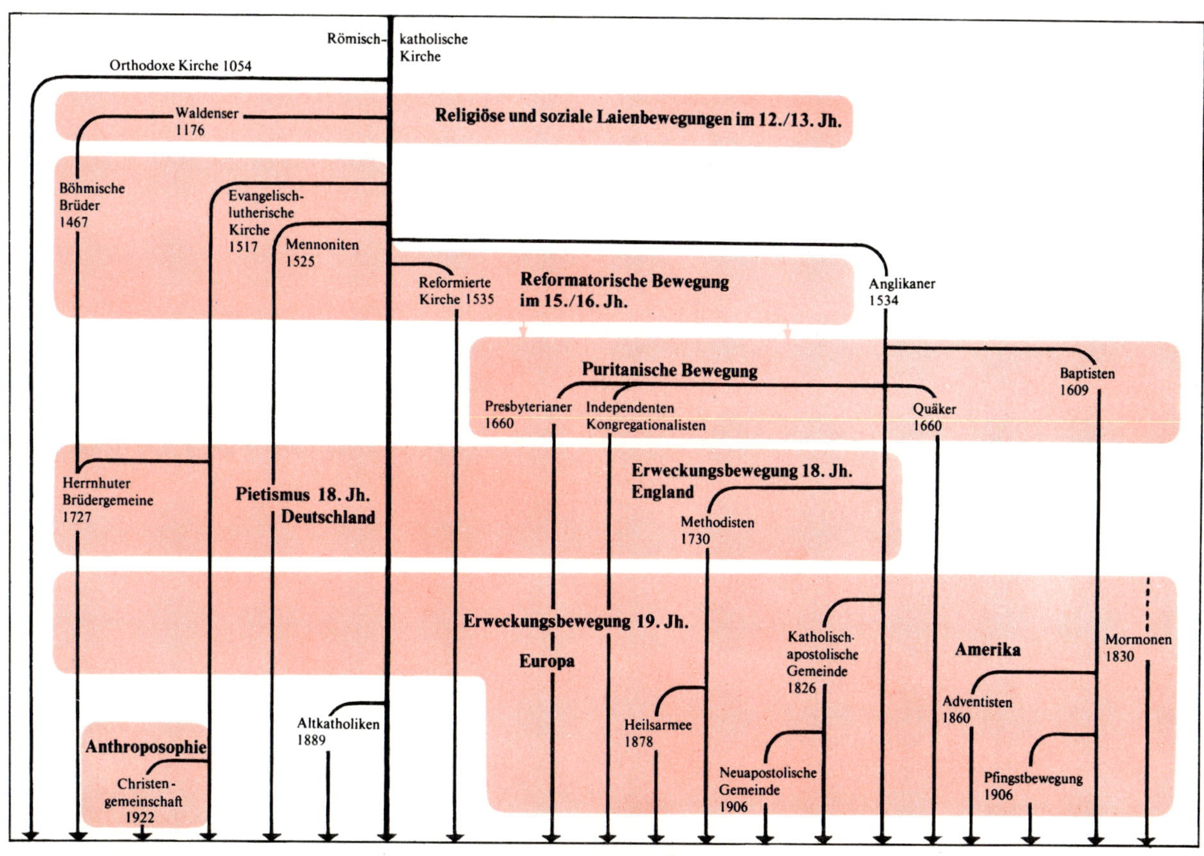

Taufe bei den Siebenten-Tags-Adventisten

Adventisten

A

Die Siebenten-Tags-Adventisten

Ein Vorspiel:
»Und so sage ich euch, Brüder und Schwestern, die Welt wird untergehen und Christus, der Weltenrichter, wird kommen.«

Der Baptistenprediger William Miller hob die Hand und ließ eine Pause entstehen. Es war still in der Halle. Alle schauten auf den Prediger, der zugleich als Farmer großes Ansehen genoß. »Wann aber wird das sein? Morgen oder in tausend Jahren? Nein, Brüder. Ich habe in der Schrift nachgerechnet. Was ist das Ergebnis? Ich will es euch sagen, Brüder! 1843 wird die Welt untergehen und Christus wiederkommen.«
Ein Raunen ging durch die Halle. Mitglieder der Baptistengemeinschaft warfen sich kurze Sätze zu. »Unser Prediger hat recht.«
Das Jahr 1843 kam, mit banger Erwartung eingeleitet. Und es verging, ohne daß sich etwas ereignete, was auf Weltuntergang hin-

wies. Die Anhänger des Farmers und Predigers William Miller waren bitter enttäuscht. Sie hatten den Termin so ernst genommen, daß sie ihre Besitzungen verkauft, das Geld verschenkt und auf dieser Welt alle Zelte abgebrochen hatten. Viele wandten sich daraufhin vom Glauben ab.

Gründung:

Andere wagten einen neuen Anfang im Blick auf das Endgericht und die Sabbatheiligung. 1863 schlossen sie sich zur Gemeinschaft der Siebenten-Tags-Adventisten zusammen. Zu ihnen gehörte eine junge Frau: Ellen Gould White. Die Adventisten halten sie für eine Prophetin; dennoch bleibt das Wort der Bibel ihre alleinige Glaubensgrundlage.

Lehre:

Die Adventisten haben stets die Wiederkunft Christi und das Endgericht vor Augen, auch wenn sie keinen Zeitpunkt dafür angeben. Deshalb haben sie eine sehr ernste Lebenseinstellung. Allein die Bibel gilt als Glaubensgrundlage; jedes andere in Worte gefaßte Glaubensbekenntnis lehnen sie als Menschenwerk ab. Da im Alten und Neuen Testament noch nichts von der Feier des Sonntags steht, halten sie streng an der Heiligung des Sabbats fest. – Der Gottesdienst der Adventisten beginnt mit einem Bibelgespräch (Sabbatschule) in kleinen Gruppen; nach einer Stunde folgt eine einstündige Predigt vom Sprechpult aus. Den Abschluß bilden Lied und Gebet. Einmal im Vierteljahr feiern sie das Abendmahl und betonen dabei die vorher stattfindende Fußwaschung.

Weitere Schwerpunkte der Lehre sind: Opferbereitschaft und Abgabe des Zehnten. Da die Bibel den Menschen als Tempel Gottes bezeichnet, lehrt die Gemeinschaft eine strenge und gesunde Lebensführung. Verzicht auf weltliche Vergnügungen, Tabak und Alkohol. Die Speisegesetze der Juden (Verbot von Schweinefleisch) übernehmen sie nicht aus kultischen Gründen, sondern weil Gott diese Gesetze seinem Volk gab, um es vor Krankheiten zu schützen. Die Aufnahme in die Gemeinde geschieht durch Taufe der Erwachsenen.

Organisation:

Im Jahre 1983 wurden ca. 4,0 Mill. Anhänger gezählt. Davon leben die meisten in Nord- und Südamerika sowie in Afrika. Es werden angegeben für die BRD 25500, für die DDR 10300 und für Österreich 2800 Glieder. Reiches Verlagswesen: 50 Verlage drucken 336 Zeitschriften in 199 Sprachen. Lehrtätigkeit in ca. 4000 Elementarschulen, Colleges und Mittelschulen; 3 Universitäten (2 in USA, 1 in Mexiko); eigene Rundfunkstationen.

Altkatholiken

In Rom war am 18. Juli 1870 das Erste Vatikanische Konzil zu Ende gegangen. Es hatte feierlich verkündet, daß der Papst als Bischof von Rom einen Vorrang vor allen Bischöfen habe (Primat) und ihm die Unfehlbarkeit zukomme, wenn er in Glaubens- oder Sittenfragen eine Lehrentscheidung fällt.

Besonders die Lehre von der Unfehlbarkeit des Papstes brachte einige Theologen und Laien auf. Sie verließen die katholische Kirche und wählten einen der ihren zum Bischof. Die Erteilung der Bischofsweihe erbaten sie für ihn von der Kirche zu Utrecht, die seit 1723 von Rom getrennt war. Mit dieser Kirche schlossen sie dann einen Bund, die sogenannte **Utrechter Union von 1889.**

Damit ist die eigentliche Gründung der Altkatholischen Kirche erfolgt.

Von da an breiteten sich die altkatholischen Kirchen aus. In den USA, in Kanada und Polen, ansatzweise auch in Frankreich und Italien, entstehen selbständige Organisationen.

Lehre:

Die Altkatholiken unterscheiden sich von den Katholiken vor allem in folgenden Punkten:

- Grundlage der Lehre sind die Heilige Schrift und die katholische Tradition bis zum frühen Mittelalter.
- Sie erkennen den Bischof von Rom nicht als Oberhaupt der Kirche an.
- Von den Konzilien sind für sie nur die ersten sieben verbindlich, die in Einheit der Ostkirche mit der Westkirche gehalten wurden:
  Nikaia 325, Konstantinopel 381, Ephesus 431, Chalcedon 451, Konstantinopel 553, Konstantinopel 689 und Nikaia II 787
- Alle Ablässe sind aufgehoben.
- Die Ehelosigkeit der Priester ist abgeschafft
- Die Laien sind an Pfarrer- und Bischofswahlen beteiligt.

Organisation:

Die Altkatholiken sind in Landeskirchen zusammengefaßt. Oberhaupt ist der Bischof. Seine Helfer in den Gemeinden sind die Priester und Diakone.

Mitgliederzahlen: 5200 in der BRD, 1200 in der DDR und ca. 1000 in Österreich.

Die Altkatholiken haben volle Gemeinschaft, d. h. Sakramentengemeinschaft, mit den anglikanischen Kirchengemeinden. Mit den Ostkirchen wird dauernder Kontakt angestrebt. Seit dem Zweiten Vatikanischen Konzil ist das Verhältnis zur Mutterkirche wieder freundlicher.

Sakramentenspendung in der altkatholischen Kirche: Priesterweihe und Austeilung der Kommunion

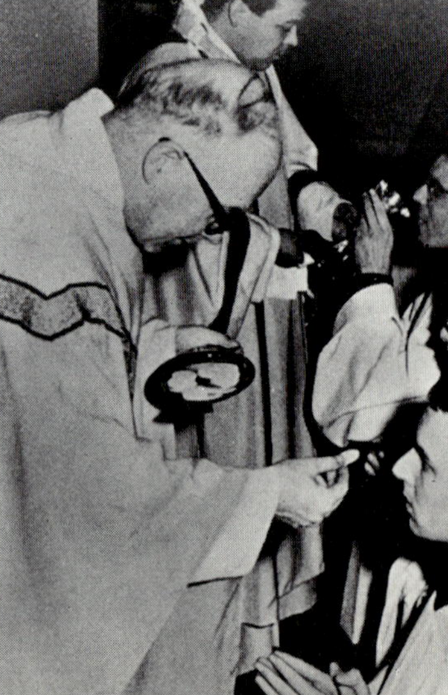

Anglikaner

Es gibt verschiedene Bezeichnungen für diese Gemeinschaft:

Church of England (Offizielle Bezeichnung)
Ecclesia anglicana (lat.)
Kirche von England (deutsch)
Anglikanische Kirche (allg. übliche Bezeichnung)

Geschichte:

Die Kirche in England hat eine eigene Geschichte. Die Insel am Rande von Europa begünstigte eine etwas gesonderte Entwicklung.

3. Jh.
Berichte über Christen in Britannien

um 450
Die Angelsachsen fallen ein und drängen die altenglische Kirche zurück; auf den irischen Inseln entsteht eine blühende Mönchskirche.

um 600
Erzbistum Canterbury von Papst Gregor I. errichtet

7. Jh.
Beginn der Missionstätigkeit der angelsächsischen und iro-schottischen Mönche auf dem Festland (Bonifatius, Sturmius, Kilian u. a.). Blühende Kirche auf den Inseln.

14. Jh.
John Wiclif († 1384) tritt mit Protest gegen den Papst auf. Er will die Kirche erneuern, aber auch politische Ziele durchsetzen. Die Kirche in England soll selbständig werden. Sein Einfluß auf Jan Hus und Martin Luther wird Geschichte machen.

1534
König Heinrich VIII. will kirchlich geschieden werden, um eine andere Frau zu heiraten. Der Papst kann auch dem König nicht gewähren, was Unrecht ist: die Ehescheidung.
Der König vollzieht den Bruch mit dem Papst und macht sich selber zum Oberhaupt der englischen Kirche. Er gibt der Kirche eine neue Verfassung. Die Lehre der englischen Kirche aber bleibt katholisch. Die englische Staatskirche ist gegründet.
Unter Königin Elisabeth I. (1558–1603) wird die englische Staatskirche gefestigt durch die Neuordnung des Gottesdienstes (im Common Prayer Book) und des Glaubensbekenntnisses (beeinflußt von der reformierten Lehre).
In der hochkirchlichen (→ Hochkirche, S. 90) Bewegung wird bis heute besonders die katholische Ausgestaltung des Gottesdienstes gepflegt, während sich in der niederkirchlichen und breitkirchlichen Bewegung stärker der Einfluß der Reformation zeigt.

Organisation:

Die englische Königin ist Oberhaupt der Kirche; sie ernennt Bischöfe und Dekane. Kirchliche Gesetze bedürfen der Zustimmung des Parlaments. Die Erzbischöfe und zahlreiche Bischöfe (gegenwärtig 16) gehören dem Oberhaus an.
Die englische Kirche gliedert sich in die beiden Kirchenprovinzen (Erzdiözesen) Canterbury und York. Ihnen sind 43 Diözesen untergeordnet. Der Erzbischof von Canterbury führt den Titel »Primas von ganz England«. Er nimmt die Krönung des englischen Königs (bzw. der Königin) vor. In beiden Kirchenprovinzen bestehen seit alters sog. Convocations, mit unseren Synoden vergleichbar, allerdings ohne Beteiligung der Laien.
Obwohl die kirchliche Verwaltung eng an den Staat gebunden ist, empfängt kein Bischof oder Priester Gehalt vom Staat.

Anglikanischer Geistlicher im Talar und in liturgischer Kleidung.

Kurz und bündig

Kirche in England
besteht seit dem 3. Jh.

Kirche von England
ist die Bezeichnung für die Kirche im Mutterland seit der Trennung von Rom durch Heinrich VIII. Sie nennt sich auch anglikanische Kirche (etwa 3 Mill. Mitglieder).

Anglikanische Kirchen
sind als Tochterkirchen durch englische Auswanderer in aller Welt entstanden.

Ihre geistlichen Belange (Liturgie, Seelsorge usw.) regelt die Kirche von England selbst.
Neuerdings sind starke Bestrebungen im Gange, um die Bindungen zwischen Staat und Kirche zu lockern oder gar zu lösen.

Lehre:

Hervorzuheben sind vier Schwerpunkte:

1. Die Bibel ist geoffenbartes Wort Gottes.
2. Die christliche Überlieferung ist Norm der kirchlichen Lehre. Das Glaubensbekenntnis von Nikaia und das Apostolische Glaubensbekenntnis haben Geltung.
3. Von den Sakramenten werden Taufe und Abendmahl hervorgehoben.
4. Das Bischofsamt geht auf die Apostel zurück.

Für Gottesdienst und Gemeindeleben ist grundlegend das Common Prayer Book. Es ist Gebetbuch, Meßbuch, Glaubens- und Gesangbuch in einem. Sein Inhalt führt ungebrochen die katholische Tradition fort. Es enthält neben allen 150 Psalmen 779 alte und neue Lieder.

Anglikanische Kirchengemeinschaft

Die anglikanische Kirche hat sich auch außerhalb Englands verbreitet, besonders in Irland, Schottland, in den USA, in Kanada, Australien und Südafrika. Sie ist in diesen Ländern rechtlich nicht abhängig von der Kirche des Mutterlandes. Diese Tochterkirchen sind mit der Mutterkirche in der Anglikanischen Kirchengemeinschaft (ca. 40 Mill. Mitglieder) vereint.
Oberhaupt dieser Anglikanischen Kirchengemeinschaft ist der Erzbischof von Canterbury. Seit 1867 finden alle 10 Jahre Konferenzen der Bischöfe der Anglikanischen Kirchengemeinschaft statt (Lambeth-Konferenzen).

GOD be in my head and in my understanding.	Gott, sei in meinem Kopf und in meinem Verstand.
GOD be in my eyes and in my looking.	Gott, sei in meinen Augen und in meinem Blick.
GOD be in my mouth and in my speaking.	Gott, sei in meinem Mund und in meiner Rede.
GOD be in my heart and in my thinking.	Gott, sei in meinem Herzen und in meinen Gedanken.
GOD be at my end and at my departing.	Gott, steh mir am Ende bei und in meinem Tode.

Ein Lied aus dem Common Prayer Book

Zwei Drittel der in England geborenen Kinder werden in der Kirche von England getauft. Über die Hälfte aller Brautpaare läßt ihre Ehe kirchlich einsegnen. Die aktiv am Leben der Gemeinden teilnehmenden Gläubigen sind in der Minderheit.
Interessant ist, daß in der anglikanischen Kirche heute noch 51 Frauen- und 9 Männerorden bestehen.

Die Menschheit kommt zu der allmählichen Erkenntnis, daß das Gemeinsame der Menschen wichtiger und fruchtbarer ist als das Trennende.

Thornton Wilder

Der anglikanische Erzbischof von Canterbury, Dr. Ramsey, 1974 bei einem Besuch in der Thomaskirche zu Leipzig

Baptisten

Martin Luther King, der schwarze Baptistenprediger, machte keinen Unterschied zwischen Christen und Nichtchristen, zwischen Weißen und Farbigen, zwischen Baptisten und anderen Christen. Er setzte sich für die Gleichberechtigung seiner farbigen Brüder ein. Er, der Schwarze, predigte Liebe, predigte Gewaltlosigkeit, predigte der zerstrittenen Welt Frieden.
Am 4. April 1968 beendete die Kugel eines Mörders gewaltsam dieses Leben. Die ganze Welt horchte auf. Viele, die bisher nichts von Martin Luther King gewußt hatten, hörten jetzt seine Botschaft.

Taufbassin statt Taufstein

Betreten wir das Gotteshaus einer Baptistengemeinde, fällt uns zuerst das große Taufbassin auf. Baptisten taufen keine Kinder. Erst Erwachsene, die sich bewußt und freiwillig für Christus entscheiden, werden durch Untertauchen getauft und in die Gemeinde aufgenommen. Zur Gemeinde können nur Menschen gehören, die sich für Christus engagieren.
Sehen wir uns weiter um im Gottesdienstraum! Er ist einfach und schmucklos, hat einen Abendmahlstisch und eine Kanzel. Meistens wird der Raum beherrscht von dem großen Zeichen des Kreuzes, ohne Körper des sterbenden Jesus. Für die Gestaltung der Gottesdienste ist jede Gemeinde völlig selbständig.
Nach Predigt, Betrachtung, Gesang und Gebet (besonders meditativem Gebet) legen oft noch einzelne Gemeindemitglieder Zeugnis ab zur Erbauung der anderen. Glaube, Lehre und die Gemeindeordnung leiten die Baptisten allein aus der Heiligen Schrift ab, die jeder Gläubige unter der Leitung des Heiligen Geistes auslegen kann. Dadurch gibt es bei den Baptisten zahlreiche baptistisch unterschiedliche Ansichten. Das wird sichtbar in den vielen baptistischen Vereinigungen und Gesellschaften.
Im Jahre 1609 bildete sich in Amsterdam aus schon bestehenden Täufergemeinden die erste Baptistengemeinde. Prediger war ein ehemaliger Anglikaner. Anlaß zur Gründung einer eigenen Gemeinde war die Kritik an der Kindertaufe. »Baptisten« (griech. = Täufer) war zunächst ein Spottname. Durch Auswanderung entstanden Gemeinden in England und ab 1639 in Amerika. In Amerika wuchs die Zahl der Baptistengemeinden rasch an. Die Baptisten verkündeten das Evangelium den als Sklaven nach Amerika gebrachten Negern. Viele baptistische Gemeinden lehnten die Bildungen besonderer Negergemeinden ab. Sie vereinigten von Anfang an Schwarze und Weiße in einer Gemeinde.

Der Baptistenpfarrer Dr. Martin Luther King mit seiner Frau bei der Entgegennahme des Friedens-Nobel-Preises 1964

B

Wenn ein Mensch nicht etwas gefunden hat, für das er bereit wäre, sein Leben hinzugeben, dann taugt er nicht zum Leben.

Martin Luther King

Zahlen von heute

Baptistengemeinden gibt es auf allen Kontinenten. 1983 gehörten zu ihnen 30 Millionen getaufte Mitglieder; zählt man die Kinder und Jugendlichen dazu, dürften es etwa 75 Millionen sein. Die meisten Baptisten leben in Amerika, dort gab es 1970 etwa 27 Millionen Getaufte. Von der schwarzen Bevölkerung der USA ist etwa jeder zweite ein Baptist.
In Europa leben größere Gruppen in der UdSSR, in Rumänien und Schweden sowie im deutschen Sprachraum.
In manchen Ländern nennen sich die Baptisten »Evangelisch-Freikirchliche Gemeinde«. International sind sie im Baptistischen Weltbund zusammengeschlossen.

Mahalia Jackson, Tochter eines schwarzen Baptistenpredigers, kannte keinen Unterschied zwischen Beruf und Bekenntnis. Sie sagte: »Gospelsong ist nichts anderes als das Singen der Frohen Botschaft und das Verbreiten der guten Nachricht. Die Seele des Negers ist von Natur aus so voll von Rhythmus und Musik, daß er jedesmal neue Kraft schöpfte, wenn er zum Klang der Musik in der Gemeinde ›Zeugnis geben‹ und singend ›fröhlich werden‹ konnte. Singen Sie einmal mit mir, und – ob sie weiß oder schwarz sind – Sie werden es selber spüren!«

A7 D D7 G D h E7 A A7 D D7
1. I am just a lone-ly pil-grim, Pledding through this world of sin. — But I want to build a
G D A7 D Chorus
cit-y, — Where all people can march in. — O when the Saints go marching in. — O when the Saints go
A7 D D7 G D E7 A7 D G D
marching in. — O Lord, I want to be in that number. — When the Saints go marching in. —

2. Roll on Jordan, roll on high.
Roll on side as we go by.
There's a better world a-coming,
And the Saints go marching in.
O when the Saints . . .

3. I am just a weary traveller,
Travelling through this world of woe,
But I'm working for that morning,
When there'll be peace down here below.
O when the Saints . . .

1. Ich bin ein verlassener Pilger
und quäl' mich durch die sündige Welt.
Aber ich will eine Stadt bauen,
die allen Völkern offensteht.
Oh, wenn die Heiligen einziehen,
oh, wenn die Heiligen einziehen,
o Gott,
ich möchte in ihrer Schar sein,
wenn die Heiligen einziehen.

2. Woge auf, Jordan, woge hoch,
damit wir hindurchgehen können
auf die Seite,
wo eine bessere Welt beginnt
und die Heiligen hineingehen.

3. Ich bin ein wahrer Wanderer,
wandere durch diese Welt
voll Leid,
aber ich wirke
auf diesen Morgen hin,
an dem hier unten
Frieden sein wird.

Mennoniten

In ihren Anschauungen nah verwandt sind den Baptisten die Mennoniten, genannt nach Menno Simons.
Er faßte nach 1540 die Täufergemeinden im niederdeutschen Raum zwischen Danzig und Amsterdam zusammen. Bei den Täufergemeinden war es üblich, daß die Taufe erst gespendet wurde, wenn der Empfänger seinen Glauben persönlich bekennen konnte (Erwachsenentaufe).
Mennoniten gibt es heute noch vor allem in den Niederlanden, wo schon früher größere Gemeinden bestanden. Rembrandt hat einen Mennonitenprediger gemalt. Die Mennoniten nehmen das Gebot, Feinde zu lieben, so ernst, daß sie den Kriegsdienst, ja selbst jede Art von Verteidigung ablehnen.
Bei der letzten Zählung (1958) gab es insgesamt 371 000 getaufte Mitglieder. Davon leben in Amerika (Nord- und Mittelamerika insbesondere) 62%, in Europa 20%, der Rest in Asien und Afrika.

Auf dieser Radierung von Rembrandt ist ein Mennonitenprediger dargestellt.

Brüdergemeinden

In der Geschichte der Kirche taucht immer wieder der Ruf auf: »Zurück zur Lebensweise der ersten Christen, die man an der Bruderliebe erkannte; zurück zur Armut der ersten Christen!« Dieser Ruf wandert durch die Zeit und mit ihr durch Europa:

12. Jahrhundert	Lyon; Lombardei	Waldenser
15. Jahrhundert	Böhmen, Mähren	Böhmische Brüder
18. Jahrhundert	Herrnhut	Brüdergemeine

Waldenser

(auch Albigenser) übten Kritik am Reichtum der mittelalterlichen Kirche.
1176 gründete der Kaufmann Petrus Waldes von Lyon eine Laienbruderschaft »Gemeinschaft der Armen«. Sie sollte das arme Leben Jesu wieder verwirklichen. Die Waldenser übertrugen die Bibel in die Volkssprache und richteten ihr Leben an der Schrift aus. Seit 1179 lebte die Bruderschaft außerhalb der Kirche (→ auch S. 281). Von Lyon und der Lombardei aus, wo eine ähnliche Bruderschaft bestand, verbreiteten sich die Waldenser bis nach Deutschland, Böhmen, Polen, Ungarn und nach der Schweiz.
Bei einer Zählung von 1957 gab es noch 45000 Waldenser, die meisten (28000) in Italien. (Siehe auch S. 381)

Kathedrale in Albi. Die Stadt Albi war einer der Ausgangspunkte der Waldenser-Bewegung in Frankreich gewesen.

Böhmische Brüder

nahmen Anstoß an der Verweltlichung der Kirche seit Kaiser Konstantin dem Großen († 337).
Die Anfänge der Böhmischen Brüder gehen auf die Reformbewegung der Hussiten zurück. Im 15. Jahrhundert studierten viele tschechische Adlige in Oxford (England). Dort lernten sie John Wiclifs Lehren kennen und brachten sie dann mit zurück in ihre Heimat. Sie scharten sich um Jan Hus, der Forderungen an die Kirche stellte:

Predigt in tschechischer Sprache,
bei der Kommunion den Kelch auch für Laien,
apostolische Armut des Klerus,
strenge Kirchenzucht.

Nach der Verurteilung seiner Lehren durch das Konzil von Konstanz und seiner Verbrennung auf dem Scheiterhaufen (1415) schlossen sich die noch vorhandenen Gruppen seiner Anhänger, die Hussiten, den Böhmischen Brüdern an (nach 1453).
Der Führer der Böhmischen Brüder (Brüder-Unität) war ein Laie, Peter von Chelčicky.
1467 bildeten sie eine von der Kirche unabhängige Gemeinschaft. Um den Anschluß an das Priestertum der vorkonstantinischen Zeit zu gewinnen, ließen die Böhmischen Brüder ihren ersten Priester von einem Bischof der Waldenser weihen. Für die Böhmischen Brüder waren wesentlich:

einfache Form des Gottesdienstes,
schlichtes Leben,
strenge Zucht.

Im 16. Jahrhundert gehörte etwa die Hälfte der tschechischen Bevölkerung zu den Böhmischen Brüdern. Ihre Übersetzung der Bibel ins Tschechische, die Kralitzer Bibel, ist heute noch im Gebrauch. Die »Brüder« übten einen großen Einfluß auf die tschechische Sprache und Literatur aus. Ihr Bischof Comenius (1592–1670) gehört zu den größten Pädagogen aller Zeiten.
Die Böhmischen Brüder schlossen sich bei der Reformation nicht den Lutheranern an. Aber durch die Gegenreformation kam es größtenteils zur Auswanderung dieser selbständigen Gemeinden nach Deutschland.

Bethlehemskirche in Prag. Zum Gedenken an den Priester Jan Hus, der in dieser Kirche vor knapp 600 Jahren lehrte und predigte, ist hier ein Museum eingerichtet.

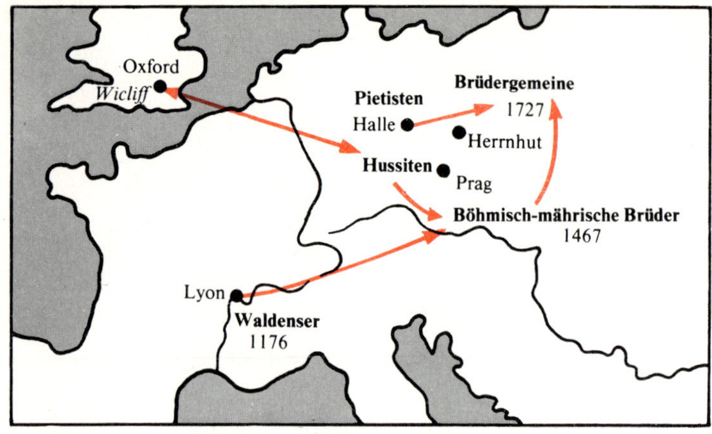

Brüdergemeinden im Kräftefeld der Reformbewegungen

Johann Amos Komensky, genannt Comenius
Bischof der Böhmisch-Mährischen Brüder

Herrnhuter Brüdergemeine

In ihr leben die Gedanken der Böhmischen Brüder und des Pietismus fort. Der Pietismus (seit Mitte des 17. Jahrhunderts) war die Reaktion auf die Verweltlichung in den evangelischen Landeskirchen und das rein äußerliche Gewohnheitschristentum. Das Wichtigste war den Pietisten die persönliche Erfahrung von Buße und Gnade (Bekehrungserlebnis). Sie betonten die Herzensfrömmigkeit, die in Werken sichtbar werden sollte. Sie verlangten die Abwendung von der »Welt« und ihren Vergnügungen (Tanz, Kartenspiel, Theater, weltliche Lektüre). Am meisten bekannt aus der pietistischen Bewegung wurde August Hermann Francke (1663–1717) durch die Gründungen des Waisenhauses und von Schulen in Halle und die Anfänge der lutherischen Mission in Ostindien.

Ein Graf wird Bruder

Zu den Schülern in Halle gehörte der Sohn eines sächsischen Kabinettsministers: Nikolaus Ludwig Graf von Zinzendorf (1700–1760). Als eine Gruppe aus ihrer Heimat geflüchteter Böhmischer Brüder 1722 ins sächsische Gebiet kam, siedelte sie Zinzendorf auf seinem Gut in Berthelsdorf an. Später gab er der Siedlung den Namen *Herrnhut*, d. h. »in der Hut des Herrn«.
Zinzendorf hat die pietistische Herzensfrömmigkeit mit den Traditionen der alten Brüder-Unität verbunden. Graf Zinzendorf wurde 1737 von Bischöfen der alten Brüder-Unität zum Bischof geweiht.
Die Herrnhuter schätzen das Bischofsamt hoch. Allerdings leiten ihre Bischöfe kein Bistum. Ihre Aufgabe ist die Amtsübertragung an die Gemeindeleiter, Diakone und Träger der Lehrämter. Fragen des Glaubens und der Disziplin werden von der Generalsynode entschieden.

Nikolaus Ludwig Graf Zinzendorf der Begründer der Herrnhuter Brüdergemeine

»Wahre Herzens- und Geistesgemeinschaft«

Die so erneuerte Brüder-Unität Herrnhut ist Kirche. Aber sie legt keinen Wert auf ein bestimmtes Glaubensbekenntnis. Sie will eine Brüdergemeinschaft überkonfessioneller Art sein. Sie will die »wahre Herzens- und Geistesgemeinschaft der Gläubigen über alle trennenden Unterschiede« hinweg herbeiführen. Von daher gestaltet sich auch das Leben in den Gemeinden. Liebevoll-ernste Zurechtweisung durch den Seelsorger im Beisein der Brüder wird gepflegt. Das bürgerliche Leben der Glieder soll »mit dem übereinstimmen, was wir als unseren Glauben vor der Welt bekennen«. Zurückhaltung gegenüber den billigen Vergnügungen des modernen Lebens und Mut zur Einfachheit werden gefordert. Aus der Aufgabe, den Kindern von Missionaren in der Heimat Schulunterricht zu geben, waren Schulen und Internate entstanden. Heute wird, in der Nachfolge dieser Erziehungsarbeit, z. B. im Förderungszentrum »Johann Amos Comenius« in Herrnhut, hirngeschädigten Jugendlichen durch Arbeitstherapie geholfen.

Ich habe nur eine Passion,
und die ist Er, ist Er. –
Wir müssen mit dem Heiland
in Person bekannt werden,
sonst ist alle Theologie nichts.
Darin besteht die Brüderreligion.
N. L. von Zinzendorf

Gottesdienst im Betsaal

Die Gotteshäuser der Brüdergemeine sind einfach. Einen Altar gibt es nicht. Der weiß gehaltene Raum ist ein Betsaal. Die Taufe wird in der Gemeinde gefeiert, damit auch sie die Pflicht mit übernimmt, für die christliche Erziehung der Kinder zu sorgen. Der Abendmahlsgottesdienst wird von den Presbytern (= Gemeindeleitern) und Diakonen in weißen Talaren gefeiert. Die Diakone teilen das Brot aus. Die längliche Oblate wird jeweils zwischen zwei Empfängern gebrochen. Wenn die Austeilung beendet ist, nehmen es alle zugleich, während der Liturg die Spendeformel spricht. Ähnlich geschieht es mit dem Wein.

Nach dem Empfang und einem stillen Dankgebet reichen sich alle Teilnehmer die Hände und singen gemeinsam einen Liedvers.

Weit verbreitet, auch außerhalb der Brüder-Unität, sind die täglichen »Losungen« der Brüdergemeine.

Abendmahlsgottesdienst im Betsaal der Brüdergemeine in Herrnhut

Brüder in aller Welt

Die »Brüderkirche« sieht ihre besondere Aufgabe in der Mission. Zehn Jahre nach der Gründung Herrnhuts machten sich die ersten beiden Brüder auf, um den Negersklaven in Westindien das Evangelium zu verkünden. Bald gab es »Brüder« in allen Erdteilen.

In dem 1887 gegründeten Museum der Brüdergemeine in Herrnhut geben völkerkundliche, kultur- und naturhistorische Gegenstände Zeugnis vom Wirken der Missionare.

Der Geist der Brüdergemeine wirkte auch auf andere Kirchen: John Wesley, der Gründer der methodistischen Kirche, war stark beeindruckt von den Herrnhutern.

Heute zählt die Brüdergemeine 350000 Mitglieder, davon in den Missionsgebieten 214000 Mitglieder. Für die DDR werden 3100 Glieder angegeben, für die BRD 5700, für die Schweiz 200.

Das Lamm mit der Siegesfahne, ein Symbol für Jesus Christus, ist das Wahrzeichen der Herrnhuter.

Weihelied für Herrnhut (1727)

Drum, so gründe dich auf Gnade,
Bau des Höchsten, Herrenhut!
Mache deine Mauern grade,
Deine Pfosten spreng mit Blut!
Jesu Beulen, die uns heilen;
Haben uns das Herz genommen;
Drauf sind wir zusammen-
kommen.
Herrnhut soll nicht länger stehen,
Als die Werke seiner Hand
Ungehindert drinnen gehen,
Und die Liebe sei das Band;
Bis wir fertig und gewärtig,
Als ein gutes Salz der Erden,
Nützlich ausgestreut zu werden,
Dann wird nichts als Jesus sein:
Reformierte, Lutheraner,
Kephisch, Paulisch, Mein und
Dein,
Bischof, Presbyterianer,
Alle Sekten einig sein;
Denn die Liebe bleibt allein.

In aller Welt begehrt: Adventssterne aus Herrnhut

C

E

F

Christengemeinschaft

Gründung:

Erst 1922 wurde die Christengemeinschaft gegründet. Ihr Zentrum ist in Stuttgart (BRD).
Die Christengemeinschaft will eigentlich keine Kirche sein, sondern über die katholische und die evangelische Kirche hinausgehen. Sie versteht sich als eine Bewegung, die alle Konfessionen übersteigt und vollendet. Aus dem kirchlichen Christentum, besonders der katholischen und evangelischen Form, übernimmt sie viele Einzelheiten und Begriffe, die aber umgedeutet werden. Geistig lehnt sich die Christengemeinschaft an eine Lehre an, die von Rudolf Steiner († 1925) als Anthroposophie (Weisheit und Wissen vom Menschen) formuliert wurde.

Schwerpunkte aus Lehre und Leben:

- »Ein allmächtiges geistig-physisches Gotteswesen ist der Daseinsgrund ...« (Bekenntnis 1. Satz)
- »Christus ... ist zu diesem Gotteswesen wie der in Ewigkeit geborene Sohn.« (Bekenntnis 2. Satz)
  Die 7 Sakramente gründen im Opfertod Christi, der das Ursakrament ist.
- Die »Menschenweihehandlung« ist der katholischen Meßfeier nachgebildet und ermöglicht die Teilnahme am Opfer Christi und die Gemeinschaft mit ihm in der Kommunion.
- Bei der Taufe wird dem Täufling mit Wasser ein Dreieck auf die Stirn, mit Salz ein Viereck auf das Kinn, mit Asche ein Kreuz auf die Brust gezeichnet. Sie sind Zeichen für die Kräfte, die Christus in seinem Sterben der Erde mitgeteilt hat und die nun auf den Täufling übergehen.

Organisation:

Die Christengemeinschaft wird geleitet vom »Erzoberlenker«. Der erste war der ehemalige Berliner evangelische Pfarrer Friedrich Rittelmeier. Ihm folgte 1945 Emil Bock, unter dessen Leitung in Holland, Österreich, der Schweiz, in Skandinavien, England und den USA neue Ortsgruppen entstanden.
Diese wurden in »Lenkerkonferenzen« zusammengefaßt. Die ordinierten »Priester« werden im Priesterseminar der Christengemeinschaft in Stuttgart ausgebildet. Sie sind in der »Priestersynode« zusammengeschlossen.
Um 1960 arbeitete die Christengemeinschaft mit etwa 150 »Priestern« und »Priesterinnen«.
Bei der Angabe von Zahlen wird unterschieden zwischen Kerngemeinde und Freunden der Gemeinschaft. In der DDR werden zur Kerngemeinde 5000 Mitglieder und etwa 25000 Freunde gezählt. Es bestehen 15 Hauptgemeinden. Für die BRD schätzt man die Zahlen auf das Fünffache. In Österreich leben etwa 1300 Mitglieder der Kerngemeinde.

Die erste Kirche der Christengemeinschaft stand bis 1945 in Dresden. Beim angloamerikanischen Luftangriff wurde sie zerstört.

Erweckungsbewegungen

Vom 17. bis 19. Jahrhundert gab es verschiedene Anstöße zur Erneuerung des kirchlichen Lebens in den evangelischen und anglikanischen Kirchen. Die Besinnung auf das Wort Gottes in der Heiligen Schrift war die Quelle für ein glaubwürdiges christliches Leben. Das zeigt sich in Frömmigkeit und ausgeprägter Liebestätigkeit.

Erweckungsbewegungen sind: der Pietismus, die Quäker, die Methodisten, aus denen die Heilsarmee hervorging, und die Pfingstbewegungen.

→ Independenten

Anhänger einer Erweckungsbewegung beim Gottesdienst

Evangelische Kirchen

→ Protestanten

»Evangelisch« nennt schon Luther die reformatorische Bewegung. Das Evangelium von Jesus Christus ist Anfang und Ziel des christlichen Lebens. So nennen sich die Kirchen, die aus der Reformation hervorgegangen sind, »evangelische« Kirchen. Auch die Anglikaner und Reformierten bezeichnen sich selbst als evangelische Christen.

Freikirchen

Unter Freikirche verstehen wir:

1. kirchliche Gemeinschaften, deren Mitglieder nicht durch Geburt, sondern durch bewußte eigene Entscheidung dazu gehören, z. B. die Baptisten,
2. von einer Landeskirche unabhängige Kirchen, z. B. die Methodisten

Griechisch-orthodoxe Kirche

→ Ostkirche

Evangelische Kirchen

	Lutherische Kirche	Reformierte Kirche	Unierte Kirche (= Union)
Entstehung	Reformation Luthers	Schweizer Reformation (Zwingli und Calvin)	Vereinigung von lutherischer und reformierter Kirche im 19. Jh.
Lehre	Vorrang der Hl. Schrift: das Evangelium Christi ist Grundlage des christlichen Glaubens.	In den einzelnen Teilkirchen sehr unterschiedlich ausgeprägt. Gemeinsam: – strenge Achtung der Bibel – Schlichtheit des Gottesdienstes – Prädestinationslehre (Vorherbestimmung)	Entsprechend der geschichtlichen Herkunft der Gemeinden
Organisation	Landeskirchen, die seit jüngerer Zeit durch Bischöfe geleitet werden: Oberstes Organ ist die Synode.	Presbyterialverfassung (Leitung der Gemeinde durch Älteste); Ämter in den Gemeinden: Pfarrer, Prediger, Älteste, Diakone. Jede Gemeinde ist selbständig.	Entsprechend der geschichtlichen Herkunft der Gemeinden
Ausbreitung	BRD, DDR, Skandinavien, Nordamerika	Schweiz Frankreich (Hugenotten), England (Presbyterianer), Niederlande, BRD, DDR und Ungarn	BRD und DDR

Heilsarmee

DER KRIEGSRUF* vom 2. Juni 1900

»Die Heilsarmee verlangt von denen, die sie als Soldaten in ihre Reihen aufnimmt, mit allem Ernst, daß sie treu und gewissenhaft in der Ausführung ihrer irdischen Berufspflichten sind. Ein guter Heilssoldat wie ein rechter Christ (was gleichbedeutend ist) wird dafür sorgen, zur Ehre seines Gottes ›daß, wenn er Schuhputzer ist, es keine blankeren Schuhe gibt als die, welche er geputzt hat‹. Unsere Soldaten aller Länder arbeiten vom Morgen bis zum Abend in der Werkstatt, im Laden, im Büro, sind Angestellte im Post- und Eisenbahnwesen, und die Heilsarmee verlangt weiter nichts von ihnen, als daß sie ihre freie Zeit, die sie bislang am Karten- und Biertisch verbrachten, jetzt dazu benutzen, in die Versammlungen zu kommen und zum HEIL ihrer Mitmenschen von dem zu zeugen, was Gott an ihnen getan hat, oder auf andre Weise etwas zur Rettung der armen, ins Verderben eilenden Seelen beizutragen.«

* »DER KRIEGSRUF« ist eine Zeitung der Heilsarmee.

Der General und seine Armee

Der Gründer der Heilsarmee war William Booth. 1829 wurde er als Sohn eines Bauunternehmers in einer Vorstadt von Nottingham (England) geboren. Durch den frühen Tod seines Vaters lernte er bald die Armut kennen. Bei den Methodisten, denen er sich 1844 angeschlossen hatte, erlebte Booth seine Bekehrung: ›Ich selbst bin gerettet, jetzt ist es meine Pflicht, andere zu retten.‹ Erst 17 Jahre alt, wirkte er als Laienprediger in den verkommenen Armenvierteln von Nottingham. 20 Jahre später begann er, als inzwischen ordinierter Prediger, den Feldzug in die Slums von London. Er, aber auch seine Frau, predigten vor sittlich Verwahrlosten und Trinkern. Das wurde ein Zweifrontenkrieg! In den christlichen Kreisen der bürgerlichen Gesellschaft wurden sie verlacht: Die Kir-

In militärischer Ordnung rückt die Heilsarmee zur Mission aus. Die Missionare tragen ihrem Rang entsprechende Uniformen.

chen wurden ihnen verschlossen. Und die andere Front: der bloße Appell zur Buße war wirkungslos. Erst mußte die Not der Ärmsten gelindert werden. Booth wagte diesen Kampf nach zwei Seiten. Er predigte in großen eigenen Zelten, an Straßenecken, in Speichern. Der Gottesdienst war einfach: Gebet, Gesang, Predigt. Booth' Predigt drängte auf Bekehrung. Er verlangte, daß die Bekehrten an der Bekehrung anderer arbeiteten. Booth und seine Familie wurden für die Bettler selbst zu Bettlern. Nach und nach gewannen sie Mitarbeiter für ihren Kampf »mit Suppe und Seife für das Heil« der Verachteten. Die Schar seiner Mitarbeiter nannte er 1878 »Heilsarmee« und organisierte sie straff. Mit ihr wollte er die Königsherrschaft Christi auch bei den von der modernen Gesellschaft Ausgeschlossenen errichten. Als General trat er selbst an die Spitze der Bewegung. Die Neubekehrten sind zunächst Soldaten, denen Alkohol verboten ist. Aufgrund ihrer Arbeit können Männer wie auch Frauen Offiziere werden, die sich dann auch des Tabaks enthalten. An der Spitze der Länder stehen Kommandeure, die den General wählen. Er ist der geistliche Leiter der Armee und kann bis zum 73. Lebensjahr im Amt bleiben. Zu seiner Hilfe bestimmt er einen Stabschef. Die Angehörigen der Heilsarmee tragen Uniformen und Abzeichen, mit denen sie sich in der Öffentlichkeit als Soldaten Christi bekennen. Bei Straßenmissionen versucht die Heilsarmee durch Blasmusik, Gesang und Fahnen die Aufmerksamkeit auf sich zu ziehen. – 1912 starb Booth in tiefster Armut.

Heute »kämpft« die Heilsarmee mit über 2 Millionen Soldaten (50 000 Offizieren, 45 500 Musikern, 110 000 Lokaloffizieren) in 72 Ländern. Sie unterhält 3000 Schulen, verfügt über 11 Millionen Obdachlosenbetten u. a. Das internationale Hauptquartier befindet sich in London.

Die Heilsarmee will keine Kirche sein, ihre Mitglieder können gleichzeitig in ihren Landeskirchen bleiben.

Herrnhuter Brüdergemeine

→ Brüdergemeinden

Hochkirche

Innerhalb der anglikanischen Kirche haben sich drei unterschiedliche Richtungen ausgeprägt, die bis heute bestehen:

die Hochkirche (High Church),
deren Liturgie stark vom Katholizismus beeinflußt ist;
ihre Mitglieder gehören vor allem dem englischen Adel an;

die Niederkirche (Low Church),
die sich durch caritative und volksmissionarische Aktivitäten auszeichnet und demokratisch-bürgerlich gesinnte Anhänger vereint;

die Breitkirche (Broad Church),
die freisinnig und liberal orientierte Anhänger zusammenfaßt.

Hugenotten

(frz., dt. = Eidgenossen) sind die französischen Kalvinisten. Sie erlangten nach 36jährigem, teilweise erbittert geführtem Krieg im Edikt von Nantes 1598 die Anerkennung als Minderheit in Frankreich. König Ludwig XIV. hob allerdings 1685 das Edikt von Nantes auf und verfolgte die Hugenotten grausam oder zwang sie zur Auswanderung in die protestantischen Nachbarländer. Dort, besonders in Brandenburg-Preußen, wurden sie zu wichtigen Trägern des wirtschaftlichen Aufbaus. Seit der Französischen Revolution 1789

Französischer Dom in Berlin. Er war das Zentrum der etwa 5000 französischen Hugenotten, die sich um 1690 in Berlin niederließen. Das Foto zeigt den Dom vor der Zerstörung im zweiten Weltkrieg. Jetzt wird er wieder aufgebaut. Er beherbergt auch das Hugenottenmuseum.

sind sie als gleichberechtigte Konfession in Frankreich anerkannt. In den anderen europäischen Ländern sind sie in den dortigen protestantischen Kirchen aufgegangen. (→Reformierte Kirche)
Von 30 000 nach Deutschland ausgewanderten Hugenotten ließen sich 7000 in Berlin nieder und gründeten die sog. Französische Kolonie.
Zu den Bewohnern der Französischen Kolonie in Berlin gehörte neben Achard, dem Erfinder der Zuckergewinnung aus Rüben, und anderen der Dichter Theodor Fontane.

Theodor Fontane gehörte zu den Bewohnern der Französischen Kolonie in Berlin.

Independenten

Kongregationalisten

(lat., frz., engl. = Unabhängige) stellen einen Flügel der Puritaner dar, der sich in der englischen Revolution (Anfang des 17. Jahrhunderts) unter dem Führer Cromwell gebildet hat. Ihre Lehre ist wesentlich reformatorisch ausgerichtet. Sie breiten sich besonders in Nordamerika aus, wo sie sich **Kongregationalisten** nennen, weil sie die völlige Selbständigkeit der Einzelgemeinde (= congregation) vertreten.
Als Schwesterkirche der Presbyterianer arbeiten sie eng mit diesen zusammen und zeichnen sich durch ökumenische Aktivitäten aus.
Die Independenten (Kongregationalisten) gelten als Förderer der

Erweckungsbewegungen → Reformierte Kirche
→ Puritaner

Kalvinismus

→ Reformierte Kirche

Katholisch-Apostolische Gemeinde

Entstanden:
um 1826 in England als Holy Catholic Apostolic Church (Heilige Katholische Apostolische Kirche).

Anlaß:
Viele Anhänger der anglikanischen Kirche waren unzufrieden mit der Verflechtung von Kirche und Staat in England. Außerdem übten sie Kritik an der Lehre der anglikanischen Kirche. Sie habe sich zu sehr an weltlichen Wissenschaften orientiert und das Wort Gottes vernachlässigt. So gründen die Vertreter dieser Kritik Gebetsvereine und religiöse Konferenzen, auf denen sie eine Ausgießung des Heiligen Geistes erflehen.
Sie erwarten die bevorstehende Wiederkunft Christi, mit der das 1000jährige Reich anbricht. Zuvor aber sollen die alten Gaben (Weissagung, Heilung u. a.) und Ämter der Urkirche erweckt werden, besonders das Amt der **Apostel**.
In ihrem Gottesdienst wenden sie sich wieder der alten katholischen Liturgie zu. Den Sakramenten schenken sie höhere Bedeutung als dies in der anglikanischen Kirche der Fall war. Vor allem die *Versiegelung* (entspricht der Firmung) wird hervorgehoben.
So entsteht allmählich, aber ohne eigentlichen Gründer, durch Zusammenschluß mehrerer Gebetsvereine und religiöser Konferenzen die Katholisch-Apostolische Gemeinde.

1832
verkündet einer der Gründer, der tieffromme Bankier Henry Drummond aus London, daß Gottes Geist über ihn gekommen sei. Dieser habe ihn ermächtigt, den ersten Apostel zu berufen. Weitere Apostel werden berufen, bis die Zwölfzahl erreicht ist.

1836
treffen sich die Apostel auf dem Landgut Drummonds und bereiten sich ein Jahr lang auf ihre Sendung vor, bei Gebet und Bibellesung. Danach teilen sie die Erde in 12 Bezirke auf. Jeder Apostel ist dazu bestimmt, einen dieser Bezirke zu übernehmen.

Da die Apostelämter in Erwartung des nahen Weltendes nach dem Tode ihrer Inhaber nicht wieder besetzt wurden (der letzte Apostel starb 1901), kam die Bewegung allmählich zum Stillstand. Die Mitgliederzahl der Katholisch-Apostolischen Gemeinde ist seit dieser Zeit überall und unaufhörlich zurückgegangen.

Aus der Katholisch-Apostolischen Gemeinde hat sich die → **Neuapostolische Kirche** entwickelt.

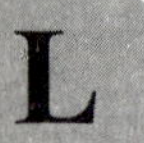

Katholische Kirche

auch römisch-katholische Kirche (nach dem Zentrum Rom), im Unterschied etwa zur griechisch-orthodoxen Kirche, die sich selbst »orthodoxe katholische Kirche des Morgenlandes« nennt.

Die Darstellung der katholischen Kirche ist Anliegen dieses Buches überhaupt. Über ihre Geschichte, Lehre und Organisation wird ausführlich in den Kapiteln berichtet
→ Gotteswort in Menschenhand (S. 309)
→ Kirchenführung (S. 28) und
→ Von der Hauskirche zur Weltkirche (S. 11)

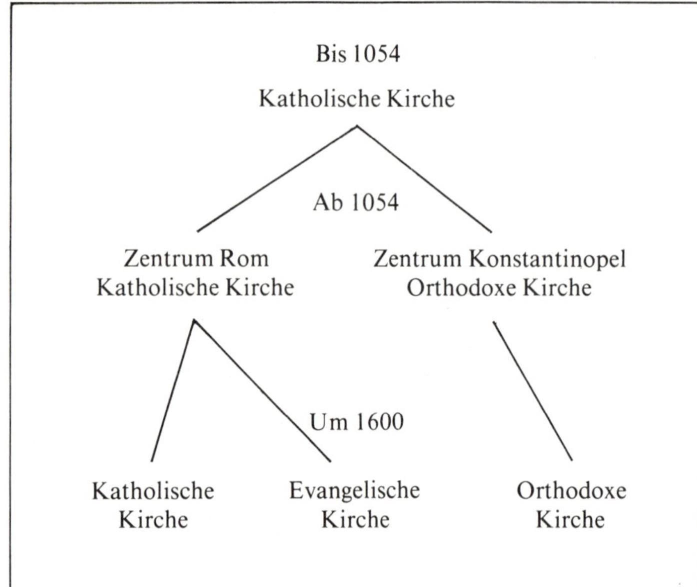

Das Statistische Jahrbuch des Heiligen Stuhles gibt für 1983 rund 750 Millionen katholische Christen an.

Kirche von England

→ Anglikanische Kirche

Koptische Kirche

→ Ostkirche

Landeskirchen

→ Protestanten

In der Reformation hatte Luther die Bischofsgewalt auf die Landesherren übertragen. Dadurch war jede Landeskirche völlig selbständig. Seit 1918 stehen gewählte Bischöfe an der Spitze der evangelischen Landeskirchen (z. B. Sächsische Landeskirche).

Lutherische Kirche

→ Protestanten

Lutherischer Weltbund

→ Weltbünde

Mennoniten

→ Baptisten

Katholisch heißt »allumfassend«.

Die Kirche umfaßt die Zeiten.

Seit Petrus wird durch Handauflegung die Amtsvollmacht weitergegeben (= Apostolische Sukzession)

Spendung des Weihesakraments

Die Kirche umfaßt die Räume.

Zum Wesen der Kirche gehört die feiernde Gemeinschaft (= Kommunion).

80000 Katholiken und viele internationale Gäste beim Elisabethjubiläum 1981 in Erfurt

John Wesley (Mitte); auf diesen anglikanischen Geistlichen geht die Gründung der methodistischen Kirche zurück.

Methodisten

Das kirchliche Leben in England war Anfang des 18. Jahrhunderts nicht sehr rege. Deshalb gründete der anglikanische Geistliche John Wesley (1703–1791) mit seinem Bruder und 15 Freunden an der Universität Oxford einen Zirkel. Es wurde gemeinsam in der Bibel gelesen, gefastet, gebetet und Kranken geholfen. Ihrer regelmäßigen Zusammenkünfte wegen verspotteten Außenstehende sie als »Methodisten«. John Wesley hatte eine Vertiefung des Glaubenslebens angestrebt. Es kam jedoch gegen seinen Willen (Verweigerung des Abendmahls an Mitglieder seiner Gemeinde durch die Staatskirche) zur Bildung einer eigenen Kirche. Die Stärke der methodistischen Bewegung liegt in ihrem evangelistischen Bemühen und in der verbindlichen Gemeinschaft ihrer Gläubigen in der Gemeinde.

Durch die Taufe werden die Kinder in den Gnadenbund mit Gott gestellt. Aber erst nach Unterricht und persönlichem Bekenntnis ihres Glaubens werden sie in einer eigenen Feier als volle Glieder in den Bund mit der Gemeinde aufgenommen. Innerhalb der Gemeinde gibt es kleine Gruppen (Gemeindegruppen), die sich unter Anleitung eines von ihnen gewählten Gemeindegruppenleiters zum Erfahrungsaustausch, Gebet und zur liebevollen gegenseitigen Ermahnung in der Regel einmal monatlich treffen. – Im Gemeindegottesdienst können Laienprediger sprechen, die eine entsprechende Ausbildung und das Vertrauen der Gemeinde haben. Der Pastor, der als ordinierter Christ die Sakramente (Taufe, Abendmahl) spendet, ist verantwortlich für einen Gemeindebezirk. Ein Gemeindebezirk besteht aus zwei bis drei Gemeinden. Der Pastor ist Mitglied der »Jährlichen Konferenz«. Sie ist die wichtigste Einrichtung der methodistischen Kirche und besteht aus allen Pastoren und jeweils einem Laiendelegierten aus jeder Gemeinde. Ein Bischof, der die Jährliche Konferenz leitet, ordiniert die Kandidaten nach einem theologischen 5jährigen Studium und einigen Jahren Gemeindearbeit zu Pastoren. Diese werden innerhalb der methodistischen Kirche meist Älteste genannt.

Der Bischof leitet in Partnerschaft mit den Pastoren die Kirche, d. h. die Jährliche Konferenz und die Zentralkonferenz. Der Bischof gehört dem Bischofsrat der vereinigten Methodistischen Kirche an. Er weist den Pastoren jährlich ihren Predigtplatz zu. Die Bischöfe selbst werden durch die Zentralkonferenzen aus den Reihen der Ältesten gewählt und für eine begrenzte Zeit in ihr Amt eingesetzt. Die höchste gesetzgebende Behörde ist die Generalkonferenz, die alle vier Jahre tagt und sich zu gleichen Teilen aus Geistlichen und Laien zusammensetzt.

Die Jährliche Konferenz der evangelisch-methodistischen Kirche. Zu ihr gehören Pastoren und Gemeindevertreter.

Schlagfertig

John Wesley hatte manchen Gegner, dem seine Predigt unbequem war. Als er einmal, in Gedanken versunken, auf einem schmalen Wege dahinschritt, kam ihm ein Lord entgegen. Dieser blieb dicht vor ihm stehen und sagte barsch: »Ich gehe keinem Narren aus dem Wege!« Wesley trat zur Seite, zog höflich den Hut und entgegnete: »Aber ich tue das gern.« Dann setzte er ruhig seinen Weg fort.

Am Rande notiert:

Heute leben auf der Welt etwa 20 Millionen Methodisten, 13 Millionen davon in den USA. In der BRD gibt es ca. 116000, in der DDR 17000 und in Österreich 14000 Glieder.

Die Methodisten sind eine Freikirche.

Sie erkennen jede andere Taufe an und halten Abendmahl mit allen anderen Kirchen, die es wollen. Sie beten das Apostolische Glaubensbekenntnis.

Aus den Methodisten ist die Heilsarmee (Salvation Armee) hervorgegangen, 1878 in London gegründet.

Aufnahme in den Katechumenat (Taufe – Patenschaft übernimmt die Gemeinde)	→	Kirchlicher Unterricht Abschluß: Einsegnung	→	Bewußte Entscheidung, als Christ zu leben (Aufnahme in die Gemeinde volle Gliedschaft)

Gemeindegruppe	Gemeindegruppenleiter	monatliches Treffen
Gemeinde	Laienprediger	Gemeindekonferenz
Bezirk (etwa 3 Gemeinden)	Ältester / Pastor	Bezirkskonferenz 1 mal jährlich (Organisatorisches)
Distrikt (etwa 30–50 Gemeinden)	Superintendent (Aufsicht über den Distrikt, keine eigene Gemeinde)	Distriktkonferenz 2 mal jährlich (theologische Weiterbildung)
Jährliche Konferenz (etwa 130 Gemeindebezirke)	Bischof (muß eine Ortsgemeinde mit Predigtplatz haben)	Jährliche Konferenz (Lehre und Organisatorisches)
Zentralkonferenz (mehrerer Jährliche Konferenzen)	ein Bischof hat den Vorsitz	Zentralkonferenz alle 4 Jahre
Generalkonferenz (alle Erdteile)	Bischofsrat, Laien	Generalkonferenz alle 4 Jahre

Der **Gottesdienst** besteht aus: Anbetung, Predigt, die im Mittelpunkt steht, Zeugnis, Lied. Von Anfang an war die methodistische Bewegung eine singende Bewegung. Charles Wesley verfaßte über 5000 Lieder. Der Pastor amtiert im schwarzen Anzug.
Die **Lehre** entspricht im wesentlichen der reformatorischen Theologie.
Die methodistische Kirche verbreitete sich von England aus in Irland und in Nordamerika. Ein dort eingewanderter Deutscher, Jacob Albrecht (1759–1806), ein Reiseprediger der Methodisten, führte im Gottesdienst die deutsche Sprache ein. Er gründete nach methodistischem Vorbild die **Evangelische Gemeinschaft**. Seit 1968 haben sich die Evangelische Gemeinschaft und die Methodistische Kirche zur evangelisch-methodistischen Kirche vereinigt.

1. Hilf uns ein-an-der hel-fen, Herr,
des an-dern Kreuz zu tra-gen!
Laß je-den, wird's dem Bru-der schwer,
für ihn zu sor-gen wa-gen.

2. Hilf uns, einander auferbaun, stärk unsres Glaubens Triebe, lehr uns voll Hoffnung vorwärts schaun, vollende unsre Liebe.

3. Hinein in dich, du unser Haupt, laß jedes Glied gedeihen, schon eh wir schaun, was wir geglaubt, uns wahrer Freiheit freuen.

4. Wenn du vollendet Plan und Heil, besiegt die letzten Feinde, laß uns geheiligt haben teil an deiner Brautgemeinde.

Charles Wesley (1707–1788)
Aus dem Englischen: Theophil Funk

Ordination von Pastoren in der ev.-meth. Kirche durch den Bischof. Superintendenten, Pastoren und anwesende Vertreter aus aller Welt wirken dabei mit.

Mormonen

Ein Interview mit Herrn Burkhardt, dem Missionspräsidenten der Dresdner Mission von der Kirche Jesu Christi der Heiligen der Letzten Tage. Wie das Schaubild S. 79 zeigt, sind die Mormonen nicht vom Stamm der Kirche abgezweigt, sondern eine Neugründung.

Pfarrer Z.: Wir kommen von der katholischen Kirche und möchten gern etwas über die Mormonen erfahren. Sie haben sich freundlicherweise bereit erklärt, unsere Fragen zu beantworten. Im Telefonbuch und auch über ihrer Tür steht: »Kirche Jesu Christi der Heiligen der Letzten Tage«. Ist das der offizielle Name Ihrer Religionsgemeinschaft?

Präsident: Ja, denn die Bezeichnung »Mormonen« war ursprünglich ein Spottname für die Mitglieder der Kirche und ist von dem Buch Mormon abgeleitet. Ich habe aber nichts dagegen, wenn Sie uns Mormonen nennen.
Um das Buch Mormon zu erläutern, muß ich etwas ausholen. 1805 wurde in den USA der Farmerssohn Joseph Smith geboren. Als er fast 15 Jahre alt war, suchte er sich einer Kirche anzuschließen. Aber es gab ja so viele Glaubensgemeinschaften! Welche besitzt den richtigen Glauben? Joseph betete. Ihm erschienen während dieses Gebetes in einer Lichtsäule Gott der Vater und sein Sohn Jesus Christus, und von ihnen erfuhr er, daß keine der vorhandenen Kirchen die richtige sei. Später sollte er mehr darüber erfahren.
1823 erschien ihm in Beantwortung eines Gebetes ein himmlischer Bote, namens Moroni, der ihm den Auftrag gab, aus einem nahegelegenen Hügel goldene Platten zu entnehmen, auf denen die Geschichte der Ureinwohner der westlichen Erdhälfte verzeichnet sei. 1827 wurde Joseph Smith angewiesen, einen Teil dieser Platten zu übersetzen, die mit altertümlichen Schriftzeichen beschrieben waren.

Frau S.: Ist der Prophet Joseph Smith als Gründer Ihrer Kirche zu betrachten?

Präsident: Ja. Am 6. April 1830 organisierte er auf Geheiß Gottes mit noch fünf anderen Männern die Kirche. Bald schlossen sich immer mehr Menschen an. Aber, wie so oft, es gab auch Widerstand gegen die Gemeinschaft. Sie suchte deshalb nach wenig besiedeltem Land, um dort ihrem Gott ungestört dienen zu können. Unduldsamkeit führte schließlich auch zur Verhaftung und Ermordung von Joseph Smith und zur Vertreibung der Heiligen. Man glaubte, das würde das Ende der Kirche sein. Märtyrer sind jedoch oft notwendig zum Weiterleben der Kirche. Im Herbst 1846 zogen dann bereits mehr als 15000 Menschen mit Wagen und Vieh weiter über das Gebirge nach dem Westen Amerikas. Im Juli 1847 erreichten sie das Große Salzseetal im heutigen Staate Utah. In wenigen Jahren verwandelten sie diese Salzwüste – nach den Plänen des neuen Führers und Propheten Brigham Young – in ein blühendes Land. Salt Lake City wurde die Hauptstadt dieses Volkes. Nach 40 Jahren Bauzeit konnten sie 1893 den Salt-Lake-Tempel vollenden, nachdem sie vorher schon drei andere Tempel im Staate Utah erbaut hatten.

Pfarrer Z.: Tempel sagten Sie? Feiern sie Ihren Gottesdienst nicht in Kirchen?

Präsident: Wir haben beides, Kirchen und Tempel. In den Kirchen findet der öffentliche Gottesdienst am Sonntag und auch während der Wochentage statt. Lieder, Gebete, Predigten, Evangeliumsunterricht nach Altersgruppen getrennt und Abendmahl am Sonntag, das bei uns mit Brot und Wasser gereicht wird, sind der Inhalt.
Tempel sind heilige Gebäude wie vor alters, die nach ihrer Einweihung nur von würdigen Mitgliedern betreten werden dürfen. Zur Zeit haben wir 17 Tempel, weitere sind im Bau. Der nächstgelegene befindet sich in Zollikofen bei Bern in der Schweiz. Das Ziel eines

Kurz und bündig

Mormonen:	Kirche Jesu Christi der Heiligen der Letzten Tage
Gründer:	Joseph Smith
Gründungsjahr:	1830
Oberhaupt:	Präsident in Salt Lake City
Mitglieder:	1983 ca. 5 Mill., davon in der BRD 20000, in der DDR 5000 und in Österreich 2100
Schriften:	Hl. Schrift Buch Mormon Lehre und Bündnisse Die köstliche Perle
Zentrum:	Salt Lake City in Utah (USA)

Mormonentempel in Salt Lake City

Taufbecken im Mormonentempel von Salt Lake City

jeden Mormonen ist es, zu einem dieser Tempel zu gelangen. Da die nach den Gesetzen eines Landes vollzogene Eheschließung nur gilt, »bis daß der Tod euch scheidet«, haben sie hier im Tempel die Möglichkeit, die Ehe nicht nur für die Lebenszeit, sondern bis in alle Ewigkeit zu schließen. Taufen und Eheschließungen können im Tempel auch für Verstorbene, die zu Lebzeiten das Evangelium nicht kannten, vollzogen werden (1 Kor 15,29).

Frau S.: Ich könnte mir vorstellen, daß Sie dann auch in Ihren Gemeinden Wert auf das Familienleben legen.

Präsident: Das stimmt! Von außen her fördert das sicher schon das »Wort der Weisheit«, eine Offenbarung, die Gott durch den Propheten Joseph Smith der Kirche gegeben hat. Sie verbietet den Genuß von Alkohol, Tabak, von schwarzem Tee und Bohnenkaffee und fordert zu einer gesunden Lebensweise auf. Sicher ist Ihnen bekannt, wie Alkoholismus die Familien zerstören kann. Ganz gleich, welchen Beruf ein Mormone ausübt, immer stehen Familie und Kirche für ihn an erster Stelle.
Neben der Erziehung in der Familie erhalten die Vier- bis Zwölfjährigen einmal während der Woche in der Primarvereinigung Belehrungen und führen aufbauende Freizeitbeschäftigungen durch.

Pfarrer Z.: Zum Schluß habe ich noch eine Frage, die mich als Priester besonders interessiert: Wie ist Ihre Kirche organisiert?

Präsident: Diese Frage läßt sich am besten mit unserem 6. Glaubensartikel beantworten: Wir glauben an die gleiche Organisation, die in der ursprünglichen Kirche bestand, nämlich: Apostel, Propheten, Hirten, Lehrer, Evangelisten usw.

Pfarrer Z.: Aber Sie erwähnten das Priestertum. Gibt es bei Ihnen auch Bischöfe und Priester?

Präsident: Ja. Jedes männliche Mitglied der Kirche über 12 Jahre, das würdig lebt, kann Träger des Priestertums werden. Alle Priestertumsträger erfüllen ihre Aufgabe ehrenamtlich, so daß es bei uns keine bezahlte Geistlichkeit gibt. Alle Arbeiten in der Kirche werden neben der Berufsarbeit ausgeführt.

Frau S.: Sie haben erwähnt, daß sich Ihre Kirche als Offenbarung für den amerikanischen Kontinent versteht. Wie erklären Sie Ihre Missionstätigkeit in Europa?

Präsident: Wir glauben an einen Gott für alle Menschen dieser Erde, und die Kirche Jesu Christi der Heiligen der Letzten Tage wurde für alle Menschen dieser Erde wiederhergestellt.
Schon 1840 sind Missionare nach England gekommen und haben dort erfolgreich das Evangelium verkündet. Später wurden Gemeinden in Skandinavien, in der Schweiz, in Deutschland und in anderen Ländern gegründet.

Pfarrer Z.: Wie viele Mitglieder gehören zu Ihrer Kirche?

Präsident: Unsere Kirche wächst sehr schnell. 1977 zählte sie 3700000 Mitglieder, Ende 1978 waren es schon 4160000 Mitglieder. Heute werden fast 6 Mill. angegeben.

Pfarrer Z.: Wir danken Ihnen herzlich, Herr Präsident, daß Sie uns so viel Zeit geschenkt haben. Der Einblick in Ihre Kirche und in deren Leben war für uns sehr interessant. Sicher werden manche unserer Leser erstmals durch dieses Interview von Ihrer Kirche hören. Einen besonderen Dank auch für das Buch Mormon, das Sie uns geschenkt haben.

Präsident: Es freut mich, daß wir uns durch dieses Gespräch etwas kennen und verstehen lernten. Auf Wiedersehen!

Neuapostolische Kirche

Ursprung

In der Katholisch-Apostolischen Kirche, die das frühchristliche Amt des Apostels mit der biblischen Zwölfzahl wieder eingeführt hatte, waren um 1835 nur noch sieben Apostel am Leben. Diese jedoch wollten, weil sie das Weltende erwarteten, neue Apostel nicht mehr berufen. Einer der führenden Köpfe, der Prophet Heinrich Geyer, war anderer Ansicht und ernannte weitere Apostel. Daraufhin wurden er und seine Anhänger, unter ihnen der spätere Apostel F. W. Schwartz, exkommuniziert. Diese gründeten nun die »Allgemeine Christliche Apostolische Mission« und in den Niederlanden die »Hersteld Apostolische Zending Kerk«, die später »Neuapostolische Gemeinde« und seit etwa 1938 weltweit »Neuapostolische Kirche« genannt wird.

Eigenes Profil

Die neuapostolischen Gemeinden lösten sich schnell von den aus der Mutterkirche zunächst übernommenen Riten katholischer und anglikanischer Herkunft. Eine eigene schlichte Liturgie wurde eingeführt. Bei der Gründung neuer Gemeinden in Deutschland, Holland und in Übersee hatten Schwartz und die anderen inzwischen berufenen Apostel gute Erfolge.
Der Prophet Geyer hatte sich 1878 von ihnen getrennt.

Der erste Stammapostel

Als der Apostel Schwartz im Jahre 1895 starb, war die neue Gemeinde noch nicht voll durchorganisiert. Die einzelnen Apostel verkündigten zwar eine einheitliche Lehre, waren aber untereinander nur lose verbunden.
Erst der Apostel Friedrich Krebs (geboren 1832 in Elend im Harz) vereinte die Gemeinde auch organisatorisch und wurde von allen als Hauptleiter anerkannt. Während seiner Tätigkeit gewann die Amtsstufe des Stammapostels eine hervorgehobene Bedeutung; ihm ordneten sich alle Apostel und ihre Gemeinde unter. Das brachte einen wesentlichen Fortschritt im weiteren Aufbau mit sich. Friedrich Krebs ersetzte verstorbene Apostel durch neue und paßte ihre Gesamtzahl den Bedürfnissen der sich ausbreitenden Gemeinde an.
Als er 1905 starb, war sein Nachfolger schon benannt: Hermann Niehaus, ein Bauernsohn aus Quelle in Westfalen, der mit unbeugsamer Energie das begonnene Werk fortsetzte.

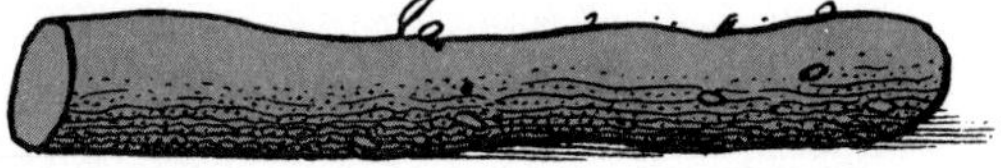

Die Gemeinde wächst

Unter der Leitung von Hermann Niehaus stieg die Zahl der Gemeinden auf rund 2000 an. Die Mitgliederzahl in Deutschland, der Schweiz und den Niederlanden wuchs auf 300000. Auch in Südafrika, Amerika, Niederländisch-Indien (heute Indonesien) und Australien, wo die Anfänge schon vor der Jahrhundertwende gelegt worden waren, entwickelten sich Gemeinden.
Der »Ableger« der Katholisch-apostolischen Kirche trägt seine Lehre in dem 1908 von Hermann Niehaus herausgegebenen »Hülfsbuch für die Priester und Diener der Neuapostolischen Gemeinden« in die Welt. Es ist heute durch das Lehrbuch »Fragen und Antworten über den neuapostolischen Glauben« abgelöst. 1930 legt der 82jährige Niehaus das Amt in die Hände seines Nachfolgers Johann Gottfried Bischoff, der 1871 als Sohn katholischer Eltern geboren war. Bischoff war dreißig Jahre lang ein umsichtiger Leiter. Als er 1960 starb, war die Zahl der Apostel auf 46 und die der Mitglieder auf 550000 angestiegen. Ihm folgte Walter Schmidt, der die Missionstätigkeit in vielen Ländern der Erde vorantrieb. 1975 trat Ernst Streckeisen die Nachfolge an, ihn löste 1978 Hans Urwyler ab.
1985 wirkt die Neuapostolische Kirche in 143 Ländern, 3 Mill. Gläubige bekennen sich zu ihr; weltweit sind 129 Apostel tätig.

Straff organisiert

Die Neuapostolische Kirche ist straff organisiert. An ihrer Spitze steht der Stammapostel. Sein Sitz befindet sich in Zürich (Schweiz). Der Stammapostel ist als das sichtbare Haupt der Kirche Christi in allen Glaubensangelegenheiten oberste Instanz. Die Gemeinden eines Landes oder einer Region bilden zusammen einen Apostelbezirk, dem ein Bezirksapostel vorsteht. Die Pflege jeder Gemeinde ist einem Vorsteher anvertraut, der ein priesterliches Amt trägt. Solche Ämter sind: Bischof, Ältester, Hirte, Evangelist und Priester. Diakone und Unterdiakone helfen ihnen. Bis auf wenige Ausnahmen dienen sie ehrenamtlich, also ohne Bezahlung.

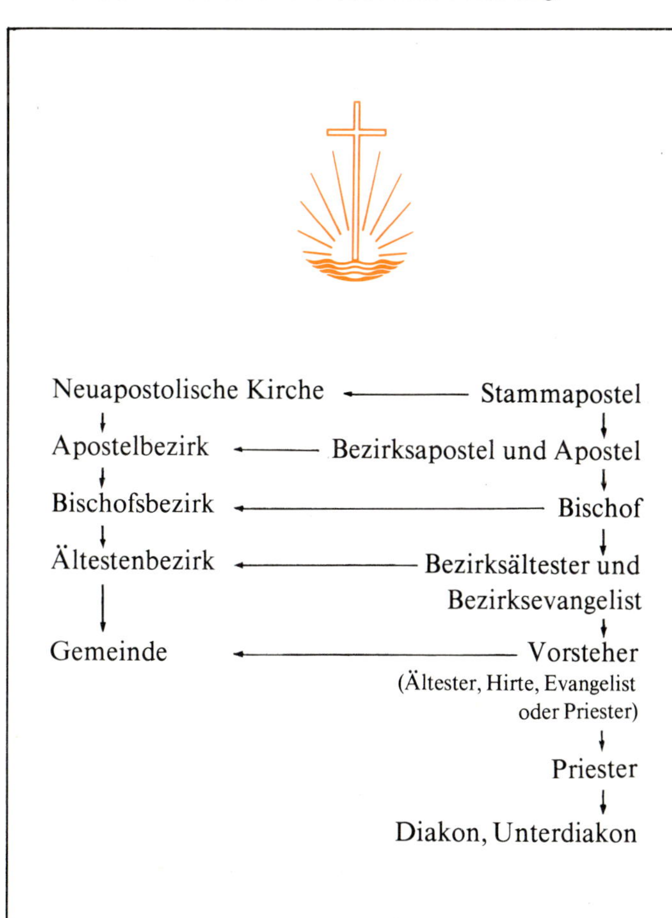

Ökumenischer Rat der Kirchen (ÖR)

Engl. = World Council of Churches (WCC); inoffiziell auch »Weltkirchenrat« genannt. Sitz in Genf. Gegründet auf der Weltkirchenkonferenz 1948 in Amsterdam.
In seiner Verfassung heißt es:
»Der Ökumenische Rat der Kirchen ist eine Gemeinschaft der Kirchen, die den Herrn Jesus Christus gemäß der Heiligen Schrift als Gott und Heiland bekennen und darum gemeinsam zu erfüllen trachten, wozu sie berufen sind, zur Ehre Gottes des Vaters, des Sohnes und des Heiligen Geistes."
Beim Zustandekommen des ÖR haben die Anglikaner wesentlich beigetragen. Gegenwärtig gehören 303 Kirchen als Mitglieder zum Ökumenischen Rat der Kirchen. Die überwiegende Zahl kommt von der Reformation her. Aber auch orthodoxe Kirchen haben eine gewichtige Stimme. Sie arbeiten trotz theologischer Schwierigkeiten intensiv mit. Ferner gehören zum ÖR die Altkatholiken und auch die mit der römisch-katholischen Kirche unierte koptische Kirche. Die Quäker arbeiten zwar an wichtigen Stellen mit, können aber die Basis des ÖR (Christusbekenntnis) nicht voll anerkennen.
Die römisch-katholische Kirche kann wegen der unterschiedlichen Auffassung über Ökumene (→ S. 72) nicht Mitglied werden. Sie setzt sich aber ihrerseits für Ökumene ein. Kirchen dagegen, die aus Erweckungsbewegungen kommen, wie z. B. Pfingstgemeinden oder auch die Adventisten, halten sich von ökumenischer Zusammenarbeit fern.

Schwerpunkte der Lehre

Im Mittelpunkt des Glaubens steht das Warten auf die verheißene Wiederkunft Christi und die Errichtung seines Friedensreiches, in dem alle Menschen das Evangelium empfangen sollen, bevor das Endgericht stattfindet.

Es gibt drei Sakramente: die Heilige Wassertaufe, die Heilige Versiegelung (Spendung des Hl. Geistes), das Heilige Abendmahl. Schon Kleinstkinder können sie empfangen.

Die Vergebung der Sünden wird im Namen Jesu von priesterlichen Ämtern im Auftrag der Apostel ausgesprochen. Ein direktes Sündenbekenntnis gibt es nicht.

Im Gottesdienst steht die Wortverkündigung im Mittelpunkt; Höhepunkt ist die Feier des Heiligen Abendmahls. Es wird sonntäglich mit Brot und Wein gefeiert, wobei die Hostien bereits mit Wein beträufelt sind.

Die Heilige Versiegelung und die Verleihung von Ämtern ist den Aposteln vorbehalten.

Orthodoxe Kirche

Als orthodox, das heißt rechtgläubig, verstehen sich die von der abendländischen Kirche seit 1054 getrennten Kirchen des Ostens. Über sie wird ausführlich berichtet ab Seite 46.

→ Ostkirche

Ostkirche

ist die Bezeichnung für die Gesamtheit der christlichen Kirchen in Osteuropa und im Vorderen Orient (= orientalische, morgenländische Kirche). Diese haben sich seit der Frühzeit der Kirche selbständig entwickelt und seit der Spaltung von 1054 endgültig von der abendländischen Kirche getrennt. Sie sind in dem griechischen Kulturgebiet gewachsen und werden daher auch griechisch-orthodoxe Kirche genannt. Die nationalen Kirchen haben starkes eigenes Profil, so die russisch-orthodoxe und rumänisch-orthodoxe Kirche. Zur Ostkirche werden auch jene Kirchen des Ostens gezählt, die sich wieder mit der römisch-katholischen Kirche vereinigt haben: die unierten Kirchen der Kopten, Nestorianer, Maroniten u. a.

Pfingstbewegungen

kamen 1906 in Nordamerika auf. Ihre Anhänger stehen unter dem Einfluß eines persönlichen Pfingsterlebnisses (Herabkunft des Heiligen Geistes) und wissen sich von daher zu neuem Glauben erweckt. Von Nordamerika aus gelangen die Pfingstbewegungen nach Europa. Ihre Anhänger werden auf 15–35 Millionen geschätzt.
Schnelles Wechseln in andere Formen und Zielstellungen scheint ein Kennzeichen der pfingstlerischen Gruppen zu sein. Höhepunkte ihrer Ausbreitung fallen zudem oft mit Weltproblemen (Hunger in der Welt, Krieg in Vietnam, Studentenaufstand in Paris) zusammen.
Die charismatische Bewegung, die hier einzuordnen ist, bleibt im Gegensatz zu den freikirchlichen Pfingstbewegungen innerhalb der traditionellen Kirchen. Ihre Anfänge sind 1963 in den USA zu finden. Die katholische Kirche nimmt den Impuls 1967 auf.

→ Erweckungsbewegungen → Reformierte Kirche

Pietismus

(von lat. pietas [= Frömmigkeit]) ist nicht eine Kirche oder kirchliche Gemeinschaft, sondern eine protestantische Bewegung, die mehr oder weniger alle protestantischen Kirchen erfaßte. Der Pietismus wollte das im 17./18. Jahrhundert erstarrte Glaubensleben neu erwecken. Einflußreiches Zentrum war zu damaliger Zeit die Stadt Halle mit ihren Bildungseinrichtungen. Zwei Akzente will der Pietismus setzen: Frömmigkeit und tätiges Christentum.
Wichtige Impulse gibt die Bewegung der Bibelwissenschaft, der Missionsarbeit und dem sozialen Leben der Kirchen (Sorge um Kranke, Debile, Alte usw.).
Die Gründung der → Herrnhuter Brüdergemeine durch Graf Zinzendorf (1727) erfolgte unter dem Einfluß pietistischer Ideen.
Im 19. Jahrhundert lebt das geistige Erbe des Pietismus in den zahlreichen Erweckungsbewegungen auf.
Aus diesen wiederum gehen die **Freikirchen** hervor!

Presbyterianer

(von griech. presbys = alt) sind eine Gruppe des englischen Protestantismus (aus den Puritanern hervorgegangen). Von den Reformierten übernehmen sie die Gemeindeordnung, deren kollegiale Leitung aus gewählten Pfarrern und Ältesten (= Presbytern) besteht. Als Staatskirche sind sie 1560 in Schottland entstanden und haben sich über England nach Irland und Nordamerika ausgebreitet.
Heute sind sie dem → Reformierten Weltbund angeschlossen und zählen ca. 5 Millionen Anhänger.

→ Reformierte Kirche → Anglikaner

Treffen von Pfingstlern in Rom. 10 000 Anhänger der Pfingstbewegung erflehen die Herabkunft des Heiligen Geistes.

Kirche der Presbyterianer in Stamford (USA). Erbaut 1958

Protestanten

sind die Mitglieder der christlichen Kirchen und Bewegungen, die aus der Reformation hervorgegangen sind.
Die Bezeichnung geht zurück auf die Protestation von Speyer (1529) und wird als Gegensatz zur katholischen Kirche verstanden. Als Protestanten im weiteren Sinne werden alle Richtungen und Gemeinschaften bezeichnet, die von Luther, Calvin, Zwingli und Melanchthon reformatorisch geprägt sind.
Die Zahl der Protestanten wurde 1983 auf 327 Millionen geschätzt. Ein einheitliches Oberhaupt fehlt, ebenso ein einheitliches Leitungszentrum. Christus allein ist der Herr. Durch sein Wort und seinen Geist regiert er die Kirche.
Das Hören auf das biblische Zeugnis schafft Einheit. Daher fällt es den protestantischen Kirchen leicht, in National- oder Regionalkirchen zu bestehen (→ Landeskirche).
Häufig werden die Protestanten einfach evangelische Christen genannt (→ Evangelische Kirche).

Puritaner

(von lat. puritas = Reinheit) sind Anhänger einer kirchlich-politischen Reformbewegung in England seit der Mitte des 16. Jahrhunderts. Sie wollten die anglikanische Kirche von allen noch gebliebenen katholischen Elementen in Gottesdienst und Leben **reinigen**. Als politische Partei des Bürgertums richteten sich die Puritaner gegen die Ansprüche des Adels in England.

Die Forderungen der Puritaner sind von hohem Anspruch gekennzeichnet:

- persönliche Heiligung und Selbstzucht
- Sonntagsheiligung, die konsequent durchgeführt wird (z. B. Verbot von öffentlichen Veranstaltungen u. ä.)
- häufige Bibellesung
- Ehrlichkeit in Beruf und Arbeit
- Verzicht auf Genußmittel (Alkohol, Tabak usw.)
- Einfachheit in der Lebensführung
- Gewissensfreiheit für jeden

Diese Forderungen der Puritaner haben die angelsächsische Denk- und Lebensart bis heute nachhaltig beeinflußt.
Die Puritaner spalteten sich Ende des 16. Jahrhunderts in zwei Richtungen, die sich → **Presbyterianer** und → **Independenten** nennen.

Quäkerhut

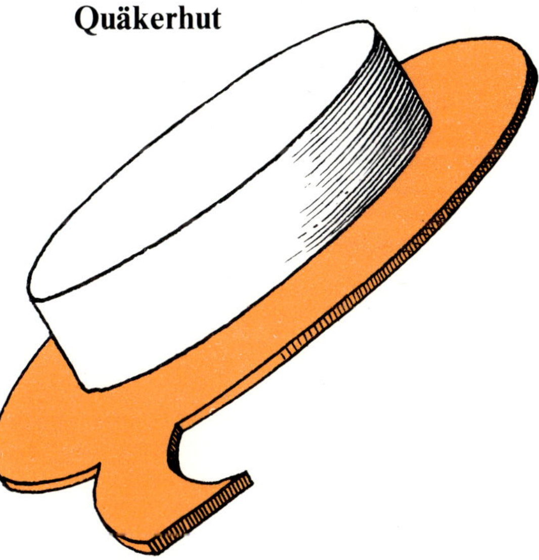

Quäkerhut, die einheitliche Kopfbedeckung der Quäker, vor allem im vorigen Jahrhundert.
Von Benjamin Franklin als Gesandter in Paris getragen, wurde der Hut in ganz Europa modisch. Die Tendenz zu einer einheitlichen Kleidung war bei den Quäkern zeitweise sehr ausgeprägt.

Ich gewann die feste Überzeugung, daß Wahrhaftigkeit, Aufrichtigkeit und Reinheit in den Beziehungen der Menschen zueinander von äußerster Wichtigkeit für ihre Glückseligkeit seien.

Benjamin Franklin

Quäker

Ursprungsland:

England

Gründung:

Der Engländer George Fox (1624–1691), ein Farmer, gründete 1652 diese Bewegung. Das unchristliche Leben damaliger anglikanischer Geistlicher gab ihm den entscheidenden Anstoß. Er hörte den Ruf Gottes und verkündigte: Aller Gottesdienst ist ein Warten und Horchen auf die Stimme Gottes in uns. Als Wanderprediger hatte er große Erfolge, besonders bei den noch unorganisierten »Seekers« (Suchenden), die nach neuen Formen christlichen Lebens suchten. Er und seine Freunde bezeichneten sich selbst als

Kinder des Lichtes,
Freunde der Wahrheit,
Erste Verbreiter der Wahrheit.

Diese Namen sind schon Programm. Im Mittelpunkt ihres Denkens steht die Vorstellung vom »inneren Licht« (Joh 1,9):

»Das Wort war das wahre Licht,
das jeden Menschen erleuchtet;
es kam in die Welt.«

Seit etwa 1665 lautet ihre offizielle Bezeichnung: *Society of friends* (Gesellschaft der Freunde).
Als »Protestanten des Protestantismus« hatten sie schwere Verfolgungen, Gefängnisstrafen und Verhöre über sich ergehen lassen müssen. In so einem Verhör forderte Fox den Richter auf, wie die Heiligen in der Schrift »zu zittern und sich zu fürchten, wenn das Wort Gottes an sie ergeht« (»to quake and to tremble at the word of god«). Daher wurde ihnen vom Volk der Name »Quäker« beigelegt. In Amerika fanden die Verfolgten Zuflucht. Der Quäker William Penn (1644–1718) wagte es, in »Penn«sylvanien einen eigenen Staat mit der Hauptstadt Philadelphia aufzubauen. In der Verfassung von 1681 spiegeln sich die Ideale der »Kinder des Lichtes« wider: Glaubens- und Gewissensfreiheit. Dieser neue Staat schenkte seinen Bewohnern Gleichberechtigung (Verträge mit Indianern, für die Inbesitznahme ihres Landes Entschädigung!); er verwarf die Sklavenhalterei; er schützte sich nicht einmal durch eine Armee.

Lehre:

Die Lehre der Quäker ist wesentlich evangelisch ausgerichtet. Nach ihrer Überzeugung trägt jeder Mensch einen Funken des göttlichen Geistes in sich. Die Quäker versammeln sich deshalb zum Gottesdienst in schweigenden Andachten, um auf die Stimme in ihrem Inneren zu lauschen, in der sich ihnen Gott offenbart. Sie lehnen deshalb Kultus, Predigt und Sakramente ab, auch die Wassertaufe. Sie sprechen von der inneren, der Geisttaufe.

Besonderheiten:

Die Quäker lehnten und lehnen bis heute ab:
die Staatskirche Englands, jeglichen Kriegsdienst und jede Gewalt, die Abgabe des Zehnten, jede Form der Sklaverei, Macht, Eid, Ehre und Amt.
Sie förderten:
die Reform des Strafvollzugs, die Enthaltsamkeitsbewegung, das Schulwesen, die Frauenrechte und die Hilfeleistungen nach den Weltkriegen.

R

Organisation:

Die Quäker kennen kein Priesteramt und keine Hierarchie. Schon unter George Fox bildeten sich im 17. Jahrhundert verschiedene Formen der Versammlung, die die wesentlichen Fragen behandelten und Beschlüsse faßten:
die Monatsversammlungen,
die Vierteljahresversammlungen,
die Jahresversammlungen.
Daneben gibt es die sogenannten Meetings (= Treffen), etwa zur Förderung des Weltfriedens, zur Betreuung um ihres Glaubens willen Verfolgter, zur Förderung der Frauenrechte u. ä. Ziele.

Ausbreitung:

Das heutige Quäkertum ist fast ausschließlich auf den englischen Sprachraum beschränkt. Da es hohe Anforderungen an jeden stellt, hat es auch in Amerika niemals große Massen unmittelbar erfaßt. Man schätzt ca. 200 000 Mitglieder, die vor allem in den USA leben. Die Statistik gibt 500 für die BRD und 50 für die DDR an.
Die Leistungen dieser kleinen Gesellschaft stehen in keinem Verhältnis zur Zahl ihrer Mitglieder. Bei der UNO wirken sie als »nichtstaatliche Organisation mit beratendem Status«.

Reformierte Kirche

Heute nennen sich alle kalvinistisch orientierten Kirchen »Reformierte Kirchen« oder einfach »Reformierte«. Das Wort »reformiert« hat dabei einen doppelten Sinn. Es meint einmal: »das christliche Leben aus dem Evangelium erneuern«, und zum anderen ist es die Konfessionsbezeichnung für Kirchen, die sich der Durchsetzung der Reformation verpflichtet wissen.

Der Abenteurer Gottes – Johannes Calvin

Die reformierte Kirche geht zurück auf den Reformator Johannes Calvin, eigentlich Jean Cauvin. Er ist am 10. Juli 1509 in Noyon in Frankreich geboren. Sein Vater war bischöflicher Sekretär. Mit 19 Jahren beginnt Johannes humanistische Studien in Paris. Von 1528 bis 1532 studiert er in Orleans und Montaigu Rechtswissenschaft. Im Herbst 1533 tritt eine Wende in seinem Leben ein. Johannes erlebt seine innere Bekehrung und wird seitdem zum offenen Verfechter der reformatorischen Ideen unter dem Einfluß Martin Luthers und anderer Reformatoren, deren Schriften er eifrig studiert hatte. Aber Johannes Calvin muß aus dem katholischen Paris fliehen. Er läßt sich in Basel nieder. Hier schreibt er seine »Institutio Christianae Religionis«, eine kurze Darstellung der evangelischen Lehre. 1536 wird er von Freunden gebeten, sich in Genf anzusiedeln und ein kirchliches Lehramt anzunehmen.
Nach anfänglichem Zögern sagt Johannes zu. Er hält Vorlesungen über die Heilige Schrift. Bis zu seinem Tode im Jahre 1564 bleibt er in Genf, abgesehen von einem dreijährigen Aufenthalt in Straßburg.

Johannes Calvin, der Reformator, der sich mit Luther überwarf

Aktion und Reaktion

Calvin stellte seine vielseitige Begabung allein in den Dienst seines reformatorischen Wirkens. Als Lehrer, Diplomat, Organisator und Schriftsteller verfolgte er nur das eine Ziel: die »Aufrichtung des Gottesreiches auf Erden«. Beispielgebend dafür sollte die Stadt Genf sein. In allen weltlichen und kirchlichen Belangen formte er die Stadt vom christlichen Glauben her. Darüber hinaus verlangte Calvin von Regierungen anderer Länder, die katholische Kirche abzuschaffen und die reformatorische Lehre aufzunehmen.
Große Bedeutung in der Lehre Calvins hat der Gedanke von der Ehre Gottes. Gott, der Herr, bestimmt den Lauf der Welt. Seine Sorge gilt vor allem dem Menschen. Ihn hat er vorherbestimmt zum ewigen Heil oder zu ewiger Verdammnis. Der Mensch kann seine Erwählung zum Heil darin erkennen, daß er zu Jesus Christus gehört, sein Wort aufnimmt und mit ihm Gemeinschaft hält im Glauben und im Abendmahl. Auch Werke des Menschen können »als Früchte der Berufung« sicheres Erkennungszeichen für die Erwählung durch Gott sein.
Das synodale Gemeindeprinzip, das Calvin aus der Brudergesinnung des Evangeliums ableitete, entsprach dem Bestreben der Bürger nach Mitbestimmung im öffentlichen Leben. Mit der Ausbreitung der reformierten Gemeinden wurde dieses Leitungsprinzip in Europa verbreitet. Die moderne bürgerliche Demokratie sieht daher im Kalvinismus eine ihrer Wurzeln.
All dies läßt sich zur Begründung für die rasche Ausbreitung des Kalvinismus anführen. Vor allem dort, wo in Europa ein stark aufstrebendes Bürgertum gegen die Macht des Staates kämpfte. Es wirft aber auch ein Licht auf die Reaktion der katholischen Kirche in der sogenannten Gegenreformation. Wollte sie nicht erfolglos bleiben, mußte sie der

Das ganze Leben der Stadt Genf, der Alltag mit Schule und Wissenschaft, mit Politik und Wirtschaft, das private und öffentliche Leben der Einwohner sollte ein Gottesdienst werden.	
Diesem Ziel soll auch der von Calvin geleitete **Neuaufbau der Kirche** von Genf dienen, ferner eine von Calvin verfaßte **Kirchenordnung**, die eine neue Gemeindeauffassung widerspiegelt.	
Ämter der Gemeinde:	Prediger Theologische Lehrer Älteste Diakone
Leitung der Gemeinde:	ein Konsistorium = Pfarrer und Älteste in gleicher Zahl

Die Kirchenordnung Calvins schreibt eine kollektive Leitung der Gemeinde vor. Dieses sogenannte »Synodale Gemeindeprinzip« bahnte der modernen Demokratie den Weg.

Hohe Anforderungen an die Christen

Calvin geht konsequent und teilweise auch hart vor, um sein Programm zu verwirklichen. Ihn leitet der Wille, die »Reine Lehre« (das Evangelium) zu verkünden und zu leben. Und dies fordert er von allen Einwohnern Genfs. Er verpflichtet sie auf seinen Katechismus, auf die neue Gottesdienstordnung und auf die Kirchenzucht.
In allem will er die Kirche erneuern im wahren Geiste des Evangeliums. Aber bald stößt der rigorose Reformator auf Widerstand, der sich sowohl in Glaubensdingen als auch in Lebensfragen gegen ihn erhebt. Calvin bestraft mit Hilfe der weltlichen Gewalt diejenigen, die gegen die Kirchenzucht verstoßen, und führt mehrere Prozesse mit seinen Gegnern. Daher wird er als Diktator mißverstanden und angefeindet. Mit der Glut und Inbrunst eines Heiligen wirft er sich in das Abenteuer einer »neuen Stadt«. Kein Wunder, daß er sich aufreibt und mit erst 55 Jahren stirbt.

Leben aus dem Evangelium

Die Lehre der Reformierten ist betont evangelisch, das heißt, dem Evangelium verpflichtet. Die Heilige Schrift ist letzte Norm des Lebens und Grundlage des Glaubens.
- Zum Glauben ist der Mensch von Gott erwählt. Der Mensch antwortet auf diese Erwählung (Prädestination) mit Gehorsam und Dankbarkeit.
- Im Gehorsam gegenüber dem Wort Gottes setzt sich der Christ ein für Gottes Ehre in Kirche und Welt. Erfolg in Beruf, Leben und Politik bestätigen die Erwählung durch Gott.
- Der Erwählte ehrt Gott, aber er sagt auch ja zur Welt. Weil er das Wort aber ernst nimmt, verliert er sich nicht an die Welt.
- So kann das Reich Gottes verwirklicht werden.

Das Gemeindeleben

Die Gottesdienstreform Calvins schafft die katholische Messe ab. Der Gottesdienst ist Wortfeier mit Schriftauslegung, Gebet und Psalmengesang. Das Abendmahl wird selten gehalten, aber immer mit Brot und Wein für alle Teilnehmer. Von den Sakramenten wird außerdem noch die Taufe beibehalten.
Die Vielzahl der katholischen Volksbräuche wird abgeschafft. Die Kirchen sind nüchtern ausgestattet und ohne Bildwerke. Da das Wort im Mittelpunkt des Geschehens steht, wird der Zentralbau üblich. Halbkreisförmig wie in einem Hörsaal werden die Sitzplätze auf die Kanzel hingeordnet.

Herausforderung des Kalvinismus auf gleicher Höhe begegnen. Hier kann man die Erneuerung des kirchlichen Bildungswesens, besonders durch den Jesuitenorden, den großen caritativen Elan der Orden und Kongregationen und die hohen Kunstleistungen des kirchlichen Barocks als Beispiele nennen, freilich auch das Wiederaufleben der Inquisition.
Die Reformierten Kirchen sind zusammengeschlossen im

Reformierten Weltbund

Es ist der älteste konfessionelle Weltbund. Gegründet wurde er 1875 in London als »Alliance of the Reformed Churches, holding the Presbyterian System« (= Bund der Reformierten Kirchen, die das Presbyterianische System [= kalvinistische Gemeindeprinzip] einhalten).
Seit 1970 nennt er sich offiziell »World Alliance of Reformed Churches.«
Oberstes Organ ist die **Generalversammlung**, die in regelmäßigen Abständen stattfindet (zuletzt 1970 in Nairobi). Sie wählt das **Exekutivkomitee** (6 Präsidenten, 6 Vizepräsidenten, 16 weitere Mitarbeiter), das in der Zwischenzeit die Geschäfte wahrnimmt und durch den Generalsekretär geleitet wird. Seit 1949 ist Genf (vorher Edinburgh) Sitz des Generalsekretärs.

Als wichtige Aufgaben sieht der Reformierte Weltbund an:
- Zusammenarbeit der reformierten Kirchen, besonders in der Mission
- junge Kirchen zur Glaubenseinheit zu führen und Sektenbildung zu verhindern
- Verteidigung der Religionsfreiheit.

Gegenwärtig faßt der Reformierte Weltbund
143 Mitgliedskirchen zusammen, die
55 Millionen Mitglieder zählen.

Reformierte Kirche in Effretikon bei Zürich

Ein Konsistorium, das sich aus gewählten Pfarrern und Ältesten zusammensetzt, hat die Leitung der Gemeinde. Ihm obliegt auch die Überwachung der Gemeinde zur Einhaltung der strengen Kirchenordnung.

Die Saat des Reformators

Calvin war nicht nur Reformator in Genf. Sein Wirken strahlte in weite Teile Europas aus. In Frankreich, Schottland, den Niederlanden, in Polen, Ungarn und Siebenbürgen bildeten sich reformierte Gemeinden. So kann man sagen, daß die Reformierte Kirche zur Weltkonfession wurde.
Calvins Ideen wirkten auch auf andere christliche Kirchen, besonders in Westeuropa. Dort führten sie zu Erweckungsbewegungen und zu Tochterkirchen der Reformierten Kirche:

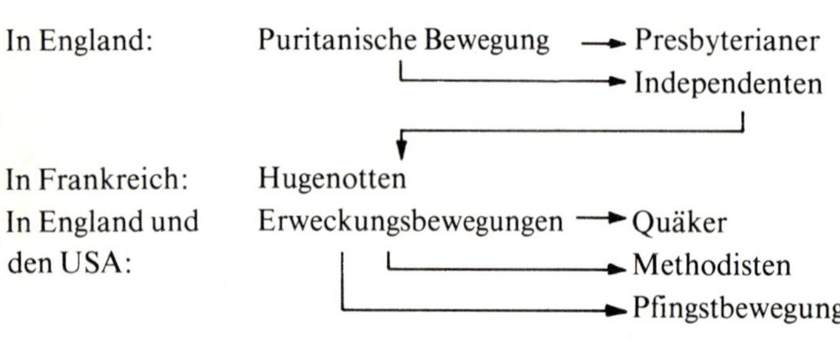

Calvin war ernsthaft bemüht um die Einheit des christlichen Glaubens. So suchte er mit den deutschen Lutheranern und auch mit Rom zur Einheit zu gelangen.

Waldenser

→ Brüdergemeinden

Weltbünde

Gegenwärtig bestehen folgende Weltbünde von Konfessionen:

Weltbund der Methodistenkirchen

Ihm gehören ca. 300 Mitgliedkirchen aus 76 Ländern an.
Leitung:
ein Exekutivausschuß von zehn Mitgliedern aus zehn Ländern und ein Sekretariat von zwei Personen (in England und USA).
Nahezu alle methodistischen Kirchen gehören dem Ökumenischen Rat der Kirchen an. Sie anerkennen alle Kirchen, deren Ämter und alle Formen der Taufe und lassen jeden zum Tisch des Herrn zu.

Reformierter Weltbund

→ Reformierte

Lutherischer Weltbund

(= LWB; gegründet 1947 in Schweden); oberstes Organ ist die Vollversammlung, die alle fünf Jahre vom Präsidenten einberufen wird.
Ein Exekutivausschuß von 19 Personen ist leitendes Gremium in der Zwischenzeit.
Zum LWB gehören z. Z. 61 Kirchen in 32 Ländern mit rund 50 Millionen Mitgliedern.

Weltkirchenrat

→ Ökumenischer Rat der Kirchen

Erwachsenentaufe
Zeichnung aus einer niederdeutschen Täufer-Handschrift, um 1600

Wiedertäufer

Die Wiedertäufer erkennen die Kindertaufe nicht an. Sie spenden die Taufe an Erwachsene, die sich frei für die Gemeinschaft entschieden haben. Eine schon vollzogene Kindertaufe muß deshalb am Jugendlichen, wenn er sich frei entschieden hat, wiederholt werden. Daher der Name, der vom Reformator Zwingli stammt. Die das Leben umwandelnde Gesinnung der Getauften braucht, so meinen die Wiedertäufer, weder Staat noch Kirche als ordnende Macht. Sie wollen »staatsfrei« sein und achten auf strenge Trennung von Kirche und Staat. Ihre Gemeinden bilden die ersten Freikirchen.

Ursprung:

Einige Radikale im Umkreis des Reformators Zwingli versuchten, »Gemeinden der wirklich Gläubigen und Geheiligten« aufzubauen. Konrad Grebel spendete 1525 an Überzeugte zum erstenmal diese Erwachsenentaufe. Zwingli sahen sie nur als ihren Vorläufer an und warfen ihm seine Verbindung mit der weltlichen Macht vor.
Eine zweite Wurzel der Wiedertäufer ist in Zwickau faßbar, wo um die selbe Zeit von den Böhmischen Brüdern beeinflußte Schwärmer auftreten. Thomas Müntzer nennt sie spöttisch die Zwickauer Propheten und distanziert sich von ihnen.

Verbreitung:

Das Einschreiten Zwinglis gegen die »Taufgesinnten« gab den Anlaß zu ihrer raschen Verbreitung:
In Mähren (heutige ČSSR) gründete Jakob Hutter Kollektivsiedlungen, in denen die Wiedertäufer unter sich lebten und Gütergemeinschaft hielten. In den USA und Kanada leben heute noch »Hutterische Brüder«. In den Niederlanden sammelte Menno Simons (1492–1561) die Taufgesinnten, die nach ihm als »Mennoniten« bezeichnet werden. Auch diese Gemeinschaft besteht bis heute weiter.
Zu den christlichen Gemeinschaften mit Erwachsenentaufe gehören auch die Adventisten und die Baptisten.

Quiz für Kenner

Überlege bei jeder Frage, welche Antwort die richtige ist. Nimm Papier und Bleistift und schreibe sie der Reihe nach auf. Die Anfangsbuchstaben der richtigen Lösungswörter ergeben, hintereinander gelesen, einen Satz, der etwas über die Anhänger der verschiedenen christlichen Gemeinschaften aussagt.

1. Was ist die anglikanische Kirche?
Freikirche · Brüderunität · Staatskirche

2. Wer ist ein Heiliger der katholischen Kirche?
Ignatius von Loyola · Menno Simons · Peter von Chelčicky

3. Was ist die Grundlage aller christlichen Kirchen?
Buch Mormon · Duden · Evangelium

4. Welche Forderung des Evangeliums betonten die Waldenser besonders?
Armut · Feuertaufe · Krankenheilung

5. Welches Buch der Herrnhuter ist weit verbreitet?
Gospelsong-Buch · Losungen · Common Prayer Book

6. Was fordern die Böhmischen Brüder?
Laienkelch · Apostelkonzil · neue Dogmen

7. Wodurch kommt der Mensch nach Calvins Ansicht zum Glauben?
Theologiestudium · gute Werke · Erwählung

8. Wer steht an der Spitze der Neuapostolischen Kirche?
Konsistorium · Stammapostel · Präsident

9. Was fällt uns im Kirchenraum einer orthodoxen Kirche auf?
Orgel · Ikonenwand · Kirchenbänke

10. Welche Kirche ist Freikirche?
Anglikaner · Orthodoxe · Neuapostolische Kirche

11. Was lehnen die Altkatholiken ab?
Liturgische Gewänder · (einige) Dogmen · Alkohol

12. Wo tauschen die Methodisten ihre Erfahrungen aus?
(Bei) Wallfahrten · (auf) Gemeindekonferenzen · (im) Parlament

13. Wie geschieht die Aufnahme in eine Baptistengemeinde?
Erwachsenentaufe · Prüfungsgespräch · Versiegelung

14. Worin äußerte Luther Kritik am Ablaßhandel?
Ein' feste Burg ist unser Gott · Bann-Androhungsbulle gegen den Papst · Thesen

15. Was ist ein Amt in der Katholisch-Apostolischen Gemeinde?
Apostel · Patriarch · Superintendent

16. Was ist das Kennzeichen eines Soldaten der Heilsarmee?
Mitra · Talar · Uniform

17. Was spielt eine Rolle bei den Adventisten?
Ohrenbeichte · Fußwaschungsfeier · Straßenmission

18. Welches ist ein Heiligtum der Mormonen?
Kaaba · Tempel · Peterskirche

Religionen sind Straßen zu Gott

Die großen Religionen der Welt

Marco Polo im Lande Kathai

Religionen sind Straßen zu Gott

Die großen Religionen der Welt

Marco Polo im Lande der Kathai*

... er bemühte sich, die Sprache der Kathaier und das Mongolische zu erlernen; denn der Tag war nicht mehr fern, da er mit Vater und Onkel vor den Großkhan Kublai, Kaiser über das riesige Reich Kathai, hintreten sollte, um die Geschenke und das Schreiben des Papstes zu überreichen ..., da Nicolo und Maffio Polo im Besitz einer goldenen Tafel mit dem Siegel des Großkhans waren, standen ihnen alle Türen offen ...

... Marco überredete den Freund zu einem Besuch im größten Tempel der Stadt, der auf einem hohen Hügel über den Häusern und Gärten thronte. Vier Mönche, in schwarze Gewänder gekleidet, gingen gemessenen Schrittes mit andachtsvollen Gesichtern zum Eingang. Die Menschen wichen bereitwillig zur Seite. Widerwillig gestand Marco zu, daß ihn eine erwartungsvolle Feierlichkeit erfüllte, als er in das dämmrige Dunkel der riesigen Tempelhalle trat. Auch sein Freund Matteo konnte sich dem magischen Zauber nicht entziehen. Er lehnte an einer rotlackierten Säule und sah mit düsterem Gesicht auf die in der Mitte des Tempels liegende Gottheit, die mit einer Hand den Kopf stützte, während die andere auf dem Schenkel ruhte. Die Bildsäule war etwa fünfzig Schritte lang und ganz mit Gold bedeckt. Hinter ihr standen die goldenen Figuren von Priestern, so naturgetreu nachgebildet, daß man erschauernd vermutete, sie würden aus ihrer Reglosigkeit erwachen und gute Werke vollbringen oder mit zornigen Gesichtern die sündigen Menschen strafen.

Flackernder Kerzenschein huschte über die goldenen Figuren, Räucherstäbchen erfüllten den Raum mit heiligem Duft. Die Menschen warfen sich vor der Bildsäule nieder und neigten die Gesichter, Gebete murmelnd, zur Erde. Auch Marco und Matteo sanken auf die Knie, um die fremden Bräuche nicht zu verletzen. Das große Gesicht des Gottes schien jeden einzeln mit den toten goldenen Augen höhnisch zu mustern. Marco und sein Freund beobachteten, wie ein schwarzer Widder geopfert wurde.

Sie atmeten auf, als sie wieder durch die Klosterpforte ins Freie kamen. Die ausgelassene Heiterkeit der Menschen, die eben noch vor dem goldenen Götterbild im Staub gelegen hatten, verblüffte sie. Überall hatten Händler ihre Stände aufgeschlagen und boten Gebäck, geschnitzte kleine Götterfiguren, grüne Zwiebeln und gebratene Hühnerkeulen feil. »Ich verstehe nicht«, sagte Marco nachdenklich. »Wie ist es möglich, daß nicht alle Menschen den einzigen, wahren Christengott anerkennen? Die Mohammedaner verehren Allah; manche Völkerschaften glauben an mehrere Gottheiten; die Tataren verehren ein höchstes Wesen und eine Anzahl mächtiger Geister, die sie Ongot nennen, beschäftigen sich mit Wahrsagen, Vogelflug, Hexereien und Zaubersprüchen. Sie hängen in ihren Jurten ein Abbild des Gottes Natigay mit seinem Weib und seinen Kindern auf. Dabei versäumen sie nie, vor der Mahlzeit ein fettes Stück Fleisch zu nehmen und damit den Mund des Götzen sowie seines Weibes und seiner Kinder einzuschmieren. Dann gießen sie etwas Fleischbrühe als Opfer für die anderen Geister zur Tür hinaus. Und alle Religionen werden in den Reichen Kublaikhans geduldet; Mohammedaner, Christen, Anhänger Buddhas und anderer Lehren leben auf dem Hof des Großkhans und bemühen sich, ihn von der Richtigkeit ihrer Lehre zu überzeugen.«

(Nach Willi Meinck)

* Alter Name für China

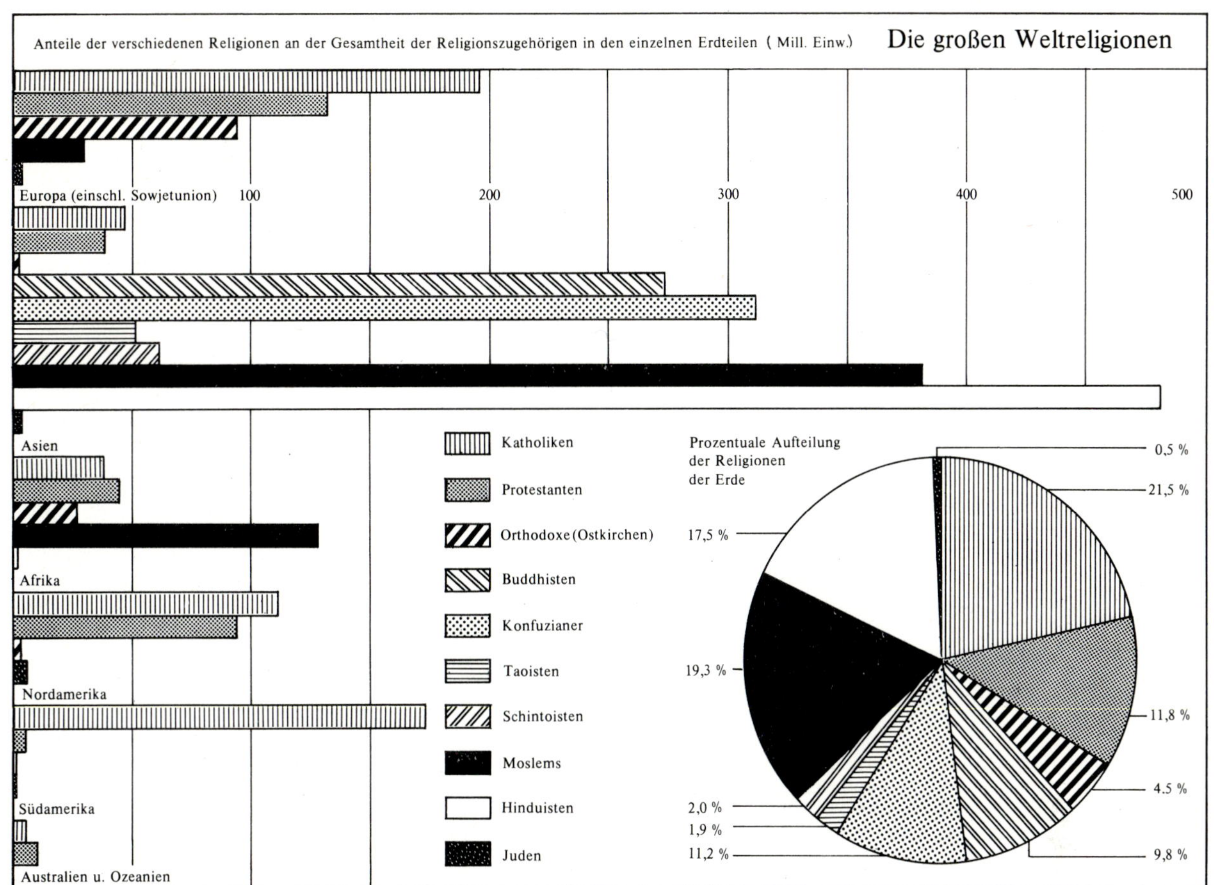

Indien auf der Suche nach Gott

Kurz und bündig

Die indischen Religionen versuchen, das Weltgeschehen als einen ewigen Kreislauf zu erklären.

Brahmanismus ⟶ Buddhismus

Brahmanismus

Herkunft: aus der vedischen Religion der Ureinwohner Indiens
Lehre: Brahma ist oberster Gott
Seelenwanderung
Kult: Opfer
Kennzeichen: Kastenwesen

↓

Hinduismus

Hindu (persisch: »Indien«)

Herkunft: aus dem Brahmanismus im 7.–9. Jh. n. Chr.
Merkmal: Weit voneinander abweichende Glaubensvorstellungen und Kulte bestehen nebeneinander.
Verbreitung: Indien

Buddhismus

Stifter: Buddha (etwa 560–480 v. Chr.)
Lehre: Versuch, das Leiden zu erklären und zu überwinden
Weg: Mönchtum
Meditation
Verbreitung: Sri Lanka (Ceylon), Korea, Japan, Vietnam, Tibet, Mongolei (seit dem 10. Jh. aus Indien durch Hinduismus und Islam verdrängt)

Brahmanismus

Als Mose nach Ägypten zog

Fast zur gleichen Zeit, als Mose das jüdische Volk aus Ägypten führte und die Weideplätze des Gelobten Landes suchte, drangen von den Hochflächen Asiens Indogermanen in das Gebiet des Ganges und südwärts bis Ceylon vor (1500 v. Chr.).Nach der Besitzergreifung des Landes verwandelten sich ihre kriegerischen Tugenden in friedliche. Jetzt konnten sie sich mit dem Wunder des Lebens befassen, das hier so üppig blühte. So wuchs ihre Neigung zur Betrachtung und schauenden Hingabe.

Neben der Vielzahl der Götter, von denen der VEDA, die heilige Schrift der indischen Frühzeit, schon berichtet, werden die drei Hauptgötter – Brahma, Vishnu, Shiva – verehrt.

In dieser indischen Götterdreiheit haben alle Wesen ihren Ursprung, zu ihr kehren sie zurück. Sie ist Schöpfer, Erhalter, Zerstörer. Brahma ist der erste Gott der Dreiheit. Nach ihm nennen sich die Priester des Brahmanenglaubens: BRAHMANEN.

Das Opfer öffnet den Himmel

Die Religion des frühen Indiens war eine Opferreligion. Man brachte den Götterbildern Rinder, Schafe, Ziegen, Reis, Gerste, Milch und Butter zum Opfer.

Seelenwanderung

Die Menschen wollen durch das Opfer mit der Gottheit vereinigt werden. Sie glauben aber, daß sie zuvor viele Male wiedergeboren werden. Sie sind überzeugt, daß sie früher schon einmal ein anderes Leben hatten. Je nachdem, ob sie in ihrem Leben Gutes oder Böses getan haben, werden sie nach ihrem Tod wieder ein Mensch oder ein Tier, arm oder reich. Die Inder glauben, daß ihre Seele so lange wandert, bis sie gut genug ist, um endlich bei Gott zu sein. Dann ist sie erlöst.

Gute Taten kürzen das schwere Schicksal (= Karma) einer langen Seelenwanderung ab.

Die Toten werden verbrannt

Nach dem Tod wird der Leichnam auf einer Bahre zum Verbrennungsplatz getragen. Dort wird der Scheiterhaufen errichtet und der Körper unbekleidet daraufgelegt: Der Mensch muß die Welt so nackt verlassen, wie er sie betreten hat. Dabei werden Verse aus dem Rigveda gesprochen: »Seele des Verstorbenen, fahr dahin, zieh deines Weges – des alten Weges –, den unsere Vorfahren vor dir gegangen; schau auf zu den beiden Königen, den mächtigen: Varuna und Yama, die sich erfreuen an Opfergaben; mögest du vereint werden mit den Vätern und den Lohn empfangen für alle deine Opfergaben, die dort oben gehäuft sind. Kehre wieder zurück in deine Heimat; nimm an eine herrliche Gestalt . . .«

Die Kasten

Die Priester nehmen den höchsten sozialen Rang ein: Sie gehören zur vornehmsten Kaste. Die Krieger und Adelsangehörigen – wohl wegen ihrer Verdienste bei der Eroberung – gehören zur zweiten Kaste; Händler und Bauern zur dritten Kaste. Während diesen drei Kasten alle Wege zum Wohlstand offenstehen, leben die Mitglieder der niedrigsten, der vierten Kaste (die Parias, auch »Unberührbare« genannt) gesetzlos und gemieden im tiefsten Elend. Das schwere Los dieser Menschen erklärte man sich als Strafe für Verfehlungen in einem früheren Leben und fand es deshalb gerecht.

Das Los der Frauen war noch härter. Sie hatten selbst in den höheren Kasten nicht die geringste Freiheit; sie wurden vom Mann nicht höher geachtet als irgendein Gegenstand seines Besitzes. Das Gesetz gebot den Frauen, beim Tod ihres Mannes auch ihr Leben zu beenden (Witwenverbrennung).

PRIESTER
KRIEGER · ADEL
HÄNDLER · BAUERN
PARIAS

Die Kasten

Kathmandu in Nepal
Riesiges farbiges Relief des Gottes Shiva. Hier überwiegt seine zerstörende Macht, auf anderen Bildern seine Macht als Gott der Fruchtbarkeit.

Inderin aus Benares

Leichenverbrennung am Ganges

Ein Bettler in Indien

Das Bild zeigt einen Brahmanen. Ein Brahmane ist ein Priester des Hinduismus.

Buddhismus

Gibt es keine Erlösung aus diesem Leiden?

Siddhartha Gautama, mit dem Ehrennamen »Buddha« (= »der Erleuchtete«), versuchte, diese Frage zu beantworten. Buddha wurde etwa 560 v. Chr. bei Patna, am südlichen Abhang des Himalaja, geboren. Sein Vater gehörte zur Adelskaste. Indische Legenden erzählen von einer wunderbaren Geburt Buddhas: »Auf dem Wege zum Besuch ihrer Eltern gebar die Mutter ihren Sohn, ein wunderbarer Glanz erstrahlte am Himmel, Götter verneigten sich vor dem Neugeborenen.« Seine Eltern erzogen ihn in Bequemlichkeit und Luxus. Sie versuchten, den Anblick von Leid und Not von ihm fernzuhalten. Das war nicht möglich. Der Luxus, der ihn umgab, und sogar seine schöne junge Frau konnten ihn nicht von der leidenden Menschheit ablenken. Immer mächtiger wurden in ihm die Vorstellungen und der Wunsch, ein Heilmittel gegen dieses Übel zu finden, bis er es nicht mehr ertragen konnte. In tiefer Nacht verließ er den Palast und seine Lieben und wanderte allein hinaus in die weite Welt. Lang und mühselig war die Suche nach Antwort auf seine Fragen. Schließlich, nach sieben Jahren, kam ihm die Erleuchtung, als er unter einem Peepalbaum in Gaya saß, und er wurde zum Buddha, dem Erleuchteten.

Buddhafigur an einem buddhistischen Wallfahrtsort

Buddha gibt eine Antwort

In seiner berühmten Benarespredigt sagte Buddha:
»Geburt ist Leiden; Alter ist Leiden; Krankheit ist Leiden; Tod ist Leiden; mit Unlieben vereint sein ist Leiden; von Lieben getrennt sein ist Leiden; nicht erlangen, was man begehrt, ist Leiden. Ruhe und Frieden gibt es erst in der Welt des reinen, in sich ruhenden Seins, im Nirwana. In diesem aufzugehen ist das Ziel.«
Buddha weist den Menschen Wege, auf denen sie dahin gelangen können.

Auflösung von S. 103 (Quiz für Kenner):

Staatskirche, Ignatius von Loyola, Evangelium, Armut, Losungen, Laienkelch, Ewählung, Stammapostel, Ikonenwand, Neuapostolische Kirche, (einige) Dogmen, (auf) Gemeindekonferenzen, Erwachsenentaufe, Thesen, Apostel, Uniform, Fußwaschungsfeier, Tempel – SIE ALLE SIND GETAUFT

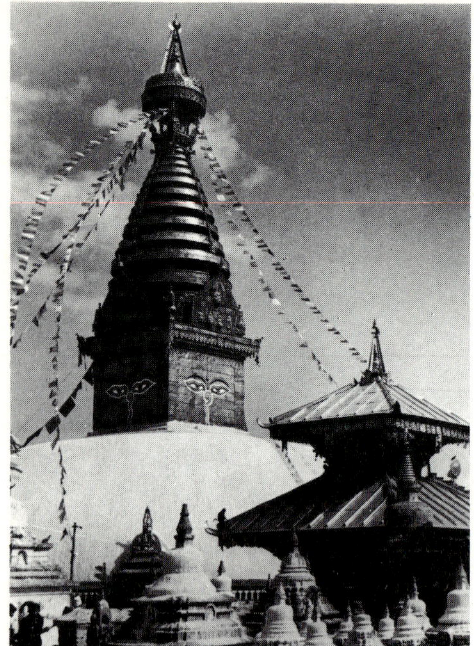

Buddhistische Stupa (= Heiligtum) in Svayambhunath. Rechts daneben der Tempel der weiblichen Gottheit Sitala Devi, die gegen Pockenerkrankungen angerufen wird.

Legende vom Weinen

Ein Heiliger kam in den Himmel. Er erhielt eine goldene Krone. Die anderen Heiligen trugen auch goldene Kronen, jedoch waren sie mit schimmernden Juwelen besetzt. Da fragte er einen Engel: »Warum hat meine Krone keine Juwelen?« Der Engel antwortete: »Weil du keine gegeben hast. Die Juwelen sind die Tränen, welche die Heiligen auf der Erde vergossen haben.«
»Wie konnte ich weinen«, fragte der Heilige, »wo ich so glücklich war in der Liebe zu Gott?«

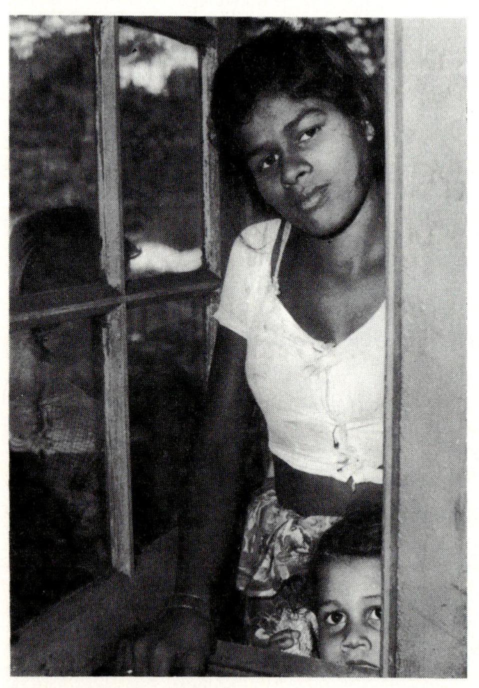

Mutter mit Kind in Sri Lanka

Wer kein Liebes hat . . .

Einstmals verweilte Buddha im Palast der Migaramata. Zu dieser Zeit war gerade eine Enkelin der Visakha Migaramata gestorben, die sie sehr liebte und die ihre Freude war. Da kam Visakha zur heißen Tageszeit mit nassem Gewand und nassem Haar zu Buddha, brachte ihm ehrfurchtsvollen Gruß und setzte sich zu seiner Seite nieder.
Wie sie an seiner Seite saß, sprach Buddha zu Visakha: »Warum, Visakha, bist du zur heißen Tageszeit hierhergekommen, mit nassem Gewand und nassem Haar?« – »Meine Enkelin, Herr, ist gestorben, die ich liebte und die meine Freude war. Darum bin ich zur heißen Tageszeit hierhergekommen mit nassem Gewand und nassem Haar!« – »Würdest du dir nun wünschen, Visakha, so viele Söhne und Enkel zu haben, wie Menschen in Savatthi sind?« – »Das möchte ich mir wohl wünschen, Herr, so viele Söhne und Enkel, wie Menschen in Savatthi sind.« – »Wie viele Menschen sterben nun wohl, Visakha, täglich in Savatthi?« –

»In Savatthi, Herr, sterben täglich zehn Menschen oder auch neun Menschen oder auch acht . . . sieben . . . sechs . . . fünf . . . vier . . . drei . . . zwei oder auch nur ein Mensch. In Savatthi, Herr, findet das Sterben der Menschen kein Ende.« – »Wie meinst du nun, Visakha, würdest du dann irgendwann und irgendeinmal kein nasses Gewand und kein nasses Haar haben? – Wer hundertfaches Liebes hat, Visakha, für den gibt es hundertfaches Leid. Wer neunzigfaches Liebes hat, für den gibt es neunzigfaches Leid . . . Wer ein Liebes hat, für den gibt es ein Leid; wer kein Liebes hat, für den gibt es kein Leid. Frei von Schmerz, frei von Verzweiflung sind sie, so sage ich.«

Aus: »Jahr des Herrn«, 1975

Wege zu Gott – nach der Lehre Buddhas

Der erste Weg ist der Weg der Erkenntnis. Das Herz soll sich loslösen vom Irdischen, der Welt entsagen, Armut und Keuschheit achten. Durch Yoga-Übungen (bestimmte Sitzhaltungen, Atemgymnastik) versucht sich der Mensch von der menschlichen Leidenswelt loszulösen und sich schließlich in absoluter Ruhe in Einheit mit Gott zu versetzen. Ziel ist das Erlöschen jeglicher Unruhe. Durch solche Meditation wird der Mensch ruhig und sieht tiefer als im normalen, unruhigen Tagesleben.
Der andere Weg ist auch in der Benarespredigt aufgeschrieben – es ist der Weg der richtigen Haltung.

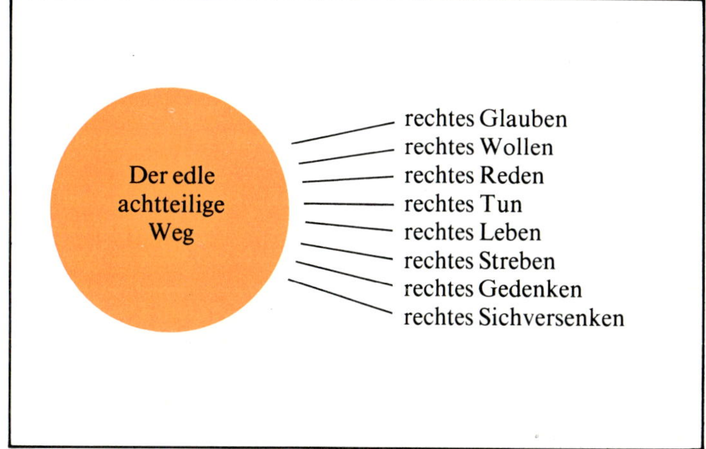

Ähnliche Gebote wie bei uns gibt es außerdem: nicht töten, nicht stehlen, nicht Unkeuschheit treiben, nicht lügen, nichts Berauschendes trinken.

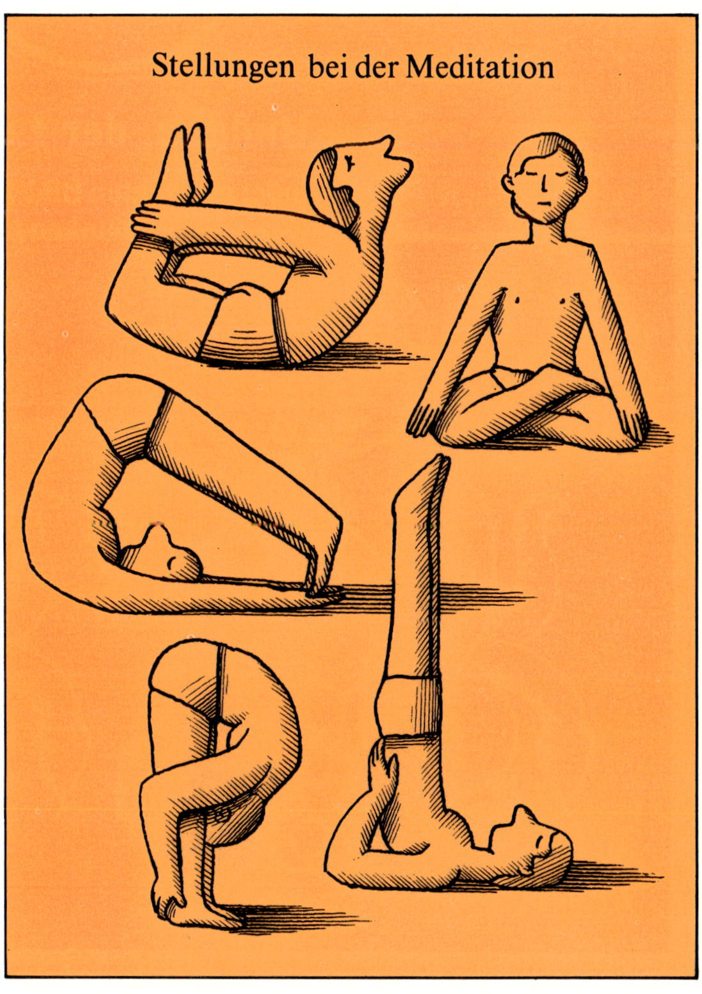

Buddhistisches Frauenkloster

Meditierender Brahmane

Mädchen in Nepal

Buddhas Wege – Wege für alle?

Buddha zeigt den Menschen einen Weg, wie sie sich selbst vom Leid erlösen können. Aber nur wenige Menschen haben die Möglichkeit, ihn zu gehen. Nicht jeder kann sich von der Welt zurückziehen und der tatenlosen Selbstvervollkommnung leben.
Um Buddha scharten sich Jünger, die als Mönche durch Betrachtung, Yoga-Übung und den achtfachen Weg die Befreiung vom Leid suchten. Bei ihnen im Inneren war die Not besiegt, aber am Leid der Welt änderte sich nichts. Die von Buddha verheißene Erlösung ist im Weltleben nicht zu gewinnen. Wer das Feld pflügt oder in der Fabrik arbeitet, ist noch nicht zur wahren Erkenntnis gelangt. Er würde sonst von aller Tätigkeit absehen. Dem einfachen Menschen kann es höchstens gelingen, in seinem nächsten Leben als Mönch wiedergeboren zu werden.
Ein Buddhist kann nicht wie ein Christ zu Gott beten: »Dein Reich komme.« Die Hoffnung auf eine erlöste, heile Welt kennt er nicht. Für ihn besteht die Welt seit Ewigkeit und bleibt in Ewigkeit als Welt voll Leid.
Ebenso kennt er den Begriff »Sünde« nicht. Der Mensch kann den verkehrten Weg gehen, aber das bedeutet keine Verletzung der Liebe. Für den Buddhisten ist der Weg falsch, weil er der längere Weg zum Nirwana ist.
Der Buddhismus konnte nicht Volksreligion werden. Das Volk hat seine bodenständige Religion durchgesetzt: den Hinduismus.

Straßenszene in Bombay

RÄTSEL

Buddha, der Lehrer

Wer findet im rechten Bild 7 Unterschiede zum linken?

Der Gott mit den vielen Händen

Die Hindus verehren zahlreiche Götter. Von diesen werden Brahma, Vishnu und Shiva als Hauptgottheiten verehrt. Es ist nicht wichtig, welche Vorstellungen sich die Hindus von Gott machen oder welche Namen sie ihm geben. Wichtig allein sind:

- die Hingabe an die Gottheit
- die Erlösung der Menschen durch die Götter
- die Erkenntnis, daß Götter in Menschen oder Tieren Gestalt annehmen
- der Glaube an die Seelenwanderung.

Das ganze indische Alltagsleben ist von der Religion geprägt. Ausdruck der Verehrung der Götter sind:

- Waschen, Einsalben und Schmücken der Götterbilder mit farbigen Stoffen
- Darbringen unblutiger Götternahrung (Gerste, Reis) in den Feiern zum Erwachen des Götterbildes, seiner Mahlzeiten, seines Schlafes
- Prozessionen, bei denen das Götterbild in einem riesigen Wagen durch die Straßen gezogen wird.

Sehr verbreitet ist auch der Heiligenkult. Aus der Frühzeit des Hinduismus besteht bis heute der Brauch, der Göttin Kali blutige Opfer darzubringen.
Aus dem Glauben, daß die Götter auch in Tieren Gestalt annehmen, stammt die Verehrung heiliger Tiere, vor allem der weißen Kühe, der Affen und der Schlangen. Auch Pflanzen und Berge, Ströme und Seen werden als heilig verehrt. Heilig ist der Fluß Ganges und die Stadt Benares, die das Ziel vieler Wallfahrten sind.
Der Hinduismus hat einen fast unübersehbaren Strom religiösen Schrifttums. Die ältesten Schriften gelten als die wichtigsten. Es sind die vier Veden, in der Zeit zwischen 1000 und 500 v. Chr. niedergeschrieben. Das Wort »Veda« stammt aus dem Sanskrit, der altindischen Sprache, und bedeutet »Wissen«. Die Veden sind eine Sammlung der ältesten religiösen Schriften Indiens; sie enthalten Götter- und Opferhymnen, aber auch Zauberformeln.

Hinduismus

Benares, die heilige Stadt am Ganges

Wer Benares besucht, wird seine tiefsten Eindrücke an den Ghats empfangen. Es sind jene Stätten am Ganges, wo täglich das Zeremoniell der Opferungen und Waschungen stattfindet. Wenn die ersten Strahlen der Morgensonne an das Flußufer dringen, erwachen die Ghats zum Leben. Wir erleben das Schauspiel von einem Boot aus.

Rituelle Waschungen im heiligen Strom Ganges in Benares

Die Pilger kommen aus ihren spartanisch eingerichteten Herbergen, den Dharamsalas, zum morgendlichen Bad. Mit gefalteten Händen stehen sie im Wasser und beten mit geschlossenen Augen, das Gesicht der aufgehenden Sonne entgegengewendet. Dazwischen tummeln sich Kinder im kühlen Naß. Einige Hindus spülen sich den Mund mit dem lehmigen Wasser des Flusses, opfern Mariengold, weißen Jasmin, Milch, Rosen und Nelken. Die Frauen baden in voller Kleidung, ihren Sari Stück für Stück waschend. Auf den Stufen der Ghats hocken die Pilger; Priester sitzen unter Sonnenschirmen aus getrockneten Palmenblättern, in religiösen Büchern lesend. Die Männer lassen sich vor dem Bad die Kopfhaare abrasieren. Der Boden ist bedeckt von schwarzen Haarbüscheln. Dazwischen bewegen sich die Sadhus, Asketen, die sich das Gesicht mit Asche bestäuben und sich aufgrund eines Gelübdes die Haare nie mehr schneiden lassen, bürsten oder kämmen. Der dichte Filz ihrer Haare ist bei einigen rot gefärbt. Bettler erheben ihre Hände, ein Almosen erheischend. Leprakranke waschen ihre verstümmelten Gliedmaßen im Fluß, Heilung ihres Leidens erhoffend. Der gutturale Gesang einiger älterer Männer dringt zu uns herüber, vermischt sich mit den Rufen der Bootsleute zu einer akustischen Kulisse von fremdartigem Reiz. Junge Männer sind mit Yoga beschäftigt. Daneben sitzt ein alter Mann mit geschlossenen Augen, versunken in tiefer Meditation. Die Formen des geistlichen Lebens in den Ghats wechseln stark. Ein bestimmtes, feststehendes Ritual gibt es nicht. Benares gilt als das religiöse Zentrum des Hinduismus.

Die Stadt, mit ihren schmalen, lärmenden Straßen, den lichtarmen, engen Gassen, Palästen, Türmen und mehr als 2000 Tempeln gehört gleich Babylon, Ninive und Theben zu den ältesten Stadtgründungen der Menschheit überhaupt. Schon zur Zeit Buddhas war die Stadt alt. Der heilige Ganges berührt die Stadt in einem weiten anmutigen Bogen. Der Ganges entspringt nach dem Hinduglauben aus dem Himmel. Seine Wasser stürzen vom Kopf des Gottes Shiva herab und waschen jede Seele rein.

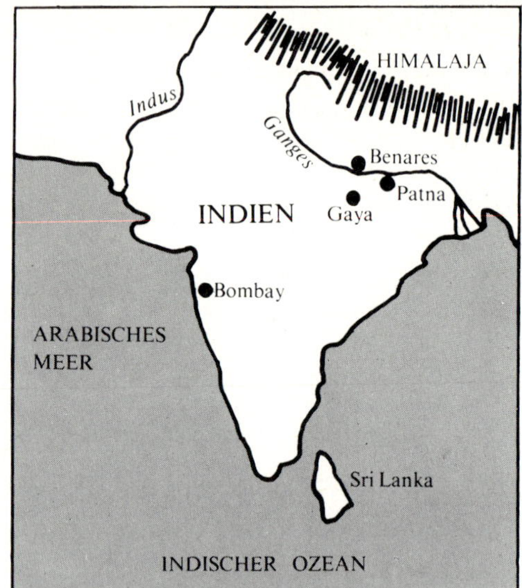

In der Werkstatt des Figurenmachers: aus Lehm geformte Statuen der Göttin Kali (Frau des Gottes Shiva)

Am Vishwanath-Tempel, der wegen seiner vergoldeten Dächer auch der »Goldene Tempel« genannt wird, erleben wir die Verehrung Shivas. Durch ein kleines vergittertes Fenster gelingt es uns, einen Blick in das Innere zu werfen; denn der Zutritt ist für Ausländer verboten. Die Gläubigen drängen sich um ein mit Gangeswasser gefülltes Becken, in dessen Mitte das Phallussymbol* steht. Sie murmeln Gebete, opfern Blumen und benetzen sich die Stirn mit dem heiligen Wasser. Eine Leiche wird durch die Gasse getragen, gefolgt von Männern mit kahlgeschorenen Köpfen; denn nur Männer dürfen die Toten begleiten. Unter Schellen- und Glockenklang und rhythmischem Gesang wird der mit einem roten Tuch verhüllte Leichnam auf einer Trage aus Bambusstangen zum Manikarnika-Ghat, der Verbrennungsstätte, gebracht. Die Verbrennung erfolgt unmittelbar nach der Feststellung des Todes. Auf den gemauerten Sockeln des Verbrennungsghats brennen die Feuer. Dünner Rauch steigt auf. Die Leiche wird auf einen Holzstoß gelegt und mit weiteren Holzscheiten bedeckt. Der nächste Angehörige zündet den Holzstoß an. Nach zwei bis drei Stunden wird die Asche unter Blumenopfern dem Ganges übergeben, der sie fortträgt bis an den Golf von Bengalen. Wir stehen auf der Terrasse einer Pilgerherberge und blicken auf die brennenden Holzscheite. In den kahlen Räumen des Hauses leben ein Dutzend alter Frauen, voller Gebrechlichkeit kriechen sie auf dem Boden entlang. Sie haben nur noch den einen Wunsch: hier am Ganges zu sterben und verbrannt zu werden. Wenige Meter entfernt, sind junge Männer dabei, für die nächste Verbrennung Holz zu zerkleinern und abzuwiegen. Heilige Kühe durchwandern die Gasse, behindern den Verkehr. An den Ghats findet der Hinduismus seinen unmittelbaren Ausdruck.

(Nach H. Langer, aus einem Reisebericht)

Im Tempelbezirk von Bhaktapur in Nepal

Shiva-Tempel in Indien. Der Gott Shiva ist als Kuh dargestellt.

* Fruchtbarkeitszeichen

Ein Hindu versucht, die Bergpredigt zu verwirklichen

Dieser Hindu ist Mahatma Gandhi. 1869 wird er als Sohn angesehener Inder geboren. Damals gehörte Indien zum englischen Kolonialreich. Gandhi studiert Jura in England und läßt sich dann in Bombay als Rechtsanwalt nieder. 1893 wird er nach Südafrika gerufen, um einen Rechtsfall zu übernehmen. Dort sieht er den Rassenhochmut, er sieht, wie schlecht die aus Indien ausgewanderten Arbeiter behandelt werden. Gandhi gibt seinen Beruf und seine ganze Habe auf. Er will nur noch eins: seinen Landsleuten helfen. Seine politische Waffe ist neu: gewaltloser Widerstand. 1914 kehrt Gandhi nach Indien zurück. Jetzt sieht er mit wachen Augen auch hier das Elend. Ein großer Teil des Volkes lebt, täglich vom Hungertod bedroht, in Slums. Die Kolonialherren dagegen bereichern sich. Mit Recht wollen sich die Inder von der Fremdherrschaft befreien. Sie wollen Gewalt gegen Gewalt setzen. Aber Gandhi ruft zu einem friedlichen Aufstand auf. Zu Fuß läuft er von Dorf zu Dorf und organisiert die Satyagraha-Bewegung (Satyagraha = Festhalten an der Wahrheit). Die Anhänger dieser gewaltlosen Bewegung weigern sich, der Regierung bei der Verwaltung und Ausbeutung Indiens zu helfen. Sie boykottieren die öffentlichen Ämter, die Gerichtshöfe, die Schulen, den Zivil- und Militärdienst, die Steuerzahlung. Sie sind bereit, Gesetze, die die Menschenwürde mißachten, zu brechen und dafür freiwillig Gefängnisstrafen auf sich zu nehmen. Die hohen Schranken zwischen den Kasten lassen sie außer acht. Hindus und Moslems gehen gemeinsam vor. Gandhi selbst wird öfters eingekerkert. Er antwortet mit langen Hungerstreiks. 1947 endlich hat sich Indien die Unabhängigkeit auf friedlichem Weg erzwungen. Als es bei Grenzregelungen zu Auseinandersetzungen zwischen Hindus und Moslems kommt, ruft Gandhi zur Versöhnung auf. Sein Bestreben um Gewaltlosigkeit wird nicht immer bereitwillig unterstützt. Er findet Gegner in den eigenen Reihen. Am 30. Januar 1948 wird er von einem fanatischen Hindu erschossen. Gandhi sagte selbst, er habe von der Bergpredigt gelernt.

Hindus des 20. Jahrhunderts über Christentum und Religion

Die Hindus sind unermüdlich im Suchen nach Wahrheit. Sie prüfen alles. So setzen sie sich auch mit dem Christentum auseinander. Bezeichnend ist dabei ihre Offenheit und Toleranz.

Mahatma Gandhi

»Die einzige Gestalt, in der Gott einem Hungrigen begegnen kann, ist die Gestalt des Brotes.
Das Gebet ist die Rettung meines Lebens gewesen. Ohne das Gebet wäre ich schon längst irre geworden. Ich habe einen großen Anteil an den bittersten öffentlichen und privaten Erfahrungen gehabt. Sie stürzten mich zeitweilig in Verzweiflung. Und wenn ich die Verzweiflung überwand, so verdanke ich das nur dem Gebet.«

Forderungen Gandhis an die Christen

»Als erstes würde ich raten, daß die Christen alle miteinander anfangen müssen, wie Jesus Christus zu leben.
Zweitens würde ich den Rat geben, daß sie ihre Religion in die Tat umsetzen.
Drittens würde ich vorschlagen, daß sie den Nachdruck auf die Liebe legen, denn die Liebe ist der Mittelpunkt und die Seele des Christentums.
Viertens möchte ich raten, daß sie die nichtchristlichen Religionen und ihre Kultur mit mehr Mitgefühl studieren, damit sie das Gute finden, das in ihnen ist, so daß sie mit mehr Mitgefühl an die Leute herantreten.«

(Aus einem Gespräch mit E. Stanley Jones)

Jawaharlal Nehru an seine 13jährige Tochter Indira

... Wie wenig gleichen sich doch die Bergpredigt und das moderne europäische oder amerikanische Christentum! Es ist daher nicht verwunderlich, daß viele Leute der Ansicht sind, Bapu (Mahatma Gandhi) stehe der Lehre Christi weit näher als die meisten der sogenannten Anhänger Jesu im Westen.

Ein Mensch sei ein Christ an Barmherzigkeit, ein Mohammedaner in der genauen Beobachtung äußerer Bräuche und ein Hindu in der allumfassenden Milde gegen alle lebenden Wesen.

Ramakrishna

Auflösung von S. 112 (Buddha, der Lehrer):

Die 7 Unterschiede sind zu finden am rechten Fuß, an der rechten Hand, Schlangenauge rechts, Gewandstreifen links, linkes Ohr, Kopfschmuck und am Sockel unten.

Ein Inder geht durch die Zeit

Ein Inder geht durch die Zeit . . .

Wir gehen mit ihm und sehen dabei:

1.
Angehörige der niedrigsten Kaste

2.
heilige Schriften der Frühzeit

3.
einen Wallfahrtsort

4.
einen qualvollen Zustand

5.
einen Angehörigen der obersten Kaste

Wir hören:

6.
den Namen eines indischen Gottes

7.
wie die Buddhisten ihr Lebensziel bezeichnen

8.
wie Inder ihr Schicksal bezeichnen

Wir begegnen:

9.
dem heiligen Fluß

10.
der indischen Volksreligion

11.
der nachdenklichen Betrachtung

12.
einem Priester des Brahmanismus

Und hören die Namen:

13.
eines indischen Religionsstifters

14.
eines weltbekannten indischen Philosophen und Politikers, der 1948 ermordet wurde

15.
einer Methode der Meditation

*

Die Bezeichnungen finden wir, wenn wir die Buchstaben bei den einzelnen Lebensstationen meditierend ordnen. Wie die Inder ihren Weg durch Zeit nennen, können wir auch erfahren. Die Zahl an jeder Station gibt an, welchen Buchstaben des gefundenen Wortes wir unterstreichen müssen. Lies dann alle unterstrichenen Buchstaben hintereinander!

Das Ende der Welt

Nach einer alten indischen Legende soll es in der Stadt Benares einen Tempel geben, in dem der indische Gott Brahma bei der Schöpfung der Welt drei diamantene Stäbchen aufgestellt und auf einen von ihnen 64 goldene Ringe aufgeschichtet hat. Der größte Ring liegt unten, jeder folgende ist kleiner als der vorhergehende. Die Priester des Tempels sind verpflichtet, diese Ringe Tag und Nacht ununterbrochen von einem Stäbchen auf ein anderes zu übertragen, wobei sie das dritte als Hilfsstäbchen benutzen können. Dabei müssen sich die Priester an folgende Regeln halten:

1.
Jeder Ring ist einzeln zu übertragen,

2.
kein größerer Ring darf auf einen kleineren gelegt werden.

In der Legende heißt es, daß, sobald alle 64 Ringe übertragen sein werden, das Ende der Welt gekommen ist. Berechne die Zeit bis zum Ende der Welt, wenn du für einen Zug eine Sekunde Zeit annimmst.

Hinweis:

führe den Versuch mit 2 Münzen auf 3 Untertassen, dann mit 3 und auch 4 Münzen aus und zähle jeweils die notwendigen Umlegungen. Stelle eine Zahlenfolge auf, aus der du die Umlegungen für 64 Münzen errechnen kannst!

Die ostasiatischen Religionen

So fern, wie für uns Ostasien ist, so fremd uns die Lebensgewohnheiten der dortigen Menschen anmuten – so unbegreiflich sind für uns auch die Religionen der Menschen in Indien, China, Japan, Tibet und im Inselreich Polynesien. Dennoch wollen wir uns einen kleinen Überblick verschaffen.

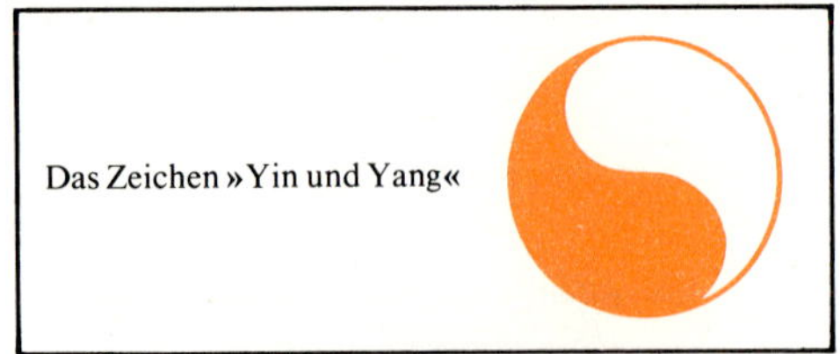

Das Zeichen »Yin und Yang«

Konfuzianismus – Taoismus

Den **alten chinesischen Weltanschauungen** gemeinsam ist die Theorie über den Bau und die Harmonie des Weltalls. Danach gibt es ganz am Anfang eine Ur-Einheit, die sich in zwei Kräfte geteilt hat:

Yang (hell, warm, bewegend, erzeugend, männlich) und
Yin (finster, kalt, ruhig, empfangend, weiblich).

Beide bedürfen einander: Aus ihrer Spannung entsteht alles. Zuerst entsteht aus Yang der Himmel und aus Yin die Erde, dann aus ihnen zusammen alle anderen Wesen. Die Jahreszeiten zum Beispiel verdanken ihre Existenz einmal einem Sieg von Yang (Sommer), zum anderen einem Sieg von Yin (Winter). In einer Zeitspanne von 129 600 Jahren vollzieht sich ein Kreislauf von der Ur-Einheit zur Schöpfung des Weltalls und wieder zur Einheit, um darauf wieder aufs neue zu beginnen. Und so weiter.

Die Kraft, die hinter allem steht, wird *Tao* genannt, das heißt »der Weg«. Dieser ist schon in der Ur-Einheit enthalten und bewirkt die Harmonie vom Ganzen der Schöpfung. Suchen nach dem Tao ist Suchen nach dem richtigen Lebensweg. Zwei Männer haben vor zweieinhalbtausend Jahren einander verwandte Lehren entwickelt, die bis heute als große Religionen bestehen.

Drei nepalesische Kinder

Kung-fu-Tse (541–478 v. Chr.): Die Lateiner nannten ihn Konfuzius. Er war Philosoph und zugleich Staatsmann, deshalb entwarf er eine sehr praktische, aufs Tun gerichtete Lehre über den richtigen Lebensweg. Wesentlich bei ihm sind die Verehrung der Ahnen, Güte gegen die andern, Pflege der Gemeinschaft und Erlangen der Weisheit.

Die Lehre des Konfuzius breitete sich schnell über China aus. Er selbst genoß schon zu Lebzeiten große Verehrung. Der Konfuzianismus war bis 1912 Staatsreligion in China.

Lao-Tse (= alter Meister) lebte zur gleichen Zeit wie Kung-fu-Tse. Auch er war ein Philisoph. Sein wichtigstes Buch, »Tao-Te-King«, handelt über »den Weg und die Tugend«. Er gab der Lehre des Taoismus den Namen.

Lao-Tse lehrt, durch Betrachtung zur inneren Ruhe zu kommen. In dieser Ruhe findet der Mensch den Ur-Grund aller Dinge und damit das höchste Glück. Das »wirkliche Nichthandeln« ist das wahre Ideal des Menschen.

Später wird die Lehre sehr vereinfacht oder gar verwaschen. Ein primitiver Volksglaube entsteht daraus, weil der hohe Anspruch für den Durchschnittsmenschen eine Überforderung darstellt. Im alten China war die Lehre sehr verbreitet; wie weit heute, wissen wir nicht genau. Um 1960 gab die Statistik 386 Millionen Anhänger an.

Auch die schönsten Waffen
sind unheilbringende Geräte.

Lao-Tse

Taoistischer Heiliger, auf ein Baumblatt gezeichnet

Schintoismus

(= Weg der Götter); diese Religion kennt keinen Gründer. Sie ist gewachsen aus der Naturreligion, die in Japan seit Jahrtausenden vorherrscht. Das Hauptverbreitungsgebiet ist Japan. Im Jahre 1868 wurde der Schintoismus zur Staatsreligion in Japan erklärt. Der Kaiser, Mikado genannt, wurde zur Gottheit erhoben und genoß göttliche Verehrung. Damit sollte der Einfluß des Buddhismus und des Konfuzianismus zurückgedrängt werden.

Die Lehre

Zahlreiche Naturgottheiten werden verehrt. An ihrer Spitze regiert die Sonnengöttin Amaterusa. Die Hauptfeste sind eng verknüpft mit dem Reisanbau. Geistig nahm der Schintoismus alle wesentlichen Gedanken des Buddhismus auf. Die Anhänger verstehen den Gehorsam gegen Götter und Kaiser als Naturgesetz. Jeder Japaner, der dem Schintoismus angehört, glaubt, von Gott abzustammen.
Jahrhunderte hindurch war es möglich, Buddhist und Schintoist gleichzeitig zu sein. Sogar von Kaisern ist dies überliefert. Im 18. Jahrhundert begann die Loslösung vom Buddhismus, der dann später zur Privatreligion erklärt wurde.

Heute:

Nach dem zweiten Weltkrieg wurde auf Anordnung der amerikanischen Besatzungsmacht der Schintoismus als Staatsreligion abgeschafft (am 15. Dezember 1945). Kaiser Hiroito erklärte am 1. Januar 1946 die bisherigen religiösen Staatsdogmen als Mythen. Der Schintoismus besteht als Privatreligion weiter. Die tiefe Verwurzelung im Leben und Denken der Japaner ist die Hauptursache dafür, daß das Christentum in Japan nur sehr langsam Fuß fassen kann.

In Kamakura, unweit von Tokio, steht diese Riesenstatue von Buddha, Daibutsu genannt. Sie ist 14 Meter hoch, das Gesicht allein 3 Meter. Von Knie zu Knie mißt man 11 Meter. Sie besteht aus Bronzeplatten, die bis zu 10 cm dick sind. Im Jahre 1252 war der Guß vollendet.

Auflösung von S. 117 (Ein Inder geht durch die Zeit):

1. Parias, 2. Veda, 3. Benares, 4. Leiden, 5. Priester, 6. Vishnu, 7. Nirwana, 8. Karma, 9. Ganges, 10. Hinduismus, 11. Meditation, 12. Brahmane, 13. Buddha, 14. Gandhi, 15. Yoga – SEELENWANDERUNG.

Auflösung von S. 117 (Das Ende der Welt):

Für 2 Münzen sind 3 Umlegungen notwendig = 2 · 2 – 1
für 3 Münzen sind 7 Umlegungen notwendig = 2 · 2 · 2 – 1
für 4 Münzen sind 15 Umlegungen notwendig = 2 · 2 · 2 · 2 – 1
also für 64 Münzen ... = 64mal die 2 mit sich selbst multipliziert – 1

Das sind aber: 18 446 744 073 709 551 651 Umlegungen!
Bei fast 100 000 Umlegungen in 24 Stunden ergeben sich rund 500 Milliarden Jahre!

Schintopriester in Japan

Lamaismus

Etwa seit dem 7. Jahrhundert hat sich in Tibet diese Sonderform des Buddhismus entwickelt. Sie wurde von den Mongolen übernommen. Bis zum 20. Jahrhundert genoß sie auch in China staatliche Förderung.

Ein Lama und dahinter ein Mönch bei den Gebetsmühlen. Darunter befinden sich Gefäße für Opferlichter. Ein Lama ist ein buddhistischer Priester in Tibet.

Lehre:

Der Buddhismus war keine Religion des Volkes. Seine Lehren stellten zu hohe Ansprüche. Deshalb überlagerten alte tibetanische Vorstellungen von allen möglichen Geistern und Zaubern den Buddhismus und vereinfachten ihn. So entstand der Lamaismus. Mittelpunkt ist seit dem 14. Jahrhundert das Kloster von Lhasa. Der Abt dieses Klosters gilt als Verkörperung des »Schutzheiligen« von Tibet. Er wird Dalai Lama (tibet. = Ozean [des Wissens]) genannt. Von der Mitte des 17. Jahrhunderts an war er der geistliche und weltliche Herrscher Tibets. 1955 wurde der Dalai Lama Vorsitzender der Autonomen Verwaltung im Rahmen der VR China. Bis 1959 herrschte er gemeinsam mit dem Pantschen-Erdeni-Lama, dem Abt eines anderen tibetanischen Klosters. Seitdem regiert der letztere allein; der Dalai Lama lebt im Exil in Indien.

Gebetsmühlen

Das Wort »Gebetsmühle« wird bei uns abwertend gebraucht. Aber welche Vorstellungen hat der Tibetaner davon? Durch Gebete und Bannformeln will sich der Gläubige vor den Dämonen, den bösen Geistern, schützen. Er schreibt oder druckt die Texte auf Papierstreifen und legt sie in eine Trommel, die sich um ihre Achse dreht. Menschenkraft, Wind oder Wasser treiben diese Gebetsmühle an. Nach der Vorstellung der Gläubigen hat das Drehen der Gebete in der Trommel dieselbe Wirkung wie das Aufsagen sämtlicher darin enthaltenen Gebete.

Verständlicher wird dieser Brauch noch durch den Hinweis auf die Gebetsflaggen. Zauberformeln oder Gebete oder Flüche schreiben die Tibetaner auch auf Fahnen und lassen diese dann im Winde wehen. Der Wind liest und trägt das Aufgeschriebene ins ganze Land, das nun am Segen und am Fluch teilhat.

Der Medizinmann hat in der Naturreligion große Bedeutung. Er hat Umgang mit den Göttern.

Kloster Ulan-Bator, Mongolische VR

Polynesische Religionen

Auf der weitverstreuten Inselwelt Polynesiens lebt eine Vielzahl verschiedener Rassen: die eingeborenen Polynesier, Japaner, Chinesen, Inder, Philippinos und auch Europäer. Es fällt schwer, die Vielfalt ihrer religiösen Formen auf einen Nenner zu bringen. Gemeinsam sind allen ein ausgeprägter Ahnenkult und eine bunte Mythologie. Dem Charakter dieser Naturreligionen entspricht eine unübersehbare Fülle von Riten und Bräuchen. Stellvertretend für alle sollen drei Eigenarten erklärt werden:

Tabu – ein religiöses Verbot, das sich auf Gegenstände, Orte Zeiten, Wörter, Speisen, Menschen, Tiere, Taten usw. beziehen kann. Übersetzen kann man das Wort nicht, manchmal bedeutet es: »nicht berühren«; dann wieder: »sich enthalten«. Ein Tier, das »tabu« ist, darf nicht getötet werden. Ein Häuptling ist Nachkomme der Götter. Niemand darf mit ihm essen: Er ist »tabu«. Wörter, die »tabu« sind, darf niemand aussprechen.

Speisung eines neuseeländischen Häuptlings. Jede eigenhändige Berührung der Nahrung heiligt sie so, daß ein Häuptling sie nicht mehr zu sich nehmen darf.

Tätowierung – eigentlich Tatau-ierung von tatau = Zeichen. Die Seeleute haben diesen Brauch von Tahiti mitgebracht und lassen sich Muster oder Figuren in die Haut ritzen. Der Farbstoff sitzt unter der Hautoberfläche und ist zeitlebens sichtbar. Dieser Brauch ist typisch für die Naturreligionen. Das zeigen auch die Kriegsbemalung der Indianer, die Kastenzeichen bei den Indern und die Tanzbemalung bei afrikanischen Stämmen.

Kawabereitung – Die Wurzel des Kawapfeffers ist der Ausgangsstoff für die Bereitung eines berauschenden Kultgetränkes, das man Kawa nennt. Die Wurzel muß zerkaut werden. Das besorgen meist alte Frauen. Anschließend wird die gesammelte Masse rituell zubereitet und genossen.

Den Sinn des Lebens erschließen

Viele große Religionen sind im Laufe der Geschichte untergegangen. Zumeist sind sie Urheber großer bedeutender Kulturen gewesen. Wir denken an die Ägypter, an die Babylonier, an die Mayas in Mittelamerika oder an die Indianer. Wir sind gewohnt, diese und andere als »Heiden« zu bezeichnen, womit man meint: Sie haben keinen Glauben. Wenn man jedoch genauer hinsieht, stimmt das plötzlich nicht mehr. Wir dürfen auch nicht meinen, die Religion sei immer nur Ersatz für mangelndes Wissen oder fehlende Kultur gewesen. Dieses Kapitel beweist oft genug das Gegenteil. Freilich haben die Menschen damals noch nicht soviel Technik gekannt und soviel Einzelwissen gehabt wie wir heute. Aber ob wir glücklicher sind als sie, das lassen wir als Frage offen. Am deutlichsten zeigt wohl der Hinduismus, was Religion will:

den Sinn des Lebens erschließen, den Menschen gut machen, das Bleibende finden lassen und für alle Frieden schaffen.

Der Islam

Kurz und bündig

Islam (= arabisch: »Hingabe an Gott«)
Stifter: Mohammed (geb. um 570 in Mekka, gest. 632 in Medina).
Kern der Lehre: Es gibt nur einen Gott: Allah. Und Mohammed ist sein Prophet.
Hl. Buch: Koran.
Anhänger: Moslems oder Muslime.
Verbreitung: Orient, Ozeanien, Afrika.

Je länger ich lebe,
desto mehr scheint es mir,
daß die
individuellen Ereignisse
nicht zählen dürfen,
sondern nur die *Hingabe*
an etwas Größeres
als wir.

Pierre Teilhard de Chardin

Der Halbmond ist Symbol des Islam.

Das Geheimnis des schwarzen Steins

Ein Blick auf die Landkarte Arabiens zeigt, daß etwa ein Drittel des Landes Wüste ist und das übrige dürre Steppe, die sich nur kurze Zeit mit frischem Grün bedeckt. Den Arabern, die mit ihren Karawanen durch die Wüste zogen, waren deshalb Sonne, Mond und Sterne

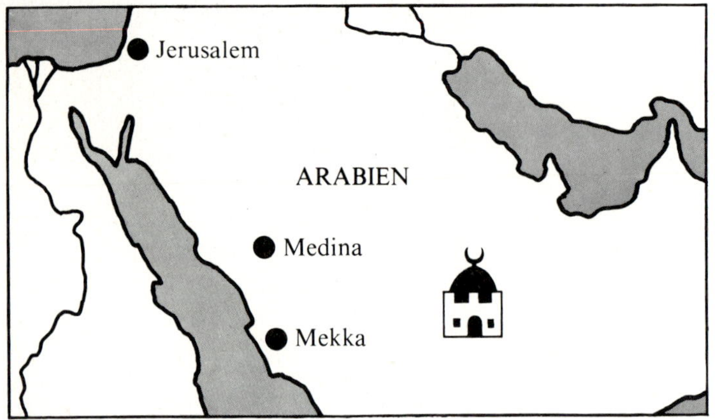

Wegweiser. Man verehrte sie als Götter neben noch vielen anderen Göttern. Die Araber pilgerten zur schwarzbehangenen würfelförmigen Ka-aba mit ihrem eingemauerten schwarzen Fetischstein in der heiligen Stadt Mekka. Man hielt Prozessionen um die Ka-aba herum und feierte Opferzeremonien. Auch das Judentum und das Christentum war den Arabern nicht unbekannt. Schließlich lag Arabien an der Handelsstraße zwischen Palästina und dem Arabischen Meer, über das der Handel die Kaufleute weiter nach Indien führte. Die Beziehungen zum Volk Israel waren uralt. Die Ka-aba wurde sogar als eine Stiftung Ismaels, des Sohnes von Abraham, betrachtet. Man glaubte, daß jener Stein mit Adam aus dem Paradies kam, daß er – ursprünglich weiß gewesen – durch die Sünden der Menschen schwarz geworden sei.

Die Ka-aba in Mekka

Jeder Moslem, der nach Mekka pilgert, will den Schwarzen Stein küssen, nachdem er siebenmal die Ka-aba umschritten hat. Es ist ein heiliger Stein, den schon die Araber vor Mohammed als Glücksbringer verehrt haben und dessen wirkliche Herkunft keiner kennt. Er sieht schwarz aus wie Basalt oder Lava, soll aber ein Meteorit sein, also ein aus dem Weltraum auf die Erde gestürzter Stein, von 30 cm Durchmesser. Er wird seit unvordenklicher Zeit in der Ka-aba aufbewahrt. Dieses Gebäude steht im Hofe der Moschee von Mekka, umgeben von Minaretten und Tempelgebäuden. Es ist 10 m breit, 12 m lang und 15 m hoch. Schon lange vor Mohammed war es Kultstätte der Araber. Er hat die Ka-aba dann verehrt als ältesten Tempel der Erde, der von Abraham selbst erbaut worden sei. Die Ka-aba ist bis heute Ziel der Gebetsrichtung der Moslems in aller Welt.

Das ist das Zentrum des Islam: die Kaaba in Mekka

Arabischer Nomade

Allah und sein Prophet Mohammed

Mit der Karawane durch die Wüste

Bis zum 5. Jahrhundert hatte sich das Christentum hauptsächlich um das Mittelländische Meer herum ausgebreitet. Es hatte in den Stürmen der Völkerwanderungszeit den Untergang des Römischen Reiches überdauert. Zu dieser Zeit wurde in Mekka (um das Jahr 570 n. Chr.) dem arabischen Kaufmann Abdallah ein Sohn geboren, den er Mohammed (d. h. der Ersehnte) nannte. Mohammed, früh verwaist, nahm als Junge mit seinem Onkel an Karawanenfahrten teil und wurde später selbst Kaufmann, nachdem er eine reiche Kaufmannswitwe geheiratet hatte. Auf seinen Wüstenfahrten begegnete er in der Einsamkeit Gott. Vielleicht war der Verlust seiner drei Söhne durch eine Seuche Grund, oft mit Gott im Gebet zu sprechen. Zweifelte er, der reiche Kaufmann, am Sinn des Lebens, weil der Tod so grausam in sein Leben eingegriffen hatte? Ahnte er ein höheres Lebensziel, als es Wohlstand und Reichtum bieten? Ähnlich hatte Gott schon Buddha angesprochen und auf den Weg geführt. In einer Wüstenhöhle ließ Mohammed sich von dem blinden Maruka Ibn Naufat, einem entfernten Verwandten seiner Frau, belehren aus den heiligen Schriften der Juden und Christen. So vorbereitet, meinte Mohammed, in der Wüstenstille Gott selbst sprechen zu hören. In der von ihm niedergeschriebenen heiligen Schrift des Korans beschreibt er seine Vision, seine Sicht von Gott.

Nichts Neues im Osten

Mohammed verkündete im wesentlichen nichts Neues. Seine Kenntnisse von Judentum und Christentum hatte er über viele Mittelsmänner – und deshalb nicht rein – erhalten. Der Koran beruht auf dem Grundsatz,

Die Vertreibung aus dem Paradies

Kairo ist eine Hauptstadt des Islam. Unser Bild zeigt drei Moscheen. Links das höchste Minarett Kairos mit 81,5 m Höhe

Nach dem Sündenfall wies Gott Adam, Eva, den Teufel und die Schlange durch verschiedene Tore aus dem Paradies. Adam befahl er, aus dem Tor der Reue hinauszugehen, um ihm anzudeuten, daß er durch Reue einst wiederkehren könne. Und Adam kam auf den Berg Sarandib auf Ceylon, wohin er den Duft des Paradieses mitbrachte. – Eva verließ den Garten durch das Tor der Barmherzigkeit und befand sich dann in Dschaddoh. – Die Schlange ging durch das Tor des Zornes und landete in der Wüste Sahara.

Hundert Jahre vergingen, da erbarmte sich Gott des ausgestoßenen Adam, und er befahl ihm, einer Wolke zu folgen, die ihn nach einem Ort führen werde, der gerade dem himmlischen Thron gegenüberliege, und daselbst einen Tempel zu bauen. Adam, der noch immer so groß war, wie ihn Gott geschaffen hatte, legte in wenigen Stunden den Weg von Indien nach Mekka zurück, wo die Wolke, die ihn führte, stehenblieb. Auf dem Berge Arafa*, in der Nähe von Mekka, fand er zu seiner großen Freude Eva wieder, daher dieser Berg seinen Namen hat. Die beiden fingen nun an, miteinander den Tempel zu bauen, zu dem der Engel Gabriel einen Plan brachte und einen hellstrahlenden Edelstein aus dem Paradies, der später von den Sünden der Menschen befleckt und schwarz ward. Dieser schwarze Stein ist das größte Heiligtum der Ka-aba; er war ursprünglich ein Engel, der die Bestimmung hatte, den Weizenbaum im Paradies zu bewachen und den Menschen, falls er sich ihm nähern sollte, zu warnen. Wegen seiner Nachlässigkeit ist der Engel in einen Stein verwandelt worden und wird erst am Tag des Gerichtes seine frühere Gestalt annehmen und zu dem Heer der Engel zurückkehren. Mit Augen und Zunge wird er alsdann auferstehen und Zeugnis ablegen denen, die ihn bei ihrer Pilgerschaft berührt und verehrt haben.

(Eine arabische Legende)

* arafa (= arabisch: wiedererkennen)

daß es nur eine einzige wahre Religion gibt, die Gott von Anfang der Welt an durch seine Propheten Adam, Noach, Abraham, Mose und Jesus hat verkünden lassen. Mohammed als letzter und bedeutendster Prophet sei berufen, diese Lehren von Verfälschungen und Irrtümern, von abergläubigem Beiwerk und Entstellungen zu reinigen. In der dritten Sure des Korans heißt es:

Allah, es gibt keinen Gott außer ihm. Geoffenbart hat es dir die Schrift in Wahrheit, bestätigend das früher schon Geoffenbarte. Er offenbarte die Tora und das Evangelium schon vordem, um die Menschen zu leiten, und nun offenbarte er den Koran. Die wahre Religion von Gott ist der Islam*.

Das Pilgerfest des Jahres 621 benutzte Mohammed, um Jünger zu gewinnen; aber gleichzeitig fand er auch Feinde seines neuen Glaubens. Er mußte sogar aus Mekka fliehen, da ihm Mord angedroht worden war. Nach der Legende warnt ihn der Engel Gabriel. Mit Mohammeds Flucht nach Medina (*Hedschra*), einem für die Weltgeschichte entscheidenden Tag, beginnen die Mohammedaner ihre Zeitrechnung. In Medina fand Mohammed die Ruhe, um Baustein für Baustein seines neuen Glaubensgebäudes zusammenzufügen.

* Islam = die vollständige Hingabe an Gott

Eine Karawane während der Rast

Kachel mit Arabesken. In der islamischen Kunst ist die bildliche Darstellung von Gott und von Menschen nicht erlaubt. Als dekorativer Schmuck werden Blattranken und Schriftzeichen verwendet.

Es gibt keinen Gott außer Allah

Der Glaube an einen einzigen Gott wurde der Angelpunkt der Lehre Mohammeds. Er erklärte die Abkehr von der Vielgötterei. Gott (Allah), der Alleinige, Allgegenwärtige, ist für Mohammed ein Wesen, das nicht beschrieben werden kann. Es ist schon Sünde, Gott erklären zu wollen. Ewig verdammt sind diejenigen, die sich anmaßen, Gott darzustellen in Bild, in Stein oder im Wort. Gott ist wie das Licht, wie die Flamme, wie das Meer, ewig veränderlich, nie faßbar. Wer Gott erfassen, darstellen will, zeigt damit seinen Mangel an Glauben. Aus diesem Grund finden wir nirgends in der Welt des Islam Bilder von Gott, auch nicht von Menschen. Die Moslems schmücken ihre Moscheen mit Ornamenten. »Gott ist unfaßbar. Verdammt seien diejenigen, die ihm Menschliches zuschreiben. Gott ist Einer, ein ewig Reiner, hat nie gezeugt, und ihn gezeugt hat keiner.«
Mohammed grenzt seinen Glauben bewußt vom Christentum ab und sagt: »Jesus ist ein gottbegnadeter Prophet; verdammt seien diejenigen, die ihn als Sohn Gottes ansprechen. – Es gibt keinen Gott außer Allah, und Mohammed ist sein Prophet!«

Man ist das,
was man vor Gott ist,
nicht mehr und
nicht weniger.

Johannes Maria Vianney
(Pfarrer von Ars)

Die fünf Grundpfeiler des Islam

besagen alles, was Mohammmed gewollt hat.

Jedes Moslems heilige Norm ist

1	Das Glaubensbekenntnis: Es ist kein Gott außer Allah, und Mohammed ist sein Prophet.
2	Der »Saalat«, die fünf täglichen Andachtsübungen, die mit ausdrucksvollen Körperbewegungen verbunden sind.
3	Der »Sakat«, die religiöse Steuer, die als Almosen für die Armen gedacht ist
4	Das Fasten im Monat Ramadan, nur vom Morgen bis zum Abend; denn »Gott will es euch leicht machen; der Mensch ist ja ein schwaches Geschöpf« (Sure 4,32).
5	Der »Hadsch«, die Pilgerfahrt zur Ka-aba mit ihren alten Gebräuchen. Jeder Erwachsene muß wenigstens einmal im Leben daran teilnehmen.

Diese Vorschriften sind in ihrer Einfachheit auch den einfältigsten Menschen zugänglich. Sie stellen es sich so vor: Unser Leben ist der Weg zum Paradies. Wenn wir regelmäßig zu Allah beten, liegt der halbe Weg hinter uns. Wenn wir fasten, kommen wir bis an die Pforte des Paradieses. Wenn wir an arme Menschen Almosen geben, wird uns der Eingang geöffnet. Wenn sich der Mensch für seinen Glauben an Allah einsetzt und einmal im Leben zum Heiligtum nach Mekka gepilgert ist, dann wird er nach seinem Tod im Paradies weiterleben.

Moslems vor einer Moschee in Kaschmir

Das Paradies stellen sich die Moslems als einen wunderschönen schattigen Garten vor, in dem ewiger Frühling herrscht. So werden sie von Allah mit ewiger Freude belohnt.
Nach seinem Tod wird der Moslem in ein Grab gelegt, das Gesicht Mekka zugewandt. Derjenige, der in das Grab hinabsteigt, um den Verstorbenen dort zu betten, muß barfuß und barhäuptig sein, seine Kleider aufknöpfen und sprechen: »Im Namen Allahs. Gott, gib, daß dieser Tote mit deinem Propheten vereinigt wird. Gott, wenn er ein Wohltäter war, vermehre seine Wohltätigkeit, wenn er schlecht gehandelt hat, vergib ihm, hab Erbarmen mit ihm und laß ihm seine Sünden nach.«

Das Neue Testament im Koran?

Aus dem Koran:

Und die Engel sprachen: »O Maria, siehe, Allah hat dich auserwählt vor den Frauen aller Welt. ... Siehe, Allah verkündigt dir ein Wort von ihm, sein Name ist der Messias Jesus, der Sohn der Maria....« Sie sprach: »Mein Herr, woher soll mir ein Sohn werden, wo mich kein Mann berührte?« Er sprach: »Also schafft Allah, was er will; wenn er ein Ding beschlossen hat, spricht er nur zu ihm: ›Sei!‹, und es ist.«

Koran, 3. Sure, 37–49

Aus dem Neuen Testament:

Der Engel sprach zu ihr: »Fürchte dich nicht, Maria; denn du hast Gnade bei Gott gefunden. Du wirst empfangen und einen Sohn gebären. Dem sollst du den Namen Jesus geben. ... Maria sprach zum Engel: »Wie wird das geschehen, da ich keinen Mann erkenne?« Der Engel antwortete ihr: »Der Heilige Geist wird über dich kommen und die Kraft des Allerhöchsten dich überschatten. ... Denn bei Gott ist kein Ding unmöglich.«

Lk 1,30.31.34.35.37

Moschee, Innenhof mit dem Reinigungsbrunnen

Riesiges Koranpult als Symbol für die Annahme des Prophetenwortes durch die Menschen. Im Hintergrund Ruinen der Moschee Bibi Chanum in Samarkand, 14. Jh.

Was ist für Andersgläubige vom Islam sichtbar?

Moscheen

das sind die Gotteshäuser der Moslems. Das Wort Moschee kommt aus dem Arabischen und heißt: »Anbetungsort«. Die Gläubigen versammeln sich in ihnen zum gemeinsamen Gebet und zur Freitagspredigt. Die Gebetsnische (Mihrab) liegt in der Richtung nach Mekka. Neben ihr steht der Predigtstuhl (Mimbar). Den Gottesdienst leitet ein dafür geeignetes Gemeindemitglied oder ein Imam, der Vorsteher der Gemeinde. Er hält dann die Ansprache. Priester gibt es nicht. Im Hof der Moschee befindet sich meist ein Reinigungsbrunnen und das Minarett. Von diesem aus kündet der Gebetsrufer (Muezzin) die Gebetsstunden an: »Gott ist groß! Ich bezeuge, daß es keinen Gott gibt außer Allah und daß Mohammed der Gesandte Gottes ist. Herbei zum Gebet.«

Medressen

das sind islamische Hochschulen, in denen die Auslegung des Koran, die Rechtswissenschaft, Grammatik, Rhetorik u. a. gelehrt werden.

Tanzende Derwische

das sind gläubige Mohammedaner, die Gott besonders dienen wollen durch ihre selbstgewählte Armut; man nannte sie auch Sufis (nach dem groben Wollkleid, das sie tragen) oder aber Fakire (arabisch) oder *Derwische* (persisch), was beides »die Armen« bedeutet. Die mohammedanischen Mönche leben in losen Verbänden, die wir mit unseren Bruderschaften vergleichen können. Sie lehnen irdischen Besitz ab und halten das Gesetz in aller Strenge. Besonders gepflegt werden das oftmalige Wiederholen der Namen Gottes in verschiedenem Rhythmus und Tonfall, im Chor und allein, ferner Tänze, mit denen auch in anderen Religionen die Götter verehrt werden.

Kairo, Innenraum der Moschee Sultan Hassan mit Mihrab und Mimbar

»Es ist das schönste Gefühl der Welt, wenn sich der Mensch dreht, wie die Himmelskörper um die Sonne und diese wiederum um Gott.« Der Tanz beginnt damit, daß einer der Derwische den auf dem Boden Kauernden einen heiligen Text vorliest, der ihn so beeindruckt, daß er sein Gesicht verzerrt, seine Augen glasig werden und sein Kopf wild zuckt. Dann schweigt er plötzlich. Nach innerer Sammlung ertönt ein kurzer dumpfer Trommelschlag, die Musik beginnt zu spielen. Plötzlich aufklingende und abbrechende monotone Melodien erfüllen die Luft. Die Musik schwillt an, und auf ihren Takt hin kommt Leben in die versteinert dasitzenden Derwische. Sie schreiten im Kreis herum, verneigen sich gegenseitig voreinander, werfen dann ihren Talar ab und beginnen, sich in ihren langen weißen Röcken barfuß langsam zu drehen. Sie strecken dabei ihren rechten Arm in die Höhe, als wollten sie den göttlichen Segen erflehen. Die Drehungen werden so schnell, daß man die Züge der Tanzenden nicht mehr erkennen kann. Ein dröhnender Trommelschlag beendet plötzlich den rasenden Tanz.

Medresse (Koranschule) in Samarkand, erbaut um 1420. Meisterhaft sind Ziegel und Keramik verarbeitet.

Die erste Sure des Korans entspricht unserem Vaterunser

Im Namen Allahs, des Erbarmers,
des Barmherzigen!
Lob sei Allah, dem Weltenherrn,
dem Erbarmer, dem Barmherzigen,
dem König am Tag des Gerichts!
Dir dienen wir, und zu dir rufen um Hilfe wir;
leite uns den rechten Pfad,
den Pfad derer, denen du gnädig bist,
nicht derer, denen du zürnst, und nicht der
Irrenden.

Die Welt des Islam

In den 8 islamischen Begriffen ist je ein Buchstabe falsch. Schreibe die richtigen Buchstaben hintereinander auf. Dann ergeben sie, nacheinander gelesen, die Bezeichnung für die Flucht des Propheten Mohammed von Mekka nach Medina im Jahre 622.

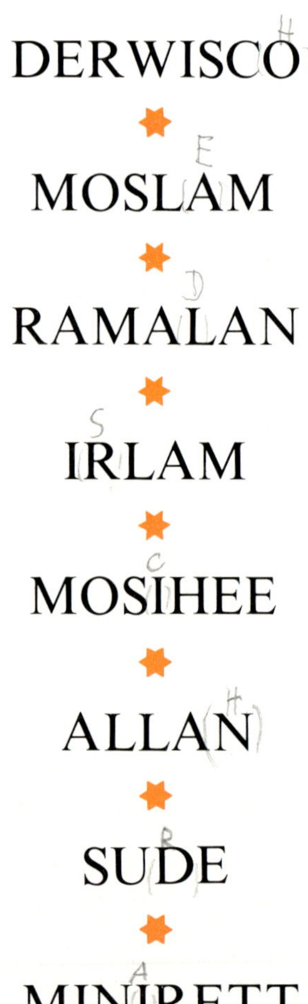

DERWISCO
MOSLAM
RAMALAN
IRLAM
MOSIHEE
ALLAN
SUDE
MINIRETT

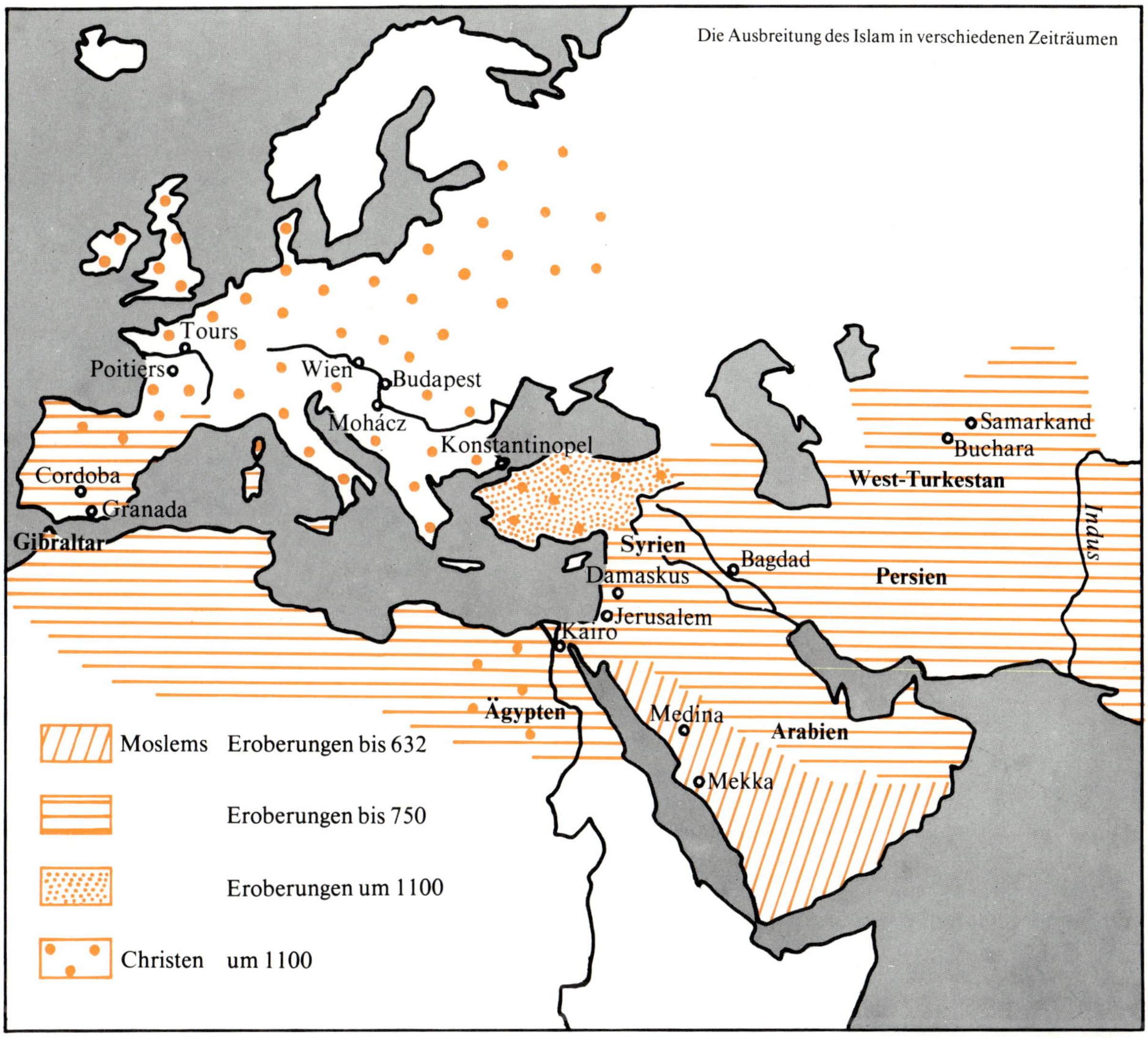

Die Ausbreitung des Islam in verschiedenen Zeiträumen

Tours
Poitiers
Wien
Budapest
Mohácz
Konstantinopel
Cordoba
Granada
Gibraltar
Syrien
Damaskus
Jerusalem
Kairo
Bagdad
Persien
West-Turkestan
Samarkand
Buchara
Indus
Ägypten
Medina
Mekka
Arabien

Moslems Eroberungen bis 632
Eroberungen bis 750
Eroberungen um 1100
Christen um 1100

Die Ausbreitung des Islam

Eine wichtige Grundaussage des Islam ist seine Lehre vom Kismet. Mit Kismet bezeichnet man das, was von der Vorsehung jedem zugeteilt wird, ohne daß er es durch die Kraft seines Willens abwehren kann. Der Moslem weiß, daß er dem blindwaltenden Schicksal, dem Fatum, nicht entrinnen kann, wenn es seinen Tod beschlossen hat, und daß er unversehrt aus der Schlacht herausgehen wird, wenn seine Stunde noch nicht gekommen ist. Diese Überzeugung war die stärkste Waffe der Glaubensstreiter auf den Eroberungszügen der Kalifen. Außerdem glauben sie, daß Glaubenskämpfer sofort ins Paradies eingehen, während die anderen Menschen nach ihrem Tode zunächst im Grab bleiben und erst am Jüngsten Tag auferweckt werden für den Himmel oder die Hölle. Nur so ist einsichtig zu machen, wie im Namen des Propheten Mohammed die islamische Religion mit Waffengewalt ganze Staatswesen aufbaute. Hier erwies sich der »Heilige Krieg« als Mißbrauch der Religion.

Mohammed hatte eine, seinem arabischen Volk angepaßte Religion aus Judentum, Christentum und dem arabischen Vielgötterglauben geformt. Er war überzeugt, der Prophet *Arabiens* zu sein. Am Ende seines Lebens glaubte er sogar, Prophet für die *ganze Welt* zu sein. Dabei beteuerte er selbst aber ausdrücklich, er sei ein Mensch wie jeder andere (Sure 7,95f). In seinem Munde wäre das Wort Christi undenkbar: »Wer von euch kann mich einer Sünde zeihen?«

Nach Mohammeds Tod, am 7. Juni 632, breitete sich der Islam über die ganze Mittelmeerwelt aus. Er drang bis Konstantinopel und bis Spanien, zeitweise sogar bis Südfrankreich vor.

Der Heilige Felsen in der heutigen Moschee auf dem Tempelplatz in Jerusalem

Felsendom in Jerusalem

Der Felsen in Jerusalem diente einst als Brandopferaltar im Tempel König Salomos. Nach der Zerstörung des Tempels im Jahre 70 n. Chr. durch die Römer ließ man die Stätte des einstigen jüdischen Tempels absichtlich verkommen, als sichtbares Zeichen für die Worte Jesu von der Zerstörung des Tempels. Erst 688–691 ließ der Kalif Abdelmalik über dem Fels den Felsendom errichten, der im eigentlichen Sinne keine Moschee ist, sondern ein allgemeines Heiligtum, in dem jeder beten kann, in dem aber keine öffentlichen Gottesdienste stattfinden.

Zeittafel

um 570	Mohammed in Mekka geboren
622	Flucht Mohammeds (Hedschra) von Mekka nach Medina
632	Tod Mohammeds in Medina
632–750	Ausbreitung des Islam und des arabischen Weltreiches
637	Eroberung Jerusalems
bis 650	Syrien, Palästina, Persien, Ägypten, große Teile Nordafrikas kommen unter islamischen Einfluß
bis 700	West-Turkestan (Samarkand) unterworfen
711	West-Spanien von Gibraltar aus erobert
712	Verbreitung des Islam in Indien
732	Sieg Karl Martells über die Araber, bei Tours und Poitiers in Südfrankreich
750–918	Islamisches Weltreich unter persischer, dann türkischer Herrschaft
um 1280	Vordringen des Islam bis China und von dort nach Indonesien. Der Islam gewinnt aber nicht die gleiche Bedeutung wie der Buddhismus.
1453	Eroberung Konstantinopels, Ende des Oströmischen Reiches
1526	Sieg der Türken über die Ungarn bei Mohács. Buda und Pest werden von den Türken erobert.
1529	Türken vor Wien
1571	Die türkische Flotte wird im Mittelmeer von den Spaniern (im Bund mit Venedig und dem Kirchenstaat) bei Lepanto geschlagen. – Papst Gregor XIII. stiftet zum Gedenken an diesen Sieg 1573 das Rosenkranzfest (7. Oktober).
1683	Türken belagern Wien. »Heilige Liga« (Österreich, Polen, Venedig, Moskau) gegen die Türken unter dem Protektorat des Papstes Innozenz XI.

Moderne Moschee in Kuala Lumpur, Malaysia

Bulgarien war jahrhundertelang unter türkischer Herrschaft. Davon zeugen noch heute Moscheen im ganzen Land, wie diese in Sofia.

Die arabische Kultur

Nach den ersten hundert Jahren der Eroberung wurden Bagdad, Damaskus, Samarkand, Kairo und Córdoba zu bedeutenden Kulturzentren des Islam. Araber, Perser, Griechen, Inder, Syrer und Juden trafen sich in Bagdad und tauschten ihr Wissen aus. Die Araber übersetzten z. B. die wichtigsten Werke der Griechen (Ptolemäus, Aristoteles). Sie übernahmen vieles aus der antiken Kultur und vermittelten es später dem mittelalterlichen Europa. Die arabischen Gelehrten verfaßten Sammelwerke über Geschichte, Medizin, Geographie und Astronomie. Dichtungen und die »Märchen aus Tausendundeiner Nacht« preisen die Weisheit des Kalifen Harun ar-Raschid (786–809).

Auf den Handelswegen kamen die Waren des Orients nach Europa: Zucker, Orangen, Damast, Alkohol. Später dann wurden arabische Gelehrte als Professoren an die ersten italienischen Universitäten geholt.

Eines der ältesten Gewerbe der Menschheit: der Handel. Er steht im Orient seit frühester Zeit in hoher Blüte.

Die arabischen Ziffern

haben nicht die Araber sondern die Inder erfunden. Durch den Handel waren im 7. Jahrhundert die indischen Zahlzeichen auf den Karawanenwegen bis nach Arabien vorgedrungen. Das arabische Wort »Sifr« für die Null, die die Araber den neun indischen Zahlzeichen anfügten, kam zu uns als »Ziffer« (jetzt Bezeichnung für alle Zahlzeichen).

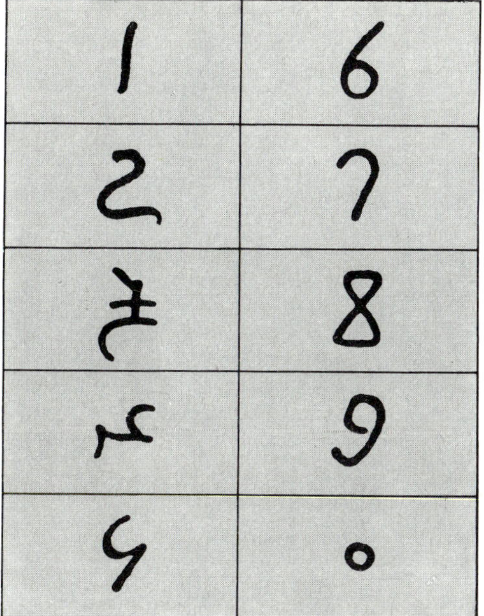

Bei der Eroberung großer Teile Spaniens (711) brachten die Araber die »arabischen« Ziffern mit nach Europa. Gerbert von Aurillac, ein bedeutender christlicher Gelehrter und Priester aus Südfrankreich, hatte in Barcelona und dann bei den Arabern in Sevilla und Córdoba studiert. Später hatte er Italien, Deutschland und Frankreich bereist und in Reims Mathematik und Philosophie gelehrt. Im Jahre 980 war er Abt und Lehrer des späteren Kaisers Otto III., 999 Papst (mit dem Namen Silvester II.) geworden. Gerbert hatte die arabischen Ziffern wohl als erster in Europa verbreitet und mit ihnen auch die Kenntnisse der für die damalige Zeit weit fortgeschrittenen arabischen Mathematiker.

Löwenhof der Alhambra, des Palastes der maurischen Herrscher in Spanien, Ende 14. Jh.

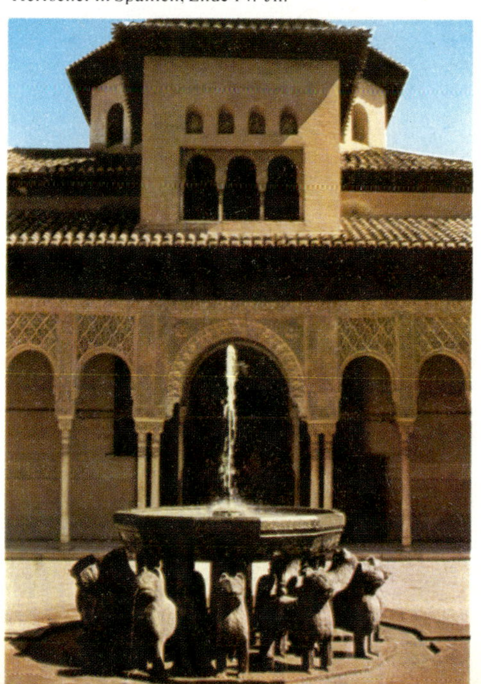

Musik und Dichtung

Mohammed liebte die Musik und die Dichtkunst nicht besonders. Die Musik hat deshalb nie Eingang in den Gottesdienst der Moslems gefunden. Zeitweise war sogar jede Musik (vokale und instrumentale) als verbotenes Vergnügen geächtet. Nur Trommel, Rhythmusstab und Tamburins waren erlaubt, weil sie bei Pilgerfahrten benutzt werden. Lieder bei der Arbeit, bei Hochzeiten und Geburtstagen wurden von Mohammed gebilligt.

Die Kunst der Mauren

Streng geschlossen und abwehrend wirkten die Bauwerke der Mauren von außen. Die Innenhöfe aber, meist mit einem großen Wasserbecken – wie eine Oase –, lenken den Blick von der Sonne zum Schatten, vom Heißen in die Kühle . . ., und wir sind plötzlich mitten im Orient. Mitten im Orient – in Spanien!

Die Mauren, ein arabischer Volksstamm aus dem Atlasgebirge, bereicherten Spanien mit ihrer Kunst. Die Wände der Innenräume sind teppichartig mit Ornamenten überzogen. Die sehr dünnen Säulen scheinen unbelastet vom Gebälk zu sein. Darstellungen von Menschen und Tieren gibt es nicht, da dies der Prophet verboten hatte. Alles wirkt zart wie ein Schleier, ohne den die arabische Frau früher nicht die Straße betreten durfte.

Die ärztliche Wissenschaft

Nach der Erfindung der Buchdruckerkunst waren die Bibel und »Der Kanon der ärztlichen Wissenschaft« von Avicenna die ersten Bücher, die im Europa des 15. Jahrhunderts gedruckt wurden.

Wer war dieser Avicenna? Ibn-Sina – das ist sein eigentlicher Name – wurde 980 in der Nähe von Buchara (Tadshikische SSR) geboren. Schon mit 10 Jahren studierte er den Koran und lernte die arabische Sprache. Danach begann er, Philosophie, Logik, Mathematik und Medizin zu studieren. Er kannte die berühmten Werke der antiken Medizin, die in die arabische Sprache übersetzt wurden, sowie die Grundlagen der indischen Medizin. Seine Erkenntnisse und Erfahrungen schrieb er nieder im »Kanon der ärztlichen Wissenschaft«, der ihm Weltruhm brachte. Sechs Jahrhunderte lang war er das Lehrbuch aller medizinischen Fakultäten Europas!

Auflösung von S. 126 (Die Welt des Islam):

Derwisch, Moslem, Ramadan, Islam, Moschee, Allah, Sure, Minarett – HEDSCHRA.

Das Judentum

Kurz und bündig

Hebräer:
Im Alten Orient Bezeichnung für Tagelöhner, später Name für die Stämme der Israeliten.

Israeliten:
1. Alle Nachkommen der biblischen Patriarchen. 2. Nur die Bewohner des Nordreiches. Von diesen sind die Israelis zu unterscheiden, die Bewohner des heutigen Staates Israel.

Juden:
Bezeichnung der Judäer, der Bewohner des Staates Juda. Seit dem Untergang dieses Staates im Jahre 587 v. Chr. ist die Bezeichnung für alle Israeliten üblich.

Der Hirtenknabe Joseph
Illustration zur Bibel von Marc Chagall

Das volle Bethaus

Der Baalschem* blieb einst an der Schwelle eines Bethauses stehen und weigerte sich, es zu betreten. »Da kann ich nicht hinein«, sagte er, »das Haus ist ja randvoll von Lehre und Gebet.« Und als sich die Begleiter verwunderten, weil ihnen schien, es könne kein größeres Lob geben als dieses, deutete er es ihnen: »Die Worte, die hier von den Leuten tagsüber ohne die wahre Andacht, ohne Liebe und Barmherzigkeit gesprochen werden, haben keine Flügel. Sie bleiben zwischen den Mauern, sie hocken am Boden, sie breiten sich Schicht auf Schicht, wie moderndes Laub, bis der Mulm das Haus vollgepfropft hat und für mich darin kein Platz mehr ist.«

(Martin Buber, Chassidische Erzählung)

* Baalschem oder Bescht genannt, ist der Stifter einer jüdischen Sekte (Chassidismus). Er lebte 1699–1760 in der Ukraine.

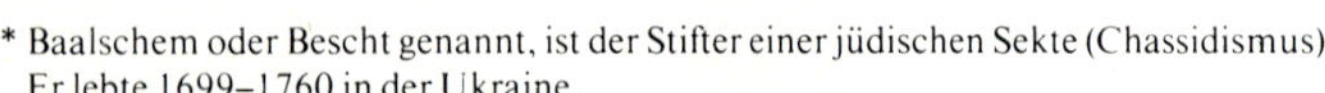

Ein Volk auf der Wanderschaft

»Ein wandernder Aramäer war mein Vater«, so begann das Glaubensbekenntnis, das jeder fromme Israelit am Festtag der Erstlingsfrüchte ablegen mußte – dann nämlich, wenn er die Erstlinge seines jährlichen Ernteertrages in den Tempel brachte. Ein wandernder Aramäer kam vom oberen Euphrat und zog, dem Ruf Gottes folgend, nach Kanaan. Er hieß Abraham.
Jahwe hatte zu Abraham gesprochen: »Ziehe fort aus deinem Land, aus deiner Verwandtschaft und aus deinem Vaterland in das Land, das ich dir zeigen werde!«
Abraham löste sich von einer fortgeschrittenen, hochentwickelten Kultur und entschied sich für die einfachere Lebensweise. Das war um 1800 v. Chr.

Synagoge in Köln. Die Synagogen wurden jeweils im Stil der Zeit errichtet.

Mose, der Führer

Die Ägypter zwangen die Israeliten zur Arbeit und verbitterten ihnen das Leben durch harte Fron. Sie mußten Ziegel brennen und Feldarbeit verrichten, wozu man sie mit Gewalt heranholte.
Die Bibel berichtet:
»Ich will euch zu meinem Volk annehmen. Ich will euer Gott sein, und ihr sollt erfahren, daß ich Jahwe, euer Gott, bin, der euch von dem Druck der ägyptischen Fron befreit« (Ex 6,6.7).
Mose befreit sein Volk von der Arbeitsfron in Ägypten. Die Israeliten müssen aber dabei auch ihre scheinbare Existenzsicherheit aufgeben. In der Existenzunsicherheit bei der Wüstenwanderung kann Israel Gott kennenlernen als den, der die Menschen durch die Zeit führt und die Stämme zu *einem* Volk einigt.

Im Bund mit Gott

Das Volk Israels versteht sein Verhältnis zu Gott als einen Bund. In verschiedenen Bundesschlüssen verdichtet Israel seine Gotteserfahrung. Abraham, Noach und Mose erfahren den Gott Jahwe als den, der alles zum Leben Notwendige gibt, als Retter aus Bedrückung, als Friedensbringer. Das Volk antwortet mit Treue. Es will Jahwe als einzigen Gott anbeten und keine anderen Götter neben ihm dulden. Zeichen für den Bund sind der Regenbogen, der grünende Stab Aarons, die Bundestafeln des Mose. Chronik des Bundes zwischen Jahwe und Israel ist die Bibel, die in über tausend Jahren aus vielen mündlichen und schriftlichen Überlieferungen zu dem einen großartigen Buch wurde, das die Juden »die Weisung«, »das Gesetz« nennen. Man könnte auch sagen: Es ist die Geschichte des Bundes mit allen Höhen und Tiefen, mit Israels »Widerspenstigkeit« und Jahwes unerschütterlicher Treue, mit der Mahnung der Propheten vor dem Abfall und mit den herrlichen Liedern auf Gottes Größe und Macht. Die einzelnen Bedingungen für den Bund sind im sogenannten Bundesbuch (Exodus 20,22–23,23) festgelegt. Es ist das Gesetz im engeren Verständnis. Sein Kern sind die Zehn Gebote. Die Bundestreue bekennt der fromme Jude im privaten Gebet am Abend und am Morgen wie auch bei der Liturgie in der Synagoge mit dem Schemá (s. unten), das Selbstermahnung und »Glaubensbekenntnis« zugleich ist. Das Schemá übernimmt der Neue Bund vom Alten ohne Abstriche. So leitet Jesus die Verkündigung des »neuen Gebotes« mit dem Schemá ein:
Höre, Israel: Der Herr, unser Gott, ist der einzige Herr. Du sollst den Herrn, deinen Gott, lieben von ganzem Herzen und ganzer Seele . . . und deinen Nächsten wie dich selbst. (Mk 12, 29 f)
Weil Gott allein Herr seines Volkes war, brauchte es keine Könige. Und wenn das Volk sich Königen unterordnete, erkannte es in ihnen den »Arm Jahwes«. Das Unbehagen an den menschlichen »Herren« ließ im Volk immer mehr die Sehnsucht nach einem Gesandten Gottes wachsen. Das Warten auf diesen »Gesalbten«, auf den *Messias*,

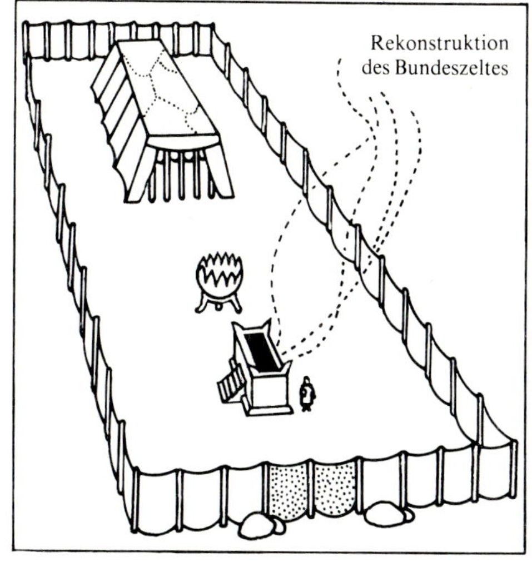

Bei dem Zug durch die Wüste ersetzte ein Zelt den Tempel als Ort der Gotteserfahrung. Im innersten Teil des Zeltes, dem Allerheiligsten, stand die Bundeslade. In ihr wurden die beiden Tafeln mit den 10 Geboten aufbewahrt. Ein Bild von Gott gab es nicht.

Der Gottesname Jahwe in hebräischer Schrift

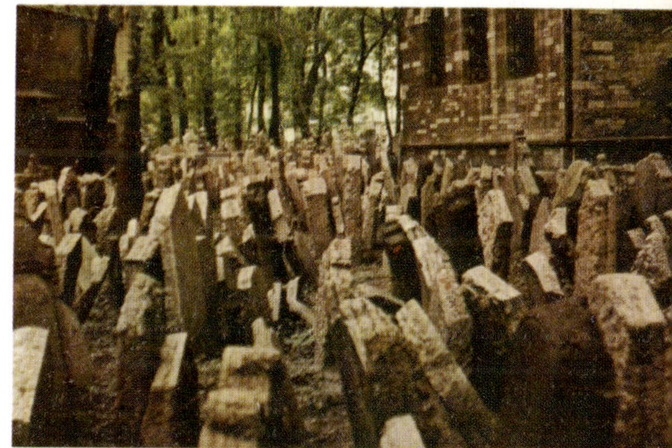

Der alte Judenfriedhof in Prag

Welcher Weg führt zum Ziel?

Statt eines Wegweisers stehen an der Weggabelung zwei Araber: einer, der immer die Wahrheit sagt; ein zweiter, der immer lügt. Wie kann ein Nomade, der die Oase erreichen will und nicht weiß, welcher der beiden Araber der Lügner ist, mit nur einer einzigen Frage erfahren, welcher Weg zum Ziel führt?

Hinweis:

Die beiden Araber kennen sich und wissen, wie der andere jeweils antworten wird. Nutze dieses Wissen aus!

klingt in den Liedern des Volkes und in der Predigt der Propheten. Ausdruck des Bundes ist auch die »Wohnung Jahwes«, das Heiligtum der Juden. Das ist der Tempel in Jerusalem. Es gibt nur einen Tempel, und dieser ist Mittelpunkt in jeder Beziehung. Als die Römer im Jahre 70 n. Chr. den Tempel zerstörten, ging auch das jüdische Reich unter. Das Volk wurde in alle Winde zerstreut. Es baute sich überall Versammlungshäuser, sogenannte Synagogen, aber keinen neuen Tempel. Die Juden sind ein kleines Volk gewesen und geblieben. Sie lebten nach dem Untergang ihres Reiches zweitausend Jahre unter Buddhisten und Christen, unter Moslems und Atheisten. Doch sie blieben Juden. Sie gehen nicht auf in der Zerstreuung, wenn auch manche dem Jahwe-Glauben untreu werden.

Das Gesetz ist den Juden heilig. In einem eigenen Schrein werden die Gesetzesrollen aufbewahrt. Tora-Schrein in einer Synagoge.

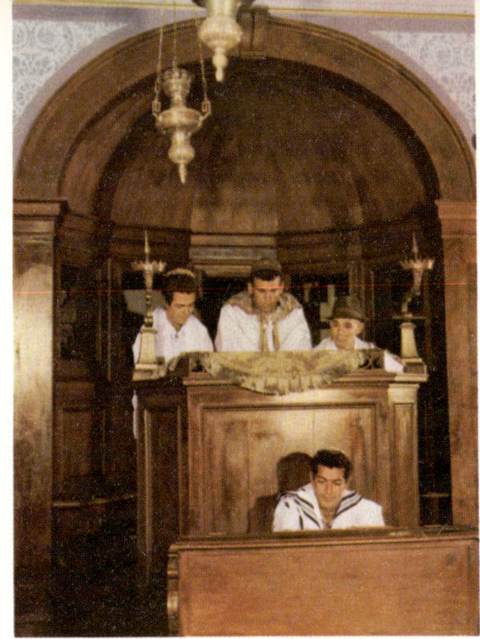

In einer Synagoge
Der Ort, an dem das Gesetz vorgelesen wird, heißt Bama.

Rabbiner beim Gottesdienst in der Synagoge

Gleiches Maß

Einem, der den Sabbat unwissentlich entweiht hatte, weil sein Wagen gestürzt war und der, wiewohl in gewaltsamem Laufschritt, die Stadt nicht vor dem Anbruch der heiligen Frist erreichte, erlegte der junge Rabbi Michal eine harte und lange Kasteiung als Buße auf. Der Mann hielt sich mit aller Kraft daran, das Vorgeschriebene zu erfüllen, merkte aber bald, daß sein Leib nicht standhielt, sondern zu kränkeln und nun auch das Gemüt zu schwächen begann. Da erfuhr er, daß der Baalschem durch die Gegend reiste und sich in einem nahen Ort aufhalte; er ging hin, faßte sich ein Herz und bat den Meister, ihm für die Sünde, die er begangen habe, eine Lösung aufzuerlegen. »Trage ein Pfund Kerzen ins Bethaus«, sagte der Baalschem, »und laß sie zum Sabbat anzünden. Das ist deine Lösung.« Jener meinte, sein Bericht habe nur ein halbes Gehör gefunden, und wiederholte sein Anliegen auf das eindringlichste. Als der Baalschem aber auf dem unbegreiflich milden Urteil beharrte, erzählte ihm der Mann, welch schwere Buße über ihn verhängt worden war. »Tu nur, was ich dir sage«, antwor-

tete der Meister; »dem Rabbi Michal aber überbringe, er möge in die Stadt Chwostow kommen, wo ich den nächsten Sabbat halten will.« Aufgehellten Angesichts nahm der Bittsteller Abschied.
Dem nach Chwostow fahrenden Rabbi Michal brach unterwegs ein Wagenrad, und er mußte zu Fuß weiter. Sosehr er sich beeilte – es dunkelte schon, als er die Stadt betrat, und als er die Schwelle des Baalschem überschritt, sah er ihn schon erhoben, die Hand am Becher, um den Segen über den Wein zum Eingeleit des Ruhetages zu sprechen. Der Meister unterbrach die Handlung und redete den erstarrt Dastehenden an: »Gut Sabbat, Sündloser! Hattest das Leid des Sünders nicht geschmeckt, trugst niemals ein verzagtes Herz in dir – so war deine Hand leicht, Buße auszuteilen. Gut Sabbat, Sündiger!«

(Martin Buber, Chassidische Erzählung)

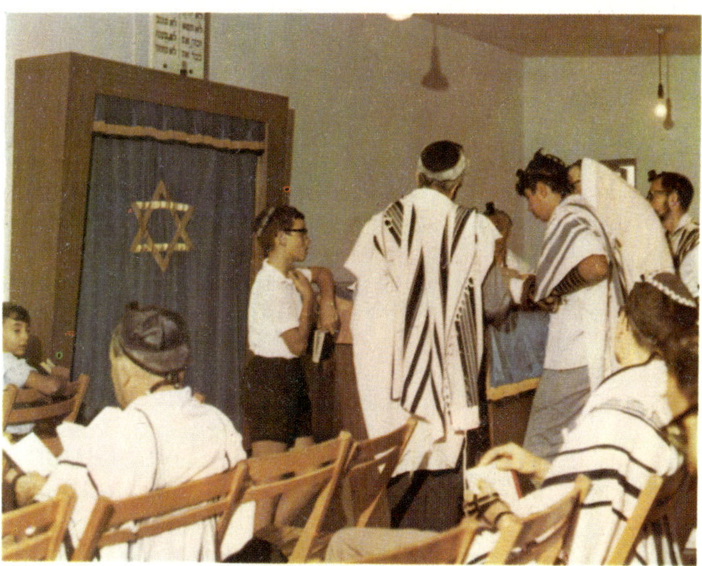

Der jüdische Gottesdienst wird in einer Synagoge, aber auch in den Häusern gehalten. Der Name Synagoge ist die griechische Übersetzung des hebräischen Namens bet-haknesseth: Haus der Zusammenkunft.

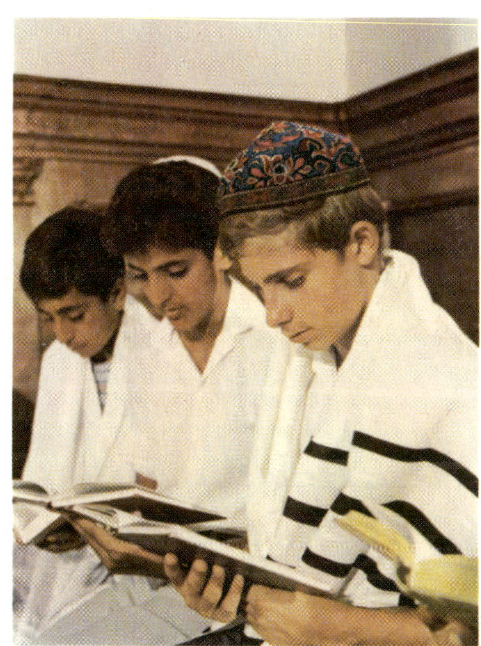

In der Synagoge und auch sonst beim Gebet tragen Männer und verheiratete Frauen den Kopf bedeckt. Die Beter hüllen sich außerdem in den Gebetsmantel ein, Tallit genannt, ein etwa zwei Meter langes und einen Meter breites weißes Tuch aus Wolle oder Seide. Jeder Beter hat sein Gebetbuch, den Siddur, vor sich und betet laut oder leise mit.

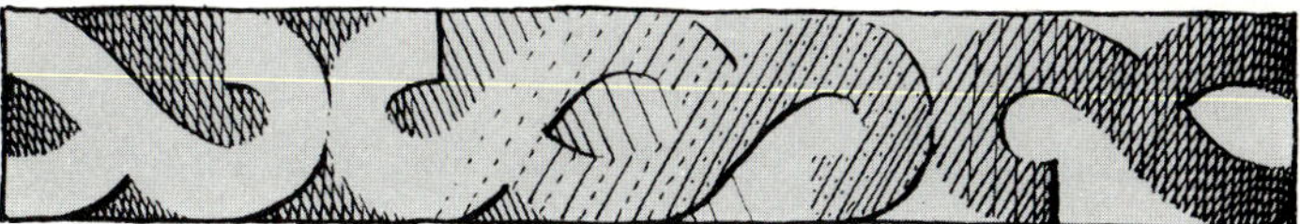

Leben nach dem Gesetz

Von einschneidender Bedeutung für die Lebensführung der Juden sind vor allem die zahlreichen Speisegesetze, die genau festsetzen, welche Speisen »koscher« (= hebr.: tauglich) sind. Verboten ist z. B. Fleisch von Schwein, Kamel, Hasen; von Würmern und Insekten sowie Gemüse und Obst, die von letzteren befallen sind. Das Ritualgesetz scheidet streng zwischen Reinem und Unreinem. Unrein ist etwa eine mit einer bestimmten Krankheit behaftete Person, ein toter Mensch, ein totes Tier. Durch bestimmte Waschungen kann die Reinheit wiederhergestellt werden. Die Sabbatheiligung fordert von dem Frommen große Disziplin. Der Sabbat beginnt am Freitag 45 Minuten vor Eintritt der Dunkelheit und wird durch zahlreiche Gebete, Riten und Bräuche begangen. An ihm hat jede Arbeit zu ruhen, auch viele andere Arten der Betätigung, z. B. Rauchen, Reisen, Schreiben, Telefonieren, Geld berühren, sind verboten.

Alltage

Das ganze tägliche Leben des strenggläubigen Juden wird von Gebeten umrahmt und durchzogen. Das Gebet ist in festgelegter Form am Morgen, Mittag und Abend zu sprechen. Beim Morgengebet wird ein Gebetsmantel (Tallit) umgelegt und werktags auch zwei Gebetsriemen (Tephillim) am linken Arm gegenüber dem Herzen und an der Stirn befestigt. An diesen ist je eine Kapsel mit Pergamentröllchen angebracht, auf denen Bibelstellen geschrieben stehen. Es gilt dies als buchstäbliche Erfüllung des Gebotes: »Es soll dir sein wie ein Zeichen auf deiner Hand und wie ein Erinnerungszeichen auf deiner Stirn, damit das Gesetz Jahwes in deinem Mund ist« (Ex 13,9). Das Hauptgebet wird stehend, nach Jerusalem gewendet, gesprochen. Deshalb hängt in jüdischen Häusern eine mit Psalmenstellen versehene Tafel an der Wand, um die Himmelsrichtung anzuzeigen. Die Männer müssen beim Beten das Haupt bedeckt halten. Früher stand im Mittelpunkt des Gottesdienstes das Opfer. Tiere und pflanzliche Speisen wurden verbrannt. Nach der Zerstörung des Tempels tritt an diese Stelle das Gebet. In den Synagogen versammelt sich die Gemeinde, deren Leitung in den Händen eines Rabbiners liegt, zum Gottesdienst. Die Führung beim Gebet hat ein Vorbeter, aber auch schon in biblischer Zeit ein Kantor.

Auflösung von S. 132 (Welcher Weg führt zum Ziel?):
Die einzige Frage, die der Nomade stellen muß: Wenn ich deinen Freund fragen würde, ob dieser Weg zur Oase führt, welche Antwort würde er mir geben?

Annahme 1: Dieser Weg ist der richtige, dann antwortet der Wahrheitsliebende: »Nein«, denn er gibt an, was der Lügner sagen würde;
der Lügner: »Nein«, denn er lügt ja, sein Freund hätte doch »Ja« gesagt.

Annahme 2: Dieser Weg ist der falsche, dann antwortet der Wahrheitsliebende: »Ja«, weil er die Meinung des Lügners mitteilt;
der Lügner: »Ja«, denn als Lügner gibt er die wahre Meinung seines Freundes falsch wieder.

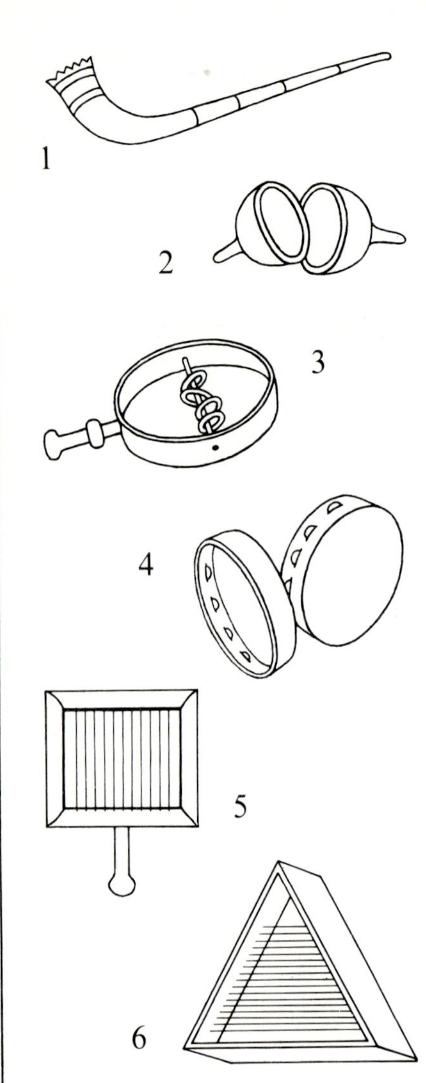

1. Das Horn (»Schofar«)
diente als Signalhorn beim Opfer und beim Sabbatanfang. Sein schriller Ton rüttelte das Volk auf, ließ es an die Posaune des Endgerichts denken.

Für die rhythmische Begleitung:

2. Die Zymbeln
sind kleine abgeplattete oder ausgehöhlte Metallscheiben, ähnlich unseren kleinen Becken.

3. Das Sistrum
ist ein tamburinartiger Reifen, bei dem Ringe, die auf einen Metallstab gezogen sind, beim Schütteln gegen diesen Stab schlagen.

4. Die Handpauken (»Tuppim«)
gleichen etwa den Tamburins.

Für die Begleitung der Psalmen:

5. Die Psalter
waren viereckig und mit zehn Saiten bespannt. Die Saiten wurden angerissen.

6. Die Zither (»Kinnor«)
ist ebenfalls ein Zupfinstrument, aber mit Resonanzboden.

Die Besetzung des Tempelorchesters bestand in biblischer Zeit vermutlich aus 2–12 Holzblasinstrumenten (Flöten, Schalmeien), mindestens 2 Trompeten, einem Paar Zimbeln, mindestens 9 kleinen Saiteninstrumenten (Kinnor, Psalter), 2–6 Harfen.

Die Musik der Juden

Schon zur Zeit König Davids priesen die Juden Gott mit Musik. Vom Dienst der Leviten steht im Alten Testament (2 Chr 5,12.13) geschrieben:
»Die levitischen Sänger in ihrer Gesamtheit ... standen, in feine Leinwand gekleidet, mit Zymbeln, Harfen und Zithern östlich vom Altar und bei ihnen ungefähr hundertzwanzig Priester, die auf den Trompeten bliesen. Wie einstimmig ließen die Bläser und Sänger gemeinsam die Stimme erschallen, um Jahwe zu preisen und zu loben.«

Gott singt

Es heißt im Psalm: »Denn gut ist's singen unserem Gott.«
Rabbi Elimelech deutet es: »Gut ist es, wenn der Mensch bewirkt, daß Gott in ihm singe.«

Martin Buber, Chassidische Erzählung

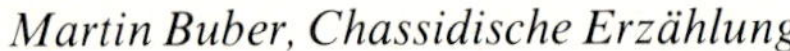

Marc Chagall: Der Betende

Festtage

1. Jeder Sabbat war ein heiliger Tag.

An ihm sollten die Juden ruhen und feiern. Jede Arbeit war daher untersagt, in Notfällen jedoch waren Ausnahmen erlaubt.

2. Die drei großen Wallfahrtsfeste

- **Pascha** war das Fest, an dem das Volk Israel an die Befreiung aus der Knechtschaft Ägyptens dachte. Pascha bedeutet das barmherzige Vorübergehen des Herrn. Die Juden wallfahrteten zum Tempel und schlachteten dort Opfertiere, die sie anschließend aßen. Zu Hause folgten dann die sechs Tage der ungesäuerten Brote.
  Das Fest geht zurück auf ein Frühjahrsfest der Hirten und Nomaden und lebt im christlichen Osterfest weiter.
- Am **Erntedankfest** sollte jeder Israelit einen Teil vom Ertrag seiner Getreideernte im Tempel abliefern. Später wurde das Gedenken an den Bundesschluß zwischen Gott und dem Volk auf dem Berg Sinai mit diesem Festtag verbunden. Die Christen feiern an dem entsprechenden Tag das Pfingstfest.
- Am **Laubhüttenfest** lebten die Juden zur Erinnerung an den Zug durch die Wüste acht Tage lang in Laubhütten, die sie um den Tempel herum errichteten. Das Fest wurde genau sechs Monate nach dem Pascha begangen und war gleichzeitig ein Dankfest für die Wein- und Ölernte. Wasser- und Lichtfeiern in Jerusalem machten es zum fröhlichsten Fest der Juden.

Diese drei Feste werden von gläubigen Juden heute noch gefeiert.

3. Der Versöhnungstag

Der Versöhnungstag, Jom Kippur genannt, war bei den alten Juden ein Sühne- und Bußtag. Im Laufe der Geschichte wurde er das heiligste Fest des Jahres. Die frommen Juden begehen ihn bis heute.
Im Kalender der Juden steht er am 7. Tag im Monat Tischri (10. Monat), das ist im Herbst, Ende September/Anfang Oktober. Ein Bock, dem die Sünden des Volkes auferlegt werden, wird als »Sündenbock« in die Wüste gejagt.

4. Das Chanukka-Fest

Das Chanukka-Fest wird feierlich mit dem Anzünden von Lichtern begangen. Man denkt dabei dankbar an das Wiederentzünden des Leuchters im erneuerten Tempel 165 v. Chr.

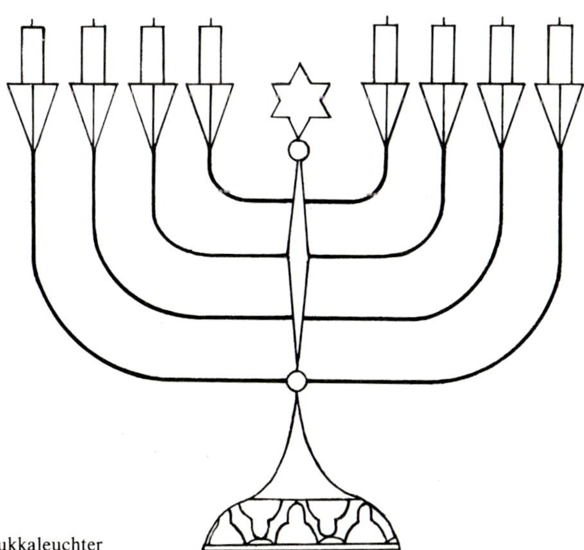

Chanukkaleuchter

Ich bin dein Gott

Den Gottesnamen JAHWE sprachen die Juden nicht aus. Sie umschrieben ihn mit »Herr«. Wie das Wort auf hebräisch heißt, erfährst du, wenn du folgendes tust: Numeriere die Buchstaben des Alphabetes. Du erhältst für jeden Buchstaben einen Zahlenwert (A = 1, B = 2, usw.). Das gesuchte Wort hat 6 Buchstaben. Als Schlüssel zur Lösung dienen diese Angaben zu den Buchstaben 1–6 des Lösungswortes.

1. Buchstabe + 5. Buchstabe:
die Summe ist 2

*

2. Buchstabe + 5. Buchstabe:
die Summe ist 5

*

2. Buchstabe + 6. Buchstabe:
die Summe ist 13

*

3. Buchstabe + 4. Buchstabe:
die Summe ist 29

*

1. Buchstabe + 3. Buchstabe:
die Summe ist 16

Die Christen und die Juden

Wir Christen verdanken den Juden viel. Jesus Christus war Jude. Die Grundlage unseres Glaubens, die Heilige Schrift, ist jüdisches Geistesgut oder aus diesem gewachsen. Paulus war jüdischer Gesetzeslehrer, die Apostel entstammten dem Volk der Juden. So können wir wohl sagen: Wir sind Verwandte der Juden. Aber wir haben uns gelegentlich von der wirren Idee vergiften lassen, daß Juden es waren, die den Erlöser, unseren Herrn Jesus Christus, gekreuzigt haben. So kam es zu Judenhaß und Judenverfolgung durch Christen.

Wir beklagen es heute und bitten um Verzeihung. Wir tragen als deutsche Christen auch schwer an der Untat, die einmalig in der Geschichte dasteht: an der Vernichtung von sechs Millionen Juden durch die deutschen Faschisten. Immerhin waren Menschen eines Volkes daran beteiligt, das Jahrhunderte hindurch christlich geprägt war.

Ist es nicht ein Wunder, daß die Juden diese Schmach zwar nicht vergessen können, aber doch verzeihen?

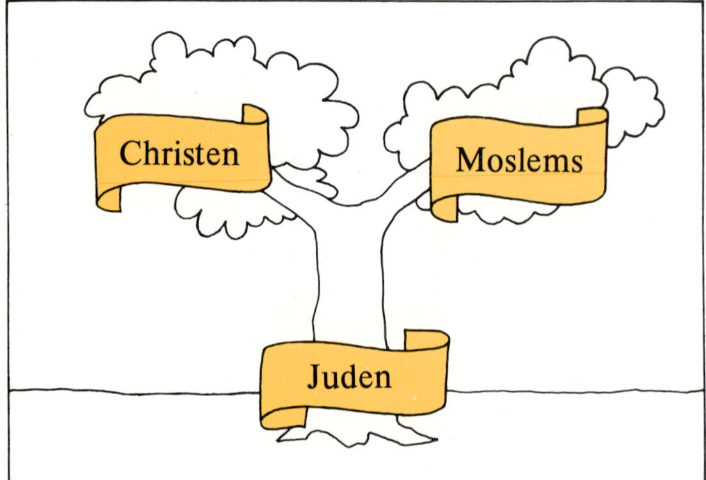
Christen
Moslems
Juden

Christentum und Islam fußen auf dem Judentum.

Aus dem Ghetto von Warschau, in das die Nazis Tausende polnischer Juden gepfercht hatten, um sie dann 1944/1945 vollständig zu vernichten, ist ein Wort überliefert, das von tiefem Glauben zeugt:

»Ich glaube an die Sonne, auch wenn sie nicht scheint.
Ich glaube an die Liebe, auch wenn ich sie nicht spüre.
Ich glaube an Gott, auch wenn ich ihn nicht sehe.«

»Nach Ihnen!«

Als Nuntius von Frankreich traf der spätere Papst Johannes XXIII. einmal mit dem Oberrabbiner von Frankreich vor einem Einmannlift zusammen, den sie beide benutzen wollten. »Nach Ihnen!« sagte höflich der Rabbiner. Und höflich antwortete der Nuntius: »Nein! Bitte, Sie zuerst!« Endlich erklärte der Nuntius nach einer längeren Verlegenheitspause: »Sie fahren unbedingt vor mir, denn erst kommt das Alte und dann das Neue Testament.«

Weise Lehre

Der Talmud ist eine jüdische Lehrschrift, die den Inhalt der Bibel erläutert. Im Talmud sind verschiedene literarische Formen gesammelt, z. B. Sprüche, Anekdoten, Erzählungen und wissenschaftliche Abhandlungen. Grob gesehen, entstand er im Anschluß an die Bibel, also in den ersten Jahrhunderten unserer Zeitrechnung. Abgeschlossen ist er eigentlich noch nicht, obwohl um 500 schon eine gewisse Grundstruktur festlag.

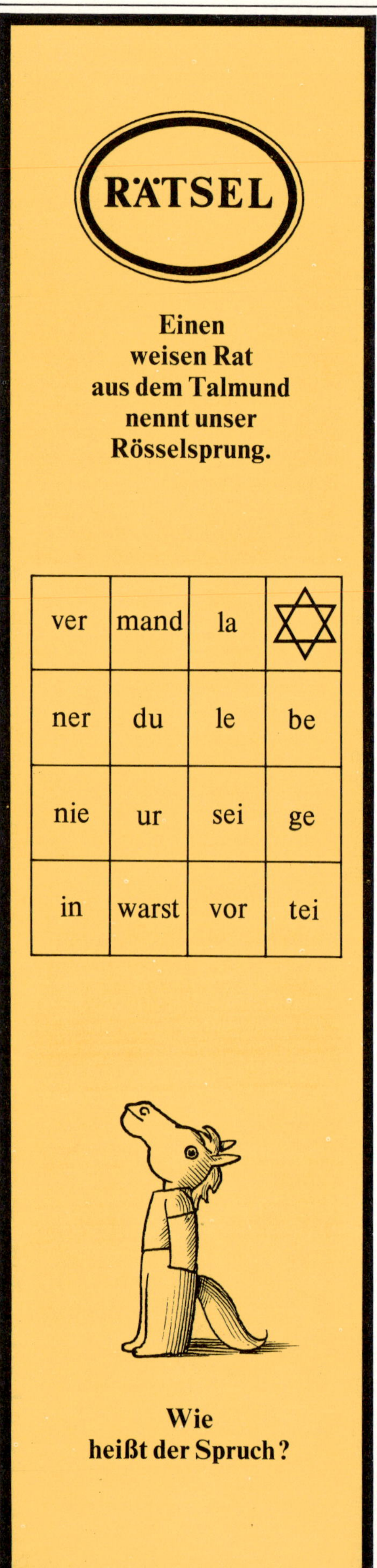
RÄTSEL
Einen weisen Rat aus dem Talmund nennt unser Rösselsprung.
Wie heißt der Spruch?

ver	mand	la	✡
ner	du	le	be
nie	ur	sei	ge
in	warst	vor	tei

Warum gibt es verschiedene Religionen?

Die Kirche antwortet auf dem II. Vatikanischen Konzil:

Die Menschen erwarten von verschiedenen Religionen eine Antwort auf ungelöste Rätsel der menschlichen Situation:

Was ist der Mensch?
Was ist Sinn und Zweck unseres Lebens?
Was ist das Gute; was ist Sünde?
Woher kommt das Leid und welchen Sinn hat es?
Was ist der Weg zum wahren Glück?
Was ist der Tod, das Gericht und die Vergeltung nach dem Tode?
Woher kommen wir und wohin gehen wir?

Von den ältesten Zeiten bis zu unseren Tagen findet sich bei den verschiedenen Völkern eine gewisse Wahrnehmung jener verborgenen Macht, die im Laufe der Dinge und in den Ereignissen des menschlichen Lebens gegenwärtig ist. Diese Erkenntnis durchtränkt ihr Leben mit einem tiefen religiösen Sinn.

II. Vatikanisches Konzil

Naturreligion

Der Mensch einer niederen Kulturstufe ist sehr abhängig von den Naturereignissen. Bald erfährt er sie als hilfreich, bald als tückisch und grausam. Da er die Naturgesetze noch nicht kennt, deutet der Mensch die Naturerscheinungen als Tun von Geistern und Göttern. Durch starre Magie, aber auch durch Gebet und Opfer versucht er, die Götter zu beeinflussen und sich von der Angst vor ihnen zu befreien. Es entstehen Riten und Kult. Blutige Tier- und sogar Menschenopfer sollen die Götter besänftigen, Fruchtbarkeitsriten das Wachstum und die Witterung beeinflussen.
Schon in frühen Zeiten sah der Mensch den Tod nicht als das Ende des Lebens an. Den Verstorbenen wurden Nahrung, Schmuck und Gebrauchsgegenstände mit ins Grab gegeben, damit ihnen in der »anderen« Welt daran nichts fehle.
Wie sich diese Menschen die Entstehung der Erde und der Gestirne dachten, können wir aus ihren Erzählungen, den Mythen, schließen.

Gott Anubis, Ägypten, um 1340 v. Chr.
Fast alle frühen Völker glaubten, daß ein Gott der höchste sei. Die Jäger und Sammler dachten sich höhere Wesen als Herren der Tiere oder sogar in Tiergestalt.

Im Zusammenhang mit dem Fortschreiten der Kultur suchen die Religionen in der Weise des asketischen Lebens oder durch tiefe Betrachtung Befreiung von der Enge und Beschränktheit unserer Situation. II. Vatikanisches Konzil

Existenzreligion

Was existiert, das ist vorhanden. Die Menschen haben es an sich, sehr schnell zu fragen: Warum bin ich vorhanden? Bin ich überhaupt notwendig?
Die Religionswissenschaftler sagen uns, dies sei der Punkt, an dem die zweite wesentliche Stufe der Entwicklung der Religionen ansetzt. Der Mensch hat viel dazugelernt. Inzwischen weiß er, weshalb es regnet oder blitzt und daß die Sonne ein Himmelskörper ist. Er kann Gut und Böse unterscheiden. Er kann die Welt erklären. Aber wozu und für wen ist sie da? Wozu die Sterne und die Menschen? DAS muß doch einen Sinn haben! Sonst könnte es auch nicht-sein. Wo ist der, der es weiß, der es so und nicht anders gemacht hat? Diesen will ich **befragen**! Freilich weiß der Mensch schon längst, daß dieser – den er Gott nennt – den Sinnen verborgen ist. Aber es gibt Spuren von Gott in der Welt und im Menschen selbst. Durch Denken (Philosophie) und Forschen (Wissenschaft) versucht er, Gott näher zu kommen. Wer Gott so befragen will, muß würdig sein für das Gespräch mit ihm (Askese). Er muß innerlich werden und heilig leben.

Die Weisen aus dem Orient, von denen das Neue Testament erzählt, sind Gottsucher: Sie forschen in den Schriften und sind dem Geheimnis Gottes auf der Spur.
Dreikönigsschrein. Kölner Dom, 13. Jh.

Nichts von alledem, was diesen Religionen wahr und heilig ist, wird von der katholischen Kirche verworfen. Überall werden von ihr jene Handlungs- und Lebensweisen, jene Vorschriften und Lehren aufrichtig ernst genommen, die doch nicht selten einen Strahl jener Wahrheit widerspiegeln, die alle Menschen erleuchtet. Unablässig verkündet sie jedoch und muß unablässig verkündigen Christus, der »der Weg, die Wahrheit und das Leben« ist *(Joh 14,6)*. II. Vatikanisches Konzil

Offenbarungsreligion

Gott antwortet dem Menschen und tut ihm kund, was nicht einfach aus den Dingen zu lesen ist. Er offenbart sich. Der Mensch erfährt

- von Gottes eigenem innerem Leben (z. B. Dreifaltigkeit),
- von Gottes Verhältnis zum Menschen (z. B. Hingabe seines Sohnes für die Menschen),
- von Gottes Forderungen an die Menschen (z. B die Zehn Gebote, die Seligpreisungen in der Bergpredigt).

Der Mensch erfährt Gott als einen Gott des Lebens, durch den Bund mit Israel und durch die Auferweckung Jesu. Jesus hat sich als einer ausgewiesen, der von Gott Wichtiges zu sagen hatte: »Mein Vater« konnte er zu Gott sagen, und uns hat er gelehrt »Unser Vater« zu sagen.

Gottes Gnade ändert das Bewußtsein des Menschen und bestimmt sein Handeln. Auf diese Weise offenbart sich Gott und läßt sein Heilshandeln offenbar werden. Und doch gibt Gott auch jedem Menschen die Freiheit, ihn zu lieben oder abzulehnen.

Mose empfängt das Gesetz. Grabstele aus dem 7. Jh. Staatl. Museen zu Berlin, frühchristliche Abteilung

Wer weiß in den Weltreligionen Bescheid?

Unter folgenden 24 Fragen stehen jeweils 6 Begriffe, von denen du die zur Frage passenden heraussuchen sollst. Dann schreibe die fettgedruckten Buchstaben auf. Wenn es die richtigen sind, ergeben sie, hintereinander gelesen, einen Ausspruch von Edith Stein, der bekannten jüdischen Ordensfrau, die 1942 im KZ Auschwitz starb.

1. Welche dieser Städte sind Wallfahrtsorte?
Mekka – Dresden – Lourdes – Jerusalem – Genf – Benares

2. Welche von den folgenden Wörtern gehören zu indischen Religionen?
Allah – Kaste – Nirwana – Karma – Ganges – Medina

3. Welche sind jüdische Musikinstrumente?
Sistrum – Cello – Schofar – Handpauke – Psalter – Zither

4. Findest du die katholischen Heiligen heraus?
Agnes – Gandhi – Elisabeth – Katharina – Franz – Buddha

5. Kennst du die christlichen Feiertage?
Montag – Ostern – Pfingsten – Versöhnungsfest – Sonntag – Himmelfahrt

6. Welche sind jüdische Feiertage?
Pascha – Laubhüttenfest – Versöhnungsfest – Aschermittwoch – Sabbat – Allerheiligen

7. Welche Begriffe gehören zum Islam?
Benares – Medresse – Mirab – Minarett – maurische Kunst – Moschee

8. Welche von diesen Wörtern gehören zum Lamaismus?
Mose – Koran – Tibet – Dalai-Lama – Afrika – Gebetsmühle

9. Welche Religion lehrt den Glauben an die Seelenwanderung?
Judentum – indische Religionen – Christentum – Schintoismus – Islam – polynesische Religionen

10. Welche sind Opfertiere der Juden?
Hase – Lamm – Schwein – Taube – Kamel – Igel

11. Welche sind Namen von Gottheiten?
Vishnu – Mohammed – Brahma – Jahwe – Buddha – Derwisch

12. Welche von folgenden Büchern gelten als heilig?
Dantes »Göttliche Komödie« – Koran – Goethes »Faust« – Veda – Bibel – Duden

13. In welcher Religion bedeutet »Karma«: Schicksal?
Judentum – indische Religionen – Christentum – Islam – polynesische Religionen – Schintoismus

14. Welche von folgenden Begriffen bezeichnen Mönche?
Derwische – Lamas – Parias – Dominikaner – Hebräer – Kalifen

15. Was war Buddha?
Professor – Religionsstifter – Prinz – Schmied – Krieger – Ritter

16. Was war Mohammed?
Religionsstifter – Hirt – Kaufmann – Prophet – Fischer – Gottheit

17. Welche von diesen Begriffen sind einem Moslem vertraut?
Seelenwanderung – Sure – Witwenverbrennung – Veda – Shiva – Kismet

18. Welche Religionen sprechen vom Reich Gottes?
Polynesische Religionen – Judentum – Schintoismus – Brahmanismus – Christentum – Islam

19. Bei welchen Religionsgemeinschaften gibt es Wallfahrten?
Indische Religionen – katholische Kirche – evangelische Kirche – Judentum – Islam – Adventisten

20. Welche Religion hat ihren Usprung in Japan?
Hinduismus – Lamaismus – Schintoismus – Judentum – Islam – Christentum

21. In welcher Religion wird Abraham verehrt?
Islam – polynesische Religionen – Christentum – Judentum – Brahmanismus – Buddhismus

22. Welche Begriffe gehören zu den polynesischen Naturreligionen?
Ka-aba – Tabu – Mose – Petersdom – Beichtstuhl – Tätowierung

23. Kennst du das Symbol für den Heiligen Geist?
Taube – Fisch – Tabernakel – Christrose – Bileams Esel – Goldnes Kalb

24. Welche Blume gilt den Indern als heilig?
Tulpe – Lotosblume – Golddistel – Seerose – Agave – Königin der Nacht

Chassidismus
von hebr. chassidim (= die Frommen); Lehre einer ostjüdischen Sekte, die aktives Tun und Verantwortung des einzelnen im Religiösen betont. Begründer Baalschem Tob (1699–1760 in der Ukraine)

Fatum
bedeutet in der antiken Mythologie das von den Göttern bestimmte unabwendbare Schicksal.

Hebräer
→ Israel, → Juden.

Hindu
Anhänger des Hinduismus. Siehe S. 113.

Indogermanen
(besser: Indoeuropäer) ist die Bezeichnung für die zwischen Indien und Westeuropa seit etwa 200 v. Chr. lebende Völkergruppe, die einer gemeinsamen Sprachfamilie angehört. Zu dieser Familie gehören u.a. folgende Sprachen: das Indische mit dem Sanskrit; die Sprachen der Balkanhalbinsel; die germanischen, romanischen und slawischen Sprachen. Nicht indogermanische Sprachen in diesem Gebiet sind: Finnisch, Ungarisch, Türkisch, Hebräisch und Arabisch.

Israel
1400 v. Chr. wanderten hebräische Hirtenstämme in Palästina ein und unterwarfen die dort lebenden Kanaaniter und eroberten Jerusalem (König David). Im 10. Jahrhundert v. Chr. Teilung in das Nordreich (Israel) und in das Südreich (Juda). Das Nordreich wird 722 durch die Assyrer vernichtet; das Südreich zerschlagen 586 die Babylonier (Nebukadnezzar). Die jüdische Oberschicht wird nach Babylonien verschleppt und kehrt 539 teilweise zurück. Israel ist in der Folgezeit unter persischer, syrischer und zuletzt römischer Herrschaft. Heftige Aufstände gegen die römischen Besatzer enden 70 n. Chr. mit der Zerstörung Jerusalems und des Tempels durch die Römer. Endgültige Unterwerfung 132–135 n. Chr.

Juden
Nach der Zerstörung Jerusalems und des Tempels im Jahre 70 verließen die Juden zum größten Teil ihr Land Palästina und verstreuten sich über die damals bekannte Welt. Immer wieder werden sie ihres Glaubens oder ihrer Herkunft wegen unterdrückt und verfolgt. Erste Verfolgung in Deutschland um 1000; Isolierung in geschlossenen Stadtvierteln (Ghettos) seit dem 13. Jahrhundert.
Auf die unmenschlichste Weise wurden die Juden von den deutschen Faschisten verfolgt, sowohl in Deutschland als auch in den durch diese besetzten Gebieten. In besonderen Vernichtungslagern (z. B. Auschwitz) wurden 6 Millionen Männer, Frauen und Kinder ermordet. Heute leben etwa 12 Millionen Juden in der Welt, davon allein 5 Millionen in den USA. Im heutigen Staat Israel leben etwa 4 Millionen Juden (Israelis).

Kalif
arab. (= Nachfolger, Stellvertreter); Titel eines Herrschers im Islam. Der Kalif ist rechtmäßiger Nachfolger Mohammeds. Er hat weltliche und geistliche Obergewalt.

Karma
bedeutet im Sanskrit: »die Tat«; in der indischen Religion ist es ein Schlüsselwort. Der Mensch kann durch seine »Taten« sein Schicksal bestimmen. Davon hängt z. B. ab, in welcher Gestalt er in einem späteren Leben (Seelenwanderung) wiedergeboren wird.

Moslem
auch Muslim (= arab.: sich Gott hingeben); Anhänger des Islam.

Nomade

Anhänger eines Hirtenvolkes, das innerhalb eines genau begrenzten Gebietes umherzieht, die Weidegründe und damit den Wohnsitz wechselnd.

Rabbiner

von aramäisch rabbi (= mein Herr); Rabbi war in biblischer Zeit die gebräuchliche Anrede des Schriftgelehrten. Später wird von »rabbi« die Form Rabbiner abgeleitet, die den Geistlichen in der jüdischen Gemeinde bezeichnet.

Ramadan

Der Fastenmonat der Moslems, der jeweils in den 9. Monat des islamischen Mondkalenders fällt. Der Mondkalender der Araber hat zwölf Monate von abwechselnd 30 und 29 Tagen, hat also nur 354 Tage. Von unserem Sonnenkalender aus gesehen beginnt das arabische Mondjahr jeweils 10 Tage früher als im vergangenen Jahr. Im Ramadan enthält sich der Moslem tagsüber von Speisen und Genüssen. In der Nacht ist alles erlaubt, was nicht Sünde ist.

Religion

bezeichnet allgemein das Verhältnis des Menschen zu Gott beziehungsweise zur Gottheit. Der Mensch hat Religion, wenn er Verehrung und Anbetung zum Ausdruck bringt. Der Mensch findet Religion vor: in Handlungen (Waschungen, Opfer, Opfermahl), im Wort (Segnungen). Religion ist auch Antwort des Menschen auf das Erscheinen des Göttlichen. Kurz kann man sagen: Religion ist **Hingabe** an Gott, dem alle Heiligkeit gehört, und damit **Teilhabe** an Gottes Heiligkeit.

Rigveda

→ Veda

Sanskrit

altindische Sprache; im 4. und 5. Jahrhundert v. Chr. zur Kunst- und Gelehrtensprache geformt, die als solche bis heute lebendig ist.

Seelenwanderung

Nach antiken und indischen Vorstellungen ist gemeint ein Wiedereingehen der Seele in andere, höhere (z. B. Priesterkaste) oder niedere (z. B. Tier) Körper. In höhere Körper wandert die Seele, wenn der Mensch durch Karma (»Taten«) geläutert wurde. In niedere Körper geht die Seele ein als Folge von Schuld und Versagen.

Talmud

von hebr. limmed (= lehren), bedeutet Lehre, Gelehrsamkeit; er ist ein Lebensbuch, dem das Judentum sein Überdauern verdankt. Er regelt das kultische und rechtliche Leben der Juden. Talmud ist die Sammlung der Gesetze und der gesamten religiösen Überlieferung nachbiblischen Judentums.

Veda

(auch Weda geschrieben): Sammlung der ältesten religiösen Schriften Indiens. Der Veda ist Grundlage der ältesten indischen Religionen, einer Naturreligion (Hauptgott Indra) mit Opferkult und Zauberglaube. Zum Veda zählen die Sammlungen: Rigveda (Götterhymnen), der Samaveda (Opfergesänge), Artharwa-Veda (Zauberformeln) und andere.

Völkerwanderung

ist die Bezeichnung für die in der Geschichte erfolgten großen Wanderbewegungen von Völkern, Stämmen und Stammesgruppen:
um 3000 v. Chr. vorwiegend in Asien;
2.–5. Jahrhundert n. Chr.: Wanderungen der Hunnen, Goten, Wandalen, Germanen;
7. Jahrhundert: arabische Völkerwanderung; der Islam dringt sowohl nach Osten als auch nach Westen vor;
8.–10. Jahrhundert: die Wikinger dringen von Skandinavien nach England, Frankreich vor und verheeren die Rheingebiete; sie gelangen bis nach Rußland und zum Mittelmeer, um 1000 erreichen sie Nordamerika;
etwa zur gleichen Zeit nehmen die Ungarn (Madyaren, ein Reitervolk) die Donau-Theiß-Ebene ein. – Seit dem 8. Jahrhundert dringen die Mongolen nach dem Westen vor.
Die letzte Welle nomadischer Ausbreitung erreichte mit den Tataren unter Tschingis Chan im 13. Jahrhundert und unter Timur im 14. Jahrhundert erneute Höhepunkte.

Wagnis und Vollendung

Die Kirche und ihre Heiligen

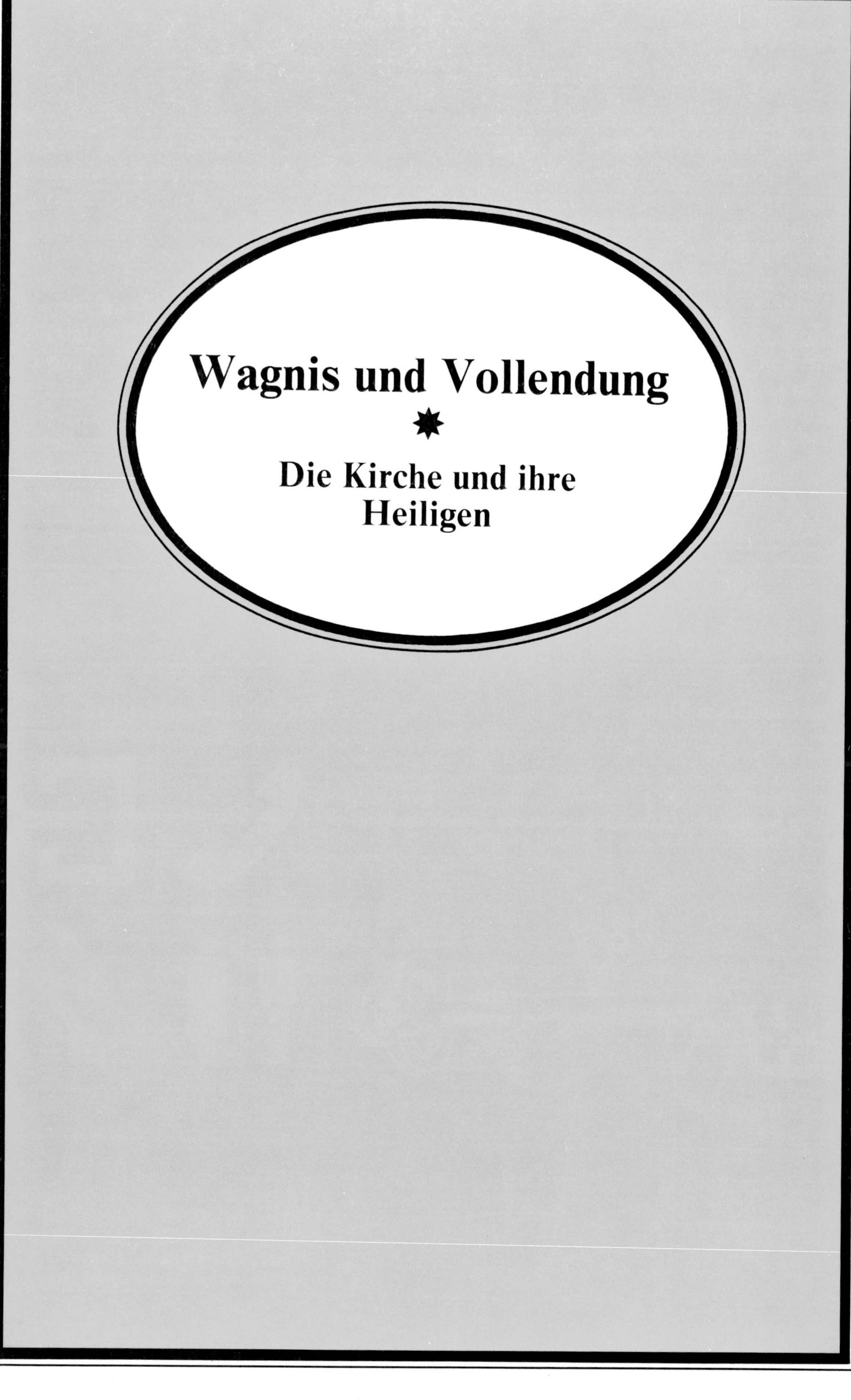

Wagnis und Vollendung

✵

Die Kirche und ihre Heiligen

Menschen wie wir

Eine Legende um den hl. Petrus

Als der berüchtigte Nero Kaiser des Römerreiches geworden war, ließ er in der Stadt Rom und im ganzen Reiche die Christen verfolgen. Viele von ihnen wurden im Zirkus wilden Tieren vorgeworfen oder zum Schauspiel für das Volk öffentlich gekreuzigt. Der heilige Apostel Petrus, der in Rom lebte und hier die Zügel der jungen Kirche in der Hand hielt, war in großer Gefahr. Die Häscher des Kaisers suchten ihn bereits. »Wer soll die Kirche führen, wenn ich sterbe? Wie soll die Gemeinde zusammenhalten, wenn sie keinen Leiter mehr hat?« Unter solchen Gedanken schlich sich Petrus auf Umwegen aus der Stadt. Und er war auch glücklich vor den Mauern Roms auf der Straße angelangt, als er sah, wie ihm jemand entgegenkam, der ein großes Kreuz trug. Schon wollte sich Petrus verstecken, da sah er: Das ist ja der Herr selber! Petrus fragte ihn: »Wohin gehst du, Herr?« – »Ich will nach Rom gehen.« – »Was willst du in Rom, Herr?« fragte Petrus. – »Ich will mich noch einmal ans Kreuz schlagen lassen, Petrus, weil du fliehst.«
Da erkannte Petrus, was Christus von ihm wollte. So kehrte er um. Er wurde auch gleich in Rom ergriffen und zum Kreuzestod verurteilt. Aber er wollte nicht wie sein Herr und Meister aufrecht am Kreuze sterben. So bat er, mit dem Kopf nach unten gekreuzigt zu werden.

Die Zeichen der Heiligen

Kennst du diesen Mann?

Woran hast du ihn erkannt? An dem Gegenstand, der ihm beigegeben ist. Diese Beigabe nennt man auch Attribut. Das Attribut sagt uns, wer dargestellt ist. Als die heilige Messe nur in lateinischer Sprache gefeiert wurde und die meisten Menschen weder lesen noch schreiben konnten, sollten die Bildwerke in den Kirchen die Menschen belehren. Bilder kann jeder lesen, auch ein Kind.

Zeichen als Kennzeichen

Eine Bilderschrift, die jeder versteht

Jesus sprach zu Petrus: »Dir will ich die Schlüssel des Himmelreiches geben. Alles, was du auf Erden binden wirst, wird auch im Himmel gebunden sein. Alles, was du auf Erden lösen wirst, wird auch im Himmel gelöst sein«. *(Mt 16,19)*

Wer ist wer?

Ordne die Namen richtig zu.

Andreas, Agnes, Martin, Nikolaus, Barbara, Katharina, Laurentius, Petrus.

Kleines Lexikon der Bildersprache

Die Heiligen und ihre Attribute

1. Allgemeine Attribute

a) für eine christliche Qualität

z. B. Evangelist	Buch
Märtyrer	Palme, Marterwerkzeuge
Stifter	Kirchenmodell, Klostermodell

b) für einen Stand:

z. B. Bischof, Abt	Mitra, Hirtenstab
König, Fürst	Krone, Zepter

2. Besondere Attribute

a) für Ereignisse in Leben oder Legende

z. B. Fisch und Schlüssel bei Bischof Benno von Meißen

b) für das Patronat

z. B. Wasserkübel beim hl. Florian

c) für eine Tugend

z. B. Lilie beim hl. Josef

Abtstab	Benedikt Bernhard v. Clairvaux Scholastika
Adler	Evangelist Johannes
Baum	Sebastian Bonifatius
Beil, Axt	Josef Bonifatius Matthias Wolfgang Judas Thaddäus Simon Zelotes
Bettler	Martin Elisabeth
Biene	Ambrosius
Bienenkorb	Johannes Chrysostomus Bernhard v. Clairvaux
Brennendes Haus	Florian
Brot	Nikolaus Elisabeth
Buch	Paulus Bonifatius
Drache	Margarete Michael Georg
Engel	Matthäus
Fahne	Ursula Mauritius
Fisch	Antonius v. Padua Benno v. Meißen Petrus
Geldbeutel	Judas Iskariot
Goldkugeln	Nikolaus
Giftbecher	Benedikt
Hahn	Petrus Veit
Herz	Augustinus Ignatius v. Loyola Franz Xaver Margarete Maria Alacoque
Hirsch	Hubertus Ida
Kelch	Barbara Benedikt Norbert Bernhard Thomas v. Aquin
Keule	Jakobus d. Jüngere

Kind	Ambrosius Augustinus Christophorus Dorothea
Kirchenmodell	Heinrich II. und Kunigunde Elisabeth Hedwig
Körbchen	Dorothea
Kreuz	Petrus Andreas Philippus Helena Konstantin Franz Xaver Johannes Nepomuk
Lamm	Johannes d. Täufer Agnes Patrick
Lanze	Thomas (Apostel) Adalbert v. Prag
Lilie	Josef Franz Xaver Katharina v. Siena Aloysius Antonius v. Padua Hermann Joseph
Löwe	Hieronymus Markus
Messer	Bartholomäus
Mitra, zu Füßen	Bernhard v. Clairvaux Albertus Magnus
Mohr (Neger)	Mauritius
Monstranz	Norbert Thomas v. Aquin Klara
Muschel	Jakobus d. Ältere
Namen Jesu (IHS)	Ignatius v. Loyola
Orgel	Cäcilia
Pfeil	Sebastian Ursula
Pferd	Georg Martin
Pilgerhut	Jakobus d. Ältere
Rad	Katharina Georg
Rose	Elisabeth Dorothea
Rost	Laurentius
Säge	Josef Simon Zelotes
Salbbüchse	Maria Magdalena
Schiff	Nikolaus Ursula
Schlüssel	Petrus Benno v. Meißen Marta
Schüssel mit Kopf	Johannes d. Täufer
Schwein	Antonius
Schwert	Paulus Matthias Judas Thaddäus Simon Zelotes Katharina Martin Thomas Becket
Sonne auf der Brust	Thomas v. Aquin
Steine	Stephanus Thomas Matthias
Stern	Thomas v. Aquin Dominikus (an der Stirn)
Sternkranz	Johannes Nepomuk
Stier	Lukas
Taube	Gregor d. Große
Totenkopf	Einsiedler Albert Magnus
Turm	Barbara
Waage	Erzengel Michael
Wasserkübel	Florian
Winkelmaß	Thomas (Apostel)
Wundmale	Franz v. Assisi Katharina v. Siena
Zunge	Johannes Nepomuk

Der Heiligenschein

Lorbeer vertreibt Läuse

Lorbeer als Gewürz kennt jeder. Uralt ist seine Verwendung beim Räuchern und beim Opfer. Verbrannter Lorbeer entwickelt einen scharfen, aber angenehmen Geruch. Lorbeer reinigt von Blutschuld, meinten die alten Griechen. Die römischen Soldaten benutzten Lorbeer als Läusebekämpfungsmittel. Sie wanden sich Zweige um das Haar. Ob daraus dann das Siegeszeichen wurde? Tatsache ist jedenfalls auch, daß zur gleichen Zeit Lorbeer als Zeichen der Macht, des Sieges und des Friedens verwendet wurde. Der siegreiche Feldherr wurde mit Lorbeer bekränzt. Der Sieger im Wettkampf bekam keine Urkunde, sondern Lorbeer. Bis heute ist der Lorbeerkranz ein Siegeszeichen und der Lorbeerzweig ein Friedenssymbol.

Cäsar, der »Sonnensohn«

Licht vom Licht

Ein anderes Siegeszeichen und viel älter als der Lorbeerkranz ist das Licht. Herrlich und unübertroffen ist das Licht der Sonne. Herrscher werden mit der Sonne verglichen und mit einem Lichtkranz abgebildet. Sowohl im Buddhismus wie auch bei den Ägyptern gibt es Vorbilder dafür. Bei den Römern galt der Kaiser als Gottheit. Ein Lichtkranz um das Haupt oder um den ganzen Körper zeigt göttliche Hoheit an. Die Rekonstruktion einer über 30 m hohen Statue des römischen Kaisers Cäsar, die vor dem Kolosseum in Rom gestanden haben soll, zeigt das im Bild. Höchste Gottheit ist die Sonne, der Sonnensohn Cäsar spiegelt ihr Licht wider.
Die christliche Kunst stellt seit dem 4. Jahrhundert den Auferstandenen in einem Strahlenkranz dar. Im Lichte Gottes schauen wir den lebendigen Christus.
Gottes Heiligkeit offenbart sich in Jesus Christus, seinem Sohn. Das will die Kunst deutlich machen. Sie umkleidet den erhöhten Christus mit Licht. Den mandelförmigen Strahlenkranz nennt man **Mandorla** oder auch **Aureole** (von lat. aura = Morgenröte).
Auch Maria, die Mutter des Herrn, wird seit alter Zeit in einer Mandorla abgebildet.
Menschen, die die Güte Gottes sichtbar gemacht haben, werden mit einem Lichtschein um den Kopf dargestellt. Wir nennen ihn Heiligenschein oder **Nimbus**. Das Wort Nimbus ist aus dem Lateinischen und bedeutet Wolke. Bei Jesus Christus finden wir oft das Kreuz im Heiligenschein.

Der Auferstandene in einer Mandorla

Maria im Strahlenkranz

Gottvater mit dreieckigem Nimbus

Auflösung von S. 135 (Ich bin dein Gott):

1. und 5. Buchstabe sind A (= 1), 2. Buchstabe ist D (= 4), 3. Buchstabe ist O (= 15), 4. Buchstabe ist N (= 14), 6. Buchstabe ist I (= 9). ADONAI.

Auflösung von S. 136 (Weiser Rat):

Der Spruch aus dem Talmud lautet richtig:
VERURTEILE NIEMAND, BEVOR DU IN SEINER LAGE WARST.

Auflösung von S. 139 (Wer weiß in den Weltreligionen Bescheid?):

1. Mekka – Lourdes – Jerusalem – Benares, 2. Kaste – Nirwana – Karma – Ganges, 3. Sistrum – Schofar – Handpauke – Psalter – Zither, 4. Agnes – Elisabeth – Katharina – Franz, 5. Ostern – Pfingsten – Sonntag – Himmelfahrt, 6. Pascha – Laubhüttenfest – Versöhnungsfest – Sabbat, 7. Medresse – Mirab – Minarett – Maurische Kunst – Moschee, 8. Tibet – Dalai-Lama – Gebetsmühle, 9. Indische Religionen, 10. Lamm – Taube, 11. Vishnu – Brahma – Jahwe, 12. Koran – Veda – Bibel, 13. Indische Religionen, 14. Derwische – Lamas – Dominikaner, 15. Religionsstifter – Prinz, 16. Religionsstifter – Kaufmann – Prophet, 17. Sure – Kismet, 18. Judentum – Christentum, 19. Indische Religionen – katholische Kirche – Judentum – Islam, 20. Schintoismus, 21. Islam – Christentum – Judentum, 22. Tabu – Tätowierung, 23. Taube, 24. Lotosblume

ALLES, WAS SONST GETRENNT AUFTRITT, IST IM GLAUBEN VERSCHMOLZEN:
ERKENNTNIS, LIEBE, TAT.

Heilig sein, was heißt das?

In den germanischen Sprachen gibt es das Adjektiv »heil«. Es bedeutet »gesund, unversehrt, vollständig«. Das entsprechende Verb »heilen« bedeutet: »gesund machen« oder »gesund werden«.

Das Wort »heilig« bedeutet ursprünglich: »Gott eigen«. Heilig ist, was Gott als Eigentum gehört. Im Lateinischen heißt das »sanctus«. Heilig in seiner göttlichen Vollkommenheit ist Gott allein. Die »Heiligkeit« eines Menschen ist nur Abglanz der göttlichen Heiligkeit. Nur als Nachahmer Christi kann ein Mensch ein »Heiliger« genannt werden.

Der Apostel Paulus verwendet die Bezeichnung »Heilige« für die Glieder der christlichen Gemeinden. So schreibt er am Schluß seines Briefes an die Römer (16,15): »... grüßt Philologus und Julia ... und alle Heiligen, die bei ihnen sind ...« Im übrigen läßt Paulus in seinen Briefen keinen Zweifel daran, daß die Heiligung ständig neu zu vollziehen ist. Männer und Frauen haben zu allen Zeiten unter verschiedenen Bedingungen versucht, dies zu tun und Jesus nachzufolgen. Sie haben seine Botschaft für ihre Zeit neu entdeckt und oft gegen den Widerstand ihrer Mitmenschen vorgelebt. Die Namen vieler sind in der Vergangenheit versunken. Einige aber aus jeder Zeit hat die Kirche uns als nachahmenswerte Beispiele hingestellt, und heiliggesprochen (kanonisiert). Von ihnen handelt dieses Kapitel.

Im Glaubensbekenntnis spricht die Kirche von der Gemeinschaft der Heiligen. Sie meint damit alle Lebenden und Verstorbenen, die durch die Taufe in den Leib Christi eingegliedert wurden. Aller dieser gedenkt die Kirche am Fest Allerheiligen.

Heiligkeit muß stets neu erfunden werden, und zwar von allen Christen.

Karl Rahner

Heilig werden ist unbequem

Der hl. Norbert von Xanten

Norbert kam 1126 als armer Ordensmann nach Magdeburg. Barfuß soll er in die Stadt eingezogen sein, und er war doch ein Bischof, der Kirchenfürst und Reichsfürst zugleich war. Das Bistum Magdeburg war erst kurz vor der Jahrtausendwende gegründet worden. Wenn die Kirche nun einem armen Mönch die Mitra aufsetzte, hatte das doch sicher etwas zu bedeuten! Norbert wollte die Kirche erneuern. Das war damals genauso notwendig wie heute. Er wollte, daß die Kirche arm und einfach die Botschaft von Jesus Christus verkündet. Darum wohnte er nicht im Bischofspalast, sondern im Kloster Unserer Lieben Frau zusammen mit seinen Mitbrüdern, die ihm aus Frankreich gefolgt waren. Dort hatten sie schon in einem Kloster bei dem Ort Prémontré gelebt. Deshalb nennen sich die Ordensmänner des hl. Norbert Prämonstratenser.

Norbert und seine Mönche lebten ganz einfach. So wie es in der Heiligen Schrift von Jesus und seinen Jüngern berichtet wird. Das verstanden viele Leute nicht. Sie dachten, nun müßten sie alle barfuß gehn und arm werden. Da rotteten sie sich gegen Norbert zusammen. Er konnte gerade noch in das Kloster Neuwerk in Halle fliehen. Aber er blieb nicht lange fort. Sehr bald sahen die Magdeburger ihren Irrtum ein und holten Norbert wieder heim. Sie liebten ihn von jetzt an und wußten: Das ist ein Gottesmann.

Norbert starb am 6. Juni 1134 in Magdeburg. Sein Grab befindet sich aber seit 1627 in Prag, im Kloster Strahov. Daher wird er auch als Landespatron von Böhmen verehrt.

Kloster Strahov in Prag. Nach der Reformation erbaten sich die katholischen Böhmen den Leib des heiligen Norbert. 1627 wurde er feierlich von Magdeburg nach Prag gebracht und im Kloster Strahov beigesetzt.

Kloster Unsrer Lieben Frau in Magdeburg
Das Kloster ist eine Gründung des hl. Norbert. Hier fand er nach seinem Tod am 6. Juni 1134 seine Ruhestätte.

Die Heiligen sind die Antwort Gottes auf die Fragen der Zeit

Beispiele aus der Geschichte der Kirche

Zeit	Situation	Heiligentyp	Heilige
bis 300	Christenverfolgung	Märtyrer	Apostel Laurentius Polykarp Felizitas
bis 600	Irrlehren	Kirchenlehrer	Ambrosius Hieronymus Augustinus
bis 800	Aufbruch zu den Heiden	Missionare	Bonifatius Lioba Sturmius Kilian
bis 1200	Macht der Kirche	Bettler	Franziskus Dominikus Elisabeth
bis 1700	Renaissance Reformation	Mystiker Seelsorger	Große Theresia Philipp Neri Ignatius Vinzenz von Paul
bis 1900	Rationalismus	»Kleine« Heilige	Therese v. Lisieux Pius X.
bis 1945	Macht des Staates	Bekenner	Bernhard Lichtenberg Edith Stein Maksymilian Kolbe 4000 Priester, in KZs umgekommen

Jede Zeit hat alle Heiligentypen, die diese Übersicht aufführt. Dennoch sind einige beispielhaft für die Antwort, die Gott durch Menschen auf Fragen der Zeit gegeben hat.

Auf die Probe gestellt

Wie heißen die Heiligen, deren Beigaben hier abgebildet sind? Einige solltest du jetzt schon kennen. Schreibe die gesuchten Namen auf! Unterstreiche dann in jedem Namen den Buchstaben, den die Ziffer angibt. Hintereinander gelesen, ergeben die unterstrichenen Buchstaben ein Fremdwort. Es wird unter »Schlag nach!« auf S. 175 erklärt.

Ein Stotterer schreibt Gedichte

von Notker dem Stammler (840–912)

Ein Wagen quält sich auf buckligen Straßen bergan. »Zum Kloster Sankt Gallen?« – »Immer geradeaus.« Der Herr von Thurgau sitzt steif im Wagen. Der Junge daneben hockt, viel zu still für seine sechs Jahre, in einer Ecke. ›Laß ihn nur weinen‹, denkt der Vater. ›Er muß von Hause weg, der Junge. Da wird er lernen, was ich nicht kann: lesen und schreiben. Das ist schon gut so.‹

»Dort ist das Kloster«, sagt der Vater. »Die Söhne des heiligen Benedikt bauen sich ihre Kirchen und Häuser selber. Sie kennen sich aus in Handwerk und Kunst. Schau ihnen auf die Hände!« Der Junge schluckt und kämpft. Er will nicht weinen, er beißt sich auf die Lippen. Aber es bricht aus ihm heraus. »Vater, kehr um, bi-bitte!« Der große Mann sieht nur den kleinen sich quälenden Mund. »Sie werden mi-mich verlachen.« Er legt die breite Hand auf den Kopf seines Jungen. Was soll er sagen? Er hat nicht gelernt, die Tränen der Kinder zu trocknen. So läßt er die Hand, wo sie liegt, und schweigt. Dann hält der Wagen an. Der Junge erlebt wie im Traum, daß ihm aus dem Wagen geholfen wird. Die weißen Gewänder der Mönche umflattern ihn wie Wolkenfetzen. Ganz weit oben hört er den Vater sprechen. Und durch die Tränen hindurch sieht er den Wagen des Vaters am Horizont verschwinden. So viele sind um ihn; sie nehmen sein Bündel, sie fassen seine Hand, und er geht leise mit. Sie bringen ihn aufs Lager. Dann gehen sie an die Arbeit zurück. Nur einer bleibt bei ihm, einer, der diese Stunde selbst durchlitten haben muß. Er legt dem Jungen feuchte Tücher auf die Stirn und die Hand auf den schreienden Mund, bis er schläft, der Kleine ...

20 Jahre später. Es ist um das Jahr 870. Der »Kleine« ist an Leib und Seele ein Mann geworden. Er blieb im Kloster, der Stammler, wie sie ihn liebevoll nennen. Notker der Stammler betreut die große Bibliothek; er liebt die Bücher, weil sie ihm so vieles zu sagen haben. Notker ist Lehrer in der Klosterschule; er liebt seine Schüler, und seine Schüler verehren ihn. Aber Notker schreibt lieber, als daß er spricht. Er schreibt Gedichte und Lieder mit mächtiger Sprache zum Ruhme Gottes und seiner Werke.

Heilige als Erfinder

Welche hohe Bedeutung der hl. Benedikt mit der Gründung seines Ordens für die Kultur Europas hat, werden wir noch sehen. Eigentlich sind sie alle »Erfinder«, sie haben Neues angestoßen, freilich meist im geistigen oder geistlichen Bereich.

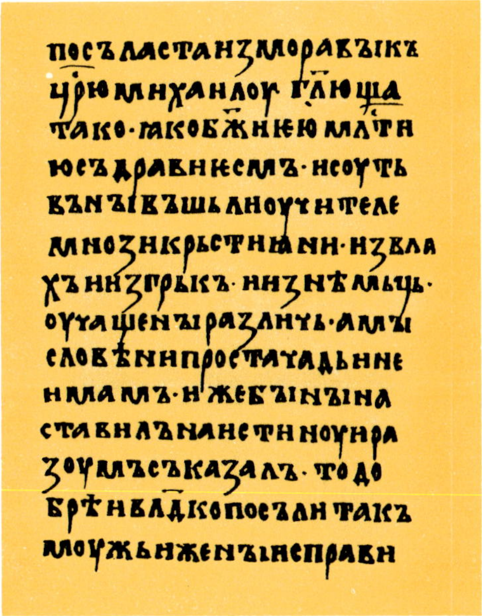

Kyrillische Schrift aus einer Vita des hl. Method, 12. Jh.

Einige Beispiele

Die Missionare **Kyrill und Method** (9. Jh.) schaffen die zum Teil auf griechischen Buchstaben fußende kyrillische Schrift (= Buchstaben der russischen, bulgarischen und serbischen Sprache).

*

Dem hl. **Franziskus** (1181–1226) verdanken wir die Weihnachtskrippe und den Kreuzweg.

*

Hildegard von Bingen (1098–1179), Äbtissin, verfaßt Schriften zur Heilkunde und Naturgeschichte in deutscher Sprache.

*

Thomas von Aquin († 1274) verbindet christliche Theologie mit griechischer Philosophie und bereichert damit das abendländische Geistesleben bis heute.

*

Johann Baptist de la Salle (1651–1719) gründet den Orden der Schulbrüder und ist ein Bahnbrecher der modernen Pädagogik.

*

Johannes Bosco (1815–1888) führt neue Methoden der Jugenderziehung ein.

*

Dabei dürfen wir nicht übersehen, daß noch viele andere Große der Kirche unvergängliche Werte geschaffen haben, ob sie nun Heilige sind oder nicht. Und wir sollten auch die großen Anreger und Brückenbauer unserer Tage nicht vergessen, wie Johannes XXIII. oder Mutter Teresa oder auch Pater Maksymilian Kolbe, der 1982 heiliggesprochen worden ist.

Der »liebe heilge Niklas«

Historisch gesichert ist, daß Nikolaus von Myra im 4. Jahrhundert gelebt hat und Bischof von Myra in Kleinasien gewesen ist. Er starb um 350, am 6. Dezember. Was die Legende von ihm berichtet, ist so reich, daß Nikolaus in der Ostkirche und seit dem 10. Jahrhundert auch in der Westkirche (Abendland) große Verehrung genoß. Welche Berufe und Stände sich unter seinen Schutz stellten (man nennt das Patronat), ist erstaunlich.

Nikolaikirchen an alten Handelsstraßen

Der Name Klaus oder Nikolaus ist einer der häufigsten Taufnamen in ganz Europa. An allen wichtigen Handelsstraßen und Schiffswegen finden wir bis heute Kirchen mit seinem Namen. Übrigens: der hl. Nikolaus ist auch der erste Brückenpatron, lange vor St. Johann Nepomuk.

Macht euch einmal die Mühe und zählt alle Nikolaikirchen in eurer Umgebung zusammen. Ihr werdet staunen!

Es gibt zwei Arten von Christen: den Nachfolger Christi und dann die billigere Ausgabe davon – den Bewunderer Christi.

Sören Kierkegaard (1813–1855)

Nikolaus
einer der 14 Nothelfer

Schutzpatron der
Studenten,
Wanderer,
Seeleute,
Kaufleute,
Bäcker,
Bierbrauer,
Leineweber, Tuchmacher,
Schreiber, Advokaten,
Gefangenen,
Apotheker,
der stillenden Mütter –
und sogar der Räuber,
Diebe und Landstreicher.

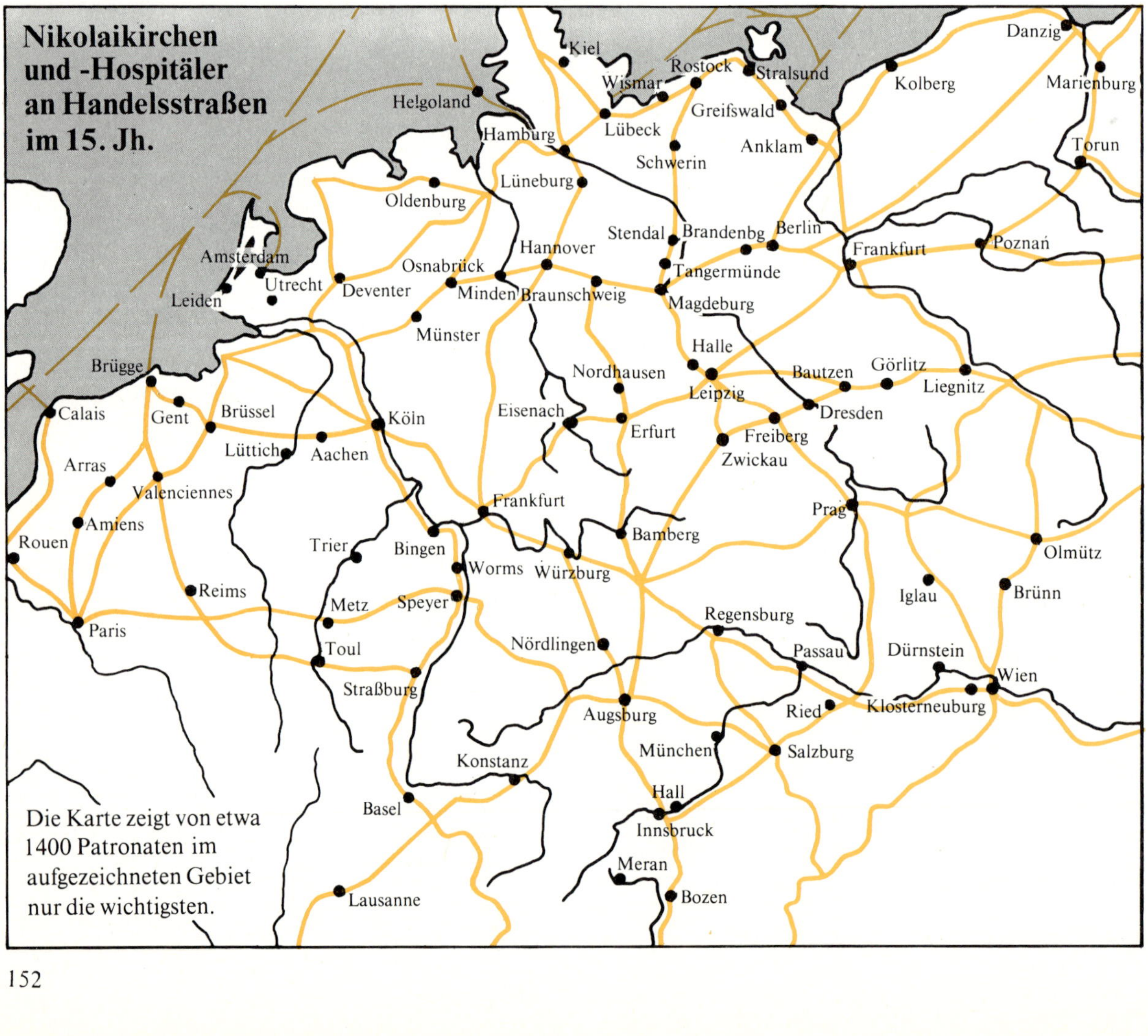

Nikolaikirchen und -Hospitäler an Handelsstraßen im 15. Jh.

Die Karte zeigt von etwa 1400 Patronaten im aufgezeichneten Gebiet nur die wichtigsten.

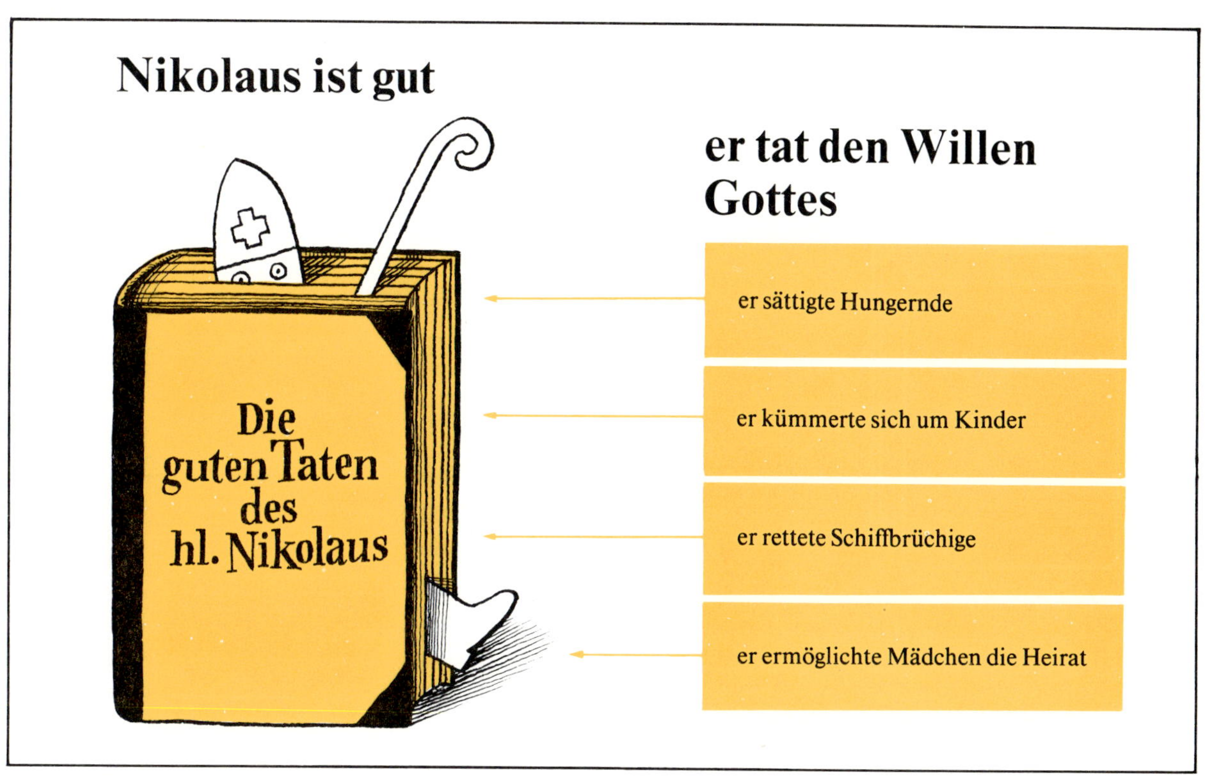

Nikolaus ist gut
er tat den Willen Gottes
Die guten Taten des hl. Nikolaus
er sättigte Hungernde
er kümmerte sich um Kinder
er rettete Schiffbrüchige
er ermöglichte Mädchen die Heirat

Lie-ber, heil-ger Ni-ko-las, bring den klei-nen Kin-dern was,

laß die Gro-ßen lau-fen, die kön-nen sich was kau-fen!

Das Leben der Heiligen

Daten oder Taten?

Wenn du einen Menschen liebst, liebst du ihn nicht wegen einzelner Daten, sondern wegen seiner Taten. In ihnen zeigt sich das Herz des Menschen. So ist das auch bei den Heiligen. Ihre Taten, die das Volk nicht vergessen wollte, berichtet es in liebevoll ausgemalten Geschichten. Einer erzählte sie dem anderen.

Jeder wollte seine Liebe zum Heiligen ausdrücken. So wurden die Geschichten ausgeschmückt, die Gestalt »vergoldet« und das Böse »geschwärzt«. Einzelheiten waren nebensächlich und konnten entfallen oder ausgetauscht werden. Das Wichtige blieb ja die eigentliche Mitte der Geschichte: meist *eine Tat der Liebe*. Gottes Güte sollte aus der Heiligengestalt leuchten wie Sonne durch ein buntes Kirchenfenster.

Manchmal kam es vor, daß man Taten eines anderen berühmten Menschen auf den Heiligen der Legende übertrug. Das geschieht übrigens bis heute noch bei Anekdoten. Den Erzählern der Heiligen-

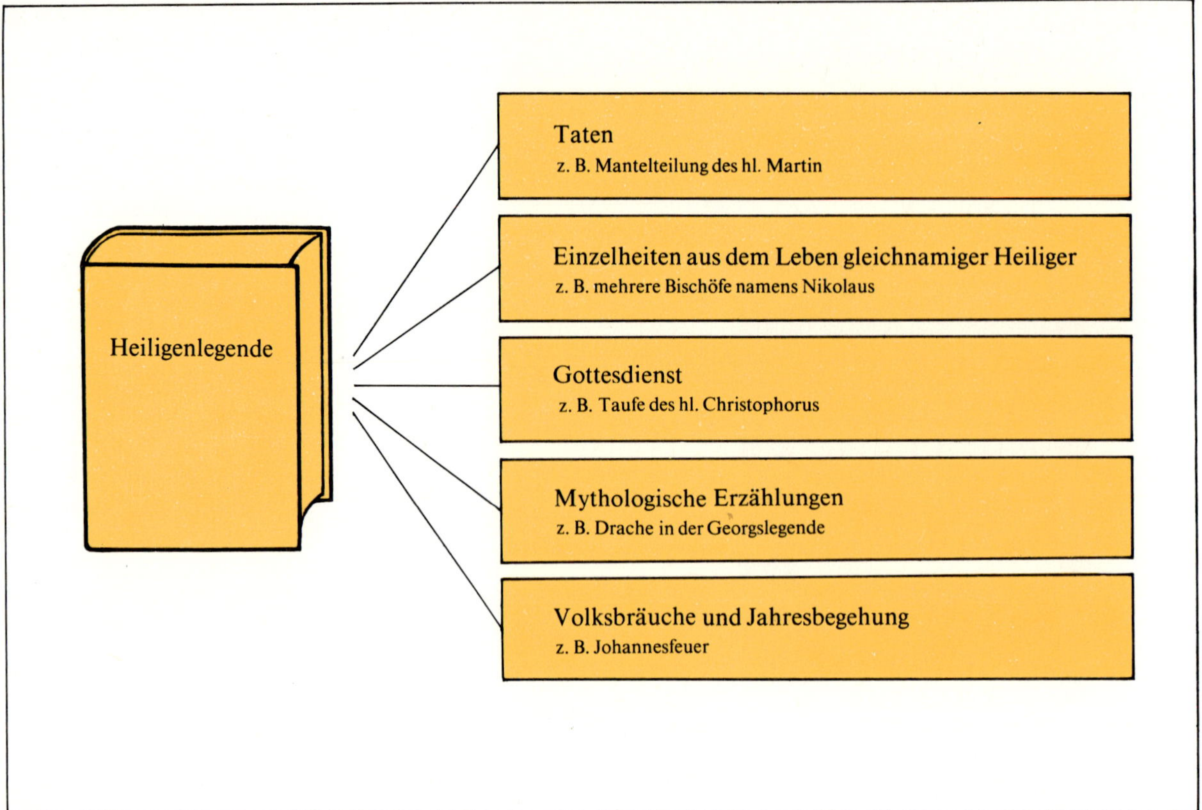

legenden kam es ja in erster Linie nicht auf Personen an. Vielmehr war ihre Absicht, die Leser oder Hörer zur Nachahmung zu begeistern. Sie sollten so handeln wollen wie das Vorbild.

Aus mancherlei Quellen fließen Gedanken in die Heiligenlegenden. Im Erzählen werden aus den Gedanken bunte Bilder. Solche Bilder müssen schöner als die Wirklichkeit sein, weil es Bilder aus der heilen Welt Gottes sind. Sie sollen erbauen, Freude schenken und den Glauben stärken.

Darüber hinaus geben Legenden auch gute Auskunft über Sitten und Anschauungen der damaligen Menschen, weil ihr Ausgangspunkt die zwar erlöste, aber noch an den Nachwehen des Bösen leidende Welt ist.

Um Mißverständnissen vorzubeugen, muß noch erwähnt werden, daß das Wort »Legende« in vier Bedeutungen bekannt ist.

Legende

erzählerische Kurzform

Inschrift auf Münzen

Inschrift auf Stadtplänen, Landkarten

Bildunterschrift in Büchern

Legende
ohne geschichtlichen Hintergrund

Die Legende vom Bauern Simon

Simon war ein frommer Bauer. Er hatte viele Kinder und noch mehr Knechte und Mägde, die alle die Stube des Hauses füllten. Er war betrübt, daß er sowenig allein sein konnte, um mit Gott zu sprechen und ihn zu treffen. Er verließ darum das Haus und den Hof und machte sich auf die Suche nach Gott. Lange Jahre wanderte er durchs Land, fortgezogen von der Sehnsucht nach Gott. Plötzlich spürte er, daß ihm Gott ganz nahe war: Es zog ihn mächtig zu einer Tür hin, auf der mit feurigen Buchstaben der Name Gottes geschrieben stand. ›Endlich bin ich am Ziel‹, dachte er. Mit zitternden Händen öffnete er die Tür – da stand er in seiner alten Stube mitten unter seinen Kindern und Knechten.

Erfundene Heilige?

Gegen den Wert der Heiligenverehrung wird manchmal eingeworfen, daß Heilige nie gelebt hätten. Die Kirche würde also die Gläubigen betrügen.

Das wollen wir einmal untersuchen. Nehmen wir ein Beispiel. Vom hl. Christophorus gibt es keinen geschichtlichen Beweis, daß er gelebt hat. Wir kennen diesen Heiligen nur aus Legenden. Außerdem fällt auf, daß der Name Christ-ophorus – das heißt Christusträger – so zwingend mit dem Inhalt der Legende übereinstimmt. Man ist geneigt zu sagen: Der Name ist die Kurzfassung der Legende.

Nehmen wir einmal an, es hätte diesen Mann nie gegeben. Was wäre die Folge? Vorsicht!

Legende
mit biblischem Hintergrund

Die Legende vom vierten König

In Rußland erzählt man, daß nicht drei, sondern vier Könige auf dem Weg waren, um den neugeborenen König zu ehren. Der vierte König kam aus Rußland. Auf seinem weiten Weg sah er viel Elend. Er konnte nicht vorbeigehn, ohne zu helfen. Er hatte als Geschenk für den König der Welt drei funkelnde Edelsteine im Gürtel. Als er eines Tages ein ausgesetztes Kind fand, kaufte er mit einem der Edelsteine einen Platz im Waisenhaus für das Kind. Einer Mutter mit vielen Kindern verhalf er mit der Weggabe des zweiten Steines dazu, daß sie nicht aus dem Haus hinausgeworfen wurden. Und einem Manne, der den König beleidigt hatte und deswegen in die Verbannung geschickt werden sollte, erwarb er mit dem dritten Stein die Freiheit. Dann gab er, um Not und Leid zu mildern, sein Roß, seinen Mantel und seinen Schmuck. Und als er nichts mehr zu geben hatte als seine eigene Kraft, tat er Arbeit für andere, pflegte Kranke und duldete Strafen für andere. So kam er um viele Jahre später im Heiligen Lande an. Alt und müde, ohne Gabe, doch voller innerer Freude trat er durch die Tore Jerusalems. Da war ein großes Gewimmel. Er wurde einfach mitgerissen und stand plötzlich vor einem Mann, der am Kreuze starb. Über ihm stand geschrieben: »Jesus von Nazaret,König der Juden«.Und der Sterbende schaute gerade auf ihn mit gütigem Auge. Da kniete der vierte König nieder und sagte: »Herr, endlich bin ich da, wohl mit leeren Händen, aber mit reichem Herzen.« – »Ich weiß«, sprach der Herr am Kreuz; »doch alles, was du den Geringsten unter den Menschen getan hast, das hast du mir getan.« Und er hieß den vierten König die Hände falten und ließ sterbend drei Blutstropfen in sie fallen. Dann neigte der Herr das Haupt und starb. Als aber der vierte König seine Hände aufmachte, um nach den Blutstropfen zu sehen, da waren es drei köstliche rote Edelsteine geworden.

Legende
mit nicht nachprüfbarem geschichtlichem Hintergrund

Die Legende vom heiligen Christophorus

Ein sehr starker Mann fragte einen Einsiedler, wo er Gott finden könne. Der Einsiedler gab zur Antwort: »Hier ist ein großer Fluß, aber keine Brücke. Du bist stark, trage die Menschen auf deinen Schultern über den Fluß!« Der Mann tat, wie ihm geheißen, und man nannte ihn »Ophorus«, das heißt: der Träger. In einer stürmischen Nacht rief ihn vom anderen Ufer her eine zarte Stimme. Ein Kind wollte herübergetragen werden. Ophorus folgte dem Ruf und nahm mit Leichtigkeit das Kind auf seine Schultern. Doch mit jedem Schritt, den er ins Wasser tat, wurde das Kind schwerer und schwerer. Ophorus sank immer tiefer ein, bis das Kind schließlich mit seiner Hand das Haupt des Riesen unter das Wasser beugte. Am anderen Ufer angekommen, stand Ophorus allein da. Der Einsiedler sagte zu ihm: »Du hast kein gewöhnliches Menschenkind getragen. Du hast Christus getragen; er selber hat dich getauft. Von nun an sollst du ›Christophorus‹ heißen, das ist: Christusträger!«

Nicht so schnell mit dem Wort »Lüge« umgehen. Als ich fünf Jahre alt war, besuchte ich ein Puppentheater. Anschließend habe ich meine große Schwester gefragt: »Wo wohnt denn der Kasper?« Ich habe nicht wissen wollen, ob es denn jemals einen Kasper gegeben hat. Ich habe selbstverständlich angenommen, daß es ihn gibt. Heute weiß ich, daß in der Figur des Kaspers Lebensweisheit angesammelt wurde. Tausende Menschen mögen solche Typen gewesen sein. Der Kasper auf der Bühne ist **der** typische Mensch, der immer das Gute tut und die andern froh macht. Er will, daß die Zuschauer so handeln wie er selbst. Das können wir ganz einfach auf den hl. Christophorus übertragen. Es ist *der* Typ des guten Menschen, der anderen über Gefahren hinweghilft. Er muß sich dabei bewähren. Ausgerechnet ein Kind stellt ihn auf die Probe:

In diesem Kind findet er seinen Herrn: Jesus Christus. Und dabei erkennt er, wie wichtig das Dienen ist.

Alles das ist so sehr menschlich, all diese Belehrungen braucht der Mensch. Und auf Geschichten hört er lieber als auf Standpauken. Dabei ist hier noch einmal zu betonen, daß fehlende geschichtliche Zeugnisse nicht zu vorschnellem Urteil führen dürfen. Wer sagt denn, daß es einen solchen Mann nicht vielleicht schon tausendmal gegeben hat?

Die Legende will uns sagen, daß wir Christusträger sein und unseren Mitmenschen zum anderen Ufer hinüberhelfen sollen.

Christophorus heißt Christus-Träger.

Auflösung von S. 145 (Wer ist wer?):
1. Martin, 2. Laurentius, 3. Barbara, 4. Andreas, 5. Petrus, 6. Katharina, 7. Agnes, 8. Nikolaus.

Legende
deren geschichtlicher Hintergrund teilweise nachprüfbar ist

Die hl. Barbara. Sie zählt zu den volkstümlichen Heiligen der Kirche.

Die Legende von der hl. Barbara

Nach alter Überlieferung stammt Barbara aus der Stadt Nikomedien (heute Izmir) in Kleinasien. Ihr Todesjahr ist etwa 306. Sie gehört zu den Vierzehn Nothelfern und wird als Patronin der Studenten, der Bergleute und für eine gute Sterbestunde angerufen.

»Ich muß verreisen«, sprach der Vater, »und damit in der Zeit, da ich fort bin, dir keiner etwas zuleide tut, schließe ich dich in unsern Wachtturm ein. Zwei Fenster habe ich oben eingehauen, da kannst du hinausschauen aufs Meer und auf meine Rückkehr warten.«
Barbara war ein so schönes und reines Mädchen, daß ihr Vater sie hegte und pflegte wie eine weiße Rose. Wenn er verreiste, bewahrte er sie in einem Turm auf, wo er ihr ein prächtiges Zimmer hatte einrichten lassen. Aber, was war geschehen? Als er diesmal von der Reise zurückkehrte, sah er ein drittes Fenster in die Mauer gebrochen und auf der Treppe ein Kreuz eingeritzt. »Was hast du getan?« rief er Barbara schon von weitem entgegen.
Was hatte Barbara denn getan? Sie hatte heimlich einen Priester zu sich kommen lassen. Der Priester erzählte ihr von Jesus Christus und vom Vater im Himmel, vom Heiligen Geist und von der Kirche und den Sakramenten. Da nahm Barbara den wahren Glauben an und ließ sich taufen. Das Kreuzzeichen des Heilands ritzte sie mit den Fingernägeln in die Wände ihres Turmes, und das dritte Fenster ließ sie machen zu Ehren der Allerheiligsten Dreifaltigkeit.
Der heidnische Vater, der sie so sehr geliebt hatte, haßte sie plötzlich. »Vor den Richter!« schrie er. »Ins Feuer! Unters Schwert!« Barbara war 14 Jahre alt, und der Richter scheute sich, dem schönen Kind etwas anzutun. Da schleppte der Vater sie zu den Henkern, die folterten und quälten sie sehr: Sie schnitten das standhafte Kind mit Messern und rissen ihr Fleisch mit Haken auf. Die hl. Barbara aber blieb in allen Qualen ihrem Heiland Jesus Christus treu. Da zog der Vater selbst das Schwert aus der Scheide und tötete sein Kind. Gott erschlug ihn auf der Stelle durch einen Blitz.

Lügt die Legende?

In vielen Legenden begegnen wir märchenhaften Ausschmückungen, Übertreibungen und Wundern. Das hat eine Zeitlang dazu geführt, die Legende als »Lügende« abzuwerten. Man hatte nicht mehr gewußt, daß die literarische Form der Legende Wahrheit aussagt. Heute ist das anders. Jedes Kind lernt in der Schule den Unterschied der literarischen Formen kennen. Es weiß Märchen, Sage und Legenden zu unterscheiden. Ihm wird erklärt, daß eine Wahrheit sehr verschieden verpackt werden kann.

Ahmt mich nach!

Vorbilder, die man liebt, verehrt, ahmt man nach, auch wenn sie keine Heiligen sind. Wir dürfen die Heiligen auch anrufen, weil sie wie Christus leben wollten und uns Brücke zu ihm sein können. Wir bitten sie um Fürsprache bei Gott, weil wir glauben, daß sie in enger Gemeinschaft mit ihm sind. Heiligenverehrung ist nicht Anbetung, aber Hochschätzung aus Liebe.

Das Beispiel der Heiligen regt uns zur Nachahmung an.

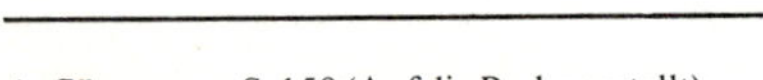

Auflösung von S. 150 (Auf die Probe gestellt):

1. Andreas, 2. Petrus, 3. Katharina, 4. Barbara, 5. Nikolaus, 6. Hubertus, 7. Paulus, 8. Martin – ATTRIBUT.

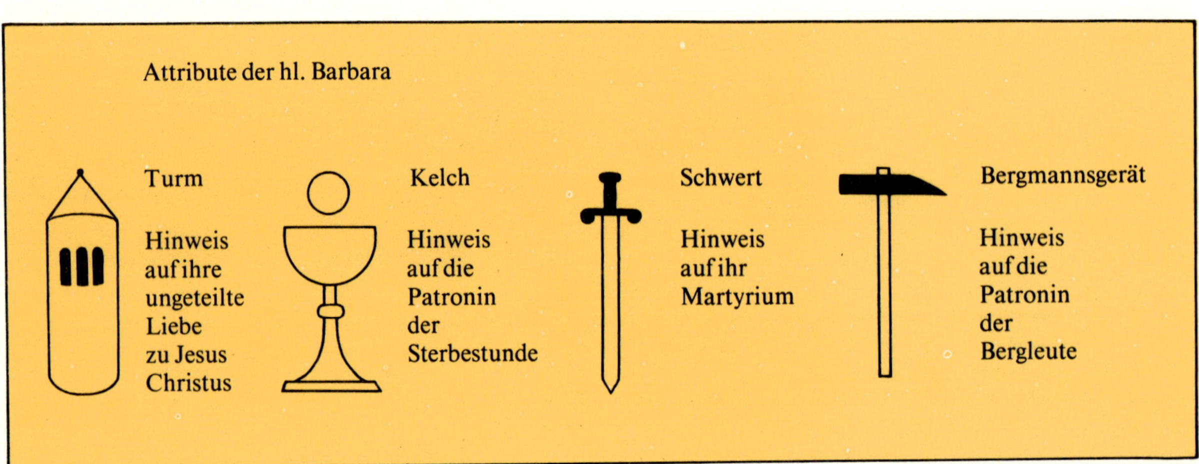

Die Legende will zur Nachahmung anregen

Nachahmung	Deshalb ist es gleichgültig, ob eine bestimmte Person gemeint ist oder ob durch sie eine neue Person geschaffen wird. Vergleiche mit diesem Satz die Legende vom vierten König (S. 155).
Nachahmung	Deshalb ist die Legende nicht an geschichtlichen Tatsachen interessiert, sondern an der Tugend. Legende vom hl. Petrus (S. 144).
Nachahmung	Deshalb begnügt sie sich mit wenigen deutlichen Sprachgebärden (einfache Formeln). Legende der hl. Katharina (S. 158).
Nachahmung	Deshalb kann die Legende sich in ihrer Bildsprache verändern, wenn die Verhältnisse der Zuhörer sich gewandelt haben. Legende vom vierten König (S. 155).
Nachahmung	Deshalb muß sie so erzählt sein, daß sie den Hörer anspricht und betroffen macht. Legende vom Bauern Simon (S. 154).

»Seid meine Nachahmer,
so wie ich ein Nachahmer Christi Jesu bin.«

Paulus

Der Franziskaner im Hungerbunker

Entscheidend ist, daß die Legende den Hörer trifft. Der Hörer sieht sich plötzlich in dem Heiligen wieder. Er will auch »so einer« werden. Und da ist die Legende auf einmal gar nicht so weit entfernt von einem Beitrag im Sportteil unserer Zeitungen. Am Beispiel eines Heiligen unserer Tage läßt sich das Gesagte gut verdeutlichen. Wenn ich den Namen Maksymilian Kolbe höre, fällt mir sofort ein: Er starb freiwillig für einen anderen im Hungerbunker. Was ich sonst über diesen Mann weiß, ist damit auf einen Nenner gebracht. Ich habe Bücher über ihn gelesen, habe in Auschwitz vor seiner Zelle gebetet und sein Bild in vielen Kirchen Polens gesehen. Ich erinnere mich an Bilder, die den geretteten Mitgefangenen vor dem Papst zei-

Pater Maximilian Kolbe,
gestorben 1941 im KZ Auschwitz
Plastik in der Unterkirche in Nowa Huta (Polen)

gen: ein Pole im Kreise seiner Familie. Mir fällt ein, wie selbst die brutalen Faschisten, die Millionen Menschen grausam vernichtet haben, beeindruckt waren von diesem katholischen »Pfaffen«. Aber alles, was ich sonst von ihm weiß, bleibt zunächst Hintergrund.

Name	**Formel**
Pater Maksymilian Kolbe	stirbt freiwillig für einen anderen im Hungerbunker.

Name und Formel werden zu einem Ruf an mich, zu einer Anfrage. Ich steige in die Rolle des Franziskanerpaters und frage mich:

Kannst du das auch?

Oder ich stelle einfach fest:

Der war wirklich ein Christ!

Was hat die Legende mit dem Sport zu tun?

Übrigens: Wir sprachen vorhin vom Sportler. Mach die Gegenprobe! Auch bei ihm verbinden sich sofort Name und Rekordleistung zur einfachen sprachlichen Form. Einzelheiten treten zurück. Die Rekordleistung wird Sensation, wird gefeiert und vergoldet. Name und Formel verbinden sich zur Anfrage, zum Ruf, reizen mich zur Verehrung. Die Verwandtschaft von Legende und Sportbericht als literarische Formen erweist sich auch in der Verwendung von überhöhenden Aussagen.

Die Legende als literarische Gattung

Wir hatten gesagt, daß die Legende zur Nachahmung auffordert; daß sie Bild in Worten sei. Wir haben ihre Nähe zum Sportbericht herausgestellt und dabei beobachtet, daß ihr Kern eine kurze Formel ist. Wir wollen das einmal genauer untersuchen am Beispiel der Legende der hl. Katharina. Hier zunächst die Legende:

Die Legende von der hl. Katharina von Alexandrien

In Afrika lebte eine schöne Prinzessin, die wollte nur einen König zum Manne haben, der reicher und schöner, klüger und mächtiger als sie selber war. Als sie schon viele

Katharina von Alexandrien
Gemälde des sog. Frankfurter Meisters, es befindet sich jetzt in Madrid

Freier fortgeschickt hatte, ging sie eines Tages zu einem Einsiedler und fragte um Rat. Der fromme Mann erzählte ihr viel vom lieben Gott und vom Sohn Gottes, der König aller Könige ist und mehr Weisheit und Macht hat als alle Könige der Erde. Da sprach Katharina: »Diesem König will ich dienen.« Und sie verkaufte alle ihre Schätze und gab das Geld den Armen. Als das dem Kaiser in Rom zu Ohren kam, ließ er sie rufen und vor ein Götzenbild stellen. »Bete es an!« befahl er. Aber Katharina rief: »Ich diene keinem Götzen. Jesus Christus will ich dienen und ihn allein anbeten.«
Nun ließ der Kaiser fünfzig Gelehrte kommen, die sollten ihr den Glauben an den wahren Gott ausreden. Doch Prinzessin Katharina war klüger als die Gelehrten und bekehrte sie alle zu Gott. Der Kaiser wurde wütend und ließ die Gelehrten in einen brennenden Feuerofen werfen. Katharina wurde in den Kerker gesperrt, zwölf Tage ohne Essen und Trinken. Katharina machte das nichts aus. Da ließ der Kaiser die Folterknechte kommen, die sollten sie schinden und quälen, bis sie ihrem Glauben entsage. Aber Gott machte Katharina standhaft, so daß sie all die Qualen singend ertrug. Der große Kaiser wußte sich

keinen Rat mehr. Er befahl, daß Katharina auf das Rad geflochten und ihr Leib in Stücke gerissen wird. Das Rad jedoch zerbrach. Da ließ der herzlose Kaiser das Mädchen mit dem Schwerte umbringen. Gott aber, der allmächtige Herr, schickte Engel herbei. Die nahmen den toten Leib der Prinzessin Katharina, hüllten ihn in himmlisches Linnen und trugen ihn fort. Auf dem Berge Sinai, da der Herr selbst seine Gebote verkündet hat, begruben die Engel den Körper der standhaften Dienerin Gottes.

Das Rad ist zerbrochen

Das ist die einfache Formel,
auch Sprachgebärde genannt.

Das Rad

ist Zeichen für die Sonne.

Die Sonne

ist Zeichen für die heidnische Gottheit.

Dann bedeutet das zerbrochene Rad: Die heidnische Gottheit ist überwunden. Das Christentum ist stärker als die heidnische Religion.
Um eine knappe Sprachgebärde wird eine mehr oder weniger lange Geschichte erzählt. Das ist bei allen Legenden so.

Beispiele: Der Drache ist tot (hl. Georg);
der Hirsch mit dem Kreuz im Geweih
(hl. Hubertus).

Gutsein

ist ein weit gewaltigeres
und kühneres Abenteuer
als eine Weltumseglung.

G. K. Chesterton

Was ist eine Vita?

Hat das etwas mit den Vitaminen zu tun? Jawohl. Das lateinische Wort *vita* heißt: Leben. Als literarische Form ist die Vita eine Lebensbeschreibung. Kurz gesagt, sie ist eine Lebensbeschreibung, die vorwiegend auf geschichtlichen Tatsachen beruht. Die folgende Vita der heiligen Königin Mathilde könnte so auch in einem Geschichtsbuch stehen. Diese sachliche Form zu schreiben ist zu allen Zeiten bekannt gewesen. So haben auch Heilige manchmal über sich selbst geschrieben, zum Beispiel der heilige Kirchenlehrer Augustinus (354–430) in seinen »Confessiones« – man würde heute Memoiren dazu sagen.

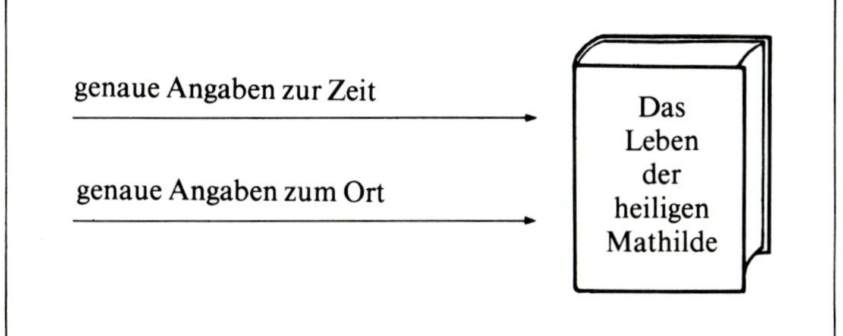

Mathilde († 968)

In der Stiftskirche in Quedlinburg liegt an der Seite ihres geliebten Mannes, des Königs Heinrich, Mathilde begraben – die erste heilige Königin des deutschen Volkes. Etwa hundert Jahre nach der Taufe des sächsischen Edelmannes Widukind, der so sehr gegen Karl den Großen und den christlichen Glauben gekämpft hatte, ist sie um 895 geboren – aus dem stolzen fürstlichen Geschlecht Widukinds.
Seit den Tagen des Bonifatius und seiner Gefährten – nicht zuletzt der hl. Lioba – war es üblich geworden, daß Mädchen aus adligen Geschlechtern in Klöstern und Frauenstiften erzogen wurden. So wuchs Mathilde im Frauenstift zu Herford auf und lernte dort vielerlei Künste – vom Latein bis zur Buchmalerei. Angezogen von ihrer vielgerühmten Anmut, kam eines Tages der Herzogssohn Heinrich, fand Gefallen an ihr und führte sie ohne langes Warten mit großem Gefolge zur Hochzeit. Sie wird ihm wohl gern gefolgt sein und hielt ihn immer lieb und wert. Doch waren die Aufgaben groß, die ihr das Leben an seiner Seite nunmehr stellte. Sie war jetzt Herzogin und später Königin, wurde Mutter von fünf Kindern und Mutter des sächsischen Stammlandes.
Dieses erste deutsche Königspaar, Heinrich und Mathilde, lebte miteinander in einer glücklichen Ehe. Heinrich war freilich oft um des Reiches und seiner Herrschaft willen in Kämpfe verwickelt. Unterdessen hatte Mathilde das königliche Haus zu regieren. Sie war von einer unermüdlichen Güte und Freigebigkeit und bewog auch ihren Gatten immer wieder zu Gerechtigkeit und Gnade. Gemeinsam stifteten sie Kirchen und Klöster.
Als Heinrich allzu früh starb, fand sie lange nicht aus ihrem tiefen Schmerz zurück in die neuen, größeren Aufgaben, die sich ihr stellten. Ihr ältester Sohn Otto wurde von den deutschen Herzögen zum König gewählt und holte sich später in Rom auch die Kaiserkrone. Die Mutter hätte ja lieber die Wahl ihres zweiten Sohnes Heinrich gesehen, der dem Vater so ähnlich sah und an dem ihr Herz hing. Aber beide Söhne wandten sich eines Tages gegen sie, als die Königinmutter ihrer Freigebigkeit wegen verleumdet wurde, sie verschleudere königliche Güter. Freilich, sie hatte täglich Hunderte von Armen als Gäste, und für Kirche und Klöster hatte sie immer eine offene Hand. Mathilde zog sich eine Zeitlang auf ihren Familienbesitz zurück, bis Otto einsah, er habe seiner Mutter unrecht getan.
Ein großer Schmerz war ihr der frühe Tod ihres Lieblingssohnes Heinrich. Er hatte sie immer an ihren Gatten erinnert – in seinem Benehmen, seinen Gesichtszügen und seinem Namen. Am liebsten hätte sie sich jetzt als Witwe in ein stilles Leben zurückgezogen. Aber

König Otto vertraute der Mutter immer wieder große Aufgaben an. Nach seinem Sieg über die Ungarn in der Schlacht auf dem Lechfeld bei Augsburg im Jahr 955 hatte sie die kirchliche Siegesfeier vorzubereiten. Als er nach Rom fuhr, um sich die Kaiserkrone zu holen, übertrug er ihr die Verwaltung des Reiches, zusammen mit Bruno von Köln und Wilhelm von Mainz. In ihrem Alter weilte sie gern in dem Kloster, das sie zuletzt gegründet hatte, in Nordhausen. Aber als sie den Tod nahen fühlte, nahm sie all ihre Kraft zusammen und begab sich nach Quedlinburg. Sie wollte dort an der Seite ihres Mannes zur letzten Ruhe gebettet werden. Ihr Todestag ist der 14. März 968. Vor ihrem Tod verschenkte sie alles, was sie besaß. Ihre große Güte und Freigebigkeit sind nie vergessen worden. Mit Mathilde steht eine verehrungswürdige Frau am Anfang der deutschen Königsgeschichte.

Bildnis der hl. Mathilde, der Gattin des Königs Heinrich I. Die Statue befindet sich in Nordhausen, wo die Königin oft weilte und auch ein Kloster gegründet hat.

Woher wissen wir etwas über das Leben der Heiligen?

Unser Wissen schöpfen wir aus vier Quellen: aus der mündlichen und schriftlichen Überlieferung; aus der örtlichen Verehrung; aus dem Heiligenkalender; aus der Kunst.

Verständlich ist, daß aus der jüngeren Zeit genauere Informationen (seit 1850 auch Fotografien) vorliegen. Dagegen sind uns von den Heiligen der ersten christlichen Jahrhunderte meist nur wenige zuverlässige Daten und oft nur Legenden überliefert.

Bildende Kunst

Plastik
Malerei
Mosaik
Buchschmuck

Heiligenkalender

Liturgie
Feste
Bräuche

Örtliche Verehrung

Patronate – Kirchen, Krankenhäuser
Wallfahrten
Orte ihres Lebens

Schriftliche Zeugnisse

eigene Schriften – Briefe, Tagebücher, Ordensregeln, Dichtungen

Schriften anderer – Märtyrerakten, Chroniken, Erinnerungen von Zeitgenossen, Biographien, Viten

Lebensbeschreibung = Biographie

Vita	**Legende**
Zeit in Worten	Bild in Worten
. . . geboren	
. . . Bischof	
. . . gestorben	

Schriftliche Quellen über das Leben der Heiligen

Eigene Schriften der Heiligen

Paulus in römischer Haft. Hier schrieb er seine berühmten Briefe an die christlichen Gemeinden.
Buchmalerei aus dem Kloster Reichenau, um 980

Eigene Schriften können sein:	Wenige Beispiele aus der großen Zahl erhaltener Schriften:
Lebenserinnerungen	Augustinus (354–430) »Bekenntnisse« Therese vom Kinde Jesus (1873–1897) »Geschichte einer Seele«
Briefe	Papst Gregor I. (540–604) 848 Brieftexte sind noch erhalten. Bernhard von Clairvaux (1090–1153) 534 Brieftexte sind noch erhalten.
Ordensregeln	Benedikt (um 480–543) Benediktinische Mönchsregel Ignatius von Loyola (1491–1556) Er gab der Gesellschaft Jesu die Ordenssatzungen.
Dichtungen	Franz von Assisi (1182–1226) Lieder, z. B. »Sonnengesang« Thomas More (1478–1535) »Utopia«
Pastorale und theologische Werke	Thomas von Aquin (um 1226–1274) »Summa theologiae« Ignatius von Loyola (1491–1556) »Exerzitienbuch«

Schriften anderer über Heilige

Schriften anderer können sein:	Wenige Beispiele aus der großen Zahl erhaltener Schriften:
Briefe	Konrad von Marburg berichtet 1232 (ein Jahr nach dem Tod der hl. Elisabeth) in einem Brief an Papst Gregor IX. über die letzten Lebensjahre der hl. Elisabeth. Er schreibt von Wundern an ihrem Grab und bittet um die Heiligsprechung.
Tagebücher	Tagebücher von den »Schwestern von der Heimsuchung« berichten über den hl. Franz von Sales (1567–1622).
Lebensbeschreibungen	Im Auftrag der Bischöfe von Mainz und Würzburg schrieb der Priester Willibald von der Viktorskirche in Mainz in der Zeit von 755 bis 768 über das Leben des hl. Bonifatius, die »Vita S. Bonifatii«. (Bonifatius: um 675–754)
Erinnerungen	Von Kardinal R. Merry del Val, dem Staatssekretär von Pius X., sind die persönlichen »Erinnerungen und Eindrücke« in einem Buch erschienen. (Pius X.: 1835–1914)
Nachschriften von Predigten	Ein Teil der Predigten des hl. Pfarrers von Ars wurde von Hörern mitgeschrieben. (Johannes Maria Vianney, Pfarrer von Ars: 1786–1859)
Chroniken	Die Chronik des Thietmar von Merseburg, zwischen 1112 und 1118 geschrieben, enthält Nachrichten über den hl. Adalbert von Prag. (Adalbert: um 956–997)
Gerichtsdokumente, z. B. Vernehmungsprotokolle	Gerichtsakten aus der Zeit König Heinrichs VIII. von England geben Auskunft über den hl. Thomas. (Thomas More: 1478–1535)
Märtyrerakten	Die ältesten uns erhaltenen Märtyrerakten sind die des hl. Polykarp aus dem 2. Jahrhundert.
Unterlagen der Heiligsprechungsprozesse	Vatikanisches Archiv
Legenden	Jacobus de Voragine schrieb von 1263 bis 1273 etwa 180 Legenden von Heiligen auf: »Legenda aurea«.

Aufenthaltsorte von Heiligen

Blick in die Zelle des hl. Klaus von Flüe. An der Wand das Meditationsbild des Heiligen (Kopie), das nach seinen Visionen gemalt worden ist. Hier lebte er 20 Jahre als Einsiedler und Ratgeber, als Beter und Friedensstifter. Er ist Patron der Schweiz.

Die Wartburg bei Eisenach
Hier wirkte die hl. Elisabeth. Sie kam als vierjähriges Kind von Ungarn nach Thüringen. Die junge Fürstin lebte ganz nach dem Vorbild des hl. Franz in Armut. Nach dem Tod ihres Gemahls Ludwig verließ sie mit ihren Kindern die Wartburg. In Marburg pflegte sie selbst Kranke. Schon mit 24 Jahren starb sie 1231.

Bildnisse aus der Lebenszeit der Heiligen

Fresko des hl. Franz von 1224 in Subiaco, wo er im Kloster des hl. Benedikt weilte. Es ist das älteste Bildnis des hl. Franziskus, noch zu seinen Lebzeiten entstanden. Das Bild ist ein Beweis für die Verehrung des Heiligen schon vor seinem Tode.

Originalfoto des hl. Johannes Bosco (1815–1888). Don Bosco war ein begnadeter Erzieher. Schon seine Schüler hielten ihn für einen Heiligen. Er gründete die Genossenschaft der Salesianer, die sein Werk über die ganze Welt verbreitete. 1934 wurde er heiliggesprochen.

Indirekte Zeugnisse in Brauchtum und Liturgie

Gedenktafel im Konzentrationslager Auschwitz für Pater Maximilian Kolbe. Er starb, um einen Familienvater vor dem sicheren Tod im Hungerbunker zu retten. Obwohl sonst für die Heiligsprechung Wunder erforderlich sind, akzeptierte die Kirche im Falle Kolbes ausnahmsweise die herausragende Bedeutung seines Lebens und Sterbens. Am 10. Oktober 1982 wurde er durch seinen Landsmann Papst Johannes Paul II. im Petersdom in Rom heiliggesprochen.

In der Calixtus-Katakombe in Rom. Siebzehn Kilometer Gänge durchziehen diesen unterirdischen Friedhof. Die Katakombe birgt das Grab des Märtyrers und Papstes Calixtus. Er wird seit dem 4. Jahrhundert dort verehrt.

Laternenumzug bei einer ökumenischen Martinsfeier in Erfurt. In dem lebendigen Brauchtum wird das Wesen des Heiligen erfahren.

Statue des hl. Johannes Nepomuk auf der Karlsbrücke in Prag. Er war im 14. Jahrhundert wegen seiner Unbestechlichkeit in der Moldau ertränkt worden. Seitdem wird er als Brückenpatron verehrt. Besonders Böhmen ist reich an Bildnissen des Heiligen auf Brücken und an Straßen.

Kinder spielen und feiern bei einer Marienwallfahrt.
Das Ziel der Wallfahrt ist meist ein Ort, an dem die Hilfe und Fürbitte eines Heiligen spürbar erfahren wurde. Der Wallfahrtsweg ist ein Gleichnis für die Bewährung im Glauben und für die Gemeinschaft der Glaubenden.

Aus gutem Grund

Das Bilderrätsel sagt, daß Menschen, die Gott lieben, keine Trauerklöße sein müssen. Es sagt dies mit den Worten des Dichters Kelly. Wie heißt der Spruch?

Über die Heiligsprechung

Der Anwalt des Teufels

Seit dem Mittelalter nimmt die Kirche Heilige nur in ihr Verzeichnis auf, wenn in einem regelrechten Prozeß die Heiligsprechung erfolgt ist. Zuerst richtet ein Bischof oder eine Ordensgemeinschaft an den Papst die Bitte um Einleitung des Verfahrens. Auch müssen Beweise für ein heiligmäßiges Leben der Kandidaten beigebracht werden. Das Verfahren kann immer erst nach dem Tode des Betreffenden beantragt werden. Es müssen Zeugen gehört werden. Wie bei einem Gerichtsverfahren muß auch einer die Gegenseite vertreten. Ein Rechtsfachmann tritt dabei auf und bringt alle Argumente vor, die seiner Meinung nach *gegen* die Heiligsprechung stehen. Diesen Mann nennt die Kirche »advocatus diaboli«, das heißt »Anwalt des Teufels«. Er ist nicht vorgesehen zur Erheiterung der Gläubigen. Vielmehr soll er zur möglichst sicheren Urteilsfindung beitragen.

Solch ein Prozeß kann viele Jahre dauern. Bei Nikolaus von Flüe (1417–1487) zum Beispiel registrieren wir: Seligsprechung 1669, Heiligsprechung 1947.

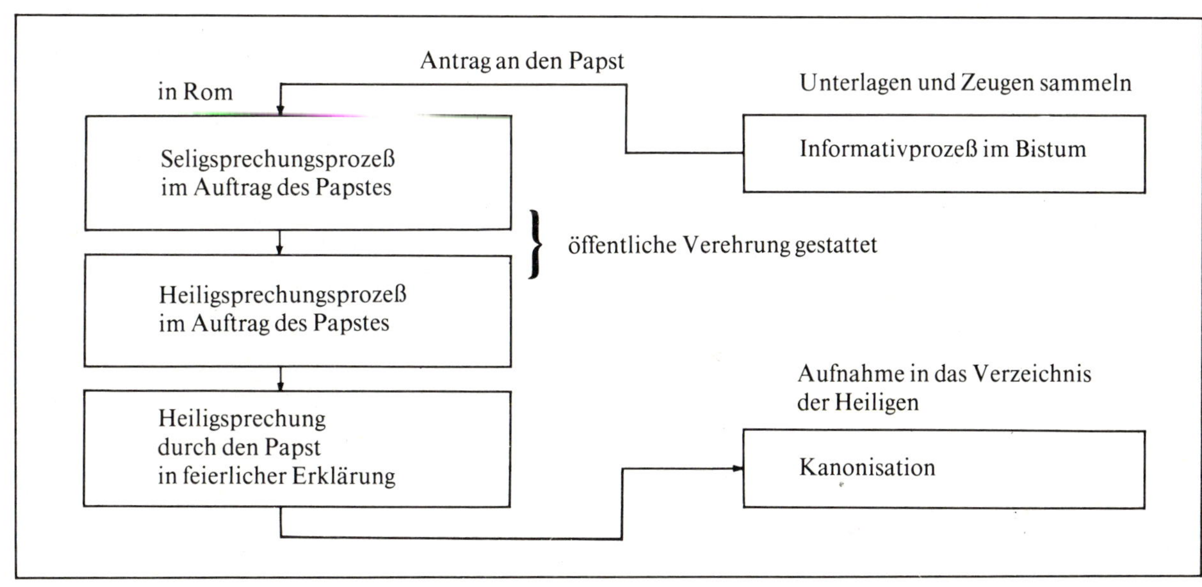

Wie ich eine Heiligsprechung erlebte

Dicke Wolken am römischen Himmel. Es hat ausgiebig geregnet. Unfreundliche Kühle. Also heißt es sich warm anziehen. Wer weiß, wie lange solch eine Papstmesse dauert! So trabe ich am 9. Oktober 1977 los, im Schatten des Herrn Weihbischofs, der mir zu einem guten Platz verhelfen will. Ich möchte doch Bilder machen für zu Hause.

In der letzten Reihe des Blocks der Bischöfe darf ich mich niederlassen. Gleich am Seitengang. ›Das ist günstig fürs Fotografieren‹, denke ich mir. Ich schaue um mich. Keine zwei Meter entfernt sehe ich den hl. Petrus. Ich meine sein Bronzebildnis aus dem 7. Jahrhundert, das mit dem abgeküßten Fuß. Er hebt die Rechte, als wolle er mir drohen. Vielleicht, weil ich gleich zwei Fotoapparate mitgebracht habe. Ich erkläre es ihm: Der eine ist für Farbfilme; der andre für schwarzweiße Bilder. Das versteht er offensichtlich. Er lächelt und segnet weiter. Sicher sind jetzt seine bischöflichen Kollegen dran, die schwarzen und die weißen, und die Landsleute des neuen Heiligen in den Bänken hinter mir. Sie alle schwitzen, weil das italienische Fernsehen eine Unzahl von Scheinwerfern aufgebaut hat. Die Presseleute auf der Tribüne neben mir schwitzen auch. Auf der anderen Seite nimmt jetzt ein Priester Platz. Er begrüßt mich wie einen alten Bekannten. Ich verstehe kein Wort.

Die Platzanweiser interessieren mich. Sie sind gekleidet wie die Musiker der Dresdner Staatskapelle. Steife Kragen und »Schwalbenschwänze«. Bei uns hätte man sich mit einer gestempelten Armbinde begnügt. Aber ich bin ja im Petersdom und nicht daheim. Ob es überhaupt erlaubt ist, hier zu fotografieren? Ich sehe niemand weiter mit Kamera. Lassen wir's drauf ankommen! Als einer der Sicherheitsbeamten an mir vorbeizieht, hebe ich die Kamera ans Auge und drücke ab. Er geht weiter. Aha, es ist erlaubt. Woher ich weiß, daß er ein Sicherheitsbeamter ist? Wenn man schon zehn Tage im Vatikan lebt, kennt man sie. Ich kann mich derartigen Gedanken nicht weiter hingeben. Es braust plötzlich auf in der Halle. Ein Jubel bricht an, ein Klatschen und Singen.

Die Fernsehleute schwenken ihre Kameras nach hinten: Der Papst zieht ein. Auf der Gesta, von vier würdigen Herren getragen, wogt er über den Köpfen der vielleicht fünfzehntausend Gläubigen wie auf einer Flut in seine Kirche. Leicht nach unten geneigt, väterlich und bescheiden, segnet er das Meer, das ihn trägt. Am Altar angekommen, verläßt er das Schiff. Dort über dem Grab des ersten Papstes kann der Steuermann der Kirche anlegen. Der Felsen Petri gibt ihm festen Halt.

Das heilige Schauspiel der Meßfeier ist eröffnet. Die Akteure kennen ihre Rollen. Denn sie spielen das Spiel daheim in den Kathedralen, in den Diasporakirchen, in den Negerhütten und Notkapellen. Die Regie ist allen geläufig; sie sind zu Hause im Geschehen. Ich weiß, was »gespielt« wird. Jeder weiß es, wenn er auch nicht alles versteht, denn vier Sprachen hört er abwechselnd: Latein bei den wesentlichen Texten der Meßfeier; Italienisch und Libanesisch bei der Verkündigung; Französisch bei der Ansprache und dem eigentlichen Akt der Kanonisation.

So auch wechseln die Gesänge von einer Sprache in die andere, wobei die Lieder der Libanesen hervorzuheben sind: Ein gemischter Chor aus Beirut, begleitet von landesüblichen Instrumenten, singt orientalische Melodien.

Die eigentliche Heiligsprechung vergleiche ich am besten mit dem Ritus der Trauung, denn viel feierlicher geht es da nicht zu. Ein Bischof bittet den Papst, nun zur eigentlichen Aktion zu kommen. Es folgt eine symbolische Befragung, ob alle Vorbereitungen abgeschlossen sind, ob die Prüfung positiv verlaufen ist, dann schließt sich die Formel an, die der Papst verliest. Nun Beifall auf offener Szene, dem Temperament der Mitwirkenden angemessen. Die Libanesen klatschen und weinen. Jetzt im Moment erfüllt sich ihre Sehnsucht, auch einen Heiligen ihres Landes verehren zu dürfen.

Nach der Ansprache des Heiligen Vaters folgt der Gottesdienst dem Schema, das zur gleichen Zeit in meiner Heimatkirche gilt.

Rund 12 000 Pilger aus dem Libanon erlebten die Heiligsprechung ihres Landsmannes Charbel Macklouf im Petersdom.
Der maronitische Patriarch Khoraiche verliest eine Dankbotschaft an den Papst.

Während der Heiligsprechung im Petersdom

Nach der Heiligsprechung auf dem Petersplatz: Landsleute des Heiligen, maronitische Bischöfe

Wer ist der neue Heilige?

Der gütige Mönch Charbel Macklouf, dessen Leichnam nicht verwest.

Der Name (sprich: Scherbel Mackluf) läßt schon die Frage auftauchen: Woher stammt er? St. Scherbel, wie wir bei uns sagen, ist ein Heiliger aus dem Lande Libanon. Dort leben Christen, die sich Maroniten nennen. Sie gingen aus einer vom Kloster Maron betreuten Urgemeinde hervor. Sie sind seit alter Zeit mit der katholischen Kirche vereint, also nicht Glieder der orthodoxen Kirche. Die Maroniten haben eine eigene Kirchensprache, die vom Syrischen abstammt.

St. Scherbel war ein Maronit. Mehr noch: er war ein Mönch in dem Maronitenkloster Anaja. 1828 wurde der Bauernsohn in Bekaa Kafra geboren. Mit 23 Jahren trat er in den maronitischen Mönchsorden ein. Er studierte sechs Jahre lang Theologie und empfing die Priesterweihe. St. Scherbel hatte die Aufgabe, das zum Kloster gehörende Gottesvolk als Priester zu betreuen. Die Bauern und Handwerker liebten und verehrten ihn. Denn er war einfach und gütig, und seine Frömmigkeit überzeugte. Er lebte wie sie: arm und demütig. Er war ihr Freund.

Als sich dann St. Scherbel im Alter in die Einsamkeit zurückzog und als Einsiedler in einer Höhle lebte, begannen die Leute zu spüren, daß hier einer als Heiliger reifte. Im Jahre 1898, im Alter von siebzig Jahren, verstarb der Einsiedler. Pilger aus dem Libanon und aus aller Welt kamen zum Grab nahe der Ortschaft Aneja bei der alten Stadt Byblos und zur Höhle, die in 1400 m Höhe bei dem Geburtsort des Heiligen, Bekaa Kafra, liegt. Kranke suchten Heilung und – fanden sie, wie vielen Berichten zu entnehmen ist. Um 1920 begann man auf diesen Mönch aufmerksam zu werden. Sein Grab mußte wegen der zahlreichen Besucher verlegt werden.

Dabei stellte sich heraus: Der Leichnam zeigte keinerlei Spuren der Verwesung. Das wurde von den Verehrern als ein Zeichen Gottes gedeutet. Der Mönch ruhte im Sarg, als würde er nur schlafen. Nun setzte erst recht der Pilgerstrom ein. Neugierige und Erhörung Suchende kamen in Scharen. Der Orden der Maronitenmönche leitete die Seligsprechung ein. 1950 wurde in diesem Zusammenhang das Grab erneut geöffnet. Eine Ärztekommission und einige Experten aus dem Vatikan bestätigten wiederum, daß der Leib nicht verwest sei und eine blutähnliche balsamische Flüssigkeit ausscheide.

Man wird verstehen, daß seine Landsleute diese Tatsache als ein Wunder Gottes ansahen und daß nun das Grab des geliebten Toten der beliebteste Wallfahrtsort des Libanon wurde. Die Erinnerung an sein heiliges Leben und an seine Liebe zu den einfachen Menschen wurde hier begeistert lebendig gehalten. 1965 erfolgte die Seligsprechung durch Papst Paul VI. Die Heiligsprechung war nur noch eine Frage der Zeit.

Kloster Anaya im Libanon. Hier lebte der Heilige von seinem Klostereintritt an. Hier ist er auch begraben.

Maronitischer Mönch im Kloster Anaya, wo Charbel Macklouf lebte. Der alte Mönch betreut ein kleines Museum. Das Regal enthält Dankesbriefe an Charbel aus aller Welt.

Wie eine Heiligsprechung vor sich geht

Die Heiligsprechung geschieht durch den Papst in einem festlichen Gottesdienst.

Nach dem Kyrie bittet der Bischof des Bistums, aus dem der künftige Heilige stammt, die Heiligsprechung vorzunehmen:

Heiligster Vater! Die heilige Mutter Kirche
bittet Eure Heiligkeit,
den Seligen Charbel Macklouf
in den Katalog der Heiligen einzuschreiben,
auf daß er von allen Gläubigen als Heiliger
angerufen werden kann.

Dann singen alle Anwesenden die Allerheiligenlitanei. Danach betet der Papst:

Wir bitten dich, Herr, erhöre gütig die Bitten deines Volkes und erleuchte mit dem Lichte deines Geistes unsere Sinne, damit unser Dienst dir gefalle und der Erbauung deiner Kirche nütze.

Jetzt folgt die **Heiligsprechungsformel**.
Der Papst spricht:

Zur Ehre
der Heiligen und Ungeteilten Dreieinigkeit,
zur Erhöhung des katholischen Glaubens
und zur Vermehrung des christlichen Lebens;
in der Autorität unseres Herrn Jesus Christus,
der heiligen Apostel Petrus und Paulus
und kraft eigener Vollmacht;
nach reiflicher Überlegung
und öfterer Anrufung der göttlichen Hilfe
und nachdem Wir Uns
mit mehreren Brüdern beraten haben,
erklären und bestimmen Wir,
daß der selige Charbel Macklouf heilig ist,
und schreiben ihn in den Katalog der Heiligen ein;
Wir setzen fest,
daß er in der gesamten Kirche unter den Heiligen
mit frommer Haltung verehrt werden muß.
Im Namen des Vaters + und des Sohnes + und des
Heiligen Geistes. Amen.

Der Bischof dankt dem Papst und sagt:

Heiliger Vater, im Namen der heiligen Kirche
danke ich aufrichtig für die Verkündigung.
Demütig bitte ich Eure Heiligkeit, anzuordnen,
daß die erfolgte Heiligsprechung in die Apostolischen Bücher eingetragen werde.

Der Papst erwidert:

Wir ordnen es hiermit an.

Die Messe wird sodann in gewohnter Weise fortgesetzt.

Der Name eines deutschen Bischofs

wird gesucht. Er ist der erste Heilige, der in feierlicher Form durch den Papst heiliggesprochen worden ist. Schreibe auf, was du auf die folgenden Fragen antwortest; unterstreiche von jedem Wort den zweiten Buchstaben! Hintereinander gelesen, ergeben sie den gesuchten Namen.

1.
Wie heißt das Fremdwort für »Danksagung«, mit dem auch die Meßfeier bezeichnet wird?

2.
Kennst du den Namen der heiligen Landgräfin von der Wartburg?

3.
Wie heißt der Gründer eines Bettelordens?

4.
Welchen Beruf hatte der hl. Petrus?

5.
Welches Attribut ist dem hl. Paulus beigegeben?

6.
Wie heißt der Schutzheilige der Kraftfahrer?

7.
Welchen Namen gibt die Bibel der ersten Frau?

8.
Was war der hl. Martin von Beruf?

9.
Wer wird scherzhaft der »Patron der Liederlichen« genannt?

10.
Wie heißt das Fremdwort für »Heiligsprechung«?

11.
An welchem Attribut (Bauwerk) erkennst du die hl. Barbara?

12.
Wie heißt der Heilige, der den Jesuitenorden gründete?

13.
Wie heißt Abrahams Sohn, den Gott als Opfer forderte?

14.
Wen nennt die Kirche »Vater des Glaubens«?

15.
Wie heißt der dritte Evangelist?

16.
In welcher europäischen Hauptstadt befinden sich die Gebeine des hl. Norbert?

17.
Welche Heilige wird mit einem Lamm auf dem Arm abgebildet?

Wie die Heiligsprechung zu verschiedenen Zeiten geschah				
Bis um 1000	Das Volk verehrt Glaubenszeugen und Nachfolger Christi als Heilige. Oft wird über dem Grab eine Kirche errichtet.	ST. PETRUS		*Die erste Heiligsprechung durch einen Papst war die des Bischofs Ulrich von Augsburg durch Papst Johannes XV. am 11. Juni 993.*
Bis um 1630	Heiligenkalender Heiligenlegende und Reliquienkult stehen in Blüte.	Die Bischöfe beginnen zu prüfen, wen sie als Heiligen anerkennen. Sie bestimmen, wer in die Liste der Heiligen aufgenommen und verehrt werden darf.	ST. BENEDIKT	
Seit 1630	Verehrung des Heiligen (Kult) ist erst gestattet, wenn das Verfahren zur Seligsprechung erfolgreich abgeschlossen ist.	Die Bischöfe leiten den Informativprozeß ein: a) Zeugen und Zeugnisse beibringen für Tugend und Wunder; b) Antrag an den Papst leiten.	Festes Verfahren: 1. Informativprozeß (Bischöfe), 2. Seligsprechungsverfahren (Rom), 3. Heiligsprechungsverfahren, 4. feierliche Verkündigung durch den Papst.	PIUS X.

Formen der Verehrung

Namenstag und Geburtstag

In den katholischen Kalendern stehen hinter der Tagesangabe meist mehrere Heiligennamen. In alter Zeit hatte dies eine so große Bedeutung, daß man vom Johannistag oder vom Barbaratag sprach und jeder sofort wußte, daß es sich um den 24. Juni und um den 4. Dezember handelte. Im allgemeinen ist der Todestag des Heiligen im Kalender verzeichnet. Der Todestag wird als Beginn für das Leben mit Gott verstanden.

Bis heute sagt jeder »An Silvester« und meint den letzten Tag im Dezember. Viele wissen nicht mehr, daß Silvester I. ein heiliger Papst war, der im 4. Jahrhundert gelebt hat.

Wer nun seinen eigenen Namenstag im Kalender sucht, wird manchmal nicht gleich den rechten Heiligen finden. Oder er findet ihn sogar mehrmals. Woher kommt das?

Ein Grund ist, daß es viele Heilige mit demselben Namen gibt.

Zum Beispiel kennen wir den hl. Johannes den Täufer, dessen Fest am 24. Juni gefeiert wird, und Johannes den Apostel und Evangelisten, der am 27. Dezember im Kalender steht. Oder ein anderer Grund ist die Überschneidung von verschiedenen Kalendern.

Der *Generalkalender* der Kirche führt alle Heiligen an, die für die Weltkirche Bedeutung haben.

Der *Regionalkalender*, der für ein bestimmtes Gebiet gilt, nennt auch solche Heilige, die für dieses Gebiet allein bedeutsam sind.

Der Kalender und die Heiligen

Eltern erwarten ein Kind. Wird es ein Mädchen, wird es ein Junge? Sie wälzen dicke Bücher, um einen Namen zu finden. Die Mutter ist für Petra oder Markus; der Vater hatte sich auf Monika oder Klaus eingespielt. Als das Kind geboren ist, einigen sie sich auf Thomas. Sie haben nämlich in einem Heiligenbuch über Thomas von Aquin gelesen. Dieser war ein großer Wissenschaftler und ein sympathischer Mensch. Sie knüpfen an den Namen gewisse Hoffnungen für ihr Kind. Außerdem heißt der Patenonkel, dem sie manches Gute zu verdanken haben, Thomas.

Die Römer beispielsweise kannten ein sehr einfaches Verfahren, ihre Kinder zu benennen: Sie gaben ihnen nach der Reihenfolge des Erscheinens in dieser Welt eine Nummer: der erste, der zweite und so weiter.

Andere Völker wiederum benannten ihre Sprößlinge nach deren Aussehen, etwa so: der Krauskopf, Dicker, der Schwarze usw.

Der *Eigenkalender* schließlich, der für ein Bistum gilt, hebt beispielsweise den Weihetag einer Bischofskirche und das Fest des Kirchenpatrons hervor. Dabei kann es vorkommen, daß andere Heilige nicht berücksichtigt werden können.
Man kann ähnliches im eigenen Lebenslauf beobachten. Meine persönlichen Festtage, wie Geburtstag und Namenstag, Hochzeits- oder Weihetag, können für mich so bedeutsam sein, daß gewisse Tage aus dem Jahreskalender, wie Pfingsten oder Erntedankfest, überdeckt werden.
Im Wandkalender werden aus Platzmangel meist nur die wichtigsten Tagesheiligen genannt. Tatsächlich aber müßten oft viel mehr Namen dastehen. Außerdem hat die Verehrung des Herrn an Hochfesten und an Sonntagen Vorrang vor dem Gedenken an einen Heiligen.

Der Altar als Heiligengrab

»Es ist gar nicht selbstverständlich, wie so ein Heiliger gelebt hat: als Bettler, als Gelehrter, als Herzogin. In Wirklichkeit war es meist ein gefährliches Abenteuer, das man immer erst hinterher als christliche Möglichkeit erkannt hat.« So sagt Karl Rahner, ein bedeutender Theologe unserer Zeit. Wir wollen diese Heiligen als Vorbilder vor Augen haben. In unseren Kirchen und Wohnungen erinnern uns Abbilder an ihre Abenteuer für Gott.
Im Anfang des Christentums war das auch so. Wir wissen, daß die ersten Christen in Rom ihren Bischof Petrus sehr liebten. Als er dann wegen seiner Treue zu Christus getötet worden war, holten die Christen seinen Leichnam. Sie wollten den toten Leib bei sich haben und das Grab verehren. Dann bauten sie eine kleine Kapelle über dem Grab. Und weil immer mehr Menschen zum Christentum kamen und alle am Grab des hl. Petrus beten wollten, mußten sie eine größere Kirche errichten. Bis sich schließlich die herrliche Peterskirche über dem Grab erhob, die heute noch Mittelpunkt aller katholischer Christen der Welt ist.
Die Liebe zum Heiligen zeigt das christliche Volk in der Verehrung seines Grabes.
Es ist übrigens keine besondere christliche Weise der Totenverehrung, über dem Grab Bauwerke zu errichten. Das taten schon fast alle Kulturvölker. Die Pyramiden in Ägypten sind das wohl am meisten bekannte Beispiel.

Das Petrusgrab in Rom

Die Überlieferung berichtet, und Ausgrabungen unter der Kirche haben es bestätigt: Unter der Peterskirche befindet sich das Grab des heiligen Apostels Petrus. In ihrem Inneren ist vor dem Hochaltar eine Gedächtnisstelle, und in den Gewölben unter dem Fußboden wird seit Jahrhunderten ein Altar »über dem Petrusgrab« verehrt. Nun ist man vor gut 30 Jahren der Sache auf den Grund gegangen in des Wortes wahrster Bedeutung. Man hat unter der Unterkirche weiter in die Tiefe gegraben. Wir Menschen von heute wollen alles ganz genau wissen. Schriftliche Urkunden hatte man, die bis in das Jahr 200 zurückreichen. Und man konnte beweisen, daß der hl. Petrus schon immer an derselben Stelle besondere Verehrung genoß. Dazu kommt noch, daß man den Zirkus des Nero auf dem Gelände des Vatikans nachweisen konnte. In dieser Arena soll der Überlieferung zufolge der Apostel den Kreuzestod erlitten haben. Das sei in der Christenverfolgung unter Kaiser Nero gewesen. Nero regierte von 64 bis 67 n. Chr.
Kurz und gut: man grub. Schließlich stießen die Forscher auf Erdgräber, von denen eines durch Lage und Ausstattung auffiel. Und wo lag es? Genau unter dem heutigen Hochaltar. Zwar fand man keine Inschrift, auch nicht die Reste des Leichnams. Aber die Lage genau unter dem Hochaltar und Einzelheiten in der Anordnung der gefundenen Bauteile lassen in Verbindung mit der ununterbrochenen mündlichen Überlieferung und der örtlichen Verehrung den Schluß zu, daß man das Grab des ersten Papstes gefunden hatte.

Unsere christlichen Vorfahren bedienten sich zeitweise einfach des Heiligenkalenders. Das Kind wurde auf den Namen des Heiligen getauft, der sich am Tage der Geburt im Heiligenkalender fand. Zum Beispiel:

Juni

16. Benno, Anita
17. Gregor,
18. Paula, Marianne
19. Romuald, Juliana
20. Adalbert, Adelgunde
21. Aloisius, Luise

Nehmen wir den 20. Juni als Tag der Geburt. Kam ein Mädchen zur Welt, hieß es Adelgunde; war es ein Junge, nannten ihn die Eltern Adalbert. Geburtstag und Namenstag fielen also zusammen. Eine Trennung von Namenstag und Geburtstag führte dazu, daß man *zweimal* feiern konnte. Dabei muß man allerdings sagen, daß es landschaftlich sehr unterschiedliche Gewohnheiten gibt. Die einen betonen den Namenstag und legen dem Geburtstag kein Gewicht bei; andere halten es umgekehrt. Die evangelischen Christen kennen keinen Namenstag, weil bei ihnen die Heiligenverehrung – als Antwort auf gelegentliche Übertreibung in der katholischen Kirche – abgelehnt wird.

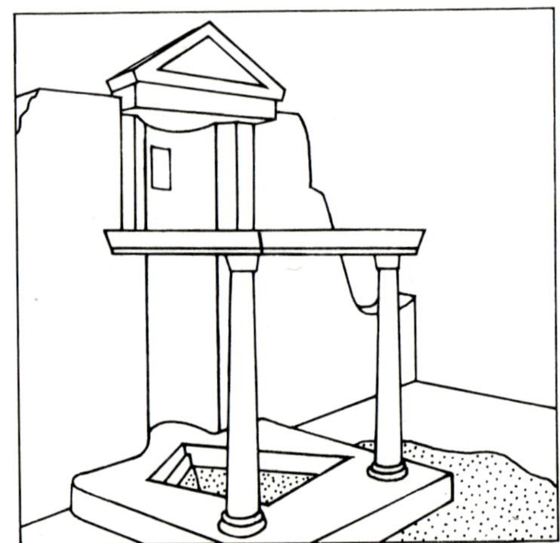

Rekonstruktion des Petrusgrabes nach Ausgrabungen

Die Kirche lebt
vom Kampf
Unheiliger
um die Heiligkeit.

Joseph Ratzinger

Auflösung von S. 165 (Aus gutem Grund):
HUMOR IST KEIN HINDERNIS FÜR HEILIGKEIT.

Heiligengrab und Altar

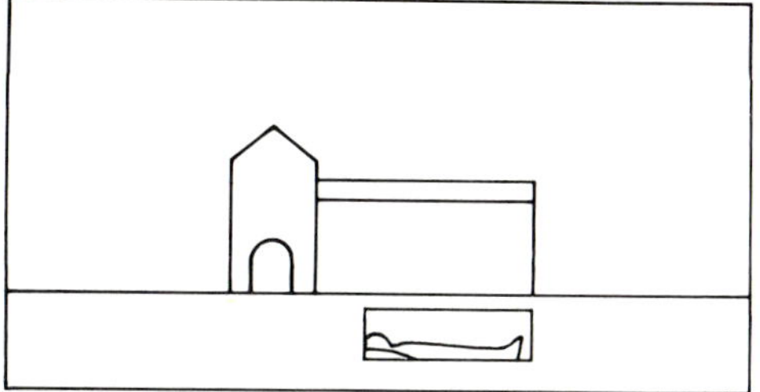

Die Kirche über dem Grab

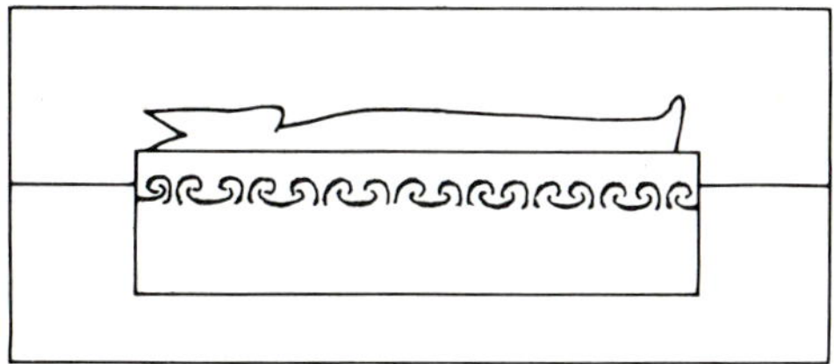

Das Grab als Sarkophag

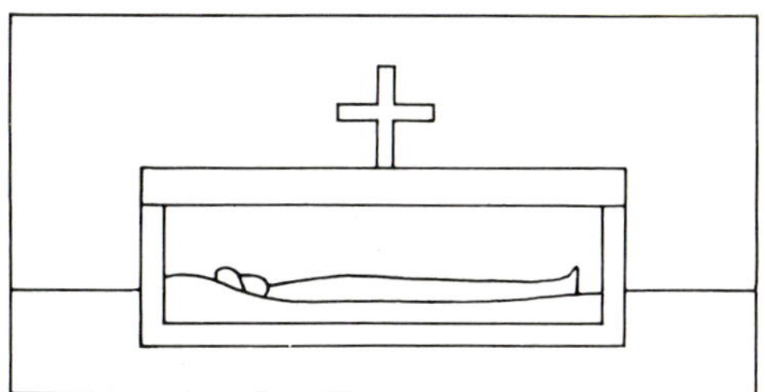

Das Grab im Altar

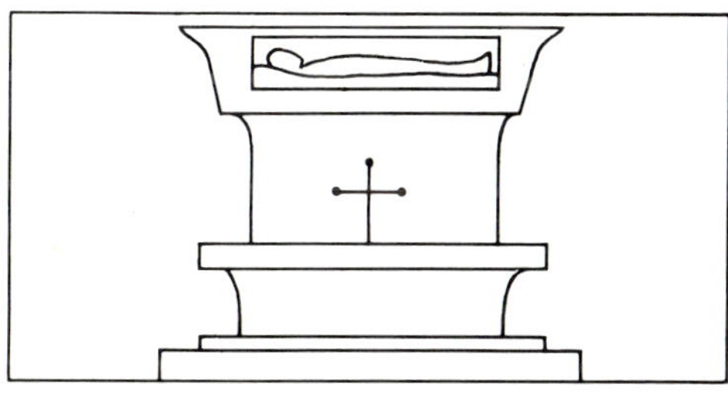

Das Grab über dem Altar

Bild des Heiligen über dem Altar

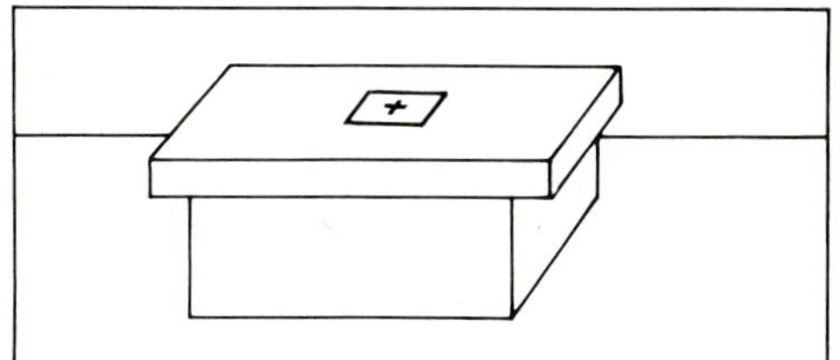

Reliquie des Heiligen im Altarstein

Kennst du die Heiligen?

Du kannst dein Wissen überprüfen. Zu fünf heiligen Männern und Frauen sind Aussagen gemacht. In jeder der drei folgenden Gruppen kommt jeder Heilige einmal vor. Versuche, die Namen zu finden, und schreibe zu jedem der fünf Namen die Nummern der dazugehörigen Aussagen. Es müssen dann hinter jedem Namen drei Zahlen stehen. Ihre Summe ist bei allen gleich. Sie sagt dir, wie viele Stunden diese Heiligen täglich für Gott gelebt haben.

A

1. Sie stammte aus einfachen römischen Verhältnissen und wurde die Frau eines römischen Kaisers.
2. Auf zahlreichen Brücken in der ČSSR, in Österreich und in der VR Polen ist sein Standbild anzutreffen.
3. Er gilt als der bedeutendste Gelehrte, Theologe und Heilige des christlichen Altertums.
4. Die hochherzige thüringische Fürstin nahm sich tatkräftig der Armen an.
5. Ihm verdankt die Kirche ihr liturgisches Nachtgebet, die Komplet.

B

6. Nachdem man sie von ihrer Burg vertrieben hatte, lebte sie selbst in Armut und Elend.
7. Er war Doktor des Kirchenrechts, Domherr und Generalvikar des Erzbistums Prag.
8. Auf dem Monte Cassino gründete er ein Kloster, das zur Wiege für viele Mönchsklöster wurde.
9. Sein bekanntestes Werk sind die »Bekenntnisse«, in denen er die Geschichte seiner Jugend und seiner Bekehrung aufgeschrieben hat.
10. Der Legende nach soll sie das Kreuz des Herrn in Jerusalem aufgefunden haben.

C

11. Durch seine Mönchsregel wurde er zum Vater des abendländischen Mönchtums.
12. Nach zügelloser Jugend bekehrte er sich und starb 430 als Bischof von Hippo (Nordafrika).
13. Sie ist die Mutter eines für das Christentum bedeutenden Kaisers des Römerreiches.
14. 1231 starb sie im Alter von 24 Jahren; sie ist die Schutzpatronin der caritativen Vereinigungen.
15. 1393 wurde er in der Moldau ertränkt. Er gilt als Märtyrer des Beichtgeheimnisses.

Aber die Reliquien

Es wird viel über den Mißbrauch erzählt, der im Mittelalter und später mit den Reliquien getrieben worden ist. Leider gab es den. Sind nicht alle guten Dinge der Gefahr des Mißbrauchs ausgesetzt? Denke nur an die Typen einer Schreibmaschine! Man kann sich ihrer bedienen, um ein Gebet zu schreiben – oder einen Fluch.

Aber wir geben erst einige sachliche Erklärungen zu dem Stichwort *Reliquien.*

Das Wort kommt aus dem Lateinischen: reliquiae = die Überbleibsel, der Rest. Man kann es am ehesten mit dem heute gebräuchlichen Wort Souvenir (frz. se souvenir = sich erinnern) vergleichen. Ein Souvenir ist ein fester Begriff geworden. Man besucht einen Aussichtsturm, und alles stürzt sich an den Kiosk. Ein Souvenir! Ja, das muß ich haben, sonst ist die Reise nur halb soviel wert. Es erinnert mich an

Reliquie kann sein	ein Kleidungsstück der Leichnam oder Teile davon ein Marterwerkzeug	}	eines Heiligen
Reliquie gehört	einer Kirche einem Kloster einem Schloß	}	aufbewahren zeigen verehren

Man sieht leicht ein, daß solche Gegenstände an den Heiligen erinnern wollen. Der Heilige aber wird ja nicht um seiner selbst willen geliebt und verehrt, sondern weil er das Gute, die Tugend, nachahmenswert gelebt hat. Er weist über sich hinaus auf Christus. Von daher allein ist auch die heilende und schützende Wirkung der Reliquien zu erklären. Die Heiligkeit von Christus, an der der Heilige Anteil hat, wird gegenwärtig durch den Körper und die Gegenstände, an den Orten und sogar im Namen des Heiligen, der ganz wie Christus werden wollte.

Zwei hölzerne Armreliquiare in einem mit Sternen verzierten Reliquienschrein. Marienkirche zu Kamenz (Sachsen), um 1380.
Unter den gleichsam segnenden Händen befanden sich früher Reliquien.

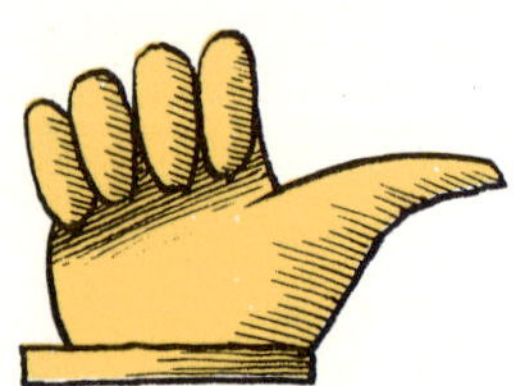

Auflösung von S. 168 (Der Name eines deutschen Bischofs):

1. Eucharistie, 2. Elisabeth, 3. Franziskus, 4. Fischer, 5. Schwert, 6. Christophorus, 7. Eva, 8. Soldat, 9. Antonius, 10. Kanonisation, 11. Turm, 12. Ignatius, 13. Isaak, 14. Abraham, 15. Lukas, 16. Prag, 17. Agnes – ULRICH VON AUGSBURG. Er wurde am 11. Juni 993 durch Papst Johannes XV. heiliggesprochen.

Auflösung von S. 171 (Kennst du die Heiligen?):

St. Helena	1	10	13	=	24
St. Nepomuk	2	7	15	=	24
St. Augustinus	3	9	12	=	24
St. Elisabeth	4	6	14	=	24
St. Benedikt	5	8	11	=	24

Ohne Zweifel wäre ich ein Christ – wenn die Christen es vierundzwanzig Stunden täglich wären.

Mahatma Gandhi (1869–1948)

Haupt der hl. Elisabeth. Dieser Schädel wird seit über 400 Jahren in einem Wiener Kloster aufbewahrt.

Wir zünden froh die Kerzen an, daß sie sich still verbrennen, und lösen diesen dunklen Bann, daß wir dein Bild erkennen.

Was der hl. Martin mit dem Kaplan zu tun hat

Martin war um 316 in ...... geboren. Sein Vater soll ein römischer Staatsmann gewesen sein. Martin hatte schon als Junge von den .... gehört und wollte in ihre Gemeinschaft aufgenommen werden. Dafür war aber eine längere Probezeit notwendig. Am Ende dieser Zeit, die man .... nannte, erhielt der Bewerber die Taufe. Als Martin mit 15 Jahren in das römische Heer eintrat und als ...... diente, war er noch nicht getauft. Eines Tages begegnete er einem frierenden .... Schon wollte er weiterreiten. Er hatte ja nichts bei sich als die Waffen und seinen .... Jedoch er besann sich, nahm das .... und zerteilte seinen Mantel. Die eine Hälfte schenkte er dem Bettler. Diese Begebenheit erzählten sich die Leute über Martin, als er schon berühmt und .... in der französischen Stadt Tours (sprich: Tuhr) war. Als er am 11. November 387 starb, verehrten ihn die Christen als Vorbild der .... Sie wollten ein Andenken von ihm aufbewahren und wählten sein Mönchskleid. Das sollte sie an die Tat der .... erinnern. Von diesem Mönchsgewand bekam der Aufbewahrungsraum im fränkischen Königspalast in Paris den Namen »Kapelle« (lat. cappa = Gewand, Mantel, Kapuze). Später ging der Name »Kapelle« auf andere kleinere Kirchenräume über. Die Geistlichen an einer Kapelle bezeichnet man als Kapellan (Kaplan).

Kleine Hilfe: Bischof, Soldat, Nächstenliebe, Ungarn, Katechumenat, Mantelteilung, Bettler, Christen, Soldatenmantel, Schwert (ä = 1 Buchstabe).

Die Wallfahrt

Die Christen haben schon frühzeitig heilige Stätten (Apostelgräber; Märtyrergräber) besucht. Die mittelalterliche Kirche kannte drei große Ziele frommer Sehnsucht: Jerusalem, den Ort des Herrengrabes, und das Heilige Land; Rom mit den Gräbern der Heiligen Petrus und Paulus und Santiago de Compostela in Spanien (das »westliche Jerusalem«) mit dem Grab des heiligen Apostels Jakobus des Älteren. Dieses Apostelgrab, dieses der ganzen Welt gehörende Heiligtum, war es, das nicht nur die abendländische Kultur, die schönen Künste, vor allem die Architektur, in unvergleichlicher Weise zum Blühen brachte, vielmehr umfaßte der Weg nach Santiago de Compostela mit seinen Pilgerscharen aus aller Herren Ländern die eigentliche, die ganze mittelalterliche Christenheit. Der heilige Apostel Jakobus wurde mit seinem Pilgerhut, der Muschel, der Kürbisflasche und dem Wanderstab der Schutzpatron und das Sinnbild irdischer Pilgerschaft.

Auf welchen Straßen zogen die Pilger nach Santiago de Compostela? In den großen Hansestädten an der Küste der Ostsee, wie Lübeck, Stralsund, Danzig, Reval und Riga, sammelten sich die Pilger aus dem Osten und aus Skandinavien und fuhren von dort mit Schiffen durch Nordsee und Atlantik bis nach Bordeaux, nach Frankreich, seltener direkt zur spanischen Küste. Die in Mitteldeutschland Wohnenden zogen zunächst auf der alten Handelsstraße, die von Wrocław (Breslau) kam und über Leipzig führte, nach Frankfurt am Main; von dort aus pilgerten sie weiter bis zum Grab des Apostels. Diese Pilgerstraße erreichte bei Görlitz das Gebiet der heutigen DDR und gabelte sich in Bautzen in einen nördlichen und einen südlichen Zweig. Der nördliche Zweig führte über Kamenz, Merschwitz, Oschatz, Wurzen, Leipzig, Naumburg, Weimar, Erfurt, Gotha, Eisenach nach Fulda und Frankfurt am Main. Jakobskirchen gab es in Wurzen, Leipzig, Naumburg, Weimar, Gotha und Eisenach. Der südliche Zweig des Weges führte über Dresden, Freiberg, Einsiedel, Stollberg, Reinsdorf, Plauen, Hof, Kulmbach. Auch auf diesem Weg gab es eine Fülle von Jakobskapellen und Jakobskirchen. Eine das ganze Abendland umspannende Organisation von Jakobsbruderschaften, Hospizen und Pilgerherbergen, von Brückengenossenschaften und Wegebauten entstanden zugunsten der Pilger.

F. P. Sonntag

Die alte Jakobs-Pilgerstraße

Die Söhne

Drei Frauen holten Wasser am Brunnen. Nicht weit davon saß ein Greis auf einer Bank und hörte zu, wie die Frauen ihre Söhne lobten.

»Mein Sohn«, sagte die erste, »ist ein geschickter und wendiger Junge. Er übertrifft an Behendigkeit alle Knaben im Dorf.«

»Mein Sohn«, sagte die zweite, »hat die Stimme einer Nachtigall. Wenn er singt, schweigen alle Leute still und bewundern ihn.«

Die dritte schwieg. »Und warum lobst du deinen Sohn nicht?« fragten die beiden andern.

»Ich wüßte nicht, womit ich ihn loben könnte«, entgegnete diese. »Mein Sohn ist nur ein gewöhnlicher Junge und hat nichts Besonderes an sich.«

Die Frauen füllten ihre Eimer und gingen heim. Der Greis ging langsam hinter ihnen her. Er sah, wie hart es die Frauen ankam, die schweren Eimer zu tragen, und er wunderte sich nicht, daß sie nach einer Weile ihre Last absetzten, um ein wenig zu verschnaufen. Da kamen ihnen drei Knaben entgegen. Der erste stellte sich auf die Hände und schlug Rad um Rad. »Welch ein geschickter Junge!« riefen die drei Frauen.

Der zweite stimmte ein Lied an, und die Frauen lauschten ergriffen, mit Tränen in den Augen.

Der dritte Junge lief zu seiner Mutter, ergriff wortlos ihre beiden Eimer und trug sie heim.

Die Frauen wandten sich zu dem Greis und fragten: »Was sagst du zu unseren Söhnen?«

»*Eure* Söhne?« sagte der Greis verwundert. »Ich sehe nur einen einzigen Sohn.«

(Russisches Märchen)

Altar

Die im 4. Jahrhundert beginnende Heiligenverehrung führt allmählich dazu, daß »neben« dem Haupt- oder Hochaltar (auf erhöhtem Chor über der Krypta) im Kirchenschiff Nebenaltäre entstehen. Sie sind Heiligen gewidmet. Im Mittelalter gab es im Magdeburger Dom zeitweilig 48 Nebenaltäre, die die Zünfte ihren Schutzpatronen gestiftet hatten.

Attribut

von lat. attribúere (= zuteilen, beifügen); beigefügtes Kennzeichen, bei Heiligen in Form eines Gegenstandes oder Wesens, das auf Besonderheiten ihres Lebens (z. B. Elisabeth mit dem Brotkorb, Hubertus mit dem Hirsch) oder ihres Martyriums (z. B. Paulus mit dem Schwert) hinweist.

Biographie

von griech. biós (= Leben) + graphein (= schreiben); Lebensbeschreibung, → Legende, → Vita

Informativprozeß

(auch Informationsprozeß); ein mit der Gerichtsverhandlung vergleichbares Verfahren, bei dem nicht das Böse, sondern das Gute bewiesen werden soll. Er geht dem Seligsprechungsverfahren voraus.

Jahresbegehung

Jährlich wiederkehrende Fest- oder Gedenktage werden mit entsprechenden Bräuchen begangen.

Kanonisation

von lat. canon (= Regel, Richtschnur); Heiligsprechung; Aufnahme eines Seligen in das Verzeichnis (Kanon) der Heiligen.

Kult

von lat. cólere (= pflegen); auch Kultus. Kult ist die öffentliche Ausübung von Religion, vor allem der Gottesdienst. Die öffentliche Verehrung der Heiligen nennt man (Heiligen-) Kult.

Legenda aurea

(= lat.: Goldene Legende); eine von Jacobus de Voragine im 13. Jahrhundert verfaßte umfangreiche Sammlung von Heiligenleben. Sie ist nach dem Heiligenkalender geordnet.

Legende

von lat. legere (= lesen); das Vorzulesende. Sie ist eine literarische Form, in der Name und Tugend eines Menschen (Heiligen) sich zum Anruf an den Hörer verbinden und zur Nachahmung (= Imitation) anregen. → Biographie → Vita

Literarische Formen

In der Gesamtheit der Literatur werden drei Gattungen unterschieden, die in unterschiedlichen sprachlichen Formen ausgeprägt sind.

Gattung	**Lyrik**	**Epik**	**Dramatik**
Sprachliche Form	**Vers**	**Prosa**	**Drama**
Literarische Form	Lied Hymne Psalm Ode Elegie Ballade usw.	Roman Novelle Legende Sage Fabel Märchen usw.	Tragödie Komödie Schauspiel Oper Operette Musical usw.

Liturgie

von griech. leiturgía (= Dienst am Volk); bedeutet Ordnung des Gottesdienstes und der gottesdienstlichen Handlungen.

Madonna

von lat./ital. mia donna (= meine Frau, Herrin); entsprechend im Französischen »Notre Dame« und im Deutschen »Unsere Liebe Frau«. Mit »Madonna« bezeichnen wir meist eine Darstellung von Maria mit dem Jesuskind.

Märtyrer

von griech. martys (= Zeuge): Glaubenszeugen, die um des Glaubens willen Folter oder Tod erlitten.

Mythe

von griech. mythos (= Rede, Wort); ist eine einfache welterklärende Formel, die Antwort auf Grundfragen des Menschen gibt, z. B. »Wie ist die Welt entstanden?« Wenn die Mythe dichterisch gestaltet ist, spricht man von Mythos.
Einfache Form = Mythe
Kunstform = Mythos

Mythologie

ist die Gesamtheit der Mythen eines Volkes, aber auch die Wissenschaft, die sich mit Mythen und Göttern befaßt.

Nothelfer

sind von Christen besonders in Zeiten der Not und Sorge um Fürbitte angerufene Heilige. Anlaß zur Anrufung eines Heiligen als Nothelfer war oft ein verwandter oder gleichartiger Beruf, seine Vita oder das ihm in Bildwerken beigefügte Attribut (z. B. Drechsler verehrten den hl. Erasmus; Schiffer den hl. Nikolaus).

14 Nothelfer

Gruppe von 14 Heiligen, deren Martyrium zu Verehrung und Schutzbitte in besonderen Anliegen anregte. Die Zusammenstellung der Gruppe vollzog sich wohl im 14. Jahrhundert in den Diözesen Bamberg und Regensburg. Bedeutendstes Kultzentrum der 14 Nothelfer wurde im 15. Jahrhundert der Wallfahrtsort Vierzehnheiligen bei Bamberg. Die am meisten bekannte Liste:

Name	Attribut
Achatius	Dornenzweig
Aegidius	Hindin (Hirschkuh)
Barbara	Kelch mit Hostie, Turm
Blasius	Kerze
Christophorus	Jesuskind auf den Schultern
Cyriakus	Teufel
Dionysius	Kopf in den Händen
Nikolaus	drei Goldklumpen, Anker
Eustachius	Hirschgeweih mit Kreuz
Georg	Pferd,Drachen
Katharina von Alexandrien	Schwert, zerbrochenes Rad
Margareta	Drachen
Pantaleon	Salbfläschchen
Veit	Kessel

In Vierzehnheiligen bei Bamberg werden die vierzehn Nothelfer seit alter Zeit verehrt.

Ostkirche

ist die Gesamtheit der christlichen Kirchen in Osteuropa und dem Vorderen Orient. Näheres dazu S. 46ff. und 98.
Die Ostkirche kennt viele Formen der Heiligen- und der Marienverehrung (Ikonostase, Litaneien, Wallfahrten, Kerzenopfer u.a.).

Patron

von lat. patronus (= Schutzherr, Verteidiger). Wir kennen den Namenspatron: ein Heiliger, auf dessen Namen wir getauft sind, und den Kirchenpatron, dem eine Kirche geweiht ist (z. B. Nikolaikirche). Im kirchlichen Rechtswesen bezeichnet »Patron« den Gründer einer Kirche, eines Krankenhauses usw.

Patrozinium

Schutzherrschaft eines Heiligen über die ihm geweihte Kirche →Patron

Reliquie

von lat. reliquiae (= die Überbleibsel); Andenken an Heilige. Das Bedürfnis des Menschen nach Andenken (Souvenirs) führt im Heiligenkult zur Übertragung der Verehrung der geschätzten Person auf Gegenstände. Ursprünglich ist er der tote Leib. Dann werden auch Kleidung, Marterwerkzeuge u. ä. in die Verehrung einbezogen. Der Brauch, tote Leiber aufzubewahren und zu verehren, ist auch heute bekannt. Siehe auch S. 172 f.

Sanct

van lat. sanctus (= heilig); auch Sankt geschrieben; zur Kennzeichnung von Heiligen vor deren Namen gesetzt, z. B. Sanct Peter oder St. Peter.

Sarkophag

von griech. sarkophagos (= Fleischfresser); davon »Sarg« gebildet; ursprünglich ein Sarg aus Stein von Assos (Kleinasien), der das Fleisch des Toten allmählich vernichtet. Später auf alle Steinsärge übertragen.

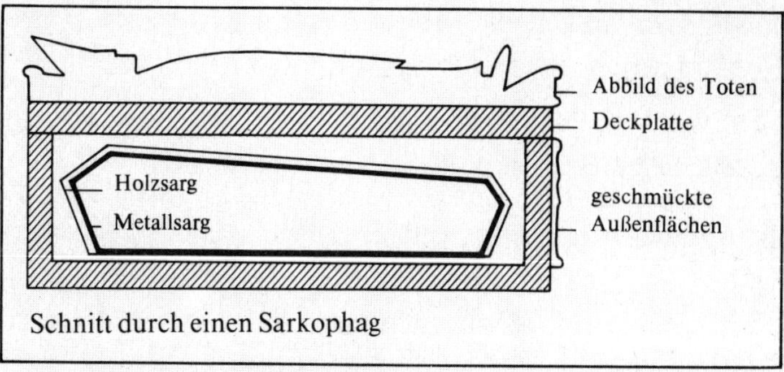

Schnitt durch einen Sarkophag

Schutzmantelmadonna

Seit dem 13. Jahrhundert gibt es Darstellungen von Maria, unter deren ausgebreitetem Mantel kniende Menschen Hilfe und Schutz suchen. Dieses Motiv hat seinen Ursprung im mittelalterlichen Rechtsleben: adlige Frauen, die von Verfolgten um Fürsprache angerufen wurden, durften diesen unter ihrem Mantel Asyl gewähren. Der Gedanke vom schützenden Mantel der Gottesmutter wurde besonders von den Zisterziensern und Dominikanern verbreitet. Auch in der theologischen Literatur und in volkstümlichen Marienliedern spielt er eine Rolle, z. B. »Maria, breit den Mantel aus« (GL, Nr. 595).

Schutzpatron

→ Patron. Im Mittelalter auch der von einer Gilde, einer Zunft oder Bruderschaft (Vereinigung von Kaufleuten, von Handwerkern bzw. von religiös Gleichgesinnten) verehrte Heilige.

Sprachgebärde

ist eine stark verkürzte Aussage, die noch andere Inhalte weitergibt. Sie ist Kern der Heiligenlegende.

Vita

(= lat.: Lebensbeschreibung [eines Menschen]). Der Begriff wird im engeren Sinn für die Lebensbeschreibung von Heiligen gebraucht.

Stein und Stimme loben Gott

Kunst in der Kirche

Stein und Stimme loben Gott

✸

Kunst in der Kirche

Mehr als Stein

■ Geheimnis in der Wüste

Das Geheimnis der Pyramiden ist noch immer nicht restlos geklärt. Man weiß zwar: Pyramiden sind Königsgräber und Denkmäler der Macht. Aber das kann nicht alles sein. Man hat die Cheopspyramide vermessen und festgestellt, daß ihre Kanten exakt in die vier Himmelsrichtungen zeigen. In anderen Maßen scheinen Erkenntnisse der Astronomie verschlüsselt zu sein. So in der Höhe. Multipliziert mit 10^9 soll das Ergebnis der Entfernung Erde – Sonne entsprechen. Hat das etwas zu sagen? Wir wissen, daß der König sich als Sohn des Sonnengottes Re verstand. Man kann hier nur vermuten.
Rätselhaft sind auch die Gänge im Innern der Pyramide. Jedenfalls für den Laien. Rätselhaft ist die Bauzeit. Die Cheopspyramide soll in 20 Jahren erbaut worden sein. Dabei habe man nur drei Monate im Jahr daran gearbeitet. Ein Güterzug, mit den Steinquadern beladen, hätte die Länge von Berlin bis zum Schwarzen Meer. Hunderttausende von Fachkräften und Sklaven haben diesen gigantischen Steinberg errichtet. Und wir fragen uns: Nur wegen dieser relativ kleinen Grabkammer?

Grabmal des ägyptischen Königs Cheops, um 2600 v. Chr. erbaut

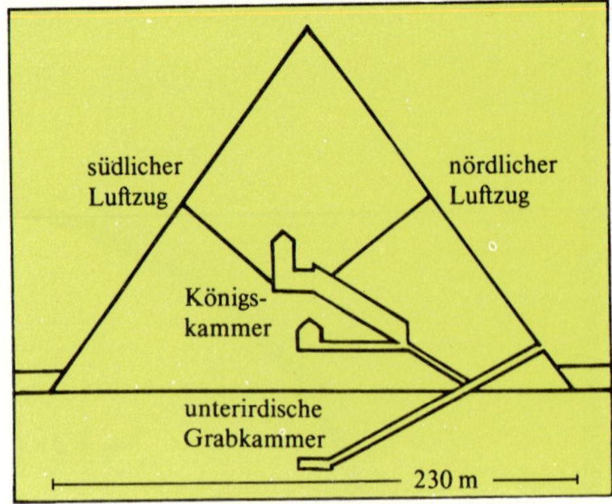

Schnitt durch die Cheops-Pyramide

Das Bauwerk gibt Auskunft

Das Bauwerk gibt uns viele Rätsel auf. Aber es gibt auch Auskünfte. Aus den Daten können wir Schlüsse ziehn. Zum Beispiel: die Ägypter müssen in der Lage gewesen sein, Hunderttausende von Arbeitern zu ernähren, unterzubringen und zu organisieren. Das setzt Pläne voraus und auch Technik, Wissen und Werkzeuge. Im Inneren erfahren wir etwas über Leben und Sterben der Könige. Das Bauwerk gibt Auskunft.
Wir stellen fest, die Pyramide ist

mehr als Grab.

Sie ist auch **Denkmal**
Tempel
Kalender
Wissensspeicher
Zeichen der Macht
Kunstwerk

■ Schönheit aus Marmor

Vor 2400 Jahren haben griechische Bildhauer unter der Leitung des genialen Phidias einen Tempel errichtet, der zu den schönsten Bauwerken der Welt zählt. Immer hat man das aber nicht zu schätzen gewußt. Andere hingegen, z. B. Reisende und Forscher, waren so begeistert, daß sie sich Teile davon mitnahmen.

Rekonstruktion des Tempels der Athene, 447–432 v. Chr. erbaut

Soldaten aber haben den stabilen Bau als Lager für Sprengstoff benutzt! Durch eine Unvorsichtigkeit explodierte das Pulver. Der Bau wurde schwer beschädigt. Das war 1687. Danach schaffte ein englischer Lord einen Teil der noch vorhandenen Skulpturen ins Britische Museum nach London. Das wiederum förderte die weitere Zerstörung. Seit 1900 versucht man nun, das kostbare Marmorwerk zu restaurieren: den »Parthenon« genannten Tempel auf der Akropolis in Athen. Es war ein der jungfräulichen Göttin Athene (von griech. parthenos = Jungfrau) geweihtes Heiligtum. Ein Standbild der Göttin befand sich ursprünglich im Innern.
Bedenken wir: Über vierhundert Jahre vor Christi Geburt haben die Griechen eine Feinheit des Ausdrucks und der Gestaltung erreicht, die wir im Laufe der Jahrhunderte immer nur nachahmen konnten (Renaissance, Barock, Klassizismus). Innen und außen befanden sich Bildtafeln, sämtlich in Marmor gehauen. Daraus sollte der Beschauer erkennen, wie tüchtig die Griechen waren. Sagen und Mythen in Stein geben Auskunft über ihr Wesen und Denken. Allein an der Außenseite waren ringsum 92 Bildwerke, sog. Metopen, angebracht. Sie sind ca. 1,30 m hoch und·1,20 m breit. Nur 40 sind noch am Tempel vorhanden, leider nicht alle in bestem Zustand. 15 weitere werden in London aufbewahrt, 3 in Athen und 1 in Paris. Von 12 Metopen weiß man nur durch Zeichnungen.

Wer hat den Tempel gebaut? Vom Bildhauer Phidias sprachen wir schon. Sicher hatte er einige bedeutende Mitarbeiter, von den notwendigen Handwerkern ganz zu schweigen. Den Auftrag aber erteilte ein Politiker, der Staatsmann Perikles. Also nicht ein König oder Adliger, sondern ein gewählter Vertreter der demokratischen Partei. Und welches Interesse hatte er an dem Tempel? Der Bau sollte religiösen Zwecken dienen. Das ist klar. Zugleich aber war er ein deutliches Zeichen des Selbstbewußtseins der Griechen. Ausdruck ihres Wissens und Könnens. Er war auch Bildungsstätte, er war

mehr als Tempel

Der Parthenon-Tempel ist auch

Ur-Kunde
Bildungsstätte
Zeichen des Selbstbewußtseins
Kunstwerk
Ruhmeshalle

Fernsehturm in Berlin am Alexanderplatz (365 m Höhe)

Werkzeug der Einheit

Nehmen wir einmal an,
wir leben im Jahre 2980 n. Chr. Wir schauen in die Vergangenheit. Da haben die Leute vor tausend Jahren Türme gebaut. Die brauchten sie zur besseren Übertragung von Funkwellen. Gut. Aber warum wollte einer immer höher bauen als der andere? Warum ist der Berliner Turm ausgerechnet so viele Meter hoch, wie das Jahr Tage hat? Warum befinden sich weit oben Gaststätten und Aussichtsumgänge?
Das ist die Frage nach dem Bau-*Sinn*. Warum, wozu hat man so gebaut?
Auch die Schönheit hat man nicht vergessen. So ein Fernsehturm ist auch etwas für das Auge.
Tragen wir zusammen, was uns hier aufgefallen ist: Höhe wird gebraucht für:

- besseren Empfang der Funkwellen,
- gute Aussicht,
- Ausdruck des Könnens, der Technik,
- Selbstdarstellung.

Also: Das Bauwerk gibt uns Auskunft.

Ein Fernsehturm ist

mehr als Antennenträger,

er ist auch **Aussichtsturm**
Kunstwerk
Zeichen für Leistung
Werkzeug der Verständigung

An diesen drei Beispielen soll etwas klargemacht werden:

Im Bauwerk spiegelt sich das Denken der Menschen.

Täglich und besonders auf Reisen sehen wir Zeugnisse christlicher Kunst und christlichen Bauens. Wir gehen daran vorbei. Schau hin! Hier haben Christen ihr Denken und ihren Glauben in Form gefaßt.
Du sollst lernen:
zu sehen – was ist das?
zu fragen – wozu ist das gebaut?
zu verstehen – und daran zu wachsen.

Ernste Frage
Der Apostel Paulus hat die Christen mit einem Bauwerk verglichen. Das Bilderrätsel gibt Auskunft, wie Paulus das meint.
1=W 2=i
2=i
1=d
ss=ß
0=i
1=G
3=t
es
T
2=e
53421
s
d?

Wie die alten Römer bauten

Quadrat und Kreisbogen sind die Grundformen, aus denen sich die römischen Bauten in der Regel zusammensetzen. Als unsere Vorfahren in Europa ihre ersten Kirchen selbst bauten, beachteten sie die Bauerfahrungen der Römer. Die Baumeister der Karolingerzeit hielten sich streng an die quadratische Form.
Die Grundformen erfahren vielfache Abwandlungen. Der Kreis wird verwandelt zum Halbkreis und zur Kugel bzw. zum Kugelausschnitt. Das Quadrat erscheint räumlich als Würfel und führt konsequent auch zur Verwendung des Prismas. Du kannst das an der Abbildung erkennen. Sie wirkt wie aus dem Baukasten. Du kannst dir die Türmchen und Apsiden (so nennt man die halbrunden Anbauten) wegdenken und auch die Seitenschiffe auf einer Seite, dann kommt die Grundform des Kreuzes deutlich zutage.

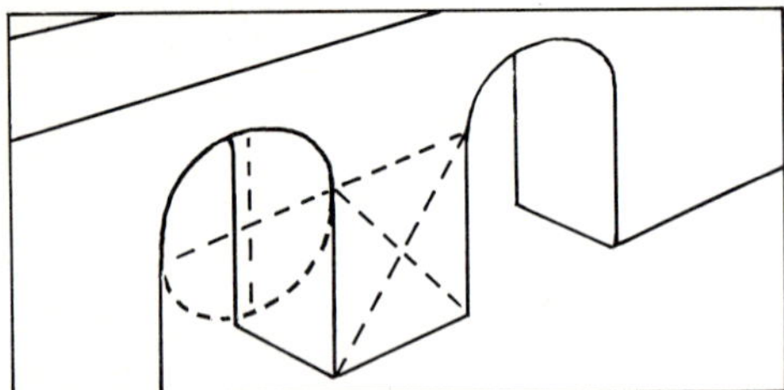

Die Grundfiguren der romanischen Bauweise: Kreis und Quadrat

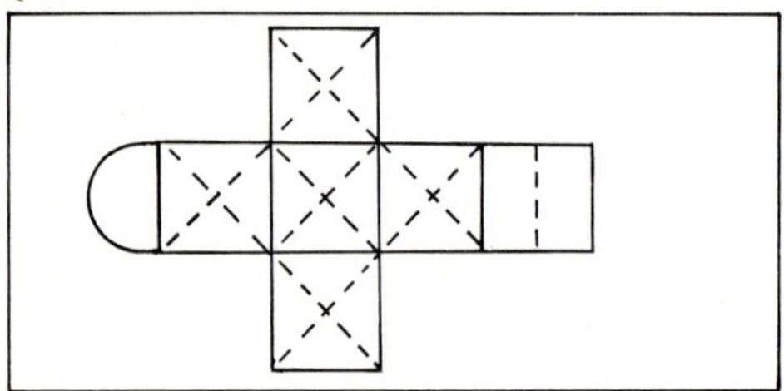

Vereinfachter Grundriß einer romanischen Kirche

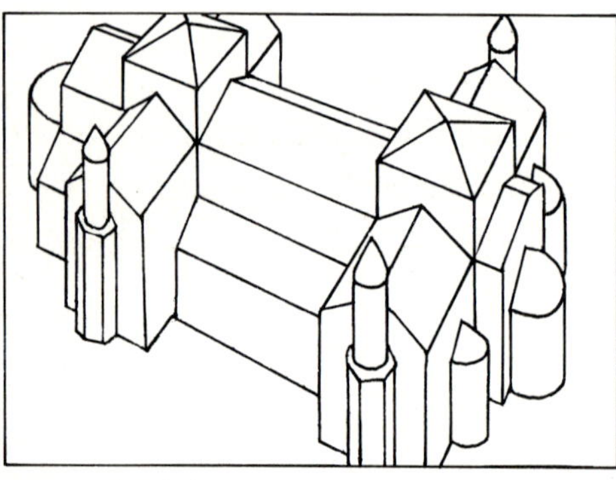

Romanische Kirche

Unsere Sprache zeugt bis heute davon, daß unsere Vorfahren das Bauen von den Römern gelernt haben. Hier einige Sprachvergleiche:

Deutsch	Lateinisch
Mauer	murus
Fenster	fenestra
Pforte	porta
Kammer	camera
Turm	turris
Ziegel	tegula
Keller	cellarium
Straße	via strata
Speicher	spicarium

In England wird eine Kirche gebaut

Was Abt Benedikt Biscop dazu unternimmt

Kaum ein Jahr nach der Gründung des Klosters fuhr Benedikt über den Ozean nach Gallien, warb Maurer an, die ihm eine Kirche aus Stein nach römischem Vorbilde ausführen sollten, erhielt solche und führte sie mit sich. Und derart gab er sich Mühe aus Liebe zum hl. Petrus, dem zu Ehren er die Kirche baute, daß ein Jahr nach der Grundsteinlegung der Dachstuhl aufgesetzt wurde und die Messe schon in der Kirche gefeiert werden konnte. Als der Bau vollendet war, schickte er seine Leute nach Gallien, die von dort Glasarbeiter, die bisher in England unbekannt waren, herüberholen sollten, damit sie die Fenster der Kirche, der Hallen und Gemächer einsetzten. So geschah es. Sie kamen und führten nicht bloß das ihnen aufgetragene Werk aus, sondern sie unterrichteten auch die Angeln in ihrem Handwerk.
Auch bedeutende Kunstgeräte für die hellen Hallen der Kirche, die verschiedenartigsten Gefäße, überhaupt alles, was für den Dienst des Altares und der Kirche brauchbar war, Gefäße und Gewänder, die in der Heimat nicht zu haben waren, besorgte der fromme Kaufherr in den Ländern jenseits des Kanals.
Aus Rom besorgte er die Bilder der Heiligen, um die von ihm erbaute Kirche des hl. Petrus auszustatten, nämlich ein Bild der seligen Gottesgebärerin und immerwährenden Jungfrau Maria und Bilder der zwölf Apostel; hiermit schmückte er die Mittelwand und die Decke der Kirche, die vollständig getäfelt war . . ., so daß die Besucher der Kirche, auch die des Lesens unkundigen, wo immer sie hinblickten, den gütigen Anblick Christi und seiner Heiligen, wenn auch nur im Bilde, hatten . . .

*Der Geschichtsschreiber Beda hat dies aufgezeichnet.
Er war selber Benediktinermönch und starb 735.*

Ich wollte, ich könnte eine kleine Säule sein, mein Gott, die etwas für dich stützte, gleichviel, was. Eine Säule, rauh und ungeschliffen und im Hintergrunde stehend, wenn es so dein Wille wäre, aber dennoch von einigem Nutzen für dich! In dieser Hinsicht wenigstens kann ich eine solche Säule sein: Deine in der ganzen Welt zerstreuten Interessen sind uns anvertraut, daß wir sie alle stützen – durch das Gebet...

Ignatius von Loyola

Sinnbild für Kraft und Beständigkeit

Säulen und Pfeiler sind zu allen Zeiten wichtige Bauelemente. Die **Griechen** fertigten **Säulen** zuerst aus Holz, später dann ausschließlich aus Stein. Wir unterscheiden bei ihnen drei Grundtypen:

In der **romanischen Baukunst** hatte die Säule meist einen glatten Schaft und, vornehmlich in Deutschland, oft ein Würfelkapitell. Seit der **Renaissance** im 16. Jahrhundert kamen die griechischen Grundtypen wieder in der europäischen Baukunst auf.
Aufgrund ihrer tragenden Funktion ist die Säule ein Sinnbild für Kraft und Beständigkeit.
Säulen, auch Obelisken, waren bei den alten Ägyptern Sonnenzeichen, Zeichen für die Verbindung zwischen Himmel und Erde und damit auch Zeichen der Macht. Im Magdeburger Dom zeugen heute noch vier Porphyrsäulen in der Farbe des königlichen Purpurs davon, daß Kaiser Otto I. sich als Nachfolger des römischen Kaisers verstand. Das Material war aus Italien geholt worden. Schon Kaiser Karl der Große hatte ähnliche Säulen als sichtbare Zeichen seiner Macht in der kaiserlichen Pfalzkapelle zu Aachen aufstellen lassen.
Im Tempel von Jerusalem waren die Säulen – so sagt es uns das Alte Testament (1 Kön 7,21) – ein Hinweis auf die beständige Kraft Gottes. Bei den Christen sind sie ein Zeichen für die Apostel und deren Nachfolger, denn diese tragen – so wie die Säulen und Pfeiler – den Bau der lebendigen Kirche. Deshalb sehen wir z. B. in Köln, Halberstadt und Freiberg Apostelfiguren an den Pfeilern.

Pfeiler sind stehengebliebene Wandstücke zwischen Wandöffnungen. Daher müssen sie sich auch mehr als die Säulen konstruktiven Bedingungen beugen; z. B. bilden die Dienste beim Bündelpfeiler statische Widerlager für das Gewölbe.
Wo Säulen und Pfeiler abwechselnd die Last tragen (etwa im Langhaus der romanischen Kirchen), spricht man von Stützenwechsel. Dieser gliedert eine Wandfläche rhythmisch auf, so wie der Versfuß ein Gedicht.

Grundtypen der griechischen Säule

dorisch
seit 625 v. Chr.

ionisch
seit 570 v. Chr.

korinthisch
seit 400 v. Chr.

Am Kapitell kann man die drei Hauptformen der Säule erkennen:

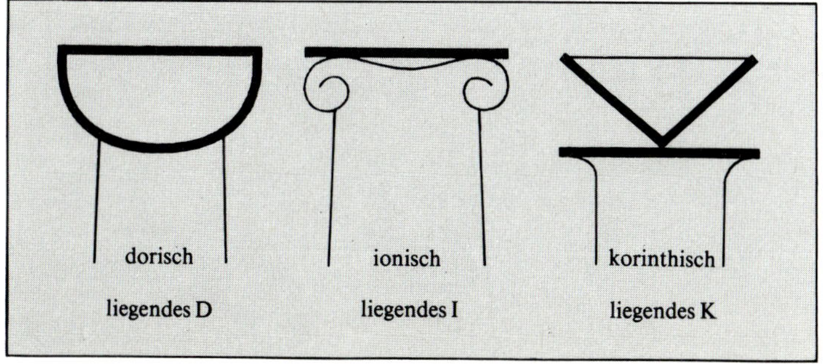

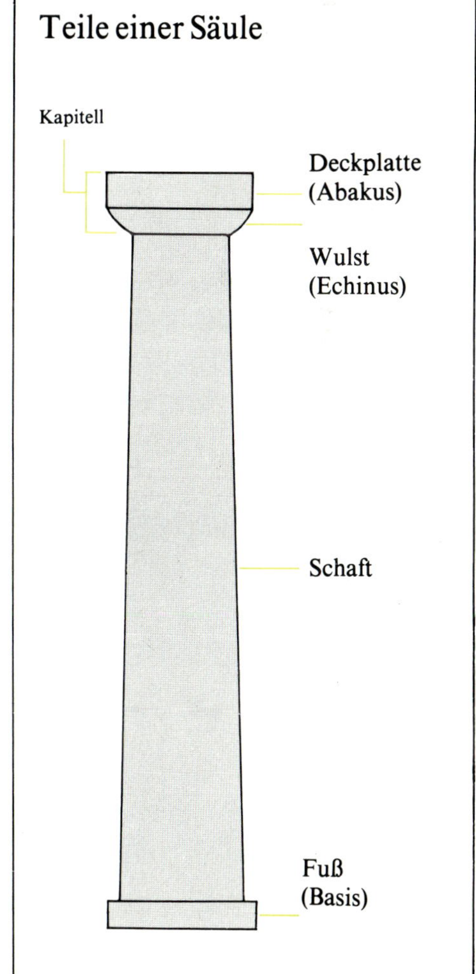

Auflösung von S. 181 (Ernste Frage):

Der hl. Paulus sagt: »WISST IHR NICHT, DASS IHR GOTTES TEMPEL SEID?« (1 Kor 3,16)

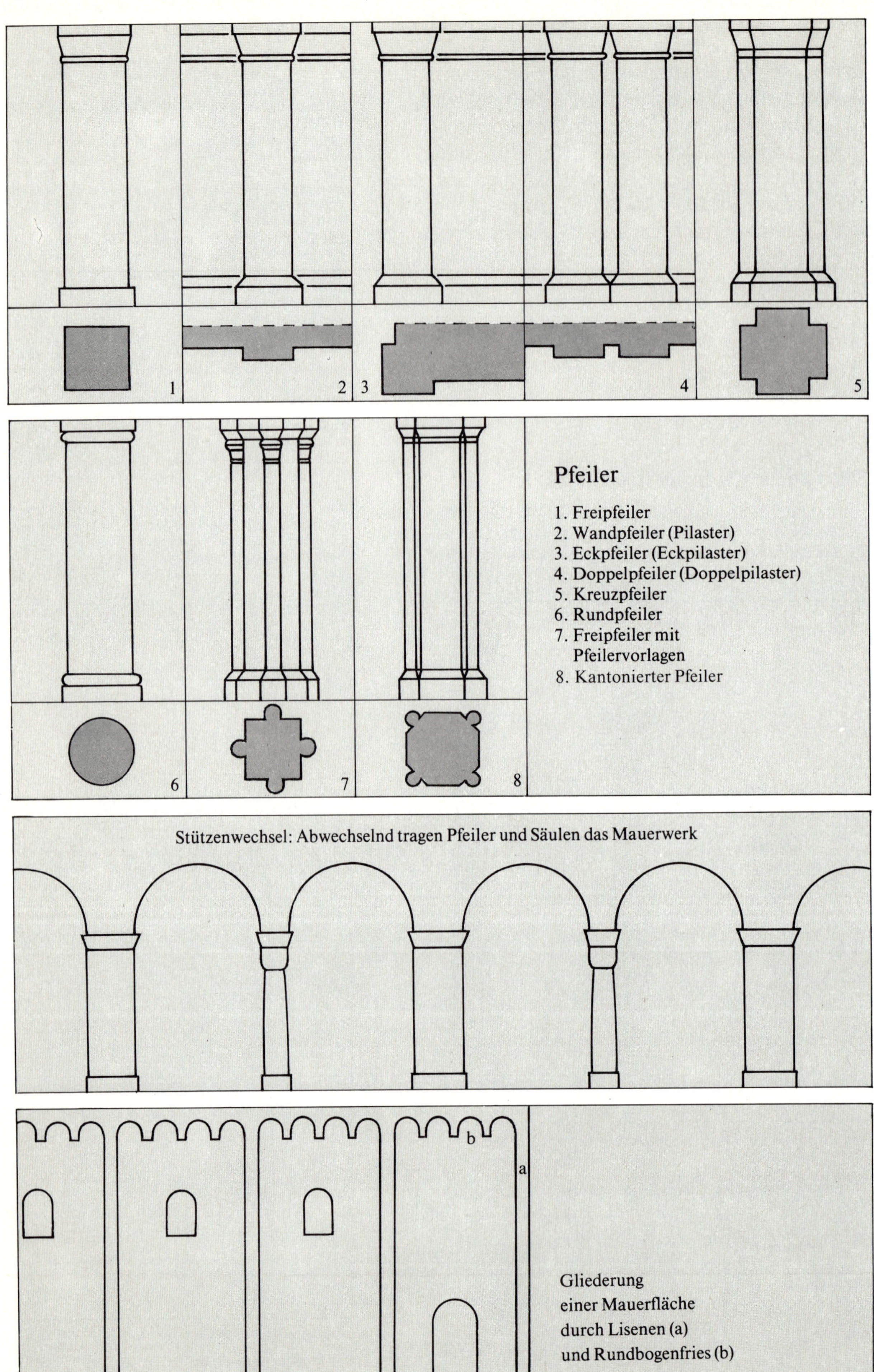
1
2
3
4
5
Pfeiler
1. Freipfeiler
2. Wandpfeiler (Pilaster)
3. Eckpfeiler (Eckpilaster)
4. Doppelpfeiler (Doppelpilaster)
5. Kreuzpfeiler
6. Rundpfeiler
7. Freipfeiler mit Pfeilervorlagen
8. Kantonierter Pfeiler
6
7
8
Stützenwechsel: Abwechselnd tragen Pfeiler und Säulen das Mauerwerk
b
a
Gliederung einer Mauerfläche durch Lisenen (a) und Rundbogenfries (b)

Auf diesem Suchbild ist das berühmte Portal der Stiftskirche von Wechselburg abgebildet. Es wurde um 1175 gebaut. Im Bogenfeld siehst du als Zeichen für Christus das Lamm. Wenn du genau vergleichst, erkennst du auf dem rechten Bild sieben Unterschiede zum linken. Welche?

Was ist ein Symbol?

Als die Menschen sich noch nicht der Schrift bedienten, um Verträge zu schließen, taten sie dies durch Zeichen. Ein Stab, ein Ring oder eine Tafel wurde zerbrochen. Die beiden Vertragspartner erhielten jeder einen Teil. Sie konnten durch Zusammenfügen der passenden Teile ihren Vertrag beweisen. Auch Gastfreundschaft wurde durch solche Zeichen bekräftigt. Boten benutzten zum Beweis der Echtheit ihrer Nachricht ein »Symbol«.

Das Wort kommt vom griechischen Verb sym-ballo (= zusammenwerfen). Die beiden zusammenpassenden Teile (= Symbol) bilden ein Zeichen, das einen tieferen Sinn bedeutet und erschließt.

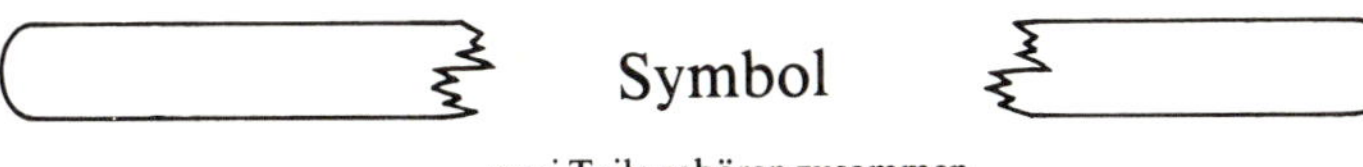

zwei Teile gehören zusammen

Das Zeichen läßt eine Freundschaft, einen Vertrag, einen Menschen oder anderes wiedererkennen. Damit ist klar, daß nicht jeder den Sinn sofort versteht und daß ein und dasselbe Symbol verschiedene Deutungen zuläßt.

Die Taube zum Beispiel ist in der Bibel Symbol der Wiedergutmachung von Sündenschuld. So bringen die Eltern Tauben als Opfertiere in den Tempel zum Dank für die Geburt ihres Kindes. In der Kirche ist die Taube Symbol für den Heiligen Geist. Als Symbol des Friedens ist sie nicht nur uns, sondern auch schon in der vorchristlichen Antike bekannt.

Zeichen des Heiligen Geistes

Taube als Opfertier

Zeichen für Versöhnung

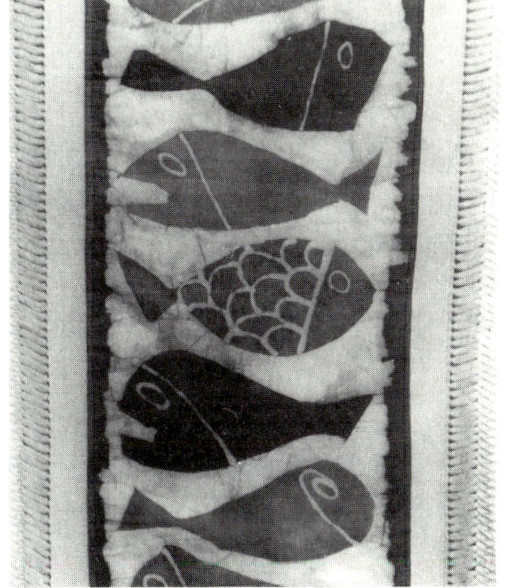

Batik auf einem Meßgewand, 20. Jh.
Der Fisch ist ein Symbol für Jesus Christus und ein altes Erkennungszeichen der Christen.

CREDO IN DEUM
PATREM
OMNIPOTENTEM

Anfang des Symbolum apostolicum, des Apostolischen Glaubensbekenntnisses

Das Symbol kann sein:

Zeichen, 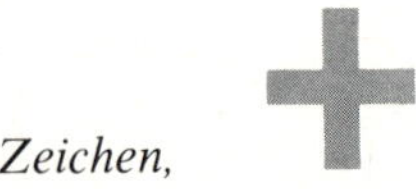  

Handlung, z. B. Handschlag, Tanz, Sakrament;

Wort, z. B. Glaubensbekenntnis.

Flechtband am Kapitell, Stiftskirche Quedlinburg

Weil das Symbol eine tiefere Wirklichkeit erschließt, begegnet es uns vor allem in Religion, Kunst, Dichtung und Tanz. Viele Volksbräuche sind Symbole. So ist der Adventskranz ein Zeichen für das Hoffen der Christen auf den Erlöser. Das zunehmende Kerzenlicht weist auf das kommende Licht: Christus. So werden Glaubensaussagen für die Sinne faßbar.

Symbol – Allegorie – Zeichen

Vom Symbol zu unterscheiden ist die Allegorie. Was ist das? Ein Gedanke, eine Vorstellung des Geistes wird in ein Bild gekleidet. Eine solche Allegorie ist die Darstellung der Gerechtigkeit als weibliche Person. Ihr sind die Augen verbunden, das heißt, sie schaut nicht auf die Person. Ihr ist es gleich, ob König oder Bauer vor ihr steht. Die Waage in ihrer Hand sagt uns: Sie wägt sehr genau Gut und Böse. Und das Gewicht entscheidet nicht nach Geschmack oder Verwandtschaft oder Geld.
Die Allegorie veranschaulicht begriffliche Gedanken.
Zeichen, die eine vereinbarte Deutung enthalten, gibt es viele. Wir führen als Beispiel die Verkehrszeichen an und aus diesen das Zeichen, daß eine Hauptverkehrsstraße kennzeichnet. Hier kann man nicht mehr von Symbol oder Allegorie sprechen.

Symbol

Christus

Allegorie

Glaube

Zeichen

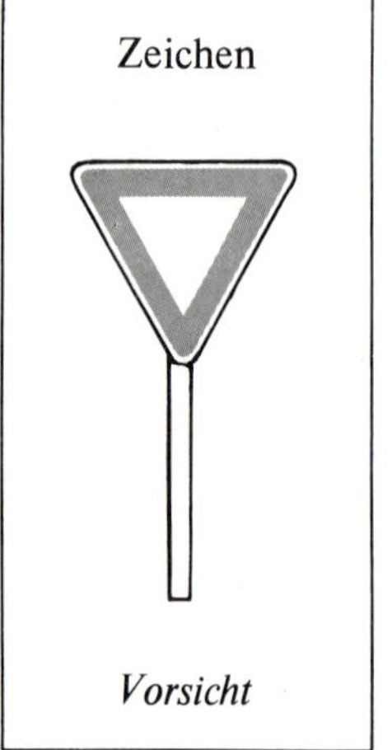

Vorsicht

Der Knoten als Symbol

In der christlichen Baukunst, namentlich in der Romanik, ist der Knoten ein beliebtes Motiv. Knotensäulen oder knotenartige Ornamente, sogenannte Flechtbänder, sind oft zu sehen. Was wollen sie aussagen? Der Knoten bindet. Das Flechtband zeigt Ordnung und Harmonie. Der tiefere Sinn aber wird so erklärt: Der Knoten stellt böse Geister (= Dämonen) dar, die im Kampf gebunden sind. So lassen sie den Menschen in Frieden. Der Knoten hatte also eine Dämonen abwehrende Bedeutung. In Verbindung mit dem Kreuz heißt das dann: Christus ist stärker als das Böse.

Flechtbänder am Portal der Stiftskirche Wechselburg

Auflösung von S. 185 (Ich bin die Tür):

Es fehlen: das Kreuz beim Lamm; linker Türklopfer; linkes Kapitell; linke Säule unten; Schwelle; rechtes Kapitell; Zierform in der Türöffnung links oben.

Mehr als Worte

Die belagerten Sänger

Die Kaiserin ist wütend. Sie will für sich und ihre arianischen Glaubensgenossen eine Kirche in Mailand haben. Aber der neue Bischof ist störrisch und weigert sich: »Die Basilika im Herzen Mailands dem Irrglauben überlassen? Nie und nimmer!«

Die Kaiserin Justina versucht es auf die sanfte Tour. »Wir sind doch auch Christen. Wir glauben doch auch an Gott. Wir sagen: ›Jesus Christus ist dem Vater wesensähnlich.‹ Ihr sagt: ›Er ist dem Vater wesensgleich.‹ Lassen wir die Spitzfindigkeiten! Vertragen wir uns!«

Ambrosius wird zu einem »klärenden« Gespräch eingeladen. Er erscheint nicht. Er schreibt einen Brief an die Kaiserin, worin er erklärt: »Um den Christusglauben gibt es kein Verhandeln.« Die Kaiserin kocht. Sie droht mit Soldaten. Ambrosius, der Bischof, läßt sich nicht einschüchtern. Er schreibt: »Kaiserin! An keinem Privathaus darfst du dich vergreifen. Wie könntest du es wagen, ein Gotteshaus anzutasten?« Er liefert die Kirche nicht aus. Kaiserin Justina verfügt die Ausweisung des Bischofs aus Mailand. Aber der geht nicht. »Wohin soll ich denn gehen! Werden getreue Priester nicht überall verjagt? Wird nicht jeder verfolgt, der Widerstand leistet?« Er bleibt und stärkt dadurch seine Gemeinden, die sich fest um ihn scharen.

Kurz vor Ostern des Jahres 386 schlägt die Kaiserin zu. Ihre Soldaten ziehen durch die Straßen Mailands. Die Marschrichtung sagt alles. Ihr Ziel ist die Basilika im Zentrum der Stadt. Hier, in der dichtgefüllten Kirche, spricht der Bischof mit ruhiger Stimme zu seinen Getreuen. Draußen umstellen die Soldaten die Kirche. Die Tore werden mit Barrikaden verbaut. Waffen klirren, Kommandos tönen in die gespannte Stille. Keiner darf heraus aus der Basilika, keiner darf hinein. »Wir werden sie schon weichmachen. Irgendwann sind ihre Vorräte zu Ende.« Verhärtete Mienen draußen. – Und drinnen? Hört nur! Sie singen wieder. Sie singen die Psalmen, wie sie schon die alten Juden sangen. Aber sie singen auch zündende Lieder. Das ist etwas ganz Neues. Selbst die Goten unter den Soldaten, die nicht viel von Versmaß und Melodien verstehen, hören interessiert hin. Und mancher ertappt sich dabei, daß er die Melodien vor sich hin summt. Wenn sie nicht singen, beten sie oder hören den Worten ihres Bischofs zu. Ja, der kann reden! Der kann mit dem Wort umgehen. Man kann stundenlang an seinen Lippen hängen. Und jetzt hat man den Beweis, daß er nicht nur reden, sondern auch leiten kann. In guten Tagen zur Gemeinde halten, die Armen betreuen und die Kranken besuchen, das konnte er. Jetzt, wo es ihm selber an den Kragen geht, da kann er es noch besser. Nun erweist sich die Treue des Hirten zu seiner Herde. In den Nächten, wenn die Angst aufkommt und die Verzweiflung lauert, gönnt er sich kaum Ruhe. Mit seiner klaren Stimme fängt er an zu singen. Es sind seine Lieder, neue Lieder, zum Trost seiner Brüder und zum Lob Gottes von ihm verfaßt und vertont. Sie sind die Waffen der Eingeschlossenen. Drei Tage und drei Nächte dauert die Belagerung. Dann sieht die Kaiserin ein, daß sie verloren hat. Sie befiehlt den Rückzug ihrer Truppen.

Die Überlieferung sagt: Das war die Geburtsstunde des abendländischen Kirchenliedes. So nennt man seit dem 7. Jahrhundert alle strophischen Lieder »Ambrosianische Hymnen«, wie z. B. das Lied »Großer Gott, wir loben dich«. Dem hl. Ambrosius wird eine Fülle von Hymnen zugeschrieben. Sicher bezeugt sind aber nur 14 Hymnen, darunter das Adventslied »Veni, redemptor gentium«. Im »Gotteslob«, Nr. 108, finden wir die Übertragung: »Komm, du Heiland aller Welt«. Die Melodie wurde 1524 in Erfurt aufgeschrieben.

Ambrosius-Basilika in Mailand. Dieser Bau stammt aus dem 12. Jahrhundert.

Ambrosius (um 340–397)

Wer war dieser Mann?
Er war der Sohn eines römischen Statthalters in Gallien. In Trier an der Mosel ist er geboren. In Rom studiert er und hat als gut gebildeter Römer eine glänzende Staatslaufbahn vor sich. Mit 31 Jahren ist er bereits römischer Statthalter mit Sitz in Mailand. Es spricht für seine Beliebtheit, daß das Volk ihn zum Bischof von Mailand wählt, als er noch nicht einmal getauft ist. Ambrosius lehnt strikt ab. Aber alle sind sich diesmal einig: die Katholiken, die Arianer und der Kaiser Valentian I. (der Gatte der Kaiserin Justina). So gibt Ambrosius nach, empfängt Taufe und Bischofsweihe, verläßt den Staatsdienst und widmet sich rückhaltlos der Gemeinde. Ihm kommt auch das Verdienst zu, wesentlich an der Überwindung der arianischen Irrlehre mitgewirkt zu haben.

Die Lieder des hl. Ambrosius haben durchweg dieselbe Form,
das sogenannte
Ambrosianische Metrum:
acht Strophen
jede Strophe hat vier Zeilen
jede Zeile hat acht Silben

ve | ni, | re | demp | tor | gen | ti | um

Der Hymnus »Veni, redemptor gentium« von Ambrosius († 397) gehört bis heute zum Gebetsschatz der Christen.
Wir vergleichen die erste Strophe im Originaltext (lateinisches Brevier):

Veni, redemptor gentium,
ostende partum Virginis,
miretur omne saeculum:
talis decet partus Deum.

In der Übertragung (Stundenbuch):

Du Heiland aller Völker, komm
und zeig dich als der Jungfrau
Sohn,
daß Staunen fasse alle Welt
ob solchem Wunder der Geburt.

In der Übertragung Leisentrits (1567):

Komm, der Völker Heiland du,
Sohn der Jungfrau, eil herzu,
daß vor solcher Herrlichkeit
staune Erd und Himmel weit.

Mit Mund und Hand

Singt und klingt

Das Singen ist bestimmt so alt wie die Menschheit. Es ist sicher noch älter als die ersten Versuche der Menschen, Häuser zu bauen. Woher ich das weiß? Ich vermute das. Ich habe nämlich bei kleinen Kindern beobachtet, daß sie ohne Musikunterricht schöne Melodien erfinden. Kinder singen gern. Wenn sie einen Spielkameraden rufen, hört man eine Grundform des Singens:

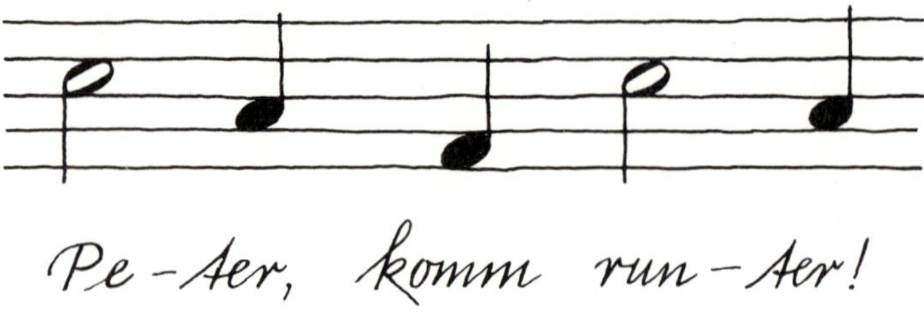

Man weiß, daß Menschen immer auch singen, wenn sie feiern. Das war sicher am Anfang der menschlichen Kultur genauso. Wir stellen uns vor, wie der Sänger sich beim Tanz bewegte und mit den Händen den Takt klatschte. Melodie und Rhythmus gehören zusammen und suchen sich Verstärker. Die menschliche Stimme wird verstärkt durch Blasinstrumente und durch Saiteninstrumente. Der Rhythmus wird mit hohlen Körpern oder durch Aneinanderschlagen von klangerzeugenden Gegenständen verstärkt. Der menschliche Erfindergeist verfeinerte im Laufe der Jahrhunderte die Instrumente bis zu den Formen, die wir heute etwa bei einer Orgel oder einem Sinfonieorchester bewundern können.

Wie die Alten sungen

Über die Musikinstrumente aus alter Zeit haben wir manchmal in Museen etwas erfahren können. Je weiter man aber in die Vergangenheit zurückforscht, desto sparsamer werden erhaltene oder abgebildete Musikinstrumente. Und da es Notenschrift erst seit etwa 1000 Jahren gibt, kennen wir aus der Zeit davor keine Melodien. Was wir aber gut kennen, sind Texte von alten Gesängen vieler Völker. Durch die Bibel sind wir am besten über das Liedgut der Juden unterrichtet. Ein Dichter ist uns sogar gut bekannt: König David. Unbestritten gehört diese Liedsammlung, die wir die Psalmen nennen, zum schönsten Gut der Weltliteratur. Die Christen haben die Psalmen von Anfang an in ihren Gottesdiensten gesungen und bis heute als kostbaren Schatz bewahrt.
Es lohnt sich, die sprachliche Gestalt der Psalmen etwas eingehender zu betrachten. Da wir des Hebräischen nicht kundig sind, müssen wir uns mit einer Übersetzung begnügen. Das geht erstaunlich gut. Denn im Gegensatz zu unseren Liedern haben die Lieder der Juden weder Endreim noch Versmaß.

Die Zeilen sind unterschiedlich lang. Betont wird die Wortstellung. Auffallend ist, daß sehr häufig ein und derselbe Gedanke mit anderen Vokabeln ausgedrückt wird. Das nennt man den Parallelismus Membrorum (Membrum = Glied) oder den **Gedankenreim**:

Israel freue sich seines Schöpfers, +
die Kinder von Zion mögen sich freuen ihres Königs.

Von den 150 Psalmen der Bibel sind die meisten etwa 3000 Jahre alt. Ihr Inhalt reicht vom Loblied über das Klagelied bis zum Fluchgesang. Man ordnet die Psalmen am besten in drei Gruppen:

Hymnen	Klagelieder	Danklieder

Aufbau der Psalmen

	Hymnen	**Klagelieder**	**Danklieder**
Einleitung:	Aufforderung zum Gotteslob	Anrufung Gottes	Erinnerung an die Großtaten Gottes
Hauptteil:	Motive des Rühmens	Die Not des Beters (meist in stilisierten Sprachbildern)	Dank
Schluß:	Aufgreifen des Anfanges; Wunsch oder Bitte	Erhörungsgewißheit und Dank	Aufforderung zum Gotteslob

Manche Psalmen, z. B. 42, 46 und 80, haben einen Kehrvers, also einen Vers, der in derselben Wortfolge mehrmals gesungen wird. Das läßt den Schluß zu, daß die Juden auch schon den strophischen Liedaufbau gekannt haben.

Aufbau der Psalmen
Beispiel Ps 100, 1–5 (Hymnus)

Einleitung	Jubelt Jahwe, alle Lande, / in Freuden dienet Jahwe, / vor sein Angesicht kommet mit Jauchzen!	Aufforderung zum Gotteslob
Hauptteil	Wisset, Jahwe ist Gott! / Er hat uns geschaffen, wir sind sein eigen: / Sein Volk sind wir, die Herde auf seiner Weide.	Motive des Rühmens
Schluß	Tretet ein durch seine Tore mit Liedern des Dankes, / in seine Vorhöfe mit Lobgesang; /danket ihm und preist seinen Namen! Denn gut ist Jahwe, / sein Erbarmen währet in Ewigkeit, / von Geschlecht zu Geschlecht seine Treue.	Aufgreifen des Anfanges, Wunsch oder Bitte

Der blinde Harfenspieler
Relief aus einer altägyptischen Grabkammer

Initium | Tenor | Meditatio | Tenor | Punctum

Ihr Völker alle, klatschet in die Hände + jauchzet Gott mit froher Stimme.

Anfangsfloskel | Rezitationston | Mittelkadenz | Rezitationston | Schlußkadenz

Beispiel einer Psalmstelle mit Noten in der Schreibweise des Gregorianischen Chorals.

Pythagoras in der Schmiede

Ihr kennt ihn ja wohl, den alten Pythagoras. In der Schule habt ihr den »Satz des Pythagoras« gelernt, aber auch, daß schon lange vor ihm die Babylonier damit umgehen konnten. Da hat mancher den Respekt vor Pythagoras verloren. Schade! Denn dieser Grieche hat neben anderen Geistesfrüchten etwas hinterlassen, was unser Leben schöner macht: unser Tonsystem. Und das kam so. Pythagoras war einmal in einer Schmiede. Der Schmied schlug auf das Eisen ein, und ein klarer Ton entstand. Je nachdem, ob er einen leichten oder einen schweren Hammer zur Hand nahm, erklang der Ton höher oder tiefer. Das machte den Philosophen nachdenklich. Er hatte die Gewohnheit, alles und jedes mit der Zahl in Verbindung zu bringen. Warum nicht auch den Ton? Zu Hause setzte er sich hin und dachte nach. Und da fiel ihm ein, daß eine gespannte Sehne auch einen Ton von sich gibt. Er suchte sich eine, spannte sie zwischen zwei Haken, zupfte sie an, und siehe da – ein Ton schwang durch den Raum. Als er nun die Sehne um genau die Hälfte verkürzte, erklang fast derselbe Ton wie vorher, nur viel höher. Pythagoras hatte die Oktave entdeckt. Er rechnete weiter und begeisterte auch seine Schüler für dieses ungewöhnliche Umgehen mit der Zahl. Jetzt teilte der Meister die Sehne in zwei ungleiche Strecken. Die eine davon war doppelt so lang wie die andere. Er ließ das längere Ende schwingen und hatte die Quinte entdeckt. Bei der Teilung durch die Zahl 4 ergab sich die Quart.

Das ist natürlich nur ganz vergröbert wiedergegeben. Denn Pythagoras und seine Schüler haben lange gebraucht, bis sie unsere heutige Tonleiter gefunden hatten. Am Ende jedenfalls war eine Folge aus Halb- und Ganztonschritten gelungen, die zur Grundlage der europäischen Musik bis heute wurde.

Wir übertragen das Ergebnis in die Notenschrift:

Dann muß man aber gleich dazusagen,

- daß Pythagoras keine Notenschrift kannte,
- keinen festen Ausgangspunkt für die Bestimmung der Tonsprünge hatte,
- auch die Benennung von Tönen durch Buchstaben (c, d, e usw.) nicht kannte.

*

Die Folge der Halb- und Ganztöne war und ist das Entscheidende.

Halbton
Ganzton

Die Kirchentonarten

Die Kirche übernahm dieses Tonsystem (bis heute gibt es andere Systeme, so bei den Chinesen, bei den Orientalen, bei den Zigeunern und anderen) und bildete auf 4 Grundtönen 4 Tonleitern.

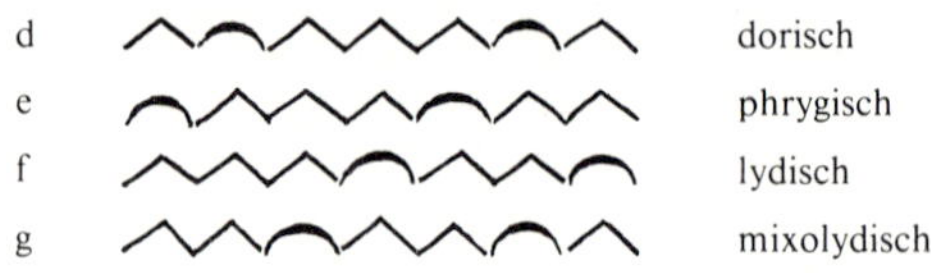

Der Grundton ist der Punkt, auf den sich alle Tonsprünge beziehen. Er muß nicht der tiefste Ton sein, er kann auch in der Mitte liegen.

Wir beobachten bei der Abbildung, daß immer dieselbe Anzahl von Halb- und Ganztönen da ist. Die verschiedene Anordnung der Halbtöne läßt jeweils eine ganz andere »Tonlandschaft« entstehen. Jede der vier Kirchentonarten hat einen anderen Klangcharakter.

Einen größeren Reichtum des Ausdrucks erreichte man, indem vier weitere Tonarten verwendet wurden. Man nannte sie Nebenkirchentonarten. Sie haben denselben Grundton wie die Haupttonarten, aber der liegt in der Mitte der Tonleiter.

Die 4 Hauptkirchentonarten

Grundton	Bezeichnung	Umfang
d	dorisch	d – d'
e	phrygisch	e – e'
f	lydisch	f – f'
g	mixolydisch	g – g'

Der Grundton ist Anfangston der Tonleiter.

Die 4 Nebenkirchentonarten

Grundton	Bezeichnung	Umfang
d	hypodorisch	A – a
e	hypophrygisch	H – h
f	hypolydisch	c – c'
g	hypomixolydisch	d – d'

Hier liegt der Grundton in der Mitte.

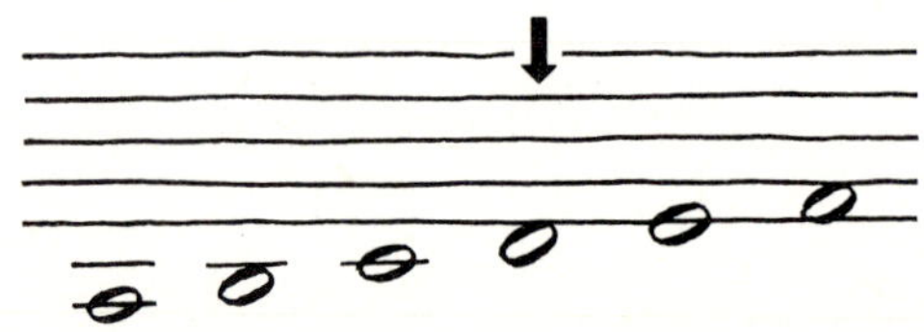

Spätestens im 12. Jahrhundert n. Chr. kamen noch vier weitere Tonarten hinzu:

Grundton	Bezeichnung	Umfang	
a	äolisch	a – a'	*
a	hypoäolisch	e – e'	
c	ionisch	c – c'	* *
c	hypoionisch	G – g	

* Vorform des Moll * * Vorform des Dur

Jahrhundertelang wußte man den Klangreichtum der Kirchentonarten anzuwenden. Erst etwa im 17. Jahrhundert setzten sich in der weltlichen Musik Dur und Moll durch und verdrängten die Kirchentonarten. Heutige Komponisten haben die Kirchentonarten wieder neu entdeckt und legen sie ihren Werken zugrunde.
Die Kirche – auch katholisch (= allumfassend) in *diesem* Sinne – hat sich den Reichtum der musikalischen Formen bewahrt. Als Beispiel dafür nennen wir drei bekannte Kirchenlieder:

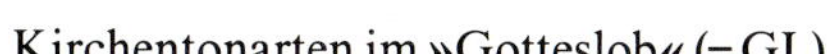

Kirchentonarten im »Gotteslob« (= GL)

GL, Nr. 265:
Nun lobet Gott im hohen Thron – dorisch

GL, Nr. 543:
Das Geheimnis laßt uns künden – p

GL, Nr. 494:
Gott sei gelobet

Vielleicht eri
Dorische
warum si

Die Tonland

Dur

Moll

Die Lage der Halbtöne
gleich. Ändert sich der Gr
töne durch ♯ oder ♭ , also
gung von Tönen, wiederherge

PITAGORAS

Dieser Holzschnitt von 1496 zeigt Pythagoras. Nach mittelalterlicher Überlieferung gilt er als Schöpfer des europäischen Tonsystems. Wir sehen, wie er mit verschiedenen schweren Gewichten die Saiten spannt. Durch die unterschiedliche Spannung der Saiten kann die gewünschte Tonhöhe erreicht werden.

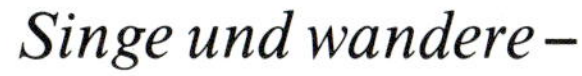

Singe und wandere –

Gott
steht am Ende
der Straße.

Augustinus

Positiv aus dem 16. Jahrhundert im Musikinstrumentenmuseum zu Leipzig

Pippin bekommt ein Geschenk

Der fränkische Fürst ist enttäuscht. Dieser Holzkasten soll etwas Besonderes sein? Ist so etwas überhaupt als Geschenk tauglich und eines Kaisers würdig? Er schimpft innerlich mit dem byzantinischen Kaiser Konstantinos. Dann läßt er ins Kloster schicken. Die Mönche wissen viel. Aber die Mönche schnuppern an dem Kasten herum, klopfen ans Holz, zischen durch die Zähne und schauen sich vielsagend an. Womöglich ein Teufelswerk! Einer bewegt den Hebel – alle zucken zusammen . . Oh! Etwas hat gepfiffen. Wieder tauschen die Mönche geheimnisvolle Blicke aus. Pippin kaut am Bart. Blödes Geschenk! Ein Gewand oder ein Pokal wäre ihm lieber gewesen. Da, wieder ein Pfiff! Aha! Der Bruder Tischler war wohl dem Rätsel auf der Spur? Wenn er den Hebel bewegt und eins der Klötzer niederdrückt, dann pfeift der Kasten. Hat man so was schon gesehn, geschweige denn gehört? Aber immerhin, wenn etwas Töne von sich gibt, heißt man es willkommen, sei es nun ein Tier oder ein Holzkasten. Das ist guter Klosterbrauch. Und schon fingern die Mönche mit kindlicher Freude an dem Kasten herum. Nur Pippin, der Kämpfer, traut dem Frieden noch nicht. Er rührt das Ding nicht an. Und dabei hätte er stolz sein können. Aber er wußte eben noch nicht, daß sein Name nun jahrhundertelang durch die Bücher wandern würde, weil der Frankenfürst Pippin die erste Orgel des Abendlandes sein eigen nannte.

Seitdem sind 1200 Jahre vergangen. Dieses Instrument wurde das liebste Kind der Instrumentenbauer. Sie schufen das Pedal und verzierten das Orgelgehäuse immer prächtiger. Was würde wohl der gute Pippin für Augen machen, wenn er eine der herrlichen Barockorgeln sehen und hören könnte!

Orgelbauer Jehmlich beim Stimmen einer Pfeife

Figur aus dem Chorgestühl im Erfurter Dom: Musikant mit Panflöte, einer Mundorgel

Die Orgel im Dom von Merseburg, gebaut 1665, erneuert 1855, war mit 5687 Pfeifen lange Zeit die größte Orgel in Deutschland. Franz Liszt widmete ihr seine B-A-C-H-Fantasie.

Romanik

900–1250

Georgsrotunde in Sofia
Bei Ausgrabungen im Bereich des Rundbaues wurden auch Mauerreste von einem Bad aus der Römerzeit freigelegt. Er war also nacheinander: öffentliches Gebäude der Römer (4. Jh.), christliche Kirche, islamische Moschee. Heute wird die Georgsrotunde sorgfältig restauriert.

Die ältesten erhaltenen Bauwerke nördlich der Alpen stammen aus der Zeit, in der das Christentum angenommen wurde. Als Material benutzte man Bruchsteine, die mehr oder weniger behauen wurden. Nur hervorgehobene Baupartien am Äußeren der Kirche trugen Schmuck, so das Portal oder die Apsis. Die Mauern waren von beachtlicher Stärke. Mauern von zwei bis drei Metern Stärke waren keine Seltenheit. Demzufolge fielen die Fensteröffnungen recht klein aus. Der Turm hatte etwas Trotziges an sich. Nur oben brachte man Fenster an. Wie eine Burg war die Kirche, fest und sicher. Sie stellte in Siedlungen meist den einzigen Steinbau dar. Die Häuser der Leute waren einfache Holzhütten.

Die Menschen dieser Zeit dachten nicht von heute auf morgen wie Christen. Sie brachten allerlei Dämonenvorstellungen mit in das christliche Denken. Die Kirche bekam von daher eine doppelte Schutzfunktion. Sie konnte Festung sein in Kriegsgefahr, aber sie war zugleich auch Zufluchtsort gegen die bösen Dämonen. Der Herr und Stifter Jesus Christus war mächtiger. In seinem Hause wußten sich alle geborgen.

Über 800 Jahre alt sind die Steinelemente, aus denen der Osterleuchter in der Stiftskirche zu Jerichow zusammengesetzt wurde.

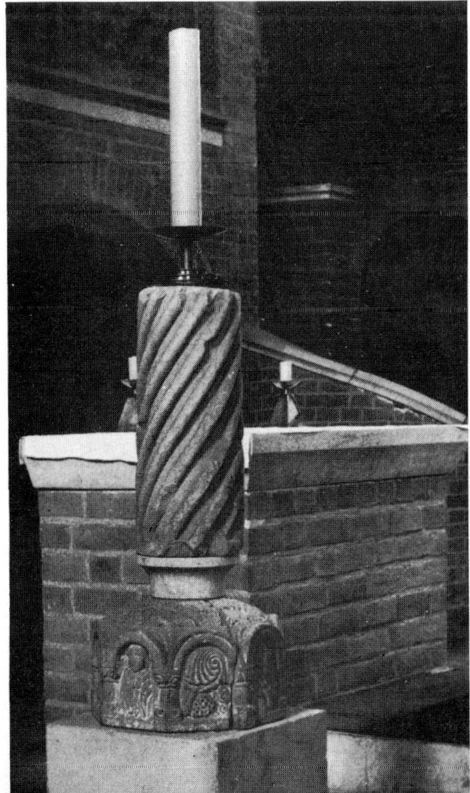

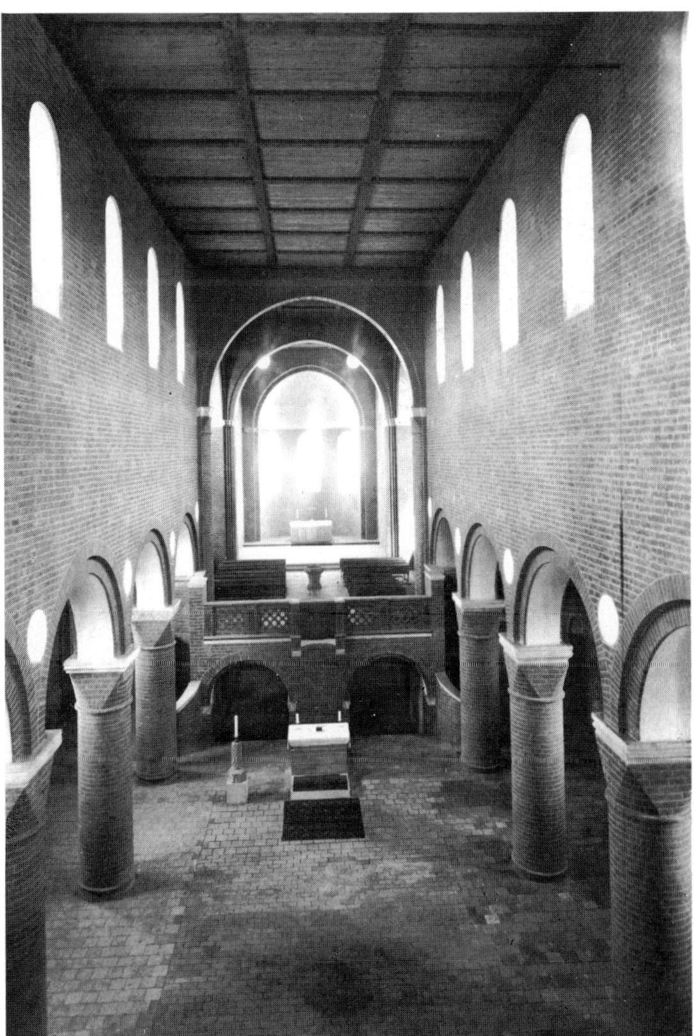

Ehemalige Stiftskirche in Jerichow, um 1150 erbaut.
Prämonstratenser aus Liebfrauen in Magdeburg errichteten diese Backsteinkirche. Sie ist ein Schmuckstück unter den erhaltenen romanischen Kirchen.

Der Palas der Wartburg bei Eisenach
Er wurde unter Landgraf Ludwig IV., dem Gemahl der hl. Elisabeth, um 1220 fertiggestellt.

Vortragekreuz in der Sammlung der Albrechtsburg in Meißen, um 1050.
Kupferblech über Holzkern, teilweise vergoldet
Christus ist König und Herr.

Dämonen konnten nach der Vorstellung der germanischen Völker gefesselt werden. Das Flechtband (Mitte) soll den bösen Geistern den Eingang in die Kirche verwehren. Dann kann der Mensch auf Gott hören (rechte Figur) und Gott loben (linke Figur).
Kapitell, Stiftskirche in Quedlinburg

Dom zu Havelberg, 1170 geweiht
Diese Bischofskirche wurde an einem Hauptheiligtum der Wenden errichtet. Romanische Kirchen in Grenzgebieten mußten bei Gefahr auch Zufluchtsstätte sein.

Tausend Jahre alt ist dieser Stein. Er zeigt Christus, der aus dem Altar erwächst, segnet und das Buch des Lebens hält. Links ist der Alte Bund dargestellt mit dem Baum der Erkenntnis, rechts der Neue Bund mit dem Kreuz als Lebensbaum.
Tympanon von Elstertrebnitz. 11. Jh., Meißen, Albrechtsburg

Der Chor im Chor

Als unsere Vorfahren Christen wurden, hatten sie verständlicherweise noch keine eigenen liturgischen Gesänge. Diese mußten aus der lateinischen Liturgie übernommen werden. Da nur die Kleriker Latein beherrschten, fiel ihnen die Rolle des Chorgesangs zu. In den Kirchen und in den Klöstern wurde der Gregorianische Choral gesungen. Ein Choral vom hl. Gregor? Nein! Aber Papst Gregor der Große (540–604) soll eine umfassende Sammlung aller bis dahin

Choralnoten, nach denen die Mönche des 16. Jahrhunderts sangen. Handschrift aus dem Domstift zu Naumburg von 1501

vorhandenen Kirchenmusik angeregt haben. Alles sei in seinem Auftrag aufgeschrieben worden. Leider gibt es dafür keine Beweise schriftlicher Art. Gäbe es sie, dann hätten wir die Notenschrift von damals in Händen! Der Gregorianische Gesang war in seinem Wesen einstimmig kirchentonartlich.

Den singenden Klerikern war der Platz im Chorgestühl nahe dem Altar zugewiesen. Von diesem Chor ging die Bezeichnung »Chor« auf den Bauteil der Kirche über.

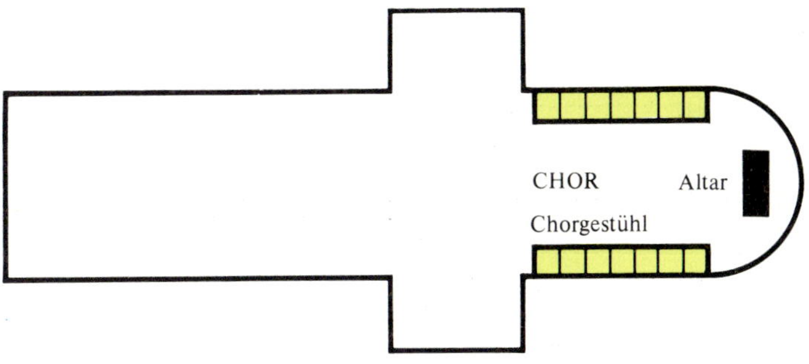

Kathedrale von Santiago de Compostela (Spanien)
Im Mittelalter war Santiago bedeutendster Wallfahrtsort Europas. Zum Grab des Apostels Jakobus kamen Pilger sogar aus Polen, Skandinavien, Rußland. Eigene Straßen, Herbergen und Krankenhäuser wurden errichtet, meist unter dem Namen St. Jakob.

Der schiefe Turm am Dom zu Pisa, erbaut nach einem Sieg über die Sarazenen. Der Turm ist Denkmal des Sieges und Ausdruck des italienischen Selbstbewußtseins. Sehr lange Bauzeit von 1137–1350, da sich während des Baus schon das Fundament senkte.

Tu Pa - tris sem - pi - ter - nus es Fi - li - us.

Zeile aus einem Organum

Der Gregorianische Choral

Organum

Der Gregorianische Choral war in der Kultur des Mittelmeeres gewachsen. Die Kleriker und Mönche nördlich der Alpen, die im Chor der romanischen Kirche saßen und sangen, hatten aber ihre eigene Klangvorstellung. Ihnen erschien der Choral festlicher, wenn immer zwei verschiedene Töne gleichzeitig erklangen. In der Zeit um 800 hatte man schon mit einfachem Parallelgesang im Abstand von fünf Tönen angefangen.
Vermutlich war der Zusammenklang beim Spielen auf den ersten Orgeln entdeckt worden. Daher nannte man solche Gesänge mit zwei Stimmen im Quintabstand ein Organum.

Tropus

Die strikte Parallelbewegung beim Organum erschien um 1000 dem bekannten Musiker-Mönch Guido von Arezzo zu hart. Er ließ den Gregorianischen Gesang, der die Hauptstimme ist (Cantus firmus), von einer zweiten, auf- und abschweifenden Stimme begleiten. Die Kleriker damals interpretierten und erläuterten gern die überlieferten Texte. Auf diese Weise entstand der Tropus, eine zweite Art von Mehrstimmigkeit.
Einen Tropus (Mehrzahl: Tropen) müssen wir uns so vorstellen: Eine Oberstimme singt ein bekanntes Choralstück, sagen wir, ein »Kyrie« oder ein »Alleluja«. Dabei werden die einzelnen Töne sehr lange ausgehalten. Eine zweite Stimme singt in diese Längen hinein mehrere Töne. Es wurde immer beliebter, einen anderen Text dazu zu singen. Den zweiten Text hat man gern dem Kirchenjahr angepaßt und reich ausgeschmückt. Der Tropus ist also ein Gesang aus zwei selbständigen Melodien und auch zwei Texten.

Sequenz

Wurde bei den Tropen die obere, zur Genüge bekannte Stimme weggelassen, entstand eine neue Gattung von Lied: die Sequenz. Es war dann über Jahrhunderte hinweg Mode, Sequenzen zu dichten und zu vertonen. Es soll 20 000 Sequenzen gegeben haben. Die erste größere Sequenzsammlung stammt von Notker dem Stammler (siehe S. 151). Das Konzil von Trient hat die Kirchenmusik neu geordnet und alle Sequenzen, bis auf wenige, verboten. Die Sequenzen hatten, wild wuchernd, die eigentliche zeitlose Liturgie oft durch zeitgebundene Bilder in ihrer Sprache überdeckt. Nur wenige Sequenzen sind bekannt geblieben:

Die Pfingstsequenz (GL,Nr. 243),

die Mariensequenz »Stabat mater« (siehe S. 279),

die Totensequenz »Dies irae«, die alle namhaften Musiker neu vertonten.

RÄTSEL

Gotteslob in Stein

Wir brauchen ein Blatt Papier und einen Stift. Jetzt schau dir die Wörter an. In jedem ist ein Druckfehler. Den sollst du ausbessern. Es muß immer ein sinnvolles Wort entstehen, das etwas mit Kirche zu tun hat. Die neu eingesetzten Buchstaben ergeben, hintereinander gelesen, den Namen eines Baustils und den eines darin vorkommenden typischen Schmuckelements.

Altas · Dum · Akbo · Trufe · Bamk
Mutra · Gelch · Küstel · Sälle
Lettler · Riakon · Giemel · Ergel
Plocke · Kanzol · Ferster · Bischok
Pontal · Kurche · Karze · Melse.

Ky - ri - e, e - le-
Ky-ri-e, fons bo-ni-ta-tis, pa-ter in-ge-ni-te, a quo bo-na cunc-ta pro-ce-dunt

Zeile aus einem Tropus (Modell)

Der Chor und sein Gesangbuch

Sollen das etwa Noten sein? Auf das Gesangbuch verzichte ich! Sicher denkst du so! Anders dachten die Mönche und Kleriker vor 1000 Jahren. Das Erlernen der vielen liturgischen Gesänge, von denen manche nur an einem einzigen Tag im Kirchenjahr gesungen werden konnten, war eine Strapaze!

»Die meisten haben von frühester Jugend bis ins graue Alter alle Tage für die Vorbereitung und Bewältigung des Kirchengesanges verwendet«,bezeugt einer der Geplagten im 9. Jahrhundert. Die Neumen, so nennt man die Notenzeichen des Mittelalters, waren da schon eine Gedächtnisstütze. Zuerst waren es nur Akzentzeichen. Sie setzten die ungefähre Kenntnis der Melodie voraus.

Da hatte um 1000 ein Kamaldulensermönch namens

Guido von Arezzo (um 992–1050)

eine großartige Idee. Er nahm einen alten Johanneshymnus aus dem 8. Jahrhundert und schrieb eine Melodie. Diese hatte eine Besonderheit: Jede neue Zeile begann einen Ton höher. Diesen Vers prägte Guido seinen Schülern ein. Dazu erfand er 6 Zeichen, die er mit der Hand machte. So sangen seine Schüler beim Zeichen Ut unser jetziges c, beim Zeichen für Mi sangen sie e und so weiter. In Frankreich singt man heute noch nach diesem System, Solmisation genannt. Aus dem Ut wurde später Do, die Tonleiter wurde erweitert, die Zeichensprache vervollkommnet. Gleichzeitig hatte Guido noch einen Treffer zustande gebracht: Er hat die Notenlinien erfunden. Genauer gesagt: es gab schon im 9./10. Jahrhundert ein Liniensystem, in das man den Text entsprechend den ungefähren Tonhöhen schrieb. Aber in Guidos System stand jetzt genau fest, daß der Abstand von Notenlinie zu Notenlinie eine Terz beträgt.

Um 1028 überreichte Guido seine Notenschrift Papst Johannes XIX. Der Papst konnte nach kurzer Erklärung eine ihm völlig unbekannte Melodie fehlerfrei absingen.

Das terzlinige System hat also bald tausend Jahre auf dem »Buckel«!

Johanneshymnus des Guido von Arezzo

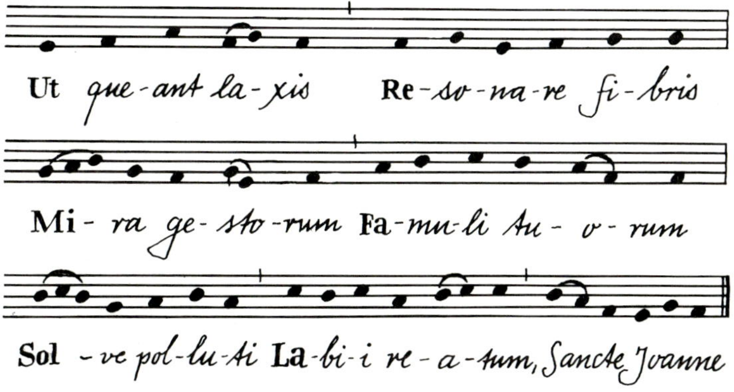

Auf deutsch: *Daß fähig seien die Schlaffen,*
mit heller Stimme zu singen
die Wundertaten deiner Diener,
löse die Schuld der unreinen Lippen,
heiliger Johannes!

Daraus ergibt sich eine Tonleiter. Mit der Hand kann der Chorleiter optisch den zu singenden Ton anzeigen. Allerdings kannte Guido noch keine Längen- und Dauerangaben der Notenwerte.

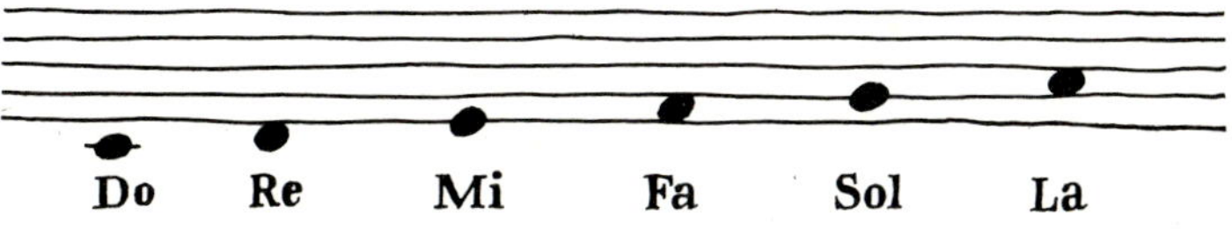

Haltet doch Takt!

Im 12. Jahrhundert erklingen bei den Organa oftmals zu jedem Ton der Hauptstimme (Cantus firmus) mehrere Töne in den Begleitstimmen. Das führte in der Praxis zu Schwierigkeiten. Jede Stimme hatte ihre Melodie geübt und konnte sie. Aber welche Töne der 1., 2. und 3. Stimme mußten gleichzeitig erklingen? Heute sagt man: »Da hilft nur eins: Die Sänger müssen Takt halten!« Aber damals: woher den Takt nehmen? In der bisherigen Musik gab es keinen Takt, weil er nicht notwendig war. Der Rhythmus der einstimmigen Musik konnte frei strömen. Jetzt, in der mehrstimmigen Musik, muß der Rhythmus genau festgelegt werden. Die Melodie wird in zeitlich gleich lange Abschnitte geteilt.

Perotinus Magnus

(1160–1253)

war ein Magister an der Kirche Notre-Dame in Paris. Er führte eine Vorform des Taktes ein (Modus [Mehrzahl: Modi]). Die Modi sind stets dreizeitig, aber nicht etwa, weil man nach der Melodie tanzen wollte: Die Drei wird genommen, weil sie das Symbol für die Dreifaltigkeit ist! Durch die Modi wird die kunstvolle Mehrstimmigkeit der Gotik möglich. Perotinus selbst schrieb die ersten vierstimmigen Werke.

In vielen Teilen der Welt gibt es Klangverbreiterung durch Parallelgesang. Die einfachste Form ist schon, wenn Männer und Frauen zusammen singen. Über diese Formen ist die mehrstimmige Musik außerhalb Europas nicht hinausgekommen. Die Mehrstimmigkeit ist damit eine der großen bleibenden Schöpfungen der europäischen Kultur des Mittelalters.

Als Beispiel

Lieder ohne Taktstriche im »Gotteslob«:

»Gott, heilger Schöpfer aller Stern« (GL, Nr. 116),

»Ruhm und Preis und Ehre ...« (GL, Nr. 197),

»Komm, Heilger Geist ...« (GL, Nr. 241),

»Bevor des Tages Licht vergeht« (GL, Nr. 696).

Der entscheidende Durchbruch zur heutigen Notenschrift hin geschah im 15./16. Jahrhundert, als die Mehrstimmigkeit exakte Angaben verlangte. Viele Sänger und Musiker mußten gleichzeitig die richtige Tonhöhe und Tondauer ablesen können.

Notenschrift um 800 in St. Gallen

Deutsche Hufnagelschrift um 1100

In Frankreich, 11. Jahrhundert, ohne Zeilen

Römische Choralnotation um 1600

RÄTSEL
Wer ist ein ganzer Mensch?
Dieser Rösselsprung ergibt einen Ausspruch Goethes über die Musik.

wer	wer	mensch	liebt
wer	sie	nannt	den
zu	mu´	ist	ber
ein	sie	wer	ge
sik	mensch	hal	treibt
gan	der	ver	ein
dient	nicht	zer	ist
mensch	ein	nicht	liebt

Ein Lehrbuch aus Stein

Der Ministrant Peter schreibt:

Eine Ausfahrt in den Religiösen Kindertagen führte uns nach Freiberg. Schon auf der Straße von Karl-Marx-Stadt her konnten wir sehen, daß hier Bergbau betrieben wird. Im Bergbaumuseum erfuhren wir, daß die Stadt einmal sehr reich war. Früher wurden Silber und Gold gefunden. Heute allerdings sind die reichen Silbervorkommen erschöpft. Es wird nur noch Blei und Zink gefördert.

Schon im 12. Jahrhundert begann der Silberbergbau. Daß die Stadt schnell zu Reichtum gelangte, erkennt man noch an den schönen Bauwerken, vor allem am Dom. Von außen sieht er sehr einfach aus. Eigentlich ist er kein richtiger Dom, denn er war nie Bischofskirche. Aber wenn man hineinsieht, versteht man, daß die Freiberger diese Kirche »Dom« nennen. Wir nahmen an einer Führung teil und sahen uns die Tulpenkanzel und auch die Bergmannskanzel genau an. Einige aus unserer Gruppe interessierten sich für die große Silbermannorgel. Aber das bedeutendste Kunstwerk ist die Goldene Pforte. Eine Frau erklärte uns, daß sie aus der älteren romanischen Basilika übernommen wurde. Die romanische Pfarrkirche war abgebrannt. Da hat man eine schönere errichtet. Denn Geld hatten die Freiberger genug. Die Goldene Pforte hat man Stück für Stück auseinandergenommen und 1484 in der neuen Kirche wieder eingebaut.

Aber entstanden war die Goldene Pforte schon 250 Jahre vorher. Zuerst verwirrten uns die vielen Figuren. Als uns dann aber die Frau alles so genau erklärte, wären wir am liebsten gar nicht wieder gegangen.

In der Mitte sieht man Maria auf dem Thron, mit dem Jesusknaben auf dem Schoß. Von links kommen die Heiligen Drei Könige, um Jesus anzubeten. Rechts steht der Verkündigungsengel. Der hl. Josef sitzt in der rechten Ecke. Um dieses Mittelbild sind vier Reihen von Gestalten gruppiert; erst die Engel, dann die zwei Reihen von Heiligen und außen herum Menschen, die aus Gräbern herauskommen.

Unten sind Gestalten des Alten Testaments abgebildet. Über der Eingangstür sehen wir Maria. Der Künstler wollte damit zeigen, daß mit ihr das Neue Testament begann. Ganz oben wird der Himmel, das Reich Gottes, dargestellt. Man erkennt an der Anordnung der Figuren, daß im Reich Gottes andere Gesetze gelten als auf Erden.

Damit die Goldene Pforte nicht vom Wetter zerstört werden kann, wurde ein Glaskasten darum herum gebaut. So können noch viele Besucher das Kunstwerk bestaunen und etwas über den christlichen Glauben erfahren. Die Goldene Pforte ist ein »Religionsbuch« aus Stein. Denn die meisten Leute konnten früher nicht lesen. So sollten sie wenigstens in den Bildern über den Glauben belehrt werden.

An der Goldenen Pforte: der Evangelist Johannes, König David, dessen Frau Batseba, Aaron.

Die Goldene Pforte am Dom zu Freiberg

Romanische Madonna

Der Übergang zur Gotik bahnt sich an

In der Spätromanik werden die Bauformen verfeinert. Portale und Wände werden reicher geschmückt. Im Innenraum nimmt die Zahl der Bildwerke zu.

Allmählich geht die spätromanische Bauform über in die frühe Gotik. Was ist die Ursache für den Wandel? Es ist der Geist, der sich wandelt. Der romanische Bau verkörpert eine Idee:

Der Kaiser und der Papst, beide von Gott mit ihrer Macht belehnt, sind Säulen des Reiches. Ihre Machtfülle wird zeichenhaft sichtbar gemacht in der Anlage der Gotteshäuser.
Zwei Türme, zwei Chöre kennzeichnen oft die romanische Basilika. In der Kirche finden Gottesdienste und Reichstage statt.
Gottes Herrschaft zeigt sich in den zwei Gewalten: Schwert und Kreuz eifern um das Heil der Menschen des Reiches.

Gotisches Vesperbild, 14. Jh.

Das konnte nur so lange gut gehen, wie diese Macht glaubwürdig ausgeübt und beide Herrscher sich einig waren. Als der Verfall der weltlichen Macht einsetzte und die geistliche Macht (die Bischöfe) sich allzusehr weltlichen Dingen und Freuden zuwandte, brachen Einigkeit und Frieden zusammen.
Die Fürsten lassen sich vom Kaiser nichts mehr sagen. Sie regieren nach ihren Ansichten. Kaiser und Papst liegen sich in den Haaren. So kann die Königshalle, die romanische Basilika, auch nicht mehr widerspiegeln, was nicht mehr vorhanden ist: die große Idee vom Heiligen Römischen Reich.
Hinzu kommen soziale Ungleichheit zwischen Adel und Volk. Der Handel blüht. Die Kaufleute der Hanse bereisen zu Lande und zu Wasser ganz Europa. Mit dem Handel erstarken die Städte und mit ihnen die Bürger. Ein neues Menschenbild entsteht.
Immer ist es die Kunst, die solchen Geisteswandel sichtbar macht.
Realistische Züge und konkreter Gesichtsausdruck verdrängen die hoheitliche symbolische Haltung der romanischen Plastik. Man vergleiche nur im Erfurter Dom die thronende Madonna aus romanischer Zeit mit dem Vesperbild aus gotischer Zeit.

Wenn Uta reden könnte

Kennt ihr diese vornehme Frau? In manchem Kreuzworträtsel wird ihr Name erfragt: Stifterfigur im Naumburger Dom, Gemahlin des Ekkehard. Ach richtig! Uta heißt sie. Seit über 700 Jahren steht sie mit noch weiteren elf Angehörigen des sächsisch-thüringischen Hochadels im Chor des Domes. Sie alle waren keine Heiligen. Nein, sogar ein Mörder ist unter ihnen. Betrachten wir die Figur der Uta. Wie die anderen Stifterfiguren auch hat sie unverwechselbare Züge. Es ist ein ganz bestimmter Mensch abgebildet. Uta kommt der Wirklichkeit nahe. Ihre sprechenden Lippen, die zarte Hand, die den Mantel hält und die andere, die scheu das Gesicht verdeckt, all das war in der Kunst der damaligen Zeit neu.

Ein großer Künstler muß hier am Werk gewesen sein. Aber wer ist der Mann? Wie heißt er? Man hat ihm einen »Notnamen« gegeben: Naumburger Meister. Er gehört in die Reihe der größten Bildhauer überhaupt. Wie die Kriminalisten sind die Forscher seinen Spuren nachgegangen. Man weiß, daß er um 1250 in Naumburg gearbeitet hat. Dann hat man in Frankreich Bildwerke gefunden; Vergleiche ermöglichen den sicheren Schluß, daß der Meister hier in Amiens und Noyon gewesen sein muß. Aber hat er hier gearbeitet, oder war er hier in der Lehre? War er in Mainz und Meißen tätig? Hat er die Skulpturen auf dem Petersberg bei Halle gekannt, die den seinen in manchem ähnlich sind? War er in Schulpforta? Viele ungelöste Fragen beschäftigen die Kunstforscher. Auch die Frage, ob es sich nur um einen Künstler oder um mehrere handelt. Kann ein einzelner so viele Werke geschaffen, so viel Neues angestoßen haben? Fragen über Fragen! Und wir wissen so gut wie nichts aus dem Leben des Naumburger Meisters. Vieles an seinen Werken deutet darauf hin, daß er ein Sohn des sächsisch-thüringischen Landes war, der seine Ausbildung in Frankreich erhielt. Aber ob das stimmt? Ja, wenn Uta noch reden könnte, sie würde uns wohl mehr verraten können, vielleicht auch den Namen dieses großen Bildhauers.

Uta, Stifterfigur im Naumburger Dom

Gotik

etwa 1250–1525

Querschnitte von drei Kirchen

Romanischer Stil in Italien
12. Jh.

Romanischer Stil in Deutschland
12. Jh.

Gotischer Stil
13. Jh.

Abteikirche St-Denis in Frankreich

Der Bergbaupatron Daniel am Fuß der Tulpenkanzel im Freiberger Dom

Allmählich lernen die Menschen, die Steine besser zu bearbeiten. Sie lernen, wie man bauen muß, damit die Mauern trotz größerer Höhe und größerer Fenster sicher und fest stehen. Diese technischen Möglichkeiten – aus der Zeit nach 1300 sind uns sogar Grundrisse und Pläne von den großen Bauten erhalten – erlauben dem Künstler, seine Fähigkeiten voll auszunutzen, seiner Phantasie freien Lauf zu lassen. Die dicken Wände der Kirche lösen sich in viele bunte Glasfenster auf. Scheint die Sonne herein, ist die Kirche wirklich ein Abbild des vom Lichte Gottes überfließenden Himmels.

Die bunte Welt des Lichtes holt die Menschen einzeln zur Begegnung mit Gott und schmiedet sie nicht so fest zu einer Gemeinschaft zusammen wie die dicken Mauern der romanischen Zeit. Die Menschen erleben die Gottbegegnung weniger in der Gemeinschaft des Mahles, deshalb vielleicht war es auch möglich, daß der Lettner die Kirche sichtbar in zwei Räume trennen konnte. Die Bilderwand in der orthodoxen Kirche entspricht dem Lettner in manchen mittelalterlichen Kirchen.

Gotik ist eine von Frankreich ausgehende, um 1140 schon als Stil ausgebildete Bauweise, die sich schnell über Nordeuropa ausbreitet.

Als ersten Wegbereiter weist die Forschung den Abt Suger von St-Denis aus, der zum erstenmal an Portalen der Kirche Figuren aus dem Alten Testament anbringen läßt.

Das Innere der Kirche stellt sich als Christus selbst dar, der das Neue Testament einleitet. Also geht der Mensch symbolisch durch das Alte Testament (= Portal) in das Neue Testament (= Kirchenraum). Die Länge der Kirche versteht sich als eine Straße, die zu Gott führt, der verborgen ist. In der Größe des Raumes, der in den Himmel strebt, wird der Mensch ganz klein. Er ist sich seiner Schuld bewußt. Das drückt der Künstler durch die Natürlichkeit seiner Kunstwerke aus. Der Grundriß zeigt meist Kreuzform. Die Portale tragen reichen Schmuck.

An den Säulen weisen Heiligenfiguren auf die Verbindung zwischen streitender und triumphierender Kirche hin. Tiere und Pflanzen sind in das Lob der Steine einbezogen. Selbst die bösen Geister und Dämonen haben in dem Ganzen ihren Dienst, wenn auch nur als Wasserspeier oder als Beigabe von Heiligen. Die gotische Kirche soll Abbild des »himmlischen Jerusalem« sein. Die Freude an solchen Symbolen ist kennzeichnend für die Gotik.

In der Zeit der Gotik wurde auch das Natürliche darstellungswürdig. Neben Darstellungen Christi und der Mutter Maria gibt es aus dieser Zeit Plastiken von Heiligen und Stiftern in den Kirchen. Im Meißner Dom stehen im Chor die Stifter: Kaiserin Adelheid und Kaiser Otto I. Die Bildwerke stammen vermutlich vom gleichen Meister, der in Naumburg die berühmten Stifterfiguren schuf.

Wasserspeier dienen dem Abfluß des Regenwassers. Auch sollen sie vor dämonischen Bedrohungen schützen, weil die Dämonen ihr Abbild nicht ertragen können und davor fliehen. Die Künstler konnten bei der Gestaltung der Wasserspeier ihrer Phantasie freien Lauf lassen.

Stifterfiguren im Meißner Dom: Kaiser Otto I. und seine Gemahlin Adelheid

Auflösung von S. 196 (Gotteslob in Stein):

Altar – Dom – Ambo – Taufe – Bank – Mitra – Kelch – Küster – Säule – Lettner – Diakon – Giebel – Orgel – Glocke – Kanzel – Fenster – Bischof – Portal – Kirche – Kerze – Messe.
Der Baustil heißt ROMANIK, das Schmuckelement RUNDBOGENFRIES.

Die Stille ist das fruchtbarste
Lebenselement.
Nur in der Stille hören wir die Brunnen
des Lebens rauschen.

P. Kramer

Auf dem Fußboden

Das hier abgebildete Labyrinth befindet sich auf dem Fußboden der Kathedrale von Chartres (Frankreich). Dort mißt es 12 Meter im Durchmesser! Das Labyrinth ist ein Bild für unseren Lebensweg. Am Abend des Ostertages gingen der Bischof und die Kleriker der Kathedrale den Weg im Labyrinth. Sie warfen sich dabei gegenseitig einen Ball zu. Der Ball erinnerte an die siegreiche Sonne und diese an den auferstandenen Christus. Damit wurde Christus gefeiert als Sieger über das Labyrinth des Erdenlebens.

Suche im Labyrinth den Weg zur Mitte!

Wer war Peter Parler?

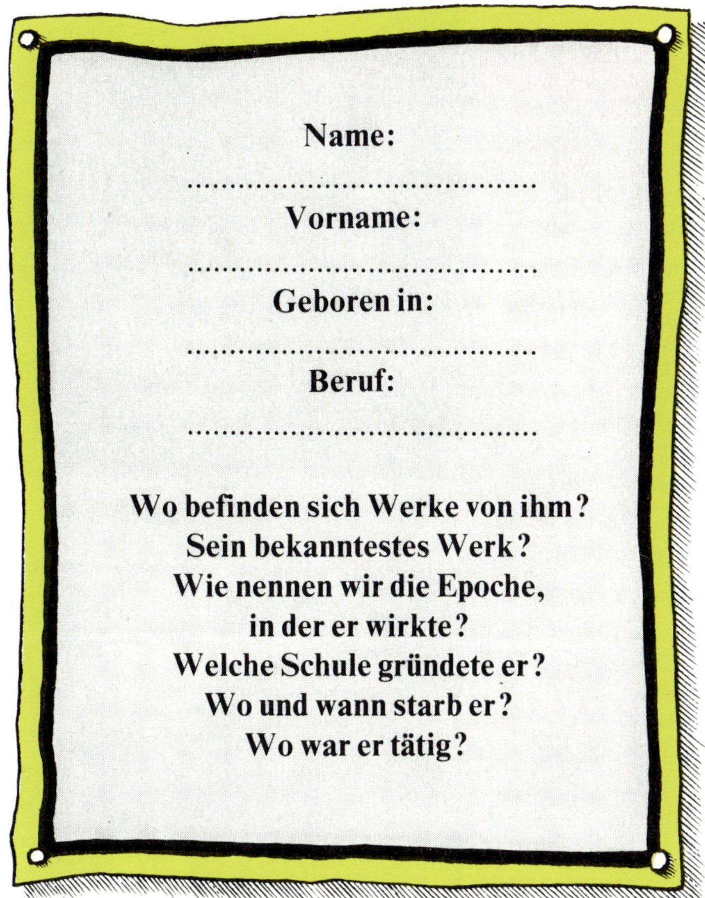

Name:
....
Vorname:
....
Geboren in:
....
Beruf:
....
Wo befinden sich Werke von ihm?
Sein bekanntestes Werk?
Wie nennen wir die Epoche,
in der er wirkte?
Welche Schule gründete er?
Wo und wann starb er?
Wo war er tätig?

Kennst du Peter Parler? Wenn du die folgenden Seiten gelesen hast, wirst du einiges von ihm wissen.

So hat sich Peter Parler selbst abgebildet.

Das Steinmetzzeichen der Parler

Interview mit Herrn Parler

Reporter: Herr Peter Parler, Sie sind berühmter Dombaumeister in Prag. Viele Städte haben Plätze und Straßen nach Ihnen benannt. Macht Sie das stolz?

Peter Parler: Nun ja, ich freue mich natürlich, daß meine Leistungen in der Architektur anerkannt werden. Aber Sie wissen ja, daß mein Name auch für meine Mitarbeiter steht, für die Ausbilder der Steinmetze, für die Künstler aller Sparten, die hier am Dombau mitwirken. In unserer Bauhütte sind immerhin einige Hundert Fachleute beschäftigt. Und jeder tut das Seine.

Reporter: Sie haben schon in Köln gearbeitet?

Peter Parler: In unserem Beruf sind die Wanderjahre sicher die wichtigsten. In dieser Zeit lernen wir die großen Vorbilder kennen. Nach Abschluß der Lehrzeit bei meinem Vater Heinrich Parler in Schwäbisch-Gmünd war ich in Köln. Dort durfte ich als Bildhauer tätig sein.

Reporter: Sie haben in Köln auch Ihre Frau kennengelernt?

Peter Parler: Meine erste Frau, Gertrud, brachte ich aus Köln mit. Aber sie ist inzwischen gestorben.

Reporter: Seit wann sind Sie in Prag, Herr Parler?

Peter Parler: Das ist jetzt schon gut 30 Jahre her. Nach 1330 ernannte mich der Bischof zum Werkmeister am Dombau zu Prag.

Veitsdom in Prag, Ostchor von Matthias von Arras und Peter Parler

Reporter: Was ist die Aufgabe des Werkmeisters?

Peter Parler: Da lassen Sie mich etwas weiter ausholen. – Die Bauhütte hat sich gebildet aus dem Bauwesen der Klöster. Dort waren Mönche als Bauleute und Künstler tätig. Sie bildeten auch den Nachwuchs aus. Der klösterliche Baubetrieb erwies sich als ideal. Hohe Leistungen der Baukunst und auch der bildenden Kunst waren die Folge eines Zusammenschlusses von so vielen verschiedenen Berufen. Die klösterliche Bauhütte legte Wert auf strenge Disziplin.

Reporter: Waren die Mitglieder der Bauhütte sämtlich Mönche?

Peter Parler: Zunächst ja. Aber mit dem Aufblühen der Städte entstehen Bauhütten, deren Mitglieder nicht Mönche sind.

Reporter: Die klösterlichen Bauhütten bauten doch nicht ewig an einem Kloster oder einer Klosterkirche. Warum sind sie nicht in den Städten eingesetzt worden?

Peter Parler: Das ist mehrfach geschehen. Wir kennen ja die Bauhütte der Zisterziensermönche, die um 1230–1235 am Magdeburger Dom arbeitete. Nur: die klösterliche Bauhütte stößt hier an deutliche Grenzen. Mönche haben ihre Regel, ihre Klöster, ihre Verpflichtungen. Und die großen gotischen Dombauten brauchen Künstler, denen eine gewisse Freizügigkeit eigen ist.

Reporter: So hat sich die weltliche Bauhütte entwickelt?

Peter Parler: Ja, aber auf den immerhin 300jährigen Erfahrungen der Mönche fußend.

Reporter: Herr Parler, Sie haben in Prag eine Bauhütte gegründet, die schon jetzt als »Parlerschule« europäische Geltung hat. Bleibt ihnen eigentlich noch Zeit für handwerkliche Arbeiten?

Peter Parler: Dem Hüttenmeister obliegt zwar die gesamte technische und künstlerische Leitung des Bauobjektes. Aber er ist nach der Hüttenordnung zur praktischen Mitarbeit verpflichtet.

Reporter: Wer vertritt den Werkmeister bei Abwesenheit oder Krankheit?

Peter Parler: Der Parlier tut das. Er muß Meister oder Geselle sein. Seine Sache ist die Betreuung der Bauhütte am Bauplatz.

Reporter: Der Name kommt von dem französischen Wort »parler« = »sprechen«. Was besagt das?

Peter Parler: Der Parlier oder Polier ist Sprecher der gesamten Hütte. Es gibt Fragen, die mit dem Bauverwalter oder dem Hüttenmeister geklärt werden müssen. Das tut der Parlier, der Sprecher.

Reporter: Hat Ihr Name etwas damit zu schaffen?

Peter Parler: Natürlich. Eigentlich war mein Eigenname ein Berufsname. Viele meiner Vorfahren hatten das Amt des »Parliers«.

Reporter: Herr Parler, meine Hörer wollen sicher wissen, wie lange die Lehrzeit für einen Steinmetz dauert.

Peter Parler: Ein Steinmetzmeister hat in der Regel 2 oder 3 Gesellen, die zuvor 4 Jahre gelernt haben, manchmal auch 5 Jahre. Der Geselle geht meist auf Wanderschaft, arbeitet weitere 2 Jahre bei einem anderen Meister und läßt sich von diesem das Steinmetzzeichen geben. Dann erst ist auch er Meister.

Reporter: Stehen die Bauhütten von Prag, Köln, Straßburg, Magdeburg usw. in Verbindung miteinander?

Peter Parler: Die Bauhütten Europas pflegen gute Kontakte. Wenn ein Geselle zum Beispiel von Prag nach Köln geht, nimmt er Kontakt auf. Das geschieht schon allein durch die Wanderschaft der Gesellen. Die Baukunst der Gotik ist nicht denkbar ohne den geistigen und geistlichen Zusammenhalt der Hütten und den damit gegebenen Erfahrungsaustausch.

Reporter: Man spricht von Hüttengeheimnissen. Haben Sie solche?

Porträtbüste König Wenzels IV. von Peter Parler

Bauhandwerk im Mittelalter
Holzschnitt aus dem 15. Jahrhundert

Anmerkung

Peter Parler ist 1399 in Prag gestorben. Das vorstehende Gespräch ist erfunden. Die Fakten entsprechen aber dem Stand der wissenschaftlichen Forschung über Peter Parler.
Sein Geburtsdatum blieb unbekannt. Seine Schule wirkte bis ins 15. Jahrhundert.
Peter Parler hat auch viele andere Bauwerke geschaffen, z. B. die berühmte Karlsbrücke über die Moldau in Prag.

Peter Parler: Jede Hütte bewahrt Hüttengeheimnisse. Diese beziehen sich auf Bauerfahrungen und werden im Hüttenbuch sorgfältig aufbewahrt, erweitert und überliefert. Wie anders wäre es sonst zu erklären, daß die großartigen künstlerischen Werke in der Baukunst zustande gekommen sind?

Reporter: Eine letzte Frage, Herr Parler. Was meinen Sie zu der oft geäußerten Ansicht, die Baumeister der nachromanischen Zeit bauten mit den Domen Denkmäler für die aufstrebende Macht der Städte?

Peter Parler: Tatsache ist, daß gerade in unseren Tagen die reichen Städte sich Bauwerke leisten können, die alles Dagewesene übertreffen. Tatsache ist auch, daß unser Bauen und unsere Bildwerke dem freien Menschen der Stadt entsprechen. – Aber übersehen Sie bitte nicht, daß dieses Tun nicht zuerst am Rathaus, sondern am Gotteshaus beginnt. Wir Bauleute verstehen unser Bauen letztlich als Gottesdienst.

Reporter: Herr Parler, ich danke Ihnen herzlich für die Auskünfte, die uns helfen werden, Ihr Werk besser zu verstehen.

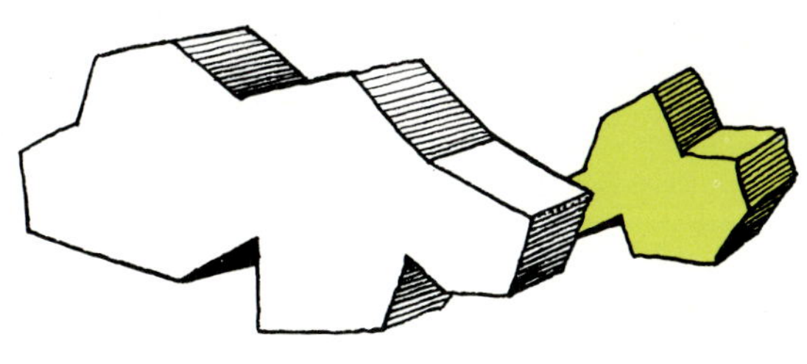

Auflösung von S. 198 (Wer ist ein ganzer Mensch?):

WER MUSIK NICHT LIEBT, VERDIENT NICHT, EIN MENSCH GENANNT ZU WERDEN. WER SIE LIEBT, IST EIN HALBER MENSCH. WER SIE TREIBT, DER IST EIN GANZER MENSCH.

Musikinstrumente des Mittelalters

Die **Fiedel** ist das im Mittelalter am meisten gespielte Instrument. Sie wurde gezupft oder gestrichen. Anfangs hatte sie nur eine Saite oder zwei; aber im 10. Jahrhundert baute man Fiedeln mit drei und vier Saiten; im 11. Jahrhundert mit 5 Saiten.

Beim **Psalterium**, einer Rahmen- oder Brettzither, werden die Darm- oder Metallsaiten mit den Fingern gezupft.

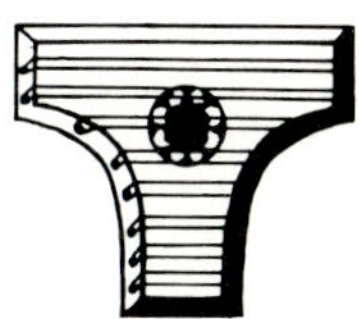

Die **Laute** ist etwa seit dem 10. Jahrhundert in Europa bekannt. Im 14. Jahrhundert wurde sie sehr beliebt und verdrängte immer mehr die Harfe.

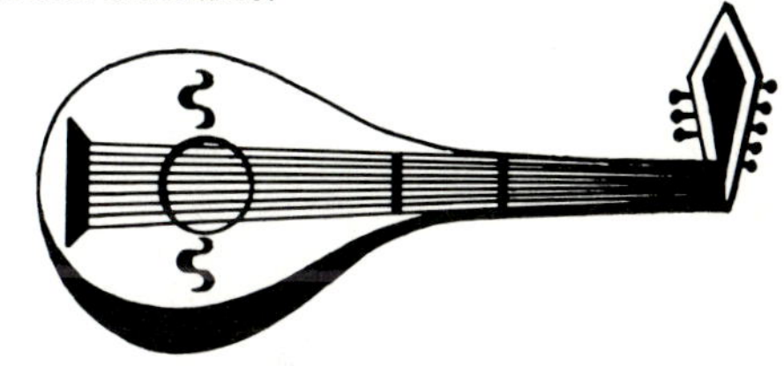

Im Mittelalter gab es bereits eine erstaunliche Vielfalt an Schlaginstrumenten, die sich ja leicht herstellen ließen: Trommeln aller Art und Größen, auch Schellentrommeln, Sistren (siehe S. 134), Becken, Glockenspiele, Schellen und **Kastagnetten**.

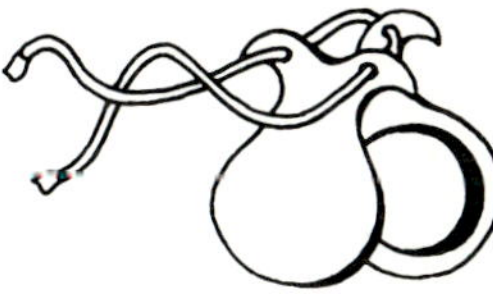

Das **Portativ** ist eine kleine Tragorgel mit 6–28 Lippenpfeifen; seit dem 12. Jahrhundert in Westeuropa ziemlich verbreitet.

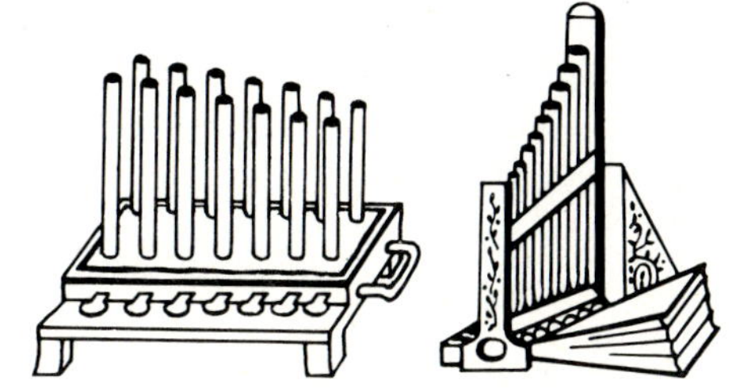

Die **Blockflöte** gehört zu den ältesten Musikinstrumenten der Menschheit. Nach Mitteleuropa kam sie wahrscheinlich im Mittelalter aus Asien über Osteuropa einerseits; über Nordafrika, Spanien andrerseits.

Der **Dudelsack**, ein volkstümliches Instrument, kam auch aus dem Orient zu uns. Heute schottisches Nationalinstrument.

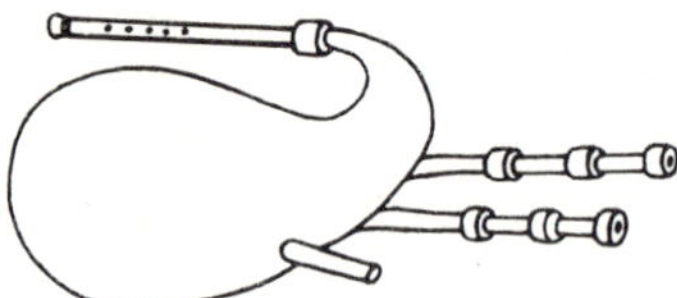

Die **Busine** (Trompete ohne Krümmung) stammt von den Sarazenen (den im Mittelmeergebiet lebenden Mohammedanern). Aus ihr haben sich die heutigen Trompeten und Posaunen entwickelt.

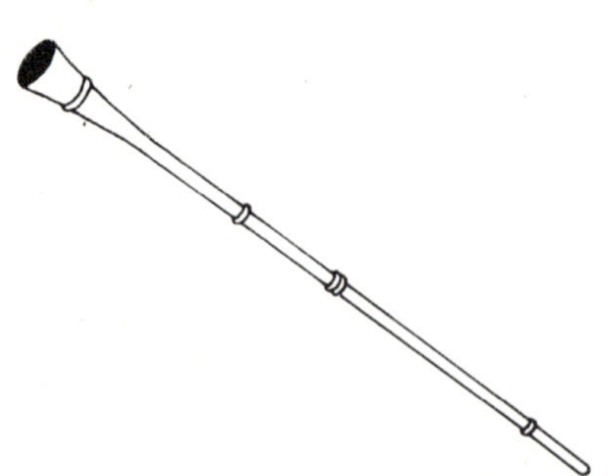

Der Sängerkrieg in Eisenach
Miniatur aus der Manessischen Handschrift

Altstädter Brückenturm an der Karlsbrücke in Prag
Der Bau der Karlsbrücke wurde nach Plänen Peter Parlers 1357 begonnen. Der Altstädter Brückenturm ist ein Werk der Parlerbauhütte. Die Standbilder der Heiligen wurden erst 350 Jahre später im Barock auf dem Brückengeländer aufgestellt.

Dieses Bild von 1448 gibt einen Einblick in das mittelalterliche Bauwesen. Die große Kirche im Vordergrund wird aus Ziegeln erbaut, der Ostchor ist bereits vollendet.

Schmuckformen der Gotik

Die Schmuckformen der Gotik sind nicht zur Freude der Menschen geschaffen worden. An den Dächern und Türmen finden wir sie an Stellen, die kaum ein Mensch sehen kann. Sie helfen, den Dom Abbild des »himmlischen Jerusalem« werden zu lassen.

Das **Maßwerk** füllt architektonische Flächen mit Mustern, die mit dem Zirkel konstruiert, d. h. »gemessen« werden. Kreise aber, als Bilder der Sonne, schützen nach der damaligen Auffassung vor den Mächten der Finsternis.

Die sonnenähnliche **Fensterrose** an der Eingangs- oder Westseite des gotischen Domes sagte den Eintretenden: Gott ist Licht. Zugleich ist die Rose ein Abbild des »himmlischen Jerusalem«.

Dienste werden die langen dünnen Säulen genannt, die einer Wand oder einem Pfeiler vorgelagert sind. Ihr »Dienst« besteht darin, daß sie die Gewölberippen tragen.

Als **Wimperg** wird der aufwärtsstrebende gotische Ziergiebel über Fenstern oder Türen bezeichnet.

Die **Fiale** bekrönt in Form eines emporsprießenden schlanken Türmchens die Strebepfeiler.

Die **Kreuzblume** ist eine im Quer- und Längsschnitt kreuzförmige Blume. Sie dient der Bekrönung der Türme, Wimperge, Fialen und Giebel. Sie entspricht dem heutigen Kreuz auf einem Kirchturm.

Krabben (Kriechblumen) verstärken als blattartige Verzierungen an Kanten den Eindruck der Aufwärtsbewegung. In Stein dargestellte Pflanzen (auch an Kapitellen, Gewölbeschlußsteinen u. a.) weisen auf den Garten des himmlischen Paradieses der Endzeit hin.

Kämpfer: Trageplatte zwischen Last (Mauerwerk eines Bogens oder der Wand) und Stütze (Pfeiler oder Säule). Meist liegt der Kämpfer auf einem Kapitell.

Am 15. Oktober 1880 wurde der Schlußstein in die Kreuzblume eingesetzt. Sie krönt den Südturm des Kölner Domes. Die riesige Kreuzblume besteht aus mehreren tonnenschweren Steinblöcken.

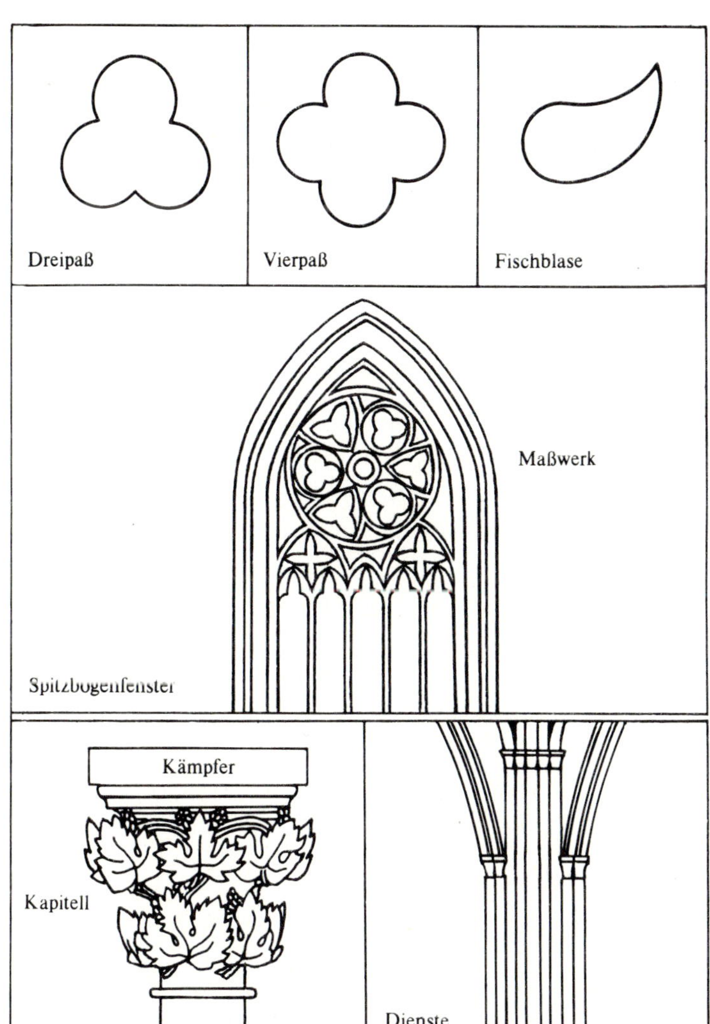

Stein auf Stein

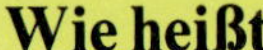

Für dieses Quiz werden Papier und Stift gebraucht. Schreibe die Lösungswörter untereinander. Ihre Anfangsbuchstaben ergeben, hintereinander gelesen, die Bezeichnung für ein Bauwerk.

Wie heißt

- die bekannte Prager Brücke, die von Peter Parler erbaut wurde?
- in der Kirche der Ort, wo das Wort Gottes verkündet wird?
- im Freiberger Dom jene Kanzel, die wie eine Blume gestaltet ist?
- ein mittelalterliches Schlaginstrument?
- das aus dem Griechischen stammende Wort für »Frohbotschaft«?
- ein mittelalterliches Blasinstrument, das heutzutage als Nationalinstrument der Schotten gilt?
- ein Kennzeichen des romanischen Stils, das bei Bauten an Fenstern und Portalen verwendet wird?
- der Chorraum einer Kirche noch?
- die Trennwand, die früher den Kirchenraum in einen Teil für Priester und Mönche und in einen für die Gemeinde gliederte?
- ein in der Kunst häufig als Kindergestalt (als »Putte«) dargestelltes himmlisches Wesen?

Bauwesen im Mittelalter

9.–12. Jh. Klosterwerkstatt		12.–15. Jh. Bauhütte (Gotik)
Mitglieder: Ordensleute, die zeitlebens im selben Orden leben, dem Abt unterstellt		**Mitglieder:** keine Ordensleute; strenge Anforderung der Hütte an Disziplin. Hüttengeheimnis – aber: Freizügigkeit, Austausch von Wissen und Fertigkeiten
Architekt ein Geistlicher oder ein Mönch	**Gesamtleitung**	**Werkmeister** Hüttenmeister (magister operis) **Parlier** Sprecher und Betreuer der Bauhütte
Mönche **Ausbildung** ordenseigene Schulen	**Mitarbeiter** Vermesser · Maurer · Zimmerleute · Steinmetzen · Bildhauer · Fensterglaser Maler	**Freie Handwerker** (Meister und Gesellen) **Ausbildung** Lehrzeit 2–3 Jahre Wanderzeit – Geselle Wanderzeit – Meister Leiter eines bestimmten Objektes bei entsprechendem Nachweis – Werkmeister
Bauern	**Hilfskräfte** Erdarbeiter · Holzlieferanten · Steinbrecher · Transporteure · Gerüstbauer	**Bürger und Bauern** im Auftrag des Bauherrn

Romanik **Gegenübergestellt** Gotik

Rundbogen;
Betonung der Waagerechten, kräftige Pfeiler und Säulen
Stiftskirche Quedlinburg

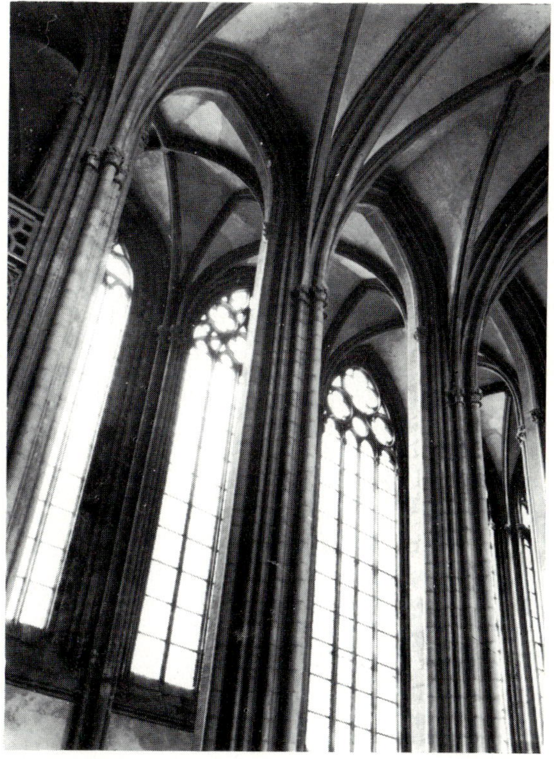

Spitzbogen;
Betonung der Senkrechten, große Höhe, Bündelpfeiler
Dom zu Meißen

Mächtige Wandflächen, kleine Fenster
Klosterkirche Drübeck

Wände aufgelöst in Streben und Pfeiler; große, lichte Fenster
Prag, Veitsdom; Blick ins Chorgewölbe

Romanik **Gegenübergestellt** **Gotik**

Flächige Außenwände, geringer Außenschmuck
Ják, Ungarn, Abteikirche der Benediktiner, um 1220

Gliederung der Außenwände, reicher Schmuck
Strebewerk am Veitsdom in Prag, 14. Jh.

Romanisches Portal
Magdalenenkirche in Wrocław (Breslau)

Gotisches Portal
Straßburger Münster

Romanik **Gegenübergestellt** **Gotik**

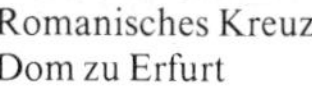

Romanisches Kreuz
Dom zu Erfurt

Gotisches Kreuz
Klosterkirche St. Ursula, Erfurt

Die vielfältigen Erfahrungen des Leidens der Menschen in den Zeiten der Pestseuchen sind in die Kunst der Gotik eingebracht. Vergleiche beide abgebildete Kreuze.
Links das romanische Kreuz mit dem König, dem Herrscher, ist eher ein Siegeszeichen. Die Haltung des Gekreuzigten können wir als königlich erhaben bezeichnen.
Rechts daneben ein gotisches Kreuz. Jesus, der geschundene, leidende Mensch, wird als unser Bruder Abbild auch unserer Not.

Teilhabe und Abstand

Bildhaft läßt sich die Epoche der Gotik als Zeit von Licht und Schatten erklären. Die Heiligkeit Gottes ist so groß, und die Unheiligkeit der Menschen ist so tief, daß es keine Gemeinschaft geben kann. Abstand und Verehrung aus der Ferne sind folgerichtige Verhalten, auch im Gottesdienst. Man betet an, demütig und mit inniger Hingabe. Die für die Kranken aufbewahrten Hostien werden jetzt Gegenstand der Verehrung in einer Weise, die man bisher nicht kannte. Reichgeschmückte Sakramentshäuschen werden immer häufiger. Andachten zu Ehren der Eucharistie und des Herzens Jesu werden zunehmend beliebt. Das Fronleichnamsfest kommt auf und verbreitet sich rasch. Prozessionen zu Ehren dieses kostbaren Zeichens der Gegenwart Christi werden gehalten. Das Ewige Licht vor dem Sakramentshäuschen wird allmählich fester Brauch. Mitte und Höhepunkt der Meßfeier wird das Erheben und Zeigen von Hostie und Kelch. Vor diesem hohen Geheimnis kann sich der Christ nur klein machen. So wird das Knien, das tausend Jahre nur bei bestimmten Riten vorkam, zur idealen Haltung. Die eigentliche christliche Haltung, das Stehen als Ausdruck des Auferstehungsglaubens, erhält sich in der Liturgie nur noch beim Evangelium und beim Vaterunser.

Dom zu Meißen

In dieser Zeit erlebt die Marienfrömmigkeit eine hohe Kultur. Marienverehrung hatten schon die Benediktiner eifrig gepflegt. Nun tragen die Zisterzienser in besonderem Maße durch Predigt und durch Einführung bunter Andachtsformen zur Marienverehrung bei. Ihr geistiger Vater, der hl. Bernhard von Clairvaux, gab dazu wichtige Anstöße. Maria wird gesehen als Mutter Jesu. Sie erscheint aber auch als die Königin des Himmels. Maria ist ganz eine von uns. Sie ist aber auch ganz bei Gott. So kann sie Brücke werden von Gott zu uns.
Die Gotik wendet sich auch bürgerlichen Bauten zu. Rathäuser, Türme und Brücken entstehen und verkünden das gewachsene Selbstbewußtsein des Stadtmenschen.
Der Name Gotik hat erst im 19. Jahrhundert die Bedeutung bekommen, die wir heute kennen. Vorher galt gotisch als barbarisch, weil die Goten in der Völkerwanderung die antike Kultur zerstört und eine neue, fremde Kultur begründet hatten, die eben als barbarisch, als »gotisch«, herabgemindert wurde.
Dort, wo kein Naturstein zur Verfügung stand, benutzte man den Backstein, den »gebackenen« Lehmziegel. Man spricht dann von Backsteinbauten.

Wir unterscheiden in unserem Raum:	**Frühgotik** etwa 1250–1350	**Hochgotik** etwa 1350–1450	**Spätgotik** etwa 1450–1550

Gotisches Rathaus in Stralsund

Kloster Chorin. Der Ziegel gibt einen warmen Ton.

Backsteingotik: Kirche »Maria auf dem Sande« in Wrocław (Breslau)

Mit Meisterhand

Aus den folgenden Silben sind neun Wörter zu bilden, deren erste Buchstaben, von oben nach unten gelesen, einen Stadtnamen ergeben. Dort steht die größte Kirche der DDR, die zugleich der erste gotische Großbau in Deutschland war (ab 1209).

a – ak – bis – bo – do – e – ge – gen – got – got – ka – ker – li – lob – mat – mi – ner – ni – po – rich – rund – stel – tes – tes – thä – tum – ul – um – us – van

1. Evangelist, 2. Jünger Jesu (im engeren Sinn), 3. alte Bezeichnung für Friedhof, 4. vom hl. Dominikus gegründeter Predigerorden, 5. aus dem Griechischen stammendes Wort für »Frohe Botschaft«, 6. Kirchenbezirk, 7. Vorname des ersten Bischofs, der formal heiliggesprochen wurde, 8. typisches Kennzeichen der romanischen Bauweise, 9. Titel eines Gebet- und Gesangbuches.

»Biographie« des Erfurter Domes

1153 Es stürzen Teile der Basilika ein, die zur Zeit des hl. Bonifatius auf dem Domberg gebaut worden war.

1154–1235 Wiederaufbau des Gotteshauses als **romanische dreischiffige Pfeilerbasilika**
1201: Südturm vollendet
1237: Nordturm vollendet
1238: Flachdecke im Kirchenschiff

1282 Eine Erweiterung des Chorraumes wird notwendig, weil 100 Geistliche zum Domstift gehören.
Ab 1230: künstliche Verlängerung des Domhügels durch eine Plattform, die auf tonnenüberwölbten Pfeilern, den Kavaten (cavus = hohl, gewölbt), ruht, Bau der Treppenanlage mit 70 Stufen
1349: Grundsteinlegung für den neuen Chor
1353: Einwölbung der Unterkirche (Krypta) im Bereich der Kavaten
um 1370: der **hochgotische Chor** wird eingeweiht
1370–1420 die Fenster im Hohen Chor werden farbig verglast.

1452 Einsturz des romanischen Kirchenschiffes

1455–1483 Wiederaufbau als **spätgotische Hallenkirche**. Wegen der stark anwachsenden Bevölkerungszahl der Stadt werden zugleich die Seitenschiffe verbreitert.

1497 Die »große« Glocke (Gloriosa) wird gegossen.

1697 Neubau des **Hochaltars** (barock)

Blick auf den Erfurter Dom. Dahinter ist die St.-Severi-Kirche zu erkennen. Im Anbau am Dom befindet sich das Philosophisch-theologische Studium, wo die künftigen Priester ausgebildet werden.

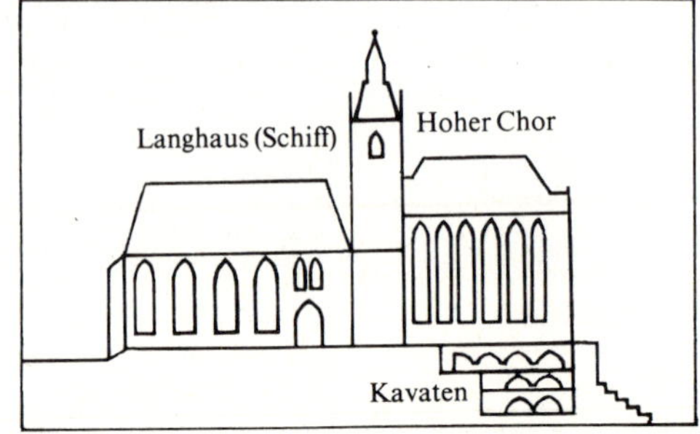

1717	Durch Brand werden die oberen Turmgeschosse vernichtet. Notdürftig werden die Türme mit Holzschindeln abgedeckt.
1828–1870	Der Dom wird **neugotisch restauriert**, verspielter Zierrat angebracht. Die oberen Turmgeschosse werden wieder aufgebaut, sie erhalten ihr heutiges Aussehen.
1962	Das Geläut, das außer der Gloriosa den beiden Weltkriegen zum Opfer gefallen war, erklingt wieder vollständig. Drei Glocken sind neu gegossen worden.
1967–1968	Erneuerung des **Dachstuhles**. Dabei wird dessen **ursprüngliche Gestalt** durch Entfernung der Balustraden und Türmchen wiederhergestellt.

»Bildbiographie« des Kölner Domes

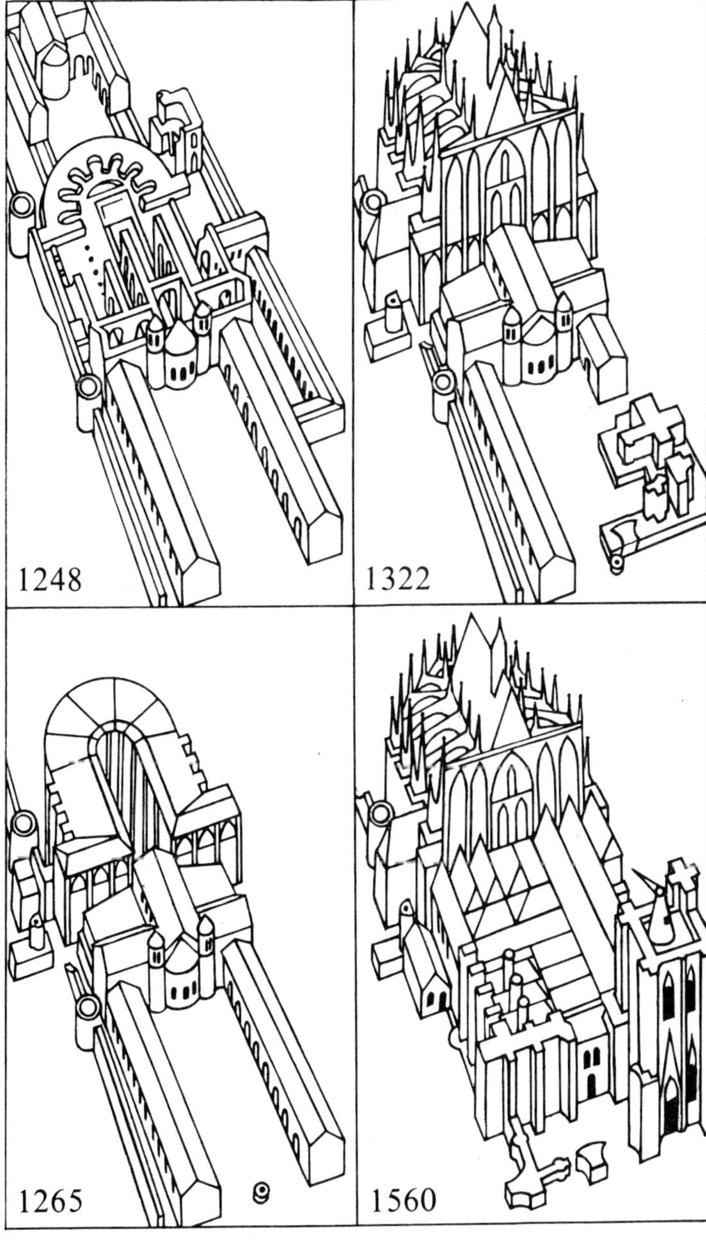

Petridom zu Bautzen
Deutlich ist der Knick in der Kirchenachse zu erkennen.

Woher kommt der Knick?

An vielen mittelalterlichen Kirchen ist eine Eigentümlichkeit in der Gestaltung des Grundrisses zu beobachten. Die Mittellinie, die auch Längsachse heißt, weist im Chorraum eine Brechung auf. Einfach gesagt: die Kirche gerät aus der Mitte. Man bezeichnet diese Abweichung von der Mittellinie als Achsenbrechung.

Unklar ist die Ursache der Achsenbrechung. Es gibt verschiedene Deutungen; welche im einzelnen Fall zutrifft, können auch die Fachleute nicht immer eindeutig beantworten.

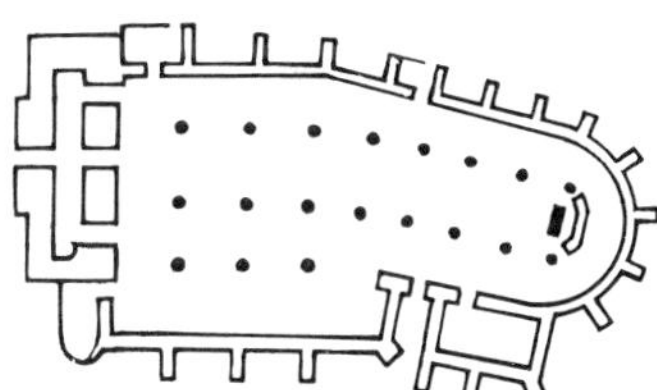

Erklärungsversuche:

- Man mußte abweichen, weil das Baugelände dies verlangte.
- Die Brechung spielt auf den sterbenden Jesus an, der am Kreuz sein Haupt geneigt habe.
- In der Regel wurden die Kirchen früher geostet. Die Ostung bedeutet Ausrichtung auf die aufgehende Sonne. Die Sonne ist Ursymbol für den göttlichen Kyrios Christus, die »Sonne der Gerechtigkeit«. Die Ostung wurde am Patronatsfest der Kirche vorgenommen, z. B. Nikolaus am 6. Dezember. Wurde dieselbe Kirche während der oft langen Bauzeit einem anderen Patron geweiht, z. B. Petrus (29. Juni), war der Sonnenstand jahreszeitlich bedingt ein anderer. Die neue Achse weicht nun von der alten ab.
- Die alten Baumeister haben astronomische Kenntnisse im Grundriß verarbeitet. So kann z. B. aus dem Brechungswinkel der Weihetag oder Tag des Kirchenpatrons erschlossen werden.

Auflösung von S. 208 (Stein auf Stein):

Karlsbrücke, Ambo, Tulpenkanzel, Handtrommel, Evangelium, Dudelsack, Rundbogen, Altarraum, Lettner, Engel. KATHEDRALE.

Was ist im Bild?

1. Weißt du, in welchem Stil dieses Portal gebaut ist?
a) Gotik,
b) Romanik,
c) Barock?

2. Kennst du die Kirche auf diesem Foto? Ist es
a) der Dom zu Magdeburg,
b) das Straßburger Münster,
c) der Petersdom zu Rom?

3. Wie nennt man dieses gotische Bauelement auf der Spitze eines Turmes?
a) Kreuzblume,
b) Fliege,
c) Gipfelkreuz?

4. Der Orden der Jesuiten hat einen Baustil besonders beeinflußt. – Ist es
a) die Backsteingotik,
b) der Klassizismus des 19. Jahrhunderts,
c) der Barock der Gegenreformation?

In dieser Epoche leben ...

Straßburger Münster

Meister Erwin

nach seinem wahrscheinlichen Geburtsort Erwin von Steinbach genannt, zeichnete den Plan für das Straßburger Münster. Der Grundstein wurde 1277 gelegt. Meister Erwin wird auf seinem Grabstein Hüttenherr und Werkmeister beim Münster zu Straßburg genannt. Er starb 1318.

Peter Parler und Werkstatt
Sandsteinbüste des Kaisers Karl IV. im Dom St. Veit zu Prag

Peter Parler

(geb. um 1330 in Schwäbisch-Gmünd, gest. 1399 in Prag) stammte aus einer berühmten Steinmetzfamilie. Er lernte wahrscheinlich bei seinem Vater Heinrich Parler in Schwäbisch-Gmünd. 1356 wurde er von Kaiser Karl IV. zum Dombaumeister (Veitsdom) von Prag ernannt. Mit seiner Dombauhütte begründete er die Parlerschule. Diese baute u. a. die Teynkirche in Prag und die Klosterkirche auf dem Oybin. Ihre Mitwirkung an Bauten in Wien, Halle, Magdeburg und Tangermünde ist bekannt.

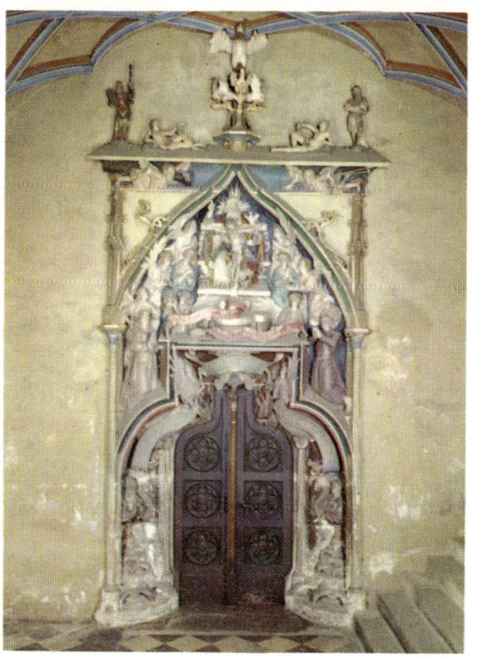

Schöne Tür, Annenkirche zu Annaberg (Erzgebirge)

Hans Witten

(geb. um 1460 in Niedersachsen, gest. um 1525 im Erzgebirge) war bis 1938 nur als der »Meister H. W.« bekannt. Nach langer Forschung gelang es einem Kunsthistoriker, den Namen des Bildschnitzers festzustellen. Am Altar in Borna und an der Schönen Tür in Annaberg fand er an versteckter Stelle das Zeichen »H. W.«. Durch den Vergleich von Arbeitstechnik und künstlerischem Stil konnte er diesem Künstler noch weitere unsignierte Werke zuschreiben. Frühwerke fand er in der Nähe von Braunschweig und Meisterwerke im obersächsischen Gebiet: die Chemnitzer Schmerzensmutter, das Portal der Schloßkirche (Karl-Marx-Stadt) und die Tulpenkanzel in Freiberg. In den in Frage kommenden Arbeits- und Wohnorten des Künstlers suchte der Forscher in alten Rechnungsbüchern, Kaufverträgen und Steuerlisten nach Personen mit den Anfangsbuchstaben H. W. Durch gründliche Vergleiche konnte er H. W. eindeutig als das Künstlerzeichen von Hans Witten aus Köln ermitteln.

Veit Stoß

(geb. um 1440 in Nürnberg, gest. 1533 in Nürnberg) war der bedeutendste spätgotische Bildschnitzer. Er gab 1477 sein Bürgerrecht in Nürnberg auf und arbeitete in Krakau für die deutsche Gemeinde den Hochaltar in der Marienkirche. 1496 kehrte er nach Nürnberg zurück, schnitzte den Englischen Gruß, einen figurenreichen Rosenkranz u. a. In seinen Darstellungen zeigt sich ein leidenschaftlicher Ausdruck, den Barock schon vorausahnend. Veit Stoß starb erblindet in seiner Heimatstadt.

Sterbende Maria, Marienkirche in Krakau

Adam Krafft

(geb. um 1460 in Nürnberg, gest. 1508/1509 in Schwabach bei Nürnberg) wurde in Nürnberg als Steinbildhauer ausgebildet. 1477 arbeitete er mit am Neubau von St. Lorenz (Spätgotik). Nach längerer Wanderschaft errichtete er 1490 in Nürnberg eine Werkstatt und schuf Bildwerke in schlichter Innigkeit und volkstümlicher Kraft, vor allem Reliefs. In seinen Werken vollzog er den Schritt von der Spätgotik zur Renaissance. Alle Werke von ihm befinden sich in Nürnberg: z. B. Sakramentshaus mit Selbstdarstellung als Träger (siehe Bild) in der Lorenzkirche, sieben Reliefs zu den Kreuzwegstationen. Kreuzwegbild → Seite 35

Adam Krafft

Tilman Riemenschneider

(geb. um 1460 wahrscheinlich in Heiligenstadt im Eichsfeld, gest. 1531 in Würzburg) war Bildhauer und der große Bildschnitzer der Spätgotik. Er arbeitete ab 1483 in Würzburg. Als erster verzichtete er darauf, die Figuren farbig zu fassen (d. h. zu bemalen). Seine Schnitzaltäre (z. B. Heiligenblutaltar in Rothenburg ob der Tauber) lassen eine tiefe christliche Lebensauffassung spüren. Aus dieser Haltung heraus schlug sein Herz für die Unterdrückten und ließ ihn für die Bauern Partei nehmen. Nach der Niederwerfung der Aufstände hatte er dafür zu büßen: Einziehung seines Vermögens, Verlust des Bürgermeisteramtes, Kerker, Folter.

Tilman Riemenschneider, Selbstbildnis aus dem Creglinger Marienaltar

Michael Pacher

(geb. zwischen 1430 und 1435 im Pustertal [Südtirol], gest. 1498 in Salzburg) war zugleich Maler und Bildschnitzer. Er studierte auf zwei Italienreisen die Werke der Frührenaissance. Dabei lernte er die Linearperspektive kennen, die er dann konsequent in seinen Werken anwandte. Außerdem hielt sich Pacher sechs Jahre lang zu Studienzwecken in Flandern auf, das damals ein Zentrum der Kunst war. Pachers vielfältige Berührungen mit den fortschrittlichsten Künstlern seiner Zeit verschafften ihm eine Sonderstellung in der spätgotischen Kunst. Zwischen den Reisen arbeitete er in seiner Werkstatt in Südtirol und schuf insbesondere Wandelaltäre für Kirchen in Tirol und im Salzkammergut. Sein Hauptwerk ist der 11 Meter hohe Altar für St. Wolfgang am Abersee in Oberösterreich mit der Marienkrönung und den beiden Heiligen St. Florian und St. Georg. Bei diesem Altar hat Pacher Architektur, Plastik und Malerei in einem Werk vereint.

Michael Pacher, Madonna in der Franziskaner-Kirche zu Salzburg (eines der berühmtesten Werke von Pacher.)

Hans Memling

(geb. um 1433 bei Aschaffenburg, gest. 1494 in Brügge) erhielt seine Ausbildung bei Lochner in Köln oder bei R. van der Weyden in Brüssel. Memling erzählt oftmals mehrere Szenen einer Geschichte mit zahlreichen Figuren auf einem einzigen Bild. Seine Hauptarbeiten: das Altarwerk in der Marienkirche in Gdańsk (Jüngstes Gericht, Hölle und Himmelfahrt) und der Ursulaschrein mit vielen Szenen aus der Geschichte der hl. Ursula im Johannishospital in Brügge.

Jüngstes Gericht, Marienaltar der Kathedrale zu Gdańsk (Danzig)

Michael Wohlgemut

(geb. 1434 in Nürnberg, gest. 1519 in Nürnberg) gehörte zur Nürnberger Malerschule. Er war Lehrer Albrecht Dürers. In seiner Werkstatt arbeitete Wohlgemut gemeinsam mit vielen Gesellen. Bekannt sind von ihm die Gemälde an dem Hochaltar in der Zwickauer Marienkirche. Er lieferte auch Holzschnitte für die Schedelsche Weltchronik.

Michael Wohlgemut, Gemälde von Albrecht Dürer

Stefan Lochner

(geb. 1410 wahrscheinlich in Meersburg am Bodensee, gest 1451 in Köln) ist der Hauptmeister der Kölner Malerschule. Seine zartinnigen Mariendarstellungen (Madonna im Rosenhag, die Veilchenmadonna) und der Glanz der hellen, duftigen Farben zeigen, wie man sich in dieser Zeit die Mutter Jesu vorstellte. Sein Hauptwerk ist das Altarbild der Stadtpatrone im Kölner Dom. Es stellt auf der Mitteltafel die Huldigung der Drei Könige dar, auf den Flügeln St. Ursula und St. Gereon mit reichem Gefolge. Lochner starb im Armenhaus.

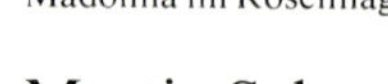

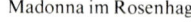

Madonna im Rosenhag

Martin Schongauer

(geb. um 1445 in Colmar, gest. 1491 in Breisach) war ein bedeutender Maler der Spätgotik. Als Meister des Kupferstichs verfeinerte er die Technik und betonte Licht und Schatten in seinen Stichen, z. B. in seiner »großen Kreuztragung«.

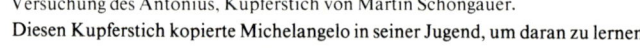

Versuchung des Antonius, Kupferstich von Martin Schongauer.
Diesen Kupferstich kopierte Michelangelo in seiner Jugend, um daran zu lernen.

Peter Vischer der Ältere

(geb. 1455 in Nürnberg, gest. 1529 in Nürnberg) übernahm 1487 die väterliche Gießhütte, die eine der bekanntesten Deutschlands war. Vischers frühe Werke sind noch rein gotisch, z. B. das Grabmal des Erzbischofs Ernst im Magdeburger Dom von 1495, ähnlich das Grabmal des Grafen von Henneberg und seiner Frau in der Stiftskirche in Römhild. Später Einfluß der Renaissance. Berühmt das Sebaldusgrab (mit Selbstdarstellung) in Nürnberg.

Peter Vischer, Selbstdarstellung am Sebaldusgrab (Bronzeguß)

Guillaume de Machaut, der Priester, Diplomat und Musiker, nach einer alten Miniatur

Guillaume de Machaut

(geb. um 1300 wahrscheinlich in Machaut, Nordfrankreich, gest. 1377 in Reims) war der bedeutendste Musiker und Dichter des 14. Jahrhunderts. Als Priester, Ratgeber und Diplomat begleitete er König Johann von Böhmen auf seinen Reisen durch Ungarn, Polen, Flandern und Italien. Zuletzt war er Domherr in Reims. Er schrieb Messen, Motetten, aber auch weltliche Musik: mehrstimmige Balladen, Rondos und Chansons.

Josquin des Pres, Holzschnitt nach einem niederländischen Porträt des Musikers

Josquin des Pres

(um 1450 geb. in den Niederlanden, gest. 1521 in Condé). Im 14. und 15. Jahrhundert wurde an den großen Kathedralkirchen in den Niederlanden und angrenzenden Gebieten die mehrstimmige Musik sehr vervollkommnet. Einer von den vielen bekannten Meistern dieser Epoche war Josquin des Prés. Von 1474 an war er in Italien, später sogar acht Jahre lang an der päpstlichen Kapelle in Rom. Die Kompositionen dieser Zeit wurden immer kunstvoller. Es entstanden freie Kompositionen, die nicht mehr den Gregorianischen Choral als Cantus firmus benutzten. Kanons wurden in geistliche und weltliche Werke eingeflochten.

Heinrich Isaac

(geb. um 1445 in den Niederlanden, gest. 1517 in Florenz) war Hofkomponist von Kaiser Maximilian I. Mehrere Reisen führten ihn nach Italien. Isaac komponierte geistliche und weltliche Musik. Bekannt ist er heute vielen durch die Melodie zu »Innsbruck, ich muß dich lassen . . .«. Diese Melodie steht im »Gotteslob« mit den beiden Texten:

O Welt, ich muß dich lassen . . . . GL 659
O wunderbare Speise . . . . GL 503

Auflösung von S. 214 (Mit Meisterhand):

1. Matthäus, 2. Apostel, 3. Gottesacker, 4. Dominikaner, 5. Evangelium, 6. Bistum, 7. Ulrich, 8. Rundbogen, 9. Gotteslob – MAGDEBURG.

Apostel Petrus
von dem im Rätsel gesuchten Bildschnitzer

Meisterhaft

Dieses Quiz nennt einen der größten Bildschnitzer der Spätgotik. Du brauchst nur die Anfangsbuchstaben der erfragten Wörter nacheinander aufzuschreiben, und du kennst die Auflösung.

1.
Wie heißt eine berühmte Erzgießerfamilie in Nürnberg?

2.
In welcher Landschaft liegt die vermutliche Geburtsstadt (Heiligenstadt) von Riemenschneider?

3.
Wie heißt der Komponist des bekannten Liedes »Innsbruck, ich muß dich lassen«?

4.
Welches Meisterwerk des Bildhauers Hans Witten befindet sich im Freiberger Dom?

5.
Von welchem deutschen Maler kopierte Michelangelo einen Kupferstich, um daran zu lernen?

6.
Wie heißt der Holzbildhauer Riemenschneider mit Vornamen?

7.
An welcher Klosterkirche in der Nähe von Zittau haben die Parlers mitgebaut?

8.
Für welches Münster hat Meister Erwin den Grundriß entworfen?

9.
Welche Bezeichnung hat die Epoche der ausgehenden Gotik?

Kunst verlangt Künstler

Die mehrstimmige Kirchenmusik war um 1500 so kunstvoll geworden, daß geschulte Chöre gebraucht wurden. Den ersten »geschulten« Chor gab es allerdings schon lange vorher, schon im 4. Jahrhundert: die Schola cantorum in Rom!
Papst Gregor der Große sorgte später für den Bestand dieser Schola: In einem Waisenhaus ließ er den Sängernachwuchs erziehen. Im Mittelalter setzten die Klöster und die Kathedralkirchen ihren Ehrgeiz darein, die beste Schola cantorum und einen guten Magister capellae (Kapellmeister) zu haben. Vorbild war dabei stets die römische Schola. Aus dieser römischen Schola cantorum wurde im 15. Jahrhundert die »Päpstliche Kapelle«, die – man staune! – aus nur 9–12 Mitgliedern bestand.

Kapelle
1. Kleine Kirche
2. Im Mittelalter und in der Renaissance: Kleriker, die im Gottesdienst singen. Der Magister capellae (Kapellmeister) hat die Leitung. Im 16. Jahrhundert zählen auch Instrumentalisten zur Kapelle.
3. Jetzt: Bezeichnung für ein Orchester (Staatskapelle, Tanzkapelle)

In der Renaissancezeit legten auch die Fürsten Wert auf eine Kapelle. Kaiser Maximilian I. hatte seine Hofkapelle; von Fürsten unterstützt wurden die Kantoreien in München, Heidelberg, Torgau und Stuttgart.
Noch heute bestehen Chöre bzw. Kapellen aus dieser Zeit!

Die Dresdner Kapellknaben singen im Grazer Dom.

Kreuzchor
(Dresden): Um 1225 wird die Kreuzschule gegründet. Ein Alumnat für die Sänger ist seit 1388 nachweisbar.

Kapellknaben
(Dresden): 1548 wird die Dresdner Hofkapelle gegründet. Zu ihr gehören in erster Linie Sänger, und zwar »11 große Personen zum Baß, Alt und Tenor und 9 Knaben zum Diskant«. In der Kantoreiordnung von 1548 wurde festgelegt, »daß alle Cantores teglich eine Stunde, auch sunsten, wann sie unser Capellmeister zum ubersingen fordern wirt, unweigerlich kommen und erscheinen sollen«.

Thomanerchor
(Leipzig): Schon 1519 singt er. Zur Eröffnung der Disputation zwischen Luther und Eck erklingt eine 12stimmige Motette, gesungen von den Thomanern!

Regensburger Domspatzen
1502 wird eine sicher schon seit langer Zeit bestehende Schola »reorganisiert«.

Die Nachtigallen von Poznań (Posen)
Dieser weltbekannte Knaben- und Männerchor entstand an der Erzbischöflichen Domschule in Poznań (Posen) zu Beginn des 16. Jahrhunderts. Nach wechselhaftem Schicksal wurde vor 100 Jahren der Chor im Sinne der Tradition neu organisiert und von bedeutenden Leitern (darunter auch zwei Priestern) auf ein hohes Niveau geführt.

Wiener Sängerknaben
1498 ließ Kaiser Maximilian den Befehl ausfertigen »für die Hofburgkapelle in Wien Sänger zu unterhalten«. Die ersten Sänger kamen aus den Niederlanden, die damals führend in der Musik waren. Der Bischof von Wien übernahm selbst das Amt des Kapellmeisters und Kantors. In den 500 nachfolgenden Jahren war der wohl berühmteste Sängerknabe Franz Schubert, der von 1808 bis 1813 dem Chor angehörte.

Von der Litanei zum Lied

»Wer keine Psalmen wisse, soll mit lauter Stimme ›Kyrie eleison – Christe eleison‹ anstimmen«, so heißt es in einer Gottesdienstanweisung aus dem Jahre 858! Bei den Fürbitten, bei Wallfahrten und Prozessionen wurde nämlich die Allerheiligenlitanei gesungen, und zwar lateinisch. Das Volk antwortete mit den immer gleichbleibenden Teilen:

Kyrie eleison (= Herr, erbarme dich)

und

Ora pro nobis (= Bitte für uns)

Das Kyrie eleison braucht man nicht zu übersetzen. Es richtet sich an Christus, den Herrn der Kirche, und eignet sich als Bekenntnis und Antwortruf des Volkes wie das »Amen«. Das »Kyrieleis« wanderte von der Allerheiligenlitanei in die ersten geistlichen Volkslieder. Daher die Bezeichnung »Leisen«, in der Einzahl »Leis« oder »Leise«.
»In gotes namen varen wir ...« (vgl. GL, Nr. 303)
»Nu biten wir den heiligen Geist« (vgl. GL, Nr. 248)
»Syt willekomen, herre Krist ... (vgl. GL, Nr. 131)

Zur Ehre Gottes

Die tiefe Stimme Erfurts

Im Sommer des Jahres 1497 war Meister Geert van Wou in Erfurt angekommen. Es hieß, er sei ein Niederländer. Einige hatten gesehen, wie gar freundlich der Hochwürdigste Herr Weihbischof selbst ihn empfangen hatte. Nun, was gab's da? Die Erfurter waren damals noch sehr neugierig und wollten es gar zu gern wissen.
Einige Tage später setzte eine wahre Völkerwanderung auf den Domberg ein. Im Hof von St. Severi werkte Meister Geert mit einigen Gesellen.
»Sie bauen einen Keller! Seht nur, der Alte gräbt ein Loch!« – »Nein, sie bauen einen Turm. Da, die Gesellen schichten Steine auf.« Allmählich sickerte es durch: »Das wird eine Glocke. Ja, eine Glocke wird hier gegossen, eine besonders große gar.« – »Nun wissen wir, wozu das riesige Loch entsteht.«
Tagelang, wochenlang dauerten die Vorbereitungen. Die Bürger der Stadt hatten sich satt gesehen; nur die Herren Prälaten aus dem Domkapitel fanden sich täglich ein. Das hatte seinen Grund. Sie sollten der Glocke den Namen geben und hatten noch keinen gefunden. Der Meister drängte, sie sollten sich beeilen. Bald wolle er die Form verschließen. Und es wäre doch eine Schande für die ganze Stadt, wenn solch prächtige Glocke namenlos zur Ehre Gottes ihre Stimme ertönen ließe. Zur Ehre Gottes! Die Prälaten schauten sich groß an. »Ja, warum sind wir nicht gleich drauf gekommen? Danke, Meister, jetzt haben wir einen Namen!«
Als fünfzehn Wochen vergangen waren, kam der Tag, an dem die Glocke gegossen werden sollte. Das ganze Volk von Erfurt hatte sich eingefunden, um zuzuschauen. Es kam auch der Weihbischof mit seinen Prälaten. Arge Hitze herrschte auf dem Platz. Mit großen Blasebälgen trieben die Gesellen Wind in die Glut der Öfen. Dann stach Meister Geert das Metall ab. Ein rotglühender Fluß suchte sich den Weg in die Form. Es dauerte einige Tage, bis die Glocke abgekühlt war. Dann wurde sie ausgegraben und mit starken Hebeln auf ein Gerüst gehoben. Der Bischof weihte sie feierlich.
Nun mußte die Glocke auf den Turm gebracht werden. Das war nicht so einfach. Denn sie wog 227 Zentner und hatte einen Durchmesser von über zweieinhalb Metern.

Das war vor fast 500 Jahren.
Noch heute verkündet diese Glocke mit ihrer schönen tiefen Stimme die alte und immer neue Botschaft: Ehre sei Gott in der Höhe und Friede den Menschen auf Erden!

Wißt ihr, wie die Glocke heißt?

Wie heißt die Glocke?

1.
Wie nennt man die Stimme einer Glocke?

2.
Welches Instrument wird die »Königin der Musikinstrumente« genannt?

3.
Wie lautet eine andere Bezeichnung für Klavier?

4.
Wie heißt die hohe Stimmlage der Männer im Chor?

5.
Welche ist die Pluralform einer Kniegeige?

6.
Wie heißt »Geschwindigkeit« in der Musiksprache?

7.
Welche Grundrißform hat eine Glocke?

8.
Wie nennt man eine Bratsche noch?

Wenn du die Quizfragen beantwortet hast, weißt du den Namen der größten von Meister Geert gegossenen Glocke. Acht fünfbuchstabige Wörter sind zu suchen, deren letzte Buchstaben die Lösung ergeben.

Allerlei über Glocken

Einige Weltrekorde

Die schwerste Glocke

ist die KOLOKOL im Kreml in Moskau.
Gegossen: 1733 durch Montorin
Gewicht: ca. 4000 Zentner

Die wohlklingendste Glocke

ist die GLORIOSA im Erfurter Dom.
Gegossen: 1497 durch Geert van Wou
Gewicht: ca. 227 Zentner

Die älteste Glocke

genannt SAUFANG, weil sie von Schweinen aus dem Schlamm gewühlt worden ist, befindet sich im Kölner Städtischen Museum.
Geweiht: 650
Material: geschmiedetes Eisen

Die kleinste Glocke

und zugleich älteste Bronzeglocke stammt aus Assyrien und soll gegossen sein im 7. Jahrhundert v. Chr. Sie ist nur 9,5 cm hoch. In den Kriegswirren 1945 ging sie verloren. Ein Abguß ist im Glockenmuseum zu Apolda aufbewahrt.

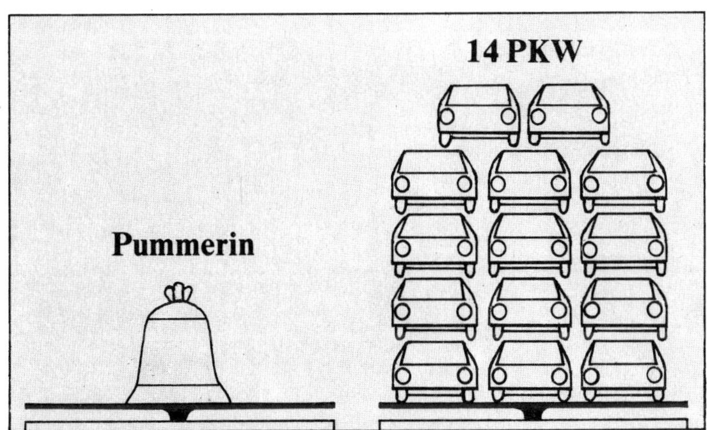

Die Pummerin vom Wiener Stephansdom wiegt mit ihren 396 Zentnern so viel wie 14 Autos.

Die Kolokol in Moskau

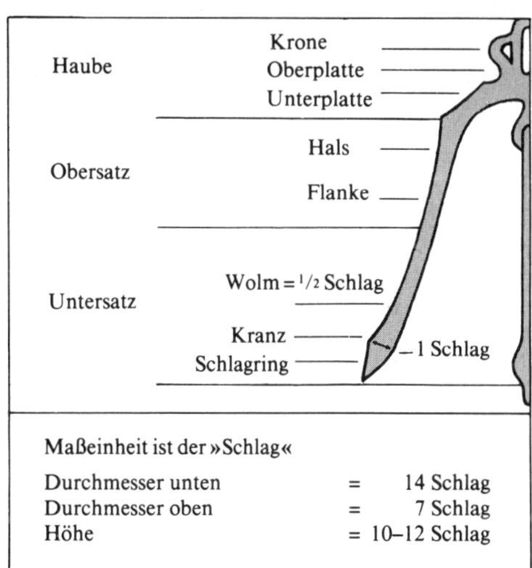

Schnitt durch eine Glocke

Meister des Glockengusses

waren jahrhundertelang die Mönche, besonders die Benediktiner. Sie hatten schon im 6. Jh. die Kunst des Glockengießens kennengelernt.

Ursprungsland

der Glocke soll Babylonien sein. Über Ägypten und Italien wurde sie sehr schnell auch bei uns bekannt.

Auch in China

gibt es Glocken. Die größte chinesische Glocke ist 1403 gegossen und wiegt bei einer Höhe von 4,5 m rund 1250 Zentner.

Das Material

der Glocke besteht im allgemeinen aus Bronze (Legierung aus 80% Kupfer und 20% Zinn), die den besten Ton ermöglicht. Für Glockenspiele wird in unserer Zeit auch Porzellan verwendet. Stahlglocken sind selten wegen ihrer geringen Klangqualität.

75000 deutsche Glocken

wurden im zweiten Weltkrieg von den deutschen Faschisten zur Herstellung von Munition und Waffen beschlagnahmt und zum großen Teil eingeschmolzen.

Das Bild zeigt eine kleine Bronzeglocke aus China, 15. Jahrhundert. In einem Ständer aus Ebenholz hängt die 88 cm hohe Glocke.

Die Menschen in der Zeit der Gotik vollbrachten große Leistungen. Aber ein Kennzeichen dieser Epoche sind vielerorts unfertige Bauwerke, die erst im 20. Jahrhundert vollendet werden.
Der Meißner Dom vor und nach der Vollendung der Türme 1929

1492
Der Seefahrer Christoph Kolumbus will mit seinem Schiff nach Indien, landet aber in Amerika

Der Bauer stund auf im Lande!
Aufstände der Bauern gegen die Fürsten in ganz Europa
1500–1700

Achtung,
Herr Johannes Gensfleisch zu Gutenberg hat eine Bibel mit beweglichen Lettern gedruckt. Das mühselige Abschreiben per Hand entfällt.
1+4+5+5
Achtung!

Dreißig Jahre Krieg
Er dauert von 1618 bis 1648.

Aus einem anfänglichen Glaubenskrieg wird ein dreißigjähriger Krieg um die Vormacht in Europa. Beteiligt sind: England, Holland, Dänemark, Schweden, Spanien, Frankreich und Deutschland.

IM NAMEN ALLAHS!
Die Türken fallen in Ungarn ein und besetzen Budapest. Ungarn wird 150 Jahre unter türkischer Herrschaft leben.
1541

Jahr des Herrn 1517 +
Augustinermönch und Magister der Theologie zu Wittenberg,
Dr. Martinus Luther
schlägt 95 Thesen über den Ablaß an die Tür der Schloßkirche daselbst.

...e Epoche

Das Ende der Gotik ist gekommen.
Wichtige Ereignisse leiten eine neue Epoche ein.

Renaissance

1520–1625

Ein neues Denken erfaßt die Menschen. Es kommt von Italien her und orientiert sich schon im 14. Jahrhundert mehr und mehr an der vorchristlichen Kunst und Wissenschaft. Das Alte soll Auskunft geben auf die Fragen der Zeit. »Wiedergeburt« heißt die Parole (frz.: renaissance [von lat.: renatus] = wiedergeboren).

Die Künstler schaffen überragende Kunstwerke mit einer durchaus christlichen Prägung. Aber die Kunstabsicht hat sich gewandelt. Der Realismus, den der Naumburger Meister schon vor gut 200 Jahren eingeleitet hat, findet hier seine klassische Form. Im Mittelpunkt steht der Mensch mit seinen Problemen. Die Kunst, die bisher ganz im Dienst der Verkündigung stand, dient jetzt dem Menschen, seinem Nutzen und seiner Freude. Maße und Schmuck sind auf den Menschen ausgerichtet. Es werden auch prächtige Rathäuser, Schlösser und Bürgerhäuser gebaut.
Man hat jedoch nicht viel Zeit, sich dem Bauen hinzugeben. Die Unzufriedenheit mit den gesellschaftlichen Verhältnissen und die Verschärfung der wirtschaftlichen Lage führen zu Unruhen und zur Reformation. Katholiken und Protestanten bekämpfen sich und haben keine Muße mehr, Gott zur Ehre zu bauen. Die Bilderstürmer geistern durch Europa und zerschlagen Statuen und Bildwerke. »Du sollst keine Bilder machen von Gott« steht in der Bibel. Das nehmen sie aus Ärger über Kirche und Feudalherren wörtlich. Sie vernichten die hölzernen und steinernen Bilder – nicht um Werte blind zu zerstören: Sie wollen aufmerksam machen auf den Geist der christlichen Lehre. Unversehens aber gesellt sich kalte Wut von Fanatikern zu der gutgemeinten Idee. Unwiederbringliche Kunstwerke werden zertrümmert.

Die Renaissance bleibt ein Durchgang. Denn Europa kommt nicht zur Ruhe. Der 30jährige Krieg bringt Leid, Not, Armut, Pest und Tod mit sich. Von 1618 bis 1648 ist ein Stillstand auf nahezu allen Gebieten der Kunst zu melden.

1200 Jahre stand die alte Peterskirche.

Die alte Basilika

Im Vatikan befindet sich ein Wandbild, das die alte Peterskirche darstellt. Sie war eine eine mächtige Basilika mit 5 Schiffen. Man weiß, daß die Gesamtanlage, die unsere Zeichnung wiedergibt, eine Länge von 243 m hatte.
Gebaut wurde sie um 320 n. Chr. auf Veranlassung des ersten christlichen Kaisers Konstantin. Über dem Grab des hl. Petrus sollte eine würdige Gedächtniskirche sein. Äußerlich zeigte sich die Kirche schlicht. Aber im Inneren entfaltete sich eine große Pracht. Im 15. Jahrhundert wurde ein Neubau der Kirche beschlossen. Sie stand damals immerhin schon 1200 Jahre. Über 50 Jahre zog sich die Planung hin, bis im Jahre 1506 der Grundstein für die neue Kirche gelegt wurde. Nur wenig alte Bauelemente konnten in den Neubau einbezogen werden.

Die neue Peterskirche

Von 1506 bis 1626 dauerte die Bauzeit. Rechnen wir noch 50 Jahre Planung und noch einmal 50 Jahre hinzu, die für die Vollendung der Innenausstattung benötigt wurden, ergeben sich gute 200 Jahre. Und es entstand die größte christliche Kirche. Man sieht es den Fotos nicht an, daß 54 000 Menschen in ihr Platz finden; daß die Kuppel 132 m hoch und der Innenraum 213 m lang ist. Ein ganzes Heer von Künstlern war beschäftigt. Nennen wir nur einmal die wichtigsten Architekten:

Bramante
war von 1506 bis 1514 Architekt am Petersdom. Er entwarf den ersten Bauplan für einen Zentralbau, ein kühnes Projekt, das nach seinem Tode Raffael weiterführte.

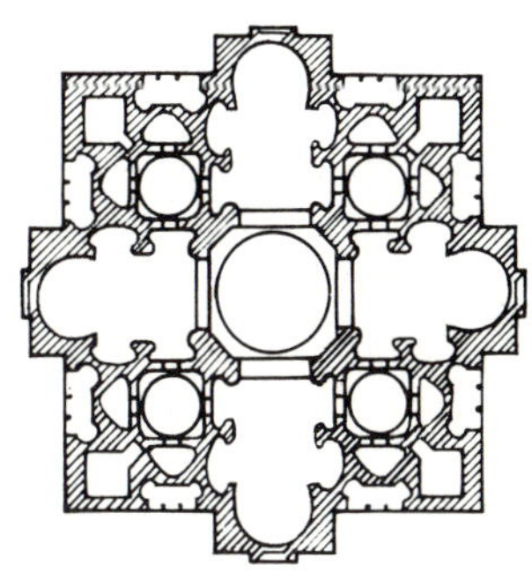

Grundriß der Peterskirche von Bramante

Raffael
war als Bauleiter seit 1515 tätig. Er starb 1520. (Wir kennen sein berühmtes Bild »Die Sixtinische Madonna« in der Dresdner Gemäldegalerie.)

Michelangelo
hatte ab 1546 unentgeltlich bis zu seinem Tode (1564) die Bauarbeiten geleitet.
Die Kuppel ist sein Werk. Vergleichen wir einmal eines der alten Wunderwerke von Rom, das Pantheon aus dem 2. Jahrhundert mit der Kuppel. Beide sind fast gleich groß. Das Pantheon mißt innen 43 m Durchmesser, ebensohoch ist die Kuppel, vom Fußboden aus gemessen. Die Peterskuppel hat einen Durchmesser von 42 m. Sie ruht auf dem 46 m hohen Mittelschiff. Bis zur Spitze sind es von unten aus 132 m. Man kann sich vorstellen, welche gewaltigen Fundamente und Pfeiler notwendig waren, um dieser Kuppel Halt zu geben.

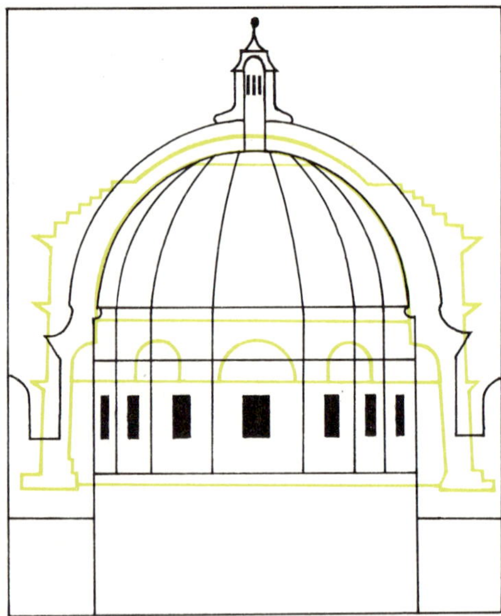

Die Kuppel des Petersdomes hat fast dieselben Maße wie der große Kuppelbau des Pantheons

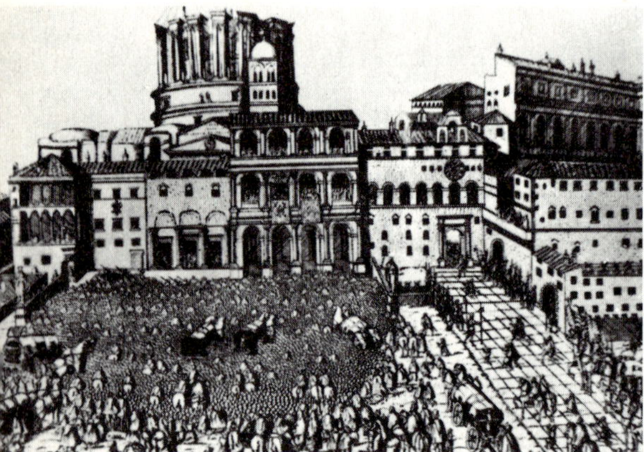

Austeilung des päpstlichen Segens
Die neue Peterskirche im Bau. Stich aus dem 16. Jh.

Maderna
war Baumeister von Beruf und ab 1607 am Bau von St. Peter tätig, vollendet das Langhaus, das ursprünglich nicht geplant war, und gestaltet die Fassade des Domes.

Bernini und **Borromini**
waren mit vielen andern maßgeblich an der Innenausstattung beteiligt, die sich bis Ende des 17. Jahrhunderts hinzog. Bernini ist außerdem der Schöpfer der grandiosen Platzanlage vor der Peterskirche (1655–1667). Diese sogenannten Kolonnaden tragen 94 Statuen, jede 3,20 m groß. Wir zählen 284 Säulen und 88 Pfeiler.

Papst Urban VIII. hatte die Kirche 1626 feierlich eingeweiht, genau 1300 Jahre später, als die alte Petersbasilika durch Papst Silvester I. eingeweiht worden war.

Petersplatz mit Obelisk, aber noch ohne Kolonnaden

Der Petersplatz heute. Nach über 120 Jahren Bauzeit wurde 1626 die größte christliche Kirche eingeweiht. Die vorgelagerten Kolonnaden umrahmen den Vorplatz und führen den Besucher gleichsam in die Kirche hinein: zum Hochaltar, der vom Bronzebaldachin Berninis überdacht ist, zur Pietà von Michelangelo und zu den Papstgräbern – zur Mitte der Christenheit.

Auflösung von S. 222 (Meisterhaft):

Gesucht war der Name des bedeutendsten spätgotischen Bildhauers VEIT STOSS.
1. Vischer, 2. Eichsfeld, 3. Isaak, 4. Tulpenkanzel, 5. Schongauer, 6. Tilman, 7. Oybin, 8. Straßburg, 9. Spätgotik.

In dieser Epoche leben …

Michelangelo Buonarotti
(1475–1564)

Michelangelo Buonarotti

Der Italiener gehört zu den größten Künstlern überhaupt. Im Alter von 25 Jahren schuf er die Marmorskulptur »Pieta« (Maria trauert um ihren Sohn). Als Baumeister der Peterskirche krönte er diese mit der herrlichen Kuppel. Seine Deckenfresken der Sixtinischen Kapelle im Vatikan setzten neue Maßstäbe in der europäischen Kunst. So gilt Michelangelo als Begründer des Barock. Auch als Dichter machte sich das greise Genie durch seine Sonette einen Namen.

Gläubiges Genie

Mit 25 Jahren hat Michelangelo das hier abgebildete Kunstwerk geschaffen. Es befindet sich im Petersdom in Rom. Dargestellt ist die um ihren Sohn trauernde Mutter Maria.

Wie wird diese Art der Mariendarstellung in der Kunst genannt?

Wieder brauchen wir Papier und Stift. Nun wird jeder Buchstabe des Alphabetes numeriert (a = 1, b = 2 usw.) und entspricht damit einem Zahlenwert. Das gesuchte Wort hat 5 Buchstaben, das sind also 5 Zahlenwerte. Ihre Summe ist 51. Als Schlüssel zur Auflösung dienen die folgenden Vergleiche.

1. Buchstabe + 5. Buchstabe:
Summe ihrer Zahlenwerte ist 17

2. Buchstabe + 3. Buchstabe:
Summe ihrer Zahlenwerte ist 14

4. Buchstabe + 5. Buchstabe:
Summe ihrer Zahlenwerte ist 21

3. Buchstabe + 5. Buchstabe:
Summe ihrer Zahlenwerte ist 6

2. Buchstabe – 3. Buchstabe:
Differenz ihrer Zahlenwerte ist 4

Leonardo da Vinci
(1452–1519)

Leonardo da Vinci
Selbstbildnis

Italienischer Universalgeist. Er stellte die Natur in den Mittelpunkt seines Daseins. Als Forscher suchte er, sie beobachtend und denkend zu erfassen, als Künstler wollte er sie wahr und sinnvoll darstellen, als Schriftsteller und Philosoph sie nach sittlichen Grundsätzen gestalten, als Techniker ihren Reichtum und ihre Möglichkeiten für den Menschen nutzbar machen. Aus der Vielfalt seines Strebens wurden seine Einzelleistungen wunderbar befruchtet. So schuf er auf allen Gebieten, denen er sich im Laufe seines langen, ungewöhnlich arbeitsreichen Lebens zuwandte, wirkliche Meisterwerke. Außer den berühmten Gemälden »Das Abendmahl« in Mailand und der »Mona Lisa« in Paris kennen wir mathematische und physikalische Schriften von ihm.

Nikolaus Kopernikus
(1473–1543)

Der Domherr zu Frombork, ein Pole deutscher Abstammung, erkannte durch unermüdliche Sternbeobachtungen die Unrichtigkeit der allgemein herrschenden, auf Ptolemäus zurückgehenden Vorstellungen von der Erde als Mittelpunkt der Welt und begründete sein »heliozentrisches Weltbild«. Diesem liegt die umwälzende Erkenntnis zugrunde, daß die Erde nur ein Planet unter anderen Planeten ist und mit diesen gemeinsam die Sonne umkreist. Er erklärte die scheinbare Drehung des Himmels als Folge der Achsendrehung der Erde.

Kopernikus
Kupferstich von Jacob Meurs

Auflösung von S. 224 (Wie heißt die Glocke?):

1. Klang, 2. Orgel, 3. Piano, 4. Tenor, 5. Celli, 6. Tempo 7. Kreis, 8. Viola – GLORIOSA.

Auflösung von S. 229 (Gläubiges Genie):

Diese Art der Mariendarstellung heißt PIETÀ. Die fünf Buchstaben haben die Zahlenwerte: P = 16, I = 9, E = 5, T = 20, A = 1

Herr Schütz macht eine Reise

Natürlich fährt Herr Schütz mit der Postkutsche. Denn im Jahr des Herrn 1617 kannte man noch keine Eisenbahn. Herr Schütz war das Reisen gewohnt. Nach dem Studium der Rechte war er nach Italien aufgebrochen, um sich dort musikalischen Studien anheimzugeben. Er kennt alle Überraschungen einer wochenlangen Fahrt in der Kutsche. Was ist dagegen diese kurze Strecke? Er hüllt sich in seinen wollenen Mantel und beschließt zu schlafen.
Miteins hält die Kutsche. Draußen ist ein großes Geschrei im Gange. Herr Schütz wundert sich nicht, daß dies auf italienisch geschieht.

Heinrich Schütz
Gemälde von einem unbekannten Meister, Deutsche Staatsbibliothek Berlin

Da klettert ein dunkelhaariger Herr herein, zieht seinen Hut und stellt sich vor: »Giovanni Pierluigi Palestrina.« Er winkt nach draußen. Ein zweiter Herr betritt den Wagen. »Mein Name ist Orlando di Lasso.« Sie setzen sich und beginnen ein wortreiches Gespräch.
»Herr di Lasso«, sagt der eine, »ich freue mich, daß Sie endlich nach Italien zurückkehren.« Jetzt zuckt Herr Schütz zusammen. Ja richtig. Das ist der große europäische Tonsetzer, der als Kapellmeister an der Lateranbasilika und viele Jahre in München war. Sieh einer an, der di Lasso! Und was sagt der? »Ja, Giovanni, aber Italien hat *Sie*. Einen zweiten Palestrina braucht es nicht und kann es nicht geben.« Palestrina! Nein, das ist der Palestrina! Jetzt wäre Heinrich, so heißt Herr Schütz seit seiner Taufe mit Vornamen, beinahe von der Bank gerutscht. Die beiden Großen hier in der Kutsche. ›Welch eine Fügung des Himmels! Der Kapellmeister von St. Peter, der das Konzil von Trient durch seine Musik unterstützte, und der Leiter der Hofkapelle von München sitzen in meiner Kutsche! Wo doch die beiden längst tot sein sollen. Sind nicht beide im selben Jahr 1594 gestorben: der eine in Rom, der andere in München?‹

Albrecht Dürer

(1471–1528)

Sohn eines Goldschmiedes, kam mit 15 Jahren in die Lehre zu Meister Michael Wohlgemut und war schon mit 23 Jahren selbständiger Maler, Kupferstecher und Zeichner. Er gilt als bedeutendster Vertreter der Kunst in seiner Zeit und darüber hinaus. Seinem Arbeitseifer verdanken wir mehr als 1000 Meisterwerke.

Dürer
Selbstbildnis

Erasmus von Rotterdam

(1466–1536)

Niederländischer Augustinerchorherr, Theologe und Humanist, einer der größten Geister seiner Zeit, Freund des hl. Thomas More. Dieser Gelehrte wirkte für eine wahrhaft menschliche Gesinnung und Bildung durch die geistige Wiedererweckung des Altertums (Humanismus).

Erasmus von Rotterdam
Gemälde von Hans Holbein

Aber Heinrich kann nicht fragen, wie das kommt. Er ist wie gebannt. Jetzt hört er, wie Palestrina zu ihm schaut und zwischen den Zähnen seinem Kollegen zuraunt: »Der da, das ist der Schütz. Er hat nicht bei uns das ehrliche Handwerk des Kirchenmusikers gelernt, sondern beim Monteverdi das Opernschreiben.« »Soso«, nickt gelassen der andere, »bei Claudio Monteverdi.« – »Da weiß der Sachse, wie man mit dem Orchester umgeht.« Heinrich wollte protestieren, er sei schließlich Thüringer und nicht Sachse. Er habe auch die Werke dieser beiden Herren eifrig studiert. Und das Neue, was Monteverdi aufbrachte, sei gar nicht so neu. Man habe schon immer menschliche Stimmen und Musikinstrumente zum Lobe Gottes gleichzeitig erklingen lassen.

Er wollte sagen, daß er Palestrina sehr schätze wegen seiner herrlichen Vokalmusik und di Lasso wegen seiner tiefen Innerlichkeit in den Motetten. Aber er kann nicht sprechen. Der Hals ist ihm wie abgeschnürt. Di Lasso zieht einen riesigen Rosenkranz aus der Tasche. »Beten wir für ihn, er ist Protestant.« Palestrina bekreuzigt sich schleunigst. Heinrich schwitzt. Er ist doch auch Christ! Gilt nicht auch sein ganzes Tun der Ehre Gottes?
»Passen Sie auf«, meint Palestrina mit Seitenblick auf Heinrich; »der da hat bei Monteverdi gelernt. Er wird die erste deutsche Oper schreiben. Ja, das wird er.« Woher wußte der Meister denn davon? Bisher hatte er niemand in die Partitur seiner Oper »Daphne« Einsicht gegeben. Jetzt fängt der auch noch an, eine Melodie daraus zu pfeifen. Di Lasso, der nicht mehr betet, sagt kopfschüttelnd: »Sie werden in Sachsen eben Theater machen, wenn der Schütz einmal dort ist.« Heinrich schnappt. Wie kann er nun schon wieder dieses wissen? Niemand außer ihm selbst kennt die Absicht des Kurfürsten, Heinrich Schütz nach Dresden zu holen.
Da erhebt sich Palestrina, hebt drohend den Zeigefinger und spricht mit bebender Stimme: »Er hat unser Vaterland Italien verraten. Was machen wir mit ihm?« Heinrich sieht, wie Palestrinas große Hände näher kommen. Er will aufspringen. Aber die Beine gehorchen ihm nicht. Er will schreien, aber die Stimme versagt.
In diesem Augenblick bekommt der Wagen einen Stoß – Heinrich Schütz erwacht davon. Draußen sieht er die Wachen des kurfürstlichen Schlosses. Da weiß er, daß das Ziel der Reise erreicht ist. Etwas benommen entsteigt er dem Gefährt. Der Kurfürst erwartet ihn.

Er gab griechische und lateinische Werke neu heraus. Seine umfassende Kenntnis der Bibel und der Kirchenväter, wie auch der griechischen und lateinischen Antike ließen ihn als Mann der ersehnten Reform der Kirche erscheinen. Erasmus aber sah in Luthers Kirchenreform nur ein wissenschaftliches Wortgefecht, dem er auswich. In seinen zahlreichen Schriften verwarf er jeden Krieg, trat für die Frauenbildung ein und forderte die Freiheit der Wissenschaft. Die Güter dieser Welt sah er als Geschenke Gottes an alle Menschen an und lehnte daher den Privatbesitz ab.

Die persönliche Tragik dieses Denkers besteht wohl darin, daß er einerseits wegen seiner scharfen Kritik an der Kirche zu den geistigen Wegbereitern der Reformation zählt, andererseits aber nach erfolgter Kirchenspaltung umsonst mahnte, die Einheit der Kirche zu wahren.

Hans Sachs

(1494–1576)

Deutscher Dichter. Nach Abschluß der Schuhmacherlehre durchwanderte er fünf Jahre lang Deutschland von Lübeck bis Wien, ließ sich dann als Handwerksmeister in seiner Heimatstadt Nürnberg nieder. Vom Weber Nunnenpech in die Dichtkunst eingeführt, wurde er bald zum führenden Kopf der 250 Handwerkerpoeten Nürnbergs (»Meistersänger«). Er schrieb neben seinem Tagewerk als Schuhmacher mehr als 200 dramatische Werke und etwa 6000 Erzählungen, Gedichte, Fabeln, Legenden, Lieder und Schwänke. Die Besserung des Menschen ist neben der unbeschwerten Fröhlichkeit Hauptanliegen seiner Dichtungen. Als Anhänger der Reformation schrieb er Gedichte, die wirksam zur Verbreitung des neuen Gedankengutes beitrugen.

Hans Sachs
Holzschnitt eines unbekannten Meisters

Giovanni Pierluigi Palestrina
(1525–1594)
Kapellmeister an St. Peter in Rom, ist Schöpfer zahlreicher Messen, bringt das *Wort* in seinen Werken zur Geltung.

Orlando di Lasso
(1532–1594)
stammt aus Flandern, war Laterankapellmeister und ab 1556 Hofkapellmeister in München.

Das deutsche Kirchenlied

Die ersten volkstümlichen Kirchenlieder gab es – wie könnte es anders sein! – bei den Böhmen. Dort singt und spielt ja jeder schon von Kindheit an! Dort entstanden auch die ersten reformatorischen Bewegungen im 15. Jahrhundert. Für die Hussiten und die Böhmischen Brüder wurden die Lieder in der Volkssprache dann zu Bekenntnisliedern. Zwei Melodien von ihnen singen wir heute noch gern, weil wir durch sie froh und siegessicher den Glauben bekennen können:

»Sonne der Gerechtigkeit ...« (GL, Nr. 644),
»Du höchstes Licht ...« (GL, Nr. 557).

In der Reformationszeit erschien dann bald das erste evangelische Gesangbuch mit deutschen Liedern. **Michael Vehe**, Dominikaner und Stiftspropst in Halle, erkannte das Gebot der Stunde und veröffentlichte 1537 in Leipzig das erste katholische Gesangbuch:

»Ein New Gesangbuechlin Geystlicher Lieder«

mit 52 Liedern in deutscher Sprache. Seine Helfer waren der Bürgermeister und der Domorganist!

»Wer unterm Schutz des Höchsten steht ...« (GL, Nr. 291) und das Adventslied »Aus hartem Weh ...« (GL, Nr. 109) standen schon in diesem Vorgänger von unserem »Gotteslob«!

Mitten in dem byttern todt/ ſchrecket ans dein vrtheyll/ Wer will vns auß ſolcher nodt/helffen zu der ſelen heyl/ O Herr: du biſts alleyne/der auß groſſer gütickeyt vns beyſtandt thut alle zeyt/ Heyliger Herre Gott/Heyliger ſtarcker Gott/ Heyliger barmhertziger Heylland/du ewiger Gott Laß vns nit verzagen/ ſo vns die Sünd thut nagen/Kyrieeleyſon.

Mitten in der feynden handt/thut die forcht vns treyben/Wer hilfft vns dann der

Eine Seite aus Vehes Gesangbuch

Palestrina überreicht Papst Julius III. seine Werke.

Claudio Monteverdi
(1567–1643)
Kapellmeister beim Herzog von Mantua, ab 1613 erster Kapellmeister an der Markuskirche in Venedig. Opern und Kirchenmusik werden dramatisch gestaltet durch Einbeziehung des Orchesters.

Heinrich Schütz
(geb. 1585 in Köstritz, gest. 1672 in Dresden) verbindet italienische Neuerungen mit deutscher Tradition.
Er war 55 Jahre lang kurfürstlich-sächsischer Kapellmeister in Dresden.

Auflösung von S. 216 (Was ist im Bild?):

1b: Dieses *romanische* Portal befindet sich an der Kirche in Ják in Westungarn. Der Vater der hl. Elisabeth, König Andreas II. von Ungarn, ließ sie Anfang des 13. Jh. erbauen.

2a: Das Bild zeigt den *Dom zu Magdeburg*. Seine ältesten Teile reichen zurück bis in die romanische Bauepoche (13. Jahrhundert). Reste des ersten Bauwerkes, das von Kaiser Otto I. im 10. Jahrhundert erbaut wurde, konnten bei Ausgrabungen freigelegt werden.

3a: In der Gotik wurde als Turmabschluß gern die *Kreuzblume* verwendet. Vergleiche dazu das Bild vom Dom zu Magdeburg auf S. 216.
Da siehst du nur auf dem einen Turm eine Kreuzblume. Kenner wollen wissen, daß die Kreuzblume auf dem zweiten Turm nicht angebracht worden sei wegen des zu großen Gewichtes. Die Kreuzblume besteht aus 4 großen Steinen und mißt immerhin 4 m im Durchmesser.

4c: Der Jesuitenorden hat maßgebend den *Barockstil* gefördert. Die Jesuitenkirche »Il Gesù« in Rom war dabei Leitbild für alle Barockbauten in Europa und darüber hinaus. Die katholische Hofkirche in Dresden ist allerdings ein Beispiel dafür, wie italienischer Barock in der damals sehr weit entwickelten sächsischen Baukunst ausgeführt wurde. Das wirkte sich aber eher zum Vorteil dieses herrlichen Bauwerkes als zu dessen Nachteil aus.

Singt dem Herrn ein neues Lied!

Musik zum Lobe Gottes in immer neuer Form

Zeit	Form	Ausführende
Lange vor Christi Geburt	**Psalmen** und andere Kultlieder	Gemeinde/Vorsänger
4. Jh.	Altchristlicher **Hymnus**	Gemeinde
7. Jh.	**Gregorianischer Choral**	Schola cantorum Kleriker, Mönche
9. Jh.	Kyrielieder **Leisen**	Gemeinde
9./10. Jh.	**Frühe Mehrstimmigkeit** Organum, Tropus **Sequenzen**	Kleriker, Mönche
12. Jh.	**Kunstvolle mehrstimmige Gesänge**	Kleriker, Knabenchöre, Schola cantorum, später: »Päpstliche Kapelle«
16. Jh.	**Liturgischer Volksgesang** in deutscher Sprache	Gemeinde

Kanon (Quodlibet)

In diesem Kanon sind alle Antworten auf die folgenden Fragen enthalten. Schreibe die gefundenen Wörter auf und unterstreiche die in Klammern bezifferten Buchstaben; sie ergeben, hintereinander gelesen, eine große Errungenschaft des Mittelalters auf musikalischem Gebiet.

Wenn du gern singst, hast du sicher schon gemerkt, daß das Notenbild von einem Kanon aus dem »Gotteslob« stammt. Von welchem?

1. Lied der Juden und der Christen (5), 2. Bezeichnung für die ersten geistlichen Volkslieder (2), 3. Berühmter Knabenchor (7), 4. Komponist an der Markuskirche in Venedig (8), 5. Bischof, der im 4. Jh. Hymnen dichtete (6), 6. So nennt man eine tragbare Orgel (4), 7. Kapellmeister an St. Peter in Rom (8), 8. So nennt man die Melodiestimme bei Mehrstimmigkeit (10), 9. Schlaginstrument (8), 10. Komponist frühester Mehrstimmigkeit, Magister in Paris (6), 11. Heilige Handlung (griechische Bezeichnung) (6), 12. Lobgesang Marias (8), 13. Blasinstrument (7), 14. Besitzer der ersten Orgel in Mitteleuropa (2), 15. Gleichmäßig rhythmische Unterteilung eines Musikstückes (1).

Zahlreich sind die weltlichen Bauwerke aus der Renaissance: Ehemalige »Waage« am Untermarkt in Görlitz, um 1600, Erdgeschoß noch spätgotisch.

Für den Kirchenbau gibt es nur wenige Beispiele. Hier die Schloßkapelle in der Augustusburg (Sachsen).

Barock

etwa 1600–1750

Wallfahrtskirche Vierzehnheiligen bei Bamberg
J. Balthasar Neumanns Meisterwerk ist von außen und auch von innen ein typisches Beispiel barocker Baukunst.

Wallfahrtskirche Frauenberg bei Admont in Österreich

Wir erinnern uns. Von Italien kam die »Wiedergeburt«, die Renaissance. Man ging bei den alten Griechen in die Schule. Man baute wie sie, man wollte denken wie sie. Das griechische Ideal verband man mit dem christlichen. Es entstand eine neue Lebenssicht. Die Wissenschaften blühten, die Künste triumphierten. Italien, das wissenschaftlich von allen europäischen Ländern die beste Position hatte, führte auf allen Gebieten. Alle Augen schauten auf Italien; man machte Reisen dorthin; man wollte Anteil haben am Aufschwung. Aber es kam anders. In Deutschland brodelte es.

Längst waren die Auseinandersetzungen im Glauben zum reinen Machtkampf geworden. Die vielfältigen Verbindungen der Fürstenhäuser bewirkten nun noch, daß sich auch die Kämpfenden vervielfältigten. Fast ganz Europa führte Krieg. Die Geschichtsbücher erzählen mit Schaudern von diesem dreißig Jahre währenden Elend. Schlagartig setzte jede Entwicklung aus. Der Tod und die Not bestimmten von 1618 bis 1648 die Lage. Das Geld wurde für den Krieg gebraucht, die Kraft zum Töten oder Überleben. Und als der Krieg vorbei war, lag das Land erschlafft. Die Bevölkerung war gewaltig geschrumpft. Ganze Ortschaften waren verlassen oder verwüstet. Wie lange würde es dauern, bis alle Wunden geheilt wären?

Erstaunlich schnell erholten sich die vom Krieg heimgesuchten Gebiete. Und schnell erwachten die alten Verbindungen zu Süd- und Westeuropa. Dort hatte man nicht allzuviel vom Krieg gespürt.

Italien und Frankreich wurden für die Fürsten und Reichen in den deutschen Ländern die großen Vorbilder für Kunst und Kultur. Aus

In dieser Epoche leben . . .

Johann Balthasar Neumann

(getauft 1687 in Eger [Cheb], gest. 1753 in Würzburg), der letzte überragende Barockarchitekt, lernte das Glockengießerhandwerk. Dann war er Ingenieur der Artillerie und wurde später Baumeister des Würzburger Fürstbischofs. Er war eine überaus schöpferische Persönlichkeit, baute Kirchen, Schlösser und Amtsbauten, aber auch Fabriken, Wohnhäuser, Straßen und Brücken.

Kirche Zur hl. Agnes, Rom

Francesco Borromini

(geb. 1599 bei Como [Italien], gest. 1667 in Rom) war Schüler von Maderna, schöpferischer Vertreter des Hochbarocks in Rom. Sein Streben, gerade Linien und ebene Flächen der Architektur in Bewegungen aufzulösen, wird vor allem in Deutschland (Spätbarock) aufgenommen und weitergeführt. Seine wichtigsten Werke befinden sich in Rom, z. B. das Oratorium des hl. Philipp Neri, die Kirche Zur hl. Agnes.

Andreas Schlüter

(geb. um 1660 in Danzig, gest. 1714 in Petersburg) war gleich bedeutend als Bildhauer und Architekt. Nach wenigen eigenen Arbeiten in Warschau wirkte Schlüter um 1700 als Oberbaudirektor und Hofbildhauer in Berlin. In Ungnade gefallen, arbeitete er ab 1713 für Zar Peter den Großen in Petersburg.

Reiterdenkmal des Großen Kurfürsten, Berlin (West)

Italien holte man sich Architekten, Maler und Bildhauer. Aber auch die Sänger und Schauspieler. Aus Frankreich die Köche, Gärtner Tänzer und Sprachlehrer. Diese Menschen aus Italien und Frankreich waren katholisch. Sie wollten sich auch in der neuen Heimat zum katholischen Gottesdienst versammeln. So entstanden in den meist evangelischen Gebieten erste katholische Gemeinden, im wahrsten Sinne des Wortes Diasporagemeinden. Andererseits gingen die jungen Prinzen nach Italien und Frankreich auf die sogenannte »Kavallierstour«. Sie lernten die dortige Lebensart kennen und ahmten sie zu Hause nach. Sodann schickten sie Leute aus verschiedensten Berufen dorthin zur Ausbildung. Da kamen diese zum erstenmal im Leben mit Katholiken in Berührung und erlebten deren Gottesdienst und Lebensart. Zurückgekehrt, fanden manche den Weg zur katholischen Kirche.

Der Himmel auf Erden

In dieser Zeit war ein Orden der Kirche zum Träger der Verkündigung geworden: der Jesuitenorden. Bestens geschulte Männer, die sich als Soldaten des Papstes verstanden, in absolutem Gehorsam der Kirche dienen und als Priester und Ordensleute durch ein heiliges Leben ein Beispiel geben wollten, hatte Ignatius von Loyola um sich versammelt. Sie schwärmten in alle Welt hinaus und kamen auch über die Alpen. Überall, wo sie bleiben konnten, zeugen bis heute Kloster- und Kirchenbauten in barockem Stil von ihrer Tätigkeit und von ihrem Eifer, alle Gebiete für den katholischen Glauben wieder zurückzugewinnen. Eine Bautätigkeit, die alles bisher Dagewesene in den Schatten stellte, setzte ein. Die erstarkten Landesfürsten wetteiferten mit den Kirchen und Klöstern um die größere Pracht. In erstaunlich kurzer Zeit waren alle Gattungen der Kunst voll erwacht. Alte Kirchen werden im neuen Stil umgebaut, neue Gotteshäuser wachsen in den Himmel. Und überall hilft die Kunst verkünden, daß Gottes Herrlichkeit schon in dieser Zeit anbricht. Der Reigen der Heiligen und der Engel, der Farben und Klänge ist etwas ganz Neues, was den Beschauer fast überwältigt. Alles ist in Bewegung. Die Liturgie ordnet sich als heiliges Schauspiel ein in diese himmlischen Kulissen, und der Mensch darf mitspielen.

Die Kennzeichen barocker Kunst

Der Name »**Barock**« stammt aus dem Portugiesischen und bezeichnet eine schiefgeschliffene Perle. Zunächst wird diese Bezeichnung spöttisch gebraucht, setzt sich aber im 19. Jahrhundert als Stilbezeichnung durch.

Geschwungene Linienführung und Bewegung, Schmuckfülle und Farbreichtum kennzeichnen diesen Stil. Der Phantasie des Künstlers sind keine Grenzen gesetzt. Was er technisch vollbringen kann, wird Wirklichkeit. Gewaltige Kuppeln wölben sich über runden, ovalen und polygonen Grundrissen. Gewaltige Fassaden und riesige Stufenanlagen werden gebaut. Das Tageslicht wird raffiniert benutzt, um dem Raum eine geheimnisvolle Wirkung zu geben.

Im Unterschied zu Romanik und Gotik ist der Barock nicht nur eine Ausdrucksform der bildenden Kunst. Alle Lebensäußerungen erfaßt er, wie Frömmigkeit, Theologie, Musik, aber auch Oper und Theater, Schulwesen und Philosophie.

Vorrang der katholischen Länder

Reich ausgeprägt ist der Barock vor allem in katholischen Regionen und Ländern, weil er dem umfassenden Glauben der katholischen Kirche entspricht. Der Anstoß aus Italien wird unterschiedlich aufgenommen und weiterentwickelt. Das zeigen die lebendig gestalteten Kirchen und Klosteranlagen in der Lausitz (Neuzelle; St. Marienthal), in Böhmen (Prag, St. Nikolaus), in Süddeutschland (Vierzehnheiligen; Ottobeuren), in Schlesien (Grüssau, jetzt Krzeszów) und in Österreich (Wien, Karlskirche; Melk an der Donau). Strenger und ruhiger wirken die Kirchen in Polen und Frankreich. Üppige Pracht dominiert in Spanien, Portugal und Südamerika.

Himmlische Musik

In den barocken Kirchen geht die irdische Welt unmerklich in die himmlische über. Alle Künste helfen, die Weltsicht des Barock sichtbar werden zu lassen. Gemeinsam schaffen Architektur, Malerei, Plastik und dabei auch die Musik ein Gesamtkunstwerk, zu dem eigentlich sogar noch das Licht und die Menschen in der Kirche gehören. Die Musik möchte dabei den Widerhall der himmlischen Chöre uns hörbar machen. Deshalb: hinauf mit dem Chor auf die Empore! Und wenn möglich, können zwei oder mehr Chöre auf den verschiedenen Emporen sein. Singt ein zweiter Chor leise als »Echo«, entsteht der Eindruck von einem grenzenlos weiten Himmel. In der Instrumentalmusik wird durch den Wechsel zwischen Solisten und Orchester das gleiche Ziel verfolgt. Die Komponisten dieser Zeit nutzen die baulichen Möglichkeiten und schreiben mehrchörige Kirchenmusik: zuerst Claudio Monteverdi an der Markuskirche in Venedig (1613). In Deutschland und Österreich sind in dieser Zeit Dresden, Mannheim, Wien und Salzburg Zentren der katholischen Kirchenmusik.

Inneres der Abteikirche Krzeszów (Grüssau)

Dientzenhofer

Drei geniale Baumeister dieses Namens stammen aus einer einfachen bayrischen Maurerfamilie. Sie haben den Barock in Bayern, Franken und Böhmen maßgeblich beeinflußt.

Christoph Dientzenhofer

(geb. 1655 in Flintsbach [Oberbayern], gest. 1722 in Prag) ist bekannt durch sein Hauptwerk: Die Kirche St. Nikolaus auf der Kleinseite in Prag.

Johann Dientzenhofer

(geb. 1665, gest. 1726 in Bamberg), ein Bruder von Christoph, baute von 1704 bis 1712 den Dom zu Fulda und später die Klosterkirche Banz.

Kilian Ignaz Dientzenhofer

(geb. 1689 in Prag, gest. 1751 in Prag) ist Sohn des Christoph. Von ihm stammt die Kirche zu Wahlstatt bei Liegnitz und die Konzeption der Wallfahrtskirche in Grüssau (Krzeszów [Polen]).

Georg Raphael Donner

(geb. 1693 in Eßlingen [Niederösterreich], gest. 1741 in Wien) arbeitete als Bildhauer in Wien, Salzburg, Bratislava und in der Slowakei. Seine Figuren führte er meist in Bleiguß aus. Ein Meisterwerk ist die Gruppe mit dem hl. Martin in Bratislava.

Der hl. Martin, Dom zu Bratislava (Preßburg)

Auflösung von S. 234 (Kanon [Quodlibet]):

1. Psalm, 2. Leisen, 3. Kreuzchor, 4. Monteverdi, 5. Ambrosius, 6. Portativ, 7. Palestrina, 8. Cantus firmus, 9. Handtrommel, 10. Perotinus, 11. Liturgie, 12. Magnifikat, 13. Posaune, 14. Pippin, 15. Takt – MEHRSTIMMIGKEIT.
(Das Notenbild stammt aus GL, Nr. 283 [Danket, danket . . .].)

Permoser, Selbstbildnis

Balthasar Permoser

(getauft 1651 in Traunstein [Österreich], gest. 1732 in Dresden) war ein Bauernsohn und ging bei einem Bildhauer in Salzburg in die Lehre. Zur Weiterbildung wanderte er nach Italien und arbeitete hauptsächlich in Florenz. 1689 wurde er nach Dresden als Hofbildhauer berufen. Nach 1710 war er Leiter der Bildhauerwerkstätten beim Bau des Zwingers. Es bestand eine gute Zusammenarbeit mit Pöppelmann.

Der Dresdner Zwinger
Luftbild vor der Zerstörung Dresdens

Mathes Daniel Pöppelmann

(geb. um 1662 in Herford, gest. 1736 in Dresden) war ein vielseitiger Architekt des Spätbarocks. Er gestaltete Kirchen, Schlösser (Moritzburg), Gartenanlagen, Straßen u. a. Über seine Lehr- und Wanderjahre wissen wir fast nichts. Ab 1705 war er Landbaumeister Augusts des Starken. Pöppelmanns Hauptwerk ist der Dresdner Zwinger, der durch die Zusammenarbeit mit Permoser eine Spitzenleistung des europäischen Barocks wurde.

Tacui: Ich habe geschwiegen

Wer kennt ihn nicht, den Schutzpatron der Brücken? In ganz Europa, besonders aber in unserem Nachbarland, der Tschechoslowakei, wird er hoch verehrt. Sein Standbild finden wir auf unzähligen Brücken, an Häusern und Wegkreuzungen. Blumensträuße und brennende Kerzen bei der Figur des Heiligen zeigen, daß er heute wie damals genauso geliebt und verehrt wird. Sein Lebensgrundsatz gilt auch heute noch: »Man muß Gott mehr gehorchen als den Menschen.«

Johann von Nepomuk
Der Heilige wird stets in der Tracht eines Kanonikers dargestellt. Die fünf Sterne um sein Haupt deuten auf die fünf Buchstaben des lateinischen Wortes tacui = ich habe geschwiegen. Vor der Heiligsprechung, die 1729 erfolgte, öffnete man 1719 sein Grab und fand die Zunge unversehrt. So ist seitdem die Zunge eines der Attribute dieses beliebten Heiligen des Barocks.

Johann wurde 1345 im Dorf Pomuk bei Pilsen geboren. Sehr früh verlor er seine Eltern, deshalb kam er in das Kloster Pomuk. Die Zisterziensermönche erzogen den begabten Jungen und ersetzten ihm die Elternliebe. Später schickten sie Johann zur Prager Hochschule, wo er Theologie, Philosophie und Kirchenrecht studieren konnte.

1372 ist er bereits Notar der bischöflichen Kanzlei; 1374 wird er Protonotar; 1380 beruft ihn der Erzbischof Johann von Jenstein zu seinem Geheimsekretär. Gleichzeitig ist er aber auch Pfarrer der Sankt-Gallus-Kirche in der Prager Altstadt.

Johann arbeitet gern am Schreibtisch. Doch am liebsten ist er Seelsorger für seine Pfarrkinder, die zumeist als Krämer und Handwerker in der Prager Innenstadt leben. Ihnen opfert er jede freie Minute. Persönlich lebt er anspruchslos in asketischer Strenge. Er kennt keinen doppelten Maßstab für hoch und gering. Mit unbestechlicher Redlichkeit ordnet er die Angelegenheiten des Erzbistums. Ebenso setzt er sich für die Rechte des Volkes ein, das dazumal oft unterdrückt wurde. Dafür ist es ihm sehr dankbar. Der Adel und das Beamtentum, die sich den Lohn von Erpressungen, Raub und Gewalttaten geteilt hatten, hetzten beim König gegen Johann von Pomuk. Eine Beschwerde des Erzbischofs wegen zahlreicher Übergriffe der königlichen Beamten hatten die Spannung zwischen Domkapitel und Hof noch erhöht. Die unbeherrschte Leidenschaft des Königs flammte jäh auf. König Wenzel IV., der sich dem Trunk ergeben hatte, bekam oft heftige Wutausbrüche, wenn ihm jemand mißliebig war. Aus Furcht vor der Wut des Königs floh das Domkapitel mit seinem Bischof in das Kloster Raudnitz. Es kehrte jedoch auf Befehl des Königs sofort nach Prag zurück. König Wenzel bereitete den Domherren einen fürchterlichen Empfang. Er selbst erniedrigte sich zum Henkersknecht. Während viele von ihnen gefoltert und mit dem Eid »ewigen Stillschweigens« fortgeschickt wurden, mußte einer von ihnen den »Rachedurst« König Wenzels bis zum Schluß auskosten: Johann von Pomuk. Der urkundliche Bericht des Erzbischofs an den Papst schließt mit den Worten: »Nachdem man ihm die Seiten verbrannt hatte, daß er auch ohne den gewaltsamen Tod hätte sterben müssen, wurde der ehrwürdige Doktor Johannes in aller Öffentlichkeit durch die Straßen und Gassen der Stadt zur Moldau geschleppt; dort, die Hände auf dem Rücken gebunden, die Füße mit dem Kopf wie ein Rad verknüpft und den Mund mit einem Holzpflock auseinandergespreizt, von der Prager Brücke hinabgestürzt und ertränkt.« Die Geschichtsschreibung hat sich ohne Erfolg bemüht, die Ursachen dieser Tragödie, die sich in der Nacht vom 20. auf den 21. März 1393 begab, festzustellen. Die wahren Hintergründe werden nur durch die vielhundertjährige Tradition aufgehellt, die den Domherren Johann von Pomuk als ein Opfer des Beichtgeheimnisses sterben läßt. Dieser uralte Volksglaube ist keineswegs bloß legendär. Es ist sicher bezeugt, daß Johann Beichtvater der Königin Johanna war. Ist es undenkbar, daß der mißtrauische, jähzornige König durch die Anwendung schärfster Folter vermeintliche Todsünden seiner Gemahlin zu erfahren suchte, um seinen eigenen Lebenswandel zu rechtfertigen?

Die Christen vieler Völker verehren Johann Nepomuk als Bekenner und Märtyrer. Seine Ruhestätte fand er im Dom zu Prag. Ein kostbares Reliquiar in der Schatzkammer birgt seine unverweste Zunge.

(Nach Heinrich Hümmler)

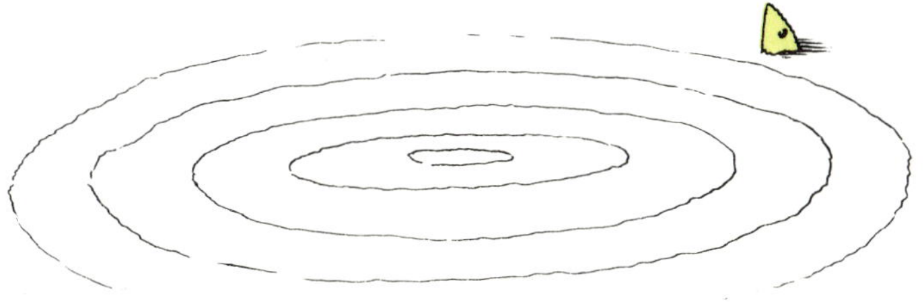

Dreifaltigkeitskirche in Salzburg
Nach Plänen Fischers erbaut

Johann Bernhard Fischer von Erlach

(geb. 1656 in Graz, gest. 1723 in Wien) ist einer der Hauptmeister des österreichischen Barocks. Er war vorwiegend in seiner Heimat tätig, aber auch in Prag, Berlin und Breslau (Wrocław).

Kathedrale in Dresden

Gaetano Chiaveri

(geb. 1689 in Rom, gest. 1770 in Foligno [Italien]), ein italienischer Barockarchitekt, stand zunächst im Dienst Zar Peters des Großen und der polnischen Könige. 1737 zog ihn der Sohn Augusts des Starken an den sächsischen Hof. Hier, im evangelischen Dresden, baute Chiaveri für den katholischen Hof von 1738 bis 1754 die »Hofkirche« (jetzt: Kathedrale). Wegen Streitigkeiten reiste er jedoch vor der Beendigung der Bauarbeiten ab.

Der evangelische Barock

Der aus katholischem Denken erwachsene Barock hatte durchschlagende Kraft, wurde auch in nichtkatholischen Ländern aufgenommen und gestaltendes Prinzip beim Bau von Schlössern und Theatern. Auch evangelische Gotteshäuser wurden im barocken Stil geschaffen. Aber die Durchgestaltung war bestimmt von der Art und Weise des evangelischen Gottesdienstes. Die evangelische Auffassung des Kirchenraumes ist nüchtern und auf das Geistige bedacht. Nicht das Sakrament, sondern das Wort steht im Mittelpunkt. Man baut Zentralkirchen mit vielen Emporen. Die Bänke sind auf die Kanzel ausgerichtet. Die Gemeinde ist *hörende* Gemeinde, weniger eine Tischgemeinschaft.

Die erste Kirche dieser Art wurde 1684–1688 in Carlsfeld im Erzgebirge gebaut. Der Plan soll von einem Italiener stammen. Über dem Altar befindet sich die Kanzel. Das soll sagen: Das Wort Gottes steht über dem Sakrament des Altares. Über der Kanzel wurde auf einer Empore die Orgel eingebaut.

Auch das ist eine Aussage: Die Musik ist für die evangelischen Christen eine wichtige Art der Verkündigung. Die Lieder und Choräle der Reformationszeit sind Predigt. Die Kantaten und Passionen (mit Chor, Solisten und meist auch Instrumenten) verbinden Evangelium mit Predigttext und wurden im Gottesdienst, nicht in einer Konzertaufführung, gesungen (z. B. Bachs Weihnachtsoratorium oder die Matthäuspassion). Auch Präludien, Fugen oder Toccaten, auf der Orgel gespielt, dienen der Verkündigung.

Zwischen 1600 und 1750 lag die Blütezeit des deutschen Orgelbaus. Arp Schnitger, Zacharias Hildebrandt und die beiden Brüder Andreas und Gottfried Silbermann bauten Orgeln, die noch heute zum Lobe Gottes erklingen.

Frauenkirche in Dresden vor der Zerstörung

George Baehr

(geb. 1666 in Fürstenwalde [Erzgebirge], gest. 1738 in Dresden) war Ratszimmermeister in Dresden. Im Alter von 60 Jahren begann er die Frauenkirche zu bauen, ein Meisterwerk des protestantischen barocken Kirchenbaus. Sie brannte 1945 nach einem Bombenangriff aus und stürzte einen Tag später ein.

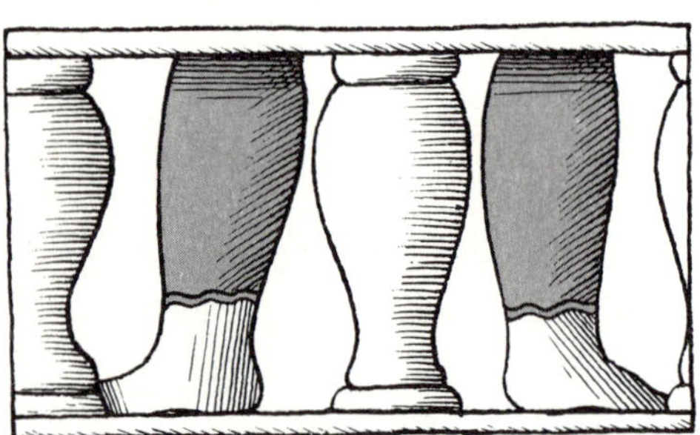

Innenansicht der Kirche in Carlsfeld (Erzgebirge)

Evangelische Kirche in Carlsfeld (Erzgebirge)

Quiz mit Musik

In den senkrechten Spalten ist jeweils nur ein Begriff richtig! Rahme diesen Begriff stark ein und betrachte ihn als Note. Das Ergebnis ist dann der Anfang eines bekannten Marienliedes.

1. Volkstümliches Musikinstrument, 2. Herausgeber des ersten kath. Gesangbuches, 3. »Erfinder« der Notenlinie, 4. Bezeichnung für die früheste Mehrstimmigkeit, 5. Noten des Mittelalters, 6. Komponist des »Messias«, 7. Komponist des Kirchenliedes »O wunderbare Speise« 8. Mittelalterliches Musikinstrument, 9. Orgelbaumeister.

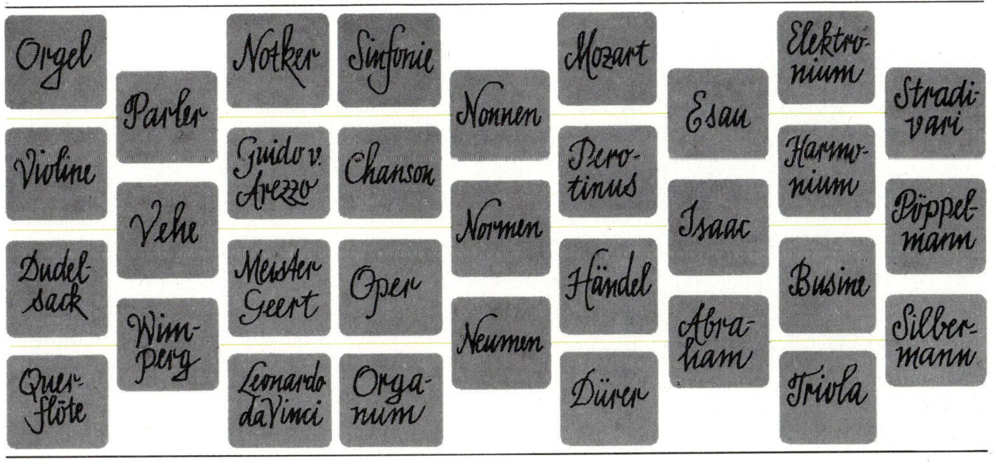

1. 2. 3. 4. 5. 6. 7. 8. 9.

In dieser Epoche leben ...

Antonio Vivaldi

(geb. um 1677 in Venedig, gest. 1741 in Wien)
Vivaldis Vater war Geiger im Orchester der Markuskirche in Venedig. Er erteilte seinem Sohn zeitig musikalischen Unterricht. Antonio wurde nach seiner Priesterweihe auch Geigenlehrer und Dirigent an einem von der Kirche betreuten Mädchenwaisenhaus. Unter seiner Leitung überflügelte das Orchester zeitweise die der anderen Waisenhäuser. In solchen Bewahranstalten (ital. = conservatorio) erhielten die Kinder eine umfassende Gesangs- und Instrumentalausbildung. Der Name Konservatorium ging deshalb später allgemein auf musikalische Ausbildungsstätten über. Für sein Mädchenorchester schrieb Vivaldi hauptsächlich Konzerte mit einem oder mehreren Soloinstrumenten, aber auch Opern, zwei Oratorien, Kantaten, Motetten und Messen. Seine Musik hatte eine starke Wirkung auf J. S. Bach.

Antonio Vivaldi
Kupferstich

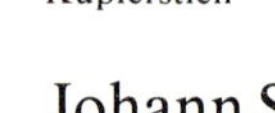

Johann Sebastian Bach

(geb. 1685 in Eisenach, gest. 1750 in Leipzig)
Bach entstammte einer weitverzweigten Musikerfamilie. Ihre Mitglieder waren im 17. und 18. Jahrhundert in zahlreichen Städten Thüringens als Spielleute, Stadtpfeifer, Hofmusikanten und Organisten tätig. Johann Sebastian war zuerst Organist in Arnstadt, dann in Mühlhausen, später Hoforganist und Kapellmeister in Weimar und Köthen, seit 1723 Thomaskantor in Leipzig. Grundlage seiner geistlichen Musik ist der Choral der Reformationszeit. Er schrieb etwa 220 Kantaten für den Sonntagsgottesdienst, Motetten (z. B. »Jesu, meine Freude«), Messen, das Magnifikat, Passionen und das Weihnachtsoratorium. Dazu kommen noch Orchestermusik, Kammermusik, Werke für Orgel und zuletzt, als er schon fast erblindet war, die Kunst der Fuge.

Johann Sebastian Bach
Lithographie

Georg Friedrich Händel

(geb. 1685 in Halle, gest. 1759 in London)
Schon als 17jähriger Student der Rechtswissenschaften übernahm Händel den Organistendienst an der Reformierten Kirche in Halle. Er entschied sich bald ganz für die Musik. Bei einem vierjährigen Aufenthalt in Italien lernte der junge Händel die katholische, lateinsprachige, klangprächtige Kirchenmusik kennen. Ab 1711 wirkte er in London. Berühmt wurde er durch sein Oratorium »Der Messias«. Für weitere Oratorien nahm er dramatische Texte aus dem Alten Testament: Ester, Saul, Israel in Ägypten, Samson, Josef und seine Brüder, Judas Makkabäus, Salomon, Jefta u. a. Händel schrieb außerdem Opern und viele Werke für Soloinstrumente und Kammerorchester.

Georg Friedrich Händel
Kupferstich

Joseph Haydn

(geb. 1732 in Rohrau [Niederösterreich], gest. 1809 in Wien)
Ab 1740 gehörte Joseph zu den Chorknaben am Dom St. Stephan in Wien. Nach dem Stimmbruch erwarb er sich notdürftig seinen Lebensunterhalt und betrieb nebenbei autodidaktische Musikstudien. 1769 wurde Haydn in den Dienst des Fürsten Esterházy als Kapellmeister aufgenommen. 1780 schon war er berühmt in ganz Europa. Neben Streichquartetten, Sinfonien und Opern schrieb er Musik für den Gottesdienst (Nelsonmesse), ein Stabat mater, »Die sieben Worte des Erlösers am Kreuz« und das Oratorium »Die Schöpfung«.

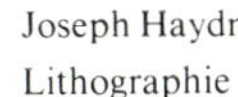

Joseph Haydn
Lithographie

Wolfgang Amadeus Mozart

(geb. 1756 in Salzburg, gest. 1791 in Wien)
Im Alter von 8 Jahren trat Mozart als »musikalisches Wunderkind« in London und Paris auf. Mit 14 bis 17 Jahren komponierte er auf Italienreisen seine ersten Opern. 1781 gab Mozart seine Stellung als Konzertmeister und Organist beim Erzbischof in Salzburg auf und lebte als freier Künstler in Wien. Mozart ist der Komponist mit der wohl reichsten künstlerischen Phantasie und schöpferischen Kraft. In wenigen Lebensjahren schuf er bedeutende Opern, 48 Sinfonien, viele Instrumentalkonzerte, Kammermusik; und für die Kirche 15 Orchestermessen, Litaneien, Motetten und zuletzt das Requiem. Er wußte, daß er dieses für sich selbst schrieb.

W. A. Mozart
Profilsilhouette

Mozart an seinen Vater

Ich wünsche Ihnen, allerliebster Papa, ein recht glückseliges neues Jahr . . .
Ich habe geschrieben, daß mir Ihr letzter Brief viel Freude gemacht hat; das ist wahr! Nur eins hat mich ein wenig verdrossen, die Frage, ob ich nicht das Beichten etwa vergessen habe. Ich habe aber nichts dawider einzuwenden. Nur eine Bitte erlauben Sie mir, und diese ist: nicht gar so schlecht von mir zu denken! Ich bin gern lustig, aber seien Sie versichert, daß ich trotz einem jedem ernsthaftig sein kann . . .

Mannheim, 20. Dezember 1777

Der Dichter Carpani fragte seinen Freund Joseph Haydn, wie es doch zugehe, daß seine meisten Kirchenstücke gar zu munter, ja humoristisch-leichtfertig geraten seien.
Hierauf antwortete Haydn: »Ich weiß es nicht anders zu machen; wie ich's habe, so geb' ich's. Wenn ich aber an Gott denke, so ist mein Herz so voll Freude, daß mir die Noten wie von der Spule laufen. Und da mir Gott ein fröhliches Herz gegeben hat, so wird er mir's schon vergeben, wenn ich ihm fröhlich diene.«

Als **Mozart** seine c-Moll-Messe geschrieben hatte, kam er freudig zu seiner Frau Constanze, umarmte sie und rief glücklich: »Du, die habe ich betend komponiert!« Bald danach übte er sie mit dem Kirchenchor ein. Constanze ging eine Stunde später zur Probe. Da hörte sie schon vor der Tür, wie ihr Mann drinnen mit den Musikern herumschrie und zwischendurch fluchte. Sie faßte ihren Wolfgang bei der Hand und sagte: »Was ist das für eine sonderbare Messe! Betend hast du sie komponiert, und fluchend willst du sie einüben?« – Erschrocken blickte er sie mit seinen großen Kinderaugen an: »Entschuldige, Beste; dann wird's der Herrgott auch tun!«

Gegenübergestellt

Weltliche und kirchliche Kunst im Barock

Karyatiden von Balthasar Permoser am Wallpavillon des Dresdner Zwingers

Verkündigung. Lebensgroße Holzschnitzarbeit von Ignaz Günther in der Rokokokirche zu Weyarn (Oberbayern)

Schlösser/Theater/Galerien

Repräsentation
Illusion
Prunkentfaltung
Lebensbejahung

Kirchen und Klöster

Gottes Macht sichtbar machen
heiliges Schauspiel
»Alles zur größeren Ehre Gottes«
Stärkung des Glaubens

Kennzeichen des Barocks:

kraftvolle Bewegtheit
hoheitsvolle Formen
Farbigkeit
Unterordnung der Teile
unter das Ganze

Klassizismus

1760–1830

Mein Name ist Schinkel

Vermutlich muß ich mich erst einmal vorstellen. Denn ich bin schon 1781 geboren. Das ist immerhin über 200 Jahre her. Ich wohne in Berlin und habe Frau und Kinder. Meine Frau nennt mich Fritz, aber eigentlich habe ich zwei Vornamen – Karl Friedrich. Von Beruf bin ich Baumeister. Nebenbei male ich Bilder und schreibe Bücher.

Karl Friedrich Schinkel

Meine liebste Tätigkeit ist das Bauen. Ich zeige euch zwei Bilder von meinen Bauwerken. Allerdings habe ich die Bauten nicht mit eigenen Händen errichtet, das taten die Steinmetzen, Maurer und Zimmerleute. Ich habe sie ausgedacht und gezeichnet. Zuvor aber bin ich eifrig in die Lehre gegangen und habe geforscht, wie die Menschen früher gebaut haben. Ihr kennt die großen Baustile schon: die Romanik, die Gotik und den Barock. Ich bin noch weiter zurückgegangen und habe die Bauwerke der alten Römer und Griechen studiert. Sie haben uns vieles zu geben und zu sagen. Ich schreibe »uns« und meine damit auch meine Kollegen, zum Beispiel Karl Gotthard Langhans, den Erbauer des berühmten Brandenburger Tores in Berlin, oder Friedrich Wilhelm von Erdmannsdorf, den Schöpfer des Wörlitzer Schlosses, und meinen Schüler Ludwig Persius, von dem die Friedenskirche in Potsdam stammt. Auf zwei Männer muß ich euch nun noch aufmerksam machen. Beide haben nichts gebaut, sie haben aber unsere Kunstrichtung geistig vorbereitet:

Winckelmann und Mengs

Johann Joachim Winckelmann wurde 1717 als Sohn eines Schuhmachers in Stendal geboren. Er wollte zuerst evangelischer Pfarrer werden, ging dann aber als Bibliothekar auf Schloß Nöthnitz bei Dresden. Hier wurde er katholisch. Gegen die spätbarocke Kunst, die er in Dresden vor Augen hatte, schrieb er sein Programm von einer neuen Kunst. Darin heißt es: *» Der einzige Weg für uns, groß, ja, wenn es möglich ist, unnachahmlich zu werden, ist die Nachahmung der Alten.«*
Er meint mit den Alten hauptsächlich die

Nur wenige Kirchen sind in dieser Epoche gebaut worden. Eine von diesen ist die Dorfkirche in Marxwalde, 1817 von Schinkel errichtet.

Johann Joachim Winckelmann, Ölgemälde von Anton Raphael Mengs, New York, Metropolitan-Museum

Griechen. In Rom, wo er in den Dienst des Vatikans trat und Präsident aller Altertümer in und um Rom wurde, verband ihn eine innige Freundschaft mit dem Maler Mengs.

Anton Raphael Mengs, der 1728 in Aussig (Usti) zur Welt kam, lernte in Dresden bei seinem Vater das Malen. Auch er empfing in dieser Stadt wichtige Impulse für sein Schaffen. Mengs ging nach Rom und wurde wie Winckelmann katholisch. Übrigens schuf er das große Gemälde »Christi Himmelfahrt«, das den Hauptaltar der Dresdner Kathedrale schmückt. Auch Mengs hat die Nachahmung der Antike und der italienischen Renaissance als Weg zur vollkommenen Kunst beschrieben.

Symmetrie und Säule

Nun wird es Zeit, daß ich euch auf die Formen hinweise, an denen ihr die Kunst unserer Zeit erkennen könnt. Die Schmuckformen an unserer Architektur sind ausnahmslos griechischer oder römischer Herkunft. Die Palmette, den eleganten ionischen Eierstab und den Mäander will ich euch aufzeichnen. Mit

Kubus, Kugel, Zylinder, Kreis und Dreieck wird Klarheit der Gliederung erreicht. Wichtigstes Bauglied ist die Säule. Wir achten auf strenge Symmetrie und sind sparsam in Farbe und Ausstattung gemäß der Formel, die Winckelmann für die griechische Antike gefunden hat: Edle Einfalt und stille Größe.

Die Würde des Menschen

Was aber hat, so werdet ihr fragen, uns denn so getrieben, unbedingt bei den Alten in die Schule gehen zu wollen? Ich antworte: die Sorge um die Würde des Menschen. Wo war sie denn vergessen worden? Selbstherrliche Fürsten feierten rauschende Feste auf Kosten ihrer Völker. Sie mißbrauchten ihre Macht. Das Volk erhob sich und verteidigte die Würde des Menschen in blutigen Straßenschlachten. Das war ein Signal. Freiheit, Gleichheit und Brüderlichkeit war die Parole der Revolution von 1789 in Frankreich.

Oder denkt an die Auswirkungen, die das sprunghafte Aufblühen der Technik mit sich brachte. Nicht erst die Erfindung der Dampfmaschine durch James Watt im Jahre 1769 ermöglichte den Aufbau großer Industriebetriebe, die den Besitzern immer mehr Gewinn brachten, aber die Arbeiter weiter in Armut leben ließen. Auch hier wurde die Würde des Menschen verletzt. Revolutionen bahnten sich an, um sie zu verteidigen.

Wir Künstler treten auf unsere Weise für die Würde des Menschen ein. Winckelmann hatte uns auf das Ideal des Menschen in der griechischen Antike aufmerksam gemacht. Unsere Dichter stellten es auf der Bühne vor Augen, so Goethe in seinem Schauspiel Iphigenie. Wir alle glauben, daß die Kunst erziehen kann. Deshalb wollen wir mit den von uns gebauten Theatern, Museen, Bibliotheken, Schulen und Universitäten die Menschen bilden.

Zudem sieht unsere Zeit in Jesus Christus einen großen Humanisten, einen wichtigen Erzieher der Menschheit. Als evangelischer Christ habe ich das ständig bei meinem Tagewerk im Sinn. Ein Beispiel dafür seht ihr im Bild auf der vorigen Seite. Diese Kirche ist nicht Festung oder himmlisches Jerusalem. Ich spiele auf Romanik oder Gotik an, ihr habt es gemerkt. Sie zeigt vielmehr eine fast mönchische Armut. Trotz der Säulen bleibt sie schlicht und zurückhaltend. Erkennt ihr, daß die Kirche meine christliche Auffassung vom Menschen widerspiegelt?

Altes Museum, Berlin, 1824–1830 gebaut. Als Vorbild für dieses Bauwerk diente Schinkel der griechische Tempel.

Klassisch	bedeutet das Allgemeingültige, Vollendete, Vorbildliche.
Klassik	ist eine Kunstepoche, deren Stil die Spitze der Vollkommenheit erreicht hat.
Klassizismus	nennen wir die Epoche in der europäischen Literatur und Kunst, die sich an der klassischen Antike ausrichtete (1760 bis 1830).

Auflösung S. 241 (Quiz mit Musik):

1. Dudelsack, 2. Vehe, 3. Guido von Arezzo, 4. Organum, 5. Neumann, 6. Händel, 7. Isaak, 8. Busine, 9. Silbermann – »GEGRÜSSET SEIST DU, KÖNIGIN«.

Neugotik und Neuromanik

Fast 500 Jahre blieb der Kölner Dom unvollendet. Nun ermöglicht die wirtschaftliche Lage den Weiterbau.

Im 18./19. Jahrhundert kam eine geistige Strömung auf, die viele Kunst- und Wissensgebiete erfaßte. Wir nennen sie **Romantik**, weil sie romanhaft-schwärmerisch alte Idylle aufleben läßt. Die große Vergangenheit wird heraufgeholt. Eifrig wird die **Gotik** kopiert. Vorbild ist die Gotik des Kölner Domes, der von 1842 bis 1880 endlich vollendet wird. Nicht nur Kirchen, sondern auch Bahnhöfe, Kasernen, Krankenhäuser, Postämter und gar Fabriken entstehen im »gotischen« Stil.

Auch die romanische Bauweise wird eifrig kopiert, allerdings etwas später. So registrieren wir bis ins beginnende 20. Jahrhundert Bauten aller Art in teilweise gekonnter Nachahmung der **Romanik**. Dieser Stil wird als Neuromanik bezeichnet.

Idealansicht des Kölner Domes
Gemälde von Karl Georg Hasenpflug
Das Bild wurde in den Jahren 1834/1836 gemalt, als an die Vollendung des Domes noch nicht gedacht werden konnte. Mit minutiöser Gewissenhaftigkeit ist der Schmuck des Bauwerkes ausgeführt. Für uns heute ist das Bild ein Zeichen, wie begeistert die Menschen in der Zeit der Romantik die Vollendung der Gotik suchten.

Votiv-Kirche in Wien, gebaut in den Jahren 1856–1879 von H. von Ferstel. Sie gilt als Beispiel einer vollendet kopierten Gotik. Eine gründliche Erforschung der gotischen Baukunst war dem Bau vorausgegangen.

Das Innere der Ägidienkirche zu Lengenfeld bei Plauen im Vogtland; um 1860 im neuromanischen Stil gebaut, Kanzel und Altar neugotisch

Die neuromanische Martinskirche in Dresden, 1893–1900 erbaut.

Das Rathaus in Kamenz, um 1850 erbaut, läßt Elemente aus früheren Kunstepochen erkennen.

Kirchenbau heute

Die Stahlkirche in Essen

Bis vor etwa hundert Jahren waren Naturstein, Backstein und Holz die einzigen Baustoffe der Menschheit. Dann gab es plötzlich ungeahnte neue Möglichkeiten: In England machte seit 1856 das Bessemer-Verfahren die wirtschaftliche Stahlherstellung möglich; in Frankreich kam Mitte des 19. Jahrhunderts der mit Rundeisen armierte Beton auf. Neue Baustoffe sind entdeckt. Neue Bauweisen sind möglich.

Stahlkirche in Essen

1928 baute Otto Bartning die Stahlkirche in Essen nur aus Stahl und Glas. Die Außenwände sind durch eine farbige, vom Boden bis zum Dach reichende Glaswand total lichtdurchlässig. Das gleichmäßige Strahlen gibt dem ganzen Raum Transparenz. Im Brennpunkt des parabelförmigen Raumes steht die Kanzel. Die Stahlkirche ist eine evangelische Kirche, für deren Bau das Wort Martin Luthers maßgebend ist: Man nennt gewöhnlich die Kirche ein Gotteshaus, nicht daß Gott da wäre, sondern daß Gottes Wort gehört und gepredigt wird.

Zwei kurze, kubische Glockentürme wachsen unmittelbar aus der Baumasse heraus.

Bartning baute mit zeitgemäßem Material wahrhaftig und damit modern.

Er hätte auch mit dem neuen Material alte Bauweisen nachahmen können, aber er wollte uns keine andere Zeit vortäuschen! Wir leben heute. Wir bauen heute. Wir haben heute Christus zu verkünden.

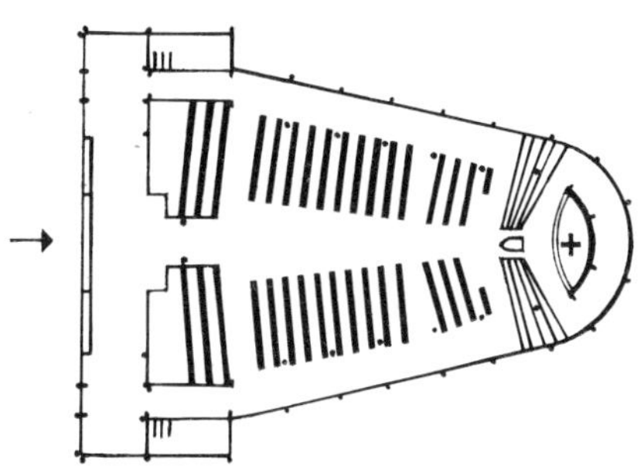

Stahlkirche in Essen, Grundriß

Einmalig seit 500 Jahren

1955 wurde die Wallfahrtskirche in Ronchamp eingeweiht.

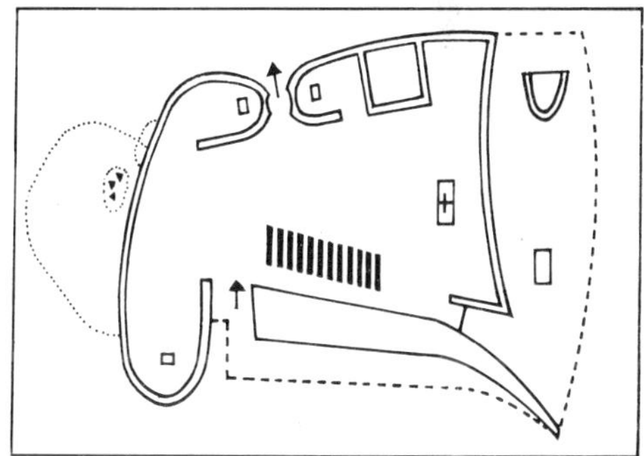

Wallfahrtskirche in Ronchamp, Grundriß

Die wohl bekannteste Kirche der Neuzeit baute der Architekt Le Corbusier. Als evangelisch-reformierter Christ baute er eine katholische Wallfahrtskapelle im französischen Ort Ronchamp (in den Vogesen nahe der Schweizer Grenze).

Viele sagen, er habe damit die eindrucksvollste Kirche der letzten 500 Jahre geschaffen.

Die Kapelle ist auf einem Hügel gebaut; sie ist Ziel und Beobachtungspunkt mit aufnehmenden und ausstrahlenden Kurven. Innen: der Raum weitet sich, der Fußboden fällt abwärts, das Gewölbe steigt. Alles ist Bewegung zum Altar hin.

Le Corbusier bei der Einweihung 1955

»Als ich diese Kapelle baute, wollte ich einen Ort der Ruhe, des Gebetes, des Friedens und der inneren Freude schaffen. Das Gefühl des Geheiligten belebte unser Streben. Manche Dinge sind heilig, andere nicht, seien sie nun religiös oder nicht ...

Bergende Arche und Schiff

In Polen hat Dipl.-Ing. Wojcech Pietrzyk die neue Kirche in Nowa Huta wie eine Arche, wie ein Schiff, gestaltet. Diese Kirche steht – anders als die Wallfahrtskirche in Ronchamp – in einem neuen Stadtteil von Kraków (Krakau). In diesem wohnen die meisten der 35 000 Arbeiter des Hüttenkombinats. Aus allen Teilen Polens waren sie gekommen und halfen mit, ihre Kirche zu bauen. Die Kinder, aber auch Erwachsene, sammelten mehr als 2 Millionen Kieselsteine für die Gestaltung der Außenwände der Kirche – gleichsam eine Unterschrift ihres Glaubens. Auch aus vielen Teilen der Welt kamen Gaben (z. B. das Mondgestein am Tabernakel). Sie sollten die Verbundenheit mit dem im Krieg schwer geprüften polnischen Volk zeigen. Kardinal Wojtyła hatte 1967 den Grundstein gelegt, 1977 konnte er die Weihe vollziehen: »In dieser neuen Stadt steht Christus mitten unter den Menschen. Wir haben eine große Kirche gebaut, damit er hier leben, hier heilen und hier heiligen kann . . .«, sagte er in seiner Predigt.

Die Vorräume der Kirche sind breit und offen, damit jeder kommen und gehen kann, wann er will, keine menschliche Gewalt soll ihn halten oder zwingen, alles soll Gott überlassen bleiben. Die großen bewegten Linien des Raumes führen zum Gebet und öffnen den Menschen zur Freude und Weite hin. In der unteren Ebene der Kirche liegt die Kapelle der Begegnung, die Taufkapelle. Die Kapelle der Versöhnung, deren Patron der heilige P. Kolbe ist, schließt sich an. Hier haben auch die Beichtstühle Platz gefunden. Von der Kapelle der Auferstehung führen Stufen hinauf zum Hauptschiff, das bis zu 5000 Menschen aufnehmen kann. Die Bronzefigur des gekreuzigten Christus in der Mitte des Raumes läßt uns bewußt werden, daß das Kreuz zur Mitte des christlichen Glaubens gehört. Wir glauben, daß wir durch den Tod zum Leben gelangen.

Die große Arbeitergemeinde fühlt sich in dieser Kirche zu Hause. Es ist ganz selbstverständlich, daß Eltern auch mit ihren Kinderwagen hineinfahren. Kein festes Gestühl versperrt den Weg zum Altar. Die fließenden Linien der Kirche deuten an, daß es keinen Trennungsstrich zwischen der Stunde des Gottesdienstes in ihren Mauern und dem Leben draußen bei der Arbeit gibt.

Le Corbusier brachte die Wende im Kirchenbau.

Verstreute Zeichen und einige geschriebene Worte lobpreisen die Jungfrau (Notre Dame du Haut). Das Kreuz – das wirkliche Kreuz des Leidens – ist in dieser Arche aufgerichtet; das christliche Drama hat nun von diesem Ort Besitz ergriffen. Exzellenz, ich übergebe Euch diese Kapelle aus verläßlichem Beton; sie wurde vielleicht mit Tollkühnheit, gewiß aber mit Mut errichtet. Ich hoffe, daß Sie bei Euch und bei allen, die diesen Hügel besteigen, ein Echo finde auf das, was wir hier eingeschrieben haben.«

Teil des Hauptschiffes der Kirche in Nowa Huta mit Blick auf die überlebensgroße Christusfigur. Im Hintergrund der Altar in der Form einer geöffneten Hand. Der Tabernakel ist als Symbol des Kosmos gestaltet. In ihm wohnt der Herr des Alls.

Die neue Kirche in Nowa Huta (Polen). Abklatsch von Ronchamp oder bewußte Weiterführung der überzeugenden Bauidee?

Auflösung von S. 248 (Rebus):

DIE EINZIG WAHRE QUELLE DER KUNST IST UNSER HERZ.

Kunst – woher?

Auf jeder Zeile ist das erste Wort im Druck hervorgehoben. Zu ihm gehören auf derselben Zeile noch ein bis drei Wörter eng dazu, entweder sachlich (wie etwa Spitzbogen und Gotik zusammengehören) oder weil sie einen gemeinsamen Oberbegriff haben, alles Städte oder Personen gleichen Berufes o. ä. sind. Schreibe dir die zusammengehörigen Wörter der Reihe nach auf, dann ergeben ihre Anfangsbuchstaben, hintereinander gelesen, einen Ausspruch von Michelangelo. (ö = oe)

Dorisch	gelb	ionisch	sauer	hart
Erfurt	Kolumbus	Zucker	Leisen	Köln
Ulm	Pippin	Nürnberg	Straßburg	Torgau
Gloriosa	Eiche	Maßwerk	Palestrina	Erfurt
Händel	Elbe	Orff	Kreuzblume	Amerika
Essen	Dämon	Mathematik	Notenlinie	Ronchamp
Tropus	Kyrie	Vogel	Einfache Mehrstimmigkeit	Kopernikus
Ignatius	Nepomuk	Labyrinth	Sequenz	Elisabeth
Memling	Rundbogen	Würzburg	Lochner	Kapellknaben
Adelheid im Meißner Dom	Kopernikus	Naumburger Meister	Psalmen	Bach
Dientzenhofer	Orgel	Gernrode	Aluminium	Erwin v. Steinbach
Arezzo	Ahorn	Elbe	Notenlinie	Chiaveri
Schottland	Schütz	Irland	Spitzbogen	England
Schola	Säule	Thomanerchor	Petersglocke	Rouault
Ambrosius	Lisene	Mailand	Chagall	Baldachin
Musik	Prag	Hans Witten	Tamburin	Glockenblume
Volkslied	Apsis	Organum	Pöppelmann	Köln
Magdeburg	Bruckner	Havelberg	Gutenberg	Wasserspeicher
Isaac	Parlier	Carlsfeld	Mozart	Machaut
Erasmus	Barock	Luther	Fernsehturm	Metrum

In dieser Epoche leben . . .

Anton Bruckner

(geb. 1824 in Ansfelden bei Linz [Österreich], gest. 1896 in Wien) war der Sohn eines Lehrers. Da er seinen Vater früh verlor, kam er als Sängerknabe ans Chorherrenstift St. Florian. Dann bereitete er sich auf den Lehrerberuf vor. Sein Gehalt besserte er durch Geigenspiel auf dem Tanzboden auf. 1856 wurde er Domorganist von Linz und 1868 – inzwischen als Orgelspieler und Improvisator weit bekannt – als Professor an das Wiener Konservatorium berufen. Neben seinen neun Sinfonien schrieb er vier große Messen, Motetten und ein Tedeum. Seine 9. Sinfonie widmete er »dem lieben Gott«.

Anton Bruckner

Carl Orff

(geb. 1895 in München, gest. 1982 in München) schrieb schon als Schüler Musik zu selbstverfaßten Puppenspielen. Nach einem Musikstudium beschäftigte er sich intensiv mit alter Musik, vor allem mit Monteverdi. Er fand dort einfache Formen in der Musik (Ostinato, Bordun) und Instrumente, die im Orchester erst jetzt ihren Platz gefunden haben. In seinem Schulwerk regt Orff Kinder und Jugendliche zu schöpferischem Musizieren auf diesen Instrumenten an (Glockenspiele, Xylophone, Schlagwerk). Weit bekannt sind Orffs Carmina burana (Lieder nach mittelalterlichen Texten), seine Märchenopern: »Der Mond« und »Die Kluge« sowie »Die Weihnachtsgeschichte«.

Die letzte Ruhestätte Carl Orffs befindet sich in einer zur Andechser Wallfahrtskirche gehörenden Kapelle, die der »Schmerzhaften Mutter Gottes« geweiht ist. Diesen Wunsch begründete der Komponist mit den Worten: »Ich will damit der Jugend zeigen, wo ich zu Hause bin.« Zugleich bekennt sich Orff damit noch einmal als großer Marienverehrer.

Carl Orff

Georges Rouault

(geb. 1871 in Paris, gest. 1958 in Paris) lernte als Glasmaler und restaurierte mittelalterliche Glasfenster. 1890–1895 Kunststudium in Paris. Themen seiner Bilder sind vor allem Clowns, Pierrots, die Passionsgeschichte und Szenen aus dem Alten Testament. Die breiten schwarzen Umrisse und die glühenden Farben erinnern an mittelalterliche Glasmalereien. Rouault entwarf auch fünf Fenster für die Kirche in Assy in den französischen Alpen.

Georges Rouault

Marc Chagall

(geb. 1887 im Ghetto von Witebsk [Weißrußland], gest. 1985 in Vence [Südfrankreich]) war der erste große Maler, der das Leben seines Volkes und dessen Glauben zum Hauptthema seiner Kunst wählte. Im Elternhaus umgab ihn die chassidische Frömmigkeit der osteuropäischen Juden. 1906 begann Chagall ein Malstudium in Petersburg. Nach einem kurzen Aufenthalt siedelte er 1922 endgültig nach Frankreich über. Ab 1931 arbeitete er an den Radierungen zum Alten Testament, seit 1957 auch an Glasfenstern (für die Synagoge in Jerusalem, für die Kathedralen in Metz und Reims und für das Fraumünster in Zürich). In Nizza ließ er einen »Raum der religiösen Muse« (Kapelle-Museum) bauen. Darin erzählt er auf großen Ölbildern das Alte Testament von der Erschaffung des Menschen an. Chagall will damit den Menschen von heute Gelegenheit geben, der Bibel zu begegnen. Aber auch alle seine anderen Werke lassen Chagalls Glauben spüren: Für ihn ist die Wirklichkeit ein Wunder.

Marc Chagall

Oscar Niemeyer

(geb. 1907 in Rio de Janeiro) studierte in seiner Heimatstadt Architektur. Ab 1947 arbeitete er im Projektierungsteam für das UNO-Gebäude in New York. Für die neue Hauptstadt seines Vaterlandes, Brasilia, entwarf er die wichtigsten öffentlichen Gebäude: die Residenz des Präsidenten, das Kongreßgebäude, das Theater, die Kathedrale und verschiedene Verwaltungsgebäude. Niemeyers Bauten fügen sich gut in die Landschaft ein. Sie zeigen Leichtigkeit und Harmonie in oft ungewöhnlichen Formen.

Capella Presidenziale in Brasilia, 1958 von Niemeyer erbaut

Gut bist du, Herr, gut über alles Maß, denn du läßt mich tätig sein und schaffen und reichst mir selber die Mittel zur Hand! Ich will dir danken dafür, Tag und Nacht und jeden Augenblick, mein Herr und mein Gott!

Christoph Kolumbus

Antependium — von lat. antependere (= davorhängen); Altarvorhang, Altarverkleidung aus Holz oder Metall.

Apsis — (= griech.: Krümmung, Gewölbe); halbkreisförmiger Raumabschluß der Basilika. Bezeichnung später auch auf mehrseitigen Chorabschluß (→ Chor) übertragen.

Arkade — von lat. arcus (= Bogen [als Waffe], Krümmung); Bogen oder Bogenreihe, auf Säulen oder Pfeilern ruhend.

Baldachin — Schirmdach auf Freistützen.

Barock — Stilbezeichnung für die europäische Kunst von etwa 1600–1750. Der Ursprung liegt in der Spätrenaissance Italiens. Die Endphase wird als Rokoko bezeichnet.

Basilika — von griech. basileios (= König); Königshalle; in der Antike Markt- oder Gerichtshalle.
Als das Christentum durch Kaiser Konstantin (4. Jh.) Staatsreligion im Römischen Reich geworden war, wurde in Basiliken christlicher Gottesdienst gefeiert.

Biedermeier — Kulturepoche im zweiten Viertel des 19. Jh., die besonders den Stil der Innenarchitektur prägt.

Byzantinische Kunst — Altchristliche Kulturepoche von etwa 530 n. Chr. an. In diesem Stil ist die Sophienkirche (Hagia Sophia) in Konstantinopel (= Byzanz) erbaut als jahrhundertelang größter Kuppelbau der Welt.

Chor — von griech. choros (= Tanzplatz); Chor der Tänzer und Sänger, Sängergruppe; im Kirchenbau: Raum, in dem sich der Hauptaltar befindet, auch das Chorgestühl. In romanischer Zeit sind viele Kirchen mit Doppelchor (sog. Memoria) gebaut. Unter dem Ostchor befindet sich häufig eine Krypta.

Dienste — in der gotischen Baukunst lange, dünne Säulchen, die entweder als Bestandteil eines Bündelpfeilers oder auch eines Wandpfeilers als Stützen der Gurte und Rippen eines Kreuzrippengewölbes »dienten«.

Fiale — in der Gotik ein Pfeileraufsatz in Form eines spitzen Türmchens; als Schmuck der Strebepfeiler.

Fischblase — ein in der Gotik häufig verwendetes Maßwerkornament, das einer Fischblase ähnlich ist. Drei oder mehrere in Kreisform zusammengepaßte Fischblasen wurden gern als Schmuck von gotischen Fenstern benutzt.

Fresko — (= it.: frisch); Wasserfarbe wird auf den frischen Mörtelputz aufgetragen. Gemälde dieser Art behalten sehr lange ihre kräftige Farbwirkung.

Fries — Flächenstreifen oder streifenartiges Feld, das die Wand eines Bauwerkes schmückt, gliedert oder abschließt; meist waagerecht.

Gotik — Kunstepoche vom späten 12. bis zum 15. Jh. Die Bezeichnung kam im 15. Jh. im verächtlichen Sinne auf. Die Italiener sahen die Goten als Zerstörer Roms an. Die typischen Bauelemente der Gotik wurden in Frankreich ausgebildet. Es sind Kreuzrippe und Spitzbogen.

Hymnus — ist ein feierliches Loblied. Es kann sehr verschiedene Formen haben, z. B. der Osterhymnus: »Christ ist erstanden . . .« oder die Nationalhymne.

Joch — ursprünglich ein waagerechtes Element auf zwei Stützen, z. B. bei einer Brücke: Abschnitte zwischen zwei Pfeilern. In der Baukunst ein jeweils von vier Stützen begrenzter Abschnitt beim Gewölbe.

Kämpfer — Tragplatte zwischen Pfeiler und Last.

Kapitell von lat. capitellum (= Köpfchen); auch Kapitäl; Kopf der Säule oder des Pfeilers, meist verziert.

Klassizismus Stilepoche von etwa 1760 bis 1830. In ihr werden Formen aus der italienischen Renaissance und der antiken griechischen und römischen Kunst wiederbelebt. Reaktion auf den Barock.

Krabben (Kriechblumen) sind blattartige Knollen, die auf Wimpergen, Giebeln und Fialen in regelmäßigen Abständen hinauf»kriechen«.

Kreuzblume die kreuzförmige, aus Blattwerk gebildete Spitze gotischer Türme, Giebel, Wimperge, Fialen.

Krypta von griech. kryptein (= verborgen, begraben); Grab- oder Reliquienraum unter dem erhöhten Chor romanischer Kirchen.

Lisene flacher, nur wenig aus der Mauer vortretender Wandpfeiler ohne Kapitell und Basis, dient zur Gliederung der Wände im Innern und Äußern.

Metrum ist das Versmaß, das Zahl und Lage der betonten und unbetonten Silben festlegt.

Neumen sind die Tonzeichen (Noten) des Mittelalters. Sie entwickelten sich seit dem 7. Jh. aus Akzentzeichen, die sowohl Melodie als auch Rhythmus und Dynamik andeuten. Bedeutungsvoll wurde die Einführung des Liniensystems (zunächst vier Notenlinien) durch Guido von Arezzo. Die landschaftlich sehr verschiedenen Notenzeichen wurden Mitte des 13. Jh. vereinheitlicht.

Organum Bezeichnung für die frühe mittelalterliche Mehrstimmigkeit, Grundlage ist der liturgische Choralgesang.

Palas Wohnbau einer mittelalterlichen Burg.

Pfeiler senkrechte Stütze von rechteckigem oder achteckigem Querschnitt, freistehend oder an die Wand gebunden; zu den verschiedenen Formen → S. 184.

Pilaster ist ein flach aus der Wand hervortretender Pfeiler, der wie eine Säule in Fuß, Schaft und Kapitell gegliedert ist; dient der künstlerischen Wandgestaltung.

Plastik bezeichnet sowohl ein Werk der Bildhauerkunst (Stein-, Bronze-, tonplastik u. a.) als auch die Bildhauerkunst selbst. Bei den Werken unterscheidet man Vollplastik und Relief. (Siehe auch Skulptur.)

Relief von frz. relever (= hervorheben); Bildhauerarbeit, bei der die Figuren nur halb aus dem Stein heraustreten, also mit dem Hintergrund fest verbunden sind.

Renaissance (= frz.: Wiedergeburt [von lat. renatus = wiedergeboren]); ist eine vom 14. bis zum 16. Jh. dauernde Kulturepoche in den meisten europäischen Ländern. Der Name Renaissance wurde für diese Epoche bezeichnend, weil es darin zu einer Wiederbelebung der Antike kam.

Rippe steinerner Stab zur Aufnahme der Gewölbelast des Kreuzrippengewölbes.

Romanik erster klar ausgeprägter europäischer Baustil, aus der Bauerfahrung der Römer erwachsen; 11.–13. Jh.

Skulptur von lat. sculpere (= schnitzen); ist das Werk des Bildhauers aus Stein, Holz u. a., gleichbedeutend mit → Plastik.

Triptychon von griech. tri (= drei) und ptychos (= Falte); dreiteiliges Bild, wie es für Flügelaltäre im Mittelalter üblich war.

Wasserspeier ist ein an mittelalterlichen Dächern angebrachter Wasserablaufstein, in phantasievollen Gestalten ausgeführt.

Wimperg in der Gotik ein Ziergiebel über Portalen und Fenstern, mit Krabben besetzt, mit einer Kreuzblume bekrönt und von Fialen flankiert.

Bete und arbeite

Ordensleute gestern und heute

Bete und arbeite

✸

Ordensleute gestern und heute

Chinesische Fabel

Auf dem Omei-Berg gab es viele Klöster. Die Mönche der großen Klöster waren sehr reich, die der kleinen dagegen sehr arm.
Eines Tages kam ein armer Mönch aus einem der kleinen Klöster zu einem der reichen Mönche in ein großes Kloster, um sich von ihm zu verabschieden. Er wollte eine Pilgerfahrt nach Putuoshan unternehmen, einer Insel im östlichen Meer. Das war eine sehr weite Reise von mehr als dreitausend Li, die über viele hohe Berge und reißende Ströme führte. Der reiche Mönch wunderte sich. »Was nimmst du mit auf den Weg?« fragte er. – »Nur einen Becher und eine kleine Schüssel«, entgegnete der andere; »den Becher für Wasser und das Schüsselchen, um etwas Reis zu erbitten.«
»Ich beabsichtige selbst, nach Putuoshan zu pilgern«, sagte der reiche Mönch; »seit mehreren Jahren treffe ich schon Vorbereitungen dazu, aber bis jetzt konnte ich noch nicht fort, denn es fehlt immer noch das eine oder andere. Ich glaube, mein Freund, du stellst es dir zu einfach vor.« Nach etwas über einem Jahr kehrte der arme Mönch von seiner Pilgerfahrt zurück und berichtete dem reichen Mönch von seinen Erlebnissen.
Der wurde etwas verlegen, behauptete aber auch jetzt, daß seine Vorbereitungen für die Reise noch nicht abgeschlossen wären.

Einsiedler – Eremiten

Anders leben . . .

Zu allen Zeiten haben die Christen sich bemüht, auf Gott zu hören. Viele haben den Ruf zu einer bedingungslosen Nachfolge gehört und sind ihm gefolgt.
Um ungestört auf Gott hören zu können, zogen sich in den ersten christlichen Jahrhunderten Menschen in die Einsamkeit der Wüste oder des Waldes zurück. Sie kehrten den Städten den Rücken. Dort verführte Luxus zu oberflächlichem Leben. Das Nebeneinander von heidnischen und christlichen Bräuchen und Lebensanschauungen beunruhigte sie. »Asketen« nannte man die Menschen, die als Einsiedler, Eremiten, ein strenges Leben entgegen den Gewohnheiten der Welt führten, um Gott in der völligen Einsamkeit der Wüste zu begegnen. Das junge Christentum hatte eine harte Anfangszeit hinter sich. Nur ganze Christen waren bereit, ihren Glauben in den Verfolgungen zu bekennen. Als aber der christliche Glaube zur Staatsreligion im Römischen Reich erklärt worden war (das war zu Beginn des 4. Jahrhunderts), kamen die »Mitläufer« dazu. Die Kirche wuchs an Zahl und sonnte sich in der kaiserlichen Gunst. Nun war es nicht mehr lebensgefährlich, ein Christ zu sein, sondern vorteilhaft. In dieser Zeit haben die Beter und Büßer die Kirche vor dem Verfall bewahrt. In der Auslieferung an die Unsicherheiten des Lebens wollten sie Zeichen werden für die ungeminderte Kraft der Botschaft Jesu.

Einsiedler gibt es auch heute. Bruder Hermann will ein Zeichen zum einfachen Leben geben. Aufnahme von 1977

Kamaldulenserkloster Bielany (VR Polen), Kirche mit den Häuschen der Einsiedler

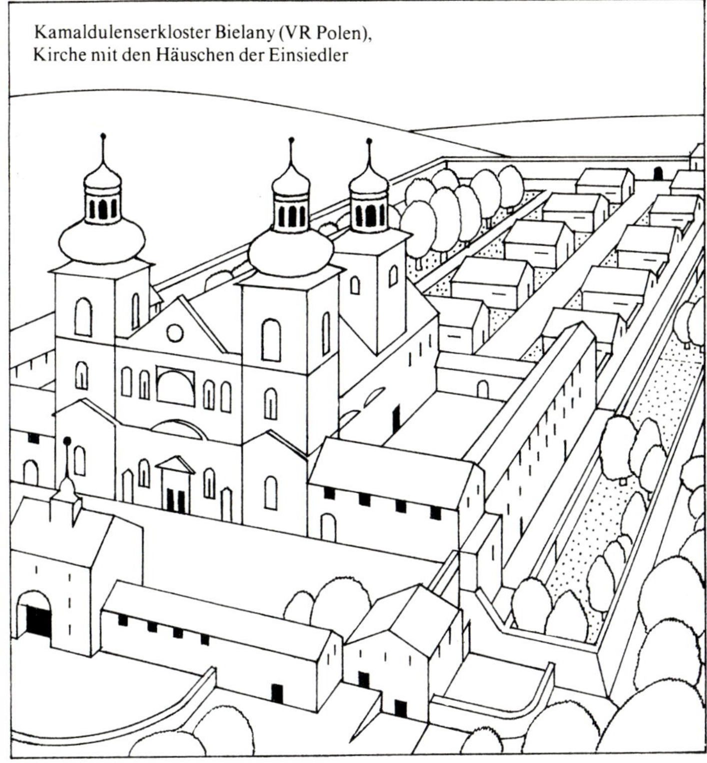

Der erste Mönch: Paulus von Theben

Paulus wurde um 230 in Ägypten geboren. Seine Eltern waren angesehene Leute. Sie erzählten ihrem Jungen viel von Gott und Jesus Christus. Aber schon zeitig verlor er seine Eltern. Während der Christenverfolgung unter Kaiser Decius (249–251) floh er vor seinen heidnischen Verwandten. In der Wüste bei Theben, westlich des Nils, verbarg er sich in einer Höhle. Hier blieb er auch, als die Verfolgung vorüber war. Eine Palme und eine Quelle boten ihm Kleidung und Nahrung. Viele Jahre übte sich Paulus von Theben im Schweigen vor Gott. Nur selten kamen die Landsleute, um sich Rat zu holen oder mit dem Einsiedler zu beten.
Kurz vor seinem Tod fand ihn ein anderer Einsiedler. Das war der jüngere Antonius. Er begleitete ihn auf dem letzten Weg, bestattete ihn und erzählte der Welt sein Leben.
So wissen wir, daß Paulus von Theben der erste Einsiedler war.

Alle Kraft
kommt aus dem Schweigen.

Bernhard v. Clairvaux

Auflösung von S. 251 (Kunst – woher?):

Dorisch / ionisch – Erfurt / Köln – Ulm / Nürnberg / Straßburg / Torgau – Gloriosa / Erfurt – Händel / Orff – Essen / Ronchamp – Tropus / Kyrie / Einfache Mehrstimmigkeit – Ignatius / Nepomuk / Elisabeth – Memling / Lochner – Adelheid / Naumburger Meister – Dientzenhofer / Erwin v. Steinbach – Arezzo / Notenlinie – Schottland / Irland / England – Schola / Thomanerchor – Ambrosius / Mailand – Musik / Tamburin – Volkslied / Organum – Magdeburg / Havelberg – Isaak / Mozart / Machaut – Erasmus / Luther.
DIE KUNST GEHÖRT KEINEM LANDE AN, SIE STAMMT VOM HIMMEL.

Eine Wallfahrt

Je näher wir dem Klarenberg kamen, desto zahlreicher wurden die Pilger. Große und kleine Gruppen, viele mit Fahnen und Blasmusik, marschierten zur Kirche. Außen herum waren zahlreiche Stände aufgebaut. Dort konnte man Bilder und Rosenkränze, Luftballons und Zuckerwatte kaufen. Es wimmelte nur so von Menschen, obwohl es doch ein ganz normaler Wochentag war.

Kloster und Wallfahrtskirche auf dem Klarenberg bei Częstochowa (Tschenstochau)

Wir waren nicht angemeldet. Aber wir durften trotzdem mit unserem Pfarrer eine Wallfahrtsmesse feiern. Ein Pater der weißgekleiderten Pauliner erklärte uns danach die Kirche und die Bedeutung des Wallfahrtsortes. Die Mönche sind im 14. Jahrhundert aus Ungarn gekommen, benennen sich nach dem hl. Paulus von Theben, dem Ureinsiedler. Heute besteht der Orden nur noch in Kraków und in Częstochowa und zählt etwa 200 Mitglieder.
Groß war die Liebe und Begeisterung, die wir spürten, als wir mit vielen Hunderten vor dem Bild der Schwarzen Madonna beteten. Das Bild ist ein Nationalheiligtum der Polen. Maria wird als Schutzpatronin verehrt. Denn das Kloster blieb als Festung in Kriegen unbesiegt. Es ist seit etwa 1000 Jahren ein Ort der Glaubenstreue und der Vaterlandsliebe.
Viele Legenden werden über diese Ikone erzählt. Ich habe mir gemerkt, daß die schwarzen Striche im Gesicht nichts mit einer Zerstörung des Bildes zu tun haben. Sie sind vermutlich angebracht worden als Erinnerung an einen kriegerischen Überfall auf das Kloster im Jahre 1430. Die Ikone ist mit Silber und Gold verkleidet. Papst Pius X. hat 1910 die kostbaren Kronen für Maria und das Jesuskind geschenkt. Die Ikone ist sehr alt, vielleicht 600 Jahre.
Es war eine schöne Wallfahrt; wir erzählen immer noch davon.

Geheimagent verschwunden

(Erfundene Protokolle)

Bericht des Kohortenführers Pachomius über gewisse Vorkommnisse in Ägypten

Euch, edler Prokurator Fontianus, melde ich auftragsgemäß, was aufzuklären mir befohlen wurde. Demnach sind große Pilgerbewegungen zur Libyschen Wüste beobachtet worden. Zentrum ist ein Felsengrab, das von einem Einsiedler seit mehr als dreißig Jahren bewohnt wird. Ein durch mich beauftragter Agent trug zuverlässige Einzelheiten zusammen. Der Name des Einsiedlers ist Antonios. Er soll nach dem Tode seiner Eltern in der Nähe seines Heimatortes Koma eine Höhle bezogen haben. Anlaß zu diesem Schritt sei der Kontakt zu einem gewissen Paulos von Theben gewesen. Ein anderer Agent will wissen, daß Antonios beim christlichen Gottesdienst von einem Jesuswort zu dieser Lebensform angetrieben worden sei. Ich selbst habe unter großen Beschwerden und in Verkleidung als Eseltreiber den Einsiedler aufgesucht. Der Eremit sprach wenige Worte zu mir. Dann bot er mir Wasser und Speise und ein Lager an. Am Morgen segnete er mich und sagte: »Berichte deinem Auftraggeber, was du gesehen hast, und komm wieder, damit du Frieden findest.« Also durchschaut, zog ich beschämt davon. Zu erwähnen ist noch, daß in der Umgebung des Antonios mindestens weitere 50 Einsiedler in Höhlen hausen.

Anweisung an Pachomius vom Geheimagenten LC4

Dein Bericht an den Prokurator wurde bei uns bearbeitet. Gegen entsprechende Belohnung vermittle geheime Angaben zu folgenden Fragen: Welchen Namen haben die Einsiedler? Welche Kontakte unterhalten sie? Wer besucht den Einsiedler Antonios? Welches Ziel hat die Bewegung wirklich?
Verschlüssle deine Nachrichten und gib sie dem dir bekannten Kontaktmann unauffällig.

Bericht des Kohortenführers Pachomius an den Prokurator Fontianus

Nachdem sich auf meinen ersten Bericht hin der Geheimdienst um Information über die Vorgänge in der Libyschen Wüste bemüht, muß ich vermuten, daß der Bericht durch dich nach Rom weitergegeben worden ist. Du weißt, daß ich Kopte bin und daß mein militärischer Stolz gegen jede Form von Hinterhältigkeit ist. Darum empfange auch diesen meinen Bericht.
Die Zahl der Wüstenmänner ist inzwischen auf mehrere Hundert angestiegen. Pharaonische Gräber, Höhlen und Steinbrüche dienen als Unterkunft. Unzweifelhaft ist das ein Verdienst des Antonios, der eine ungeheure Anziehungskraft auf die Jugend ausübt. Sie alle, obwohl sie einzeln leben, bilden doch einen lebendigen Organismus. Mitte ist der alte Antonios, den sie Apa nennen, was Vater heißt. An Wasserstellen konnte ich erfahren, daß Pilger in Scharen hinausziehen, Kranke, Alte, Ratsuchende, sogar Bischöfe seien darunter gewesen. Gerüchte, wonach eine Gesandtschaft aus Byzanz hier gewesen sei, haben sich nicht erhärten lassen.
In der Frage über die innerchristlichen Auseinandersetzungen hat sich Antonios gegen die Arianer ausgesprochen. Lies sorgfältig meinen Bericht Nummer 5 über die Zusammenhänge! Im beigefügten Bericht 9 findest du eine Karte, in die ich die Lage der Einsiedlerhöhlen eingetragen habe.

Anweisung an Pachomius vom Geheimagenten LC4

Obwohl du deine Darstellung mit den Berichten 1–16 nicht, wie erbeten, an uns geschickt und auch Einzelinformationen nicht geliefert hast, würden wir gern mit dir zusammenarbeiten. Hüte dich vor einem gewissen Athanasios, mit dem du in letzter Zeit öfter gesehen worden bist. Er ist Bischof in Alexandrien und Freund des Antonios. Letzteres wirst du wissen. Heute lautet dein Auftrag: Erkunde, ob die Einsiedler militärische Absichten haben oder gar Waffen besitzen. Sind die Einsiedler an der Entdeckung alter Königsgräber interessiert und an den Grabschätzen? Verbrenne diesen Brief und sei äußerst vorsichtig!

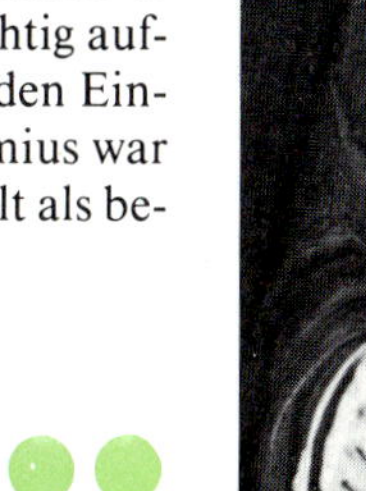

Antonius, der Ureinsiedler

Geheime Mitteilung des Unteragenten X23 an LC4

Pachomius, 23 Jahre alt, bisher Kohortenführer und mit der Ausführung von Geheimaufträgen betraut, ist untergetaucht. Über seinen Aufenthalt fehlt jede sichere Nachricht. Vermutungen, wonach er sich in seine koptische Heimat begeben habe, sind als unrichtig aufgeklärt worden. Eine Mitteilung von Agent B 19, er sei zu den Einsiedlern übergewechselt, halte ich für baren Unsinn. Pachomius war ein Mann von klarem Urteil und nüchterner Denkart. Er galt als begabter Soldat mit dem Zeug zu einem Feldherrn.
Wir werden um Aufklärung des Falles bemüht bleiben.

Antonios

wurde um 250 geboren. Er suchte die Einsamkeit der Wüste auf, um ungeteilt die Forderung Jesu befolgen zu können: »Verkaufe all deine Habe, komm und folge mir nach!«
Er lebte zuerst in einem Grabmal, dann in einem verlassenen Kastell, zuletzt in der Wüste am Roten Meer, wo er im Jahre 356 gestorben sein soll.
Seit 315 n. Chr. entstanden Eremitenkolonien am Rande der Nitrischen und der Sketischen Wüste.

Leinentunika, wie sie von ägyptischen Mönchen getragen wurde

Sichere Nachrichten über Pachomius

Das Beispiel der Einsiedler führte den koptischen heidnischen Soldaten Pachomius zum Christentum und zur Nachahmung dieser Eremiten. Den Gefahren, die das ungeregelte Einsiedlerleben in sich barg, begegnete Pachomius für sich und seine Schüler mit einer festen und strengen Organisation nach militärischem Vorbild. Seine Regel für die mönchische Lebensgemeinschaft im Kloster (Koinobitentum) war einfach: Jeder mußte sich einem Noviziat unterziehen und dabei lernen, auf eigenen Lebensstil, auf Familie und Besitz zu verzichten. Je 40 Männer, die jeweils die gleiche Arbeit (Teppich- und Korbflechten, Handwerk, Ackerbau) verrichteten, bewohnten ein Haus. Sie nahmen die Mahlzeiten gemeinsam ein und hatten regelmäßig geistliche Übungen zu vollziehen. Dem Abt war unbedingt zu gehorchen. Es herrschte scharfe Disziplin. Privateigentum war verboten. Als Kleidung trugen die Koinobiten eine leinene Tunika und einen Mantel aus Schaf- oder Ziegenfell mit einer Kapuze, an die die Marke ihres Hauses geheftet war. Zum Kloster gehörten 30–40 Häuser, also etwa 1200–1600 Insassen. Alle unterstanden einem Abt.
Der Zulauf war so stark, daß bald ein Kloster in Tabenessi (um 320 gegründet) und weitere Klöster in Pbow entstanden. Die Schwester des Pachomius, Maria, gründete das erste Nonnenkloster. Der Name »Nonne« kommt aus dem Koptischen und bedeutet: »keusch, rein«. Pachomius starb 348.
Erstaunlich rasch entstanden weitere Klöster, vor allem in Ägypten, dann in Syrien und Palästina. Dem missionarischen Eifer dieser Mönche und Nonnen ist es zu verdanken, daß die koptische Landbevölkerung im Laufe des 4. und 5. Jahrhunderts fast vollständig christlich wurde.

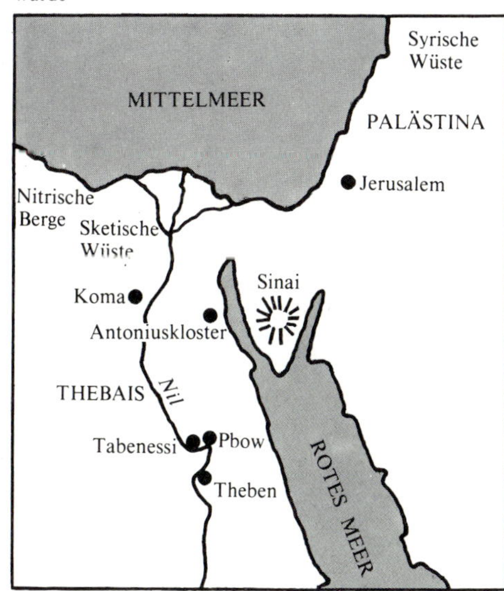

In Ägypten und Palästina entstanden im 4. Jahrhundert n. Chr. die ersten christlichen Klöster der Koinobiten.

Aus der Regel des Pachomius

»**1.** Wenn am Tage zum gemeinsamen Gebet geblasen wird und einer einen Psalm zu spät kommt, der soll vom Obern getadelt werden, und er muß bei Tisch stehen. Wer aber in der Nacht länger liegenbleibt und drei Psalmen zu spät kommt, der soll beim Psalmengebet und bei Tisch einen Strafplatz erhalten.
2. Jeder muß den ihm gegebenen Auftrag wiederholen; wenn er etwas vergessen hat oder den Befehl nicht sogleich wiederholt, soll er bestraft werden. . . .
7. Die Brüder dürfen nicht allzusehr mit Arbeit überladen werden, sondern es soll ihnen eine angemessene Beschäftigung gegeben werden.«

Auf die Füße kommt
unsere Welt erst wieder,
wenn sie sich beibringen läßt,
daß ihr Heil
nicht in Maßnahmen,
sondern in neuen Gesinnungen
besteht.

Albert Schweitzer

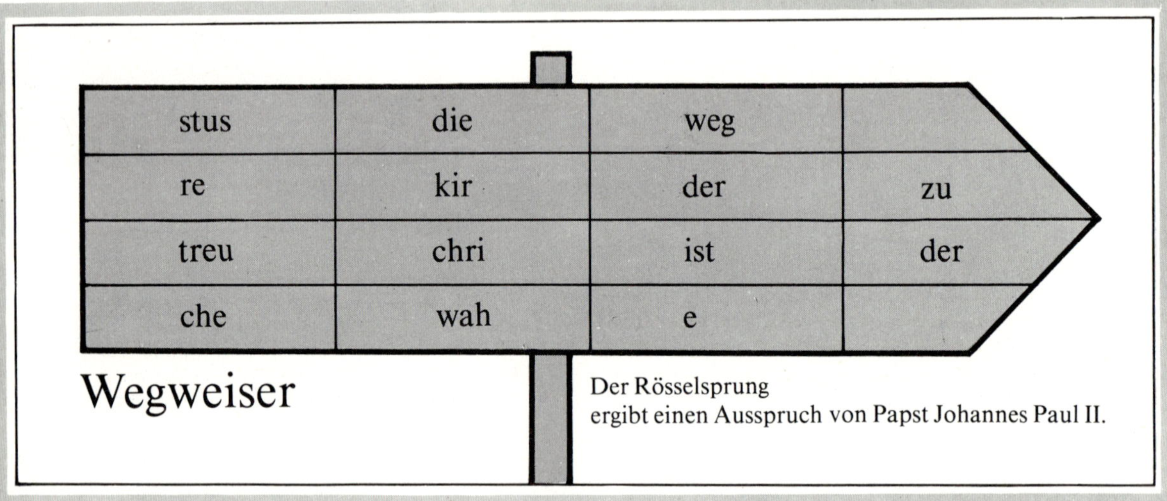

Der Rösselsprung
ergibt einen Ausspruch von Papst Johannes Paul II.

Ora et labora

Die Benediktiner

Gift im Becher

»Ein eifriger Student, dieser Benedikt, er wird einmal ein großer Lehrer werden.« Das ist das einhellige Urteil an der Hohen Schule zu Rom. Nein, das *war* es. Denn plötzlich ist der Musterschüler verschwunden, und niemand weiß, wohin. Dann sickern Nachrichten durch: »Er ist in den Bergen. Er ist Einsiedler geworden.« Nun, das war nichts Aufregendes. Man beruhigt sich schnell. Wer mit dem Geist zu tun hat, weiß um die Anfälligkeit der Begabten für Sonderlichkeiten.
Ungestört und unbeschwert lebt Benedikt in der Stille des Waldes als Einsiedler. Die Umstände sind erträglich. Denn das Mittelmeerklima ist das ganze Jahr über mild. Und die Mitmenschen sind duldsam und sehen in solcher Lebensweise nichts Außergewöhnliches. Sie spüren sehr genau, daß dieser junge Mann mit dem gesunden Blick nicht aus Verbitterung in die Einsamkeit gegangen ist.
So verwundert es auch nicht, wenn eines Tages eine Gruppe von Mönchen bei Benedikt auftaucht. Einsiedler sind es, die sich nach der Art der orientalischen Wüstenmönche zusammengetan haben unter gewissen Absprachen für ein gemeinsames Leben und Aus-

kommen. Nun ist ihr Vorsteher gestorben. Sie finden den Nachfolger nicht in ihren Reihen. Es fehlt die Einigkeit des Geistes. Sie bitten Benedikt, von dem sie manches gehört hatten, ihr Vorsteher zu werden. Der sieht sich die Männer an und erkennt in ihnen die Gottesfurcht und Spuren der Überwindung des Bösen. Aber er sieht auch, daß sie hölzerne Stämme sind, die sich nicht mehr biegen lassen. »Ich sage euch, es wird nichts. Meine Ansichten und die euren werden sich nicht vertragen. Geht ohne mich in euer Kloster zurück.«
Hat sich Benedikt überreden lassen oder zu stark auf seine frischen Kräfte vertraut, daß er sich gegen seinen ersten Eindruck entscheidet? Er geht mit ihnen. Von heut auf morgen wird er zum Abt, zum

Alter Holzschnitt zur Legende

Vater einer vielköpfigen geistlichen Familie. Er nimmt sein Amt ernst. Mit dem Feuer und dem reinen Geist der Jugend wirft er sich in das Abenteuer. Er fordert von den anderen, was er von sich fordert. Er stellt richtig, was falsch ist, hält an zu Gebet und Gottesdienst. Das einfache Leben der Jünger Christi soll sichtbar werden. Die hölzernen Stämme knirschen und ächzen, aber sie lassen sich nicht biegen. Ihr guter Wille schwindet; Groll und Unmut machen sich in ihren Herzen breit. Wären sie doch ehrlich gewesen, und hätten sie Worte gefunden für ihr Unvermögen, sich der Forderung Benedikts zu beugen! So verschließen sie sich in eisigem Schweigen gegen den Vater. Es wächst der Haß gegen ihn, der in seinem Eifer nichts merkt oder merken will. Sie wollen ihn loswerden. Aber was führen sie im Schild?
Es kommt der Tag, da es geschieht, was sie sich erdacht haben. Und Benedikt ist der einzige, der nicht erschrickt, als es soweit ist.
Man begibt sich zum Essen. Es ist Festtag. Darum fällt das Mahl heute reichlicher aus als sonst. Benedikt sieht nicht, daß ihre Blicke umherirren, als er die Speisen segnet. Nun hebt er die Hand über den Becher. »Sei gesegnet, Frucht des Weinstockes, im Namen des Vaters . . .« Er zeichnet das Kreuz über den Wein. Da, ein Schlag, ein Klirren! Der Becher ist in hundert Scherben zersprungen. Der goldene Wein rinnt über die Tischplatte. Keiner spricht. Benedikt schaut in große, aber leere Augen. Ruhig und klar ist seine Stimme, als er spricht: »Ich habe es euch gesagt, meine und eure Sitten vertragen sich nicht. Aber warum müßt ihr Gift in den Wein mischen, um mich loszuwerden? Gott möge euch verzeihen! Auch ich vergebe euch. Ich will zurück in meine Einsamkeit und warten, ob mir Gott den bessern Acker zeigt. Lebt wohl. Der Friede sei mit euch.«
Benedikt verließ das Kloster. Bald aber gründete er eine Gemeinschaft mit anderen Männern, die allesamt bereit waren, das Leben der Jünger Christi so nachzuahmen, wie es Benedikt in seiner Regel aufgeschrieben hatte.

Das Programm des hl. Benedikt

»Ora et labora«, zu deutsch: »Bete und arbeite«, ist die große Überschrift über dem Leben nach der Regel des Vaters Benedikt. Und der Unterschied zu den schon bestehenden Klöstern liegt in der Wertschätzung der Arbeit. Gottesdienst und Arbeit bestimmen das Leben der neuen Gemeinschaft, die sich als Familie unter dem Abt als Vater versteht. An erster Stelle steht die Pflege des Gottesdienstes und des Stundengebetes.
Nichts darf der Liturgie, dem Dienst vor Gott, vorgezogen werden.
Ein Beispiel aus dem »Neuen Stundenbuch«, dem Stundengebet von heute:

Im Osten tritt die Sonne auf ihre goldne Bahn.
Mit ihrem frohen Aufgang fängt unser Tagwerk an.

Vom Morgen bis zum Abend dehnt sich das Ackerfeld, das wir bebauen sollen, solang es Gott gefällt.

Ihm gelten unsre Mühen, der alles überschaut.
Was wir mit ihm beginnen, das ist auf Fels gebaut.

An zweiter Stelle steht die Arbeit, zuerst das handwerkliche Schaffen, später auch die geistige Tätigkeit. Bau- und Landarbeiter, Künstler und Wissenschaftler verrichten ihren Dienst vor Gott und an der Welt in völliger Gleichheit. Wer in den Verband aufgenommen werden wollte, mußte zu dieser Gleichheit ja sagen. Gebet und Gottesdienst sind vergleichbar dem senkrechten Balken des Kreuzes Christi. Die Arbeit stellt den waagerechten Balken dar.

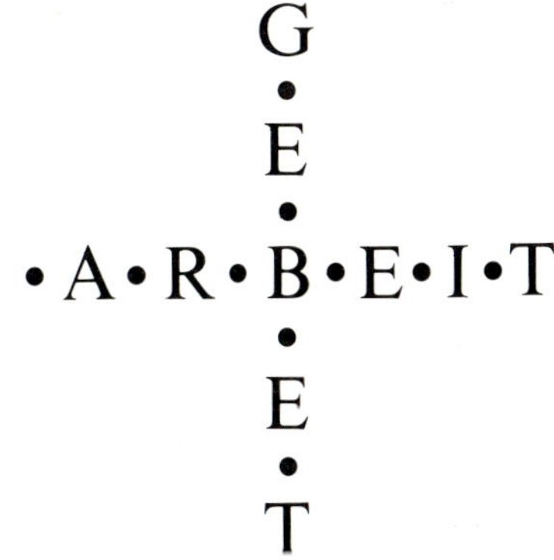

Die notwendigen Voraussetzungen für das Zusammenleben der Klostergemeinschaft hatte Benedikt im Evangelium gefunden. Dort sind sie als Ratschläge für die Jünger gesagt, die mit besonderem Eifer Jesus nachfolgen wollen:

Die Armut,
weil der Reichtum leicht zum »Schatz« wird. Jesus sagt: »Leichter kommt ein Kamel durch ein Nadelöhr hindurch als ein Reicher in das Reich Gottes hinein« (Mt 19,24).

Der Gehorsam,
weil Gottes Wille und Wort oberstes Gebot sind.
Jesus sagt: »Wer unter euch der Erste sein will, soll euer Knecht sein, so wie der Menschensohn nicht gekommen ist, sich bedienen zu lassen, sondern zu dienen und sein Leben hinzugeben . . .« (Mk 10,44–45).

Die Ehelosigkeit,
weil der Unverheiratete ganz frei ist für den Dienst am Reiche Gottes.
Jesus fordert die zur Ehelosigkeit und Keuschheit auf, die sich ausschließlich dem Himmelreich weihen wollen. Er sagt aber auch: »Nicht alle fassen dieses Wort, sondern nur die, denen es gegeben ist« (Mt 19,11).

Gib ihnen nicht bequeme Ruhe, gib ihnen Glauben an Gerechtigkeit und Güte.

J. Jewtuschenko

Auflösung von S. 262 (Wegweiser):
DER WAHRE WEG DER KIRCHE IST DIE TREUE ZU CHRISTUS.

Die Zeiteinteilung im Kloster

Der Tag begann mit dem Sonnenaufgang, die Nacht mit dem Sonnenuntergang, die Spanne dazwischen war je nach Jahreszeit verschieden lang. Sie wurde in 12 Stunden (= Horen) geteilt.

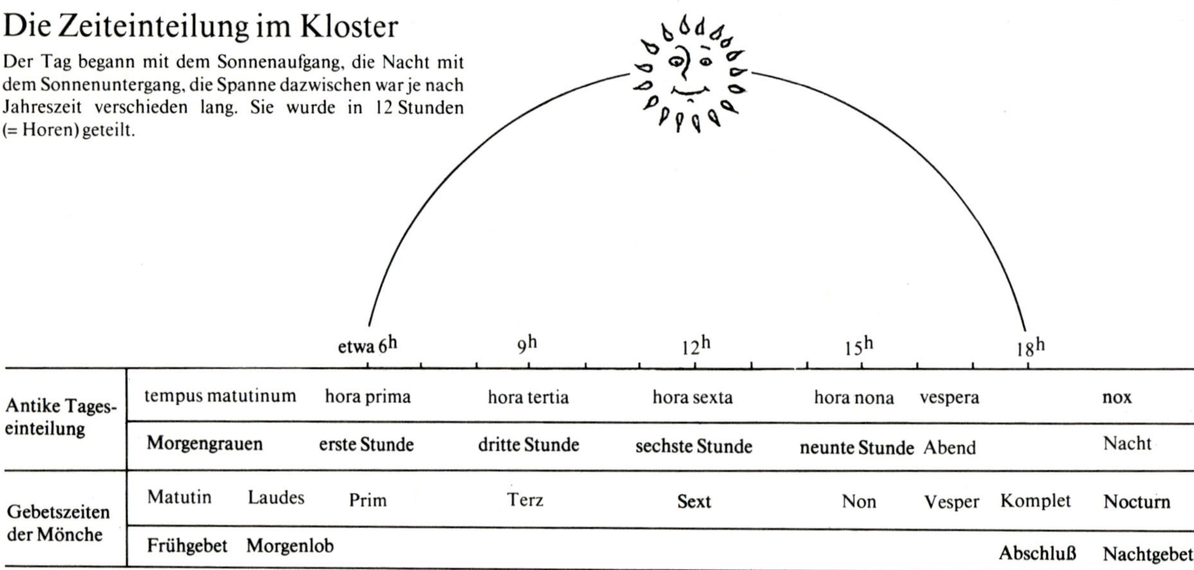

			etwa 6^h	9^h	12^h	15^h		18^h	
Antike Tageseinteilung	tempus matutinum		hora prima	hora tertia	hora sexta	hora nona	vespera		nox
	Morgengrauen		erste Stunde	dritte Stunde	sechste Stunde	neunte Stunde	Abend		Nacht
Gebetszeiten der Mönche	Matutin	Laudes	Prim	Terz	Sext	Non	Vesper	Komplet	Nocturn
	Frühgebet	Morgenlob						Abschluß	Nachtgebet

Die evangelischen Räte

Das Gelübde ist ein Gott gegebenes Versprechen.

Der Mönch verspricht:	**Armut**	**Gehorsam**	**Ehelosigkeit**
Das heißt:	Verzicht auf persönliches Eigentum	Verzicht auf selbständige Lebensplanung	Verzicht auf Bindung an eine Familie
Damit sind in der Gemeinschaft	alle gleichgestellt	Ordnung und Aufgabenerfüllung möglich	alle »Brüder« in einer neuen Familie
Damit ist jeder Mönch	frei von unnötigen Sorgen, frei für die Hingabe	frei von Machtstreben, frei für jeden Dienst	frei von menschlichen Bindungen, frei für Gott
Das Gelübde ist	Voraussetzung für die Gleichheit aller, Grundlage für eine neue Lebensform des einzelnen, ein Weg, der zur Heiligkeit führen kann.		

Mahlzeit auf benediktinisch

Benediktinerinnen beim Chorgebet

Stundenplan

Nimm Transparentpapier, schneide dir davon ein Rechteck 3 cm × 4,5 cm.
Lege dieses durchsichtige Papier der Reihe nach auf folgende Bildchen
und ziehe immer mit einem Stift die Linien nach.
Hast du diese bei allen Bildern sauber nachgezogen,
ergibt sich eine Ordensregel

Die Hausordnung derMönche

Von den ägyptischen Klöstern übernahm Benedikt manche wichtige Anregung für seine Gemeinschaft. Er paßte die Erfahrungen der ägyptischen Koinobiten sorgfältig den abendländischen Verhältnissen an. Mit altrömischer Klarheit und praktischer Lebensweisheit legte er 529 eine Klosterverfassung in 73 Kapiteln fest, die ihn zum »Vater des abendländischen Mönchtums« machte. So entstand eine Hausordnung, eine Regel, die über viele Jahrhunderte Geltung behalten und das gesamte geistliche und geistige Leben in Europa nachhaltig beeinflussen sollte. Auch Frauen folgten dieser Regel, z. B. seine Schwester Scholastika.

Benedikt mit seiner Schwester Scholastika. Fresco in der »heiligen Höhle« in Subiaco, wo Benedikt drei Jahre als Einsiedler lebte

Aus der Klosterregel des hl. Benedikt:

Wie der Abt sein muß

Ein Abt muß immer eingedenk bleiben, wie er genannt wird, und durch sein Verhalten den Namen des Oberen rechtfertigen. Denn der Glaube sieht in ihm den Stellvertreter Christi im Kloster. Deshalb darf er nichts lehren, anordnen oder gebieten, was den Vorschriften Gottes zuwider wäre . . .

Von der Zucht beim Chorgebet

Wir glauben, daß Gott überall zugegen ist und daß die Augen des Herrn auf die Guten und Bösen schauen. Ganz besonders aber sollen wir ohne Zweifel von diesem Glauben durchdrungen sein, wenn wir am göttlichen Dienst teilnehmen. Wir sollen also immer dessen eingedenk sein, was der Prophet sagt: »Dienet dem Herrn in Furcht« und »Psalliert weise!«, ferner: »Im Angesicht der Engel will ich dir lobsingen.« Erwägen wir deshalb, wie man sich vor den Augen Gottes und der Engel zu verhalten habe, und stehen wir so beim Psalmgebet, daß Herz und Stimme ein Einklang seien.

Was wäre das für ein Gott,

der nur einen einzigen Weg des Dienstes hätte?

Martin Buber

Auflösung von S. 265 (Stundenplan):
ORA ET LABORA

Benediktiner in ganz Europa

Bald entstanden an anderen Orten Klöster nach der Regel des Benedikt. Jede Gründung war in sich selbständig. Das schloß nicht aus, daß die Klöster untereinander gute Kontakte pflegten. Die Mitglieder jedoch wechselten nicht. Sie blieben, wenn sie sich nach ihrer Probezeit dazu entschlossen hatten, zeitlebens in derselben Gemeinschaft.

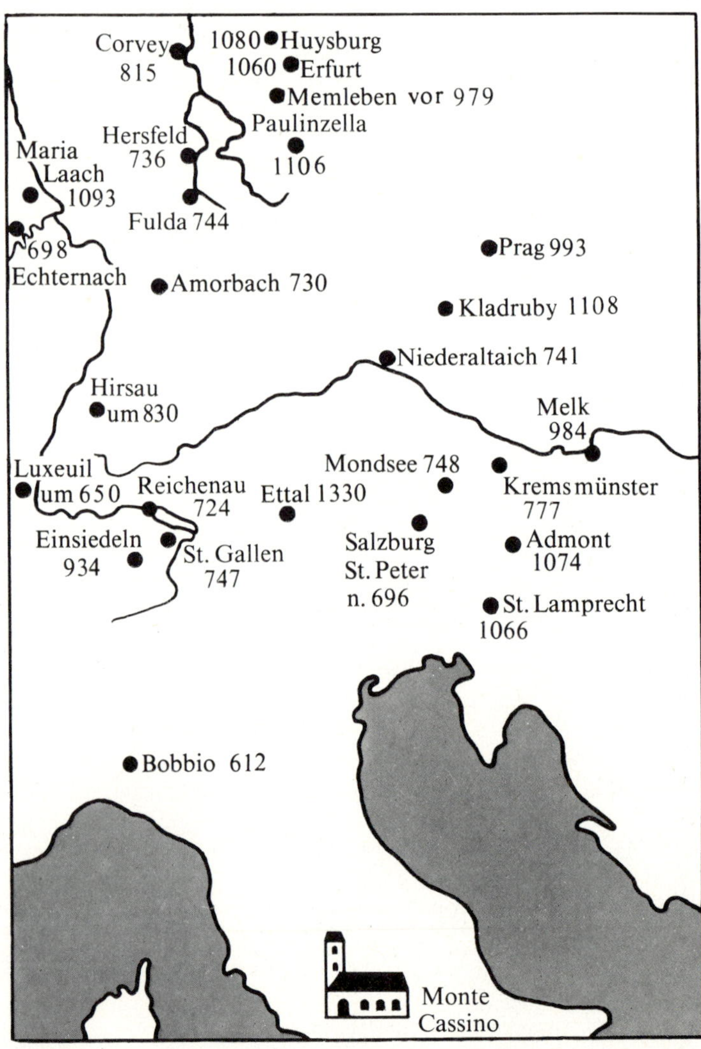

Die wichtigsten Klostergründungen der Benediktiner in Europa

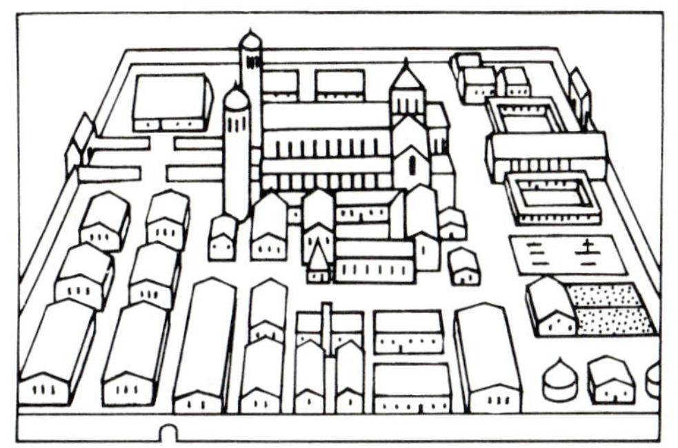

Idealplan eines Klosters, St. Gallen, um 800

Klosterschulen

Die Klöster der Benediktiner waren oft mit berühmten Schulen verbunden. An diesen Schulen sollten die Geistlichen sich bilden, aber bald erhielten auch andere in ihnen Unterricht. Anfangs lehrte man neben dem Evangelium nur:
Grammatik, Rhetorik, Dialektik;
aber seit etwa 800 n. Chr. kamen dazu:
Musik, Arithmetik, Geometrie, Astronomie.
Diese sind die sogenannten Sieben Freien Künste des mittelalterlichen Bildungswesens. Aus den Klosterschulen sind viele gelehrte Männer und Frauen hervorgegangen, die Gott mit ihrem Können und Wissen dienten.

Benediktiner

Papst	Missionar	Dichter und Musiker	Wissenschaftler	Bischof

Gregor der Große. Buchmalerei um 983

Gregor der Große (um 540–604)

Heiliger Papst

Geboren in Rom, wo er in jungen Jahren auch als Stadtpräfekt tätig war und mehrere Jahre im Benediktinerkloster St. Andreas lebte. Gregor wurde Diakon des Papstes, Nuntius in Konstantinopel und 590 selber zum Nachfolger Petri berufen. Er legte den Grund für den künftigen Kirchenstaat, erkannte die Notwendigkeit der Mission bei den Germanen und veranlaßte die Neuordnung der Liturgie und des Kirchengesanges (deswegen trägt der Gregorianische Choral seinen Namen).

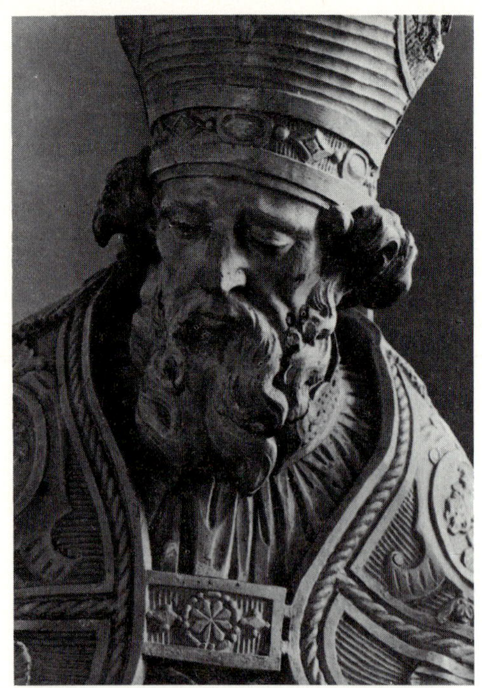

Bonifatius (um 673–754)

Heiliger Missionar

Der Mönch Wynfried wurde in den südenglischen Klöstern Exeter und Nhutecelle als Schüler und dann auch als Lehrer geschätzt. Die Abts- und Bischofswürde schlug er aus. Er wollte Missionar sein. 718 erlangte er vom Papst die Vollmacht, in Germanien missionieren zu dürfen. Dabei erhielt er den Namen Bonifatius. 721 kam er nach Thüringen. 722 in Rom: Weihe zum Missionsbischof ohne festen Sitz, 732 Erzbischof. Mit 80 Jahren Missionsreise zu den Friesen, wo er am 5. Juni 754 den Martertod erlitt.

Der hl. Bonifatius. Plastik aus der Permoser-Werkstatt

Hrabanus Maurus (780–856)

Heiliger Lehrer und Seelsorger

Hrabanus wurde in Mainz geboren und ausgebildet an der Hofakademie Karls des Großen in Tours als Schüler des berühmten englischen Mönchs Alkuin. Seit 803 leitete er die Klosterschule in Fulda, 847 wurde er Erzbischof von Mainz. Viele seiner Schriften dienten pastoralen Zielen und der Bildung der Priester. Er richtete Klosterschulen als Zentren geistiger Bildung ein, dichtete Hymnen (siehe Gotteslob Nr. 240), hielt in Mainz drei Synoden und weckte Interesse für Volksbrauch und Volkssprache. In seinem Umkreis entstand der »Heliand«. Sein Ehrenname ist »Lehrer Germaniens«.

Hrabanus Maurus überreicht Papst Gregor IV. sein Lied zum Lob des hl. Kreuzes. Fuldaer Handschrift, 1. Hälfte 9. Jh.

Notker von St. Gallen (840–912)

Seliger Dichter

Er war Lehrer und Leiter an der berühmten Klosterschule St. Gallen sowie der erste Komponist deutscher Abstammung und ein bedeutender Lyriker seiner Zeit. Lies auch die Geschichte auf S. 151.

Der selige Notker am Schreibpult. Miniatur aus dem Jahre 1024

Bischof Wolfgang. Altarbild in Annaberg (Erzgebirge)

Wolfgang (924–994)

Heiliger Bischof

965 Mönch des Klosters Einsiedeln in der Schweiz, dann Missionar in Ungarn, 972 Bischof von Regensburg. Er ermöglichte durch Verzicht auf die böhmischen Gebiete 973 die Gründung des Bistums Prag und sicherte so die Mission in Böhmen. Auch war er einer der Erzieher des heiligen Kaisers Heinrich II.

St. Gellert, überlebensgroße Bronzefigur am Gellertberg in Budapest

Gerhard von Csanád (um 980–1046)

Heiliger Erzieher und Bischof

Gerhard (ungarisch: Gellert) soll einem adligen italienischen Geschlecht entstammen. Er wurde Mönch und später Abt des Georgsklosters in Venedig. Als er auf einer Reise ins Heilige Land um 1015 durch Ungarn kam, bestellte ihn König Stephan I. zum Erzieher seines Sohnes Emmerich. 1023 ging Gerhard ins Benediktiner-Stift Bakony-Beel. 1030 wurde er zum Bischof der Diözese Csanád (im Banater Gebiet) ernannt. In einem Heidenaufstand wurde er beim Übersetzen über die Donau durch Steinwürfe und Lanzenstiche ermordet und zwar bei dem nach ihm benannten Gellertberg in Budapest.

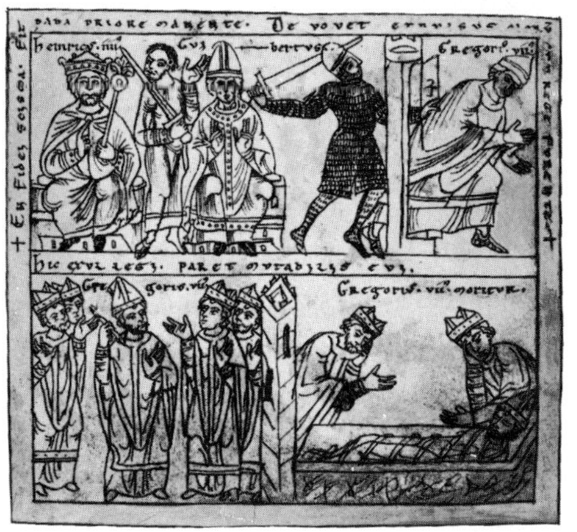

Gregor VII. (in einem mittelalterlichen Holzschnitt)

Gregor VII. (1023–1085)

Heiliger Papst

Sohn eines Bauern. Er lebte als Mönch Hildebrand im Kloster Cluny. Später wurde er Sekretär am päpstlichen Hof und erlangte großen Einfluß. 1073 wurde er zum Papst gewählt und führte einen erbitterten Kampf mit dem deutschen König und späteren Kaiser Heinrich IV. um die Rechte und Freiheiten der Kirche. Gregor mußte der Waffengewalt Heinrichs IV. weichen und aus Rom fliehen. 1085 starb er in der Verbannung.

Gelungener Start

1. Bewohner eines Klosters (Mehrzahl), 2. Kirche des Morgenlandes, 3. Wohnort Jesu, 4. Sakramentshäuschen, 5. die Frohe Botschaft, 6. Schutzpatron der Kraftfahrer, 7. Opferstätte, 8. Steinsarg, 9. Tag des Herrn, 10. älteste lateinische Bibelübersetzung, 11. Heiligengedenktag, 12. deutscher Kaiser im 10. Jahrhundert.

al – ber – che – che – chri – e – ge – i – kel – kir – ko – la – li – mens – mön – na – na – na – ost – ot – phag – pho – ret – rus – sar – sonn – sto – ta – ta – tag tag – tar – to – um – van – za

Aus diesen Silben sind 12 Wörter mit nachstehender Bedeutung zu bilden. Ihre Anfangsbuchstaben ergeben, hintereinander gelesen, einen Berg in Italien mit einer bedeutenden Klostergründung.

Gastfreundschaft groß geschrieben

Seit Vater Benedikt sein erstes Kloster auf dem Monte Cassino errichtet hat, das war im Jahre 529, seitdem halten seine Söhne das Gesetz der Gastfreundschaft in Ehren. Zum Kloster gehört meistens ein Gästehaus. Jederzeit wird der Gast aufgenommen und ohne Entgelt beköstigt. Im gemeinsamen Speisesaal der Mönche erhält der Gast den Ehrenplatz nahe beim Abt. Wein und besondere Speisen werden allein dem Gast gereicht. Auch am Gottesdienst und am Chorgebet kann der Gast nach seinem Ermessen teilnehmen. In jedem Gast sehen die Söhne des hl. Benedikt ihren Herrn und Meister Jesus Christus, der gesagt hat: »Was ihr dem geringsten meiner Brüder getan habt, das habt ihr mir getan.«

Silbernes Jubiläum des Abtes im Kloster Seckau in Österreich. Ein Gast bekommt den Ehrenplatz am Tisch der Mönche. Am erhöhten Pult liest der Lektor die Tischlesung. Wohl des hohen Festes wegen trinken auch die Mönche Wein.

Die Klosterkirche von Paulinzella in Thüringen ist noch als Ruine ein Schmuckstück.

Benediktiner auf der Huysburg bei Halberstadt. Ein kleiner Konvent führt seit 1972 die Tradition einer großen Abtei (1080–1804) fort.

Aufbruch ins Neuland

Die Zisterzienser

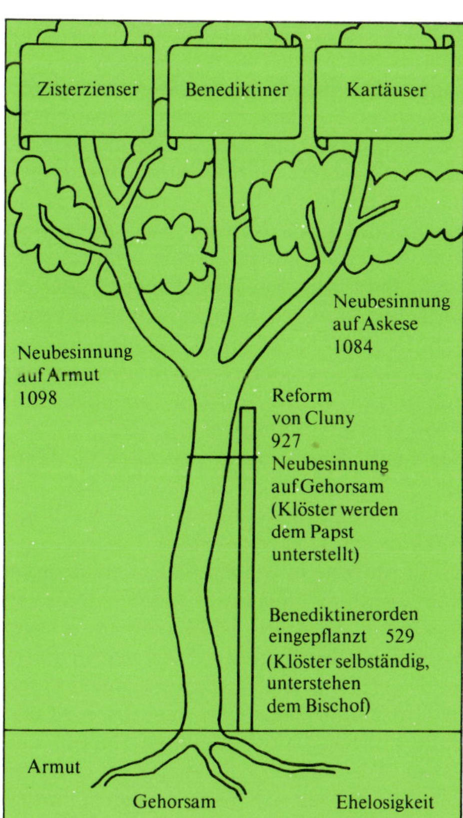

Was hat Jesus gesagt? »Eher kommt ein Kamel durch ein Nadelöhr hindurch als ein Reicher in das Himmelreich hinein.« Das hätten die Benediktiner über ihre Pforten schreiben müssen. Sie waren nämlich im Lauf der Jahrhunderte reich geworden. Ihre Arbeit hatte Früchte gebracht. Das ist an sich nicht schlecht. Aber Grundbesitz, Geld und Güter haben die Eigenschaft, das Herz der Menschen, auch das der Mönche, zu besetzen. »Wo euer Schatz ist, da wird auch euer Herz sein«, sagt Jesus. Die Mönche hatten Armut gelobt, aber die Klöster hatten Überfluß. Ihre Erfolge in Wissenschaft und Kunst hatten ihnen Ansehen gebracht. Ihr Reichtum verlieh ihnen Macht. Beides schadet aber dem Geist. So überwog die Sorge um diese irdischen Güter mehr und mehr die Sorge um die Gaben Gottes.

Zurück zu den Quellen

Was Vater Benedikt gesagt hatte und was er gewollt hatte, das ging einigen immer wieder durch den Kopf. Sie konnten mit manchen Entwicklungen einfach nicht einverstanden sein. Sie forderten auf, die evangelischen Räte ernst zu nehmen, und gaben ein entsprechendes Beispiel. Drei von diesen Männern sehen wir uns an: Bruno von Köln, Abt Robert und Bernhard von Clairvaux.

1084 stiftete der Deutsche Bruno aus Köln in einer wilden Gebirgsschlucht bei Grenoble die Einsiedelei »La Chartreuse«. Die Mönche lebten streng voneinander getrennt, in Einzelzellen und Einzelgärten. Diese **Kartäuser** sahen sich nur in der Kirche, im Kapitelsaal und in der Bibliothek. Die Askese ist ungewöhnlich hart. Bei ihnen gibt es kein Fleisch zu essen. Bis auf wenige Stunden in der Woche herrscht beständiges Stillschweigen. Sie leben nach der Regel des hl. Benedikt.

Wenig später, 1098, stiftete der strenge Abt Robert († 1108) das Benediktinerkloster Cîteaux (Cistercium). Er wollte die in den Benediktinerabteien eingerissene Verweltlichung wieder zu alter Strenge zurückführen. Die außerordentliche Härte des Ordenslebens schreckte aber viele ab, deshalb blieb unter ihm das junge Kloster unbedeutend. Erst unter dem Einfluß des hl. Bernhard, der 1113 in Cîteaux zum Mönch geweiht wurde, mußten Tochterklöster gegründet werden, weil viele Hunderte Einlaß begehrten. (Siehe Übersicht der Tochterklöster: S. 274.)
Der hl. Bernhard ist der eigentliche Gründer des Zisterzienserordens.

Ein Zisterzienser legt in der Klosterkirche Marienstern seine Gelübde ab.

Wer klug ist, schweigt.

Aus Afrika

Zum Ritter zu schwach

Aus dem Leben des Bernhard von Clairvaux

Bernhard war im Jahre 1090 auf einer Burg in Burgund als dritter Sohn eines Ritters geboren worden. Während seine Brüder sich gern in ritterlichen Spielen übten, sollte er, weil er zu schwächlich zum Ritter war, ein Gelehrter werden. Die Eltern schickten ihn in die Schule der Stiftsherren von St-Vorles. Bernhard redete selten mit Menschen; er liebte die Einsamkeit, weil er da ungestört mit Gott reden konnte. Als er 21 Jahre alt war, entschloß er sich, ins Kloster nach Cîteaux zu gehen.

Wenn er schon wegen seiner Schwächlichkeit nicht Ritter werden konnte, warum sollte er dann nicht Ruhm in der Wissenschaft erringen? – So dachten seine Verwandten. –Warum gerade ein Kloster, wo die Mönche sich alles selbst durch rauhe Handarbeit schaffen mußten? Aber Bernhard wollte Gott dienen und keine Ehre für sich. Wen Gott ruft, der muß kommen – sei er schwach oder stark. Bernhard, den seine Brüder früher oft verlacht hatten, redete ihnen so froh und ernst vom Dienste Gottes im Mönchsgewand, daß sein Onkel und vier seiner Brüder nun mit ihm gingen, der letzte folgte ihm später mit Bernhards altem Vater ins Kloster.
Bernhards Begeisterung ließ so viele Menschen auf seinem Weg folgen, daß eine Gruppe ausziehen mußte, um 1115 im Bittertal ein neues Kloster zu bauen.
Zwölf Mönche in weißen Kutten standen am Rande des Tales. Da unten in der Wildnis von Busch und Gestrüpp sollten sie ein Kloster bauen? Noch zögerten sie; da schritt Bernhard, der Jüngste und Zarteste, ihnen voran ins Tal hinab. Bald hörte man die Äxte und Beile klingen, bald hörte man Hacken und Sägen. Wer einige Zeit später ins Bittertal kam, sah ein festes Kloster da stehen, mitten in fruchtbarem Feld und blühendem Garten.

Das Tal nannten sie dann Clairvaux, das heißt auf deutsch: »helles Tal«, »Tal des Lichtes«. Licht wird es dort, wo Menschen das tun, was Gott von ihnen will.
Bernhard wurde Abt des neuen Klosters. Er sorgte für die Mönche seines Klosters wie ein Vater für seine Kinder, er sorgte vor allem dafür, daß sie Gott immer mehr lieben lernten. Bald kannte man den schwächlichen Bernhard nicht wieder, so streng und hart war er gegen sich und seine Mitmönche, sie arbeiteten 18 Stunden am Tag, und dabei fasteten und beteten sie noch. Besonders oft dachte der hl. Bernhard beim Beten an Jesus, wie er arm in der Krippe lag und wie er dann, noch ärmer, ans Kreuz genagelt wurde. Er dachte an die Gottesmutter, die Jesus immer so nahe war. Daß Bernhard und seine Ordensbrüder große Verehrer der Gottesmutter waren und sind, sehen wir an den Namen ihrer Klöster.
Bernhard half überall, daß das Reich Gottes ein wenig mehr auf der Erde Wirklichkeit werden konnte. Oft stiftete er Frieden zwischen den Streitenden; oft wurde er – sogar vom Papst – um Rat gefragt. Alle schätzten ihn. Vielleicht weil sie wußten, daß er aller äußeren Gewalt abgeneigt war, und vielleicht noch mehr: Sie spürten seine große Nähe zu Gott, seine Heiligkeit.
Am 20. August 1153 starb Bernhard inmitten seiner Mönche in seinem Kloster Clairvaux. Er war ein Licht für die Kirche. 1174 wurde er heiliggesprochen und 1830 zum Kirchenlehrer ernannt.

Ehemaliges Zisterzienserkloster Lehnin

Auflösung von S. 270 (Gelungener Start):

1. Mönche, 2. Ostkirche, 3. Nazaret, 4. Tabernakel, 5. Evangelium, 6. Christophorus, 7. Altar, 8. Sarkophag, 9. Sonntag, 10. Itala, 11. Namenstag, 12. Otto
MONTE CASSINO

Zisterzienserinnen beim Chorgebet

Alles unter einem Dach

Das Leben der Zisterzienser ist wie das der Benediktiner von der doppelten Aufgabe »Ora et labora«, von Gebet und Arbeit bestimmt. Deshalb suchen sie Wildnis und Einöde. Da finden sie Stille und genügend Arbeit.
Die Mönche wollen ganz frei sein für Gott. Nur einzelne werden zu Priestern geweiht. Der wahre Mönch darf nicht predigen oder Seelsorge ausüben. Er soll beten und arbeiten. Aber die Arbeitsplätze liegen oft weit weg vom Kloster. Wie sollen da noch Einsamkeit und

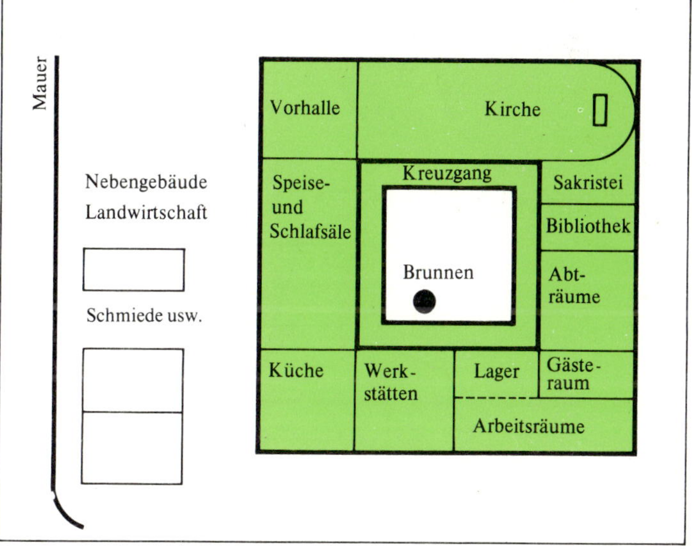

Schematischer Grundriß eines Zisterzienserklosters.
Wohnräume, Speiseräume, Werkstätten und die Kirche liegen im Hauptkomplex, der mit dem Kreugang den Innenhof umschließt. Innerhalb der Klostermauern befinden sich weitere Gebäude wie Schmiede, Brauerei, Mühle. Alle lebenswichtigen Güter werden in eigenen Einrichtungen produziert. Die Geschlossenheit der Bauteile begünstigt eine Verteidigung bei möglichen Angriffen durch nichtchristliche Stämme.

Gebetszeiten eingehalten werden! Die Zisterzienser greifen daher eine alte klösterliche Erfahrung auf. Sie gliedern Laien, die zwar im Orden, aber nicht auf die strenge Weise der Mönche leben wollen, in ihre Klosterfamilie ein. Diese Laienbrüder oder Konversen übernehmen vorwiegend die wirtschaftlichen Belange und entlasten so die Mönche, die sich in strenger Abgeschiedenheit dem Gottesdienst widmen können. Die Konversen haben große Bedeutung für die Kulturleistung der Zisterzienser. Ihr Anteil an der Gemeinschaft (z. B. um 1150 in Clairvaux: 200 Mönche und 300 Konversen) ist meist höher als der der Mönche.
Die Zisterzienser leben sehr arm. Ihre Nahrung ist kärglich. Selbst in den Kirchen gibt es keinen Schmuck, keine farbigen Fenster, keine Bilder. Nur bemalte Holzkreuze sind gestattet. Steinerne Türme verbietet die Regel; erlaubt ist nur ein Dachreiter für eine kleine Glocke.

Tochterklöster der Zisterzienserabtei Citeaux

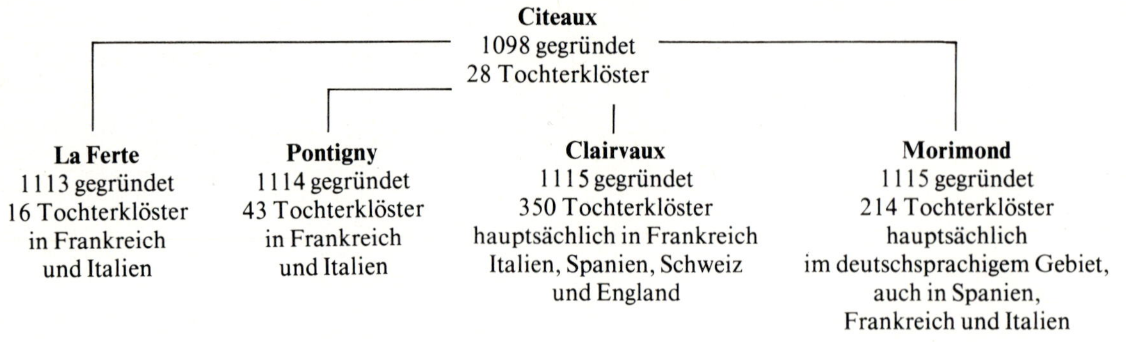

Citeaux
1098 gegründet
28 Tochterklöster

La Ferte
1113 gegründet
16 Tochterklöster
in Frankreich
und Italien

Pontigny
1114 gegründet
43 Tochterklöster
in Frankreich
und Italien

Clairvaux
1115 gegründet
350 Tochterklöster
hauptsächlich in Frankreich
Italien, Spanien, Schweiz
und England

Morimond
1115 gegründet
214 Tochterklöster
hauptsächlich
im deutschsprachigem Gebiet,
auch in Spanien,
Frankreich und Italien

Hiddensee
Neuenkamp
Doberan 1171
Himmelspfort 1299
Chorin 1258
Oder
Elbe
Weser
Amelungsborn 1134–35
Lehnin 1182
1268 Neuzelle
Walkenried 1129
Zinna 1171
Kamp 1123
Sittichenbach 1141
Doberlug 1165
Volkerode 1131
Altenberg 1133
Schulpforta 1132
1162 Altzella
Ossegg 1199
Mosel
Main
Waldsassen 1133
Weiler Betnach um 1100
Ebrach 1127
Clairvaux 1115
Zwettl 1137
Engelszell 1285
Wilhering 1144
Donau
Rhein
Pontigny 1114
1115 Morimond
*
Lilienfeld 1202
Citeaux 1098
Baumgartenberg 1141
La Ferte 1113
Rein 1129
Drau
Viktring 1142
Rhone
* Heiligenkreuz 1133

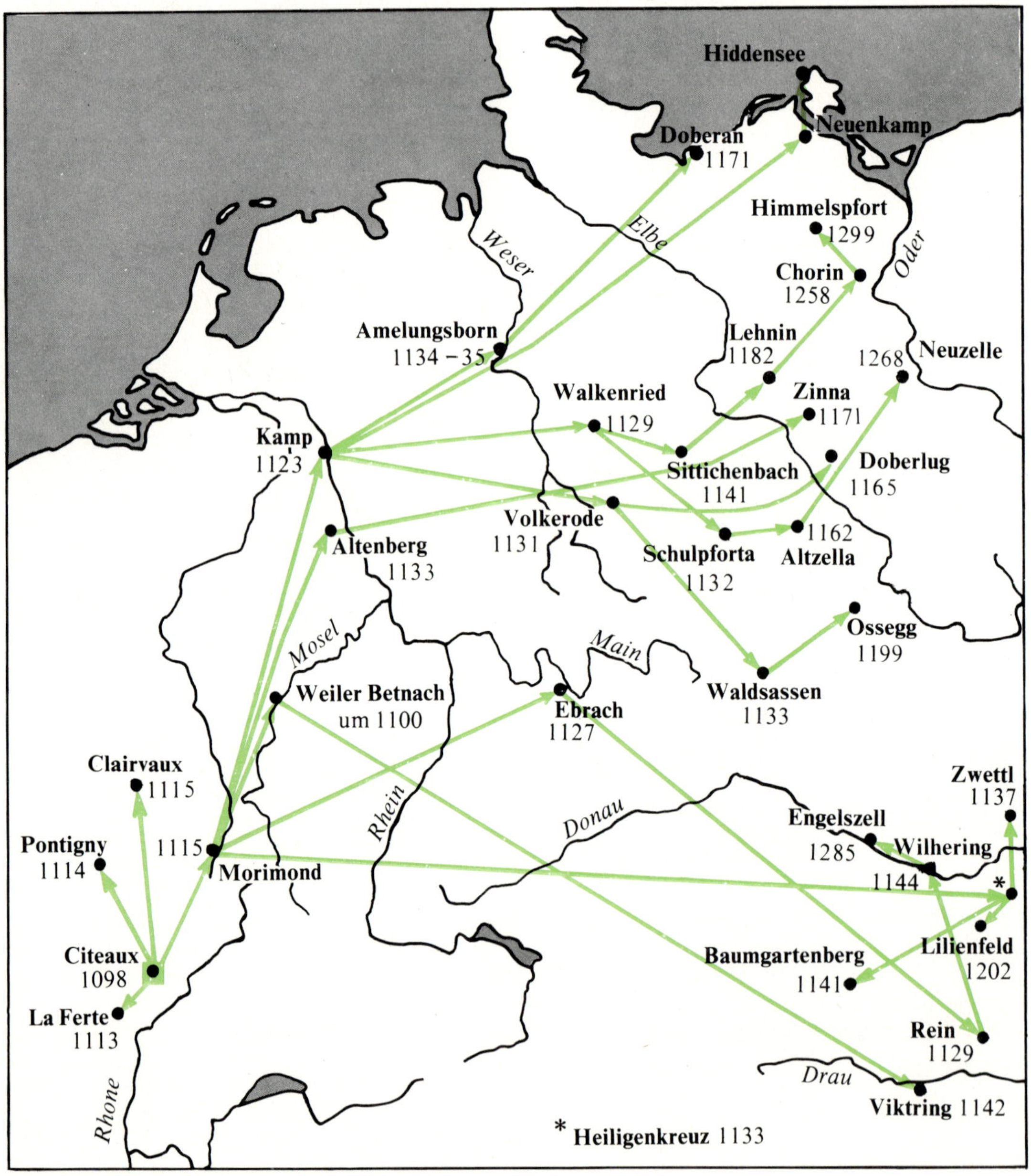

»Die Welt ist voller Mönche«, frohlockte der hl. Bernhard.
Nach zuverlässigen Quellen besaß der Orden beim Tode seines Gründers bereits 343 Klöster.

Der alte Fischer

Fischer waren draußen beim Fang mit ihrem Boot. Da kam ein Sturm auf. Sie fürchteten sich so sehr, daß sie die Ruder wegwarfen und den Himmel anflehten, sie zu retten. Aber das Boot wurde immer weiter weggetrieben von dem Ufer. Da sagte ein alter Fischer: »Was haben wir auch die Ruder weggeworfen! Zu Gott beten und zum Ufer rudern – nur dies beides zusammen kann da helfen.«

Leo Tolstoi

Uralte Zeichen

Seit über 700 Jahren bestehen ununterbrochen zwei Klöster der Zisterzienserinnen. Das eine liegt bei Ostritz in der Lausitz, das andere bei Kamenz in Sachsen.

Aber wie heißen die Klöster? Die Wörter auf den Wegweisern ergeben keinen rechten Sinn. Vielleicht helfen die angegeben Gründungsdaten beim Entziffern der geheimnisvollen Tafeln. Wer weiß, wohin diese Wegweiser führen?

Ich danke Gott

Ich danke Gott mit Saitenspiel,
daß ich kein König worden;
ich wär' geschmeichelt worden viel
und wär' vielleicht verdorben.

Auch bet' ich ihn von Herzen an,
daß ich auf dieser Erde
nicht bin ein großer, reicher Mann
und auch wohl keiner werde.

Denn Ehr und Reichtum treibt und bläht,
hat mancherlei Gefahren,
und vielen hat's das Herz verdreht,
die weiland wacker waren.

Und all das Geld und all das Gut
gewährt zwar viele Sachen;
Gesundheit, Schlaf und guten Mut
kann's aber doch nicht machen.

Und dies sind doch, bei Ja und Nein,
ein rechter Lohn und Segen.
Drum will ich mich nicht groß kastein
des vielen Geldes wegen.

Gott gebe mir nun jeden Tag,
soviel ich darf zum Leben;
er gibt's dem Sperling auf dem Dach,
wie sollt er's mir nicht geben.

Matthias Claudius

Wir suchen einige bekannte Zisterzienserklöster auf

Das Zisterzienserkloster Rein bei Graz in Österreich wurde 1129 gegründet. Ohne Unterbrechung beten und arbeiten seitdem Mönche des hl. Bernhard in diesem Kloster. Das abgebildete Gebäude stammt allerdings erst aus dem 18. Jahrhundert.

Kloster Marienthal bei Görlitz

Kloster Chorin, nordöstlich von Berlin

Kloster Marienstern bei Kamenz in Sachsen

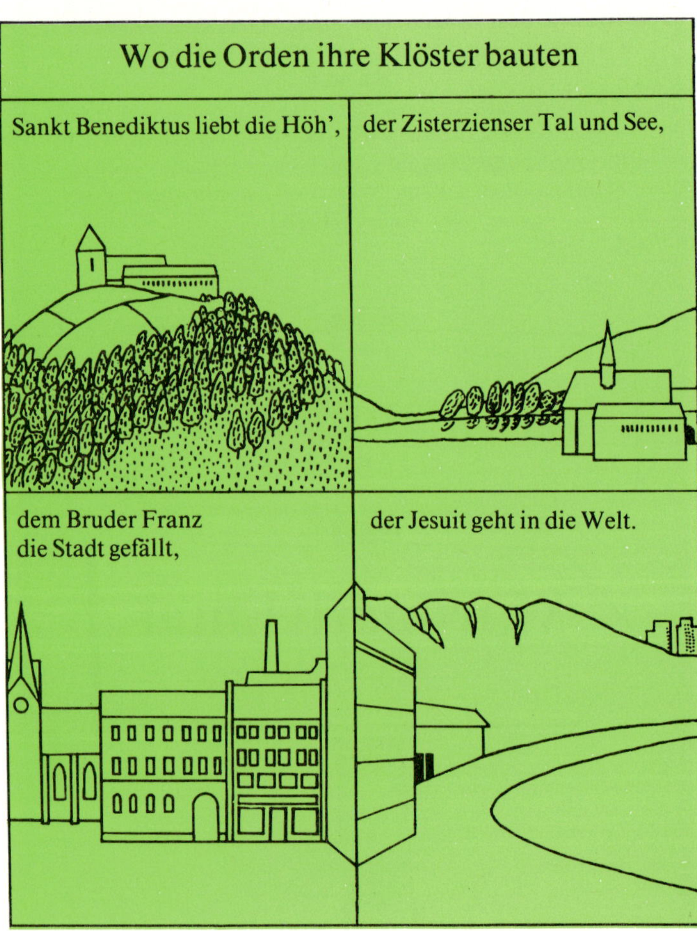

Wo die Orden ihre Klöster bauten
Sankt Benediktus liebt die Höh',
der Zisterzienser Tal und See,
dem Bruder Franz
die Stadt gefällt,
der Jesuit geht in die Welt.

Auflösung von S. 275 (Uralte Zeichen):

Tatsächlich weisen die Gründungsdaten den Weg zur Lösung. Die Zahlen geben die Stellung der Buchstaben des Geheimwortes im gesuchten Namen an: Also wären zunächst 8 Stellungen aufzuschreiben:

```
1 2   3   4   5   6 7 8
M A   I   N   T
    R   E   S   E R N
```

und dazu die entsprechenden Buchstaben. In die Lücken und ans Ende gehören die Buchstaben des Nachwortes *Resern*. Also ergibt sich oben: MARIENSTERN. Bei gleicher Lösungsmethode heißt der gesuchte zweite Name MARIENTHAL.

Armut als Zeichen

Die Franziskaner

Junge Franziskaner

Franziskus predigt den Fischen. Ernst Barlach, 20. Jh.

Er hieß eigentlich Johannes

Aber man nannte ihn allgemein Francesco. Das ist die italienische Form von Franziskus und bedeutet Franzose. Seine Mutter stammte nämlich aus vornehmer französischer Familie. Johannes oder Francesco oder Franziskus oder Franz kommt 1182 in der italienischen Stadt Assisi zur Welt.
Sein Vater, ein reicher Großhändler, läßt dem Sohn eine gute Bildung zukommen. Der hochbegabte Franz liebt die Musik, die gepflegten Formen, liebt das Leben. Wie die jungen Leute zu allen Zeiten schwärmt er, träumt, verschwendet, feiert, ist Mittelpunkt der Jugend von Assisi. Als Christ lebt er nicht anders als seine Kameraden. Dann kommt die Wende: Im Städtekrieg zwischen Assisi und Perugia (1202) gerät er für ein Jahr in Gefangenschaft und wird anschließend krank. Das wirft ihn aus der Bahn. Er denkt über sich nach, denkt über Gott nach, über das Wesentliche. Und – wir sagen es so leicht dahin, aber was für eine Kraft mag dahinter verborgen sein – Franz wird bewußter Christ.
Auf einmal ist der Vater entsetzt. Er sperrt den Sohn ein. Die Mutter befreit ihn. Der Vater enterbt den Sohn und sagt sich von ihm los.
1209 ist dem Siebenundzwanzigjährigen klar, was er will. Die Armut will er leben. Er will sich so auf Gott verlassen, daß er sich um nichts kümmert als um die Liebe zu ihm und um die Verkündigung seiner Größe. Das war für seine Umwelt heller Wahnsinn. Was soll diese Armut? Ist Francesco noch normal? Mit vier Gefährten zieht er sich in die Einsamkeit zurück: Ein Kaufmann, ein Richter, ein Priester und ein Bauer wagen es, nach dem Evangelium zu leben.

». . . seht euch die Vögel an! Sie säen nicht, sie ernten nicht,
sie sammeln keine Vorräte –
aber euer Vater im Himmel sorgt für sie.
Und ihr seid doch viel mehr wert als alle Vögel!«

». . seht, wie die Blumen auf den Feldern wachsen!
Sie arbeiten nicht und machen sich keine Kleider –
wird er sich dann nicht erst recht um euch kümmern?
Habt doch mehr Vertrauen!«

(Mt 6,26.28–31)

Laßt uns
Verwandte
von allen
Kreaturen
und allen
Dingen
sein.

Indianisches Gebet

ofm* ein Programm

Es ist heute noch erstaunlich, wie schnell dieses »Feuer« um sich greift: 12 Jahre nach der Gründung sind es 3000 junge Männer, die Franziskus folgen, die in bedingungsloser Armut das Evangelium verkünden; die von Haus zu Haus ziehen; sich ihren Unterhalt erbetteln und auf den Marktplätzen vom Leiden Christi predigen.
In ganz Europa werden sie gehört. Die Landgräfin von Thüringen, Elisabeth, lebt im franziskanischen Geist. Kurz vor ihrem Tode, 1231 (sie starb mit 24 Jahren), läßt sie in Marburg ein Franziskus-Krankenhaus bauen, wo sie selbstlos Arme und Kranke pflegt.

Ungezählte weibliche Orden nahmen das Beispiel des hl. Franziskus auf. Ein weiblicher Franziskusorden wird 1212 durch Franziskus und die hl. Klara gegründet. Diese Klarissen werden auch der Zweite Orden genannt, im Gegensatz zum Ersten Orden der Männer. Als eine der letzten Gründungen im Geiste des hl. Franziskus sei die Kongregation der Nazarethschwestern in Goppeln bei Dresden (gegründet 1921) angeführt.

Im Dritten Orden (→ Drittorden), dessen Mitglieder sich Tertiaren nennen, sind Männer und Frauen vereint, die das Ideal des hl. Franz in ihrem Leben außerhalb der Klostermauern anstreben. Ihre regelmäßigen Zusammenkünfte stehen unter der geistlichen Führung des Ersten (oder Zweiten) Ordens.

Bedeutende Franziskaner

Antonius von Padua (1195–1231)
berühmter Bußprediger

Bonaventura (1221–1274)
Kirchenlehrer

Jacopone da Todi (um 1230–1306)
vermutlich Dichter des »Stabat mater dolorosa« (GL, Nr. 584)

Der große italienische Dichter Dante über Franziskus:

Wie eine Sonne
ging er der Welt auf.

Bettler von Beruf

Das klingt in unsern Ohren fremd.
In einer Zeit, in der die Unterschiede zwischen arm und reich sehr groß waren, hatten Mönche freiwillig den niedrigen Lebensstandard eines Bettlers gewählt. Sie verzichteten auf jede sichere Einkunft und lebten nur von den milden Gaben der anderen. Das war ein Zeichen von Solidarität! Die Armen sahen in den Bettelmönchen ihre Brüder. Ihnen konnten sie glauben, wenn sie das Evangelium erzählten. Auch Reiche schlossen sich der Bewegung an, wie die hl. Elisabeth von Thüringen und die hl. Hedwig von Schlesien und viele andere.
Die Bettelorden hatten für ihre Zeit eine große Bedeutung.
Zu ihnen rechnen wir die Franziskaner, Dominikaner, Karmeliten, Augustiner-Eremiten, Serviten und andere sowie die entsprechenden Frauenorden.

* = ordo fratrum minorum (OFM) = Orden der einfachen Brüder.

Halten Sie eine Predigt, Herr Student!

Ein Theologieprofessor,
ein Student der Theologie,
der Protokollant.

Professor:
Herr Heinkel, Ihre Aufgabe lautet: Sie halten eine Fastenpredigt über das Lied »Stabat mater«. Welche Gedanken tragen Sie der Gemeinde vor?

Student:
Zunächst erschließe ich die Form. Da es ein Reimgebet ist, weise ich auf den Endreim hin, erkläre das Metrum, also daß jede Zeile aus 4 Jamben besteht und die Verse 3 und 6 männliche Endungen . . .

Professor:
Aber, Herr Heinkel, damit wollen Sie eine Fastenpredigt beginnen?

Student:
Nein, ich trage zunächst das Material für die Predigt zusammen. Als Einstieg würde ich die Verfasserfrage wählen.

Professor:
Erzählen Sie, wie Sie das machen.

Student:
Es ist ein frommer Krimi. Der Rechtsanwalt Jacopone in der italienischen Stadt Todi erlebt an einem Fastnachtstag den Tod seiner jungen, überaus schönen Frau. Eine Tribüne war zusammengebrochen. Jacopone war so getroffen, daß er sein Leben radikal änderte und als »heiliger Narr« ganz im Geiste des hl. Franziskus lebte. Ihm wurde und wird im »Gotteslob« das Lied zugeschrieben.

Professor:
Und wann kommt der Krimi?

Student:
Nun haben die Sprachwissenschaftler festgestellt, daß Jacopone wohl nicht als Verfasser in Frage kommt. Das lassen Vergleiche mit seinen anderen Gedichten sicher vermuten. Es taucht ein zweiter Name auf: Bonaventura. Dieser war Professor in Paris, zur gleichen Zeit wie Thomas von Aquin. Er trat den Franziskanern bei und wurde deren Generaloberer, später Kardinal in Rom. Er starb 1274, im selben Jahr also wie Thomas von Aquin. Nun wird gewissermaßen der »Täter« gesucht. Einer von beiden wird es gewesen sein, aber wer?

Professor:
Und den wollen Sie auf der Kanzel finden?

Student:
Nein. Ich sage natürlich, daß die Forschung bis heute unsicher ist. Aber die Gemeinde ist interessiert.

Professor:
Hoffen wir es.

Student:
Nun erst würde ich zum Inhalt kommen und fragen: »Was fällt Ihnen an dem Lied auf?«
Da steht einer, sieht Maria unter dem Kreuz.
Er schildert den Schmerz der Mutter.
Tiefes Mitleid erfüllt ihn.
Dann spricht er Maria an.
Am Schluß wendet er sich an Christus.

Professor:
Wie erklären Sie den franziskanischen Geist?

Student:
Ich schildere die Zeit, die vom Gegensatz zwischen Armut des Volkes und Reichtum der Fürsten gekennzeichnet ist. Es ist die Zeit der hl. Elisabeth von Thüringen und der Kreuzzüge, der großen Pestseuchen in Europa und auch der großen Heiligen. Franziskus starb 1226, Bonaventura und Thomas von Aquin starben 1274. Und Jacopone starb 1306. Das Neue, was Franziskus in die Kirche brachte, war das Mitleiden mit dem leidenden Jesus. Die Brüder des hl. Franz haben gezeigt, daß sie mit den Leidenden leiden, mit den Armen arm sind und mit den Ausgestoßenen leben. Wo finden sich solche Gedanken im Lied? Und was nennt das Lied als Ursache für den Schmerz Jesu? Was bewirkt das Mitleid in uns? Da bin ich bei der brüderlichen Haltung der . . .

Professor:
Das genügt. Allzu viele Einzelheiten werden Sie ja wohl bei einer Predigt vermeiden. Herr Protokollant, was meinen Sie?

Protokollant:
Gut, gut.

Professor:
Sie haben die Prüfung bestanden. Wir sind fertig.

Student:
Danke.

Das »Stabat mater«

T.: Bonaventura vor 1274 oder Jacopone da Todi vor 1306
Übertragung Heinrich Bone 1847
W: Köln 1638

2. Welch ein Schmerz der Auserkornen,
da sie sah den Eingebornen,
wie er mit dem Tode rang!
Angst und Jammer, Qual und Bangen,
alles Leid hielt sie umfangen,
das nur je ein Herz durchdrang.

3. Ach, für seiner Brüder Schulden
sah sie ihn die Marter dulden,
Geißeln, Dornen, Spott und Hohn;
sah ihn trostlos und verlassen
an dem blutgen Kreuz erblassen,
ihren lieben einzgen Sohn.

4. Drücke deines Sohnes Wunden,
wie du selber sie empfunden,
heilge Mutter, in mein Herz.
Daß ich weiß, was ich verschuldet,
was dein Sohn für mich erduldet,
gib mir teil an deinem Schmerz.

5. Christus, laß bei meinem Sterben
mich mit deiner Mutter erben
Sieg und Preis nach letztem Streit.
Wenn der Leib dann sinkt zur Erde,
gib mir, daß ich teilhaft werde
deiner selgen Herrlichkeit.

Bedeutende Komponisten vertonten den Text des »Stabat mater«:

Palestrina (1525–1594)
Vivaldi (1678–1741)
Pergolesi (1710–1736)
Haydn (1732–1809)
Rossini (1792–1868)
Schubert (1797–1828)
Verdi (1813–1901)
Dvořák (1841–1904)
Szymanowski (1882–1937)
Penderecki (geb. 1933)

Preis dir, o Herr,
durch sie, die um deiner Liebe willen
Verzeihung üben
und Schwachheit ertragen und Drangsal.
Selig, die im Frieden verharren,
denn von dir, Allerhöchster,
werden sie die Krone empfangen.

Aus dem »Sonnengesang« des hl. Franz von Assisi

	Straßenschilder als Geschichtsbuch
Kloſtergaſſe	wo sich ein Kloster befand
Brüdergasse	wo die Klosterbrüder wohnten
Frauenſteig	wo ein Kloster »Unserer Lieben Frau« (Maria) stand
Nonnenweg	wo Klosterfrauen zur Kirche gingen
Predigergaſſe	wo Dominikaner ein Kloster hatten
Barfüßergasse	»Barfüßer« nannte man die Brüder des hl. Franziskus

Die »Hunde des Herrn« kommen . . .

Die Dominikaner

Wir bringen kirchliche Nachrichten:

Rom:

Papst Honorius III. hat am 22. Dezember des vergangenen Jahres einen neuen Orden bestätigt. Es handelt sich, wie aus der Umgebung des Papstes verlautet, um einen Orden, der sich der Bekämpfung der Waldenser und Albigenser verschrieben hat. Deren Irrlehren sind besonders in Südfrankreich verbreitet. Die Mitglieder des neuen Ordens, die sich Dominikaner nennen, seien überwiegend bestens ausgebildete Priester.

Assisi:

Wie erst jetzt bekannt wird, hat der Obere der Brüdergemeinschaft von Portiunkula, Franziskus von Assisi, vor einiger Zeit eine Predigtreise nach Frankreich beendet. Dabei sei es etwa vor einem Jahr zu einer intensiven Begegnung mit dem Spanier Dominikus gekommen.

Paris:

Der Erzbischof von Paris hat in einer Predigt in der Kathedrale Notre-Dame eindringlich auf die Notwendigkeit einer besseren Ausbildung der Pfarrer hingewiesen. Wie der Erzbischof erklärte, sei die teilweise erschreckende Bildungsmisere Ursache für das Vordringen von Sekten.

Im Mittelalter
zählte man im deutschen Sprachgebiet
124 Klöster der Dominikaner

Auf dem heutigen Gebiet der	um 1500	1982
Bundesrepublik Deutschland	101	15
Deutschen Demokratischen Republik		1
Republik Österreich	13	4
Schweiz	10	3

Es folgt das Interview der Woche.

Wir geben ein Gespräch wieder, das unser Korrespondent Anfang 1217 mit dem Heiligen Vater Honorius III. im Lateran führen durfte.

Reporter: Heiliger Vater, Sie haben kürzlich einen neuen Orden bestätigt. Es stellt sich die Frage, ob die Kirche nicht bereits genügend Orden mit unterschiedlicher Zielsetzung hat. Ich denke besonders an den erst vor einiger Zeit gegründeten Orden der Franziskaner.

Honorius: Nachdem Unser Vorgänger Innozenz III. bereits die Vorgespräche geführt hat, haben Wir am 22. Dezember die Regel der Dominikaner anerkannt und damit einem neuen Orden wichtige Aufgaben in der Kirche zugewiesen.

Reporter: Welches sind die neuen Aufgaben, Heiliger Vater?

Honorius: Es geht um die Seelsorge im weitesten Sinn. Der Orden wird besonders der Predigt seine Aufmerksamkeit schenken. Dazu gehört die Bildung der Priester, der Ausbau von Hochschulen und Knabenschulen. Eine zweifache Ausrichtung wird sein Wirken prägen: die Bekehrung der Irrlehrer in Frankreich und die Pflege der Gemeindeseelsorge.

Reporter: Wie läßt sich diese Zielsetzung mit dem alten Mönchsideal »Gebet und Arbeit« verbinden?

Honorius: Das haben Wir den Gründer auch gefragt. Und Wir haben zugestanden, daß der Orden statt der Handarbeit die »Kopfarbeit«, also das Studium und die wissenschaftliche Beschäftigung, ins Leitbild nimmt.

Reporter: Der Benediktinerorden kennt die Bindung des einzelnen an sein Kloster. Der Mönch bleibt ein Leben lang im gleichen Haus. Wie wollen die Dominikaner damit zu Rande kommen? Müssen sie nicht beweglich sein, wenn es ihnen um ihre Zielstellung Ernst ist?

Honorius: Wir haben dem Orden zugestanden, auf diese stabilitas loci, wie die Kirche sagt, zu verzichten.

Reporter: Wie es heißt, wird der Orden der Dominikaner in der Hauptsache aus Priestern bestehen. Lassen sich Priestertum und Ordensstand so einfach vereinen?

Honorius: Das war auch Unser Problem. Der Ordensstand zielt zuerst auf die Selbstheiligung der Glieder. Der Priester ist Hirt seiner Gemeinde und Spender der Heilsgaben Christi. Aber die Verkündigung verlangt es, daß diese Ordensmänner Anteil am Amt der Kirche haben. Es entbindet sie aber nicht von der Befolgung der evangelischen Räte. Sie werden aber Möglichkeiten finden müssen, beide Lebensformen zu verbinden.

Reporter: Somit wird der Orden keine Laien aufnehmen?

Honorius: O doch! Er wird auch Brüder brauchen, denen die Sorge um die Klöster und den Unterhalt obliegt. Auch sie versprechen, nach den Weisungen des Evangeliums zu leben, also Armut, Gehorsam und Keuschheit zu befolgen.

Reporter: Das war in unserer wöchentlichen Kirchensendung ein Interview mit Papst Honorius III.

Herzlichen Dank!

Dominikaner an seinem Schreibpult
Miniatur von 1476

Dominikaner-Professoren beim Papst. Die Dominikaner-Hochschule in Rom »Angelikum« wurde päpstliche Universität.

Warum »Hunde des Herrn«?

Der Name ist daran schuld. Im Lateinischen heißt *dominus* »Herr« und *canis* »Hund«. *Dominikanes* kann man also liebevoll spöttelnd übersetzen: »die Hunde des Herrn«.

Dieser alte Spitzname der schwarzweiß gekleideten Mönche kam aus dem Lager der Ketzer und Irrlehrer. Denn die Dominikaner waren hinter ihnen her. Zuerst mit der Waffe des Wortes, dann leider auch als Werkzeug der Inquisition. Die »Hunde des Herrn« haben im Übereifer oft zugebissen. Besonders in Spanien, aber auch in anderen europäischen Ländern. Im Auftrag des Papstes sollten sie herausfinden, wer da ein Anhänger falscher Lehren sei. Die Untersuchungen (inquirere = untersuchen) unterstützte der Staat mit seinen Machtmitteln. Die Inquisition ist ein dunkles Kapitel in der Geschichte der Kirche. Wir werden uns damit noch ausführlich befassen. Lies dazu die Abschnitte auf S. 377 und S. 398f, außerdem, im Zusammenhang mit dem Hexenwahn, auf S. 401 f.

Andererseits hat der Orden eine große Bedeutung für das Bildungswesen in der Kirche. Er trug im 13. Jahrhundert zum Aufschwung der Universitäten bei. Die Theologen des Dominikanerordens, vor allem die beiden großen Leuchten Albert der Große und Thomas von Aquin, haben der theologischen Wissenschaft und anderen Wissensgebieten wichtige Anstöße gegeben.

Albert der Große (1195–1280)

Professor in Paris, später Bischof in Regensburg, gilt als einer der umfassendsten Geister des Abendlandes.

Albert der Große

Thomas von Aquin war Dominikanermönch und Hochschullehrer. Obwohl er nicht einmal 60 Jahre alt geworden ist und die meisten Reisen, auch nach Rom, zu Fuß bewältigte, schuf er ein umfangreiches Werk.

Thomas von Aquin (1235–1274)

Schüler Alberts, Professor in Paris und Rom, bedeutendster Theologe der Kirche. Auch als Dichter hat er einen Namen (vgl. GL, Nr. 544–546, u. S. 284).

Man kann also das Wort von den »Hunden des Herrn« auch im guten Sinne auslegen. Hunde sind treu und wachsam. Die Dominikaner haben bis heute ihre Verdienste um das Christentum. Da aber inzwischen alle Priester ein gutes Studium nachweisen müssen, ehe die Kirche sie zum Dienst in der Gemeinde bestellt, ist ihre Zielstellung als Predigerorden nicht mehr so deutlich zu erkennen. In letzter Zeit sind sie mehr und mehr als Missionare in aller Welt tätig.
Gegenwärtig zählt der Orden um 7600 Mitglieder in 37 Provinzen in allen Kontinenten. Vier Päpste gingen aus ihm hervor. In seinem Kalendarium sind 16 Heilige und 224 Selige vermerkt.
Der Orden hat auch zahlreiche weibliche Zweige. Der erste wurde schon 1219 in Rom gegründet. Im Jahre 1358 wurden 157 Klöster gezählt, davon allein 74 in Deutschland.

Die Leitung des Dominikanerordens heute

Gesamtorden	→	Ordensgeneral
Provinz	→	Provinzial
Konvent	→	Prior
Haus	→	Superior

Der Lebenslauf des Ordensgründers Dominikus:

1170 in Calaruega (Spanien) geboren;
1184 kam er schon zur Universität Palencia (Spanien);
1194 Domherr an der Kathedrale zu Osma;
1204 predigt er in Südfrankreich zu den Albigensern;
1216 Gründung des Ordens in Toulouse;
1218 Prediger in Rom;
1221 in Bologna gestorben;
1233 heiliggesprochen.

Der hl. Dominikus
Keramik des französischen Malers Henri Matisse, 20. Jh.

Dominikanermönche und -schwestern bei einem Ordensfest, zu dem der Leipziger Männerkonvent eingeladen hatte. Zum Gottesdienst und gemeinsamen Mahl gehört auch das brüderliche Gespräch.

Dichter und Denker

Der hl. Thomas von Aquin hatte vom Papst den Auftrag bekommen, die Texte für das damals neue Fest »Fronleichnam« zu schreiben. Thomas war nicht nur ein klarer Denker, sondern auch ein hochbegabter Dichter. Hier eine Kostprobe, die im Original lateinisch ist.
Wir haben sie in unsere Geheimsprache übersetzt. Du sollst sie ins Deutsche bringen.
Wie? Das ist deine Sache. Nur soviel wird verraten: Es handelt sich um ein verrutschtes Alphabet.

Drei Dichtungen des hl. Thomas befinden sich im »Gotteslob«: Nr. 544, 545 und 546.
Ist dieser Text dabei?

AXP DBEBFJKFP IXPPQ RKP HRBKABK,
AXP RKP DLQQ FJ WBFZEBK YLQ:
GBPR IBFY CRBO RKPOB PRBKABK
EFKDBDBYBK FK ABK QLA.

»Soldaten Christi«

Die Jesuiten

Franz Xaver

Auf chinesischem Schmugglerschiff

Es war die Zeit der großen Entdeckungsfahrten, in die Franz Xaver (1506–1552) hineingeboren wurde: Neue Inseln, neue Länder und Völker wurden bekannt; sogar im Weltbild war eine Wende eingetreten.
Die Güter der neuentdeckten Länder lockten; es entbrannte der Kampf um die Vorherrschaft auf dem Meere und in anderen Erdteilen. Auf den Schiffen der Eroberer kamen immer auch Geistliche mit, damit sie den neugewonnenen Kolonien das Christentum brächten. Ein arges Hindernis bei der Verkündigung des Glaubens stellten oft die Christen aus dem Heimatland dar: Sie beraubten die Eingeborenen und machten sie zu Sklaven.
Aber an derlei Dinge dachte der junge Baske Franz nicht. Er war nach Paris gekommen, um an der Universität zu studieren. Er genoß das Leben in vollen Zügen; sportliche Wettkämpfe, Streitgespräche und Becherklang machten sein Leben aus – bis er den Mann traf, der seinem Leben eine neue, entscheidende Wende gab: den ehemaligen Offizier *Ignatius von Loyola.* Mit fünf anderen schloß er sich diesem harten Basken, der so begeisternd vom Dienst unter den Fahnen Gottes redete, an. – Der neue Orden der »Jesuiten« hatte sich ganz

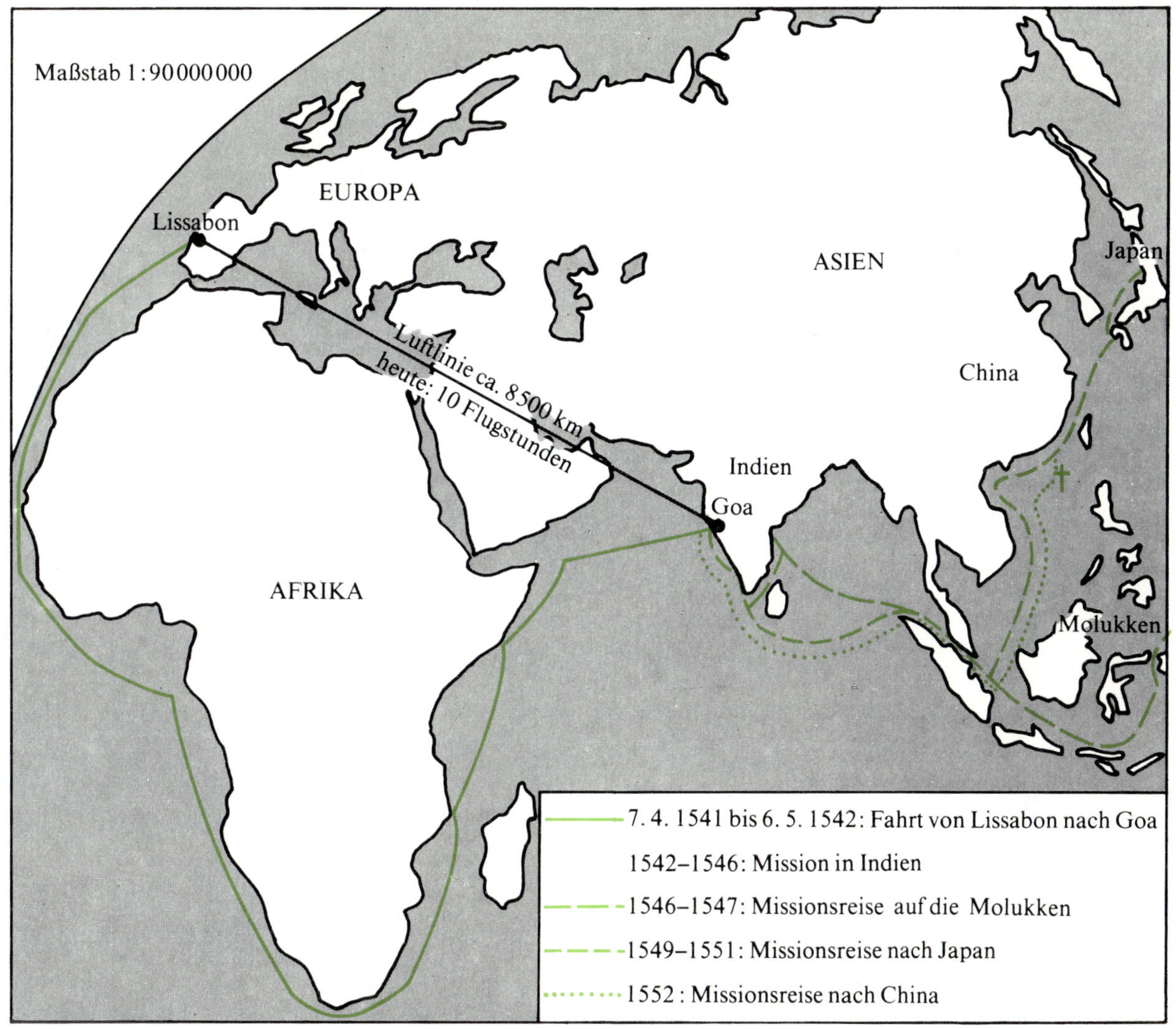

dem Papst zur Verfügung gestellt, und dieser sandte 1541 Franz als Apostolischen Nuntius nach Ostasien. Ein volles Jahr dauerte die Fahrt mit dem Segelschiff nach *Indien*. Krankheiten und Seenöte stellten das Unternehmen des Missionars oft in Frage. Er landete in Goa, der Hauptstadt des portugiesischen Kolonialreiches. Hier erkannte er, daß er vorerst einmal den Portugiesen das Christentum wieder predigen mußte, denn ihr Lebenswandel war seiner Botschaft keineswegs förderlich. Seine besondere Liebe galt den Armen und Kranken. Er ging selbst zu den Reichen und sammelte für die Bedürftigen. Doch sein Eifer trieb ihn bald zu den Einheimischen. Er lebte mit den Perlenfischern an der Südostspitze Indiens und wurde bald wie einer von ihnen. Auch hier war auf die Dauer kein Bleiben für ihn. Weiter ging die abenteuerliche Fahrt des Glaubensboten über die Inseln des Malaiischen Archipels und die Gewürzinseln der Molukken zum japanischen Inselreich. Oft entkam er knapp dem Tod, wagte auf eigene Faust sein Leben und ließ sich von anderen nicht von der Missionstätigkeit abhalten. Nach Japan kam er in der Dschunke eines chinesischen Seeräubers. Wieder blieb er hier kein Fremder: Ohne Ansehen der Person verkündete er das Evangelium. Er wagte sich bis in buddhistische Klöster. Sein großes Ziel war China, das »Reich der Mitte«, das jedem Fremden den Zutritt verweigerte. Ein portugiesisches Schiff brachte ihn auf eine Vorinsel Chinas. Ein chinesisches Schmugglerschiff sollte ihn hier abholen, ließ aber auf sich warten. Dem Südländer machte der eisige Nordwind zu schaffen, heftiges Fieber packte ihn. Arm und verlassen, sein Ziel in fast greifbarer Nähe, starb der Abenteurer Gottes 1552. Seinen Spuren sollten noch viele andere folgen.

Eine Zunge und zwei Hände
hat uns Gott gegeben,
weil er will,
daß wir mehr tun
als reden sollen.
Das Wort ohne Werk ist tot,
ja die ganze Welt
ohne Liebe ist nichts wert.
Die Liebe
aber hat ihren Sitz
nicht im Mund,
sondern im Herzen
aufgeschlagen.

Ignatius v. Loyola

Soldaten an zwei Fronten

Der Jesuit Petrus Canisius
Er verfaßte den ersten deutschen Katechismus.

1. Vertiefung des Glaubens

Persönliche Seelsorge beim verweltlichten Klerus und bei den vernachlässigten Laien durch Predigt und Exerzitien:
in Italien, Spanien, Portugal, Frankreich, Deutschland, Irland, Polen.

2. Missionsarbeit

Missionsarbeit in den neuentdeckten Ländern:
in Indien, Ostasien, bis China, Kongo, Brasilien, Abessinien.

*

Beide Aufgaben löste die **Gesellschaft Jesu (Jesuitenorden)**

Obwohl der Orden durchaus nicht gegen die Auswirkungen der Reformation gegründet wurde, ist es seine große Leistung, die Gegenreformation durch positiven Aufbau der katholischen religiösen Kräfte unterstützt zu haben. Wichtig sind dafür die von den Jesuiten gegründeten und geleiteten Schulen. Bedeutend auf diesem Gebiet: der hl. Petrus Canisius.

Wer war der Gründer und wie war dieser zeitgemäße Orden aufgebaut?

Die Gründung des Jesuitenordens

Iñigo Lopez de Loyola wurde 1491 im trutzigen Kastell seiner adligen Familie im Baskenland geboren. Bis zu seinem 26. Lebensjahr pflegte er die ritterlichen Künste. Sein ganzes Verlangen ging darauf, sich Ruhm und Ehre zu erwerben. Bei der Verteidigung der Zitadelle Pamplona zerschmetterte ihm eine Kanonenkugel das Bein. Lange Zeit war er ans Krankenbett gefesselt. Nur, weil keine anderen Bücher aufzutreiben waren, las er ein »Leben Christi« und die Legenda aurea. Beim Lesen ging ihm eine neue Welt auf: das Heldentum der Heiligen. Und er faßte den Entschluß, sich nach dem Beispiel der Heiligen dem Dienste Gottes zu weihen. Als Iñigo wieder gesund war, legte er seine Lebensbeichte ab. In Manresa als Einsiedler lebend, schrieb er seine Erfahrungen in seinem »Exerzitienbüchlein« nieder. Auf einer Pilgerfahrt nach Jerusalem wurde ihm klar: Einsatz für das Reich Gottes heißt nicht Einsiedlerleben und Weltflucht, sondern Arbeit in der Kirche. Aber dafür muß studiert werden. Der 33jährige Mann setzte sich 2 Jahre lang mit kleinen Jungen in Barcelona auf die Schulbank, um mit ihnen das Latein zu erlernen. Dann folgten Studienjahre in Alcalá und Salamanca. 1528 zog es ihn an die berühmte Pariser Hochschule. Sieben lange Jahre mühte er sich um Philosophie und Theologie. Unter den Studenten fand er gleichgesinnte Gefährten. 1539 stellten sie den Verfassungsentwurf der Compañía de Jesús (Gesellschaft Jesu) auf. Den herkömmlichen Ordensgelübden fügten sie noch die Verpflichtung hinzu, auf jeden Wink und Wunsch des Papstes bereit zu sein. Um jederzeit frei sein zu können für erforderliche Einsätze, wurde die Verpflichtung zum Chorgebet, zum feierlichen Gottesdienst und zum Tragen einer Ordenstracht nicht übernommen. Dafür wurde ein gründliches Studium und eine lange Probezeit gefordert.

Der neue Orden war ungewöhnlich beweglich und konnte sich allen Verhältnissen anpassen. Dadurch erreichte er auch erstaunliche Missionserfolge. Die Jesuiten gelangten als Glaubensboten bis ins Kongogebiet, nach Brasilien, Indien und China. Andererseits entsprach der hohen Aktivität der Jesuiten eine tiefe Frömmigkeit.

Der Jesuitenpater Gerhard Kroll aus Leipzig. Sein Buch »Auf den Spuren Jesu« ist selbst in Jerusalem eine wichtige Informationsquelle für Fremdenführer und Wissenschaftler.

Große Bedeutung dafür gewannen die Geistlichen Übungen (= Exerzitien), die über 30 Tage in völligem Schweigen gehalten wurden. Auch Laien suchten durch Teilnahme an solchen Übungen Orientierung für ihr Leben.
Ignatius, so nennt sich Iñigo seit seiner Priesterweihe 1537, starb am 31. Juli 1556 in Rom. Damals hatte der Orden bereits über 1000 Mitglieder in fast 100 Häusern in 12 Ordensprovinzen. Eine große Zahl von Heiligen und Märtyrern gingen aus der Gesellschaft Jesu hervor.

Omnia ad majorem Dei gloriam

Der Wahlspruch der Jesuiten

Name gesucht

Der abgebildete Heilige mit den großen Augen trägt den Vornamen S. und entstammt altem polnischen Adel. Er wurde am 28. Oktober 1550 in Rostkowo in Nordpolen geboren. Tiefe Frömmigkeit brachte ihm schon als Kind manchen Spott ein. Im Alter von 14 Jahren verließ er das väterliche Haus, um in Wien ein Studium aufzunehmen. Nur der ältere Bruder Paul und ein Hauslehrer begleiteten ihn. Unterkunft fanden sie im Internat der Jesuiten, mit denen sie bei den Mahlzeiten und Gottesdiensten häufig zusammenkamen. Während S. darüber große Freude empfand, dachten sein Bruder und der Hauslehrer anders. Sie wollten das laute städtische Leben genießen. S. aber trachtete danach, in den Orden einzutreten. Der Vater jedoch wies eine briefliche Anfrage mit Entrüstung zurück. Er drohte mit Strafen, falls der Sohn etwa im Ungehorsam handelte. Der Ordensobere erkannte seine Berufung und hätte ihn gern als Novizen aufgenommen. Solange der Vater die Zustimmung verweigerte, konnte er den Bewerber auch beim besten Willen nicht in den Konvent aufnehmen. S. hatte inzwischen von Petrus Canisius gehört, einem hochgeachteten Mitglied des Ordens, der sich in Dillingen in Bayern aufhielt. Als Bauer verkleidet floh S. in wochenlangem Fußmarsch zu ihm hin. Halbverhungert kam er an. Petrus Canisius erkannte sofort das geistliche Talent und die echte Glaubenstiefe des Fürstensohnes und vermittelte seine Aufnahme in die römische Niederlassung. Kaum war S. in Rom angekommen, verschlimmerte sich sein Zustand. Von den Anstrengungen der Flucht erholte er sich leider nicht mehr, sondern erlag am 15. August 1568 im Alter von nur 18 Jahren dem Wechselfieber.

Jeder fünfte Großbuchstabe – aus der Geschichte herausgenommen und aneinandergereiht – fügt sich zum gesuchten Namen. Auf den Anfangsbuchstaben kommt es dabei besonders an. Der ist zuerst zu finden. Übrigens: Wir gedenken des Heiligen am 13. November

Überlistet

Ein Jesuit sitzt im Beichtstuhl. Übermüdet von der Last seiner vielen Aufgaben nickt er ein. In diesem Augenblick betritt ein Dieb den Beichtstuhl. Er sieht die goldene Taschenuhr des Paters auf dem Brett, langt kurzerhand durch das Gitter und zieht die Uhr hindurch. Da erwacht der Pater. »Mein Sohn, was willst du?« – »Pater, ich stehle.« – »Das heißt nicht: ich stehle; das heißt: ich habe gestohlen.« – »Ja, Hochwürden.« – »Nun gut, was hast du gestohlen?« – »Eine Taschenuhr. Wollen Sie die Uhr haben?« – »Nein. Du mußt sie dem zurückgeben, dem du sie gestohlen hast, mein Sohn.« – »Aber wenn der sie nicht wiederhaben will?« – »Dann kannst du sie behalten.« – »Danke, mein Vater«, sagt der Dieb und sucht schnellstens das Weite.

Die Mumie

Zwei Franziskaner besuchen in Wien eine Ausstellung über ägyptische Ausgrabungen. Der Museumsführer zeigt ihnen eine Mumie: »Diese Dame, schaun's ist über 3000 Jahre alt. Sie hat also sicher Mose gesehen.« Flüstert der eine Pater dem andern ins Ohr: »War Mose denn in Wien?«

Beizeiten anfangen

Auch die Orden schicken ihre Vertreter nach Betlehem, um dem Kind in der Krippe zu huldigen. Der Dominikaner legt seine Gabe mit den Worten nieder: »Herr, ich bringe das Gold der Wissenschaft.« Der Benediktiner sagt: »Hier ist der Weihrauch unserer Gebete.« Der Franziskaner spricht: »Und hier, Herr, die Myrrhe unserer Armut.« Inzwischen nimmt der Jesuit den heiligen Josef zur Seite und flüstert ihm zu: »Und wenn er ins Schulalter kommt, dann geben Sie ihn doch zu uns ins Internat. Wir werden schon etwas aus ihm machen.«

Ordens-Quiz

Unterstreiche die richtigen Begriffe in den Spalten 2–4. Dann ergeben deren Anfangsbuchstaben, von oben nach unten gelesen, den Wahlspruch der Jesuiten auf deutsch. (ö = oe; ß = ss)

Geburtsort des hl. Franz	Rom	Florenz	Assisi
Zisterzienserkloster	Erfurt	Lehnin	Paulinzella
Regel des hl. Benedikt	italienisch	hebräisch	lateinisch
Heilige, läßt in Marburg ein Krankenhaus bauen	Hedwig	Elisabeth	Ursula
Schwester des hl. Benedikt	Benedikta	Scholastika	Katharina
Orden mit Regel »Ora et labora«	Jesuiten	Franziskaner	Zisterzienser
Land, das St. Wolfgang missionierte	Dänemark	Polen	Ungarn
Benediktinerkloster mit Klosterschule	Reichenau	Erfurt	Doberan
Einer der evang. Räte	Stundengebet	Gehorsam	Chorgesang
Hier war Albert der Große als Bischof tätig	Augsburg	Regensburg	Prag
Was ist ein Habit?	Altargerät	Klosterteil	Ordenskleid
Einer der evang. Räte	Ehelosigkeit	Beten	Nachtwache
Was ist ein Brevier?	Beichtbuch	Stundenbuch	Name für Messe
Gebetszeit der Mönche	Sext	Oktave	Dekade
Was ist ein Eremit?	Baustil	Jesuit	Einsiedler
Lehrfach in Klosterschulen	Sport	Rhetorik	Physik
Von den evang. Räten abgelehnt	Fasten	Eigentum	Musik
Seliger Dichter	Notker	Petrus	Thomas v. Aquin
Englisches Kloster, in dem Bonifatius Lehrer war	London	Dublin	Exeter
Benediktinerkloster im Schwarzwald	Hirsau	Chorin	Monte Cassino
Was die Dominikaner verbreitet haben	Kreuzweg	Rosenkranz	Weihnachtskrippe
Heilige der Wartburg	Monika	Elisabeth	Gertrud
Papst aus dem Benediktinerorden	Benedikt	Gregor d. Gr.	Bernhard v. Clairvaux
Gebiet, das durch die Jesuiten missioniert wurde	Afrika	Australien	Ostasien
Bedeutendster Theologe der mittelalterlichen Kirche	Franziskus	Paulus v. Theben	Thomas v. Aquin
Dritter Orden der Franziskaner	Tertiaren	Klarissen	Minoriten
Übung zur Glaubensvertiefung	Klausur	Exerzitien	Gotik
Ursprungsland der Jesuiten	Spanien	England	Polen

Auf der Leine

Die Gewänder, die hier auf der Leine hängen, gehören vier verschiedenen Ordensangehörigen. Versuche, sie richtig zuzuordnen! Als Hilfe können dir die Fotos auf den Seiten 265 bis 283 dienen. Schreibe die Namen der Orden in der Reihenfolge der hier abgebildeten Ordensgewänder auf. Unterstreiche jeweils den in arabischen Ziffern angegebenen Buchstaben. Setze ihnen ein »H« voran. Dann erhältst du eine andere Bezeichnung für Ordensgewand.

Mit Hand und Mund zu jeder Stund'...

Nicht für eine Million!

Eine Filmschauspielerin hatte ihren Beruf an den Nagel gehängt und war plötzlich verschwunden. Die Zeitungen bedauerten diesen Schritt, aber Genaues wußten sie nicht zu berichten. Ein junger Reporter wollte der Sache auf den Grund gehen. Vielleicht gibt das einen saftigen Artikel und eine Anerkennung in klingender Münze. Wie ein Kriminalist sammelte er Anhaltspunkte über die Dame, bis er sie eines Tages vor sich sah. Im Kleid einer Ordensschwester, irgendwo in einem Krankenhaus für geistig behinderte Kinder, stand sie vor ihm und lächelte errötend aus ihrem Schleier. »Schwester«, stammelte er, »wie ist das nur möglich?« Der ehe-

Der selbstlosen,
opferbereiten
Liebe kann
auf die Dauer
kein Mensch
widerstehen.

P. Rupert Mayer SJ

malige Star aller Filmfreunde hatte dazu nichts zu bemerken. Sie führte ihn auf die Station. Sie zeigte ihm die Kinder, die sich an sie schmiegten, denen sie die Dienste einer Mutter schenkte. Der Reporter blieb ihr einen halben Tag auf den Fersen. Er machte sich Notizen, aber verhielt sich merkwürdig schweigsam. Als er sich verabschiedete, sagte er zu der Schwester: »Ich weiß nicht, ob ich Sie bewundern oder für verrückt halten möchte. Offensichtlich fühlen Sie sich recht wohl hier vor einem Publikum, daß an Ihnen hängt wie früher, zäh und begeistert. Erlauben Sie nur eine Frage: Was haben Sie davon? Was verdienen Sie dabei? Eine armseligere Tätigkeit kann ich mir für eine Frau wie Sie nicht denken. Ich würde das für eine Million Mark nicht tun.« – »Ich auch nicht«, sagte die Schwester und lächelte.

Die Jesuiten gründen eine Niederlassung in Peru. Holzschnitt aus dem 17. Jh.

Einige Beispiele

Mission

Bei den Entdeckungsfahrten der Spanier und Portugiesen (1492 Amerika, 1498 Seeweg nach Ostindien) verband sich die Gier nach den Reichtümern ferner Länder mit dem Missionseifer. Las Casas, ein spanischer Priester des Dominikanerordens (1474–1566) kämpfte leidenschaftlich gegen die Versklavung und Mißhandlung der Indianer durch die Konquistadoren (die spanischen Eroberer). Durch seinen Einfluß am spanischen Hof erreichte er einen gesetzlichen Indianderschutz in allen neu eroberten Gebieten Amerikas.
Anfang des 17. Jahrhunderts begannen die Jesuiten die Mission unter den Indianern von Paraguay. Sie gründeten eigene Indianersiedlungen, aus denen 1608 der berühmte Jesuitenstaat entstand. Diese Missionen bildeten eine straff geleitete Wirtschaftsgemeinschaft, die mit Umsicht und Erfolg bis 1750 regiert wurde.

Aufbauhilfe

Das Benediktinerkloster Saalfeld (1071 gegründet) wurde Ausgangspunkt für die Besiedlung im Gebiet Probstzella – Ziegenrück – Triptis – Neustadt (Orla) – Orlamünde – Rudolstadt.
Der hl. Anno von Köln, Gründer des Klosters, rühmte sich, drei Dörfer, darunter das Waldhufendorf Langenschade selbst angelegt und die Gründung von Friedebach und Hütten veranlaßt zu haben.

Es ist ebenso schön,
aus Liebe zu Gott
Kartoffeln zu schälen
wie Dome zu bauen.
Guy de Larigaudie

Bildung

An der Erfurter Universität wirkten Augustiner-, Dominikaner-, Barfüßer- und Schottenmönche als Professoren. Die Schottenmönche lehrten hauptsächlich Experimentalphysik, Mathematik, Algebra und Logik. In mehreren Zimmern des Schottenklosters war das physikalische Kabinett aufgestellt, auf dem Turm der Schottenkirche war eine bedeutende Sternwarte. Aus den anderen Orden kamen vor allem die Lehrer der theologischen Fakultät. Da die Mönche unentgeltlich ihr Lehramt ausübten, war das für die Stadtkasse eine große Erleichterung.

Auflösung von S. 288 (Ordens-Quiz):

Assisi, **L**ehnin, **l**ateinisch, **E**lisabeth, **S**cholastika, **Z**isterzienser, **U**ngarn, **R**eichenau, **G**ehorsam, **R**egensburg, **O**rdenskleid, **E**helosigkeit, **S**tundenbuch, **S**ext, **E**insiedler, **R**hetorik, **E**igentum, **N**otker, **E**xeter, **H**ildesheim, **R**osenkranz, **E**lisabeth, **G**regor der Große, **O**stasien, **T**homas v. Aquin, **T**ertiaren, **E**xerzitien, **S**panien.
ALLES ZUR GROESSEREN EHRE GOTTES

Auflösung von S. 284 (Dichter und Denker):
Das verrutschte Alphabet beginnt mit X. Also ist in der Geheimschrift: X = A, Y = B, Z = C usw. Das Textbeispiel entstammt der deutschen Übertragung von Lied Nr. 544 im GL und lautet:

Das Geheimnis laßt uns künden, das uns Gott im Zeichen bot: Jesu Leib, für unsre Sünden hingegeben in den Tod.

Auflösung von S. 287 (Name gesucht):
STANISLAUS KOSTKA

Auflösung von S. 289 (Auf der Leine):

I. Franziskaner, II. Benediktiner, III. Dominikaner, IV. Zisterzienser, HABIT

Krankenpflege

Das schweizerische Kloster St. Gallen ist nicht nur wegen seiner Bedeutung für die deutschsprachige Literatur bekannt. Erinnert sei an die Hymnen des seligen Notker des Stammlers oder an die Schöpfung der althochdeutschen Schriftsprache durch Notker Labeo. Berühmt war auch das Hospital von St. Gallen. Im erhaltenen Klosterplan vom Jahre 820 (→ Seite 267) ist ein eigener Krankenhauskomplex verzeichnet mit Hospital, Hospitalkirche, Ärztehaus und Arzneikräutergarten. In der Klosterapotheke brauten die Mönche des hl. Benedikt Mixturen und Salben. Zu den Behandlungsmethoden gehörte auch schon die Operation. Für die Betäubung verwendeten sie pflanzliche Stoffe und später auch Opium. Die hohe Spitalkultur der Mönche hängt eng zusammen mit der vom Evangelium geforderten Nächstenliebe.

Mönch des St.-Bernhard-Klosters mit seinem Hund
Blick auf den Großen St. Bernhard

Herbergen

Eine Paßstraße über die Alpen von der Schweiz nach Italien führt über den Großen St. Bernhard. Dort steht in 2472 m Höhe seit 962 ein Hospiz, das der hl. Bernhard von Menthone stiftete. Die Mönche, Chorherren des Augustinerstiftes, haben die Verpflichtung, alle Reisenden zu beherbergen und, vor allem in den gefährlichen Jahreszeiten (9 Monate Schnee!), Verunglückten Hilfe zu bringen. Dabei werden sie durch besonders abgerichtete Hunde (Bernhardiner) unterstützt.
1470 wurde an der mittelalterlichen Paßstraße über den Thüringer Wald von der Johanniterkomturei Weißensee der »Obere Hof« als Herberge errichtet. Er bot den Reisenden und Fuhrleuten Rastmöglichkeiten, Verpflegung und Unterkunft. Heute ist an dieser Stelle der Kurort Oberhof.

Die meisten Gemeinschaften haben eine Abkürzung ihres Ordensnamens.

Die Mitglieder fügen diese ihrem Namen bei.

Zwei Beispiele:

P. Rupert Mayer SJ

P. = Pater SJ = Societas Jesu (Gesellschaft Jesu)

Fr. Johannes Berg OP

Fr. = Frater OP = Ordo praedicatorum (Predigerorden = Dominikanerorden)

Pater = Vater; Ordenspriester
Frater = Bruder; Ordensbruder

Polnischer Kamaldulenser-Mönch

Die bedeutendsten Männerorden

Name	Gründungsjahr	Gründer	Mitgliederzahl (Stand 1977)
Benediktiner	529	Benedikt v. Nursia	10 147
Kamaldulenser	1000	Robert v. Molesme	73
Kartäuser	1084	Bruno v. Köln	269
Zisterzienser	1098	Robert / Bernhard v. Clairvaux	1 397
Prämonstratenser	1120	Norbert v. Xanten	1 383
Trinitarier	1198	Johannes v. Matha	567
Franziskaner	1209	Franziskus v. Assisi	20 304
Kreuzherren	1211	Theodor v. Celles	620
Dominikaner	1216	Dominikus	7 623
Mercedarier	1218	Petrus v. Nolascus	927
Serviten	1233	Sieben Gründer	1 327
Augustiner-Eremiten	1256	Clemens v. S. Elpidio	ca. 5 000
Augustiner-Chorherren	4. Jh.	Augustinus v. Hippo	863
Theatiner	1524	Cajetan v. Thiene	151
Kapuziner	1525	Ludwig v. Fossombrone	12 655
Karmeliten	1534	Joh. vom Kreuz / Teresa v. Avila	5 614
Barmherzige Brüder	1537	Johannes v. Gott	1 867
Jesuiten	1540	Ignatius v. Loyola	24 105
Kamillianer	1582	Kamillus v. Lellis	1 051
Piaristen	1597	Joseph v. Calasanza	1 800
Trappisten	1664	A. J. de Rancé	3 244

Holländische Trappisten beglückwünschen einen neu aufgenommenen Mönch.

Aktionsgemeinschaft Liebe

Die Kongregationen

Seit dem späten Mittelalter hat die Kirche neue Ordensgründungen nicht mehr zugelassen. Die Anzahl der Gemeinschaften sollte begrenzt bleiben. Es gab ja Orden der unterschiedlichsten Art. Jeder, der suchte, konnte einen Orden mit einer Lebensform nach seiner Vorstellung finden.
Doch jede Zeit hat ihre besonderen Aufgaben. Die beginnende Neuzeit stellte viele Anforderungen, die Orden mit strenger Klausur nicht erfüllen konnten. Aber wie immer waren Christen bereit zu helfen. Sie schlossen sich zusammen. Die Form ihres gemeinsamen Lebens mußte sehr beweglich gestaltet werden. Diese Gemeinschaften unterschieden sich von den Orden durch

1. den Verzicht auf die Klausur,
2. nur einfache Gelübde,
3. eine caritative Zielsetzung.

Gleichzeitig aber übernahmen sie Bewährtes für ihre Hausordnung aus der Ordensregel; als Grundlage: die evangelischen Räte. Solche Vereinigungen bestätigte der Papst als Kongregationen.
Einer, der sich nicht ganz gründlich auskennt, kann von außen her Orden und Kongregationen schwer unterscheiden. Das sieht man schon an der Zielsetzung.Die Franziskaner haben sicher auch caritativ gewirkt. Im strengen Wortsinn allerdings waren sie auch kein Orden, sondern mehr eine Bruderschaft. Das muß gesagt werden, damit man die Übersicht auf S 299 nicht mißversteht. Sie will nur grundsätzliche Unterschiede aufzeigen. Die Vielfalt in der Zielsetzung der einzelnen Orden kann sie nicht veranschaulichen. Der entscheidende Schritt hin zu den Kongregationen war Gottesliebe *inmitten der Welt* sichtbar werden zu lassen.

Orden (Stand)	**Kongregation** (Zusammenschluß)
evangelische Räte	evangelische Räte
feierliche Gelübde	einfache Gelübde
strenge Klausur	Öffnung zur Welt

Louise de Marillac

Die Vinzentinerinnen

Von zwei Heiligen soll hier die Rede sein. Sie lebten in der Weltstadt Paris. Große Kriege brachten Unheil über ganz Europa. Die Zahl der Kranken und Armen stieg überall an. Christen, für die Nächstenliebe nicht nur ein leeres Wort war, konnten nicht zusehen, wie Kinder starben und alte Menschen verkamen. Vinzenz von Paul, ein Armenpfarrer, und Louise de Marillac,eine adlige Frau, fanden einen Ausweg.
Sie begeisterten viele andere für die Idee, gemeinsame Hilfe zu leisten. Sie gründeten die Gemeinschaft »Töchter der christlichen Liebe«. Junge Mädchen und reife Frauen, die den Kranken und Armen dienen wollten, zogen zusammen in ein Haus. Sie legten die einfache Tracht der französischen Bäuerinnen an und begannen zu helfen. Als Vinzentinerinnen waren sie bald über Frankreich hinaus wirksam. Bis heute ist ihre besondere Aufgabe die Krankenpflege.

Niemand kann einem anderen
die Tränen trocknen,
ohne sich selbst
die Hände naßzumachen

Aus Afrika

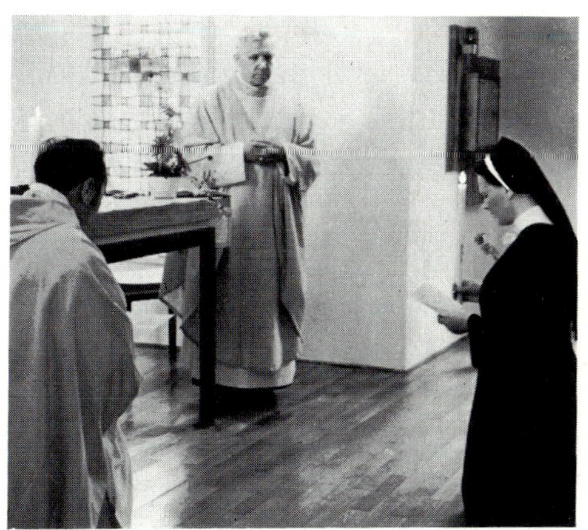
Profeß einer Vinzentinerin
Die Schwester legt ihr Versprechen vor dem Bischof ab.

Im Geist der Liebe gesandt

Zu den Kranken:

Die Barmherzigen Brüder kümmerten sich unentgeltich um die Krankenpflege. 1540 hatte der Portugiese Johannes von Gott diese Vereinigung gegründet. Sie unterhält vorzügliche Hospitäler auf dem ganzen Kontinent. Die Brüder leben nach der Augustinerregel.

Die Kamillianer entstanden aus einer Vereinigung von Krankenpflegern. 1582 hatte sie der hl. Kamillus von Lellis in Rom gegründet. 1591 wurde sie als Kongregation bestätigt.

Die Vinzentinerinnen oder **Barmherzige Schwestern** gibt es seit 1633. Ihre Vereinigung wurde 1668 Kongregation. Die Schwestern widmen sich der Krankenpflege und Armenfürsorge.

Die Schwestern von der hl. Elisabeth: Vier elternlose Bürgertöchter schlossen sich 1842 in Schlesien zusammen und gründeten eine »Vereinigung zur Pflege hilfloser Hauskranker«. Daraus erwuchs eine Kongregation (1887 vom Papst bestätigt), die mit 4300 Schwestern in ganz Europa zahlreiche Krankenhäuser, Altersheime und caritative Einrichtungen unterhält.

Schwester von der hl. Elisabeth vor einer Schautafel bei einer Kinderwallfahrt

Zu den Kindern und zur Jugend:

Die Englischen Fräulein widmen sich der Seelsorge und der Nächstenliebe. Maria Ward aus England gründete 1609 diese Vereinigung für den Jugendunterricht und die Krankenpflege. Vorbild waren ihr die Satzungen der Jesuiten. Maria Ward war mit ihren Eltern und anderen katholischen Engländern nach Frankreich geflohen.

Die Salesianerinnen erziehen Mädchen und erteilen ihnen Unterricht. Diese Kongregation stifteten 1610 der hl. Franz von Sales und Franziska von Chantal.

Die Salesianer gehen zu verstoßenen und verwahrlosten Kindern, die nie Liebe in ihrem Leben erfahren haben. Um ihnen zu helfen, gründete 1839 der hl. Johannes Don Bosco die Gesellschaft des hl. Franz von Sales: die Salesianer. Sie bilden verwahrloste Jungen in eigenen Heimen (Oratorien) zu Handwerkern und auch zum späteren Priesterberuf heran.

Maria Ward

Der Seiltänzer von Becchi

Es war ein schöner Sonntagnachmittag mitten im blühenden Mai, als Johannes Bosco seine erste Vorstellung gab. Hoch oben, zwischen zwei Akazienbäumen war ein Seil gespannt, zu dem die Leute des italienischen Dörfchens Becchi kopfschüttelnd aufschauten. Was, der Johannes Bosco, der Sohn der Frau Margareta, wollte darüberlaufen? Unsinn, er würde sich gar nicht hinaufwagen! Hin und her ging noch eine Weile Gerede und Gelächter. Als aber der kleine Johannes wirklich wie eine Katze an dem glatten Akazienstamm hinaufkletterte, ward es auf einmal atemlos still. Jetzt war er oben, stand auf dem Seil! Wie ein richtiger Seiltänzer im Zirkus lief er hin und her, vorwärts und rückwärts. Plötzlich ging er in die Kniebeuge, richtete sich wieder auf, warf sich mit einem Ruck herum und tänzelte in der entgegengesetzten Richtung über das Seil. Dann warf er den Hut in die Luft und fing ihn mit einem hellen Jauchzer wieder auf. Schließlich saß er rittlings auf dem Seil, schwang in den Stütz und sprang mit einem gewaltigen Satz zu Boden.

Die Zuschauer waren so verblüfft, daß sie eine Weile kein Wort hervorbrachten. Der kleine Johannes aber hob die Hand und rief: »Meine Herrschaften, das war der erste Teil der heutigen Vorstellung. Ein zweiter wird gleich folgen. Ich werde dann eine Reihe anderer Kunststücke zeigen. Vorher aber bitte ich um die Bezahlung.«

Lachend griffen die Dörfler nach ihren schmalen Geldbeuteln, dachten, der Spaß sei ein paar Kupfermünzen wert. Aber Johannes schüttelte den Kopf und sagte:

»Laßt eure Centesimi stecken! Ich will eine andere Bezahlung. Wir beten jetzt zusammen den Rosenkranz. Das soll die Bezahlung sein!« Nach dem Rosenkranz kam noch ein Marienlied. Dann ging die Vorstellung weiter.

Johannes wirbelte eine Menge Zinnteller in die Luft, fing sie geschickt wieder auf, warf sie wieder und wieder empor. So toll war das Spiel, daß die Leute fast nicht mehr mit den Augen folgen konnten. Dann balancierte der kleine Künstler auf Kinn und Nase eine Stange, auf deren Spitze ein alter Hut steckte. Hierauf kamen Saltos an die Reihe, große lebendige »Räder«, die er mit Armen und Beinen schlug. Es wurde einem toll im Kopf beim bloßen Zusehen. Ja, und dann? Dann legte Johannes wieder eine Pause ein, während er haargenau, Wort für Wort, die Predigt wiederholte, die der Pfarrer von Murialdo am Morgen gehalten hatte. Ein Gebet zum Schutzengel schloß diesen Teil.

Aber der kleine Bosco war noch nicht fertig. Jetzt schleppte er einen Tisch heran, auf dem allerlei geheimnisvolle Gegenstände zu sehen waren. Das war Boscos Zaubertisch. Und jetzt kamen alle die Kunststücke, die er den Vaganten auf den Jahrmärkten abgesehen hatte.

Aus zwei Eiern wurden vier und sechs. Aus einem leeren Hut gackerte plötzlich eine Henne auf, und die Centesimi zog er den Buben aus der Nase, genau wie der Zauberkünstler auf dem Jahrmarkt die Talerstücke. Endlich, als die Sonne hinter den Bäumen verschwand und von Murialdo her die Marienglocke zu läuten begann, war Schluß.

»Kommt nächsten Sonntag alle wieder!« rief der kleine Künstler seinen Zuschauern zu. »Ich kann noch viel mehr Kunststücke. Vergeßt euer Abendgebet nicht!« –

Jahre vergingen. Aus dem kleinen Gaukler, der mit Seiltanzen und Zauberkunststücken für das Reich Gottes unter den Dorfbewohnern von Becchi geworben hatte, war der Priester Don Bosco geworden, der die Jugend von Turin um sich scharte. Nicht die feinen, wohlbehüteten Büblein waren der Gegenstand seiner Seelsorge, sondern die schmutzigen, verlausten, verwahrlosten Jungen, die an Leib und Seele zugrunde zu gehen drohten. Die Jungen aus den Barackenvierteln der großen Stadt, die gewohnt waren, vom Leben hin- und hergestoßen zu werden, spürten, daß hier eine große Liebe auf sie wartete.

W. Hünermann

Schwestern aus verschiedenen Gemeinschaften bei einer Wallfahrt auf der Huysburg

Nazarethschwester in Goppeln bei Dresden

Behinderte Kinder brauchen viel Liebe

Frauen in der Nachfolge Christi

Wußtest du schon,
daß in Europa die Krankenpflege vom frühen Mittelalter bis in die Neuzeit fast ausschließlich durch christliche Orden (Frauen und Männer) geleistet wurde?

daß die Anrede »Schwester« für weltliche Krankenschwestern von den Ordensfrauen übernommen worden ist, die sich als »Schwestern Christi« verstehen?

daß auch die Häubchen der Krankenschwestern von den Hauben der Ordensschwestern »abstammen«?

daß gegenwärtig rund fünfmal mehr Frauen als Männer einem Orden oder einer klösterlichen Gemeinschaft angehören?

Wie ernst die Frauen zu jeder Zeit die Nachfolge Christi und das Leben für Gott genommen haben, zeigen zwei Beispiele:

1. Aus dem Mittelalter

Wir kennen die beiden Zisterzienserinnenklöster Marienstern bei Kamenz und Marienthal bei Ostritz. Diese Klöster wurden im 13. Jahrhundert gegründet. Damals schossen die Klöster wie die Pilze aus dem Boden. Im Zeitraum von 1200 bis 1240 gründeten die Söhne des hl. Bernhard im alten Deutschen Reich 19 Klöster, die »Töchter« des Heiligen jedoch 164 Niederlassungen.

Ein Hospital im Mittelalter

2. Aus der Gegenwart

Zwei Männerorden ragen durch hohe Mitgliederzahlen hervor: die Jesuiten mit ca. 24 000 Mitgliedern und die Franziskaner mit ca. 20 000.
In der Weltkirche gibt es zudem etwa 70 000 Ordensbrüder, also Mitglieder ohne Priesterweihe. Insgesamt leben mehr als 200 000

Ambulante Krankenpflege gehört zu den Aufgaben der Grauen Schwestern

Leben wie Jesus heißt für die »Kleinen Schwestern des Charles de Foucould«: glaubwürdige Einfachheit.

Männer nach den evangelischen Räten. Eine stattliche Zahl. Aber das ist noch gar nichts. Die Frauen bringen es auf rund 950 000, wovon die klösterlichen Kongregationen den Löwenanteil von 900 000 haben.

*

Die Vielfalt der Frauenorden ist so groß, daß man scherzhaft sagt, Gott selbst wisse zwei Dinge nicht: erstens, was ein Jesuit denkt, und zweitens, wie viele Frauenorden es gibt. Die Schwestern jedoch tragen still und mütterlich den Frieden in unsere Welt, auch wenn nicht alle wie Mutter Teresa mit dem Friedensnobelpreis ausgezeichnet werden.

*

Dabei wollen wir auch die evangelischen Diakonissen nicht vergessen. Im deutschen Sprachraum werden rund 100 Niederlassungen gezählt. Seitdem es evangelische Mönche in Taizé gibt, wächst die Zahl der evangelischen »Ordensleute« und ihrer Niederlassungen stetig. Auch hier haben die Frauen die weitaus größeren Zahlen zu bieten.

(Näheres über die Diakonissen S. 303.)

Was sagen Sie dazu?

Herr F., Berlin: Zugegeben, die Orden haben früher Entscheidendes geleistet, sie haben Krankenhäuser und Schulen gebaut, als die Gesellschaft noch nicht daran dachte. Sie waren da, wenn Notstände ihre Hilfe erforderten. Aber heutzutage hat der Staat alles im Griff. Deswegen sind auch die Orden überflüssig.

Sabine M., Schwerin: Ich würde gern als Ordensschwester leben und mich der Kirche zur Verfügung stellen. Aber mich stört das Gewand. Man müßte moderne Kleider tragen.

Herr Z., Eisenach: Es ist eine großartige Sache, wie die Schwestern im Elisabeth-Krankenhaus sich um die Kranken kümmern. Sie sind immer da und immer freundlich und halten ein gutes Klima im Haus. Und das für ein »Vergelt's Gott!«.

Frau M., Zwickau: Meine Tochter will ins Kloster eintreten. Ich habe sie gefragt: »Mädel, willst du dein ganzes Leben hinter Schloß und Riegel verbringen und versauern?« Sagt sie: »Mutter, wenn das Leben süß ist, versauert man nicht!«

Dienerinnen des Heiligen Geistes

Der Gründer der Steyler Missionare, Pater Arnold Janssen, schuf 1889 im holländischen Steyl auch eine weibliche Genossenschaft. Er nannte sie Societas Spiritus Sancti (Genossenschaft des Heiligen Geistes). Diese Kongregation unterstand bis 1938 den Steyler Missionaren. Dann machte sie sich selbständig und ist seitdem Kongregation päpstlichen Rechts. Das Generalat befindet sich in Rom.

4300 Schwestern wirkten in Lateinamerika wie in Ghana, in Indien wie im Fernen Osten, auf den Philippinen wie auf den Inseln der Südsee. Sie sind vorwiegend im Schul- und Gesundheitswesen tätig. So findet man sie als Lehrerinnen in allen Arten von Schulen, angefangen vom Kindergarten bis zur Universität. Ebenso intensiv widmen sie sich der medizinischen Betreuung leidender Menschen in der ambulanten Krankenpflege und in modernsten Krankenhäusern.

Etwa 750 Schwestern stammen aus dem deutschen Sprachgebiet. Ihr Zentrum ist das Heilig-Geist-Kloster in Wimbern (Sauerland). Weit größer ist der Anteil der nichteuropäischen Schwestern. Sie kommen aus Argentinien, Brasilien, Nikaragua, aus den USA und aus Kanada. In letzter Zeit steigt der Anteil der chinesischen, japanischen, indischen, filipinischen und indonesischen Schwestern.

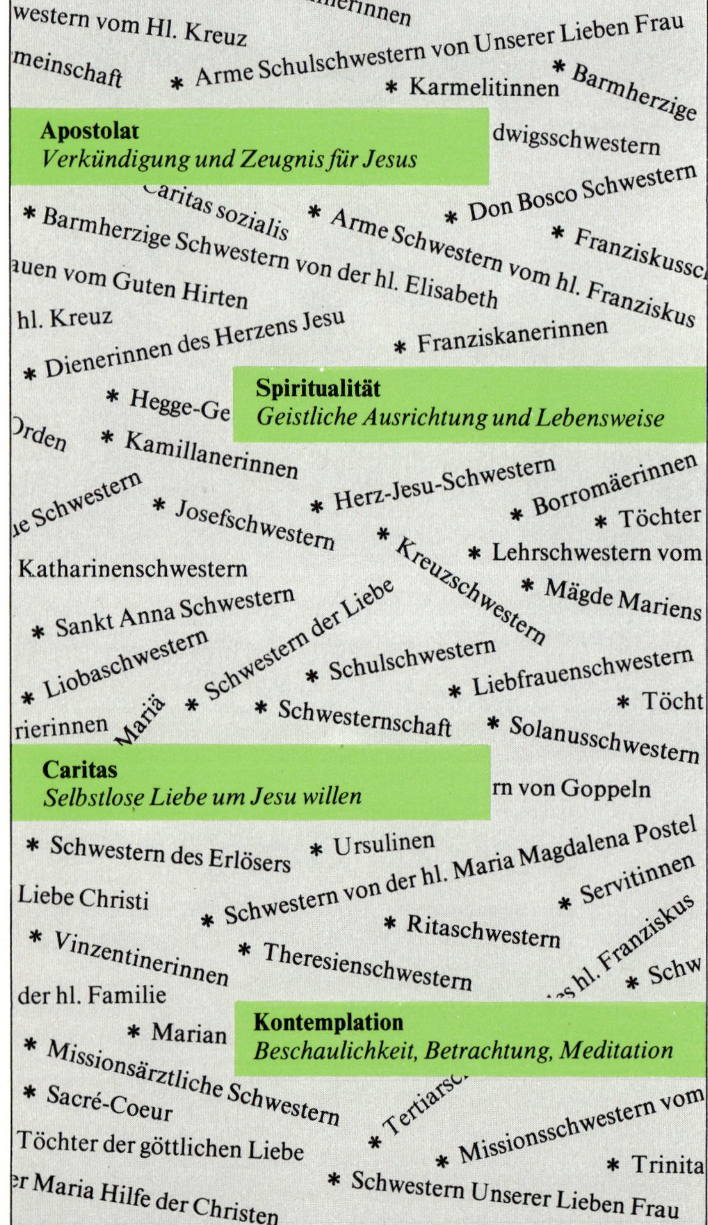

Pater Arnold Janssen, der 1889 die Genossenschaft gründete

Über 200 Frauengemeinschaften

wirken im deutschen Sprachgebiet. Sie unterscheiden sich für den Außenstehenden nur wenig. Warum dann diese Fülle? Kann die Kirche das nicht vereinfachen? Sicher könnte sie das. Aber ihr kommt es vor allem darauf an, daß diese Frauen das Evangelium leben. Wie sie das tun und welche Aufgaben sie sich in der Welt suchen, hängt nicht zuletzt vom Gründer ab, von der Umwelt, von den Anforderungen und von der Regel, die das tägliche und geistliche Leben ordnet.

Ihre Spiritualität richtet sich grundsätzlich nach den **Evangelischen Räten**, trägt aber auch eigene Akzente, z. B. ein bestimmtes Jesuswort, eine Station aus dem Leben Jesu (Nazaret, Betanien . . .) oder das Vorbild eines Heiligen. Apostolat und Caritas sind die Hauptziele, Gebet und Kontemplation die tragenden Säulen dieser Gemeinschaften.

Wie es im Himmel
viele Wohnungen gibt,
so gibt es auch
viele Wege dahin.

Teresa von Avila

Männer und Frauen im Dienst der Kirche

Drei Formen des Lebens nach den evangelischen Räten

Im Orden	**In der Kongregation**	**Im Säkularinstitut**
z. B. Benediktiner, vom hl. Benedikt 529 auf Monte Cassino gegründet	z. B. Englische Fräulein, durch Mary Ward 1609 in England gegründet	z. B. Ancillae Christi Regis, durch einen Priester 1926 in Deutschland gegründet
Leben im Kloster Ordenstracht feierliche Gelübde	Leben in Gemeinschaft Ordenstracht einfache Gelübde	Leben einzeln oder in Gemeinschaft, keine Tracht Gelübde oder Versprechen
Gebet und Arbeit Seelsorge Bildung *Vorbild:* ägypt. Mönche	**Caritas,** Bildung, Seelsorge soziale Aufgaben *Vorbild:* Jesuiten	**Apostolat,** Heiligung der Welt, Dienst in der Kirche *Vorbild:* die Orden
Abgeschiedenheit von der Welt	Öffnung und Dienst für die Welt	Dienst inmitten der Welt
Liturgie – Gottesdienst	Diakonie – Nächstenliebe	Martyria – Glaubenszeugnis
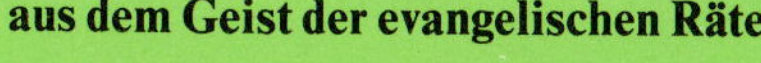 	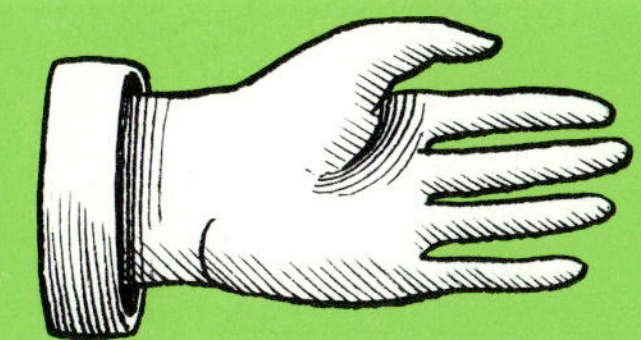	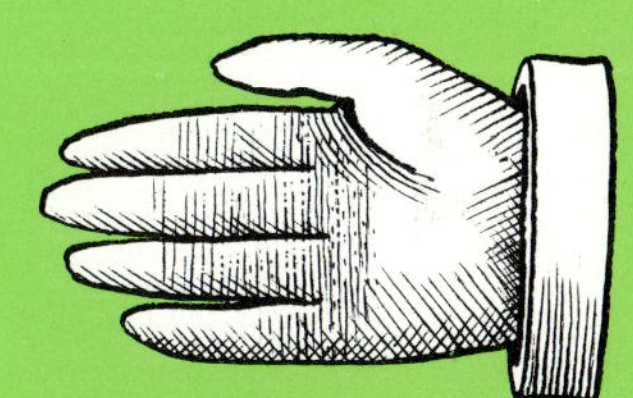
ca. 150 000 Mitgl. in etwa 90 Orden, davon 46 Männerorden; wichtige Gruppen: **Mönchsorden:** Benediktiner OSB Zisterzienser OCist Trappisten OCSO Kartäuser OCart insgesamt: 10 **Bettelorden:** Dominikaner OP Franziskaner OFM Kapuziner OFMCap Karmeliten OCarm insgesamt: 17 **Regularkleriker:** Jesuiten SJ Theatiner CR insgesamt: 11 Orden	ca. 1 Mill. Mitgl. in etwa 1000 Kongr., davon **Kleriker-Kongr.:** Redemptoristen CSSR Oblatenmissionare OMI Salesianer SDB – Steyler Missionare Weiße Väter insgesamt: 84 **Laien-Kongr.:** Männer: Schulbrüder Kleine Brüder Mariens insgesamt: 30 Frauen: Vinzentinerinnen Schulschwestern Graue Schwestern Borromäerinnen Missionarinnen der Liebe (Indien) insgesamt: um 1000 Gemeinschaften	ca. 180 000 Mitgl. in etwa 400 Weltgemeinschaften, Mitglieder können sein: Frauen Männer Verheiratete Priester Mägde Mariens Compagni des hl. Paulus (Madrid) Institution Theresiana (Madrid) Schönstatt-Werk

Ordensgeographie

Welcher Ort gehört zu welchen Ordensleuten und ihren Anhängern? Bei richtiger Zuordnung ergeben die ersten Buchstaben, von oben nach unten gelesen, die europäische Keimzelle der Orden.

1. Norbert von Xanten
2. Dominikus
3. Einsiedler Antonios
4. Roger Schutz
5. Elisabeth von Thüringen
6. Bernhard von Clairvaux
7. Franziskus
8. Bernhard von Menthone
9. Benedikt
10. Las Casas
11. Bonifatius
12. Franz Xaver

Nicht nur gestern!

Neue Wege der Nachfolge

Die Welt braucht

Menschen,
die unter ungläubigen Menschen leben
und auch für diese ganz da sind.

Menschen,
die einer weithin ungläubigen Welt
mit ihrem Leben Zeugnis für Christus geben.

Menschen,
die für die Wiedervereinigung der getrennten
Christenheit leben.

Säkularinstitute

Für manchen nichtgläubigen Hilfesuchenden kann das Ordensgewand eine Schranke sein. Scheu und Unsicherheit halten ihn ab, um Hilfe zu bitten. Einem Menschen, der ihm äußerlich ganz gleich ist, vertraut er sich viel eher an. Ihren Mitmenschen äußerlich ganz gleich sind die Mitglieder der Säkularinstitute. Sie leben in der Welt, tragen keine Ordenstracht, sie arbeiten im Beruf oder im Dienst der Kirche, sie halten untereinander regelmäßig Kontakt, sie befolgen die evangelischen Räte. Manchmal leben mehrere Mitglieder in einer Mietwohnung zusammen. Die Zahl der Mitglieder von Säkularinstituten steigt ständig an.

Konkretes Beispiel

Die Mitglieder des Säkularinstitutes »Ancillae Christi Regis« begingen 1976 ihr 50jähriges Jubiläum. Diese Gemeinschaft zählt inzwischen rund 200 Mitglieder im deutschen Sprachraum, in Italien und Südkorea. Sie wirken in pastoralen und kirchlichen Einrichtungen, arbeiten im Erziehungswesen, im Alten- und Krankendienst und in kirchlichen Verwaltungsstellen. Die Gemeinschaft wurde 1926 durch Ehrenkanonikus Leopold Engelhard gegründet. Als Form wählten die Mitglieder ein Leben nach den Räten des Evangeliums, einzeln als Laien mitten in der Welt und in einer Berufsarbeit. Als Zweck wurde angegeben: Gegenseitige Hilfe in der Nachfolge Christi im Einsatz für das Reich Gottes zur Unterstützung der Priester.

Schönstatt-Werk

Dieses Marienbild aus der Kirche des Wallfahrtsortes Schönstatt im Rheinland ist so etwas wie ein Wahrzeichen der Mitglieder des Schönstatt-Werkes. Dazu gehören die Säkularinstitute

der »Schönstätter Marienschwestern vom katholischen Apostolat« (1926 gegründet, 1948 vom Papst anerkannt),
der »Frauen von Schönstatt«,
der »Marienbrüder« und
der »Schönstatt-Priester«.

Die Anfänge: 1914 gründete der Pallottiner-Pater J. Kentenich den »Apostolischen Bund von Schönstatt« mit dem Ziel, daß die Mitglieder ihren Glauben in Familie, Beruf und Pfarrei bezeugen und verkünden. Schutzherrin des Schönstatt-Werkes ist Maria, die Mutter Jesu.

Früher konnte man meinen,
der Christ habe
eine Aufgabe in der Welt;
heute wissen wir,
daß die Welt seine Aufgabe ist.

Romano Guardini

Focolarini – Eine Bewegung

So nennen sich die Mitglieder einer 1943 in Trient (Italien) entstandenen katholischen Bewegung, die heute in allen Ständen und weltweit verbreitet ist. Die Focolarini wollen das Evangelium glaubhaft leben. Liebe und Einheit sollen vom Beispiel Jesu her der Welt vorgelebt werden. Die Focolari (= Herdgemeinschaften; von lat. focus [= Herd, Feuerstätte]) sind Stätten gemeinsamen Lebens der Focolarini mitten in der Welt und zugleich Brennpunkte der Bewegung. Zentrum ist Rom.

Auflösung von S. 300 (Ordensgeographie):

1. Magdeburg, 2. Osma, 3. Nitrische Wüste, 4. Taizé, 5. Eisenach, 6. Cîteaux, 7. Assisi, 8. Sankt Bernhard, 9. Subiaco, 10. Indianersiedlung in Amerika, 11. Nhutscelle, 12. Ostasien – MONTE CASSINO.

. . . und eine neue weibliche Kongregation in Afrika

» Tag des Herrn«, 25. Oktober 1975

Zwei Ordensfrauen aus der Kongregation der Schwestern Unserer Lieben Frau von Afrika sind vor kurzem in Äthiopien eingetroffen, um dort eine einheimische Schwesternkongregation zu gründen. Die neue Gemeinschaft soll sich unter anderem besonders der Weiterbildung der äthiopischen Frauen widmen. Die beiden Ordensfrauen machen sich in Zalambesa in der nordäthiopischen Provinz Tigrai zunächst mit der äthiopischen Kultur vertraut . . .

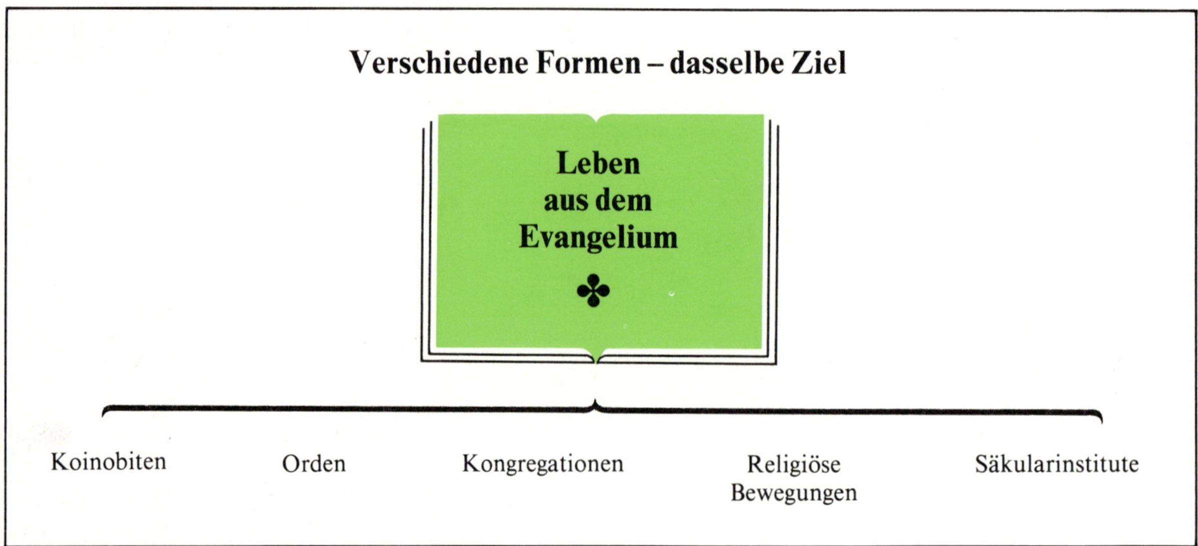

Evangelische Mönche

Evangelische Bruderschaft von Taizé

Leidenschaft für die Einheit

»Es war am 17. April 1949, am Morgen des Ostertages. Wir waren sieben junge Männer, die sich in der alten romanischen Kirche von Taizé versammelt hatten, entschlossen, Christus nachzufolgen, indem wir uns endgültig dem monastischen Leben verpflichteten.«

Die Gründung unterscheidet sich äußerlich kaum von einem Benediktinerkloster. Die Männer leben in Gemeinschaft, halten den Zölibat, legen Gelübde ab, befolgen eine Regel, beten und arbeiten, sind gastfreundlich und gehorchen einem Oberen. Die Gemeinschaft erhält vom katholischen Bischof die Erlaubnis, ihren Gottesdienst in der Dorfkirche zu halten. Die Bruderschaft ist offen für jeden Christen, der zu ihr gehören will. Unterschiedliche Bekenntnisse sind kein Hindernis für den Eintritt in die Kommunität von Taizé.

Auch katholische Christen werden aufgenommen. Sogar Franziskaner wurden in die ständig wachsende Gemeinschaft eingegliedert. Nach 15 Jahren ihres Bestehens zählte sie bereits 65 Mitglieder.

Die Sätze auf Seite 303 gehören zur Ordensregel von Taizé. Erstmals ein solcher Satz in einer Ordensregel und erstmals eine evangelische Mönchsgemeinschaft!

Der Gründer – ein evangelischer Theologe namens Roger Schutz – war schon 1940 (mit 25 Jahren) der Verwirklichungs des Anliegens nahe. Er hatte sich bereits in Taizé niedergelassen, im selben Haus, das heute die Gemeinschaft beherbergt. Aber der Krieg und manche Hindernisse zwangen ihn zu warten. Erst neun Jahre später sollte der Plan Wirklichkeit werden.

Roger Schutz, der Prior von Taizé, bei Papst Johannes Paul II. Die Einheit im christlichen Glauben ist ein dringendes Anliegen dieser beiden Männer.

Gesang der Kommunität von Taizé

Emblem der Bruderschaft von Taizé
Brot und Fisch erinnern an das Brotwunder und an das Mahl als Zeichen der lebenspendenden Einheit.

Die Jugend vieler Nationen in Freude verbunden
Im Hintergrund die neue Kirche von Taizé

Jugendkonzil 1971 in Taizé
6000 Jugendliche beim Gottesdienst. In weißen Kutten: die Mitglieder der Bruderschaft von Taizé

Was sind Diakonissen?

Im 19. Jahrhundert ist es im Raum der evangelischen Kirchen zur Neubesinnung auf das Amt des Diakons und der Diakonisse gekommen. Die soziale Herausforderung durch die Nöte des industriellen Zeitalters wurde an verschiedenen Orten durch Männer und Frauen aufgenommen, die sich dem Gedanken christlich begründeter Nächstenliebe verpflichtet wußten.
1836 gründete Theodor Fliedner, angeregt durch Vorbilder holländischer Mennoniten und durch die dienende Liebe der Engländerin Elisabeth Frey an gefangenen Frauen, die Diakonissenanstalt von Kaiserwerth. In der Grundordnung, die sich diese Schwesternschaft gab, heißt es: »Diakonissen sind Dienerinnen des Herrn Jesus Christus und um seinetwillen Dienerinnen an den Hilfsbedürftigen aller Art und Dienerinnen untereinander.« Diese dreifache Ausrichtung des Diakonissendienstes bleibt kennzeichnend für die Schwesternschaften in den evangelischen Kirchen. Die Berufung durch Christus selbst, die Hinwendung zu dem Nächsten in der Not und der Wille zur Gemeinschaft untereinander haben die Schwesternschaften der evangelischen Kirchen fortan bestimmt. Bald kam es wie in Kaiserwerth an vielen Orten zur Gründung der so beschriebenen Schwesternschaften als Glaubens-, Dienst- und Lebensgemeinschaften. Sie sind untereinander verbunden durch den Austausch in der Kaiserwerther Generalkonferenz, zu der aus dem europäischen Raum über 100 Schwesternschaften gehören. Für die Schwesternschaften ist bis heute charakteristisch: die einheitliche Tracht, die Dienstbereitschaft nach erfolgter Sendung, die genossenschaftliche Lebensform bei Ablehnung eines persönlichen Lohn- und Gehaltsempfanges (die Schwestern erhalten ein gleiches Taschengeld).

Finde dich niemals ab mit dem Skandal
der Spaltung unter den Christen,
die alle so leicht Nächstenliebe
bekennen und doch getrennt bleiben.
Habe die Leidenschaft für die Einheit
des Leibes Christi.

Aus der Ordensregel von Taizé

Neben den aus der Kaiserwerther Tradition stammenden Schwesternschaften gibt es noch die Diakonieschwestern, die die persönliche Selbständigkeit insbesondere in der Art der Berufung, in der Arbeit sowie der geldlichen Versorgung und in der freien Gestaltung des Ruhestandes betonen.

Nach dem zweiten Weltkrieg ist es zu Neugründungen von Dienstgruppen gekommen, in denen nicht so sehr die diakonische Verpflichtung übernommen wurde, sondern wo Raum für Kontemplation und Meditation gesucht wird. Einige dieser Gruppen sind aus der charismatischen Bewegung hervorgegangen.

Die evangelischen Schwesternschaften stehen heute insbesondere vor zwei Problemen:

1. Die diakonische Verpflichtung, also die Beanspruchung durch die Not von außen, ist zuweilen so groß, daß zu geistlicher Sammlung oft Zeit und Kraft fehlen. Aus diesem Grunde entscheiden sich einige Schwesternschaften für kontemplative Lebensform unter Zurückstellung der diakonischen Verpflichtung. Der größere Teil der Schwesternschaften öffnet sich für freie Mitarbeiter, um den diakonischen Aufgaben von heute gewachsen zu sein.

2. In allen Schwesternschaften, außer in den aus der charismatischen Bewegung hervorgegangenen, zeigt sich ein Mangel an Nachwuchs. Das stellt die Schwesternschaften vor die Aufgabe, die herkömmlichen schwesternschaftlichen Formen zu überdenken. Dabei wollen die einen zurück zu Lebensformen, die an den Ordensregeln orientiert sind, und die anderen möchten die Öffnung in die Welt, ohne schon beschreiben zu können, in welchen Formen sich das schwesternschaftliche Leben dann darstellen wird.

Neben den Schwesternschaften ist es im vorigen Jahrhundert auch zur Gründung von Diakonenhäusern gekommen. Johann Hinrich Wichern, der Initiator der Inneren Mission der evangelischen Kirche, hat zugleich die Gründung von Bruderschaften angeregt. Heute gibt es in der DDR 6 evangelische Diakonenhäuser. Sie sind der Ort, an dem für den Dienst des Diakonen die Zurüstung geschieht, und bieten mit dem Bruderhaus zugleich eine bruderschaftliche Bindung an. Die Brüderhäuser sind Ausbildungs- und Rüststätten für die in sehr verschiedenen Diensten stehenden Diakone der evangelische Kirche. *Dr. Reinhard Turre*

Diakonissen- und Diakonenhäuser in Europa	Diakonissen- und Diakonenhäuser in der übrigen Welt
Bundesrepublik Deutschland	Australien
Dänemark	Ghana
Deutsche Demokratische Republik	Indien
Finnland	Japan
Frankreich	Kanada
Großbritannien	Karibik
Holland	Malaysia
Irland	Neuseeland
Italien	Nigeria
Österreich	Philippinen
Schweden	Südafrika
Schweiz	Surinam
	USA

Güte ist etwas so Einfaches:
immer für andere dasein; nie sich selber suchen.

Dag Hammarskjöld

Diakonissen tragen eine einheitliche Tracht.

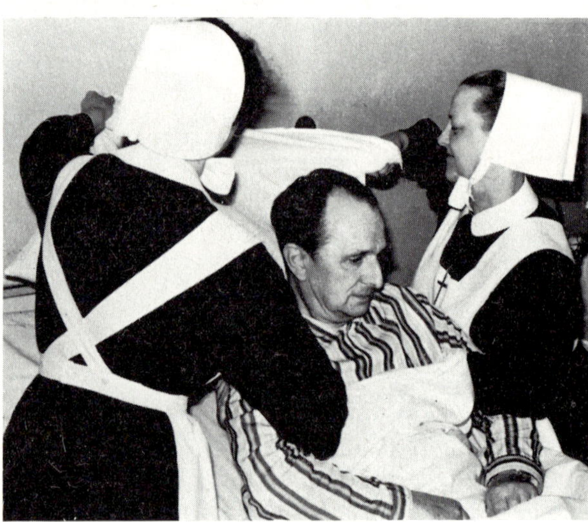

Auch sie leben nach den evangelischen Räten.

Walther von der Vogelweide, der umherziehende Spielmann, dessen Musik im rauhen Winter nicht gefragt ist, sieht das zu jeder Jahreszeit sinnvolle Leben der Zisterziensermönche:
*»Süßer Sommer, wo bist du? Fürwahr, ich sähe gern wieder bebaute Acker!
Viel lieber, als länger in solch tatenloser Bedrängnis zu leben, in der ich jetzt festgehalten bin, viel lieber würde ich Mönch in Doberlug.«*

Abt
von aramäisch abba (= Vater); Vorsteher eines Männerklosters, einer Abtei; weiblich: »Äbtissin«

Askese
von griech. askeo (= sich üben); eine menschliche Haltung, die Entsagung und Verzicht einem höheren Ziel dienstbar macht. Christliche Askese hat viele Erscheinungsformen, die wesentlich vom jeweiligen Zeitgeist geprägt sind, denen allen aber gemeinsam ist das Bemühen um Heiligung und Vollkommenheit (auch: Aszese).

Augustiner-Chorherren
OSA (= Ordo Sancti Augustini); ursprünglich die Mitglieder von Dom- und Kollegiatskapiteln (überwiegend Priester), die sich durch Gelübde gebunden hatten und ein gemeinsames Leben nach der Regel des hl. Augustinus führten, die dieser für eine Priestergemeinschaft in Tegaste im 4. Jh. verfaßt hatte.

Barfüßer
mittelalterlicher Name für die Franziskaner, weil sie keine Schuhe trugen

Bettelorden
verzichten nach ihrer Regel auf feste Einkünfte, etwa durch Grundbesitz. Sie leben von Almosen oder von Spenden für ihre Dienste. Unter Umständen müssen sie sich ihren Unterhalt erbetteln. Bettelorden sind: Franziskaner, Dominikaner, Kapuziner, Karmeliten und Barmherzige Brüder des Johannes von Gott.

Chorgebet
ist das im Chor, also gemeinsam, verrichtete Gebet der Mönche und Priestergemeinschaften, das über den ganzen Tag verteilt wird und im wesentlichen aus Psalmen und Schrifttexten besteht. Auch Stundengebet genannt, weil an bestimmten Tagzeiten vorgeschrieben (= Brevier).

Drittorden
vor allem bei den Franziskanern, wo 1212 ein weiblicher Zweig als »2. Orden« entstand. Ein dritter Orden ist dann eine Vereinigung von Laien und Priestern unter der Leitung des Ordens.

Eremiten
griech. (= Einsiedler); in allen großen orientalischen Religionen anzutreffen; im Christentum besonders in der Ostkirche. Eremiten sind Vorläufer der Mönchsbewegung. Nach dem 4./5. Jh. werden die Eremiten deutlich geringer an Zahl.

evangelische Räte
aus den Grundgedanken des Evangeliums abgeleitete Ratschläge, die zur Heiligkeit führen sollen: Armut, Ehelosigkeit (Jungfräulichkeit), Gehorsam.
Für die Bildung einer Mönchsgemeinschaft sind sie soziale Voraussetzung; für das Vollkommenheitsstreben des einzelnen Menschen sind sie christliche Tugenden.

Exerzitien
geistliche Übungen (= lat.: Exercitia spiritualia), die Ignatius von Loyola in seinem Orden einführte (Betrachtung, Gebet, Beichte, Kommunion, völliges Schweigen während der Exerzitien) und die 30 Tage dauern. Sie wurden bald, oft mit verkürzter Dauer (7–3 Tage), von anderen Orden übernommen, für Priester vorgeschrieben und Laien empfohlen. Die geistlichen Übungen leitet der Exerzitienmeister.

Gelübde
von geloben; bei Ordensleuten das Versprechen, die evangelischen Räte zu befolgen, entweder für immer (ewige oder feierliche G.) oder befristet (zeitliche oder einfache G.).

Inquisition
→ S. 377, S. 398f und S. 402

Kartäuser

ein vom hl. Bruno von Köln 1084 gestifteter strenger Mönchsorden. Die Mitglieder leben in kleinen Einzelhütten, benutzen aber Kirche, Kapitelsaal, Speisesaal und Bibliothek gemeinsam. So sind Einsiedler- und Klosterleben miteinander verbunden. Der Name kommt vom französischen Ort Chartreuse, von wo der Orden ausging. Das Kloster der Kartäuser wird Kartause genannt.

Klausur

von lat. clausura (= Enge, Sperre); in Klöstern und Ordenshäusern von den Insassen bewohnte Teile, die von Auswärtigen nicht betreten werden dürfen. – Bei Orden mit feierlichen Gelübden dürfen die Insassen die Klausur nur unter bestimmten Bedingungen und mit Erlaubnis der Oberen verlassen.

Kleriker

werden im Gegensatz zu den → Laien diejenigen genannt, die nach einem Theologiestudium die Weihe als Diakon, Priester oder Bischof empfangen haben. Die Bezeichnung ist schon seit dem 3. Jh. üblich (Worterklärung → S. 78).

Kloster

von lat. claustra (= Riegel, Verschluß); ein Gebäude, in dem Mönche oder Nonnen in Gemeinschaft leben, meist gegen die Außenwelt abgeschlossen. Die Bezeichnung ist auch für Häuser der Kongregationen üblich.

Koinobiten

von griech. koinós bíos (= gemeinsames Leben); auch Cönobiten genannt. Im 4. Jh. gründete der hl. Pachomius der Ältere (um 287–347) in Ägypten ein großes Kloster.
Wesensmerkmale:
1. gemeinsames Leben;
2. Gleichförmigkeit in Kleidung, Nahrung, Lebensform;
3. Sicherung der Gemeinschaft durch schriftliche Regel auf der Grundlage des Gehorsams.

Als Pachomius starb, bestanden in Ägypten bereits 9 Männerklöster (mit 9000 Mitgliedern) und 2 Frauenklöster. → S. 261

Kongregation

von lat. congregare (= zusammenkommen); ordensähnlicher Zusammenschluß von Männern oder Frauen, die unter einer Regel die → evangelischen Räte befolgen und einfache → Gelübde ablegen. Meist kommt ein caritatives, soziales oder pastorales Ziel dazu (Krankenpflege, Schuldienst, Seelsorgedienst u. a.). Der Unterschied dieser Gemeinschaften zu den Orden ist nach außen oft nicht zu erkennen. Er ist zumeist kirchenrechtlicher Art.
Wir unterscheiden:
Laienkongregationen, davon ca. 30 männliche und ca. 1000 weibliche Formen, z. B. Kleine Brüder Jesu, Arme Schulschwestern, Franziskanerinnen;
Klerikerkongregationen, deren Mitglieder die Priesterweihe empfangen haben: Passionisten, Redemptoristen, Oblatenmissionare, Salesianer u. a. Man zählt gegenwärtig 84 Klerikerkongregationen.

Konvent

von lat. convenire (= zusammenkommen); Klostergemeinschaft, Versammlung von Mönchen.

Konversen

von lat. convertere (= sich zuwenden, sich bekehren); sind Mitglieder einer Klosterfamilie. Obwohl sie (noch) nicht die Berufung zum Mönch oder zur Nonne erkennen, wollen sie in lockerer Weise der Gebets- und Arbeitsgemeinschaft angehören. Ihre Gebetspflichten sind den Arbeitsaufgaben angepaßt → S. 273. Großen wirtschaftlichen Einfluß hatten sie früher bei den Zisterziensern.

Laie

von griech. laós (= Volk); einer, der kein Fachmann ist; im kirchlichen Sprachgebrauch ist Laie, wer nicht Priester oder Diakon ist. Bei den Orden sind Laienbrüder solche Mitglieder, die wohl Gelübde abgelegt, aber keine Weihe empfangen haben.

Mendikanten

von lat. mendicare (= betteln); Bettler; im Mittelalter für die Bettelorden gebräuchlich, besonders für die Franziskaner und Dominikaner; »Bettelbrüder« → Bettelorden

Minoriten von lat. minor (= wenig, gering); fratres minores (= Minderbrüder), Name für Franziskaner

Mönch von lat./griech. monachus (= Einsiedler); schon sehr früh auf alle in Klostergemeinschaft lebenden Männer angewandt; Ordensmann. Schwerpunkt der Mönchsregel (regula monastica) sind die → evangelischen Räte.

Nonne von lat. nonna (= ehrwürdige Frau); Mitglied eines weiblichen Ordens, Klosterfrau

Noviziat nennt man eine Prüfungszeit, die dem Eintritt in einen Orden vorausgeht und die ein oder zwei Jahre dauert. Am Beginn des Noviziates erfolgt die Einkleidung (Anlegen des Ordenskleides), am Ende die Ablegung des Gelübdes (meist erst für eine befristete Dauer von Jahren, später dann endgültig). Die Anleitung der Novizen geschieht durch einen Novizenmeister (bei Novizinnen durch eine Novizenmeisterin).

Orden von lat. ordo (= Reihe, Ordnung); eine kirchlich bestätigte religiöse Gemeinschaft mit feierlichen Gelübden, z. B. Benediktiner, Zisterzienser, Prämonstratenser, Kreuzherren. Die katholische Kirche zählt zur Zeit ca. 80 Orden, davon 46 männliche.

Prior von lat. prior (= der Frühere, Vordere); Vertreter des Abtes; bei kleinerer Gemeinschaft der Vorsteher der Mitglieder

Regel oder Ordensregel ist die Satzung, nach der das Leben der Mitglieder geregelt wird. Vielfach liegt eine ältere Regel zugrunde, etwa die des hl. Benedikt oder des hl. Augustinus. Die Ordensregel bedarf der Bestätigung durch den Papst.

Regularkleriker sind Mitglieder des geistlichen Standes, die einer Regel folgen, z. B. die Priester der Gesellschaft Jesu (Jesuiten). Kennzeichen: Verzicht auf Kloster, Chorgebet und Tracht.

Säkularinstitut von lat. saecularis (= zur Welt gehörig) und institutio (= Einrichtung); Weltgemeinschaft; religiöse Gemeinschaft von Männern und Frauen, die in besonderer Weise in der Nachfolge Christi leben wollen. Sehr verschiedene Formen. Grundrichtung: Verzicht auf gemeinsame Kleidung und Wohnung, aber Verpflichtung auf eine Regel. Befolgung der evangelischen Räte, betontes Sonderziel (z. B. Laienapostolat, Seelsorgearbeit, Krankendienst), privates Gelübde, Versprechen oder Eid. – Die Zahl der Mitglieder steigt ständig an. Vom Papst anerkannt sind etwa 80 solcher Weltgemeinschaften, z. B. Ancillae Christi Regis (Dienerinnen Christi des Königs), Compagnia di San Paolo (Gemeinschaft des hl. Paulus), Mägde Mariens, Schönstatt-Werk. Außerdem bestehen bereits über 300 weitere Säkularinstitute, die jedoch noch keine päpstliche Anerkennung erlangt haben.

Stift (z. B. Marienstift, Stiftskirche) ist eine kirchliche Gründung (Kirche, Krankenhaus, Altersheim usw.) mit »gestiftetem«, also geschenktem, Vermögen, das nur zweckgebunden verwendet werden darf.

Tertiaren → Drittorden

Theologe von griech. theós (= Gott) und lógos (= Lehre); Gottgelehrter; einer, der sich mit der Lehre von Gott auf wissenschaftliche Weise befaßt. Bei uns oft eingeengt auf Theologiestudenten.

Zölibat von lat. caelebs (= Junggeselle); Ehelosigkeit der Priester, heute Voraussetzung für die Weihe in der lateinischen Kirche, in der Ostkirche nur für Bischöfe. Der Zölibat soll ähnlich dem Keuschheitsgelübde der Ordensleute Freiheit für Gott und die ungeteilte Hingabe an die Menschen ermöglichen.

Gotteswort in Menschenhand

Kirche zwischen Heiligkeit und Sünde

Der Anfang des Friedens

Gotteswort in Menschenhand

Kirche zwischen Heiligkeit und Sünde

Der Anfang des Friedens

Es waren zwei Brüder. Der eine von ihnen war verheiratet, der andere nicht. Sie hatten den ganzen Tag lang das Korn ausgedroschen und dann unter sich geteilt. Am Abend legte sich jeder bei seinem Kornhaufen nieder.

Des Nachts lag der verheiratete Bruder wach und dachte bei sich: »Ich bin jetzt ein reicher Mann. Ich habe Frau und Kinder und einen Überfluß an Getreide. Mein armer Bruder ist einsam und allein. Warum soll ich so viel mehr haben als er? Ich will ihn beschenken mit Korn von dem meinen.« Nun trug er einen Teil seiner Körner hinüber zu dem Kornhaufen seines schlafenden Bruders.

Bald danach erwachte der zweite Bruder und bedachte bei sich, wieviel mehr er besaß, als er brauchte, da er weder Weib noch Kind hatte. Würde er seinem Bruder etwas zum Geschenk anbieten, so würde der es vielleicht nicht annehmen. So stand er auf, nahm einen großen Posten seines Getreides und trug es hinüber zum Kornhaufen des wieder eingeschlafenen Bruders.

Am Morgen wunderte sich jeder der beiden, wie es kam, daß er ebensoviel hatte wie zuvor, und keiner konnte sich erklären, wie es zugegangen sei. Keiner sprach über die Vorgänge der Nacht.

Gott hatte die Tat der Bruderliebe gesehen. Er beschloß, diesen Ort zum Betplatz zu machen für die Völker. Seitdem versammeln sich Moslems, Juden und Christen an diesem gesegneten Ort.

Es ist der Tempelplatz zu Jerusalem.

Nach einer arabischen Legende

Land und Leute zur Zeit Jesu

Israel – das Land, wo Jesus lebte

Israel war ein schönes Land. An der Küste entlang zieht sich eine flache, schmale Ebene, die sehr fruchtbar ist. Dort wachsen Feigenbäume und Dattelpalmen. Auch Bäume mit Granatäpfeln oder Mandeln gedeihen. Weiter im Land beginnt bald eine Hügellandschaft. An den Hängen werden Weinreben angebaut. Schattige Haine mit Ölbäumen breiten sich aus. Dann aber geht es immer steiler bergauf. Durch das Land, von Jerusalem bis Nazaret, zieht sich das Gebirge hin.

Auf der anderen Seite des Gebirges, in einem tiefen weiten Graben, fließt der Jordan. Auch dort gibt es fruchtbares Land. Der Jordan durchläuft den See Gennesaret und mündet schließlich in das Tote Meer.

Das Land umfaßte zur Zeit Jesu drei Gebiete: Galiläa, das Heimatland Jesu, Samarien und Judäa, wo die Hauptstadt Jerusalem liegt. In diesen drei Landesteilen lebten damals nicht mehr Menschen, als heute bei uns in einer einzigen Großstadt wohnen.

In zahlreichen Windungen fließt der Jordan ins Tote Meer.

Jerusalem

Über diese Stadt und ihren Namen gibt es eine ganze Bibliothek. Der Name bedeutet wohl: »Stadt des Gottes Schalem«. Er wurde verschieden ausgesprochen: Urusalim, Urusalimu, Jerusólyma, Jerusalem. Die Araber nennen sie El-Kuds, das heißt »die Heilige«.

Schon um 1000 v. Chr. hatte sie David zu seiner Regierungsstadt ausgebaut. Auf dem Berge Zion errichtete Salomo den Tempel. Damit war die Stadt zum Heiligtum der Juden geworden.

Weil Jesus in Jerusalem starb, weil hier die Jünger Zeugen seiner Auferstehung wurden, weil hier der Heilige Geist die junge Christengemeinde bildete, ist die Stadt auch den Christen heilig.

Als die Römer 70 n. Chr. den Tempel zerstörten, nahmen sie den Juden das Herz ihres Glaubens. Sie hatten keine Heimat mehr und zerstreuten sich über die ganze Erde. Die Moslems übernahmen im 7. Jahrhundert Jerusalem. Auf dem Gelände des Tempels errichteten sie eine Moschee, die bis heute steht.

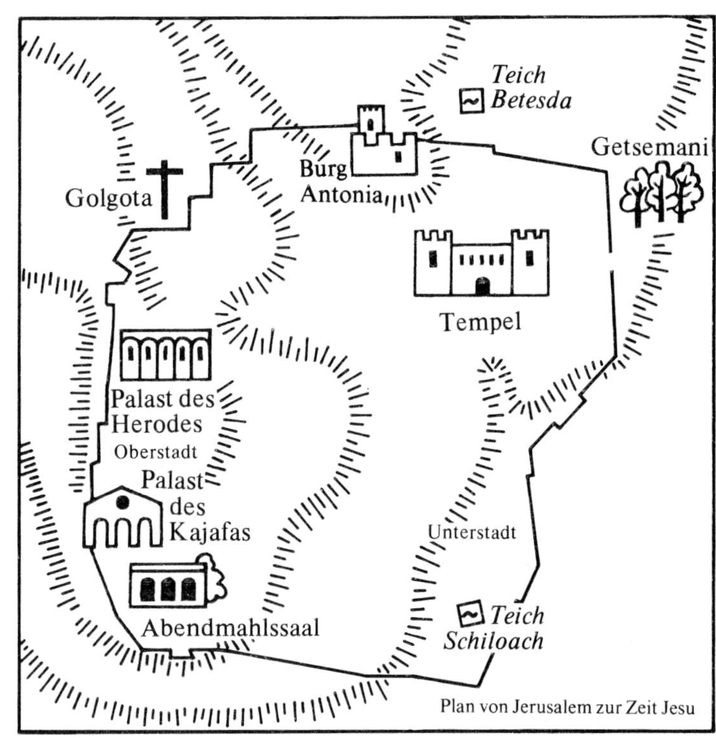

Plan von Jerusalem zur Zeit Jesu

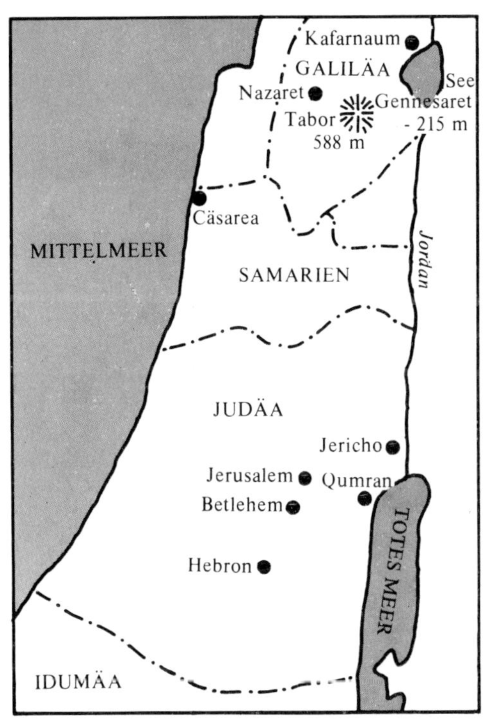

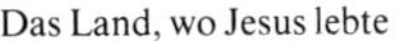
Das Land, wo Jesus lebte

Jerusalem
Altstadt mit dem Damaskustor im Vordergrund

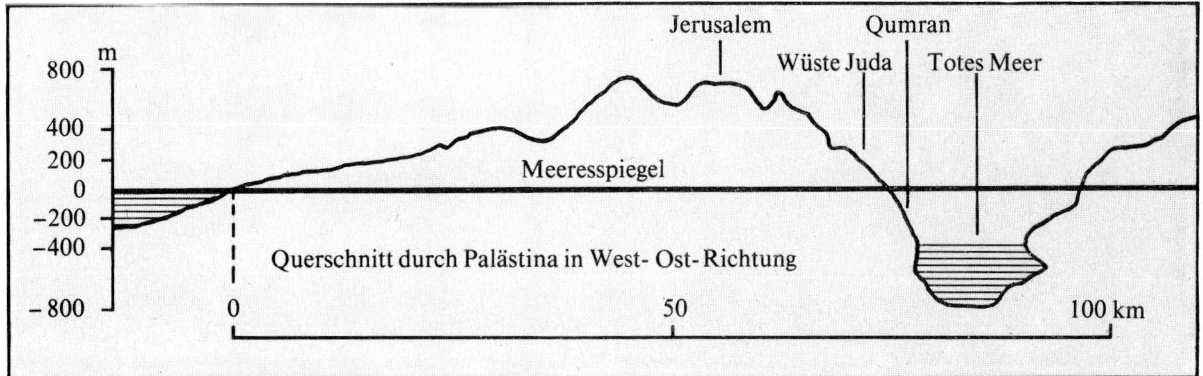

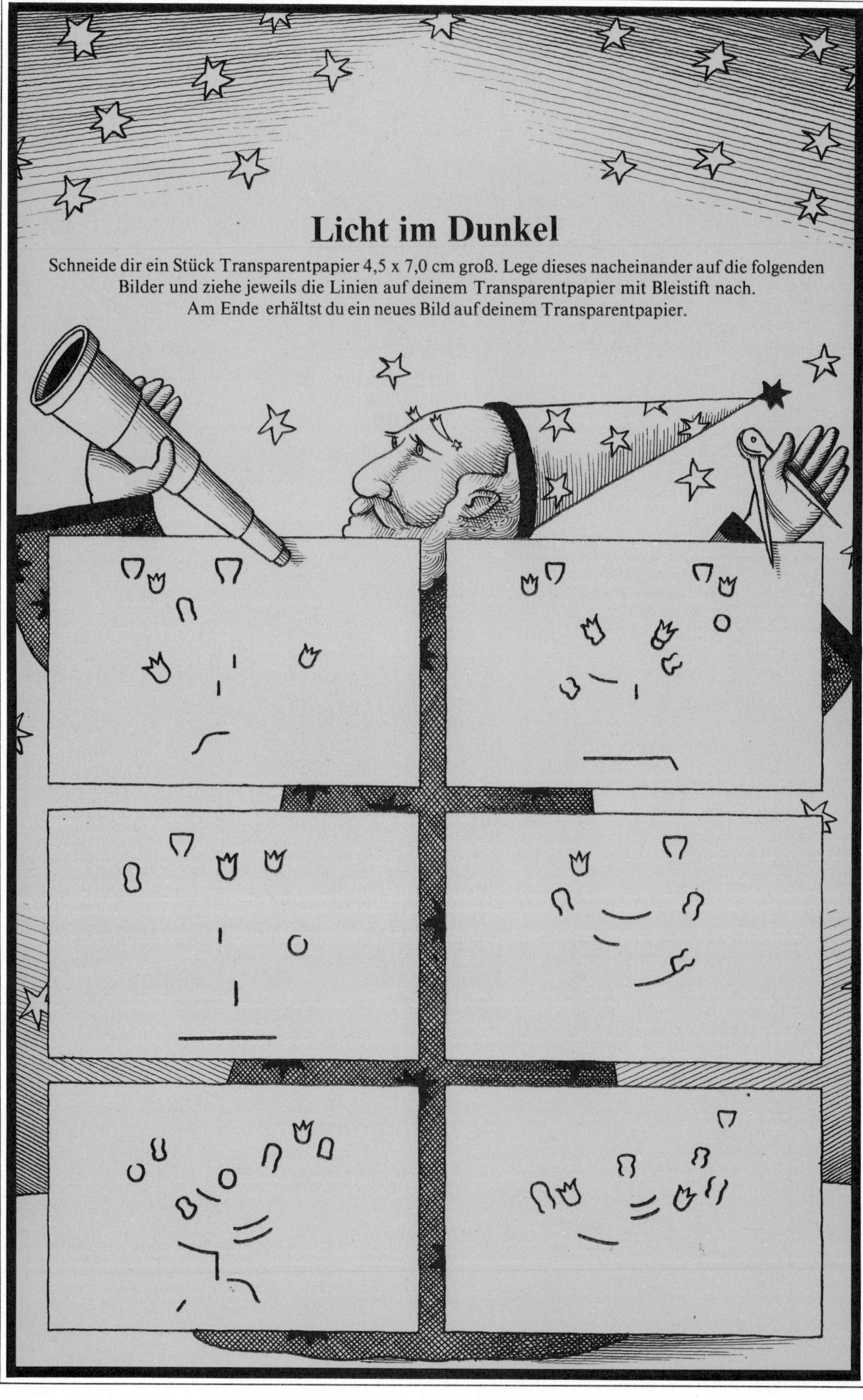

Licht im Dunkel
Schneide dir ein Stück Transparentpapier 4,5 x 7,0 cm groß. Lege dieses nacheinander auf die folgenden Bilder und ziehe jeweils die Linien auf deinem Transparentpapier mit Bleistift nach.
Am Ende erhältst du ein neues Bild auf deinem Transparentpapier.

Der Tempel von Jerusalem

Jerusalem war eine große Stadt. Menschen aus aller Welt lebten hier oder kamen hierher, um Geschäfte abzuschließen. Wenn man eines der Stadttore durchschritten hatte und die Straßen und Gäßchen zum Tempel hinaufstieg, konnte man alle möglichen Sprachen hören. An beiden Seiten der Straße boten Händler ihre Waren an. Galiläische Pilger kamen aus dem Staunen nicht mehr heraus. Reichgekleidete Männer und vornehme Frauen gingen durch die Straßen, aber auch unzählige Bettler und Krüppel baten um Almosen.
Das größte Erlebnis war für die Pilger, wenn sie zum Tempel kamen. Der Tempelbezirk war von einer Säulenhalle begrenzt, in der viele Schriftgelehrte ihre Studierzimmer hatten. Die Pilger gelangten zuerst in den großen »Vorhof der Heiden«, den auch Nichtjuden betreten durften.
Über fünfzehn Stufen kamen die Pilger dann durch ein großes Bronzetor in den »Vorhof der Frauen«. Warnschilder wiesen darauf hin, daß dieser Hof nur von Juden betreten werden durfte. Selbst die Römer hielten sich an diese Vorschrift. In diesem Hof mußten die Frauen und Mädchen zurückbleiben; nur Jungen und Männer durften in den nächsten Hof, den »Vorhof der Männer«, hineingehen. Von hier aus konnten sie den Priestern zusehen, die auf dem Platz

Auf dem Tempelplatz von Jerusalem

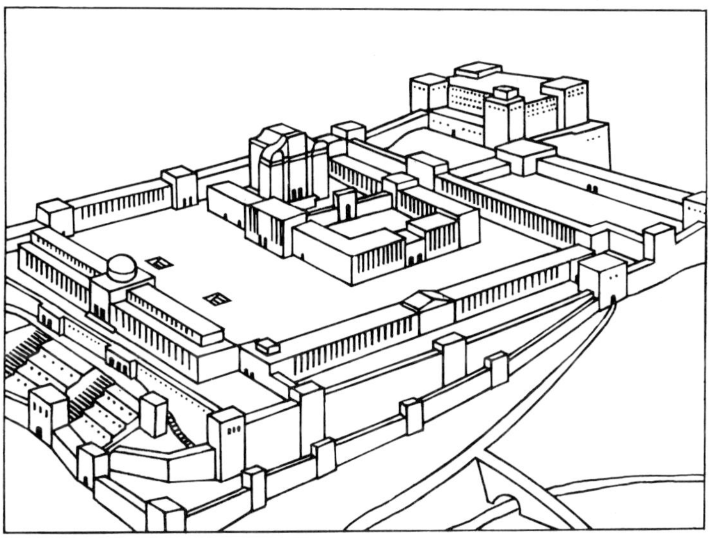

So mag der Tempel vor der Zerstörung durch die Römer ausgesehen haben.

vor dem Tempel die Opfer darbrachten. Dort stand der große Opferaltar aus unbehauenen Steinen, hier wurden die Tiere geschlachtet, die von den Gläubigen gebracht worden waren.
Dahinter erhob sich das herrliche Tempelgebäude, das aus zwei Räumen bestand: dem Heiligen und dem Allerheiligsten. Das Heilige durften nur die Priester betreten; dort standen der siebenarmige Leuchter und der Tisch mit den Schaubroten. Das Innere des Allerheiligsten war ganz leer, im Unterschied zu heidnischen Tempeln, in denen die Bilder und Statuen der Gottheiten standen. Von Jahwe durften die Juden kein Bild machen, ja sie gewöhnten sich an, nicht einmal seinen Namen auszusprechen. Gott ist ganz anders als alle Bilder, die man sich von ihm macht. Das Allerheiligste durfte nur der Hohepriester betreten, und zwar einmal im Jahr.

Im Evangelium

Hohepriester: Hannas, Kajaphas
Zeloten: Jünger Simon von Kana; wahrscheinlich Barabbas
Sadduzäer: Hohepriester Hannas und Kajaphas
Pharisäer: Nikodemus, Josef von Arimathäa, Paulus vor seiner Bekehrung

Religiöse Gruppen in Israel

Über das, was der Glaube an Jahwe von ihnen verlangt, waren sich die Juden nicht einig. Die Samariter zum Beispiel wollten den Tempel in Jerusalem nicht anerkennen; sie beteten in eigenen Heiligtümern zu Gott. Außerdem hatten sie religiöse Bräuche anderer Völker übernommen.
Doch auch bei den Juden in Galiläa und Judäa gab es verschiedene Gruppen:
Die *Zeloten* wollten das Reich Gottes mit Gewalt herbeiführen, indem sie gegen die Römer mit Waffen kämpften. Auch Jesus hatte einen Jünger aus den Reihen der Zeloten.
Die *Sadduzäer* stellten den größten Teil des Hohen Rates. Zu ihnen gehörten vor allem reiche Tempelpriester und wohlhabende Familien, die wegen ihrer Geschäfte viel mit Griechen und Römern zusammenarbeiteten. Von diesen übernahmen sie Lebensweise und Weltanschauung. Sie wollten – wie die Samariter – nur die Bücher des Mose gelten lassen, glaubten nicht an die Auferstehung der Toten und kümmerten sich nicht sonderlich um die vielen Vorschriften und Gebote.
Anders die *Pharisäer*. Ihr Name bedeutet: »abgesondert«. Sie hielten sich streng an alle heiligen Schriften und beachteten dazu noch zahllose Vorschriften. Sie glaubten an die Auferstehung der Toten. Aus übertriebener Gesetzesfrömmigkeit wurden sie oft blind für die Nöte ihrer Mitmenschen.
Die *Essener* nahmen nicht am Tempelkult und an den Tieropfern teil. Rituelle Waschungen spielten eine große Rolle. Sie lebten in Armut und Zurückgezogenheit in klosterähnlichen Ansiedlungen, vor allem in der Nähe des Toten Meeres (→ Qumran S. 323).

Ein Mensch bleibt weise,
solange er die Weisheit sucht.
Sobald er sie gefunden haben will,
wird er ein Narr. *Aus dem Talmud*

Der barmherzige Samariter?

Samaria

ist eine von den Israeliten im 9. Jahrhundert v. Chr. gegründete Stadt. Samarien ist der Name für eine Berglandschaft im Nordreich des Landes. Hier lebten bis 721 v. Chr. Israeliten.
Dann wurde die Landschaft von den Assyrern erobert. Dreißigtausend Einwohner wurden verschleppt und durch fremde Bevölkerung ersetzt. So entstand ein Völkergemisch aus Israeliten und anderen Volksgruppen: die Samariter (oder Samaritaner). Es trat eine Entfremdung ein, die sich immer mehr verschärfte und schließlich in Feindschaft gegen die Juden umschlug. Als sich die Samariter einen eigenen Tempel auf dem Berg Garizim bauten, war auch die Glaubensspaltung endgültig vollzogen.
Zur Zeit Jesu galt bei den Juden das Wort »Samariter« als Schimpfwort.
Gegenseitige Belästigungen waren an der Tagesordnung.
Wollte ein Jude vom Süden in das nördliche Galiläa, machte er lieber den beschwerlichen Umweg durch die Wüste östlich des Jordan, als durch das Land der Samariter zu ziehen.

Im Evangelium

der dankbare Samariter (einer der 10 geheilten Aussätzigen)

die Frau am Jakobsbrunnen

Jericho

Jericho ist der Name für eine der ältesten Städte der Welt. Die Überreste des alten Jericho liegen heute unter einem etwa 25 m hohen Ruinenhügel. Die Archäologen haben diesen Hügel wie eine Torte angeschnitten. So wurden alle Besiedlungsschichten sichtbar. Bei den Grabungen im Jahre 1952 stieß man auf die unterste Siedlung vor, die bis in die vorkeramische Jungsteinzeit zurückreicht (um 7000 v. Chr.). Darüber lagen Schichten von sechs zerstörten Städten. Auf diesem Hügel lag auch das alttestamentliche Jericho, das von den Israeliten unter Josuas Führung im 13. Jahrhundert v. Chr. mit Posaunenschall erobert worden war. Die letzten Anzeichen einer Besiedlung stammen aus dem 9. bis 6. Jahrhundert v. Chr.

Josua schlug die Schlacht von Jericho,
und die Mauern stürzten ein.

In der Wüste Juda an der Straße zwischen Jerusalem und Jericho. Die Inschrift auf dem Stein (arabisch, hebräisch und englisch) sagt, daß diese Stelle in gleicher Höhe wie der Meeresspiegel liegt. Bis nach Jericho geht die Straße noch 350 Meter bergab.

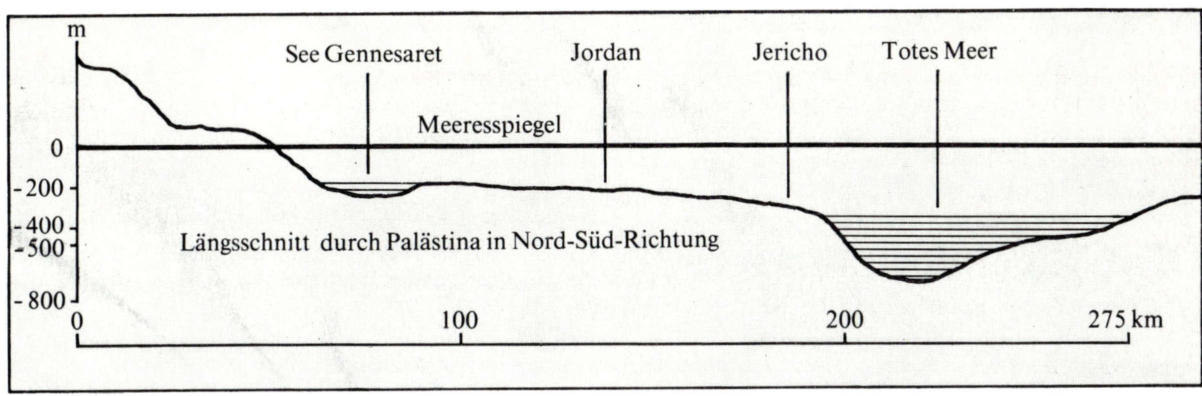

Das Jericho zur Zeit Jesu lag etwa 2 km vom alten Jericho entfernt. Hier hatte Herodes Prunkbauten errichten lassen: ein Amphitheater, eine Pferderennbahn und Parkanlagen mit künstlichen Teichen.
Für uns erhält die Stadt Bedeutung durch die Heilung des blinden Bartimäus (Mk 10,46) und durch die Begegnung Jesu mit dem Oberzöllner Zachäus (Lk 10,30). Wir erinnern uns auch an die Parabel vom barmherzigen Samariter, die auf dem Weg von Jerusalem nach Jericho spielt (Lk 10,1–10).

Das Tote Meer oder »Das Meer des Teufels«

Bis heute gibt es den Gelehrten viele Rätsel auf. Das Tote Meer ist 85 km lang und 17 km breit und damit ungefähr so groß wie der Balaton. Es hat eine Tiefe bis ca. 400 m. Der Wasserspiegel liegt 390 m unter dem Niveau des Mittelmeeres.

Heute noch ist das Tote Meer ein Trugbild. Das Wasser schimmert aus der Nähe grünblau wie ein herrlicher Kristall. Aber über der ruhigen Wasserfläche schwebt eine heiße, trübe Luft, und ein unangenehmer Geruch läßt mich an die durch Feuer vernichteten Städte Sodom und Gomorra denken. Es ist der Geruch von Asphalt, der in kleinen Klumpen auf dem Wasser schwimmt. Das Tote Meer ist unerklärlich reich an Schwefel, Pottasche und Naphta. Sein Kalireichtum könnte den Weltbedarf auf 400 Jahre decken. Und noch einen Reichtum hat das Meer: das Salz. Am Südwestende gibt es große Salzlager. Das Wasser ist das salzreichste der Erde. Es hat einen Salzgehalt von 25 Prozent. Das Tote Meer hat keinen Abfluß, auch nicht durch Versickerung in den Boden. In der Hitze über dieser Höllengrube verdunsten täglich fast 15 mm der Wasseroberfläche. Das ist der ganze Zufluß des Jordans! Alle Minerale des Flusses bleiben zurück. Der Salzreichtum des Sees nimmt immer weiter zu.
Man möchte von einem Wunder der Natur sprechen, aber es ist ein grausames Wunder. Denn das Salz tötet alles Leben. Die Fische, die vom Jordan hereinschwimmen, werden vergiftet. Es gibt kein Leben, weder Tier noch Pflanze, in dem so herrlich anzusehenden grünblauen Wasser. Die Pilger früherer Zeiten haben das Tote Meer daher das »Meer des Teufels« genannt.

Nach Franz Kaiser

Auflösung von S. 312 (Licht im Dunkel):

Du siehst den siebenarmigen Leuchter, der im fensterlosen »Heiligen« Raum des Tempels stand und dessen Lampen ohne Unterlaß für Jahwe brennen sollten. Er war 1,30 m hoch und wog 43,6 kp (reines Gold).

Zeittafel

um 1700	Hammurapi in Mesopotamien Beginn der Patriarchenzeit (Abraham, Isaak, Jakob)
um 1600	Israel in Ägypten
um 1250	Auszug Israels aus Ägypten (Mose)
um 1200	Landnahme in Kanaan
um 1200–1020	Zeit der Richter (Jiftach, Samson, Gideon, Prophet Samuel)
um 1012–1004	König Saul
um 1004–965	König David
965–926	König Salomo (Bau des Tempels auf dem Berge Zion)
926	Teilung des Reiches Nordreich: Israel (926–721) Südreich: Juda (926–587)
um 900–600	die Propheten: Elija, Elischa, Jesaja, Jeremia
721	das Reich Israel von den Assyrern besiegt, Israeliten nach Assyrien umgesiedelt
587	das Reich Juda von den Babyloniern besiegt, Zerstörung des Tempels, Babylonische Gefangenschaft, die Propheten: Ezechiel, Daniel
538	Ende der Babylonischen Gefangenschaft, Wiederaufbau des Tempels in Jerusalem
332	Alexander der Große erobert das Land Juda. Juda bleibt bis 63 v. Chr. unter der Herrschaft seiner Nachfolger.
63	Jerusalem wird von den Römern erobert.
40	Herodes wird von den Römern zum König der Juden ernannt.
um 7	Jesus von Nazaret geboren
4	Tod des Herodes

↑ *Zeit v. Chr.*

↓ *Zeit n. Chr.*

um 30	Jesus gekreuzigt

Hebron

liegt 37 km südlich von Jerusalem. Es ist eine der ältesten Siedlungen des Landes. Schon im zweiten Jahrtausend v. Chr. war sie von Mauern umgeben. Später soll König David hier sieben Jahre regiert haben, ehe er seine Residenz nach Jerusalem verlegte. Von da an sank die politische Bedeutung Hebrons.

Die Gräber der Patriarchen

Die Gräber von Abraham, seiner Frau Sara, von Isaak, Rebekka, Lea und Jakob sollen noch existieren? Das klingt fast unglaublich! Die ununterbrochene Überlieferung über Jahrtausende hinweg sagt ja dazu und beruft sich auf Bibelstellen.
Abraham erwarb, so sagt das Alte Testament, als Sara gestorben war, für 400 Silberschekel von Efron ein Grundstück mit Höhle für eine Grabstelle. Der Vertrag wurde am Stadttor von Hebron geschlossen (vgl. Gen 23,1–17). Später erfüllte Josef seines Vaters Jakob letzten Wunsch: Er brachte den Leichnam von Ägypten nach Hebron in die Grabhöhle (vgl. Gen 49,29–33; 50,1–44).
Zu allen Zeiten wurde in Hebron eine Höhle als Ruhestätte der Patriarchen verehrt. König Herodes der Ältere, als Bauherr berühmt, ließ das Heiligtum prächtig ausbauen. Steinquader von 7 m Länge und 1,5 m Höhe sind vor 2000 Jahren behauen, transportiert und hier zusammengefügt worden. Wie hat man das geschafft? In einem Bericht von 570 n. Chr. wird eine vierhallige christliche Basilika über der Höhle erwähnt.
Später haben dort die Kreuzfahrer eine gotische Basilika gebaut. Die Moslems verwandelten diese, nach der Rückeroberung, in eine Moschee, denn auch sie verehren Abraham. Sie hüten die Höhle. Niemand darf sie betreten: »Denn«, so sagen sie, »wer hinuntergeht, dem begegnet Abraham, und dann muß er sterben.«

Die Patriarchengräber

Cäsarea

ist zu unterscheiden von der Stadt Cäsarea Philippi, die etwa 40 km nördlich des Sees Gennesaret liegt.

Verbeugung vor dem Kaiser

Der Name Cäsarea ist eine Ehrung des römischen Kaisers und bedeutet: »die kaiserliche Stadt«.
Caesaries heißt im Lateinischen: »Haupthaar« oder »Laub«.
Ursprünglich war »Caesar« ein Familienname. Der römische Diktator C. Julius Caesar hat den Namen berühmt gemacht. Sein Großneffe und Kaiser Oktavianus nahm den Namen Caesar dann als Titel an.

Aus dem Familiennamen wird ein Titel:

CAESAR

KAESAR

KAISAR

KAISER

Der Kaiser wurde zugleich »Augustus« genannt (das heißt: der »Göttliche«) und beanspruchte religiöse Verehrung. Die ersten Christen blieben ihm diese schuldig, weil sie nur Gott im Himmel anerkannten. Sie wurden deswegen blutig verfolgt.

Im Evangelium

römische Kaiser: Augustus, Tiberius;
römische Statthalter: Pontius Pilatus, Quirinius (Syrien);
jüdische Könige oder Fürsten: Herodes, Herodes Antipas . . .;
Hoher Rat: Hannas, Kajaphas, Josef von Arimathäa, Nikodemus
Zöllner: Matthäus, Zachäus

Die Herrschaft der Römer

Zur Zeit Jesu beherrschten die Römer ein riesiges Weltreich. Von Rom aus war es ihnen gelungen, fast alle Länder um das Mittelmeer unter ihre Gewalt zu bringen. In den eroberten Ländern setzten sie Statthalter ein, auch Könige, die die Interessen des römischen Kaisers vertraten.

Auch Palästina, die Heimat Jesu, gehörte zum römischen Weltreich. Statthalter war Pontius Pilatus, ein Römer. Der Fürst Herodes Antipas hatte als Jude nicht viel zu bestimmen. Wichtige Entscheidungen fällte der römische Statthalter. So durften die Juden auch kein Todesurteil aussprechen. Nur Pilatus konnte Jesus zum Tod verurteilen. Daher wurde er auch auf die Art hingerichtet, die die Römer im ganzen Reich anwendeten. Es war der Tod durch Kreuzigung.

Die religiösen Angelegenheiten überließen die Römer den Juden selbst. Der Hohe Rat zu Jerusalem hatte die Aufgabe, die Gesetze des Mose auf die jeweiligen Verhältnisse anzuwenden. Auch über die Durchführung der Anordnungen wachte der Hohe Rat.

Dreimal Herodes

Im Neuen Testament wird mehrfach der Name Herodes gebraucht.
Er steht aber bei drei Personen, die wir uns genauer ansehen wollen.

1. Der Vater

Name: **Herodes der Ältere**
lebte: 73–4 v. Chr.
regierte: 37–4 v. Chr.
Eigenschaften: rücksichtslos, brutal gegen die eigenen Verwandten, mißtrauisch; baufreudig
NT: Weise aus dem Morgenland; Kindermord zu Betlehem

Er war ein König von Roms Gnaden. Baute Städte. Baute auch den Tempel zu Jerusalem wieder auf. Errichtung der Festung Machärus, der Burg Antonia u. v. a. m.

2. Der Sohn

Name: **Antipas**
oder Herodes Antipas
lebte: 22 v. Chr. –?
regierte: 4–39 n. Chr.
Eigenschaften: schlau, ehrgeizig, prachtliebend, ein glaubender Jude
NT: Jesus nennt ihn »Fuchs«; Hinrichtung Johannes' des Täufers; Verspottung und Geißelung Jesu

Er war Landesfürst in Galiläa und wollte gern König werden. Bewarb sich darum beim Kaiser in Rom. Sein Stiefbruder machte ihn aber so gründlich schlecht, daß der Kaiser ihn in die Verbannung nach Lugdunum (Lyon) schickte. Dort ist er wohl auch gestorben. (Seine Frau: Herodias; deren Tochter: Salome.)

3. Der Enkel

Name: **Agrippa I.**
(im NT: Herodes)
regierte: 41–44 n. Chr.
Eigenschaften: beobachtet streng das jüdische Gesetz, daher beliebt beim Volk
NT: Maßnahmen gegen das junge Christentum, Verfolgungen, Hinrichtungen

Er wurde in Rom erzogen, wo er sich auch sehr lange aufgehalten hat. 41 wurde er zum König über ganz Palästina ernannt.
Da seine Regierungszeit recht kurz war, sind seine Spuren nicht so deutlich zu erkennen.

Was ist der Hohe Rat?

Älteste des Volkes
Hohepriester
Schriftgelehrte
zusammen 71 Männer

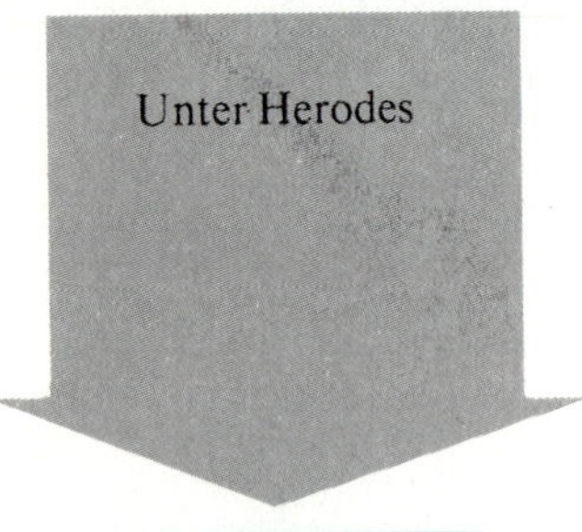

Unter den römischen Statthaltern

Schattendasein

Höchstes Regierungskollegium, abhängig von den Römern, regelt nur religiöse Angelegenheiten in völliger Freiheit.

Hoher Rat

= Synedrion (griech.)
= Sanhedrin (jüdisch)
= Synedrium (lat.)

Wenig duldsam waren die Römer in Geldangelegenheiten. Überall führten sie ein straff organisiertes Steuersystem ein. Die jüdischen Steuereinnehmer waren unbeliebt bei ihren Landsleuten. Sie galten als Feinde des Volkes, weil sie sich selbst und die römischen Bedrücker bereicherten.
Aus der Heiligen Schrift wissen wir, daß sich die Juden nach Freiheit sehnten. Sie warteten inniger denn je auf den Messias, den Retter und Befreier vom römischen Joch. Immer wieder wagten einzelne Gruppen von Freiheitskämpfern Überfälle auf die Römer. Aber die Römer waren stärker. Die Freiheitskämpfer wurden aufgerieben und ihre Anführer zum Zeichen der Abschreckung gekreuzigt.
Etwa 30 Jahre nach dem Tode Jesu kam es zu großen Aufständen im Lande Palästina. Sie wurden von den Römern blutig niedergeschlagen. Und damit den Juden solche Aufstände ein für allemal vergingen, zerstörten die Römer die Haupstadt Jerusalem und die Mitte des jüdischen Volkes: den Tempel. Die Oberschicht wurde ausgerottet oder aus dem Lande vertrieben. Das geschah im Jahre 70 n. Chr.

Nazaret

Weder das Alte Testament noch irgendein antiker Historiker erwähnen diesen Ort. Und doch hat Nazaret schon zur Steinzeit existiert. Zur Zeit Jesu bedeutet es nicht viel.
Heute zählt die Stadt etwa 25 000 Einwohner.
Hier verlebte Jesus seine Kindheit und seine Jugend. Über diese Jahre schweigen die Evangelisten.
Von Nazaret bis Kafarnaum sind es etwa 50 km.
In Kafarnaum findet Jesus seinen Wohnsitz, seine Freunde und Schüler und auch wache Ohren für seine Botschaft.

Die Strafe der Kreuzigung

Die Römer hatten die Kreuzigung von den Persern und den Puniern übernommen, und wie diese nahmen sie auch Massenkreuzigungen vor.
In Palästina gedachte man zur Zeit Jesu noch mit Grauen der Kreuzigung von etwa zweitausend Widerstandskämpfern, die der römische Feldherr Quintilius Varus – derselbe, der später im Teutoburger Wald von Arminius geschlagen wurde – im Jahre 4. n. Chr. in der Nähe von Jerusalem vollstrecken ließ.
Die Kreuzigung wurde vor allem über politische Verbrecher verhängt. Cicero nannte sie »die grausamste und schmählichste Pein, die äußerste Sklavenstrafe.«
Zur Hinrichtungsstätte mußte der Verurteilte den Querbalken tragen, der etwa zwei Meter lang war. Der senkrechte Pfahl wurde in den Boden gerammt. Nachdem der Verurteilte mit den Händen an den Querbalken genagelt war, wurde dieser hochgezogen und am senkrechten Pfahl befestigt.

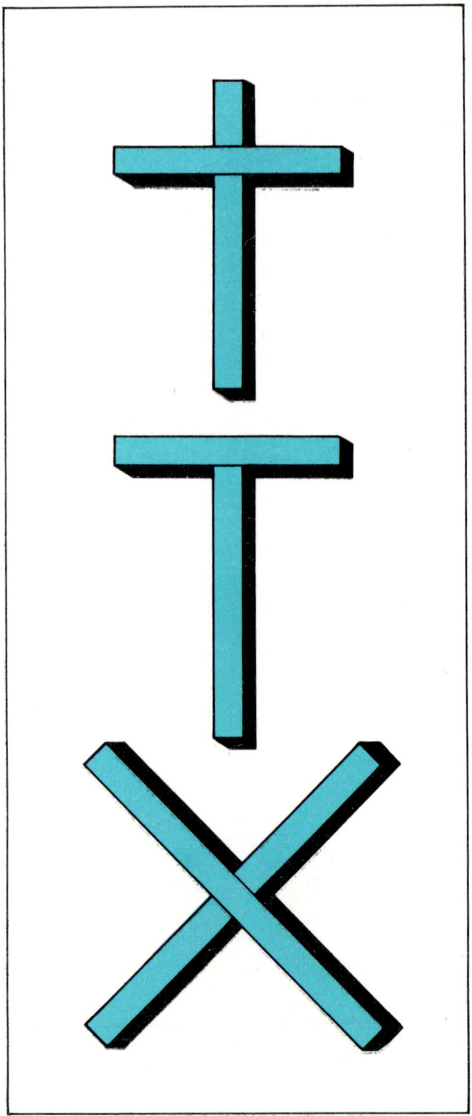

Zur Zeit Jesu wurden drei Kreuzesformen für die Hinrichtung verwendet.

Das Leben der einfachen Leute

Die einfachen Leute im Lande Israel lebten bescheiden. Die Männer arbeiteten als Hirten oder Bauern, Handwerker oder Fischer. Die Frauen der meist kinderreichen Familie kümmerten sich um die Hausarbeit. Sie sammelten Früchte, buken Brot, bereiteten die Mahlzeit. Die Woche über aß man Brot und Obst. Nur am Sabbat fiel das Mahl reichlicher aus. Dann gab es Fleisch, Fisch und Wein.
Wer konnte, hielt Haustiere, Schafe, Hühner, Hunde und, wenn die Umstände günstig waren, eine Kuh.
Die Häuser waren klein. Es gab nur einen Raum. Als Baumaterial dienten Backsteine aus Lehm und Stroh.
Das Dach bestand aus waagerecht auf die Mauern gelegten Balken, die mit Schilf abgedeckt wurden. Das Haus hatte oft nur ein Fenster, das so klein war, daß es gerade noch den Raum ausleuchtete, aber auch die lästige Hitze abhielt. Abends saß man auf dem Dach.
Der Innenraum war gleichzeitig Küche mit einer etwas erhöhten Feuerstelle. In Wandnischen wurde das wenige Gerät aufbewahrt. Die Vorräte – so man hatte – bewahrten die Juden in Krügen unterm Fußboden auf. In dem einzigen Raum des Hauses schlief die Familie auch. Abends breitete man Bastmatten aus, die als Bett dienten. Nicht selten verbrachten die Haustiere die Nacht im gleichen Raum.
Das gesamte Leben der Juden war durch Vorschriften des Gesetzes geregelt. Nicht immer kannten oder verstanden die einfachen Leute diese Vorschriften, denn deren Fülle war nur für die Schriftgelehrten zu überschauen. Besondere Gesetze gab es für den Sabbat. Am Sabbat durften die Juden kein Essen kochen, kein Feuer machen, nicht die geringste Arbeit verrichten, kein Wasser holen, keine größere Wanderung unternehmen und so weiter.
Der ursprüngliche Sinn dieser Gesetze zielte auf das Wohl der Menschen und des Volkes ab. Die Gesetzeslehrer gaben aber immer neue Einzelbestimmungen heraus. So wurde das Gesetz oft als Last empfunden.

Zur täglichen Arbeit der Frau gehörte noch bis in unsere Tage das Mahlen von Getreide. Inzwischen hat die Industrie die uralte Handmühle verdrängt.

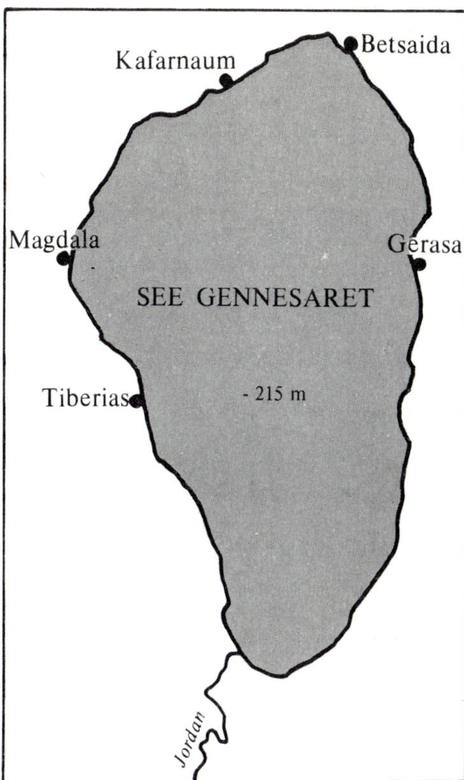

Der See Gennesaret

Der See Gennesaret

hat viele Namen in der Heiligen Schrift:

See von Tiberias,
See von Kinneret,
See von Galiläa,
Galiläisches Meer.

Die Einheimischen nannten den See »das Auge Gottes«. Er war zur Zeit Jesu ein verkehrsreiches Zentrum. Sein Fischreichtum bot der Bevölkerung Nahrung und Einkommen. So ist es nicht verwunderlich, daß viele Jünger Fischer waren.
Der See bildet ein eiförmiges Oval von 12 km größter Breite und 21 km größter Länge und erreicht in der Mitte eine Tiefe von 45 Metern. Der Wasserspiegel liegt aber bereits 212 m unter dem Mittelmeerniveau. Die bis zu 300 m Höhe ansteigenden Berge umsäumen die Ufer und bilden einen Kessel mit subtropischer Vegetation. Der Temperaturausgleich – Hitze im Kessel, Kälte auf den Bergen – verursacht plötzlich auftretende gefährliche Stürme.

Im Evangelium

Handwerker: Josef;
Fischer: Petrus, Andreas, Johannes, Jakobus, Zebedäus, Philippus;
Frauen: Maria, Marta, Maria aus Magdala, Salome,
Kranke: Lazarus und Simon in Betanien;
Bettler: Bartimäus

Kafarnaum

Die Stadt liegt am nördlichen Ufer des Sees Gennesaret. Jesus nennt sie »seine« Stadt. Sie ist Mittelpunkt vieler seiner Taten. In der Synagoge von Kafarnaum lehrt Jesus und erregt Aufsehen durch die Heilung eines Besessenen (vgl. Mk 1,21).

Die Ruinen der Synagoge von Kafarnaum

Rekonstruktion der Synagoge von Kafarnaum

Im Evangelium

Hauptmann von Kafarnaum, Synagogenvorsteher Jairus, Petrus, Andreas, Schwiegermutter des Petrus, sein Vater Jona . . .

Blick auf den See Gennesaret

Der Berg Tabor

Aus dem uralten Jakobsbrunnen wird heute noch kostbares Wasser geschöpft.

Am Ufer gelegen

Petrus, der erste Papst, hieß zu Hause **Simon**. Sein **Bruder** war Andreas. Vor ihrer **Berufung** zu Jüngern waren sie Fischer auf dem See **Gennesaret** und wohnten in der **Stadt**, deren Namen wir suchen. Erinnert ihr euch an die Geschichte mit dem Seesturm? Die Jünger hatten große Angst vor dem Untergang, während Jesus schlief. Als sie ihn weckten, gebot er dem **Orkan** Einhalt und tadelte, wie klein ihr **Glaube** wäre. Da hatte Abraham größere Glaubenskraft bewiesen, als er im Gehorsam gegen Gott seinen Sohn **Isaak** zum **Opfer** bringen wollte.

Wenn du die fettgedruckten Wörter richtig ordnest, ergeben die dritten Buchstaben die Stadt am Ufer.

Der Berg Tabor

liegt unweit von Nazaret. Er ist seit alter Zeit als heiliger Berg bekannt. Mit 588 m Höhe beherrscht er als einzige Erhebung seine Umgebung. In der christlichen Überlieferung ist der Tabor der Berg der Verklärung.

Jesus hat viele Namen

Durch die Mission der Jünger verbreitete sich das Christentum bald weit über Palästina hinaus. An vielen Stellen im Römischen Reich entstanden Christengemeinden.
All diese Menschen, die sich taufen ließen, waren überzeugt: Jesus hat unser Leben verändert und ihm eine neue Richtung gegeben. Sie dachten darüber nach, was Gott mit Jesus, seinem Sohn, vorhat und was das für die Menschen bedeutet.
Ihre Einsichten kleideten sie in Titel und Namen.

Juden, die Christen geworden waren, nannten Jesus mit den Worten des Alten Testamentes **Messias oder Menschensohn**. Damit wollten die sagen: Jesus ist der Mensch, der ganz auf der Seite Gottes steht; so haben wir uns den Messias oder den Menschensohn, den die Propheten verheißen haben, schon immer vorgestellt. In Jesus sind die Schriften erfüllt.

Griechen, die sich taufen ließen, wußten nicht, was »Messias« oder »Menschensohn« bedeutet. Deshalb übersetzten sie das Wort »Messias« (= »der Gesalbte«) ins Griechische und sagten: **Jesus ist der Christus**. Der Titel »Christus« wurde zum Eigennamen Jesu. Die Griechen suchten noch andere Namen, die sie aus der Umwelt kannten: **Herr und Gott**. So ließen sich die römischen Kaiser anreden. **Sohn Gottes** – so wurden im Alten Testament die Könige genannt.

Die Christengemeinden, für die das Johannesevangelium geschrieben wurde, nannten Jesus **Hirt, Licht und Brot**. Bekannte Bilder also griffen sie auf und übersteigerten sie: Jesus ist unser Hirt; er ist das wahre Licht und das wahre Brot.

Auch später wurden immer neue Namen für Jesus gefunden. Die Germanen zum Beispiel nannten ihn **Heliand** (Heiland). Die Indianer bezeichneten ihn als ihren **Häuptling**. Allen gemeinsam ist der Glaube, daß Jesus »für uns Menschen und zu unserem Heil« »vom Himmel gekommen« ist.

Buch des Glaubens

Bibelseminar

1. Abend: Rolle oder Buch?

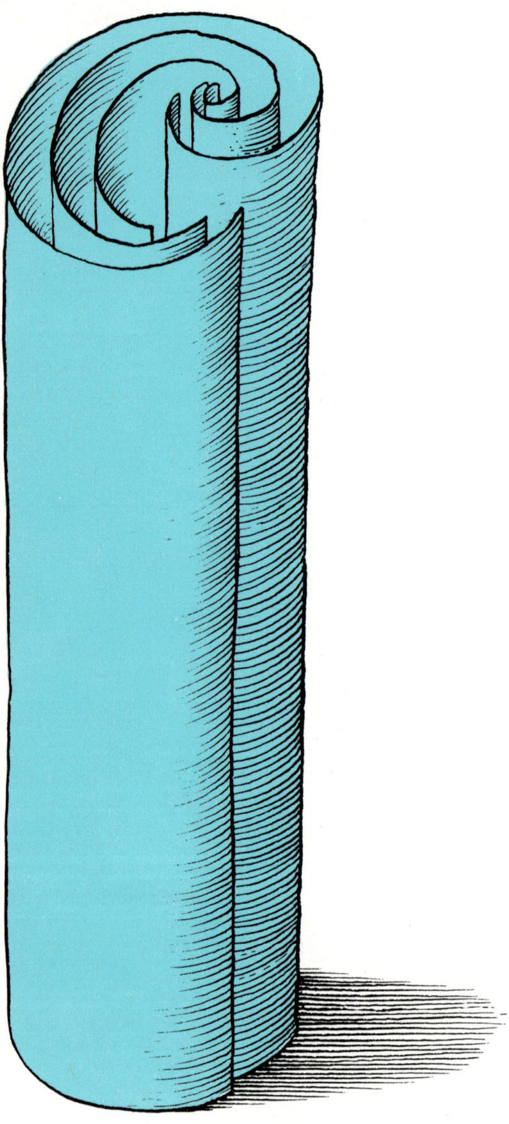

Kaplan: *Wir beginnen heute mit einem Glaubensseminar. An vier Abenden wollen wir uns mit der Heiligen Schrift befassen. Damit das Unternehmen gelingt, ist es seit langem vorbereitet worden. Franz und Peter haben den ersten Abend übernommen.*

Peter: *In einer Besprechung haben wir überlegt, wie wir vorgehen, nämlich von außen nach innen. Heute werden wir uns deshalb mit dem Äußeren der Bibel befassen, gewissermaßen mit der Herstellung. Jetzt hat Franz das Wort …*

Franz: *… mit der Geschichte vom größten Handschriftenfund unseres Jahrhunderts.*

Die Sensation am Toten Meer

Eine Ziege wird weltberühmt

Die aufsehenerregende Geschichte begann an einem Sommertag des Jahres 1947. Der junge Beduine Mohammed ad-Dib hütete Ziegen in den Schluchten zwischen Betlehem und dem Toten Meer. Eine von ihnen war immer höher in die Kalkfelsen gestiegen. Er kletterte ihr nach und stieß plötzlich auf einen Spalt im Felsen. Die Öffnung führte in eine Höhle: Im Dunkeln konnte er einige Krüge erkennen. Da ist sicher ein Schatz zu heben! Am anderen Tag untersuchte er mit einem Freund die Höhle genauer. Die beiden entdeckten einige Tonkrüge, die zwischen den Scherben anderer, zerschlagener Krüge standen. In den versiegelten Gefäßen fanden sie aber »nur« in Leinwand gehüllte Lederrollen, die mit merkwürdigen Schriftzeichen bedeckt waren. Eine Enttäuschung! Doch vielleicht ließ sich das Leder noch zum Schuhflicken verwenden, oder man konnte auf andere Art einen geringen Erlös herausschlagen. Kandu, der Antiquitätenhändler in Betlehem, ging auf den Kauf ein. Beim genauen Hinsehen entdeckte er nämlich Schriftzeichen auf der Lederrolle. Sollte das Leder etwa gar einen höheren Wert haben? Vielleicht liegen in der Höhle noch mehr solche Lederrollen? Einige Tage später ging Kandu mit allen gefundenen Rollen nach Jerusalem ins syrische Kloster Sankt-Markos. Die Mönche kennen sich

Handschriftenkrug aus Qumran, Höhe ca. 65 cm

doch in alten Schriften aus! Der Metropolit des Klosters holte das Urteil verschiedener wissenschaftlicher Institute ein.
Sie maßen jedoch dem Fund nicht allzuviel Bedeutung bei. Erst einige Zeit später kam Professor E. L. Sukenik, der führende Archäologe der Hebräischen Universität zu Jerusalem, aus dem Urlaub zurück. Er sah die Rollen – und dachte anders. Er konnte Kandu gerade noch drei Rollen abkaufen.
Wenig später gab Professor Sukenik bekannt: »Ein Schrifttext des Propheten Jesaja ist entdeckt, er ist tausend Jahre älter als alle bisher bekannten.«
Kurz darauf kamen Briefe aus aller Welt. Archäologen schrieben nach Jerusalem: »Herzlichen Glückwunsch zum größten Handschriftenfund unserer Zeit!«

Nach P. Dissemond

Und wie ging es weiter?

Systematisch wurden dann 30 weitere Höhlen durchsucht. Man fand noch mehr Lederrollen, unzählige kleine Bruchstücke, Scherben und Münzen. Man hatte offensichtlich eine Bibliothek gefunden. Aber wer hatte die Rollen hier versteckt? Wann wurden sie geschrieben? Etwa 1 km entfernt waren Ruinen. Standen diese Ruinen in Beziehung zu den gefundenen Handschriften? Ende 1951 rüstete man eine Grabungsexpedition aus. 15 Mann begannen mit der Ausgrabung der Ruinen von Qumran. Die Ergebnisse übertrafen alle Erwartungen. Man fand ein Kloster.
Viele Räume wurden freigelegt: ein Speisesaal für 200 Personen, eine Kammer mit einer Sammlung von 700 Tassen, zertrümmerte Schreibtische konnten wieder zusammengesetzt werden. Sogar drei Tintenfässer wurden entdeckt. Hier also waren die Schriftrollen geschrieben worden.
In den folgenden Jahren beschäftigten sich Gelehrte in aller Welt mit den Höhlenfunden und mit den Ergebnissen der Ausgrabungen. Das Wesentliche will ich für euch kurz zusammenfassen:

1. Das Kloster wurde zerstört.
2. Die Bewohner haben ihre Schriftrollen rechtzeitig in Sicherheit bringen können.
3. Das Kloster ist von etwa 140 v. Chr. bis 68 n. Chr. bewohnt gewesen. Aus dieser Zeit stammen die Handschriften.
4. Die Handschriften sind ein umfassender Beweis für die Echtheit des Alten Testamentes. Besonderer Wert wird der über 7 m langen Jesaja-Rolle zugeschrieben.
5. Die Bewohner nannten sich »Söhne des Lichtes«. Sie lebten in Armut und Abgeschiedenheit. Es waren Juden, die ganz im Geiste der Bibel leben wollten. Die Großgemeinschaft versorgte sich in allem selbst.

Man vermutet, daß Johannes der Täufer und Johannes der Evangelist von ihrem Denken beeinflußt sind.

→ S. 313 (Essener)

Peter: *Über Form und Material wird uns nun Bernhard erzählen. Als Buchbinder kann er das sachkundig.*

Die Jesaja-Rolle von Qumran

Rolle und Buch

Franz und Peter erzählten von den Schriftrollen, die in Qumran gefunden worden sind. Die meisten dieser Rollen waren Papyrusrollen. Man fand aber auch Pergamentrollen. Als besonderer Fund wird eine Schriftrolle aus dünnem Kupferblech gewertet. Eine Schriftrolle ist so lang, wie es der Inhalt verlangt. Papyrusrollen von 10 Metern Länge sind keine Seltenheit. Manche Rollen, vor allem die aus Ägypten, brachten es sogar auf 40 Meter. Alte Abbildungen und Kunstwerke zeigen uns, wie der Leser sich ihrer bediente:

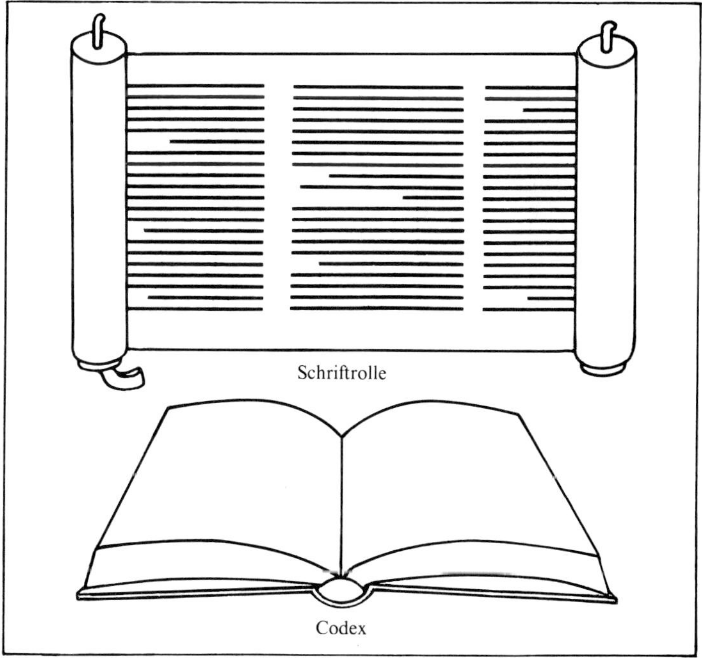

Mit der einen Hand wurde die Rolle gehalten; die andere rollte das Gelesene nach der Gegenseite wieder ein, so daß die Schrift wie ein Filmstreifen allmählich am Auge vorüberzog. Die Rollen konnten nur einseitig beschrieben werden. Das war ein Nachteil. Günstiger war es, wenn die Blätter in Buchform geheftet wurden. Da konnten beide Seiten beschrieben werden. Diese Buchform – die Blätter waren aus Papyrus, Pergament und später auch aus Papier – nennt man Codex.

1 Schreibgeräte in Schutzhülle
mit Beutel und Doppeltintenfaß
2 Rohrfeder
3, 4, 5, Griffel aus Metall
6 Notizbüchlein aus Wachstafeln

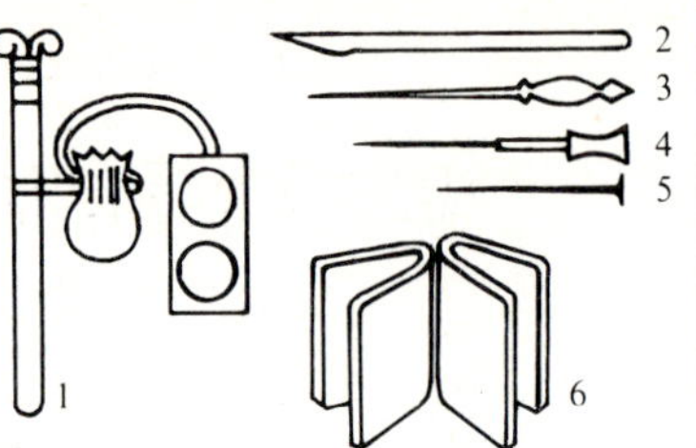

Die Schreibgeräte des Altertums

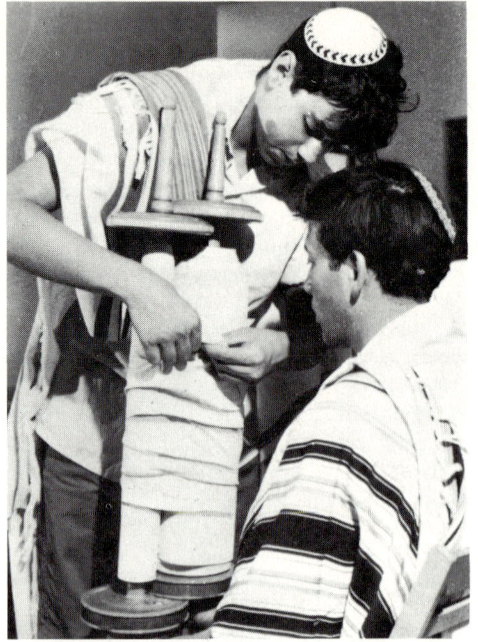

Die Gesetzesrolle wird sorgfältig geöffnet.

Pergament ist teuer

Nun zum Schreibmaterial: **Papier vom Nil**

Das Schreibmaterial in den Zeiten vor Jesu Geburt (etwa dreitausend Jahre schon!) war Papyrus. Dieser wuchs an Flußufern und Teichen und wurde auf großen Feldern angebaut, vor allem im Nildelta. Das Mark dieser Sumpfpflanze verarbeitete man in Tempelwerkstätten, schnitt es in Streifen, legte diese kreuzweise übereinander und preßte sie mit Nilwasser und Leim zusammen. So entstanden Blätter verschiedener Größe von hellgelber bis graugrüner Farbe. Viele dieser Blätter wurden zu Papierbahnen zusammengeklebt und dann in Rollenform in den Handel gebracht. Hier zeige ich euch ein Bild von Schreibgeräten und Schreibmaterial. Geschrieben wurde mit einer Feder aus Binsenrohr, deren Spitze gespalten war. Die Farbe wurde in einem Beutel aufbewahrt und bei Gebrauch in einem Napf angerieben. Oder sie wurde als fertige Rußtinte bezogen.

Ägypten besaß das Monopol der Papyrusherstellung. Um 200 v. Chr. hatte der König die Ausfuhr von Papyrus nach Pergamon verboten. Diese Stadt in Kleinasien hatte nämlich beschlossen, mit der größten Bücherei der Welt, in Alexandrien, zu wetteifern. Die Gelehrten von Pergamon störte dieses Ausfuhrverbot nicht. Sie bearbeiteten die Haut von Ziegen und Schafen mit Wasser, Bimsstein und Kalk. Dadurch wurden die Häute glatt und hell, sodaß man auf ihnen schreiben konnte. In der Herstellung war dieser Beschreibstoff zwar teurer als Papyrus, dafür aber haltbarer. Der Name dieses neuen Beschreibstoffes ist »Pergament«, benannt nach der Stadt Pergamon.

Franz: *Danke, Bernhard! Zur Erholung lese ich nun etwas vor. Anschließend habe ich ein Rätsel auf Lager.*

Der Einband dieser Pergamenthandschrift aus dem Jahre 975 ist mit kostbaren Elfenbeinschnitzereien geschmückt.

Die Bibel an der Kette

Es stimmt: Man hat im Mittelalter die Bibel angekettet, so wie man es auch heute noch mit den Telefonbüchern in den öffentlichen Fernsprechzellen macht. Denn ein handgeschriebenes Exemplar der Heiligen Schrift war ein kostbarer Schatz, der wohl gehütet werden mußte. Große Mühe und viel Zeit haben die Mönche in den Schreibstuben ihres Klosters darauf verwendet, die Bibel sorgfältig abzuschreiben und kunstfertig auszustatten, mit Miniaturen (Buchmalereien) zu schmücken und mit vergoldeten Initialen (Anfangsbuchstaben) zu versehen. Sie gehören mit zu dem Schönsten, was die deutsche Kunst des Mittelalters geschaffen hat.

Diese Kostbarkeiten, die heute ein Schatz unserer Museen und Bibliotheken sind, können in ihrem Wert nicht mit Geld gemessen werden. Es ist aber auch nicht ganz einfach, ihren Wert zur Zeit der Herstellung zu bestimmen. Um 1074 hat die Schönschreiberin Diemund von Wessobrunn für eine zweibändige Bibel ihrem Kloster ein Landgut erworben; dreihundert Jahre später kaufte die Abtei Johannisberg im Rheingau eine Bibel für 70 Gulden auf Raten, die innerhalb von vier Jahren abgezahlt sein sollten. Auch mit der Er-

findung des Buchdruckes trat zunächst noch keine Preissenkung ein. Man hat den Wert der Gutenbergbibel, des ersten größeren Werkes der Buchdruckerkunst, auf 50 Gulden berechnet. Immerhin entsprach das einem mittleren Jahreseinkommen.
Dann aber sank der Preis: 1466 kostete ein fetter Ochse drei Goldgulden; die erste gedruckte deutsche Bibel, die Bentelinbibel, aber viermal soviel.
Wer wird es daher einem mittelalterlichen Kloster verargen wollen, wenn es seine Wertobjekte gegen Diebstahl sicherte – notfalls sogar mit einer Kette!

Nach P. Dissemond

Zum Entziffern

Wir haben eine Schriftrolle mit merkwürdigen Zeichen gefunden:

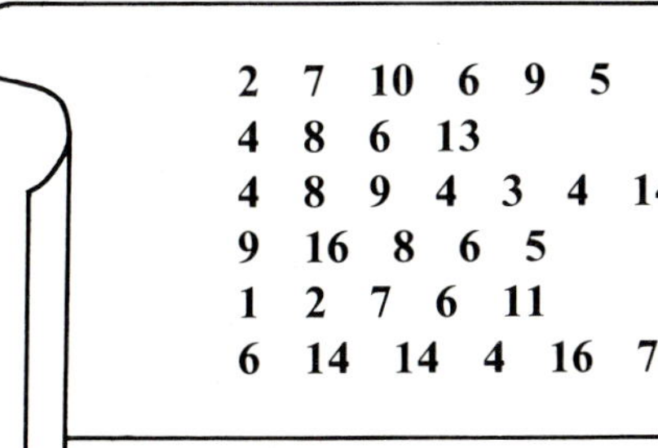

2 7 10 6 9 5
4 8 6 13
4 8 9 4 3 4 14
9 16 8 6 5
1 2 7 6 11
6 14 14 4 16 7

1 2 7 16 4
13 16 15 4 7
13 4 17 4 9 16 7
7 4 16 13 16 7
6 13 12 1 4

Wenn du folgenden Fragen die entzifferten Wörter richtig zuordnest, ergeben deren Anfangsbuchstaben den Namen eines wichtigen Höhlenfundes.

1. Wer führte das Volk Israel nach Moses Tod ins Gelobte Land? 2. Welcher Prophet fuhr auf feurigem Wagen gen Himmel? 3. Wer veränderte als Völkersapostel seinen Namen? 4. Wer wird »Vater des Glaubens« genannt? 5. Welcher von Jakobs Söhnen wurde Minister in Ägypten? 6. Wie hieß der Bruder von Kain? 7. Wer war Jakobs ältester Sohn? 8. Welches Fest ist aus dem jüdischen Paschafest hervorgegangen? 9. Welchen seiner Freunde hat Jesus vom Tode auferweckt? 10. Wie heißt der Evangelist, der mit dem Attribut des Stieres dargestellt wird? 11. In welchem Ort erkannten zwei Jünger den auferweckten Herrn?

Ein Papyrusrest fand sich mit den *Schlüsselwörtern*, die dir helfen können, die Schrift zu entziffern:

1 2 3 4 5 5 6 7	Lieblingsjünger Jesu
8 9 2 10	Was hat Jesus wunderbar vermehrt?
11 12 13 14	Fotomaterial
15 16 9 17	Gegenteil von lang

Peter: *Zum Abschluß unseres heutigen Abends haben wir eine Schriftlesung gewählt. Ihr werdet merken, weshalb wir gerade diesen Text ausgesucht haben.*

»Jesus kam nach Nazaret und ging – wie er es gewohnt war – am Sabbat in die Synagoge. Er stand auf, um aus der Schrift vorzulesen. Man reichte ihm die Buchrolle des Propheten Jesaja. Er rollte sie auf und fand die Stelle, wo geschrieben steht:

*

Der Geist des Herrn ruht auf mir ... Er hat mich gesandt, um den Armen die Heilsbotschaft zu bringen, um den Gefangenen die Befreiung und den Blinden das Augenlicht zu verkünden, um die Zerschlagenen in Freiheit zu setzen und ein Gnadenjahr des Herrn auszurufen.

*

Dann rollte er die Schrift zusammen, gab sie dem Synagogendiener und setzte sich. Und die Augen aller in der Synagoge waren auf ihn gerichtet. Da sagte er: Heute hat sich das Schriftwort, das ihr eben gehört habt, erfüllt« *(Lk 4,16–21).*

2. Abend: Ist die Bibel echt?

Peter: *Mir fiel die Aufgabe zu, euch darzustellen, wie die Bibel überliefert worden ist.*

Ereignisse werden mündlich erzählt.

Ereignisse werden aufgeschrieben.

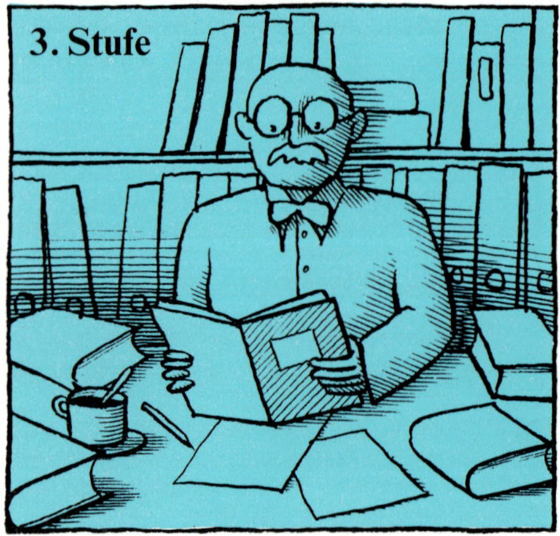

Die Schriften verschiedener Verfasser werden zu einer Heiligen Schrift zusammengefaßt.

Auflösung von S. 321 (Am Ufer gelegen):

Orkan – Isaak – Opfer – Glaube – Berufung. – Gennesaret – Stadt – Bruder – Simon – KAFARNAUM

Auflösung von S. 325 (Zum Entziffern):

Schlüsselwörter: Johannes – Brot – Film – kurz.

Die richtigen Antworten: 1. Josua, 2. Elija, 3. Saulus, 4. Abraham, 5. Josef, 6. Abel, 7. Ruben, 8. Ostern, 9. Lazarus, 10. Lukas, 11. Emmaus – JESAJAROLLE.

Als die Bibel außerhalb Palästinas verbreitet wird, entstehen Übersetzungen. Nicht immer enthalten die Übersetzungen den gesamten Text. Es werden auch Teile übersetzt und abgeschrieben, je nachdem, was man gerade braucht.

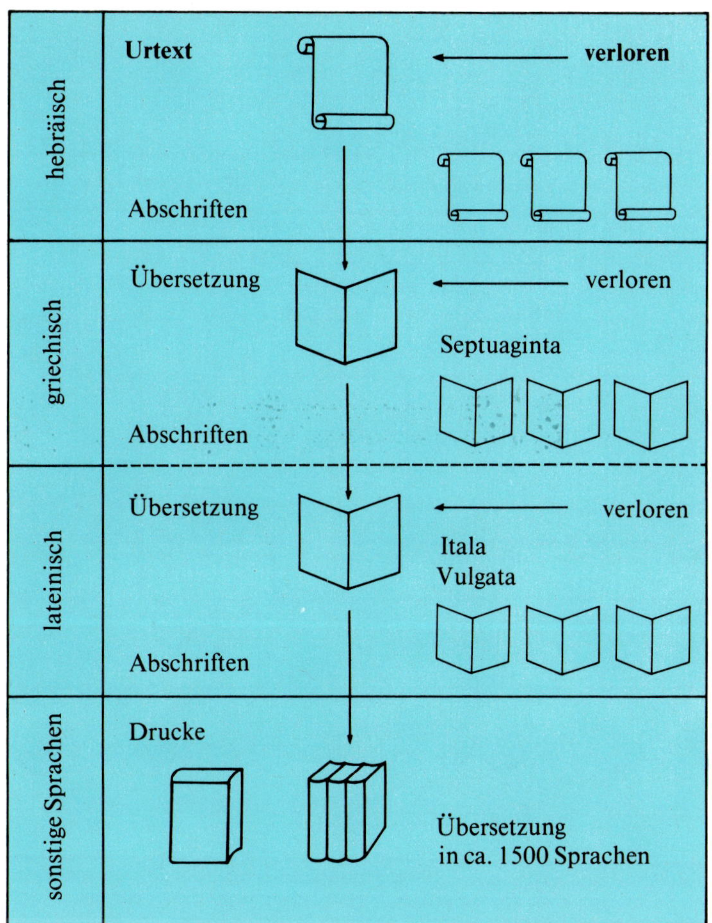

Erhaltene Abschriften des Alten Testamentes

1. Hebräische Handschriften

Die Lexika geben ca. 1300 an, weisen aber darauf hin, daß durch viele Funde in der letzten Zeit die Zahl ins unermeßliche gestiegen sei. Wir heben heraus:

a) Qumranhandschriften:
Abschriften aus der Zeit um Christi Geburt
b) Prophetencodex des Mosche-Ben-Ascher:
älteste datierte Handschrift, 895 n. Chr.
c) Codex B 19 A von Leningrad:
älteste datierte vollständige Handschrift, 1008 n. Chr.

2. Griechische Handschriften

Erhalten sind zahlreiche Fragmente (= Bruchstücke) aus Papyrus und etwa 1500 Pergamenthandschriften. Davon nennen wir drei Beispiele:

a) Qumranhandschriften:
Schriftrollen und Papyri aus dem 1. Jh. v. Chr.
b) Papyrus Greek 458*:
enthält Teile des Buches Deuteronomium; 2. Jh. v. Chr.; heute in Manchester
c) Papyrus Fuad 266*:
enthält Abschnitte aus dem Buch Genesis; 2. Jh. v. Chr.; aufbewahrt in Kairo.

* Die Ziffern beziehen sich auf Numerierung in den Bibliotheken.

Erhaltene Abschriften des Neuen Testamentes

Die Zahl der gefundenen Abschriften nimmt ständig zu. Die älteste Abschrift des Neuen Testaments, die wir besitzen, ist der Rest eines Papyrus aus dem Anfang des 2. Jahrhunderts n. Chr. (Abbildung → nächste Seite). Zu den jüngeren Papyri gehört der sogenannte Papyrus Bodmer aus dem 7. Jahrhundert n. Chr. Er enthält die ganze Apostelgeschichte und die katholischen Briefe.
Das Alter der zweiten Gruppe, von den Fachleuten werden diese Handschriften auch Majuskel-, Minuskel- oder Unzial-Handschriften (nach der Art der verwendeten Buchstaben) genannt, reicht vom 4. bis 16. Jahrhundert. Dann setzt bekanntlich die Erfindung der Buchdruckerkunst neue Maßstäbe.

81 Papyri

auf Papyrus geschrieben,
meist nur einzelne Blätter
oder Teile von den Blättern

ca. 3000 Handschriften

in Buch- oder Rollenform,
meist unvollständig;
Pergament oder Papier

2135 Lektionare

Sammlungen
von Bibeltexten für den
liturgischen Gebrauch;
Buchform, meist Papier

Jahrhundert	1.	2.	3.	4.	5.	6.	7.	8.	9.	10.	11.	12.
Matthäus vor 70 n. Chr.												
Markus vor 70 n. Chr.												
Lukas vor 70 n. Chr.												
Johannes um 90 n. Chr.												
Aristoteles 384–322 v. Chr.												
Caesar 100–44 v. Chr.												
Cicero 106–43 v. Chr.												
Homer um 800 v. Chr.												
Platon 427–347 v. Chr.												
Sophokles 496–406 v. Chr.												
Tacitus 55–120 n. Chr.												
Xenophon 430–354 v. Chr.												

Das Neue Testament ist von allen Handschriften der Antike am besten bezeugt — ganze Handschriften — Reste

Bibliothek des ehemaligen Prämonstratenserklosters Strahov in Prag

Das Neue Testament ist von allen Handschriften der Antike am besten bezeugt.
Wir kennen Homers ILIAS. Die Schrift erzählt vom Kampf um Troja. Sie wurde 800 Jahre v. Chr. verfaßt. Aber die erste vollständig erhaltene Handschrift ist nahezu 2000 Jahre jünger. Trotzdem zweifelt niemand an der Echtheit der Dichtung. Wie in der Tabelle ersichtlich, ist bei den Evangelien die entsprechende Zeitspanne wesentlich geringer.

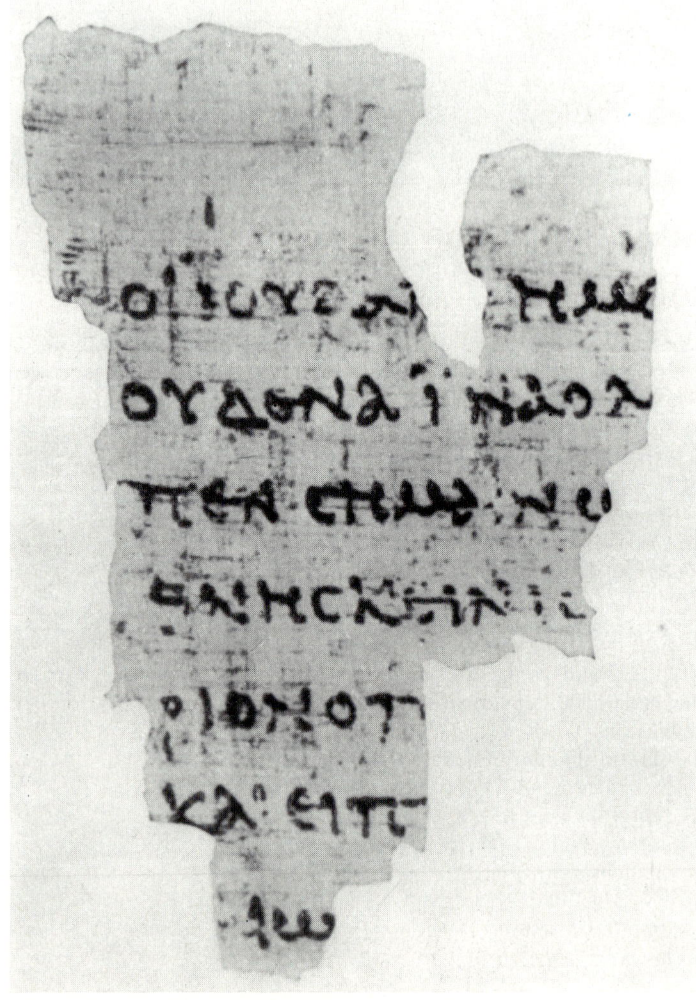

Papyrus Ryland

Eine von Hand gestaltete Seite aus einem Stundenbuch des 15. Jahrhunderts. Deutsche Staatsbibliothek, Berlin

Der lateinische Text lautet: Domine, labia mea aperies. Et os meum annunciabit ... Das heißt: Herr, öffne meine Lippen. Und mein Mund wird verkünden (dein Lob). Mit diesem Wechselspruch wird das Stundengebet eröffnet.

Wichtige Bibelübersetzungen				
Zeit	Name	Inhalt	Sprache	Übersetzer
250–130 v. Chr.	Septuaginta	AT	griech.	viele Unbekannte
um 200 n. Chr.	Itala = Vetus Latina	AT/NT	lat.	unbekannt
um 380 n. Chr.	Gotische Bibel	AT/NT	gotisch	Bischof Ulfilas
um 400 n. Chr.	Vulgata	AT/NT	lat.	Hieronymus und andere
ab 1522 n. Chr.	Luther-Bibel	AT/NT	deutsch	Martin Luther

Bibelübersetzungen ins Deutsche gab es lange vor Luther. Reste einer Matthäus-Übersetzung aus dem Jahre 748 sind in Wien erhalten (Mondseer Fragmente). Dann wurden immer wieder Teile übersetzt, vor allem die Psalmen und die anderen biblischen Lieder. Im Mittelalter sollen mehr als 3000 deutsche Bibelhandschriften in Umlauf gewesen sein, wobei alle möglichen Dialekte eine Rolle spielten. Die älteste gedruckte Bibel stammt aus Straßburg, 1466. Als Luthers Bibel erschien, gab es bereits 14 hochdeutsche gedruckte Bibeln. Das große Verdienst Luthers lag darin, daß er mit seiner frischen Übersetzung einen unschätzbaren Einfluß auf die hochdeutsche Sprache ausübte.

Karin: *Kannst du bitte die Namen der Übersetzungen erklären?*

Peter: *Da bin ich überfragt. Ich gebe die Bitte weiter. Herr Kaplan, helfen Sie mir?*

Kaplan: *Gern. Es sind drei Namen zu erklären:*

1. Septuaginta

Schon lange vor Christus gab es Übersetzungen des Alten Testamentes ins Griechische, und zwar für die griechisch sprechenden Juden in der Diaspora. Die bekannteste Übersetzung ist die Septuaginta. »Septuaginta« heißt: »siebzig«. Nach der Legende ist diese Übersetzung von 72 jüdischen Gelehrten in 72 Tagen angefertigt worden. Nach Auskunft der heutigen Bibelwissenschaft ist sie aber in dem langen Zeitraum von 250 bis 130 v. Chr. unter Mitwirkung einer unbekannten Zahl von Übersetzern entstanden.

2. Itala

Der Name Itala (die erste Silbe wird betont) weist darauf hin, daß diese Übersetzung in Italien entstanden ist. Sie folgt der Septuaginta, umfaßt aber das Alte und Neue Testament. Ihre Sprache ist das Latein, deshalb wird sie auch Vetus Latina, d. h. »alte Lateinische«, genannt. Sie ist um 200 entstanden.

3. Vulgata

Mehr Verbreitung fand die sogenannte Vulgata, das heißt übersetzt: »die allgemein Verbreitete«, die um 400 vom hl. Hieronymus begonnen wurde und ebenfalls auf der Septuaginta beruht. Sie wurde vom Trienter Konzil 1546 für maßgeblich erklärt. Beide waren übrigens auf dem ersten Bild von Peter aufgeführt.

Ursula: *Abschließend befassen wir uns noch mit einem Problem, das durch die Bibelübersetzungen entstanden ist.*

Die Schreibweise biblischer Namen

Wenn einer Joseph heißt, wundert er sich vielleicht, weshalb früher sein Name mit ph, jetzt aber mit f geschrieben wird. Oder in der Kirche hören wir zum Beispiel eine Lesung aus dem Propheten Jesaja, früher Isaias. Und so geht das weiter. Betlehem und Nazaret werden ohne h, Timotheus und die Thessalonicher mit h geschrieben. Da sieht man nicht mehr durch. Auch der Bibelkenner muß aufpassen. Der Hiob wird jetzt zu Ijob und der Prophet Abdias zu Obadja.
Woher kommt das?
Auf ihrer Wanderung durch die verschiedenen Übersetzungen verändern sich auch die Namen. Siehe nebenstehende Beispiele:

Das Durcheinander wurde noch größer, als Christen verschiedener Bekenntnisse sich auf verschiedene Übersetzungen stützten. So sagten bis vor kurzem die Evangelischen »Hesekiel« und die Katholischen »Ezechiel«. Oder die Katholischen nannten den Propheten Zefanja nach griechischer Art Sophonias. 1971 hat eine Konferenz aus verschiedenen Konfessionen eine einheitliche Regelung getroffen, die wir nach dem Tagungsort »Loccumer Richtlinien« nennen. Alle nach diesem Termin erschienenen Druckerzeugnisse halten sich im allgemeinen an die neue Schreibweise. Diese geht auf die ursprüngliche Schreibweise zurück. Manchmal hat man allerdings Kompromisse machen müssen, wie bei Jesus, Maria, Jerusalem und Petrus. Bei Wörtern griechischer Herkunft gibt es einen Buchstaben, der bei uns mit th wiedergegeben wird. Deswegen bleibt z. B. der Timotheus mit h erhalten.
Wenn man's weiß, stört man sich nicht mehr an den Unterschieden.

Ursula: *Nächste Woche wird uns Herr Kaplan als Fachmann mit den Inhalten der Bibel vertraut machen. Ich schließe die heutige Stunde mit den zwei Sätzen:*

Voltaire, einer der Hauptvertreter der französischen Aufklärung, hat einmal über die Bibel geschrieben: »In fünfzig Jahren wird die Welt nicht mehr von diesem Buch hören!« Das war vor etwa 200 Jahren. Welche Rolle die Heilige Schrift heute noch spielt, sagt uns eine Zahl: Die Bibel wurde bisher in 1431 Sprachen übersetzt und gilt als das Buch, das am weitesten in der Welt verbreitet ist.

griech.	**Petros** = der Felsen
lat.	**Petrus**
deutsch	**Peter**
russ.	**Петр**
engl.	**Peter**
franz.	**Pierre**

aramäisch	**Mirjam** = die Herbe
griech.	**Maria**
lat.	**Maria**
deutsch	**Maria**
engl.	**Mary**
franz.	**Marie**
russ.	**Мария**

aramäisch	**Jerschalajim**
griech.	**Jerusolyma**
lat.	**Jerusalem**

Kostbare Bücher

Auf beiden Bucheinbänden sehen wir Ornamente. Gleiche Ornamente bedeuten gleiche Buchstaben. Du kannst diese Ornamentschrift entziffern, wenn du die Fragen zum linken Buch beantwortest (waagerecht fortlaufend). Schreibe dir auf einen Zettel, welches Ornament welchem Buchstaben entspricht!

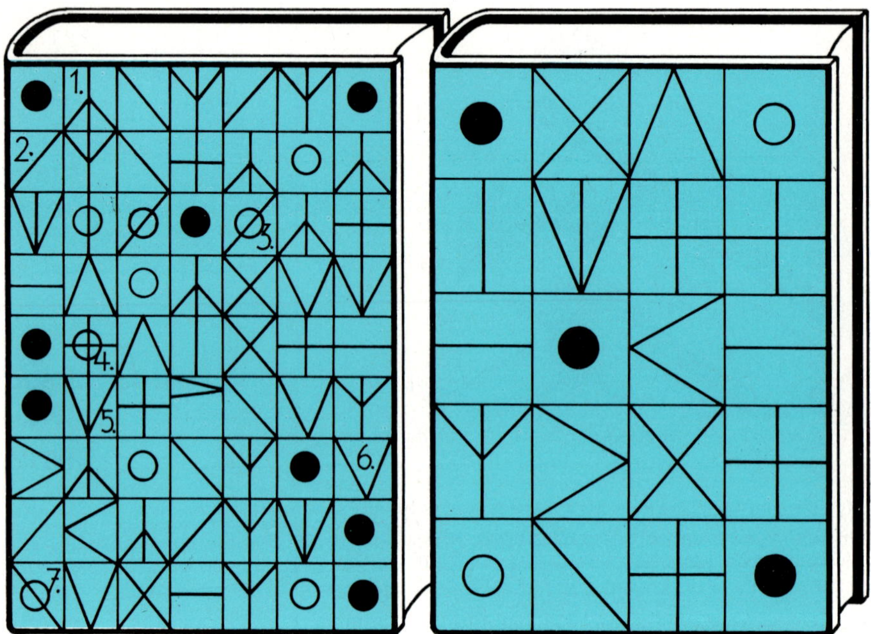

1. Älteste lateinische Bibelübersetzung
2. Sprache der Vulgata
3. Verfasser der Vulgata
4. Papyri mit der Apostelgeschichte
5. Griechische Bibelübersetzung
6. Übersetzer der gotischen Bibel
7. Berühmter Fundort von Schriftrollen

Auf dem rechten Buch steht der Name der ersten Übersetzung des Matthäusevangeliums ins Althochdeutsche. Diese ist in Bruchstücken erhalten.

Die Bibel außerhalb der Kirchenmauern

Immer wieder stoßen wir im täglichen Leben auf Worte aus der Bibel, vielleicht wissen wir es oftmals gar nicht.

Sprichwörtlich sind die Redensarten:

vom »Wolf im Schafspelz« (Mt 7,15),
vom »Stein des Anstoßes« (1 Petr 2,8),
»zum Tempel hinausjagen« (Joh 2,15),
»von Pontius zu Pilatus laufen«,
»sein Licht nicht unter den Scheffel stellen« (Mt 5,15).

Sogar auf einer Briefmarke

können wir ein Wort aus der Bibel finden:

1955 erschien in der DDR eine Sondermarke mit der Aufschrift:
»Zum Tode geführt, und siehe, wir leben.«
Dies ist ein Wort des Apostels Paulus (2 Kor 6,9).

Daß große Meister

der Vergangenheit und Gegenwart die Bibel kannten und schätzten, sehen wir aus ihren Werken:

Goethe gestaltete den Prolog zu seinem »Faust« nach dem Buch Ijob des Alten Testamentes.

In Mozarts »Zauberflöte« wird dem geschwätzigen Papageno ein Schloß vor den Mund gelegt. Der Textdichter hatte die Weisheitsbücher des Alten Testaments gelesen (Sir 22,27).

Arnold Schönberg (1874–1951) boten die alttestamentlichen Berichte aus dem Buch Exodus den Stoff für seine Oper »Moses und Aron«.

Thomas Mann (1875–1955) stellte in seinem vierbändigen Roman »Joseph und seine Brüder« die Welt der Bibel (Gen 37–50) dem Rassenmythos des Hitlerfaschismus entgegen.

Sogar Karikaturen mit biblischen Themen sind keine Seltenheit.

Karikatur von Erich Schmitt

»Nimm die Mütze ab, Junge! Du erlebst einen historischen Augenblick.«

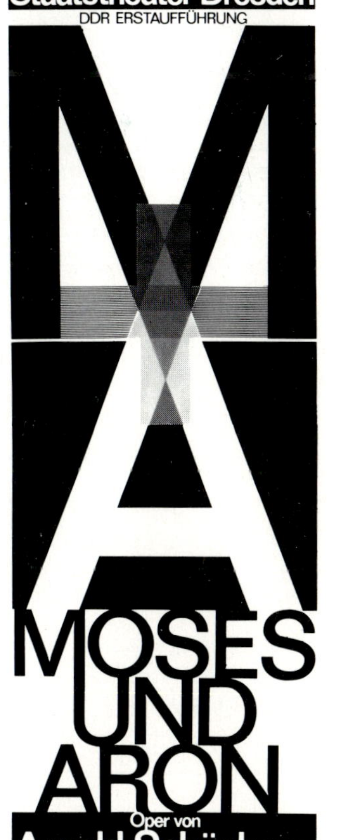

Staatstheater Dresden
DDR ERSTAUFFÜHRUNG
MOSES UND ARON
Oper von
Arnold Schönberg

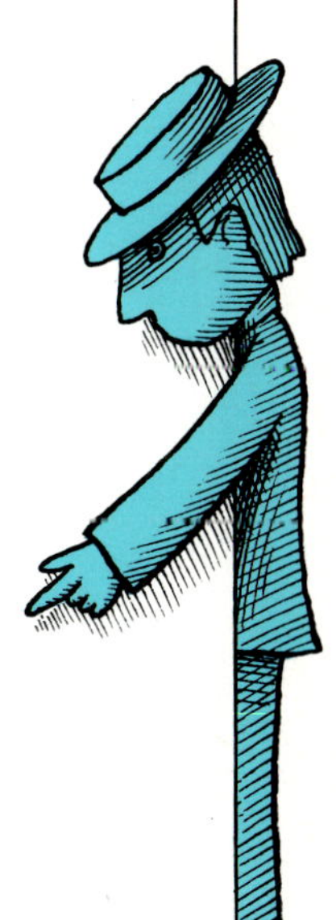

3. Abend: Den Verfassern auf der Spur

Joachim: *Ursula und Christa werden uns heute mit der Entstehung der Heiligen Schrift vertraut machen. Sie haben mich gebeten, eine Übersicht anzufertigen. Ich habe sie für alle sichtbar aufgehängt.*

Wie das Alte Testament entstanden ist

Aufgeschrieben wird Gottes Handeln in der Geschichte des Volkes Israel

Mündliche Überlieferung: Erfahrungen, Erinnerungen, Lieder

Zeit der Könige

1000 v. Chr.		erste Aufzeichnungen
900	Buch Samuel Buch Josua	Zeitgeschichte und Zeit der Richter
800	Pentateuch	Verheißung, Erwählung, Bund und Gesetz (Paradiesgeschichte bis Mose)
	einige Psalmen	

Zeit des Exils

700	Jesaja	Mahnungen und Warnungen der Propheten
600	Jeremia	
	Bücher der Könige	Deutung der Königszeit
500	Buch Ijob	Sinn des Leidens
	Pentateuch (abschl. Fassung)	Erinnerungen an Bund und Gesetz

Zeit nach dem Exil

400	Buch Rut	Vertrauen auf Jahwe

Zeit der Fremdherrschaft

300	Psalmen Bücher der Chronik	Tempel und Gesetz als Mittelpunkt für das Volk
200	Esra, Nehemia	Geschichte der Zeit
100	Weisheitsbücher	Weisheit der Juden, als Gegengewicht zur Weisheitsliteratur der sie unterdrückenden Völker

Ursula: *Die Juden haben nicht etwa mit der Paradiesgeschichte zu schreiben begonnen und dann Jahr für Jahr ein Kapitel Bibel geschrieben. Nein, zuerst gaben sie Erfahrungen und Erinnerungen mündlich weiter. Erst um 1000 v. Chr., wie ihr seht, wurde das überlieferte Gut niedergeschrieben.*

Christa: *Das ist wichtig zu wissen:*
1. Die Schreiber haben Vergangenes aufgeschrieben.
2. Dieses »Vergangene« hat immer zu tun mit Gott, genauer: mit Gottes Handeln an seinem Volke.
3. Daher konnte das Vergangene als Auskunft für die Gegenwart bedeutsam werden.

Ursula: *Wir haben eine gute Darstellung dieser Aussage gefunden. Sie gibt zugleich den Glauben des Volkes Israel wieder und ist ein Aufriß für den Hauptblock des Alten Testamentes, nämlich für die fünf Mosebücher:*

Leseschema

1. Im Anfang schuf Gott die Welt.
2. In Abraham und den Vätern Isaak und Jakob schuf er sein Volk.
3. Durch Mose führte er es aus der Knechtschaft in Ägypten heraus und brachte es nach Kanaan.
4. Dieser Glaube wird gefeiert im Kult (Gottesdienst, Priester, Tempel).
5. Dieser Glaube wird im Alltag gelebt durch Treue zu Gottes Lebensweisung (Gebete, Gesetz des Mose).

Glaube Israels:
Gott ist mit uns im Bund!

Bauschema

Christa: *Beim Neuen Testament treffen die drei obengenannten Punkte auch zu. Sie sind aber stärker auf das Handeln Gottes durch seinen Sohn Jesus Christus ausgerichtet. Das Gottesvolk sind alle, die auf Jesus hören.*

Einer gibt dem anderen weiter, was in der Schrift steht. Auf dem Bild sind zwei Juden mit heiligen Schriften zu sehen.

Christa: *Für das Neue Testament fanden wir ein ähnliches Schema.*

Leseschema ↓

1. Gott hat Jesus als den wahren Messias (den Gesalbten) gesandt.
2. Jesus hat durch sein Wort und seine Taten die wahre Lebensweisung gegeben.
3. Jesus ist als Zeichen der Sünde dieser Welt und als Zeichen der Erlösung am Kreuz gestorben.
4. Gott hat Jesus auferweckt und ihn dadurch als seinen Sohn bestätigt.
5. Jesus ist mit seinem Geist bei den Seinen.
6. Jesus kommt wieder als der von Gott eingesetzte Richter und Vollender der Welt.

Credo der Christen

Die Urkirche

Ihr Gemeindeleben in brüderlicher Gemeinschaft und im Gottesdienst; ihre Missionstätigkeit.

Bauschema ↑

Wie das Neue Testament entstanden ist

Geschrieben wird, was für die ersten Gemeinden wichtig ist, keine Biographie Jesu!

Christi Geburt (um 7 v.u.Z.)		
		Lehre und Wunder werden von Mund zu Mund weitererzählt.
Kreuzigung Christi (30)		
		Aus dem Ostererlebnis heraus werden Leiden und Auferstehung Schwerpunkt der Verkündigung durch die Apostel. Erste Sammlungen von Jesus-Worten und Jesus-Taten.
um 50	Matthäus	macht erste Aufzeichnungen in Palästina oder Syrien.
um 60	Paulus	schreibt Briefe an die Römer und Korinther.
um 65	Markus	schreibt in Rom das Evangelium, eine Quelle ist der Augenzeugenbericht des Petrus.
70	Lukas	schreibt in Griechenland Evangelium und Apostelgeschichte.
	Matthäus	schreibt in Syrien oder Antiochien das Evangelium.
	Johannes	schreibt in Kleinasien das Evangelium und die Geheime Offenbarung.
150		Verzeichnis der Bücher, die zum Neuen Testament gehören (= Kanon). Die Sammlung des Neuen Testaments ist abgeschlossen.

Ursula: *Wir möchten einmal alle Bücher der Bibel einzeln aufführen und stellen eine Übersicht vor.*

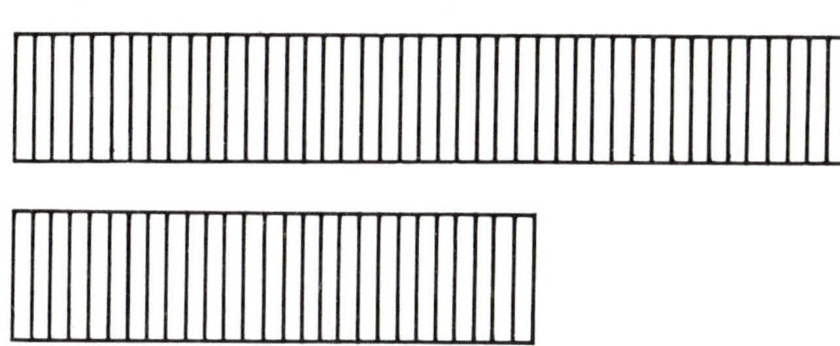

45 Bücher
Hebräisch
Altes Testament (AT)

27 Bücher
Griechisch
Neues Testament (NT)

Die Bücher des Alten Testaments

Das Alte Testament umfaßt 45 Bücher:

5 Bücher des Mose
16 Bücher der Geschichte des Volkes Gottes
7 Bücher der Lehrweisheit und die Psalmen
17 prophetische Bücher

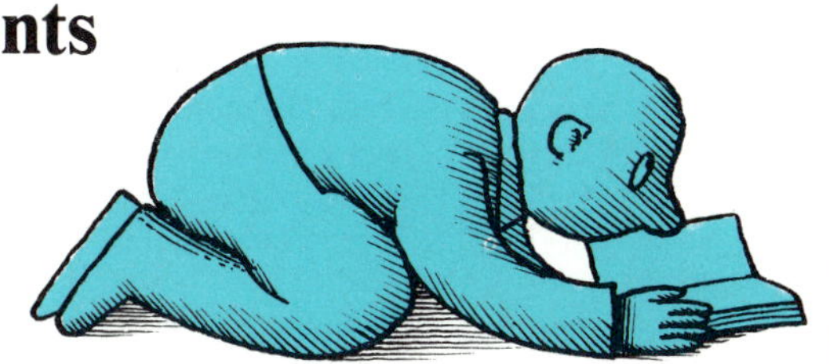

Die fünf Bücher des Mose

Gen	Das Buch Genesis (= Schöpfungsgeschichte)
Ex	Das Buch Exodus (= Auszug aus Ägypten)
Lev	Das Buch Levitikus
Num	Das Buch Numeri
Dtn	Das Buch Deuteronomium

Die fünf Bücher des Mose werden auch »Penta-teuch« (= fünfteilig) genannt.

Die Bücher der Geschichte des Volkes Gottes

Jos	Das Buch Josua
Ri	Das Buch der Richter
Rut	Das Buch Rut
1 Sam	Das erste Buch Samuel
2 Sam	Das zweite Buch Samuel
1 Kön	Das erste Buch der Könige
2 Kön	Das zweite Buch der Könige
1 Chr	Das erste Buch der Chronik
2 Chr	Das zweite Buch der Chronik
Esra	Das Buch Esra
Neh	Das Buch Nehemia
Tob	Das Buch Tobit (Tobias)
Jdt	Das Buch Judit
Est	Das Buch Ester
1 Makk	Das erste Buch der Makkabäer
2 Makk	Das zweite Buch der Makkabäer

Die Bücher der Lehrweisheit und die Psalmen

Ijob	Das Buch Ijob (Hiob)
Ps	Die Psalmen
Spr	Das Buch der Sprichwörter
Koh	Das Buch Kohelet (auch Prd = Prediger oder Ecclesiastes)
Hld	Das Hohelied
Weish	Das Buch der Weisheit
Sir	Das Buch Jesus Sirach (Ecclesiasticus)

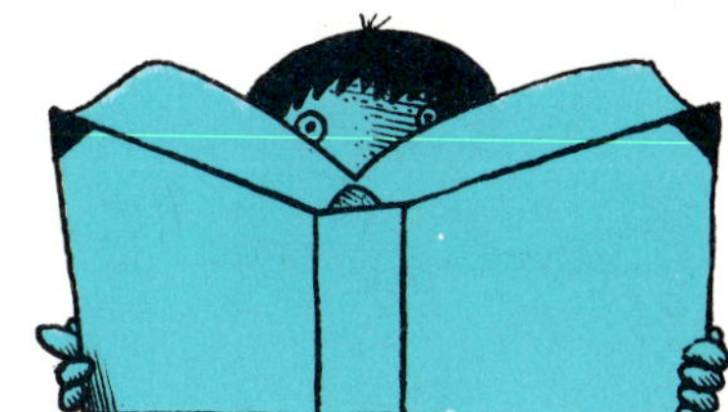

Die Bücher der Propheten

Jes	Das Buch Jesaja
Jer	Das Buch Jeremia
Klgl	Die Klagelieder (zu Jer gezählt)
Bar	Das Buch Baruch
Ez	Das Buch Ezechiel (Hesekiel)
Dan	Das Buch Daniel
	Das Zwölfprophetenbuch
Hos	Das Buch Hosea
Joel	Das Buch Joel
Am	Das Buch Amos
Obd	Das Buch Obadja (Abdias)
Jona	Das Buch Jona
Mi	Das Buch Micha
Nah	Das Buch Nahum
Hab	Das Buch Habakuk
Zef	Das Buch Zefanja (Sophonias)
Hag	Das Buch Haggai (Aggäus)
Sach	Das Buch Sacharja (Zacharias)
Mal	Das Buch Maleachi (Malachias)

Die Bücher des Neuen Testaments

Das Neue Testament enthält 27 Bücher:

Die vier Evangelien	(4)
Die Apostelgeschichte	(1)
Die paulinischen Briefe	(14)
Die katholischen Briefe	(7)
Die Offenbarung des Johannes	(1)

Die vier Evangelien

Mt	Evangelium nach Matthäus
Mk	Evangelium nach Markus
Lk	Evangelium nach Lukas
Joh	Evangelium nach Johannes

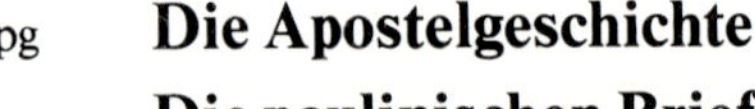

Apg Die Apostelgeschichte

Die paulinischen Briefe

Röm	Der Brief an die Römer
1 Kor	Der erste Brief an die Korinther
2 Kor	Der zweite Brief an die Korinther
Gal	Der Brief an die Galater
Eph	Der Brief an die Epheser
Phil	Der Brief an die Philipper
Kol	Der Brief an die Kolosser
1 Thess	Der erste Brief an die Thessalonicher
2 Thess	Der zweite Brief an die Thessalonicher
1 Tim	Der erste Brief an Timotheus
2 Tim	Der zweite Brief an Timotheus
Tit	Der Brief an Titus
Phlm	Der Brief an Philemon
Hebr	Der Brief an die Hebräer

Die katholischen Briefe

Jak	Der Jakobusbrief
1 Petr	Der erste Petrusbrief
2 Petr	Der zweite Petrusbrief
1 Joh	Der erste Johannesbrief
2 Joh	Der zweite Johannesbrief
3 Joh	Der dritte Johannesbrief
Jud	Der Judasbrief

Offb Die Offenbarung des Johannes

(Apokalypse)

Karin: *Neulich nahm ich an einer Wallfahrt auf den Annaberg bei Opole teil. Dort erfuhr ich zu meinem Erstaunen, daß der Name der Mutter von Maria nicht aus der Heiligen Schrift bekannt sei. Woher kennt man ihren Namen?*

Kaplan: *Es gibt Namen, die sind in sogenannten* **Apokryphen** *überliefert. So die Namen von Joachim und Anna, den Eltern der hl. Maria.*

Karin: *Was sind Apokryphen?*

Kaplan: *Es sind bestimmte frühchristliche Schriften. Sie wurden nur in privaten Kreisen und nicht im Gottesdienst der Kirche verwendet. Sie gleichen in ihrer Darstellungsweise den Büchern der Heiligen Schrift. Aber sie sind nicht zum sogenannten Kanon des Neuen Testaments gezählt worden. Ich will euch einen Auszug aus einem apokryphen Buch vorlesen.*

»Josef nahm Jesus zuweilen mit sich und zog mit ihm in der ganzen Stadt umher; denn es kam vor, daß ihn die Leute um seiner Kunst willen riefen, damit er ihnen Türen, Melkeimer, Stühle oder Truhen anfertigte. Der Herr Jesus begleitete ihn auf allen seinen Gängen, und jedesmal wenn Josef bei seiner Arbeit etwas verlängern oder verkürzen, verbreiten oder verengern mußte, sei es um eine Elle oder um eine Spanne, deutete Jesus auf den Gegenstand, und schon war Josefs Wunsch erfüllt, ohne daß er Hand anzulegen brauchte; denn Josef war wenig geschickt im Zimmermannshandwerk.«

Karin: *Wer hat diese Schriften aus der Heiligen Schrift ausgeschlossen?*

Kaplan: *Auf diese Frage warte ich schon wegen der notwenigen Erklärungen. Dazu habe ich eine Tafel vorbereitet.*

apokryph
= verborgen, geheim

Apokryphen
= frühchristliche Schriften, die zwar den Anspruch haben könnten, zu den Büchern der Heiligen Schrift gezählt zu werden, aber nach der Tradition davon ausgeschlossen sind.

Kanon
= Regel, Norm. Kanon nennen wir die Gesamtheit der Bücher der Heiligen Schrift. Die Apokryphen sind also nicht kanonische Schriften.

Lehramt
= ist nicht eine Behörde, sondern ein **Auftrag**, den Jesus seiner Kirche in den Aposteln und ihren Nachfolgern gegeben hat: seine Lehre unverfälscht allen Menschen zu verkünden. Man kann verkürzt sagen, daß der Papst und die Bischöfe das kirchliche Lehramt bilden.

Tradition
= Überlieferung. Nach katholischem Verständnis gibt es zwei Säulen des Glaubens: die Heilige Schrift und die Tradition.
Tradition ist die **Weitergabe** (des Glaubens von Generation zu Generation) und auch das **Weitergegebene** (die von Jesus Christus geoffenbarte Wahrheit). Schrift und Tradition stehen in ständiger Wechselbeziehung.

Auflösung von S. 332 (Kostbare Bücher):

1. Itala, 2. lateinisch, 3. Hieronymus, 4. Bodmer, 5. Septuaginta, 6. Ulfilas, 7. Qumran – MONDSEER FRAGMENTE.

Kennst du die Heilige Schrift?

Alle erfragten Orte sind auf der Landkarte angegeben. Trage in die Kästchen auf der Karte jeweils den Buchstaben von der zugehörigen Frage ein. Bei richtiger Lösung ergeben die Buchstaben, zeilenweise von oben nach unten gelesen, einen Samen und eine Pflanze (beide kommen in Gleichnissen, die Jesus erzählt, vor), die es in Galiläa und Judäa gibt.

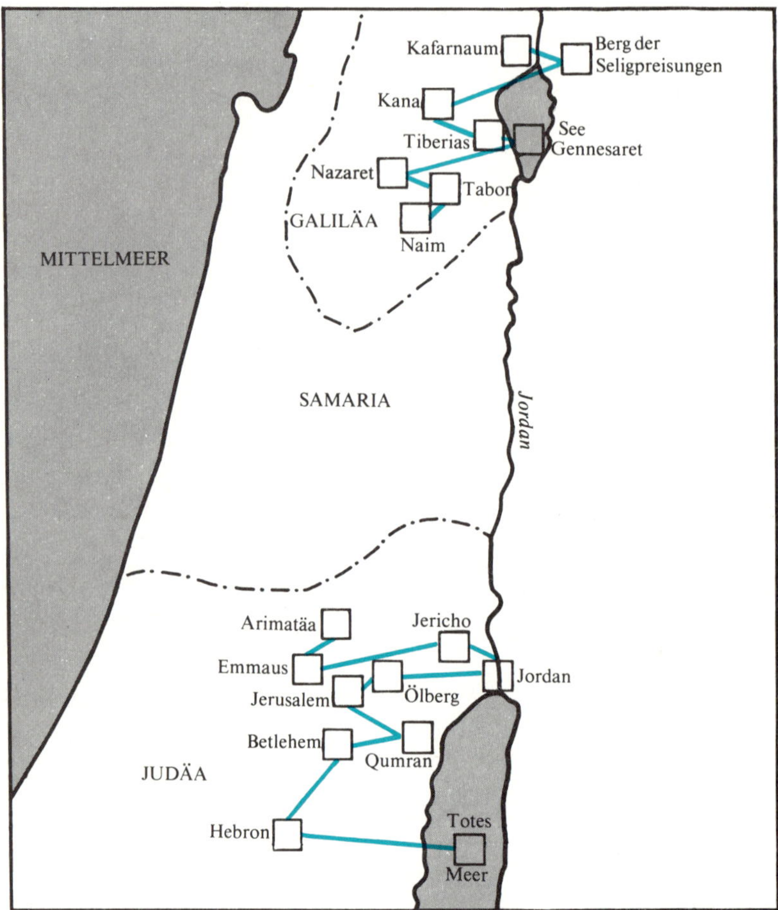

A Welche Stadt ist im Alten Testament als Geburtsort des Messias verheißen? · **B** Wie heißt das Ruinenfeld, auf dem man 1947 die berühmten Handschriftrollen fand? · **E** Wo hielt Jesus die Bergpredigt? · **E** Auf welchem Berg wurde Jesus gefangengenommen? · **E** In dieses Dorf wanderten am Tage nach Ostern zwei Jünger. · **F** Woher stammt der Ratsherr, der Jesus sein Grab überließ? · **F** Nach welcher Stadt wird der See Gennesaret auch benannt? · **G** Wo ließ sich Jesus taufen? · **I** In welcher Stadt war der Oberzöllner Zachäus zu Hause? Von der gleichen Stadt wird im Alten Testament berichtet, daß Trompetenschall ihre Mauern einstürzen ließ. · **K** Von welchem Gewässer wird der wunderbare Fischfang berichtet? · **M** Die Oberfläche welchen Sees liegt rund 400 m unter dem Meeresspiegel? · **N** In welcher Stadt residierte Pontius Pilatus? · **N** Wie heißt die Stadt, in der Jesus einen toten Jüngling erweckte? · **N** In welchem Dorf wirkte Jesus sein erstes Wunder? · **O** Wie heißt der Heimatort von Jesus? · **R** Wie heißt der Berg der Verklärung? · **S** Wie heißt die Heimatstadt der Apostelbrüder Jakobus und Johannes und auch der Brüder Petrus und Andreas? · **U** Wo ist das Grab von Abraham?

4. Abend
Verstehen wir die Bibel richtig?

Kaplan: *Für heute abend haben wir eine Fragestunde angesetzt. Im Fragekasten steckten vier Zettel. Hier die erste Frage:*

Hat es wirklich Wunder gegeben?

Was ein Wunder ist, kann das Wort allein nicht erklären. Auch wir gebrauchen das Wort, wenn jemand einer großen Gefahr entronnen ist oder eine wirkliche Liebe erfahren hat. Dann sagt er: »Es war ein Wunder.« In der Bibel werden viele Wunder erzählt. Im Alten Testament dienen sie dazu, die Großtaten Gottes zu verherrlichen und dichterisch zu überhöhen.
Im Neuen Testament werden Heilungswunder erzählt. Man zweifelt heute nicht mehr daran, daß Jesus die Macht dazu hatte. Andere Wunder erzählen von Glaubenserfahrungen und kleiden sie in zeichenhafte und symbolgeladene Bilder.
Wir sehen uns drei Beispiele an:

Aus dem Alten Testament: **Gott rettet sein Volk**

Die Israeliten waren auf trockenem Boden durch das Meer hindurchgegangen, während die Wasser wie eine Mauer zu ihrer Rechten und Linken standen (Ex 14,29).

Die Erfahrung der Rettung wird dichterisch ausgeschmückt und überhöht. Wenige Verse zuvor wird eine natürliche Erklärung gegeben: Jahwe ließ die ganze Nacht über das Meer vor einem Ostwind zurückweichen und legte das Meer trocken (Ex 14,21).

Aus dem Neuen Testament: **Jesus heilt**

Wieder kam eine große Menschenmenge zu ihm mit vielen Lahmen, Verkrüppelten, Blinden, Stummen und anderen Kranken. Man legte sie vor seine Füße nieder, und er heilte sie. Die Leute staunten, als sie sahen, daß die Stummen sprachen, die Lahmen umhergingen, die Verkrüppelten wiederhergestellt wurden und die Blinden sahen. Laut priesen sie den Gott Israels (Mt 15,30.31).

Jesus kann heilen. Auch heutzutage kommen Heilungen vor, die den Medizinern ein Rätsel sind.
Aber die Heilige Schrift erzählt noch aus anderen Gründen davon: Sie will verständlich machen,
daß Jesus von Gott gesandt ist;
daß er den Menschen vom Bösen befreit;
daß er das Glück für den Menschen schafft.

Aus dem Neuen Testament: **Das Brotwunder**

Dann nahm er die sieben Brote und die Fische, dankte Gott dafür, brach die Brote in Stücke und gab sie seinen Jüngern, und die verteilten sie an die Menge. Alle hatten zu essen und wurden satt. Die Jünger füllten sogar noch sieben Körbe mit dem, was übrigblieb. Etwa viertausend Männer hatten an der Mahlzeit teilgenommen, dazu noch Kinder und Frauen (vgl. Mt 15,36–38).

Was denkt ein Kritiker?
›Unmöglich!‹ Oder: ›Zauberei!‹

Was denkt ein Gegner?
›Schwindel! Ein Kind kann das nachrechnen.‹

Was denkt ein Christ?
›Jesus zeigt, er kann den Hunger stillen.
Er ist das Brot für jeden Hunger.
Er gibt die Fülle.
Er kann es; denn er ist Gottes Sohn.‹

Gott redet zum Menschen
in den Dingen und Wesen,
die er ihm
ins Leben schickt.

Martin Buber

Was ist ein Gleichnis?

=

Kaplan: *Das Gleichnis ist eine literarische Gattung. Es kommt auch in der Heiligen Schrift vor. Wir unterscheiden drei Formen:*

Ein Samenkorn
ist wie . . .

Das Gleichnis

im engeren Sinn vergleicht einen typischen Zustand oder alltäglichen Vorgang mit einer meist nicht anschaulichen Sache;

es zielt auf einen **Vergleichspunkt.**

Mit dem Reich Gottes ist es wie mit einem Senfkorn, das jemand auf seinen Acker gesät hat. Es gibt keinen kleineren Samen. Wenn er aber aufgeht und wächst, wird er größer als alle Gartenpflanzen. Er wird ein richtiger Baum, in dessen Zweigen die Vögel nisten können *(Mt 13,31.32).*

Es war einmal
ein Mann . . .

Die Parabel

erzählt einen Einzelfall und vergleicht damit die Glaubensaussage;

sie zielt auf einen **Vergleichspunkt.**

In einer Stadt lebte ein Richter, der hatte keine Furcht vor Gott und nahm auf keinen Menschen Rücksicht. In der gleichen Stadt lebte eine Witwe. Sie kam immer wieder zu dem Richter gelaufen und bat ihn: »Verhilf mir zu meinem Recht.« Lange Zeit wollte der Richter nicht, doch schließlich sagte er zu sich: »Es ist mir zwar vollkommen gleichgültig, was Gott und Menschen von dieser Sache halten; aber weil die Frau mir lästig wird, will ich dafür sorgen, daß sie ihr Recht bekommt. Sonst kratzt sie mir noch die Augen aus« *(Lk 18,2–5).*

Zwei Männer gingen in den Tempel . . .

Die Beispielgeschichte

erzählt einen **Musterfall**:

»So ist es richtig oder falsch!«

Zwei Männer gingen in den Tempel, um zu beten, ein Pharisäer und ein Zolleinnehmer. Der Pharisäer stellte sich ganz vorne hin und betete: »Gott, ich danke dir, daß ich nicht so habgierig, unehrlich und verdorben bin wie die anderen Leute, zum Beispiel dieser Zolleinnehmer. Ich faste zwei Tage in der Woche und opfere dir den zehnten Teil von allen meinen Einkünften.« Der Zolleinnehmer aber stand ganz hinten und getraute sich nicht einmal, aufzublicken. Er schlug sich an die Brust und sagte: »Gott, hab Erbarmen mit mir, ich bin ein sündiger Mensch!« *(Lk 18,10–13)*

Kaplan:
Wir kennen noch viele andere literarische Arten in der Bibel:

Gesetze
Berichte
Lieder
Briefe
Listen
Legenden
Sagen
Sprüche
und andere mehr . . .

Wenn ich die Gattung kenne, weiß ich, was mir der Text sagen will . . .

Wodurch unterscheiden sich die Evangelisten?

Kaplan: *Die Frage kann auch lauten: Wodurch unterscheiden sich die vier Evangelien? Denn unser Wissen über die Verfasser kommt fast ausschließlich aus ihren Berichten über das Leben Jesu. Der deutlichste Unterschied wird bestimmt durch*

**die Absicht beim Schreiben,
den Blick auf die Leser.**

Dazu kommen noch Unterschiede, die sich aus persönlicher Geschichte, Begabung und stilistischen Eigenarten ergeben.

Nun ist das sehr einfach dargestellt. Denn tatsächlich wissen wir über die wirklichen Verfasser nur ungenügend Bescheid. Haben noch andere Schreiber an den Texten mitgewirkt? Haben die christlichen Gemeinden die Texte verändert? Sind Redaktoren nachträglich an die Evangelien herangegangen und haben ihre Vorstellungen eingebracht? Über jede dieser Fragen gibt es dicke Bücher. Darum wird in der Liturgie vor dem Verlesen eines Textes gesagt: Aus dem Evangelium **nach** *Matthäus,* **nach** *Markus usw.*

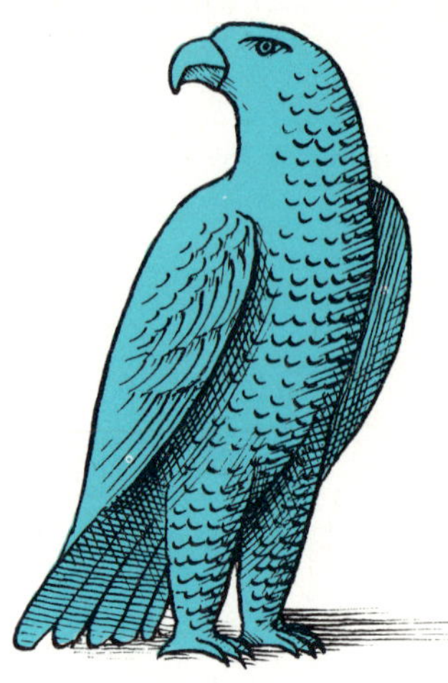

Johannes, der Freund Jesu, deutet Jesu Leben und Worte und macht theologische Aussagen.

Ich bin

die Tür	das Licht
das Brot	der Weinstock
der Weg	die Wahrheit
das Leben	

Matthäus, der jüdische Zöllner, betont:
- Jesus ist die Erfüllung des Alten Testaments
- Jesus wird von Anfang an verfolgt: Israel nimmt ihn nicht an. Deshalb: Aussendung der Jünger zu den Heiden.

Nur bei Matthäus:
- Flucht nach Ägypten
- Aussendungsbefehl

Markus, der Begleiter des Petrus, schreibt am knappsten und betont:
- die Taten Jesu
- die wachsende Gegnerschaft
- das Dunkle des Kreuzes

Lukas, der griechische Heide aus Syrien, betont:
- das Erbarmen Gottes zu den Armen und Sündern

Nur bei Lukas:
- ausführliche Kindheitsgeschichte (Weihnachtsevangelium)

Viele Texte sind bei den Evangelisten Matthäus, Markus und Lukas fast wörtlich gleich (Synoptiker), nur wenige sind Sondergut der einzelnen Evangelisten.

Eine andere Frage ist die nach den Vorlagen. So nimmt man heute mit guten Gründen an, daß vor der Niederschrift der Evangelien schon Sammlungen von Sprüchen, Jesus-Worten und Jesus-Taten vorlagen, vor allem die Leidensgeschichte als Kern der Überlieferung.

1. Die Botschaft von Kreuz und Auferstehung ist das erste, was die junge Kirche weitergab.

Jesus starb für uns, er überwand den Tod.
Jesus lebt.

2. Jesusworte und Jesusgeschichten wurden in den Gemeinden erzählt und von den Evangelisten gesammelt.

Weil Jesus lebt, kann er auch uns zum Leben führen.

3. Die Vorgeschichte von Jesus wurde durch die Evangelisten Matthäus und Lukas aufgeschrieben.

Gott wurde Mensch in unsrer Mitte.

Die Vorgeschichte (auch Kindheitserzählung) hat Markus nicht. Sein Bericht beginnt mit der Taufe Jesu.
Auch bei Johannes fehlt sie. Er leitet sein Evangelium mit den Worten ein:

Im Anfang war das Wort. Es ist Fleisch geworden.

Wir unterscheiden daher Baurichtung und Leserichtung.

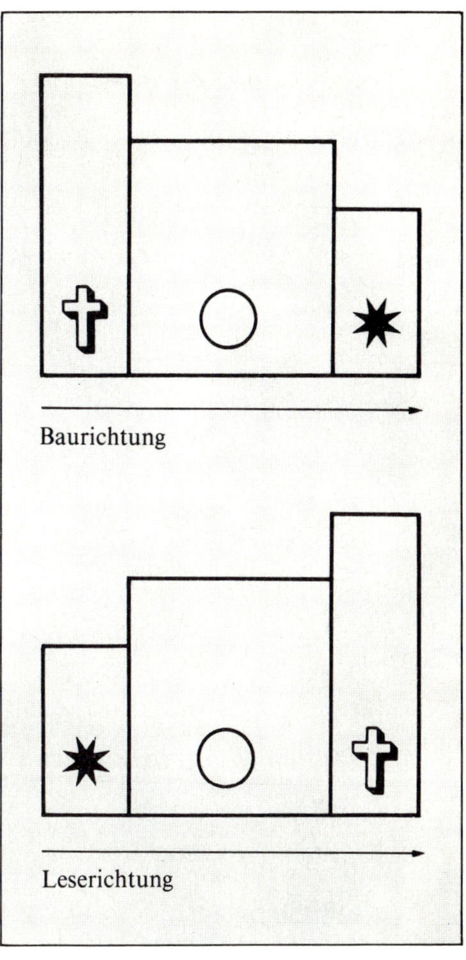

Auflösung von S. 340 (Kennst du die Heilige Schrift?):

Betlehem, Qumran, Berg der Seligpreisungen, Ölberg, Emmaus, Arimathäa, Tiberias, Jordan, Jericho, See Gennesaret, Totes Meer, Jerusalem, Nain, Kana, Nazaret, Tabor, Kafarnaum, Hebron.
In Galiläa: SENFKORN; in Judäa: FEIGENBAUM.

So entstanden die vier Evangelien

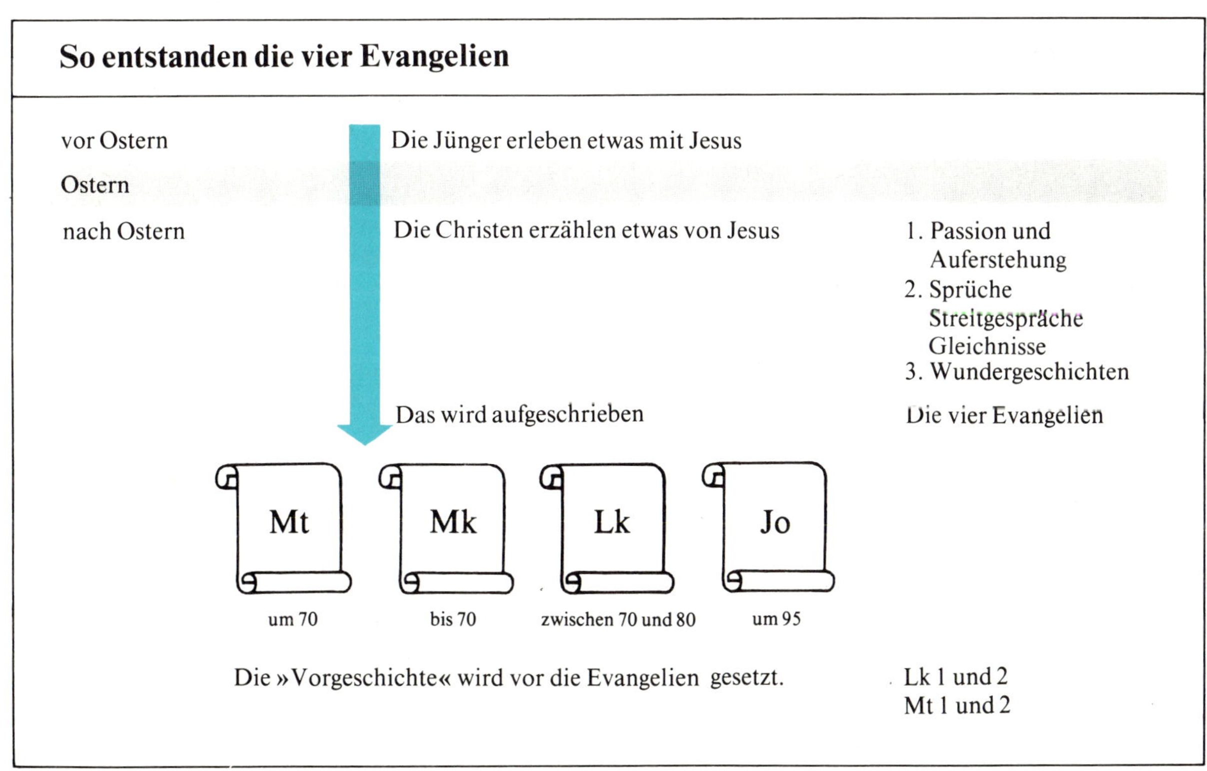

Warum sagen wir Altes und Neues Testament?

Kaplan: *Zuerst will ich das Wort erklären. Uns bekannt ist*

Testament

Verfügung eines Menschen über seinen Besitz nach dem Tod

Als Bezeichnung für die Heilige Schrift bedeutet es

Testament = Bund

Wir erinnern uns, daß im Alten Testament immer wieder vom Bund zwischen Gott und seinem Volk die Rede ist.

Bund = Vertrag

Bundeszeichen = Opfer

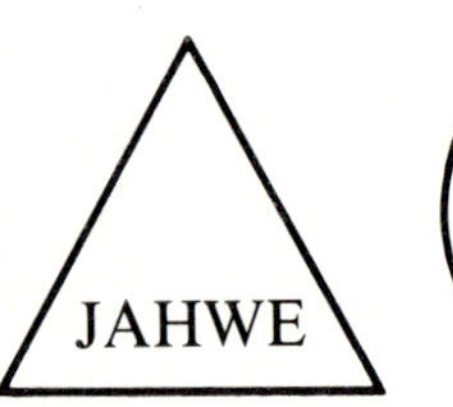

VOLK

Ich führe dich.	Wir folgen dir.
Ich befreie dich.	Wir gehören dir.
Ich gebe dir Land.	Wir gehorchen dir.
Ich schütze dich.	Wir beten dich an.

Alter Bund

Die Bedingungen des Vertrages zwischen Gott und seinem Volk, das Zustandekommen, die Belastungen und die Verwirklichung sind in den Schriften des Volkes aufgeschrieben:
Schriften des Alten Bundes = Altes Testament (AT)

Kurz und bündig

Altes Testament

Abfassungszeit:
1000–100 v. Chr.

Ort:
vornehmlich Palästina

Sprache:
Hebräisch

Verfasser:
Angehörige des Volkes Israel (Propheten, Weisheitslehrer, Priester)

Zahl der Schriften:
45

Gliederung:
Geschichtsbücher, Lehrbücher, prophetische Bücher

Inhalt:
Gotteserfahrungen des Volkes Israel

Neues Testament

Abfassungszeit:
50–130 n. Chr.

Ort:
Mittelmeerraum

Sprache:
Griechisch

Verfasser:
Apostel, Apostelschüler und unbekannte Autoren

Zahl der Schriften:
27

Gliederung:
Evangelien, Apostelgeschichte, Briefe des Paulus, übrige Briefe, Offenbarung des Johannes

Jesus hat den Neuen Bund verkündet und mit seinem Tod besiegelt. In diesen Neuen Bund sind nicht nur die Mitglieder des auserwählten Volkes eingeschlossen, sondern alle Menschen, die es wollen.

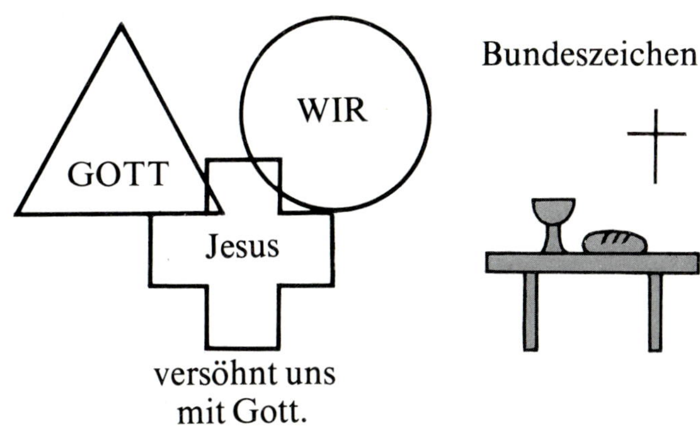

Ich befreie euch von allem Bösen.	Wir lieben dich in unseren Brüdern.	Neuer Bund

Kaplan: *Wir sind mit unserem Bibelseminar am Ende. Wir haben manches dazugelernt. Das kann wichtig sein für unser Selbstverständnis als Christen. Doch wichtiger ist noch etwas anderes bei der Beschäftigung mit der Heiligen Schrift. Der große evanglische Theologe Dietrich Bonhoeffer soll uns das sagen:*

Ich glaube, daß die Bibel allein die Antwort auf alle unsere Fragen ist . . . Die Bibel kann man nicht einfach lesen wie andere Bücher. Man muß bereit sein, sie wirklich zu fragen. Nur so erschließt sie sich. Nur wenn wir letzte Antwort von ihr erwarten, gibt sie sie uns. Das liegt eben daran, daß in der Bibel Gott zu uns redet.

Jesus: Gott und Mensch

Suche die richtige Antwort!
Die Anfangsbuchstaben der Lösungswörter (erstes Wort) ergeben den Namen Gottes im Alten Testament.

1.

Wo wurde Jesus getauft?

a) Jordan
b) Rotes Meer
c) See Gennesaret
d) Tempel von Jerusalem

2.

Was hat Jesus bei der Bergpredigt verkündet?

a) Hauptgebot der Liebe
b) acht Seligpreisungen
c) sieben Sakramente
d) Verheißung der sieben Gaben des Heiligen Geistes

3.

Mit welchem Bild beschreibt Jesus das Reich Gottes in den Gleichnissen?

a) Weizen
b) fruchtbares Erdreich
c) Feigenbaum
d) Hochzeitsmahl

4.

Was wird Jesus bei der Versuchung durch den Teufel versprochen?

a) Gesundheit
b) Weltherrschaft
c) Zufriedenheit
d) Ausdauer

5.

Wie nennen wir die Frohe Botschaft?

a) Magnifikat
b) Parabel
c) Evangelium
d) Genesis

Apokalypse
ist das letzte Buch des Neuen Testaments, auch Geheime Offenbarung des Johannes genannt.

Apokryphen
→ S. 339

Bibel
heißt eigentlich: »das Buch«. Die Stadt Biblos war im Altertum für die Papyrusherstellung bekannt. Sie gab dem Buch den Namen, der dann Eigenname für die Heilige Schrift wurde.

Christus
(griech.: Christos) ist die Übersetzung des hebr. maschiach (= Messias) und heißt: »der Gesalbte«. Gesalbt wurden im Alten Testament die Könige und Propheten zum Zeichen ihrer Erwählung durch Gott. Jesus als den Messias zu deuten ist Glaubensgut der Urgemeinde und seitdem Bekenntnis der Kirche.

Elohim
ist eigentlich der Plural von El (= Gottheit) und bedeutet dann »die Götter«, im Alten Testament wird er aber in der Singular-Bedeutung verwendet: »der Gott« oder »Gottheit«.

Evangelium
von griech. eu-angélion (Frohe Botschaft); bezeichnet eine besondere literarische Gattung des Neuen Testaments. Es gibt vier Evangelien: 1. nach Matthäus (Mt), 2. nach Markus (Mk), 3. nach Lukas (Lk) und 4. nach Johannes (Joh).
Die Evangelien erzählen Worte und Taten Jesu. Sie berichten über sein Leiden und seine Auferstehung und bezeugen ihn als den Sohn Gottes. Sie wollen den Hörer zum Leben aus dem Glauben führen.

Exegese
ist die wissenschaftliche Auslegung der Heiligen Schrift. Ihre wichtigsten Aufgaben sind:

1. die Textkritik; sie vergleicht Handschriften aus verschiedenen Zeiten und Orten;
2. die Literaturkritik; sie vergleicht die Bibel mit außerbiblischen Schriften, um zu klären, welche Quellen in der Bibel verarbeitet worden sind;
3. die Begriffsforschung; sie untersucht zentrale Bibelbegriffe im Vergleich mit anderen Sprachen;
4. die formgeschichtliche Forschung, sie untersucht die literarischen Gattungen der Texte und fragt nach deren Herkunft und Entwicklung;
5. die redaktionsgeschichtliche Forschung, sie untersucht, wie einzelne Texte in ein Buch eingeordnet worden sind und welche Absichten der Redaktor bei der Abfassung seiner Schriften hatte.

Génesis
(= griech.: Entstehung) ist die Bezeichnung für das 1. Buch Mose, das in seinem ersten Kapitel von der Erschaffung der Welt erzählt.

Hebräisch
ist die Sprache der meisten Bücher des Alten Testaments und auch des jüdischen Synagogengottesdienstes. Zur Zeit Jesu war Umgangssprache in Palästina das Aramäische.

4 וְלָקַח הַכֹּהֵן הַטֶּנֶא מִיָּדֶךָ וְהִנִּיחוֹ לִפְנֵי מִזְבַּח יְהוָה אֱלֹהֶיךָ׃ 5 וְעָנִיתָ
וְאָמַרְתָּ לִפְנֵי ׀ יְהוָה אֱלֹהֶיךָ אֲרַמִּי אֹבֵד אָבִי וַיֵּרֶד מִצְרַיְמָה וַיָּגָר
שָׁם בִּמְתֵי מְעָט וַיְהִי־שָׁם לְגוֹי גָּדוֹל עָצוּם וָרָב׃ 6 וַיָּרֵעוּ אֹתָנוּ

Beispiel von hebräischer Schrift aus dem Buch Deuteronomium (26, 4–5). Sie wird von rechts nach links geschrieben.

Inspiration
von lat. inspirare (= einhauchen; die »Eingebung«); bedeutet nach jüdischem und christlichem Verständnis: Der Geist Gottes wirkt in dem von Gott dazu ausersehenen Menschen so, daß dieser beim

Schreiben das Wort Gottes im Gewand seines zeitbedingten Denkens irrtumsfrei wiedergibt. Deshalb ist der Inhalt der biblischen Schriften heilig. Daher auch die Bezeichnung »Heilige Schrift« und der ehrfürchtige Umgang mit ihr bei Abschrift und Verwendung.

Jahwe

(allgemein ausgesprochen: Jachwe) ist ein Wort hebräischen Ursprungs und bedeutet: »Der (für uns) da ist«. Dieser alte Gottesname wird im Alten Testament mehr als sechstausendmal gebraucht. Die Juden wagten nicht, den Namen Gottes auszusprechen, sondern ersetzten ihn durch *Adonai* (= Herr). Im Hebräischen gibt es keine Zeichen für Vokale. Den Konsonanten JHWH wurden um 1100 n. Chr. die Vokale von Adonai unterlegt. So kam es bei den Christen aus Unkenntnis zu der unrichtigen Aussprache: Jahowa oder Jehova.

Kanon

(= urspr. griech. Schilfrohr, Meßrute, dann Maßstab und Norm) bezeichnet bei der Bibel die Liste aller Bücher, die zur anerkannten Sammlung gehören und Norm des christlichen Lebens sind.

Lektionar

von lat. legere (= lesen) ist das Lesebuch, aus dem ausgewählte Teile der Bibel (= Perikopen) im Gottesdienst vorgelesen werden.

Offenbarung

bedeutet Enthüllung, Kundgabe von etwas Verborgenem. Der Begriff Offenbarung wird sehr verschieden erklärt, je nachdem, welches Gottes- oder Weltverständnis vorliegt. Das Neue Testament verkündet Jesus als *die* Offenbarung Gottes. Er ist das »Wort« Gottes.

Prophet

(= griech.: Seher, Verkünder); im Alten Testament sind die Propheten Sprecher Gottes. Sie ermahnen das Volk zur Bundestreue und geben Weisungen im Sinne Gottes für Gegenwart und Zukunft. Das Konzil von Trient (1546) unterscheidet (nach dem Umfang ihrer Schriften)

4 große Propheten:
Jesaja, Jeremia, Ezechiel und Daniel
12 kleine Propheten:
Hosea, Joel, Amos, Obadja, Jona, Micha, Nahum, Habakuk, Zefanja, Haggai, Sacharja und Maleachi.

Auch im Neuen Testament ist die Gabe des Prophetentums bekannt, ebenso in anderen Religionen.

Redaktion

heißt die Sammlung und Anordnung von sprachlichem Material, das veröffentlicht werden soll.
Weil viele biblische Schriften aus verstreutem Einzelgut zusammengetragen worden sind, nennt man diesen Bearbeitungsprozeß die Redaktion der Schriften; der Bearbeiter wird Redaktor genannt. Er sammelt, wählt aus und ordnet an. Er ist nicht Verfasser; aber die Art seiner Zusammenstellung beeinflußt die Aussage der Schrift.

Synoptiker

von griech. synopse (= Zusammenschau) ist eine Bezeichnung für die drei Evangelisten Matthäus, Markus und Lukas. Ihre Berichte sind nämlich weitgehend ähnlich. Daher hat man zum Vergleich ihrer Texte diese in nebeneinanderstehenden Spalten abgedruckt. Von dieser Zusammenschau der Texte (= Synopse) ist die Bezeichnung abgeleitet.

Überlieferung

ist die Weitergabe aller Erfahrungen, Fähigkeiten und Werte, die früher gewonnen wurden und heute bedeutend bleiben. Sie kann mündlich (= Tradition) und schriftlich weitergegeben werden (Heilige Schrift und andere Schriften). Schrift und Tradition werden als die beiden Säulen der Kirche bezeichnet.

Vulgata

→ S. 330

Zion

(oder Sion) ist der ursprüngliche Name eines Hügels in Jerusalem. Der Name wurde später auf den Tempelberg und auf die Stadt Jerusalem übertragen. Daher erklärt sich die Bedeutung von »Tochter Zion« als die Einwohnerschaft von Jerusalem.

Pfingsten ist immer

Das erste Pfingsten

Zum Pfingstfest, dem alten Erntedankfest, kamen Juden aus allen Völkern nach Jerusalem:

»Sind sie nicht alle Galiläer, die da reden? Wieso kann sie jeder von uns in seiner Muttersprache hören? Parther, Meder und Elamiter, Bewohner von Mesopotamien, Judäa und Kappadozien, von Pontus und Asien, von Phrygien und Pamphylien, von Ägypten und dem Gebiet Libyens nach Zyrene hin, auch die Römer, die sich hier aufhalten, Juden und Proselyten, Kreter und Araber, wir hören sie in unseren Sprachen Gottes große Taten verkünden« *(Apg 2,7–11).*

Nach dem Pfingstfest kehrten sie in ihre Heimat zurück und waren vielleicht die ersten Boten des Evangeliums.
Die Verfolgung der Christen durch die Pharisäer veranlaßte manche Judenchristen, nach Antiochien auszuwandern. Dadurch entstehen christliche Gemeinden in Samaria, Cäsarea und Damaskus.

Auflösung von S. 347 (Jesus: Gott und Mensch):
Richtige Antworten: 1a, 2b, 3d, 4b, 5c. Die Anfangsbuchstaben ergeben den Gottesnamen JAHWE.

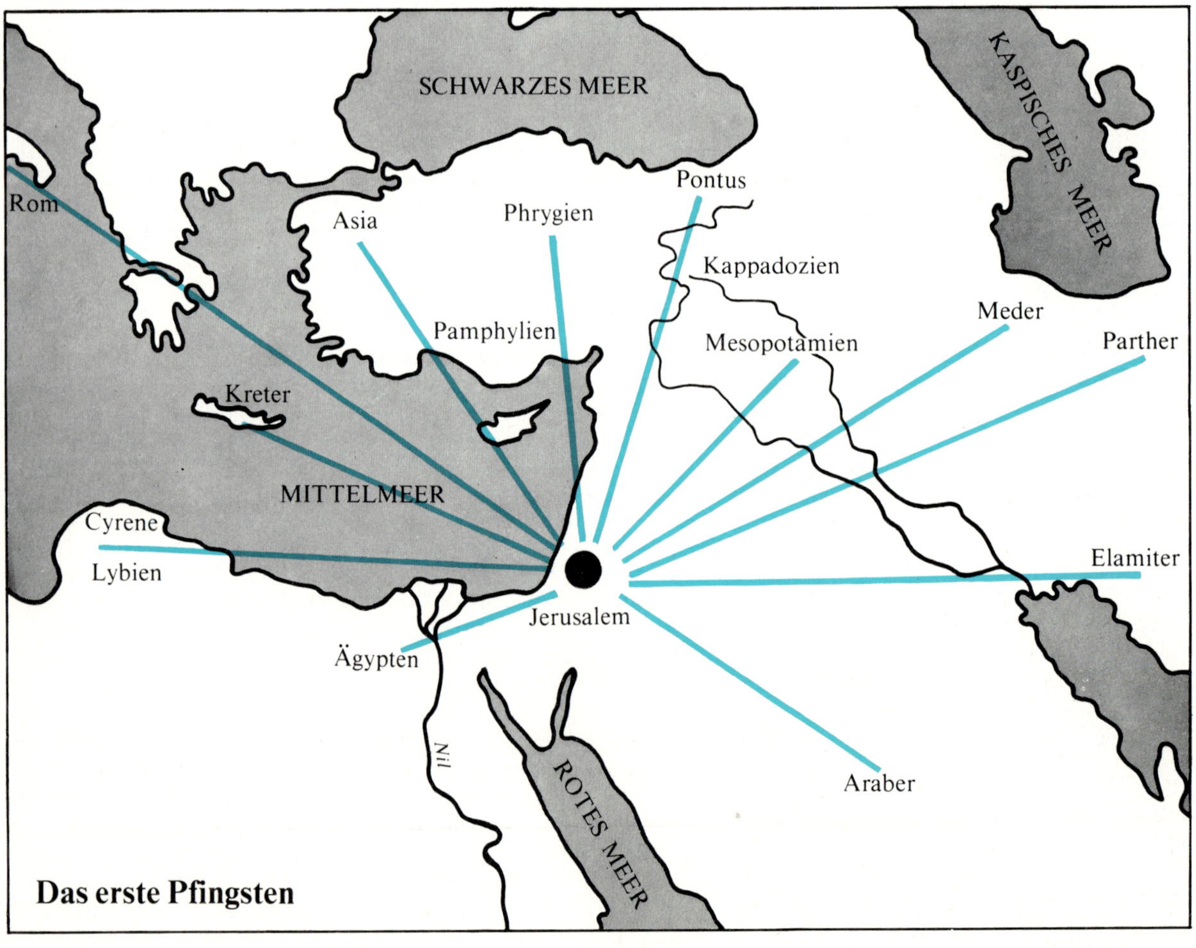

SCHWARZES MEER
KASPISCHES MEER
Rom
Asia
Phrygien
Pontus
Kappadozien
Pamphylien
Meder
Mesopotamien
Parther
Kreter
MITTELMEER
Cyrene
Lybien
Jerusalem
Elamiter
Ägypten
Nil
ROTES MEER
Araber
Das erste Pfingsten

Die Ausbreitung des frühen Christentums in der antiken Welt.

Petrus und Paulus. Friedrich Press, 20. Jh.

Die zwölf Apostel

Zum engsten Kreis der Anhänger Jesu gehören die Apostel. Das Wort ist griechischer Herkunft und bedeutet: »Gesandter, Bote«. Über das Leben und die Tätigkeit der Apostel berichten die Evangelien und die Apostelgeschichte wenig. Es geht ihnen ja auch viel mehr um Jesus und seine Botschaft. Diesem Mangel wollte die Volksliteratur der frühen Christenheit abhelfen. In zahlreichen Schriften wird dort in der Form der Legende berichtet, wie die Apostel in vielen Ländern den Glauben verkündet haben und welches Schicksal ihnen widerfuhr. Welche historischen Wahrheiten diese apokryphen Schriften vermitteln, ist nicht mehr auszumachen. Da wir aber wissen, daß auch die literarische Gattung der Legende auf ihre Art Wahrheit vermittelt, sind diese Berichte für uns nicht einfach wertlos. Denken wir nur an die Legende von der Kreuzigung des hl. Petrus (vgl. S. 144). Sie kann selbst den kritischen Leser unserer Tage betroffen machen.
Die Apostel haben das Zeugnis über Jesus Christus in die Welt getragen. Ihnen haben wir unseren christlichen Glauben zu verdanken. Was wissen wir von ihnen?

Petrus

Der Fischer Simon stammt aus Betsaida und war verheiratet. Sein Bruder Andreas gewinnt ihn als Jünger. Jesus gibt ihm den Namen Kephas (= Fels; griech.: petros). Nach dem Tode Jesu ist er der Führer der christlichen Gemeinde in Jerusalem. Um 42 verläßt er Jerusalem, kehrt zum Apostelkonzil (um 50) zurück. Sein Aufenthalt in Rom und sein Martertod in Rom während der Neronischen Christenverfolgung (zw. 64 u. 67) gelten als historisch sicher.
Darstellung: mit Schlüssel. *Fest: 29. Juni*

Andreas. Aus dem Apostelschrein in Themar (Thüringen)

Andreas

Der Bruder des Petrus ist wie dieser in Betsaida geboren und Fischer von Beruf. Er kommt aus dem Kreis der Jünger um Johannes den Täufer und gehört zu den ersten Schülern (Jüngern) Jesu.
Legende: Er soll am Schwarzen Meer gepredigt und in Patras (Griechenland) den Tod durch Kreuzigung erlitten haben.
Darstellung: lateinisches Kreuz oder sog. Andreaskreuz (X).
Fest: 30. November

Jakobus der Ältere

ist der Bruder des Apostels Johannes. Ihr Vater heißt Zebedäus. Jakobus ist (spätestens) 44 durch Herodes Agrippa I. enthauptet worden. Nach alter spanischer Überlieferung werden seine Gebeine an dem berühmten Wallfahrtsort Santiago de Compostela (Sankt Jakob vom Sternenfeld) verehrt.
Darstellung: mit Schwert, Buch; seit dem 14. Jahrhundert: als Pilger mit Pilgerhut, Stab, Tasche und Flasche. *Fest: 25. Juli*

Johannes

Der jüngere Bruder von Jakobus dem Älteren wird im Neuen Testament als Lieblingsjünger Jesu hervorgehoben. Seit dem 2. Jahrhundert gilt er auch als der Verfasser des vierten Evangeliums und der Apokalypse (was aber auch immer wieder umstritten ist). Als sicher gilt, daß er in Ephesus wirkte und während der Christenverfolgung des Kaisers Domitian auf die Insel Patmos verbannt worden war. Er starb in hohem Alter eines natürlichen Todes.
Legenden erzählen auch von einem Martyrium in kochendem Öl oder vom Tod durch den Giftbecher.
Darstellung: mit Adler. *Fest: 27. Dezember*

Jakobus der Ältere. Holzplastik in der Dorfkirche Teistungen, Kreis Worbis

Johannes
Veit Stoß, Ende 15. Jh., Marienkirche Krakau

Philippus. Hermann Vischer d. J., um 1510, Römhild

Philippus

Er kommt aus Betsaida in Galiläa und gehört zu den ersten Jüngern Jesu. Das Neue Testament erwähnt ihn als Fürsprecher der Menge bei der Brotvermehrung *(Joh 6,5–7)* und als Täufer des Äthiopiers *(Apg 8,26–39).*
Legende: Er sei in Kleinasien gekreuzigt und am Kreuz gesteinigt worden.
Darstellung: mit dem Tau-Kreuz oder mit dem Doppelbalken-Kreuz. *Fest: 3. Mai*

Bartholomäus

Außer der Aufzählung in der Liste der Apostel bei Matthäus wissen wir nichts Gesichertes über ihn.
Legende: Es heißt, er sei in Armenien gestorben. Ihm sei die Haut bei lebendigem Leib abgezogen worden. Da er diese Qual überlebt habe, sei er enthauptet worden.
Darstellung: mit Buch, Messer; seit dem 14. Jahrhundert: mit abgezogener Haut in der Hand. *Fest: 24. August*

Thomas

ist aus dem Neuen Testament als Zweifler an der Auferstehung Christi bekannt.
Die Legende will wissen, daß er in Indien als königlicher Baumeister

tätig war, den König bekehrt habe und bei der Zerstörung eines Götzenbildes von einem heidnischen Priester mit der Lanze erstochen worden sei (→ Thomas-Christen, S. 49).
Darstellung: mit Schwert, Lanze, Winkelmaß oder mit Steinen.
Fest: 3. Juli

Bartholomäus. Silberreliquiar, um 1520, Domschatz zu Bautzen

Matthäus

ist zugleich als Evangelist bekannt, weil das erste Evangelium seinen Namen trägt. Vor seiner Berufung durch Jesus war er als Zolleinnehmer in Kafarnaum tätig.
Legende: Er habe in Palästina und dann in Äthiopien (Südägypten) und, nach anderen Berichten, in Persien gepredigt. Er erlitt wohl keinen Martertod, obwohl er in der griechischen Kirche als Märtyrer verehrt wird. – Seine Reliquien befinden sich in Salerno.
Darstellung: als Mensch oder Engel. *Fest: 21. September*

Jakobus der Jüngere

ist als Sohn des Alphäus in Betsaida geboren und wird im Neuen Testament als »Bruder des Herrn«, d. h. als Verwandter Jesu bezeichnet. In der Kirche von Jerusalem spielt er eine führende Rolle und nimmt auch am Apostelkonzil teil. Nach der Überlieferung stirbt er 62 als Märtyrer.
Legende: Er sei von den Juden die Tempelmauer hinabgestürzt worden; weil er aber überlebte, gesteinigt, und weil er auch das überstand, mit der Walkerstange erschlagen worden.
Darstellung: mit Keule oder Walkerstange. *Fest: 3. Mai*

Ungläubiger Thomas. 15. Jh., Dresden

Simon Zelotes

(= der Eiferer) gehört vermutlich wie Judas Thaddäus zu denen, die in Jesus einen politischen Befreier gesehen haben (→Zeloten).
Legende: Er habe in Ägypten und Persien gepredigt und sei mit Judas Thaddäus getötet worden.
Darstellung: mit Schwert, Knüppel, später auch mit Säge (obwohl keine entsprechende Legende überliefert ist). *Fest: 28. Oktober*

Judas Thaddäus

Von ihm wissen wir so gut wie nichts. Er scheint wie Simon zu einer Gruppe von nationalistischen Kämpfern gehört zu haben, die sich Zeloten (= Eiferer) nannten.
Die Legenda aurea erwähnt, daß er mit Simon in verschiedenen Ländern wirkte und mit diesem zusammen erschlagen worden sei.
Darstellung: mit Beil, Hellebarde, Schwert. *Fest: 28. Oktober*

Matthäus. Auf einem Vespermantel des 15. Jh., Dom zu Bautzen

Judas Iskariot

Er ist Jesu Verräter, der sich selbst erhängt hat. An seine Stelle wurde Matthias durch das Los gewählt.
Darstellung: mit Strick, Geldbeutel, roten Haaren.

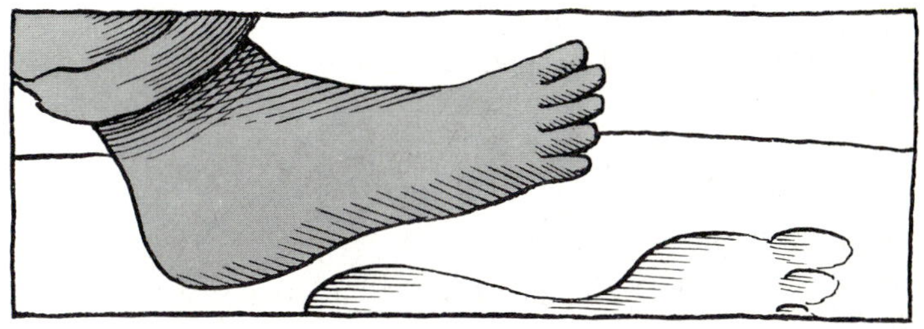

Jakobus der Jüngere aus einer Ölbergdarstellung, Thurm bei Glauchau, um 1500

Simon Zelotes und Judas Thaddäus. Christian Aigrinner, Batik, 20.Jh.

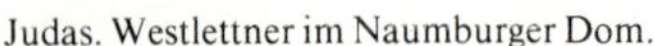

Judas. Westlettner im Naumburger Dom.

Matthias
Glasfenster, 13. Jh., Neukloster bei Wismar

Matthias

Vor seiner Wahl in das Apostelkollegium hat er schon lange zu den Jüngern gehört.
Legende: Er habe in Äthiopien gewirkt und dort auch den Tod erlitten (durch Beil oder am Kreuz). Seine Reliquien wurden im Auftrag der Kaiserin Helena nach Trier gebracht (Abteikirche St. Matthias) und sind, namentlich im Mittelalter, Ziel vieler Wallfahrten.
Darstellung: mit Beil, Hellebarde, Schwert, Kreuz oder mit Steinen zu Füßen. *Fest: 24. Februar*

Paulus

ist Sohn streng jüdischer Eltern, geboren in Tarsus (Kleinasien). Nach theologischer Ausbildung in Jerusalem ist er im Auftrag des Hohen Rates rastlos und fanatisch tätig, um gegen die Christen, die einen gekreuzigten Messias verehren, vorzugehen. Nach seiner Bekehrung und Berufung zum »Völkerapostel« ist er der eifrigste Missionar der jungen Kirche und zugleich ihr theologischer Lehrer. Er stirbt in der Neronischen Christenverfolgung; als römischer Bürger wird er mit dem Schwert enthauptet.
Darstellung: mit Buch, Schwert; meist kahlköpfig. *Fest: 29. Juni*

Petrus	Thomas		
Andreas	Matthäus		
Jakobus	Jakobus d. J. ←	Matthias ←	Paulus
Johannes	Judas Thaddäus		
Philippus	Simon		
Bartholomäus	Judas →		

Als in Antakije die Erde bebte

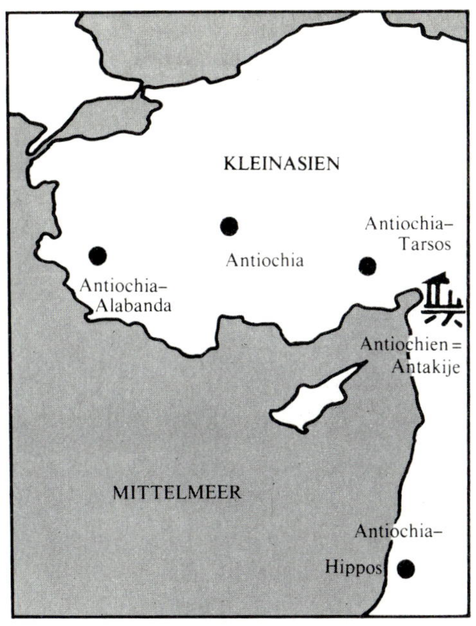

Es gab im Altertum mehrere Städte mit dem Namen Antiochia.

Im Jahre 526, so wissen die Forscher zu berichten, habe es in Kleinasien ein schreckliches Erdbeben gegeben, bei dem eine Viertelmillion Menschen ums Leben gekommen sei. Damals ist Antakije, das frühere Antiochia, die Perle unter den Städten, zerstört worden. Sie war eine von den vier größten Städten des Römischen Reiches. Sie lag an der östlichen Küste des Mittelmeeres, etwa 300 km nördlich von Damaskus. Kaiserliche Paläste, Tempel, Bäder, Wasserleitungen, jüdische Synagogen, christliche Kirchen sanken in wenigen Minuten in Trümmer. Die reiche Handelsstadt, der Brennpunkt griechisch-römischer Kultur, das Zentrum von Wissenschaft und Kunst und die Stätte der ersten Jünger Jesu, die sich »Christen« nannten, wurde vom Staub der Jahrhunderte zugedeckt. 637 eroberten die arabischen Moslems die schäbigen Reste Antiochias im »Heiligen Krieg«. Immerhin hatte der Name der Stadt einen guten Klang. Das wußten auch noch die Kreuzfahrer. Sie nahmen 1098 den Moslems die Stadt wieder ab und machten sie zur Hauptstadt eines Fürstentums Antiochien. Die Stadt, in der Paulus begann, Christus der Welt zu verkünden, sollte wieder christlich sein. Vielleicht haben die Kreuzfahrer noch die christlichen Gotteshäuser aus der Zeit vor dem Erdbeben gesehen? Wir wissen es nicht. Wir wissen aber, daß 170 Jahre christlicher Herrschaft im Jahre 1268 zu Ende waren. Die Moslems holten sich die Stadt zurück. Aber nun hatte sie fast nichts mehr als ihren guten Namen. Und auch diesen legte sie im Laufe der Zeit ab. Ausgräber fanden Mauerreste alter Bauwerke in der Nähe des Ortes Antakije, Zeugnisse der blühenden christlichen Gemeinde. Seit mehr als 40 Jahren graben die Archäologen. Was werden sie uns eines Tages berichten?

Zeitgenossen Jesu

In der zweiten Spalte stehen jeweils drei Namen, von denen zwei im Evangelium vorkommen. Einer bleibt also immer übrig. Wenn du die Anfangsbuchstaben der *übriggebliebenen* Namen unterstreichst und hintereinander liest, nennen sie einen Begriff, der für die Ausbreitung des Glaubens sehr wichtig war.

Röm. Kaiser	Augustus	Alfons	Tiberius
Röm. Statthalter	Ulrich	Pilatus	Quirinius
Röm. Besatzung	Kriegsknechte	Hauptmann	Scholastika
Zolleinnehmer	Matthäus	Zachäus	Stanislaus
Jüd. Könige	Eusebius	Herodes	Antipas
Hohepriester	Hannas	Kajaphas	Nikolaus
Pharisäer	Nikodemus	Damian	Josef von Arimathäa
Fischer	Jakobus	Ubald	Andreas
Frauen	Nora	Maria	Marta
Kranke	Bartimäus	Gregor	Lazarus

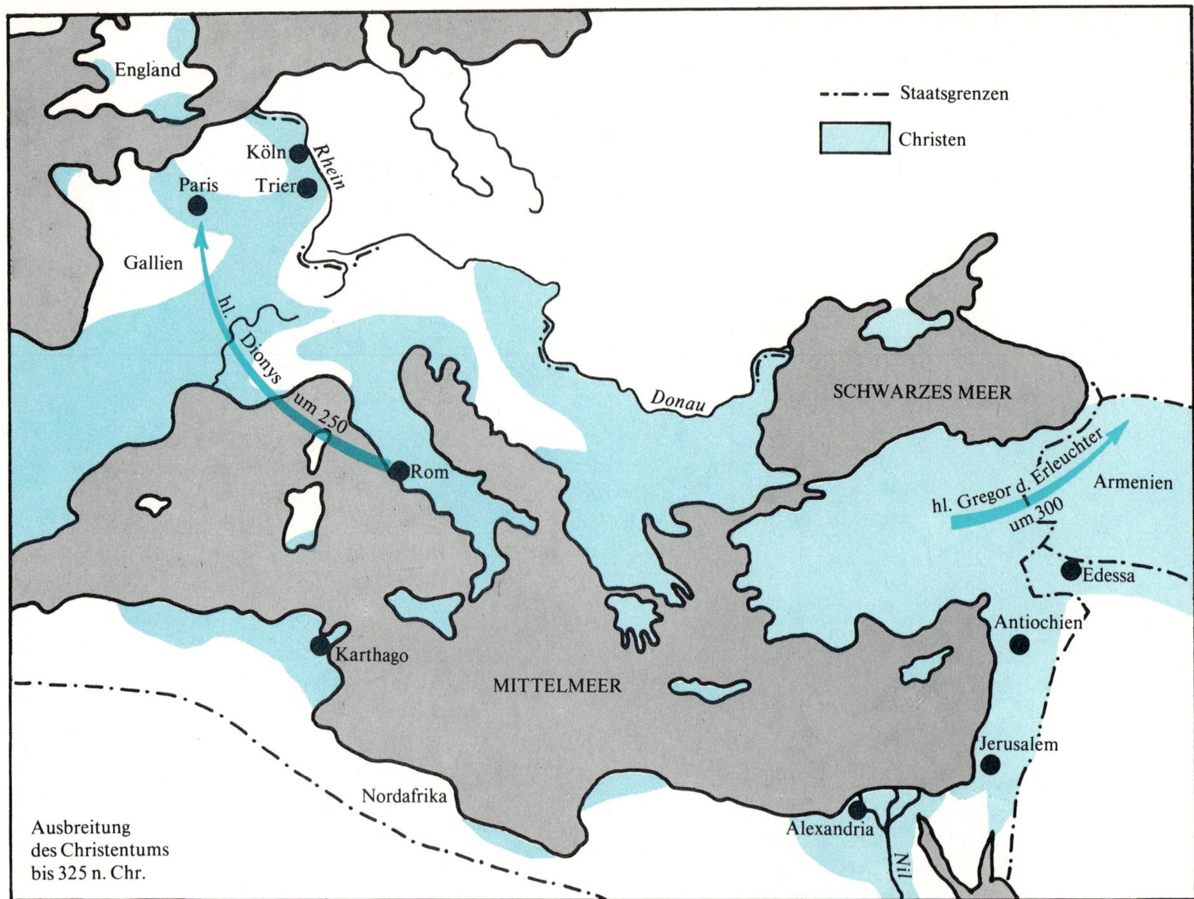

Die junge Kirche auf dem Weg in die Welt 100–325 n. Chr.

In den ersten 300 Jahren finden wir die Christen vorwiegend in den Städten.

Um 100 n. Chr.
gibt es bereits Gemeinden in Nordafrika, Persien und Armenien.

Um 130 n. Chr.
entstanden auch in Gallien und Spanien Gemeinden.

Um 180 n. Chr.
soll es schon Kirchen am linken Rheinufer (Köln und Trier vor 314) gegeben haben.

Um 200 n. Chr.
bestehen schon einzelne Gemeinden in England. Zur gleichen Zeit wird Edessa in Syrien christlich.

Um 250 n. Chr.
werden sieben Bischöfe von Rom nach Gallien geschickt, unter ihnen der hl. Dionysius nach Paris.
In Alexandrien ist im 3. Jahrhundert die Mehrzahl der Einwohner christlich.

Um 300 n. Chr.
bekehrt der hl. Gregor der Erleuchter viele Einwohner Armeniens.

Zur gleichen Zeit ist die Zahl der Christen im Römischen Reich auf 7–10 Mill. gestiegen, etwa jeder 6. Bewohner ist Christ. Ein einzigartiger Erfolg, wenn man daran denkt, daß in dieser ganzen Zeit die Christen oftmals grausam verfolgt worden waren.

Freigelegtes Soldatenstadion aus der Zeit der römischen Expansion. Das Stadion liegt mitten in Budapest.

Das frühe Christentum im Weltreich der Römer

Unbeachtet, im Schatten des Judentums, breitet sich das Christentum aus. In den Städten bilden sich Gemeinden. Sie werden als jüdische Sekten angesehen. Vor allem aus den unteren Volksschichten kommen ihre Mitglieder: Sklaven, Freigelassene, Handwerker, Soldaten. In Rom, das damals schon eine Millionenstadt ist, wächst die Christengemeinde schnell. Die Römer, an sich duldsam gegenüber fremden Religionen, werden mißtrauisch.

Die Christenverfolgungen des Altertums

Sarkophage aus der Römerzeit im römischen Militärlager Aquincum (in Budapest)

Reiterstandbild des Kaisers Mark Aurel auf dem Kapitol in Rom

Der Staat, einerseits, beobachtet besorgt, wie die Gemeinden der Christen anwachsen. Er fürchtet, daß die offizielle Staatsreligion mißachtet und die öffentliche Sicherheit gefährdet werden. Die Einwohner, andererseits, erleben die Christen als Fremdkörper. Die Christen leben zurückgezogen und bilden Gruppen mit Eigenleben und anderer Lebensauffassung. Das macht sie in den Augen der Römer unbeliebt. Schnell bilden sich Gerüchte. »Die Christen verachten unsere Götter, sie sind Atheisten!« »Die Christen treiben Blutschande und andere schlimme Dinge.« So werden die Christen rein gefühlsmäßig abgelehnt. Im Denken der

Kaiser Nero

Rekonstruktion des Kolosseums in Rom mit Gladiatoren

Menschen dieser Zeit war es nur ein kleiner Schritt, die Christen für Unglücksfälle verantwortlich zu machen. Katastrophen, Erdbeben, Hunger, Mißwirtschaft werden ihnen angelastet. Also müssen die Christen dafür auch büßen, indem sie haftbar gemacht, belästigt, geschlagen, geplündert werden. Es entsteht Unruhe im Staat. Also muß Ruhe hergestellt werden. Hier treffen sich die Interessen des römischen Staates mit dem Aberglauben des römischen Volkes.

Ein bezeichnendes Beispiel dafür ist der Stadtbrand in Rom. Als der wilde Kaiser Nero den Christen die Schuld dafür zuschob, tobten die Römer gegen die Christen. Die Römer ahnten jedoch, daß der Kaiser selbst die Stadt in Brand gesteckt hatte.
Zweihundertfünfzig Jahre lang müssen sich nun die Christen gegen die römische Staatsmacht zur Wehr setzen. Nicht dauernd tobt die Verfolgung. Es gibt immer wieder Zeiten der Ruhe, in denen Kirchen gebaut werden und Gemeinden sich neu bilden. Zehn Verfolgungen nennen die Kirchenväter und vergleichen diese mit den zehn Plagen in Ägypten. Erst Anfang des 4. Jahrhunderts wird das Christentum als gleichberechtigte Religion anerkannt. Die Kraft der Botschaft Jesu von der Liebe Gottes zu allen Menschen hat gesiegt.

Diese Zeichnung wurde 1857 bei Ausgrabungen einer Schule für kaiserliche Hofpagen in Rom gefunden. Sie stammt aus dem 2. Jahrhundert. Dargestellt sind ein gekreuzigter Mann mit einem Eselskopf und ein Mensch mit erhobenen Händen. Die griechischen Buchstaben bedeuten: Alexamenos betet seinen Gott an. Offenbar war Alexamenos ein Christ, der in der Pagenschule ausgebildet wurde und über den sich seine Kameraden mit dieser Karikatur lustig gemacht hatten.

1. Verfolgung unter Kaiser Nero
(regiert 54–68 n. Chr.)

Anlaß: Stadtbrand in Rom; die Christen werden als die Schuldigen daran bezeichnet.

Methode: Christen werden, zum Schauspiel für das Volk, durch Kreuzigung, Tierhetzen und als lebendige Fackeln getötet.

Ausmaß: Verfolgung wohl nur in der Stadt Rom zwischen 64 und 68. Viele Opfer: darunter das Oberhaupt der Kirche, Petrus, und der Apostel Paulus.

Folgen: Der Name »Christ« ist jetzt geächtet.

2. Verfolgung unter Kaiser Domitian
(81–96 n. Chr.)

Anlaß: Die Christen weigern sich, dem Kaiser göttliche Ehrung zu erweisen.

Methode: Gerichtliche Untersuchungen, Hinrichtungen, Verbannungen.

Ausmaß: Grausame Schauspiele der Hinrichtung von Christen im ganzen Reich. In diese Verfolgung fällt die Verbannung des Apostels Johannes nach Patmos.

3. Verfolgung unter Kaiser Trajan
(98–117 n. Chr.)

Anlaß: Der Kaiser erläßt ein Reskript (schriftl. Anordnung): Die Christen sind als »unerlaubter Verein« verboten. Wer ihnen angehört, wird mit dem Tode bedroht.

Methode: Keine Fahndung nach Christen. Aber wer angezeigt und überführt wird, wird bestraft. Gerichtliches Urteil: Wer abschwört, wird freigelassen.

Ausmaß: Verfolgungen im ganzen Reich, besonders heftig in Palästina und Kleinasien. *Beispiele:*
Bischof Simeon von Jerusalem wird gekreuzigt; Bischof Ignatius von Antiochien in Rom den Tieren vorgeworfen.

Folgen: Das Reskript wird auf lange Zeit Grundlage der staatlichen Christenverfolgung.

4. Verfolgung unter Kaiser Marcus Aurelius
(161–180 n. Chr.)

Anlaß: Zahlenmäßiges Anwachsen der Christen; Hungersnot und Pest sowie Einfall fremder Völker ins Reich. Nach zunächst freundlicher Behandlung ändert der Kaiser unter dem Einfluß seiner Umgebung diese Haltung. Die Unglücksfälle werden den Christen angelastet.

Methode: Verbannung von hochgestellten Personen, Hinrichtung von »Niederen«.

Ausmaß: Verfolgungen im ganzen Reich. *Beispiele:*
Rom: der Philosoph Justinus mit 6 Gefährten enthauptet;
Lyon: Bischof Pontius und 50 Christen hingerichtet.
Im Osten: In Pergamon wird die Christin Agathonike im Stadion verbrannt.

5. Verfolgung unter Kaiser Severus
(193–211 n. Chr.)

Anlaß: Jüdische Aufstände reizen den sonst duldsamen Kaiser. Außerdem ist die Zahl der Christen bedrohlich angestiegen.

Methode: Übertritt zum Christentum bei schwerer Strafe verboten. Die Verfolgung trifft vor allem die Taufbewerber (Katechumenen) und die Neugetauften.

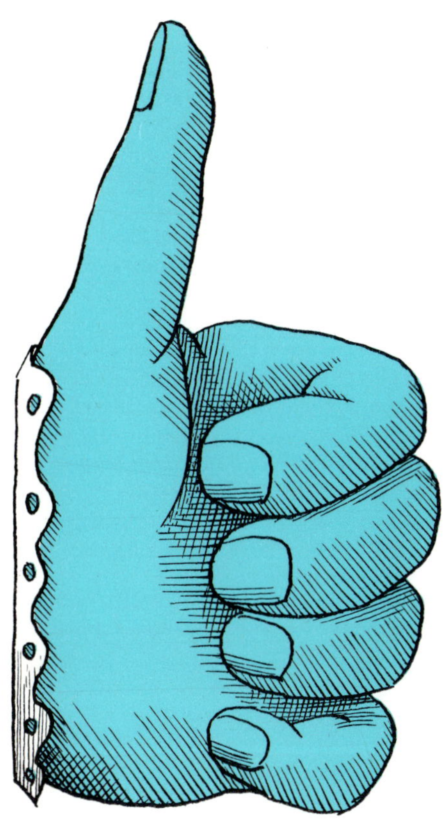

Ausmaß: *Beispiele:*
Alexandrien: Leonidas (Vater des Origines) und mehrere Schüler der Katechetenschule werden hingerichtet.
Karthago: Im Amphitheater werden die hl. Felizitas, die hl. Perpetua und drei Männer grausam gemartert.

6. Verfolgung unter Maximinus Thrax (235–238 n. Chr.)

Anlaß: Der barbarische Kaiser verfolgt alle Anhänger seines beliebten Vorgängers Severus Alexander, darunter auch die von diesem geschätzten Christen.

Methode: Die Vorsteher der Gemeinden werden in die Verbannung geschickt.

Ausmaß: Keine große Verfolgung, außer in den Provinzen Kappadozien und Pontus, wo infolge eines Erdbebens die Volksmenge fanatisch gegen die Christen vorgeht. *Beispiel:*
Papst Pontian wird auf die Insel Sardinien verbannt, wo er stirbt.

7. Verfolgung unter Kaiser Decius (249–251 n. Chr.)

Anlaß: Der Soldatenkaiser will das ruinierte Reich aufrichten und gegen äußere Feinde widerstandsfähig machen.
Die Christen betrachtet er als innere Feinde, weil sie die einheitliche Reichsreligion nicht anerkennen und so die Einmütigkeit der Bewohner verhindern.

Methode: Alle Einwohner des Reiches müssen den Göttern ein Bittopfer darbringen. Die Teilnahme wird amtlich bescheinigt und in Listen festgehalten. Wer das Opfer verweigert, wird mit Kerker, durch Entziehung von Besitz und Ehren, Verbannung, Strafarbeit in Bergwerken, Folter und Tod bestraft.

Ausmaß: Besonders scharfe Verfolgung von Bischöfen.
Decius will lieber einen Gegenkaiser ertragen als einen christlichen Bischof in der Stadt.
Viele Christen, sogar Bischöfe, fallen vom Glauben ab. Manche entziehen sich dem Opfer durch die Flucht. Andere beschaffen sich, ohne zu opfern, die Bescheinigung und Eintragung in die amtlichen Listen, wieder andere bringen das Opfer dar als »rein äußerlichen Akt« und betrachen sich als Opfer der Staatsgewalt; schließlich gibt es viele, die das Opfer verweigern und dafür bestraft werden.

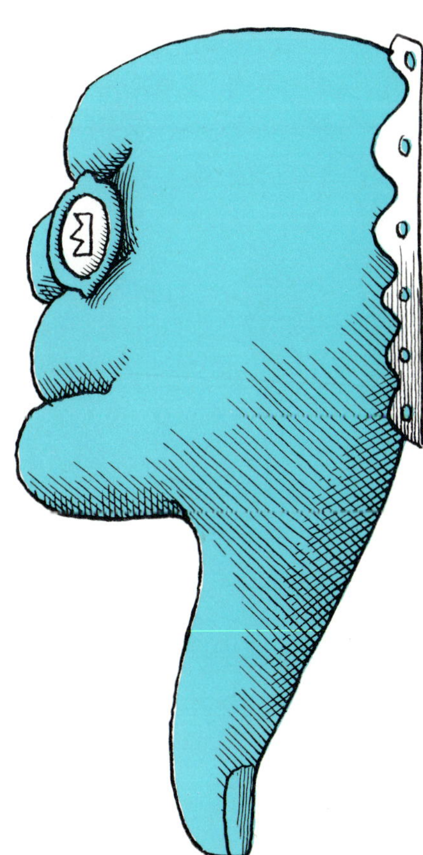

Beispiele:

Papst Fabian wird um 250 hingerichtet;
Presbyter Pionius wird verbrannt;
Bischof Babylas von Antiochien stirbt im Kerker;
Bischof Alexander von Jerusalem stirbt im Kerker;
Lehrer Origenes wird schwer gefoltert.

Folgen: Die Kirche wird wegen der hohen Zahl der Abgefallen erschüttert, aber auch gereinigt. Sie wird vor die Frage gestellt: Wie behandelt die Gemeinde die Abgefallenen?

8. Verfolgung unter Kaiser Valerian (253–260 n. Chr.)

Anlaß: Der christenfreundliche Kaiser ändert angesichts von Seuchen im Reich und unter falscher Beeinflussung seine Haltung zu den Christen.

Methode: Zerschlagung der Gemeinde-Organisation; Bischöfe, Priester und Diakone sollen den Göttern opfern, sonst werden sie blutig verfolgt.

Ausmaß: Kurze, aber grausame Verfolgung. *Beispiele:*
Papst Sixtus mit 4 Diakonen beim Gottesdienst in der Kallistus-Katakombe enthauptet;

Diakon Laurentius erleidet den Feuertod (?);
Bischof Cyprian von Karthago 258 n. Chr. enthauptet;
Bischof Fructuosus von Tarragona (Spanien) mit 2 Diakonen im Amphitheater verbrannt.

Der Sohn des Kaisers, Gallenius (260–268 n. Chr.), anerkennt die Christen und erstattet die geraubten Güter und Ehren zurück. Es herrscht 30 Jahre Frieden.

9. Verfolgung unter Kaiser Diokletian (284–305 n. Chr.)

Anlaß: In den Städten entstehen ansehnliche Kirchenbauten. Christen haben einflußreiche Ämter am Hof und im Heer inne. Von den 50 Mill. Einwohnern des Reiches sind 7–10 Mill. Christen.
Der Kaiser wird überredet, gegen diese »Feinde des Reiches« vorzugehen.
303 n. Chr. bricht der Sturm der Verfolgung los. Das Christenblut fließt in Strömen.

Methode: Alle Christen sollen den Göttern opfern.
Wer nicht opfert, wird bestraft.

Ausmaß: Allen Christen werden die bürgerlichen Ehren, Titel und Würden aberkannt.
Gemeindevorsteher werden zum Opfer gezwungen oder, im Fall der Weigerung, umgebracht.
Die Soldaten werden aus dem Heer ausgestoßen oder getötet (Marcellus, Dasius).
Beamte im kaiserlichen Dienst werden eingesperrt. Kirchen werden niedergerissen, heilige Schriften verbrannt.

Beispiele:
Bischof Anthimus von Nikomedien wird mit vielen Gläubigen hingerichtet.
Aus der Provinz Palästina sind 84 Opfer bekannt.
In Ägypten finden Massenhinrichtungen von Christen statt. Von der Verfolgung ausgenommen bleibt die Präfektur Gallien (Frankreich, Spanien, Britannien).

*

Die bisher einheitliche Religionspolitik der römischen Kaiser bricht 305 n. Chr. auseinander. Kaiser Diokletian legt sein Amt nieder. Im Westen des Reiches tritt 306 n. Chr. unter Kaiser Constantius Chlorus Ruhe ein.
Im Osten des Reiches kommt Kaiser Galerius an die Macht, der seinem Christenhaß bis 311 n. Chr. freien Lauf läßt.
Erst als er von einer tödlichen Krankheit befallen wird, erlassen er und seine Mitregenten 311 n. Chr. das **Toleranzedikt zu Sardica.**
Darin wird die christliche Religion und ihre Ausübung durch Reichsgesetz für erlaubt erklärt.
In den folgenden Machtkämpfen um die Alleinherrschaft im ganzen Römischen Reich bleibt Kaiser Konstantin Sieger. Er führt dann die eigentliche Wende herbei. Er erläßt **313 n. Chr. das Mailänder Edikt:**
– die Christen erhalten volle Religionsfreiheit,
– beschlagnahmtes Eigentum wird zurückgegeben,
– die Christengemeinden werden rechtlich anerkannt.
Das Christentum hat seine Bewährungsprobe bestanden.

Obwohl das Christentum zur Staatsreligion im Römischen Reich erklärt worden war, brach noch einmal eine Verfolgung aus, die gottlob nur kurze Zeit dauerte.

10. Verfolgung unter Kaiser Julian (361–363 n. Chr.)

Anlaß: Der Kaiser, ursprünglich selbst Christ, will die alte Religion wieder einführen.

In der Erkenntnis, daß die Religionsfreiheit nicht verwehrt werden dürfe, daß es vielmehr einem jeden gemäß seiner Gesinnung und seinem Willen verstattet sein solle, nach eigener Wahl sich religiös zu betätigen, haben Wir bereits früher den Befehl erlassen, daß es auch den Christen unbenommen sei, den Glauben beizubehalten, den sie selbst erwählt und im Kulte bekunden . . .
Ist es doch offensichtlich dem Ruhme unserer Zeit angemessen, daß jeder Freiheit habe, gemäß seinem Willen eine Gottheit zu erwählen und sie zu verehren. Dies haben Wir verfügt, damit es nicht den Anschein erwecke, als würde irgendein Kult oder irgendeine Religion durch Uns Hintansetzung erfahren . . .

Aus dem Edikt von Mailand (313 n. Chr.)

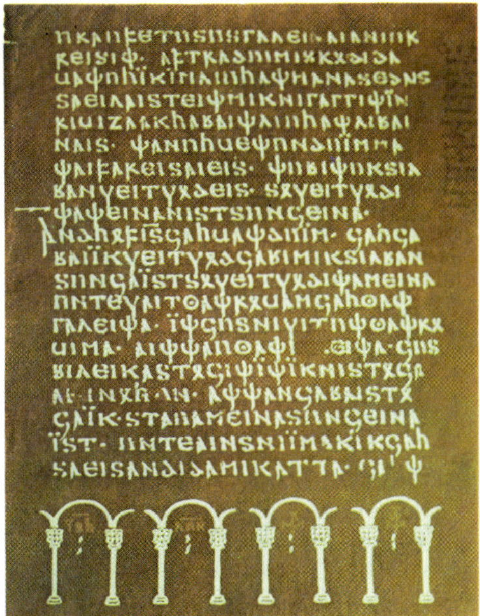

Codex argenteus, Handschrift der gotischen Bibelübersetzung. Universitätsbibliothek in Upsala.

Germanischer Helm aus Goldblech mit eingetriebenem Kreuz, gefunden in Stößen bei Naumburg. Das Kreuz auf dem Helm zeigt, daß sich die Germanenfürsten in diesem Gebiet schon um 500 zum Christentum bekannten.

Auflösung von S. 355 (Zeitgenossen Jesu):

Alfons – Ulrich – Scholastika – Stanislaus – Eusebius – Nikolaus – Damian – Ubald – Nora – Gregor – AUSSENDUNG

Methode: Das Christentum verliert alle Rechte. Die »Galiläer« werden aus allen höheren Ämtern entfernt. Die Christen werden von der höheren Schulbildung ausgeschlossen. Die alte römische Staatsreligion führt nach christlichem Vorbild Armenhäuser, Fremdenhospize, religiöse Unterweisung des Volkes und eine Art Bußdisziplin ein.

Ausmaß: Der Kaiser will kein Blut vergießen. Dennoch kommt es durch Übereifer von Beamten und durch geschürte Volkswut teilweise zu Ausschreitungen.
Die Verfolgung dauert nur kurze Zeit, weil der Kaiser im Kampf gegen die Parther fällt. Sein letztes Wort soll gewesen sein: »Galiläer, du hast gesiegt!«

*

Die Christen konnten nun in Frieden leben. Aber solche Zeiten sind für die Kirche meist schwierige Zeiten. Die Kirche war mit dem Weltreich verbunden. Nichtchristen wurden jetzt manchmal zurückgesetzt; manche schlossen sich, um Vorteile zu gewinnen, den Christen an. Deswegen wurde die Kirche von Außenstehenden sogar oft mit dem Staat gleichgesetzt, und das war nicht gut.

Gefangene verschenken Kostbarkeiten

(Drei Bilder aus der Zeit der Völkerwanderung)

1. Bild: Von Barbaren verschleppt

Was trieb sie an, immer weiterzuziehen? Was suchten sie? Die Ostsee hatten die Westgoten schon überquert. Jetzt standen sie am Schwarzen Meer. Weiter nach Süden! Da drüben aber, in Kleinasien, stießen sie auf Widerstand. Mit einer Anzahl Gefangener zogen sich die Goten an die Nordküste des Schwarzen Meeres zurück. Ein trauriges Los für die gefangenen Kappadozier. Von Goten, von »Barbaren«, gefangen! Doppelt grausam: sie vermißten ihre gewohnte Zivilisation – noch mehr: sie vermißten den Gottesdienst, denn sie waren Christen. Gottesdienst mußte es auch jetzt geben. Aber wie? Die Kappadozier ahnten es, sie wußten es. Sie wurden zu glaubwürdigen Missionaren unter den Goten. Ihre Beherrscher waren noch »Gefangene des Heidentums«. Viele ließen sich von den gefangenen Kappadoziern befreien zum Christentum.

2. Bild: Wulfilas*

Fünfzig Jahre später wächst im Gotenvolk ein kleiner Junge heran. Sein germanischer Vater gibt ihm den Namen Wulfilas, einen im Gotenstamm üblichen Namen. Seine Mutter ist die Tochter von gefangenen Kappadoziern. Wie die meisten Gotenkinder damals, ist auch der kleine Wulfilas getauft. Wulfilas versteht die Sprache seiner Mutter, sein Vaterland aber ist das Gotenreich. Später kommt er als Gesandter des Gotenkönigs Ariarchis nach Konstantinopel. Dort geht sein langgehegter Wunsch in Erfüllung: Er wird zum Bischof der Goten geweiht.

3. Bild: Gold- und Silberbuchstaben auf Purpurgrund

Wulfilas weiß, was seine Gläubigen brauchen. Er kann das Evangelium lesen. Sie sollen es auch lesen können. »Ich werde meinem Volk die Bibel in seiner gotischen Sprache schenken. Die fehlenden Runen ergänze ich durch griechische und lateinische Buchstaben. Dem kostbaren Inhalt muß das Material entsprechen: Gold- und Silberbuchstaben auf purpurgefärbtem Pergament.«
Wulfilas übersetzt: aus der Septuaginta das Alte Testament, aus der Itala das Neue Testament, aus dem Griechischen und Lateinischen

* auch Ulfilas

ins Gotische, aus seiner Mutter Sprache in die seines Vaters. Jetzt können die Goten das Vaterunser beten. »Vater« kann jeder doch nur in seiner eigenen Sprache richtig verstehen:
Atta unsar, thu in himinam, weihnai namo thein ...

Das Christentum überlebt

das Ende des Weströmischen Reiches und die Völkerwanderung

Gegen Ende des 4. Jahrhunderts dringen germanische Völker in den römischen Staat ein: die Ost- und Westgoten, die Franken, die Vandalen, die Angeln und Sachsen. Diese bisher heidnischen Völker begegnen auf ihrer Wanderung dem Christentum und nehmen es größtenteils an.

Die Westgoten dringen ins heutige Rumänien ein und wandern später weiter bis nach Spanien. Ulfilas, von 341–383 n. Chr. Bischof der Westgoten, erfindet ein eigenes Alphabet und übersetzt die Heilige Schrift in die gotische Sprache.

Die Ostgoten bekommen durch Vertrag im heutigen Italien Land zugewiesen. Sie erkennen den römischen Kaiser an und mit ihm auch dessen Religion. Das entspricht der germanischen Ansicht von Religion und Stammesgefolgschaft.

Den Franken gelingt es, unter König Chlodwig das alte römische Gallien zu erobern. Besonders in Südgallien blüht damals das kirchliche Leben; es gibt viele Klöster nach ägyptischem Vorbild. Beim Tod des hl. Martin sollen über 2000 Mönche in Tours zusammengekommen sein. Aber erst als Chlodwig dem Gebet seiner katholischen Frau einen Sieg über die Alemannen verdankt, wird er Christ. Im Jahre 496 n. Chr. läßt er sich mit 3000 Franken vom Bischof Remigius in Reims taufen.

Ein keltisches Kreuz und ein für Irland charakteristischer Rundturm

Noricum: In diese römische Provinz auf dem Gebiet des heutigen Österreich kam 454 der hl. Severin. Er lebte als Asket und gründete Klöster. Er kaufte Gefangene frei, unterstützte Notleidende und wurde sowohl von den katholischen Romanen als auch von den arianischen Stämmen der Germanen verehrt. Er starb 482 in Mautern bei Krems an der Donau.

Irland: Nach Irland bringt der hl. Patrick um 432 n. Chr. den Glauben. Das Mönchtum findet auf der Insel eine außerordentliche Verbreitung, davon wird die ganze irische Kirche geprägt. Es sind Mönchskolonien wie im 3. Jahrhundert in Ägypten und Syrien, noch nicht der Benediktinerorden! Viele Mönche wandern in die Ferne und werden zu Missionaren (bis nach Island, Schottland, sogar nach Gallien).

Christen in Irland

Irland nennt man oft auch »die Insel der Heiligen«. Wie kam es dazu? Kein Heiliger ist mit Irland so verbunden wie der hl. Patrick. Patrick stammte aus England. In Gallien lernte er das Mönchtum kennen. Die Legende berichtet, er sei dem hl. Martin dort begegnet. Dieses Mönchtum brachte Patrick nach Irland. Er durchwanderte als Missionar die ganze Insel. Bald war Irland eine große Klosterinsel. Die irischen Mönche führten ein hartes Leben. Strengste Askese bestimmte ihre Frömmigkeit. Die ganze irische Kirche wurde von diesem Mönchtum geprägt. Auch die Bischöfe waren meist Mönche. Sehen wir uns ein Kreuz aus dieser Zeit Irlands an und hören dazu alte irische Verse! Dann wird uns sicher diese Zeit lebendig.

Kreuzigungsrelief aus Irland, etwa 7. oder 8. Jh. Frühchristlicher Spiralschmuck verziert das königliche Gewand des Gekreuzigten, der mit dem Kreuz eins geworden ist. Die beiden dreiflügligen Engel trauern um den Herrn. Unter dem Kreuz stehen zwei Soldaten. Der eine läßt sich als Longinus deuten, der der Legende nach Jesu Seite mit der Lanze öffnete und dann zum Glauben fand.

England: Papst Gregor der Große schickt 596 den heiligen Abt Augustinus nach England. König Ethelberth von Kent und seine Frau Berta lassen sich mit 10 000 Kriegern noch im gleichen Jahr taufen. Das Christentum Englands aus dem 2. Jahrhundert war durch viele kriegerische Einfälle fast gänzlich zerstört.

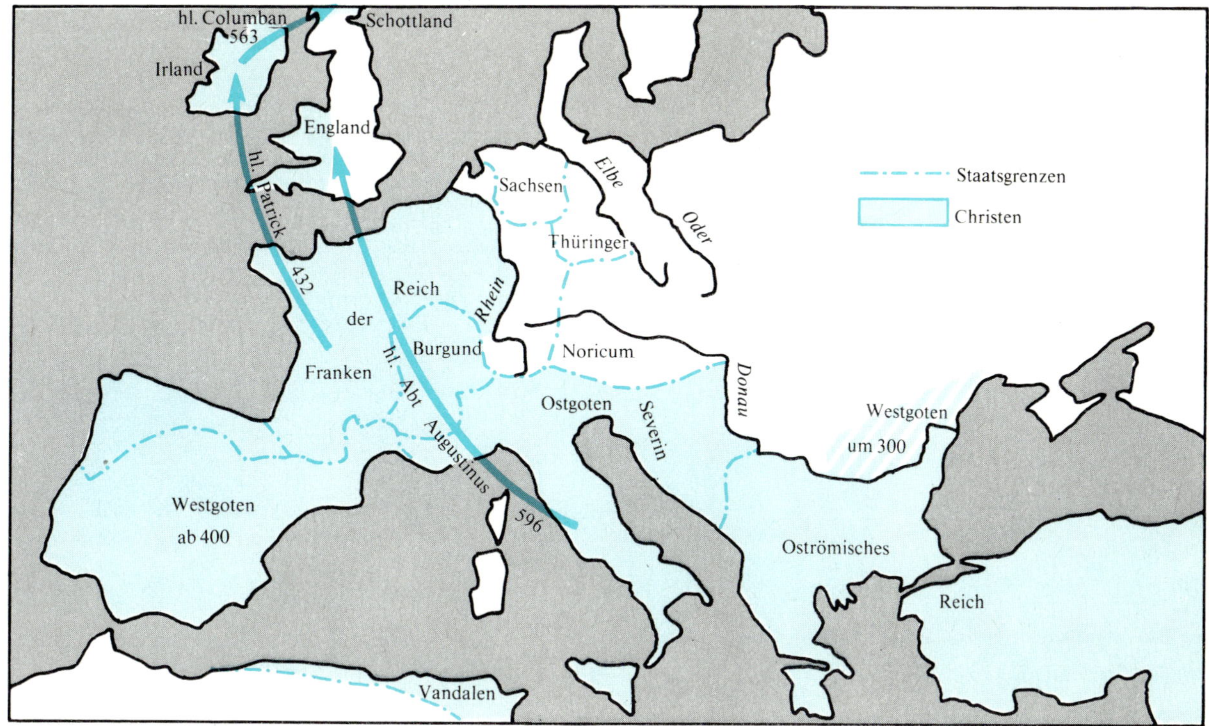

Die Ausbreitung des Christentums bis 600 n. Chr.

O Gott der elemente
o Gott der geheimnisse
o Gott der gestirne
o könig der könige
o könig der könige

deine freude die freude
dein licht das licht
dein krieg der krieg
dein frieden der frieden
dein frieden der frieden

dein schmerz der schmerz
deine liebe die liebe
die immerzu dauert
von ende zu ende
von ende zu ende

Alt-irisches Lied

Gregor I. der Große an Abt Augustin, Bischof der Angeln:

» Weil die neue englische Kirche unter Gottes allmächtigen Schutz gebracht worden ist durch seine reiche Gnade und durch deine Arbeit, so gestatten Wir dir, das Pallium zu tragen und an bestimmten Orten 12 Bischöfe einzusetzen, die deiner Oberhoheit unterstehen sollen.«

Die ersten Glaubensboten kommen in deutsches Gebiet 600–800 n. Chr.

Für einen Germanen war die Hinwendung zum christlichen Glauben keine persönliche Entscheidung. Die Teilnahme am Wodanskult war Pflicht gegenüber den Göttern, aber auch gegenüber dem Stamm. Durch sein Fernbleiben vom Kult schloß sich der Germane selbst aus der Gemeinschaft aus und galt als Feind des Stammes. Deshalb wurde bei der Germanenmission meist der ganze Stamm christlich. Der einzelne, der seine Zustimmung nicht gegeben hatte, sah das trotzdem nicht als Gewaltmaßnahme an, da Religion nicht als Privatangelegenheit galt.
Gebet und Opfer sollten die Götter gnädig stimmen, den Germanen Wohlstand, Frieden und Sieg bringen. Der Mensch suchte nach einer Bestätigung. Er glaubte an seine Götter, weil sie ihm halfen. Deshalb überzeugten die Missionare die Germanen häufig erst durch eine Kraftprobe zwischen der alten Religion und der christlichen Botschaft. Die Germanen erwarteten die Rache der Götter, z. B. beim Fällen der Wodanseiche. Als diese Rache ausblieb, war den Germanen bewiesen, daß Jesus Christus der mächtigere Herr war, und sie folgten ihm.

Sog. Runenkästchen. Die Szene mit den Weisen aus dem Morgenland ist von germanische Schriftzeichen (Runen) umgeben.

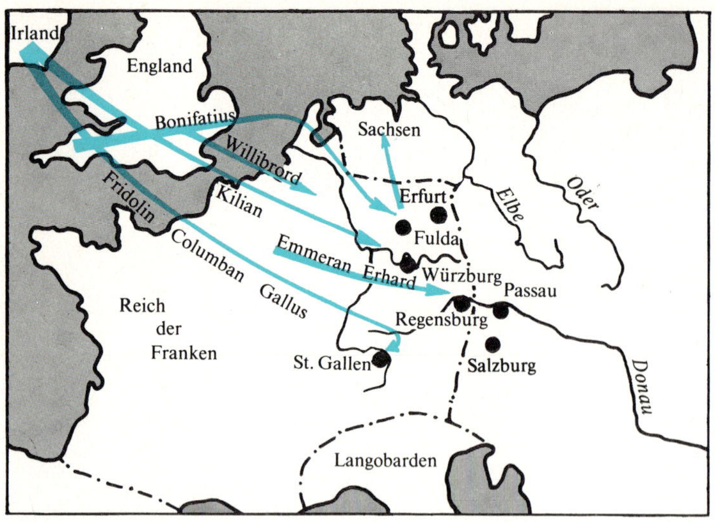

Die iro-schottischen und angelsächsischen Mönche kamen als Missionare auf das europäische Festland.

Hünengrab auf der Insel Rügen aus vorchristlicher Zeit

Unser Land wurde in drei Wellen missioniert.

Im 6. Jahrhundert:

breitet sich das Christentum langsam in den von Chlodwig und seinen Söhnen eroberten Gebieten aus.
Bistümer: Augsburg, Chur, Straßburg, Konstanz am Bodensee.
Am Mittelrhein sind wiederhergestellt: Mainz, Köln, Maastrich, Trier, Metz, Verdun.

Im 7. Jahrhundert:

Irische Wandermönche missionieren und gründen Klöster.
Kilian: in Thüringen, im östlichen Franken, in Würzburg;
Fridolin: am Oberrhein
Columban: in Frankreich (Kloster Luxeuil in den Vogesen), Mainz, am Bodensee, zuletzt in Norditalien (Kloster Bobbio);
Gallus: (ein Gefährte des Columban) missioniert vom Bodensee aus in der Schweiz (später Kloster St. Gallen);
Emmeran: in Regensburg (Emmerankloster).

Im 8. Jahrhundert:

Angelsächsische Benediktinermönche missionieren und gründen Bistümer.
Willibrord: in Friesland
Bistum Utrecht, *Abtei* Echternach
Winfried (Bonifatius): in Bayern, Hessen, Thüringen, Friesland
Bistümer: Regensburg, Freising, Salzburg und Passau (739), Würzburg, Bürraburg, Erfurt, Eichstätt (742), *Abtei:* Fulda (744)

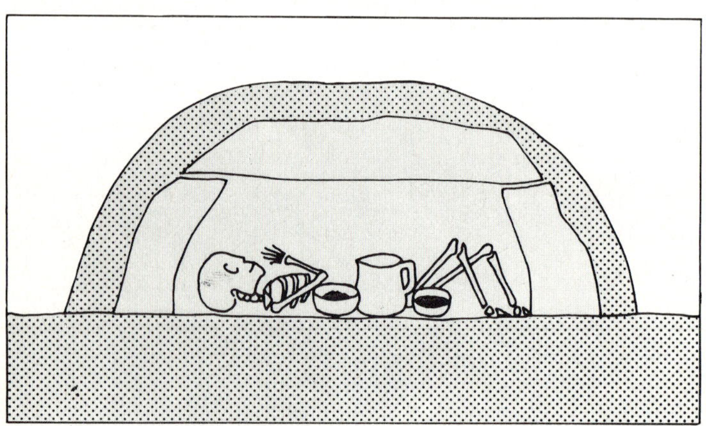
Schnitt durch ein Hünengrab. Aus der Art der Bestattung der Toten und den Beigaben kann man sicher auf einen Glauben an das Weiterleben nach dem Tode schließen.

Ich bin Bonifatius

Was uns das Bonifatiusfenster im Erfurter Dom erzählt.

... der Abschied von meiner Heimat, von den Klöstern Exeter, wo ich zur Schule ging, und von Nhutscelle – dort war ich dann selbst Lehrer – fiel mir schwer. Aber mich zog es hinaus, hinüber aufs Festland. Den Friesen wollte ich den Glauben bringen. Meine Gefährten begleiteten mich noch bis zum Boot. Der heidnische Herzog Radbod vertrieb aber alle Priester, die in sein friesisches Land kamen. Sollte ich aufgeben? Ganz aufgeben? Wieder war ich im Kloster daheim. Die Mönche wollten mich schon zum Abt wählen. Das war fast eine Versuchung für mich. Aber nein, ich fühlte, eine andere Aufgabe wartete auf mich. Ein Jahr später in Rom, am Grabe des Apostelfürsten, beauftragte mich der Heilige Vater mit der Mission in Hessen und Thüringen. Der Name des Tagesheiligen, des Märtyrers Bonifatius, wurde mein neuer Name. Es fing für mich ja ein neues Leben an. Meine Heimat, England, sah ich nie wieder. In der neuen Heimat baute ich mir zwei Missionsstützpunkte: das Michaeliskloster in Ohrdruff und einen weiteren in Erfurt. Die Arbeit war allein nicht zu schaffen. Die Kinder der einflußreichen Einheimischen sollten im Kloster christlich erzogen werden. Dann mußte ich für einheimischen Priesternachwuchs sorgen. Briefe gingen nach England, und bald war ich nicht mehr allein: Wigbert übergab ich die Leitung der Klosterschule in Ohrdruff, ehe er dann Abt im Kloster Fritzlar wurde; Lull wurde später mein Nachfolger als Erzbischof von Mainz; Burchard übergab ich das Bistum Würzburg. Aus meiner Verwandtschaft waren noch Wunibald und Willibald mit ihrer Schwester Walpurgis gekommen. Lioba, meine liebe eigene Schwester, wurde Äbtissin in Tauberbischofsheim. Viele

Klöster wurden von dort aus gegründet. Wie war ich über diese Hilfe froh! Auch die Bücher und gottesdienstlichen Gewänder von unseren Freunden aus England konnten wir sehr gebrauchen. Die Missionsarbeit war doch weit schwieriger, als ich zuerst angenommen hatte. Unter den Heiden gab es auch Menschen, die durch Wanderprediger mal von Jesus gehört hatten. Sie nannten sich zwar Christen, lebten aber in heidnischer Umgebung und noch ganz in heidnischen Sitten. Wie kann auch ein Samenkorn wachsen, wenn nur hin und wieder ein Priester vorbeiwandert? Immer wieder neu wurde mir diese Not bewußt. Sollte da meine eigentliche Aufgabe liegen? Bestand haben konnte doch alle Missionsarbeit nur bei einer Verbindung mit Rom und bei vielen Verbindungen untereinander. Langsam ging es vorwärts. Zweimal berichtete ich in Rom und dachte bei den langen, beschwerlichen Wegen an meine Nachfolger, die vielleicht einmal bequemer und schneller nach Rom kommen können und es hoffentlich auch alle tun. Nach über zehn Jahren harten Lebens überraschte mich ein Brief aus Rom von Papst Gregor III.

Papst Gregor III. erhebt Bonifatius zum Erzbischof (um 732 n. Chr.):
»Dem ehrwürdigsten und heiligsten Bruder und Mitbischof Bonifatius, der zur Erleuchtung des Volkes in Germanien und anderer noch im Schatten des Todes weilender, im Irrglauben befangener Völker ringsum von dieser apostolischen Kirche ausgesandt ist, Gregor, Knecht der Knechte Gottes.
Große Freude erfüllte Uns, als Wir dein Schreiben, heiligster Bruder, gelesen hatten, daß du durch die Gnade unseres Herrn Jesus Christus sehr viele vom Heidentum und Irrglauben zur Erkenntnis des wahren Glaubens bekehrt hast. Und da Wir durch göttliche Unterweisung im Gleichnis belehrt werden, wie der, dem fünf Talente anvertraut waren, andere fünf dazugewann, so spenden Wir mit der ganzen Kirche so gewinnreichem Handel Beifall. Wir haben daher mit Recht das Geschenk des heiligen Palliums übersendet, das du kraft der Machtfülle des seligen Apostels Petrus annehmen und tragen mögest, und verordnen, daß du fortan als einer der Erzbischöfe mitgezählt werden sollst.«

Mit viel Umsicht gab ich die Bistümer an geeignete Bischöfe und sorgte auch für gute Beziehungen zum Frankenkönig. Ich vergaß auch die Klöster nicht. An der Fulda suchte ich lange mit meinem lieben Sturmi den geeignetsten Platz für ein Kloster, das ich nach dem Vorbild von Monte Cassino bauen wollte. Bei aller Mühe aber beschämte es mich: Meine erste Aufgabe lag immer noch ungelöst vor mir. Als mir wieder einmal von einem Sachseneinfall – von dreißig Kirchen, die sie verbrannt hatten – berichtet wurde, dachte ich nicht an mein Alter. Ich sah nur noch den Plan aus meinen jungen Jahren.

Bonifatius wird zum Bischof geweiht. Die Bischöfe bekleiden ihn mit der Mitra, legen ihm das Pallium an und übergeben ihm den Hirtenstab.

Der Ragyndrudis-Codex, mit dem der hl. Bonifatius der Überlieferung zufolge die Schwerthiebe bei seinem Tode aufzuhalten suchte

Heilige sind Menschen,
durch die es den anderen leichter wird,
an Gott zu glauben.

Nathan Söderblom

Einen ganzen Winter über war ich bei den Friesen und erzählte von der Frohen Botschaft. Anfang Juni sollte die Firmung sein. Da wurde es auch für mich noch einmal Pfingsten, da oben in Dokkum am Nordmeer. Ich wehrte mich nicht, als aus dem Hinterhalt Heiden mit Schwertern auf uns stürzten.

*

Das Bonifatiusfenster im Erfurter Domchor ist um 1410 von uns unbekannten Künstlern geschaffen worden. Die Glasmalerei stellt außer der Einschiffung nach Friesland noch die Bischofsweihe in Rom, das Fischwunder, die Inthronisation als Erzbischof von Mainz und die Weihe des Klosters Fulda, Tod und Beisetzung dar.

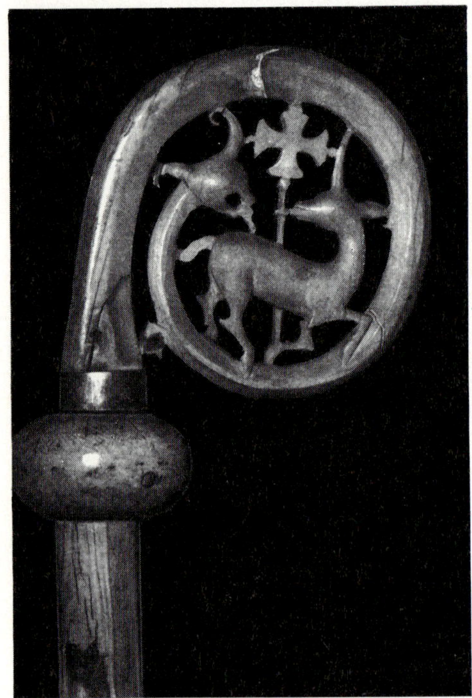

Abtsstab (vermutlich des hl. Bonifatius)

Bischof, Holzplastik in Windischholzhausen bei Erfurt

Fränkisches Taufgelöbnis (um 820 n. Chr.)

»Entsagst du dem Teufel?« –
»Ich entsage dem Teufel.«

»Und allem Teufelsdienste?« –
»Ich entsage allem Teufelsdienste.«

»Und allen Teufelswerken?«
»Ich entsage allen Teufelswerken und -worten, Thunaer und Wotdan und Saxnote und allen Unholden, die ihre Genossen sind.«

»Glaubst du an Gott, den allmächtigen Vater?« –
»Ich glaube an Gott, den allmächtigen Vater.«

»Glaubst du an Christ, Gottes Sohn?« –
»Ich glaube an Christ, Gottes Sohn.«

»Glaubst du an den Heiligen Geist?« –
»Ich glaube an den Heiligen Geist.«

Ich werd' es sagen sächsisch für die Sachsen

Personen: König Ludwig der Fromme, Sohn Kaiser Karls des Großen; Hrabanus Maurus, der gelehrte Abt des Klosters Fulda; ein einfacher Mönch, der Dichter des »Heliand«.

Ort: Bibliothek im Kloster Fulda

Zeit: Um 825 n. Chr.

(König und Abt stehen am Fenster, ins Gespräch vertieft.)

*

König: Jetzt bitte ich Euch, das Eurige zu tun. Das Meinige habe ich getan. Die Sachsen sind seit bald 15 Jahren unterworfen. Ihr Widerstand ist gebrochen. Es gab Massentaufen. Aber der Glaube läßt sich nicht mit Gewalt erzwingen. Pflanzt ihn in die Herzen ein!

Abt: Wir betreiben, edler König, schon seit Jahren Mission bei den Sachsen. Seht, dort *(er zeigt hinaus)* kommt aus der Kapelle ein Mönch. Er will mir heute berichten, wie es mit der Missionsarbeit bestellt ist. Seit Jahren ist er bei den Sachsen. Er kennt sie, er hat ihr Vertrauen.

König: Ruft ihn herein! Ich habe einen Auftrag. Dieser Mönch könnte der Richtige dafür sein.

Abt: *(beugt sich hinaus)* Bruder, kommt herein!

Mönch: *(tritt ein)* Mein ehrfürchtigster Gruß dem hohen König und Euch, verehrter Vater Abt!

König: Dank Euch, frommer Mönch. Ich habe Euch ausersehen für einen wichtigen Auftrag. Die Mission bei den Sachsen liegt mir sehr am Herzen. Ihr kennt ihre Sprache, Euch verstehen sie. Ich bitte Euch, schreibt für sie das Evangelium in ihrer Sprache.

Mönch: Euer Wunsch ist mir Gebot, ich werd' es sagen sächsisch für die Sachsen.

Abt: Ihr sprecht so, wie die Sachsen reimen. So sind ihre alten Zaubersprüche. Durch den Stabreim haften sie bei ihnen fest im Gedächtnis.

König: Diese Form ist gut. Gebraucht sie, dann fühlen sich die Sachsen auf ihre Art angesprochen.

Mönch: Der Stabreim wird mir von der Zunge gehen. Doch, hoher Herr, wie soll ich ihnen nahebringen, was sie nie gesehen haben? Die Sachsen kennen nur ihre wilde Gegend zwischen Weser und Elbe und dem Meer, nur ihre undurchdringlichen Wälder. Vater Abt, Ihr wart in Rom, Ihr kennt die Welt, Ihr habt auch schon Bücher geschrieben, Erklärungen zum Evangelium. Ich bin des Schreibens noch wenig kundig. Edler Herr und König, Ihr überschätzt mich, ich bin nur ein geringer Mönch.

Abt: Nehmt demütig an, was der König von Euch fordert. Muß ich Euch belehren? Die Sachsen müssen nicht in Rom, nicht in Jerusalem gewesen sein. Laß Christus bei ihnen geboren sein. Laß ihn bei den Sachsen ans Kreuz genagelt werden. Übersetzt nicht nur die Worte. Jesu Versuchung in der Wüste verstehen sie, wenn Ihr die Wüste in den Wald verlegt. Im Wald treiben die Unholde und Geister ihr Unwesen. Darin werden sie das Böse, das Teuflische, erkennen.

Mönch: *(sinnend)* Da weilt im tiefen Wald des Waltenden Sohn.

König: Ihr habt es erfaßt! So kann die christliche Botschaft bei ihnen Eingang finden.

Abt: Aber nicht nur ihr Land, auch ihre Lebensweise müssen sie erkennen. Stellt ihnen Christus als ihren Herzog hin. Ihm sind die Jünger durch die Gefolgstreue verbunden. Da verstehen sie, was Nachfolge heißt. Und wenn sie das verstehen, mit dem Herzen verstehen, ist Pfingsten im Sachsenland.

König: Dank sei Euch, Hrabanus, Ihr versteht es, dem Zaghaften Mut zu machen und den kommenden Dichter zu wecken.
Frommer Mönch, ich weiß, Ihr enttäuscht mich nicht; ich habe eine hohe Meinung von Euch. Vollendet in den Herzen der Sachsen, was mein Vater Karl und ich nur von außen her begonnen. Geht hin, fangt an in Gottes Namen.

Mönch: Ich wage nicht zu widersprechen. Was Ihr, frommer König, von mir fordert; was Ihr, Vater Abt, mir auferlegt, demütig mit Gottes Hilfe will ich es beginnen. *(Geht ab.)*

König: *(zum Abt)* Der Mönch wird seine Arbeit gut verrichten, da bin ich sicher. In tausend Jahren wird vielleicht niemand mehr von uns beiden sprechen, auch von dem Mönch nicht.
Sein Name ist mir jetzt schon entfallen – das Werk aber wird leben. Dereinst wird mir vielleicht angerechnet, daß ich es veranlaßt habe, und Euch, daß Ihr den Schreiber ermutigt habt.

Aus dem »Heliand«

(um 830 n. Chr.)

Da ward es manchen kund
Über die weite Welt. Hirten hörten es,
Die bei den Rossen draußen waren,
Männer auf der Wacht, die der Pferde pflegten
Und des Viehs auf dem Felde. Sie sahn, wie die Finsternis
In der Luft sich löste, und Gottes Licht drang
Glanzvoll durch die Wolken, die Wächter dort
Bei den Hürden umhüllend. Da erschrak das Herz,
Der Mut der Männer, sie sahen den mächt'gen
Gottesengel kommen, er wandte sich gegen sie,
Befahl den Hirten, nicht zu fürchten
Ein Leid von dem Licht. »Liebes«, so sprach er,
»Will ich vielmehr euch in Wahrheit melden,
Künden große Kraft! Christ ist geboren,
In der selbigen Nacht, der selige Gottessohn,
In Davids Burg, der himmlische Herr.«

*

Nun errichteten sie im Kiessand den Galgen,
Auf dem Felde oben, das Volk der Juden,
Einen Baum auf dem Berge, den Gebornen Gottes
Am Kreuze zu quälen. Sie schlugen kaltes Eisen,
Neue scharfe Nägel mit Wucht,
Mit harten Hämmern ihm durch Hände und Füße,
Bittere Bander; sein Blut rann zur Erde,
Tropfte von dem Teuren. Doch rächt' er die Tat nicht,
Die grimme, an den Juden, sondern Gott, den Vater,
Den mächtigen, bat er, daß er den Männern
Nicht zürnen wolle: »Sie wissen nicht, was sie tun.«

Boten unterwegs

Suche folgende Namen. Zur Erleichterung steht am Ende jeder Zeile der Anfangsbuchstabe des Lösungswortes und in Klammern die Zahl des Buchstabens, den du zur Lösung brauchst. Die 19 Buchstaben ergeben dann, hintereinander gelesen, den Ruf, dem die Glaubensboten folgten. Er steht im 28. Kapitel des Matthäusevangeliums. (ö = oe)

1.
um 300 Glaubensbote in Armenien: G (4.),

2.
um 200 christliche Stadt in Syrien: E (3.),

3.
um 50 Glaubensbote in Indien: T (2.),

4.
um 430 Glaubensbote in Irland: P (3.),

5.
im 7. Jh. von Kilian missionierte Stadt: W (4.),

6.
um 600 Glaubensbote von Rom aus in England: A (2.),

7.
im 7. Jh. Glaubensbote von Irland aus in der Schweiz: G (2.),

8.
im 7. Jh. Glaubensbote von Irland aus am Bodensee: C (3.),

9.
im 7. Jh. Glaubensbote von Irland aus am Oberrhein: F (6.),

10.
im 7. Jh. Glaubensbote von Irland aus in Regensburg: E (4.),

11.
im 7. Jh. Glaubensbote von Irland aus in Würzburg: K (6.),

12.
950 gegründetes Bistum im Elbslawengebiet: H (3.),

13.
Anfang 8. Jh. Glaubensbote von England aus in Friesland: W (8.),

14.
968 gegründetes Bistum: M (2.),

15.
Anfang des 8. Jh. Glaubensbotin von Engl. aus in Deutschland: L (1.),

16.
Anfang des 8. Jh. Glaubensbotin von Engl. aus in Deutschland: T (4.),

17.
Anfang des 8. Jh. Glaubensbote von Engl. aus in Deutschland: W (7.),

18.
Anfang des 8. Jh. Glaubensbotin von Engl. aus in Deutschland: W (6.),

19.
Mitte des 9. Jh. Glaubensbote von Westfalen aus in Dänemark und Schweden: A (2.)

Zeittafel

um 30
† Jesus Christus

64
Erste Christenverfolgung
in Rom unter Nero

67
Martertod der Apostelfürsten
Petrus und Paulus in Rom

70
Zerstörung Jerusalems

107
Martyrium des hl. Ignatius,
Bischofs von Antiochien, in Rom unter
Kaiser Trajan

177
Martyrium von etwa 50 Christen
in Lyon unter Kaiser Mark Aurel

249–251
Planmäßige Verfolgung
unter Kaiser Decius

258
Martyrium des hl. Cyprian

303–305
Christenverfolgung
unter Kaiser Diokletian

313
Kaiser Konstantin gibt der Kirche
die Freiheit (Edikt von Mailand)

325
Erstes allgemeines Konzil
zu Nikaia (Nizäa)

337
† Kaiser Konstantin

356
† Antonius, der Einsiedler

361–363
Kaiser Julian, der Abtrünnige

373
† Athanasius,
Bischof von Alexandrien

391
Das Christentum wird Staatsreligion
im Römischen Imperium.

397
† Ambrosius, Bischof von Mailand

407
† Johannes Chrysostomus, Bischof
von Konstantinopel

430
† Augustinus, Bischof von Hippo
und größter abendländischer
Kirchenlehrer

440–461
Papst Leo der Große

529
Gründung
des Klosters Monte Cassino

547
† Benedikt,
der Vater der Benediktiner

590–604
Papst Gregor der Große

um 732
Bonifatius
wird zum Erzbischof ernannt.

Der Glaube wird weitergetragen 800–1100 n. Chr.

In diesen Jahrhunderten blühte die **nordische Mission**. Der hl. Ansgar († 865) aus dem Kloster Corvey an der Weser geht nach Dänemark und Schweden. 200 Jahre später setzt Adalbert von Bremen sein Werk fort. Dänemark ist seit 1026 christlich. Schweden zögert mit der Annahme des Glaubens (Anfänge erst zu Beginn des 11. Jahrhunderts), während Norwegen schon Ende des 10. Jahrhunderts das Christentum annimmt.

Ausbreitung des christlichen Glaubens von 800–1100 n. Chr.

Im **Osten** können unter Kaiser Otto I die wendischen Volksstämme für Christus gewonnen werden. Die Bistümer Brandenburg (950), Havelberg (auch 950), Magdeburg (962), Merseburg, Zeitz und Meißen (alle 968) werden gegründet.

973 wird auch das Bistum Prag errichtet. Bischof Adalbert von Prag geht als Missionar zu den Preußen, wo er 997 am Frischen Haff als Märtyrer stirbt. Bruno von Querfurt ereilt dort 1008 das gleiche Schicksal. Im Jahre 1000 erfolgt die Gründung des Erzbistums Gnesen.

Im Mährischen Reich wirken um 850 die beiden Brüder Kyrill und Method als Missionare.

Das ungarische Gebiet missioniert um 970 Bischof Pilgrim von Passau. 1001 kann das Erzbistum Gran gegründet werden.

Im **Süden**, in den ehemals römischen Provinzen, leben nach der Völkerwanderung nahezu keine Christen mehr. Als Karl der Große 796 über die Awaren siegt, kann wieder an Mission gedacht werden. Der Kaiser überträgt sie den Bischöfen von Aquileja und Passau und dem Erzbischof von Salzburg. Sie wirken, mit besonderem Erfolg Arno von Salzburg, in Kärnten und in der pannonischen und awarischen Mark.

In die Kiewer Rus kommt das Christentum von Byzanz aus. Großfürst Vladimir läßt sich und sein Volk im Jahre 987 taufen.

Glaubensboten in aller Welt

1492 hatte Columbus Amerika entdeckt. Andere wagten sich auch auf das weite Meer, entdeckten andere Länder und Völker. Alle diese Völker hatten noch nichts von Jesus Christus gehört.
Um die Weltmission zu fördern, schuf Papst Gregor XV. 1622 die Kongregation zur Ausbreitung des Glaubens (de propaganda fide).

Eucharistiefeier in Indien

Amerika:

Auf den westindischen Inseln war das Christentum schon Anfang des 16. Jahrhunderts weit verbreitet.
Nordamerika: In den Nordstaaten wirkten französische Jesuiten, in den Südstaaten spanische Franziskaner und Jesuiten. 1783 gab es 30000 Katholiken.
Südamerika: Seit 1543 wirkten Jesuiten in Brasilien. 1610 gründeten sie sogar in Paraguay einen eigenen christlichen Staat, der bis 1750 in Europa unbekannt blieb. Da die Eroberer die Eingeborenen grausam behandelten, war es für die Indianer schwer, an einen gütigen Gott zu glauben. Der Dominikaner Las Casas trat deshalb bei der spanischen Regierung gegen die Ausbeutung der Eingeborenen ein. Las Casas starb 1566.

Asien:

Ostasien: Schon im 6. Jahrhundert brachten Missionare von Persien aus das Evangelium nach Zentral- und Ostasien.
China: Im 13. Jahrhundert wirkten Franziskaner schon in China. 1307 bestand bereits das Erzbistum Peking. Nach 1388 ging das Christentum unter, als ein neuer Kaiser zur Regierung kam.
Erst um 1600 erhielten drei gelehrte Jesuiten – der Italiener Ricci, der Deutsche Adam Schall und der Niederländer Verbiest – durch ihre mathematischen und astronomischen Kenntnisse sogar Zutritt

Der Jesuit Adam Schall

Maria, Zeichen der Hoffnung. Marienbild aus Indonesien

Herr, ich danke dir für die Zeiten,
in denen du verborgen bist,
für die Zeiten, in denen ich nur
deinen leidenden Sohn sehe,
und für die Zeiten,
in denen ich seinen Sieg sehe.

Gebet eines Afrikaners

am Kaiserhof. 1692 wird das Christentum erlaubt, doch weil die Chinesen sehr an ihren alten Bräuchen hingen, trat von 1700 an wieder ein Rückgang ein.

Indien und Japan: Raimund Lullus († 1316) predigte in Nordafrika und an der Grenze Indiens. In Indien bestand schon seit 1534 ein Bistum und ein Seminar zur Ausbildung der einheimischen Missionare in Goa. In Goa landete 1542 der Jesuit Franz Xaver und zog weiter nach Ceylon und Malakka. Er predigte auf den Molukken. 1549 kommt er nach Japan. Bei der Überfahrt nach China (1552) stirbt er. In Japan hatte er eine japanische Kirche gegründet. Um 1600 besitzt diese Kirche etwa 1 Mill. Anhänger. Schon seit 1587 wurden sie verfolgt, bis 1637 das Ende der Mission da ist. Erst 1884 gibt es Glaubensfreiheit. 1891 wird das Erzbistum Tokio gegründet.

Afrika:

Der nordafrikanische Küstenstrich wurde als Randgebiet des Mittelmeeres schon frühzeitig christlich, später aber von den Moslems erobert.

Nord- und Ostafrika werden konsequent erst nach 1868 durch die Weißen Väter missioniert. Schon vorher hatte 1848 die Mission der Väter vom Heiligen Geist in Westafrika begonnen.

Australien:

Nach Australien kommt im 19. Jahrhundert die neugegründete Missionsgesellschaft der Väter vom Heiligen Geist.

Gottesdienst in Afrika

Krippendarstellung aus Ghana, Holzschnitt

Katechist aus Äthiopien
Die jungen Kirchen brauchen einheimische Kräfte.

Ein Missionar gratuliert seinem neuen Bischof. Obervolta 1978

Auflösung von S. 368 (Boten unterwegs):

1. Gregor, 2. Edessa, 3. Thomas, 4. Patrick, 5. Würzburg, 6. Augustinus, 7. Gallus, 8. Columban, 9. Fridolin, 10. Emmeran, 11. Kilian, 12. Havelberg, 13. Willibrord, 14. Meißen, 15. Lioba, 16. Thekla, 17. Winfried, 18. Walpurgis, 19. Ansgar – GEHT ZU ALLEN VOELKERN!

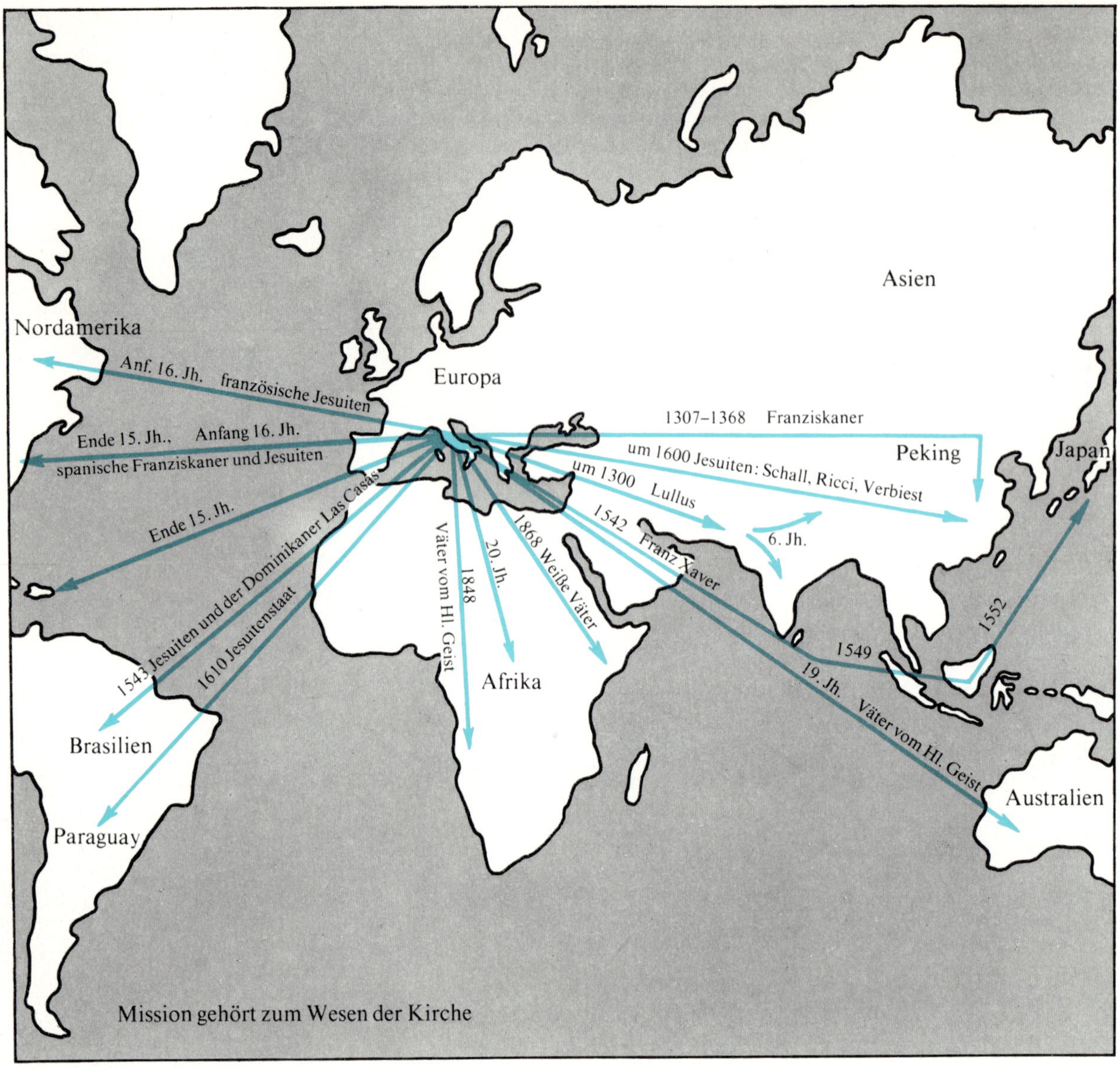

Mission gehört zum Wesen der Kirche

Der Kaufmann Mauri

Was kam nicht alles vor 140 Jahren in die Diaspora der Stadt Brandenburg: Irländer, Franzosen, Polen, Bayern, Schlesier, Handelsleute aus Westfalen und Böhmen! Viele von ihnen waren katholisch. Aus diesen aus aller Welt Zusammengewürfelten sollte eine Pfarrgemeinde wachsen. Zweimal kam jährlich ein Priester aus Berlin, und dabei waren es schon 400 Katholiken, die in und um Brandenburg in bitterster Diaspora lebten.

Da trat ein Laie hervor, der sich der Aufgabe, einen eigenen Geistlichen für Brandenburg zu gewinnen, mit ganzer Hingabe annahm. Es war der im Jahr 1782 in Italien geborene Kaufmann Ciacinto Mauri, dessen Konditorei in Brandenburg in der Hauptstraße 14 ein beliebter gesellschaftlicher Treffpunkt war. Mauri war es, der die Katholiken zusammenhielt und offen für sie eintrat. Er verhandelte mit der Regierung; er war Brandenburgs erster katholischer Kirchenvorsteher nach der Reformation; er strebte und arbeitete 40 Jahre lang in zähester Beharrlichkeit, um das Ziel zu erreichen. Alle Rückschläge und Enttäuschungen und Schwierigkeiten konnten ihn in seinem Vorhaben nicht beirren. 1817 bereits erhielt er die Zusage, daß die Regierung bereit sei, aus dem Fond des aufgehobenen

Klosters Neuzelle einen Teil des Gehaltes für den Pfarrer zu zahlen. Mauri ging sofort daran und richtete in seinem eigenen Haus die Pfarrwohnung ein. Aber als es soweit war, daß ein ortsansässiger Priester kommen sollte, um Hirte für die Gemeinde zu sein, gab es eine bittere Enttäuschung. Es blieb dabei: Nur viermal jährlich kam auch künftig ein Aushilfspriester von Potsdam her, um diese Herde ohne Hirten zu pastorieren.

Diese Hilfspriester kamen nur an Wochentagen, aber in Mauris Haus fanden sie herzliche Aufnahme.

Bittschriften und Eingaben gingen indessen ohne Unterlaß an Minister und Oberpräsidenten. Mauri suchte selbst nach einem eigenen Geistlichen. Er wendete sich um Fürsprache an den Bischof von Ermland, rief die Vermittlungen des Breslauer Erzbischofs an und schrieb eigenhändig an den König. Und als er endlich von diesem eine Antwort erhielt, war sie abschlägig. Von 1826 an fand in Brandenburg statt viermal nun sechsmal jährlich Gottesdienst statt. Aber dieser jährlich sechsmalige Gottesdienst genügte in keiner Weise. Als infolge dieses Notstandes die Gemeinde trotz Zuwanderung erschütternd abnahm, da wurde in höchster Sorge ein neues Gesuch von Mauri gemacht, endlich einen ständigen Seelsorger zu erhalten.

Es ging eine abermalige Eingabe an König Friedrich Wilhelm IV., der gerade den Thron bestiegen hatte. Es war wieder Mauri, der mit Geschick und Umsicht als Vertreter der Katholiken von Brandenburg hervortrat. 1843 erklärte sich Friedrich Wilhelm IV. bereit, in Brandenburg einen eigenen Seelsorger zuzulassen. Doch erst nach einem weiteren Jahr teilte die Regierung den Namen des Geistlichen mit.

Ciacinto Mauri, der eifrige Laienapostel und Wegbereiter, erlebte es nicht mehr. Nach seinem Tode hielt der so lange ersehnte und so beharrlich erbetete und erkämpfte Seelsorger seinen Einzug. Das war für die Diasporakatholiken Brandenburgs ein froher Tag, und nach mehr als hundert Jahren des Bestehens dieser Pfarrgemeinde ist der Name Mauri noch in der Diasporagemeinde Brandenburg lebendig. Die Pfarrei Brandenburg zählt heute 10 000 Seelen, die von 5 Geistlichen betreut werden, hat ein katholisches Krankenhaus und neben der Pfarrkirche noch zwei Kapellen für den Gottesdienst. Hinzu kommen noch die Kuratie St. Bernhard und zwei Lokalkaplaneien in Lehnin und Plaue. Die Grundlage für diese erfreuliche Entwicklung hat Mauri geschaffen – ein Laie.

B. E.

Wo Gott sein soll . . .

Rösselsprung

herr	zwin	ge	un
uns	sei	uns	ge
und	sei	ter	tra
uns	sei	uns	ter
vor	hin	und	ü
seg	ber	lei	sei
te	uns	ne	uns
uns	und	uns	und

Die Auflösung des Rätsels nennt einen Spruch von Nathan Söderblom.

Kirchengeschichte in Stichworten

Abendland

ist seit der → Antike die Bezeichnung für das Land, in dem die Sonne untergeht, also vom Standpunkt des Römers aus; Westeuropa und Mitteleuropa. Später ist Abendland das Heilige Römische Reich Deutscher Nation und danach, besonders in der Auseinandersetzung mit den islamischen Türken, der Inbegriff für das christlich-katholische Europa. Auch Okzident (lat.: Untergang).

Albigenser

religiöse Schwärmer, nach der südfranzösischen Stadt Albi genannt. Sie gehörten zu den in Südfrankreich und Oberitalien verbreiteten Katharern (griech. = die Reinen), traten vom 11. bis Anf. 13. Jh. auf und verlangten überstrenge Askese. Sie verwarfen z. B. die Ehe, die kirchlichen Sakramente, Altäre, Kreuze, die Verehrung von Bildern, Heiligen usw. Gefordert wurden Fasten und häufiges Gebet.

Amphitheater

von griech. amphi (= auf beiden Seiten; ringsum) ist ein Theater, in dem der Zuschauerraum (theatron) nicht halbkreisförmig um die Bühne (skene), sondern rings um die ovale Arena angelegt ist. Im römischen Amphitheater wurden Gladiatorenkämpfe, Seeschlachten, Tierhetzen vorgeführt; im griech. Theater dagegen nur Schau-

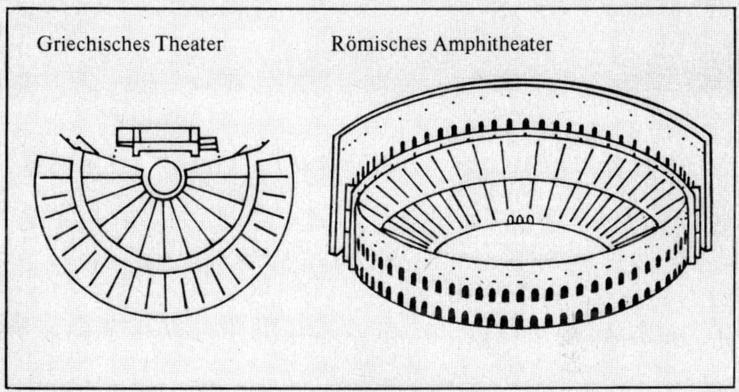

spiele. Größtes Amphitheater ist das Kolosseum in Rom mit 50 000 Plätzen, eingeweiht 80 n. Chr.

Angelsachsen

Germanische Stämme der Angeln, Sachsen und Jüten nehmen im 5./6. Jh. (Völkerwanderung) Britannien ein, unterdrücken die keltische Bevölkerung und errichten 7 Königreiche. Seit dem 7. Jh. sind sie Christen. 827 einigt Egbert von Wessex die Stämme zu einem einheitlichen Königreich. – Heute werden alle Engländer Angelsachsen genannt.

Antike

von lat. antiquus (= alt); Zeit des Altertums, die von der griechisch-römischen Kultur geprägt ist: für das Römische Imperium bis zum Beginn der Völkerwanderung (375), für Griechenland bis um 529 (Schließung der Akademie in Athen), für den islamischen Orient bis 622 (Entstehen des Islam).

Apostel

von griech. apostelein (= aussenden; Gesandter, Bote). Der Begriff ist typisch christlich zu verstehen und umfaßt die 12 Mitglieder des engeren Jüngerkreises, einschließlich Matthias und Paulus.

Atheist

(= griech.: »einer, der den Glauben an Gott ablehnt«). Schon die Christen galten im Römerreich als Atheisten, weil sie die Götter des Staatskultes nicht anerkannten. Umgekehrt verfolgte die → Inquisition Andersdenkende als Atheisten. Unter praktischem Atheismus verstehen wir eine Gleichgültigkeit gegenüber jeder Religion.

Gegenreformation

nennen wir die Bestrebungen der Kirche, die Ausbreitung der Reformation zurückzudrängen, von etwa 1555 bis 1648. Besonders eingesetzt hat sich dabei der Jesuitenorden. Er verbreitete dabei den im 19. Jahrhundert fälschlich als Jesuitenstil bezeichneten barocken Kirchenbau. Die prunkvolle künstlerische Ausgestaltung sprach die Menschen an und führte sie zu einer optimistischen Weltanschauung.

Dom zu Fulda, im Barockstil 1704–1712 von J. Dientzenhofer erbaut.

Germanen

Innerhalb der indoeuropäischen Sprachgruppen sind die Germanen ein Volksgemisch, das etwa um 750 v. Chr. im Raum von Skandinavien und der Ostsee zwischen Weichsel und Rhein geschichtlich faßbar ist.

Im 1. Jh. n. Chr. teilen sie sich in 3 große Gruppen:

die Nordgermanen (heute Dänen, Schweden, Norweger, Isländer);

die Ostgermanen (Goten, Wandalen, Burgunder, Rugier, Gepiden u. a.);

die Westgermanen (darunter Sueben, Markomannen, Teutonen, Angeln, Sachsen, Friesen und Franken).

Die Germanen sind maßgeblich an der Zerstörung des Römischen Reiches beteiligt und verhelfen dem für damalige Verhältnisse fortschrittlichen Feudalsystem zum Durchbruch im Abendland.

Nach dem Untergang des Römischen Reiches und der Taufe Chlodwigs verlagert sich das Schwergewicht des Abendlandes vom Mittelmeer in das katholische Reich der Franken. Damit wird allmählich das arianisch geprägte Christentum (→ S. 187 und → S. 412) der Ostgermanen überwunden. Aus der Verbindung der später im Frankenreich regierender Karolinger mit der Kirche in Rom entsteht das Römische Kaisertum deutscher Nation.

Fränkische Grabstele, um 700. Höhe 80 cm. Sie zeigt Christus über dem Weltengeviert.

Goten

Dieser Teilstamm der Germanen (nach der Ostseeinsel Gotland genannt) wandert seit etwa 150 n. Chr. ständig umher und entwickelt sich auf den Zügen zu einem wandernden Heer, das von der Ausbeutung unterworfener Stämme lebt. Im 4. Jh. errichten sie ein Reich am Schwarzen Meer, das 375 durch die Hunnen vernichtet wird. Dies löst die sog. → Völkerwanderung aus.

Heiden

Der Begriff ist zu verschiedenen Zeiten unterschiedlich gefüllt gewesen. Bibelübersetzungen verwenden ihn im Sinn von »die Völker«. Die Kirche früherer Zeiten nannte »Heiden« alle, die nicht getauft waren. Auch die Moslems waren in diesem Verständnis Heiden, obwohl sie doch an Allah glauben. Die Urchristen waren vor ihrer Taufe entweder Juden oder Heiden und werden entsprechend Judenchristen oder Heidenchristen genannt. – Die Ehrfurcht vor der Überzeugung anderer gebietet heute die Vermeidung des Wortes »Heide«.

Heliand

heißt der Titel einer altsächsischen Evangeliendichtung im Stabreim, die um 830 von einem unbekannten Geistlichen (Mönch?) verfaßt worden ist. Christliches und altgermanisches Gedankengut verbinden sich im »Heliand« zu großartiger Dichtung.

Hellenismus

Der Begriff wurde im 19. Jh. gebildet und auf eine Geschichtsperiode angewendet, die mit Alexander dem Großen (356–326 v. Chr.) beginnt und mit Königin Kleopatra (30 v. Chr.) endet, eine Hochkultur mit griechischen, kleinasiatischen und ägyptischen Elementen. – Der Name: Hellénen (nach der griech. Insel Hellas) nannte man alle griechischen Stämme seit 700 v. Chr. und dann alle (auch einzelne Personen), die an der griechischen Kultur teilhatten.

Imperium

von lat. imperare (= befehlen; Befehl, Reich). Im alten Rom ist Imperium die oberste Befehlsgewalt im Krieg über Soldaten, im Frieden über die Menschen eines Gebietes. Das Gesamtgebiet des röm. Kaisers, in dem er oberste Befehlsgewalt ausübt, wird »Imperium Romanum« genannt.

Inquisition

(= lat.: Untersuchung); seit 1183 Gerichtsorganisation der kath. Kirche gegen Irrlehrer, 1231 dem Dominikanerorden übertragen. Unterstützt durch die Machtmittel des Staates, hat die Inquisition, besonders in Spanien, auch Gewalt angewendet. Im 16. Jh. wurde sie gegen die Reformation eingesetzt und blieb bis ins 18. Jh. wirksam.

Investitur

(= lat.: Bekleidung); Einsetzung der Bischöfe, Äbte oder anderen Geistlichen in ihr Amt mit Übergabe bestimmter Symbole (Mitra, Stab usw.) → S. 385
Im Investiturstreit des 11. Jh. bestritt der Papst dem deutschen Königtum das Recht der Investitur von Bischöfen. Vgl. dazu S. 387 und → Simonie S. 381.

Kaiser

Aus dem Eigennamen des römischen Diktators Gajus Julius Caesar entsteht im Laufe der Geschichte eine Amtsbezeichnung. (Lies dazu S. 316)

Kelten

Sie gehören wie die Germanen zu den indoeuropäischen Volksgruppen. In vorgeschichtlicher Zeit sind sie zwischen Ostfrankreich und Böhmen seßhaft und befinden sich auf der Stufe der Eisenkultur (Bergbau). Unter dem Ansturm der vordringenden Germanen weichen sie hinter den Rhein (Gallien) zurück. Von dort besiedelt ein Teil die britischen Inseln und Spanien. Nach Süden abgewanderte Stämme stehen 387 v. Chr. vor Rom und ziehen dann weiter über den Balkan nach Kleinasien (Galater). Später werden sie vom Römischen Reich aufgesogen. – Reste der nordwärts gewanderten Kelten haben sich bis heute in der Bretagne (Frankreich), in Wales, Schottland und Irland (mit eigener Sprache: Gälisch) erhalten.

Ketzer

Im 11./12. Jh. entstehen politisch-religiöse Bewegungen in Norditalien und Südfrankreich. Ihre Anhänger nennen sich »die Reinen« (griech. Katharer). Der Volksmund verwandelt das griechische Wort in »Ketzer«. Von der Kirche wurde dann die Bezeichnung vor allem in der → Inquisition auf alle Irrlehrer oder Andersdenkende angewendet. (Lies dazu S. 398f und 402)

Kirchenstaat

Er entstand im 8. Jh. durch Schenkungen der fränkischen Könige Pippin und Karl d. Gr. an die Kirche in Rom. Im Laufe der Jahrhunderte häufige Gebietsveränderung durch kriegerische Auseinandersetzungen. 1870 wurde der Kirchenstaat dem entstandenen Königreich Italien einverleibt, der Papst »Gefangener im Vatikan«. 1929 wird durch die Lateranverträge der Vatikan ein selbständiger Staat.

Konstantische Wende

nennt man das geschichtliche Ereignis, in dessen Verlauf die katholische Kirche aus der Situation der Verfolgung in eine vom Römischen Reich anerkannte Religion überwechselte. Äußeres Datum dafür ist die Veröffentlichung der gesetzlichen Grundlage, des Mailänder Ediktes, im Jahre 313.

Kopten

die christlichen Nachkommen der alten Ägypter, hauptsächlich in den Städten Oberägyptens.

Kreuzzüge

sind militärische Großunternehmen zur Befreiung des Hl. Landes (Palästina) von der nichtchristlichen Türkenherrschaft im 11.–13. Jh. Nur der erste (1096–1099) endete erfolgreich, die anderen erwiesen sich als Mißerfolg. (Lies dazu S. 388ff)

Mönche begleiten Kreuzritter aus der Stadt. Aus einer französischen Handschrift

Kyrill und Method

Die beiden Brüder werden als Slawenapostel verehrt, besonders in der Ostkirche.
Die lat. Schreibweise der Namen ist »Cyrill und Methodius«. Sie entstammten einer Senatorenfamilie aus Saloniki (= Thessalonike). In Byzanz (= Konstantinopel, Istanbul) erwarben sie eine ausgezeichnete Bildung. Seit 863 wirkten sie gemeinsam als Missionare bei den slawischen Völkerschaften von Mähren (heutige ČSSR) und Ungarn.
Kyrill, geb. 827, vor seinem Eintritt in den Mönchsstand (867 in Rom) Konstantin genannt, übersetzte biblische und liturgische Texte in die Volkssprache und schuf dafür auch eine eigene Schrift. Diese wird als kyrillische Schrift bis heute in der Sowjetunion, in Jugoslawien und Bulgarien geschrieben. 869 starb er in Rom. Er gilt als Begründer der slawischen Literatur.
Method, eigentlich Michael, war wohl älter als sein Bruder. Sein Geburtsjahr ist nicht bekannt. In Rom wurde er 868 zum Priester und 869 zum Bischof geweiht. 885 starb er in Staré Mêsto, ca. 60 km östlich von Brno (heute ČSSR).
Wegen der Verwendung der altslawischen Sprache in der Liturgie kam es zum Widerstand einiger Bischöfe. Man sprach damals in der Kirche lateinisch. Aber Papst Hadrian II. billigte diese Neuerung. Die Kirche gedenkt dieser beiden Heiligen am 14. Februar.

Cyrill und Methodius. Pfarrkirche Storcha (Oberlausitz)

Mittelalter

Der Begriff wird in der beginnenden Neuzeit aus tiefer Ablehnung heraus geprägt für den etwa tausendjährigen Zeitraum zwischen → Altertum und → Neuzeit.
Drei Phasen weren unterschieden:
Frühmittelalter (etwa bis zur Abspaltung der Ostkirche 1054);
Hochmittelalter (etwa bis 1400);
Spätmittelalter (etwa bis zur Entdeckung Amerikas [1492] oder bis zur Reformation [1517]).
Im Mittelalter erlebt die Kirche unter Papst Innozenz III. (1198–1216) den Höhepunkt äußerer Machtentfaltung. Seit etwa der gleichen Zeit aber führen die religiösen Armutsbewegungen innerhalb und außerhalb der Kirche (Bettelorden, Waldenser) zu einer neuen Besinnung auf das Wesen des Evangeliums.

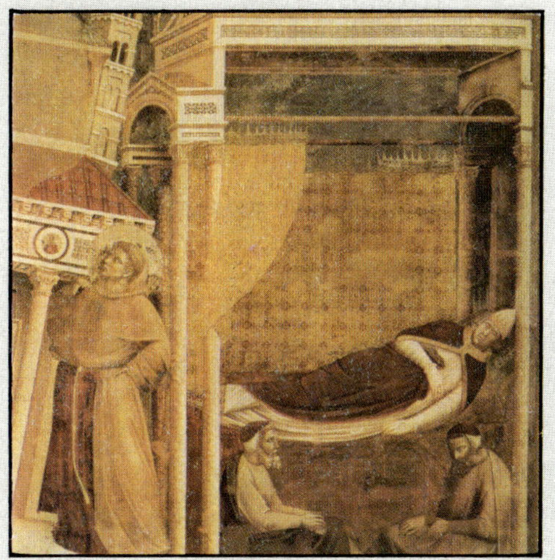

Es heißt, in einem Traum habe Papst Innozenz III. die Kirche in ihren Grundfesten wanken sehen. Da schaute er, wie Franz v. Assisi den Bau der Kirche stützte und vor dem Einsturz bewahrte. Daraufhin bestätigte der Papst die Franziskaner als kirchliche Gemeinschaft.
Fresco von Giotto in der Oberkirche des hl. Franziskus in Assisi

Mission

von lat. mittere (= schicken, senden); die Aussendung, die Botschaft, der Auftrag. Die Kirche versteht darunter die Aussendung von Missionaren zur Ausbreitung des Evangeliums. Mission kannten auch schon die Buddhisten und die Juden. Auch der Islam betreibt Mission. Die katholische Kirche hat zu allen Zeiten, wenn auch unterschiedlich in Art und Weise, Missionare ausgesandt.

Moslem

(auch Muslim [arab.]) ist ein Anhänger des Islam, der von Mohammed (um 570–632) gestifteten religiösen Lehre. Seit 680 (Kämpfe um die Nachfolge Mohammeds) zerfällt diese in zwei Richtungen:
Hauptrichtung:
Sunniten: Sunna ist eine Sammlung von mündlich überlieferten Worten und Taten Mohammeds, neben dem Koran eine Glaubensgrundlage. Anhänger: um 600 Mill.
Nebenrichtung:
Schiiten: Sie verwerfen die Sunna. Sie betrachten als rechtmäßige Nachfolger des Propheten Mohammed und als Oberhaupt (genannt Imam) nur den Schwiegersohn des Propheten Mohammed (Ali) und dessen Nachkommen. Sie zerfallen in viele Sekten. Anhänger: um 30 Mill.
(Lies dazu S. 121 ff)

Neuzeit

In langem Prozeß geht das → Mittelalter in eine neue Epoche über, deren Beginn unterschiedlich datiert wird und die durch Renaissance und Frühkapitalismus gekennzeichnet ist. Im 20. Jh. Übergang in »Neueste Zeit«.

Orient

von lat. oriri (= aufgehen, entstehen, Osten); Bezeichnung für das Morgenland, also, wo die Sonne aufgeht. Gegensatz: Okzident = Untergang (→ Abendland).

Politik

von griech. pólis (= Stadt, Staat); »Teilnahme an den Staatsangelegenheiten, Verwaltung des Staates, Bestimmung von Form, Aufgaben und Inhalt der Tätigkeit des Staates« (Lenin).

Präfekt

Der Titel (lat.: Vorsteher) wird in der römischen Kaiserzeit einem selbständigen Verwaltungsbeamten verliehen, später als Hoheitstitel dem Vorsteher einer Präfektur (vor Konstantin ist das Reich in 4 Präfekturen gegliedert). – In kirchlichen Internaten (Priesterseminaren, Chorschulen, z. B. der Thomaner usw.) ist Präfekt ein älterer Schüler (Student), der den Leiter vertritt.

Reich

Das Wort ist keltischer Herkunft und bezeichnet ursprünglich »Herrschaft, Regierung«, dann das große Herrschaftsgebiet, z. B. Frankenreich, Österreich, Deutsches Reich. Übertragen: Pflanzenreich, Weltreich, Gottesreich...

Sachsen

Stamm der Westgermanen, ursprünglich in Nordwestdeutschland. Ein Teil geht um 450 n. Chr. mit Angeln und Jüten nach Britannien (→ Angelsachsen). Der andere Teil (Westfalen, Ostfalen, Engern) wird durch Karl d. Gr. 772–804 in hartnäckigen Kämpfen christianisiert. Sächsische Herzöge waren seit dem 10. Jh. deutsche Könige (z. B. Heinrich I.) und römische Kaiser (z. B. Otto I.). 1180 Auflösung des Herzogtums Sachsen unter Heinrich dem Löwen. 1260 Spaltung in: Sachsen-Lauenburg, Sachsen-Anhalt und Sachsen-Wittenberg. Letzteres kam 1423 als Kurfürstentum an die Wettiner (Markgrafen von Meißen). Auf ihr Gebiet (Meißen, Thüringen, Vogtland) ging der Name »Sachsen« über.

Der Sachsenkaiser Otto I. überreicht dem thronenden Christus ein Modell des Magdeburger Domes. Elfenbeinrelief, um 970

Säkularisation

bezeichnet die Verwandlung von geistlichem Besitz in weltlichen. In der Reformation wurden Klöster säkularisiert, d. h., sie gingen aus der Hand der Kirche in die eines weltlichen Landesherren über.

Sarazenen

sind im Altertum ein Stamm in Arabien. Reste des Stammes leben heute noch dort. In den Kreuzzügen wird die Bezeichnung verallgemeinernd auf Türken, Araber, Mohammedaner (→ Moslem) und sogar auf alle Nichtchristen übertragen.

Scholastik

heißt »Schulwissenschaft« und ist die an den mittelalterlichen (Hoch-) Schulen herrschende philosophisch-theologische Denkweise. Ihre Vertreter werden Scholastiker genannt. Sie versuchten, die christlichen Glaubenssätze durch die Philosophie zu stützen. Dabei beriefen sie sich vor allem auf die Lehren des griechischen Philosophen Aristoteles (384–322 v. Chr.). Die Scholastik trug wesentlich zur Förderung des Universitätswesens in Europa und auch zur Ausbildung der Naturwissenschaften bei. Sie bestimmte jahrhundertelang den Rahmen der Hochschulbildung. Höhepunkte erlangte sie im 13. Jh. durch Albert d. Gr. (= Albertus Magnus) und Thomas von Aquin.

Severin

An der Grenze zwischen Altertum und Mittelalter und zwischen romanischer und germanischer Welt lebte im Grenzland des römischen Reiches an der Donau der hl. Severin. Faszinierend beschreibt Eugipius, der Schüler des Heiligen, dessen Leben. Severin hat auf Gottes Geheiß seine Einsiedelei im Orient verlassen und ist in die Provinz Noricum gekommen. Er gründet Klöster in Favianis (bei Krems) und Batavia (bei Enns) an der Donau. Von seinen Mönchen, unter denen auch Germanen waren, fordert er ein geregeltes, heiligmäßiges Leben und ermahnt sie zu Fasten, Gebet und Almosen. Auf seine Weisung hören die katholischen Romanen in Noricum, aber auch die arianischen Fürsten der germanischen Stämme befolgen seinen Rat. Severin genießt hohes Ansehen besonders als Fürsprecher seines Volkes in den Grenzlandkämpfen. Er kauft Gefangene frei und hilft Notleidenden. Er leitet mit ruhigem, klarem Geist notwendige Umsiedlungen vor den nachdrängenden Germanen. Severin stirbt 482 in seinem Kloster Favianis.

St. Severin, Dom zu Salzburg, Giocomo Manzù, 1958

Simonie

Im Neuen Testament will ein Zauberer namens Simon dem hl. Paulus die Gabe des Heiligen Geistes abkaufen (Apg 8,18–24). Nach diesem Simon wird der Kauf oder Verkauf geistlicher Ämter (Bischof, Abt usw.) Simonie genannt. Obwohl das Kirchenrecht solche Geschäfte verbietet, wurde im Mittelalter nicht selten dagegen verstoßen. Das führte dann zum Investiturstreit.

Sorben

zählen neben den Tschechen, Slowaken, Polen und Elbslawen zu den Westslawen. Diese verfestigten zwischen dem 7. und 10. Jh. ihre Herrschaft westlich von Oder und Neiße. Durch Eroberungszüge fränkischer und deutscher Feudalherren seit dem 8. Jh. wurden fast alle ihre Gebiete erobert. Lediglich in der Lausitz (heutige Bezirke Dresden und Cottbus) können sich die Milzener und Lusizer (= sorbische Stämme) der deutschen Einverleibung erfolgreich widersetzen. Ihre Nachkommen bilden heute die nationale Minderheit der Sorben, die sich ihre slawische Sprache und eine lebendige Kultur erhalten konnte.

Staatskirche

nennen wir eine Kirche, die mit dem Staat zu einem einheitlichen System verbunden ist. Die Leitung übt der Staat aus, er besetzt die hohen Kirchenämter, leitet das Schulwesen im Sinne der Kirche und erhebt Steuern für die Staatskirche. Nach der → Konstantinischen Wende war das Christentum Staatskirche (Staatsreligion) im Römischen Reich, im Mittelalter war sie es in Deutschland (unter katholischen und auch unter protestantischen Herrschern).

Völkerwanderung

Große Wanderbewegungen von Völkern gibt es schon in vorgeschichtlicher Zeit. In geschichtlicher Zeit beginnt eine große Völkerwanderung mit der Zerschlagung des Ostgotenreiches (375 n. Chr.) am Schwarzen Meer. Die Ostgoten wandern westlich ab und verdrängen andere Völker und Stämme. Die damit verbundenen Verschiebungen und kriegerischen Auseinandersetzungen klingen erst im 13./14. Jh. (letzte Welle: Mongolen in Mitteleuropa) ab.

Waldenser

1176 wurde der Kaufmann Waldes aus Lyon in einer schlimmen Hungerszeit zum Armutsideal bekehrt. Ihm schlossen sich Gleichgesinnte an, die als Laien, immer zu zweit, auszogen, um das Volk zur Buße aufzurufen. Ihre Predigt griff das Papsttum und die ganze kirchliche Hierarchie an und legte die Heilige Schrift nach eigenem Ermessen aus. Das Laterankonzil von 1179 untersagte ihnen die Predigt. Da sie den Gehorsam verweigerten, wurden sie aus der Kirche ausgeschlossen (= exkommuniziert).

Gemeinschaft von Heiligen und Sündern

Kirche zwischen Armut und Reichtum

Krone des hl. Stephan von Ungarn. Der Ungarnkönig Stephan ist ein Vorfahre der hl. Elisabeth von Thüringen.

St. Elisabeth. Wandteppich in der Elisabethkirche in Gera von Elly-Viola Nahmacher.
Um die hl. Elisabeth sind Szenen ihres Lebens und Werke der Barmherzigkeit dargestellt.

Abschied von Ruhm und Rang

Chronist: Man schreibt das Jahr 1228. Es ist das Jahr der Heiligsprechung des heiligen Franziskus von Assisi. Längst haben wache Christen die Impulse dieses Heiligen aufgenommen. Seine armen Bettelbrüder haben das Zeichen der Armut weitergetragen und auch in Deutschland sichtbar gemacht. Eine junge Landgräfin wagt es, als Angehörige des Adels die Armut konsequent zu leben. In den Augen der Welt ist dieses Wagnis gescheitert. Die Kirche jedoch hat in der Heiligsprechung ihr Tun als beispielhaft erklärt.

Kind: Die Landgräfin ist in Eisenach, Mutter!
Mutter: Die gute Frau Elisabeth! Gott möge ihre Güte lohnen.
Kind: Nein, Mutter, sie teilt nicht aus wie sonst.
Mutter: Dann pflegt sie die Kranken wohl.
Kind: Sie ist mit ihren Kindern da. Sie geht von Haus zu Haus. Der Nachbar sagte, sie sucht sich ein Quartier.
Mutter: Mein Gott, dann ist für sie kein Platz mehr auf der Wartburg. Dann hat Herr Heinrich Raspe gesiegt!
Kind: Hat er sie fortgejagt mit ihren Kindern?
Mutter: Der Herr Heinrich Raspe ist nicht schlecht. Er sagt sich halt: »So was geht auf einem Schlosse nicht. Sie schafft mir alles weg«, wird er sagen. »Wir müssen doch auch leben«, wird er sagen. »Man kann doch aus einem Schloß kein Kloster machen.«
Kind: Aber sie tut doch nur, was Jesus sagt. Das ist doch nichts Schlimmes. Wer mehr hat und mit den Armen teilt, tut etwas Gutes.
Mutter: Sie ist eine Heilige, glaub mir's. Und was sie tut, ist etwas völlig Neues und Unbequemes. Sie untergräbt die alte, gottgewollte Ordnung. Seit Jahrhunderten ist es Sitte, daß die Herren oben leben, und wir leben unten. Nun kommt eine von ihnen zu uns. Ob das gut geht?
Kind: Dann können wir sie ja aufnehmen. In der Kammer ist doch Platz.

Sárospatak in Nordostungarn, sog. Roter Turm
Es wird heute allgemein angenommen, daß Elisabeth auf dieser Burg geboren wurde.

Mutter: Wer soll die Mäuler stopfen? Und soll die Fürstin auf dem Strohsack schlafen? Ich müßte mich doch Tag und Nacht in Grund und Boden schämen.
Kind: Sie hat uns in der Hungersnot ja auch besucht und Brot gebracht.
Mutter: Sie hat Almosen gegeben, wie es gute Fürsten immer taten. Das jetzt ist mehr. Sie wechselt den Stand. Und das muß wie eine Ohrfeige für alle wirken, die weiterhin sorglos auf ihren Burgen und Pfalzen wohnen. Sie leben von dem, was wir ihnen bringen. Auch der Kirche wird diese Art von Belehrung nicht behagen.
Kind: Hast du Angst, Mutter?
Mutter: Alle haben Angst, mein Kind. Du hast recht. Jeder soll an dem Platz bleiben, an den ihn Gott gestellt hat. Das ist Gottes Wille.
Kind: Weiß Elisabeth, was Gott von ihr will, Mutter?

Chronist: Zwanzig Jahre ist Elisabeth alt, als sie die Wartburg verlassen hat. Ihr Gatte Ludwig war zum Kreuzzug ausgezogen und unterwegs der Pest erlegen. Elisabeth irrt mit ihren Kindern durch die Straßen Eisenachs, das dritte eben erst geboren. Sie geht nach Marburg. Dort wird ihr schließlich das Schloß als Witwensitz überlassen. Aber sie hat längst den Schritt in eine neue Lebensform getan. Von ihren Mitteln baut sie ein Spital, in dem sie selbst die Kranken pflegt. Die Kinder gibt sie zur Erziehung in gute Hände. Nun kann sie, ganz arm an Gütern, aber reich an Liebe, leben. Nicht lange, sie stirbt mit 24 Jahren, doch lange genug, daß ihr Zeichen gesehen wird.

Feudalismus

von althochdeutsch fihu (= Vieh, Vermögen); Epoche, die sich an die Sklavenhalterschaft anschließt und durch den Eigentumsbegriff der Germanen (Lehnswesen) gekennzeichnet ist.

Lehen

zu »leihen«; im Mittelalter wurden Grundbesitz oder sog. Gerechtsame (Zölle, Privilegien usw.) zur Nutzung überlassen. Dieses Lehen gab der Lehnsherr dem Lehnsmann (Lehmann). Als Gegengabe kamen Lehnsdienste, wie Kriegsdienst, Abgaben, Bauarbeiten usw., in Frage. Das Lehnsrecht ist aus germanischen Rechtsvorstellungen erwachsen (Gut gegen Gut; alles gehört allen u. ä.) und bildet die Grundlage des mittelalterlichen Feudalsystems. Die sog. Lehnsherrlichkeit wird erst 1848 abgeschafft.

Das Lehnswesen im Mittelalter

Bei den Germanen herrschte das Stammesdenken vor. Dies hatte seine Auswirkung bezüglich des Eigentums. Es gab Gemeineigentum an Grund und Boden. Die Führer waren Stammesälteste, also Mitglieder der jeweiligen Großfamilie (Sippe). Gemeinsames Leben erfordert gemeinsames Denken und Feiern.
Im Feudalismus übernehmen die Grafen, Herzöge oder Könige die Rolle des Stammesältesten. Im Laufe der Zeit nutzten sie ihre Vorteile immer mehr aus, häuften Besitz an und vermehrten ihre Macht. Vor allem Kaiser Otto I. bindet die Kirche in dieses Feudalsystem ein. Er macht auch die Bischöfe zu Feudalherren. Ihr eheloses Leben bot ihm die Gewähr, daß sie in ihrer Politik nicht Familieninteressen verfolgten. Erst 1806 fand diese Entwicklung ihr Ende. Aus den Fürst-Bischöfen wurden wieder Hirten.

Der Bauer zahlt dem Lehnsherrn den Zins. Er zeigt auf seinen Pflug. Mit diesem hat er seinen Ertrag erarbeitet. Das Bild stammt aus dem »Sachsenspiegel«, einem Rechtsbuch des frühen 13. Jahrhunderts.

Da die Kirche Vertreter auf der Seite des Volkes und auf der Seite der Fürsten hat, wird sie in die Konflikte voll einbezogen. Von diesem Hintergrund aus bekommt der Lebensstil der hl. Elisabeth von Thüringen revolutionäre Züge. Auch der Übergang des hl. Franziskus auf die Seite der Armen war mehr als eine fromme Geste. Dennoch hat es die Kirche nicht geschafft, auf Besitz und Macht zu verzichten. Sie mußte später hart dafür büßen.

Da die Kirche auch als Lehnsherr auftrat, geriet sie im Verfall dieser Rechtsauffassung und ihrer Mißbräuche in Widerspruch zu ihrer Grundauffassung und kam in Konflikte. Der Ruf nach Reform wurde in der Kirche selbst erhoben, aber nicht konsequent genug befolgt.

Auch nicht durch das deutliche Zeichen, das der hl. Franziskus mit seinen Minderbrüdern gab, kam die Kirche aus ihrer Verstrickung in den Besitz heraus.

Vielleicht wären ihr dann Reformation und Säkularisation erspart geblieben, in denen ihr gewaltsam genommen wurde, was sie selbst »Güter dieser Welt« nennt.

Lehnswesen im Feudalismus
Lehnsherr
Lehnsmann
Mein ist das Land
Mein ist die Macht
Es entstehen zwei Klassen
wachsende Unterschiede
Geliehenes Land
Leibeigenschaft
Unterdrückung
Bauernaufstände
Revolution
Ausbeutung

Auf einen Blick

Bis zum 3. Jh.	Gaben (Naturalien, Geld) werden im Gottesdienst dem Vorsteher übergeben, als Opfer auf den Altar gelegt und dann als Geschenk Gottes durch die Diakone an Bedürftige der Gemeinde verteilt.
Im 3. Jh.	Die kirchlichen Einkünfte kommen aus regelmäßigen Kollekten und aus kirchlichem Grundbesitz. Werden Bischöfe aus reichen Familien gewählt, ist es Sitte, daß diese größere Teile ihres Vermögens (auch Grundbesitz) der Kirche vermachen. Dies ermöglicht dem Bischof den Verzicht auf die Ausübung seines früheren Berufes.
751–756	Der Kirchenstaat entsteht mit Hilfe des fränkischen Königs Pippin (siehe S. 378 und S. 387).
768–814	Kaiser Karl der Große setzt den von der Kirche seit 585 geforderten Zehnten gesetzlich durch. Stiftungen und Schenkungen von Adligen und kleineren Grundbesitzern führen zur Bildung von reichem Grundbesitz der Kirche.
936–972	Kaiser Otto I. macht sich von den rebellischen Stammesherzögen unabhängig. Er vergibt Hoheitsgebiete als Lehen (siehe S. 385) an Bischöfe, die damit geistliche Fürsten mit politischen Herrschaftsrechten und Pflichten (Heerfolge) werden.
1803	Durch den Reichsdeputations-Hauptschluß zu Regensburg werden die geistlichen Herrschaftsgebiete säkularisiert, d. h. aus der Herrschaft der Kirche in die des Staates übergeführt. Aus den Fürst-Bischöfen werden wieder Hirten.
1870	Ende des Kirchenstaates

Der hl. Adalbert von Prag wird durch Otto II. mit dem Bischofsstab belehnt. Bronzeplatte, Dom zu Gniezno (Gnesen)

Die Investitur

Der Kaiser als Stellvertreter Gottes

Nach ihrem Selbstverständnis als Stellvertreter Gottes in der Welt und Oberherr der Kirche ernennen die Kaiser seit Karl dem Großen die Bischöfe. Daraufhin übergibt ihnen die Kirche die Zeichen des geistlichen Amtes (Investitur).
Als aber unter Kaiser Otto I. die Bischöfe zu Feudalherren mit Herrschaftsrechten und -pflichten werden, übernehmen sie mit dem geistlichen auch ein weltliches Amt. Sie bedürfen damit einer zweifachen »Bekleidung«. Wer überreicht ihnen die beiden Vollmachten? Unter den Kaisern Otto I. bis Heinrich III. war die gebräuchlichste Form:

Der Kaiser ernennt den Bischof.
Der Kaiser überreicht dem Ernannten den Hirtenstab als Zeichen der bischöflichen Gewalt und seit Heinrich III. auch den Ring als Zeichen der Vermählung mit der Kirche.
Diese Einführung in das geistliche Amt wird als Investitur bezeichnet (Laieninvestitur, weil ein Laie sie vornimmt).
Nach der Investitur erfolgt die kirchliche Weihe.
Der Kaiser nimmt anschließend vom Bischof den Treueid entgegen. Zugleich überträgt er dem Bischof die herrschaftlichen Rechte (Gerichtsbarkeit, Zoll, Prägung von Münzen) und Pflichten (Abgaben und Dienste, z. B. Heerfolge).

Wenn Kaiser und Bischöfe die enge Verbindung von Reich und Kirche sauber durchgehalten hätten, wäre das die Verwirklichung des himmlischen Jerusalem geworden. Aber die Gefahr lag nahe, daß menschliches Versagen und Verweltlichung dieses Ideal verhinderten.

Der Papst als Stellvertreter Gottes

Die befürchteten Gefahren traten im Laufe der Zeit ein, und zwar zweifach. Vielen Bischöfen wurde vorgeworfen, sie kümmerten sich kaum oder nicht mehr um das kirchliche Amt. Den Kaisern kann man den Vorwurf nicht ersparen, daß sie Leute zu Bischöfen machten, die alles andere als geistliche Männer, sondern willige Werkzeuge der Krone waren. Das konnte die Kirche nicht guten Gewissens mit ansehen. So regte sich zuerst im Benediktinerkloster Cluny in Frankreich der Wille, dem abzuhelfen. Die Reformbewegung von Cluny fand viele offene Ohren. Ihr ging es darum, alle Mißstände in

Kleider machen Leute

Vestis (lat.) heißt Kleid. Hinter unserem Wort »Weste« verbirgt sich dieses lateinische Wort.
Investitur heißt »Einkleidung«. Im Mittelalter waren die Menschen so angezogen, daß man aus der Kleidung ihren Stand ablesen konnte. Im öffentlichen Bereich beschränkte man dieses Ankleiden auf das Überreichen bestimmter feststehender Symbole, zum Beispiel Krönungsmantel, Zepter und Krone für den König, Schwert und Schild für den Ritter, Schleier für die Ordensschwester. Die »Bekleidung« (Amtseinsetzung) von Bischöfen ist Investitur.

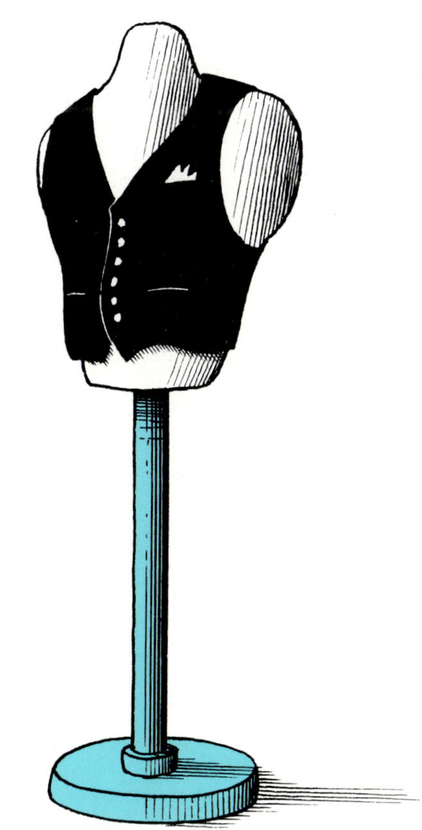

Auflösung von S. 374 (Wo Gott sein soll . . .):
Herr, sei vor uns und leite uns, sei hinter uns und zwinge uns, sei unter uns und trage uns, sei über uns und segne uns.

REX ROGAT ABBATEM / MATHILDIM SUPPLICAT ATQ;

Diese Buchmalerei aus dem frühen 12. Jahrhundert zeigt den Bußgang Heinrichs IV. nach Canossa. Der Kaiser bittet auf Knien die Markgräfin Mathilde von Tuscien um Vermittlung. Mathilde hat ihre Burg Canossa für das Treffen von Kaiser und Papst zur Verfügung gestellt. Links im Bild sitzt der Abt Hugo von Cluny, der den Reformwillen des Papstes symbolisiert.

der Kirche zu beseitigen. Dazu gehörte auch die Frage der Investitur. Dabei dachten die Theologen über das Amt des Papstes nach. Sie formulierten das Ergebnis, das sie aus dem Evangelium abgeleitet hatten, etwa so:
Oberster Herr ist Gott,
sein Stellvertreter ist der Papst,
er belehnt den Kaiser, indem er ihn krönt,
also hat sich der Kaiser unter die Gewalt des Papstes zu beugen.
Das war eine unerhörte Anmaßung in den Augen der weltlichen Herrscher. Es kam zu einem Streit zwischen Kirche und Reich. Dieser spitzte sich zu, als der Mönch Hildebrand aus der Reformbewegung von Cluny zum Papst gewählt wurde. Dieser einfache Bauernsohn, nun Papst Gregor VII., forderte Kaiser Heinrich IV. heraus und verbot diesem, die Bischöfe mit dem geistlichen Amt zu belehnen. Der Kaiser mißachtete das Verbot. Daraufhin bannte der Papst den Kaiser. Der Kaiser plante, den Papst gewaltsam abzusetzen. Aber die Menschen damals nahmen den Spruch des Papstes ernst. Die Fürsten des Reiches verweigerten dem Kaiser den Gehorsam, die Kirche verwehrte ihm ihre Dienste. Das hätte konsequent zum Machtverlust für Heinrich IV. geführt. So beugte er sich dem Bannspruch und zog 1077 zum Papst, um Lösung vom Bann zu erbitten. Dieses Ereignis ist als Bußgang nach Canossa in die Kirchengeschichte eingegangen. Vor aller Welt sollte damit sichtbar gemacht werden, wer die Obermacht hat.

Verlust der Einheit

Die Auseinandersetzungen um das Recht der Vollmachtsweitergabe an die Bischöfe enden erst 1122 mit dem Wormser Edikt:
Das Domkapitel wählt in Gegenwart des Kaisers oder seines Vertreters den Bischof.
Der Kaiser überreicht dem Gewählten das Zepter als Zeichen der weltlichen Macht.
Der Papst übergibt dem Gewählten Ring und Stab (Investitur) und weiht ihn zum Bischof.
Die jahrzehntelangen Auseinandersetzungen zwischen Kirche und Reich um die Vorherrschaft schwächen die kaiserliche Macht und führen zum Erstarken der weltlichen und geistlichen Feudalherren. Die Rivalität zwischen Kaiser und Papst, die auch nach dem Wormser Edikt bestehenbleibt, fördert im 12. und 13. Jahrhundert das Emporsteigen zahlreicher Lehnsträger des Reiches zu unabhängigen Landesherren. Das ist ein Grund dafür, daß später alle Versuche zur Bildung einer starken kaiserlichen Zentralgewalt scheitern.

Der Kirchenstaat

Zum Selbstverständnis eines Herrschers im Mittelalter gehörte auch der Landbesitz. Von daher ist begreiflich, daß die Bischöfe von Rom durch Könige und Kaiser Land geschenkt erhielten und auch selbst erwarben. So entstand der Kirchenstaat vom 8. Jahrhundert an. Ausmaß und Grenzen änderten sich häufig. Die Sorge um den Bestand des Kirchenstaates beschäftigte einige Päpste sehr. Sie scheuten politische Händel und Kriege nicht, um ihr Hoheitsgebiet zu erhalten. Der Kirchenstaat ging 1870 zugrunde, als sich der italienische Staat die Gebiete gewaltsam einverleibte. Das Papsttum wurde frei für seine eigentlichen Aufgaben.

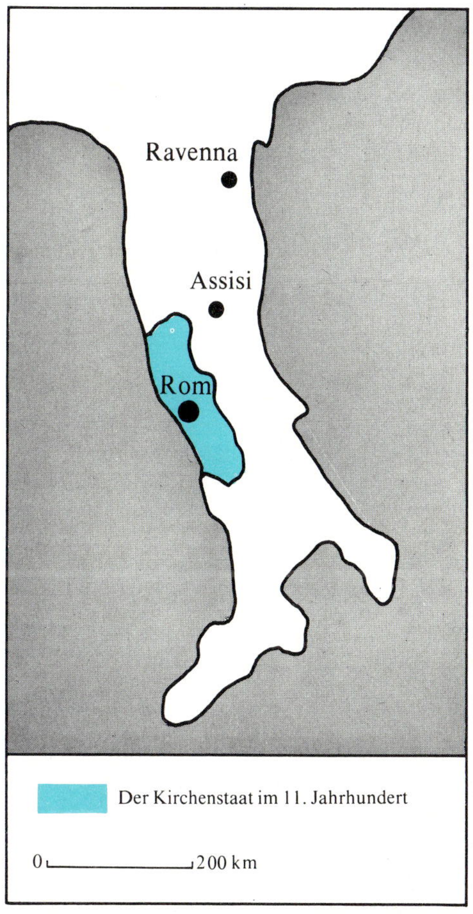

Der Geist baut die Steine, nicht umgekehrt.
Wo der Geist nicht baut, werden die Steine stumm.
Wo der Geist nicht lebendig ist,
nicht wirkt und waltet,
werden Dome zu Museen,
zu Gedenkstätten der Vergangenheit,
deren Schönheit traurig macht, weil sie tot ist . . .

Joseph Ratzinger

Kirche in der Versuchung der Macht

Auf einen Blick

Ende 4. Jh.	Das Christentum wird Staatsreligion. Der Kaiser betrachtet sich als Vikar Christi. Der Krieg gegen Heiden wird als Mission angesehen. Durch die Verbindung Staat – Kirche kommen z. T. Zwangsmissionierungen vor.
8.–11. Jh.	Im islamischen Spanien – auch nach der teilweisen Rückeroberung durch die Christen – Toleranz zwischen Moslems (Mauren), Juden und Christen. (Siehe S. 129)
1096–1270	Kreuzzüge ins Heilige Land
† 1226	Franz von Assisi Radikale Abwendung von Reichtum und Gewalt, Angehörige des Dritten Ordens dürfen keine Waffen tragen.
13. Jh.	Die Kriege gegen die Mauren nehmen Kreuzzugscharakter an. Gewaltsame Bekehrung von Mauren und Juden in Spanien.
1962–1965	II. Vatikanisches Konzil: Die Kirche verwirft jede Diskriminierung eines Menschen, jeden Gewaltakt gegen ihn um seiner Rasse, seiner Farbe, seines Standes oder seiner Religion willen, weil das dem Geiste Christi widerspricht.

Die Kreuzzüge 1096–1270

Unruhe im Heiligen Land

Obwohl der Islam schon 637 die heilige Stadt Jerusalem erobert hatte und die arabischen Kalifen ganz Palästina und angrenzende Länder beherrschten, konnten doch die Christen ungehindert zu den Stätten pilgern, die ihnen durch das Leben und Sterben Jesu verehrenswert waren. Die Moslems arabischer Zunge duldeten die Juden und auch die Christen.

Nun aber – wir schreiben das Jahr 1080 – haben türkische Moslems das arabische Kalifenreich vernichtet und geben in ganz Kleinasien den Ton an. Die türkischen Sultane und ihre Untertanen erweisen sich von Anfang an als christenfeindlich. Jerusalem ist fest in ihrer Hand. Die zahlreichen Christen in Palästina werden unterdrückt, den Pilgern wird der Zutritt zu den heiligen Stätten verwehrt, Wallfahrten dorthin werden lebensgefährlich.

Die türkische Macht ängstigt den Kaiser in Konstantinopel. Als die Türken seine Kaiserstadt, die zugleich Mittelpunkt des Ostreiches ist, bedrohen, wendet er sich hilfesuchend an den Papst in Rom. Dort aber ist Papst Gregor VII. selbst in Not. Er liegt im Streit mit dem deutschen König Heinrich IV.

Brief Papst Gregors VII. an Kaiser Heinrich IV.

(Dez. 1074)

»Die von den Sarazenen bedrängten Christen des Orients haben mich gebeten, ihnen zu Hilfe zu kommen. Ich habe mich deshalb entschlossen, die Christen des Abendlandes zu einem Kriegszug aufzurufen. In Italien sind bereits mehr als 50 000 Mann bereit, unter meiner Führung womöglich bis zum Grabe des Herrn vorzudringen ... So will ich diese Expedition unternehmen im Interesse des Glaubens und der Verteidigung der Christen. Während der Zeit dieser meiner Expedition in den Orient vertraue ich die römische Kirche deinem Schutze an.«

Eine Welle der Begeisterung

Der Nachfolger, Papst Urban II., wird erneut vom Kaiser bedrängt und beruft zwei Kirchenversammlungen ein, auf denen er eine gewaltige Begeisterung für einen Kreuzzug entfacht. Als Treffpunkt aller Ritter wird Konstantinopel ausgemacht. Aber noch ehe ein Riesenheer von über 200 000 Mann gerüstet ist, sammelt der französische Eremit Peter von Amiens Bauern und zieht mit ihnen los. Ihre Zahl wird unterwegs dauernd verstärkt. Es mögen um 50000 gewesen sein. Rausch und Abenteuerlust sind in ihnen wohl stärker gewesen als christliche Eigenschaften. Als sie durch das Rheingebiet ziehen, richten sie ein grausames Judengemetzel an. Ein Teil geht dann beim Marsch durch Ungarn und Bulgarien infolge wilder Zügellosigkeit zugrunde; der andere Teil, geführt von Peter von Amiens, erreicht zwar Kleinasien, wird aber sofort durch die Türken vernichtet.

Die Kreuzzugsidee: Christus mit dem Schwert des Wortes im Mund und mit dem Wort des Lebens in der Hand, zieht im Kreuzzug voran.

Kreuzritterburg in Syrien, 12./13. Jh.
Modell in Paris

Durch die Kreuzzüge entstanden Kontakte vieler Art zwischen Abendland und Morgenland. So ist auch das Schachspiel in dieser Zeit nach Europa gekommen.
Aus einer mittelalterlichen Handschrift im Escorial bei Madrid

Hüter des Heiligen Grabes

Das Hauptheer, bestehend aus Franzosen und Normannen, zieht unter Führung des Grafen Gottfried von Bouillon, Herzog von Niederlothringen. Es ist gut gerüstet und setzt sich in der Hauptsache aus kampferfahrenen Rittern zusammen. Aber das Heer weiß nichts von den Strapazen, die es ertragen soll; es kennt weder Volk noch Land im Orient; muß Mühen, Seuchen und Überfälle erleiden. Tausende sterben unterwegs. Nach unsäglichen Qualen erreicht das Heer Kleinasien, erobert Edessa (1097) und Antiochia (1098) und dringt gegen Jerusalem vor.

Mehr als einen Monat belagern die Kreuzfahrer Jerusalem.

Am 15. Juli 1099 wird die Stadt eingenommen. Die Kreuzfahrer richten ein schreckliches Blutbad an. Tausende Moslems werden getötet.

Dann wird ein Königreich Jerusalem errichtet mit den Grafschaften Edessa und Antiochien. Gottfried von Bouillon wird die Königswürde angetragen, aber er lehnt ab. Er will nur »Hüter des Heiligen Grabes« sein und nicht herrschen. Sein Bruder Balduin wird König von Jerusalem.

Zum Schutze der heiligen Stätten und der Pilger, zur Pflege der Kranken und Beherbergung von Wallfahrern werden Ritterorden gegründet.

Die drei großen Ritterorden

Neben vielen kleineren entstehen in der Zeit der Kreuzzüge die drei großen Ritterorden:

Templer	Johanniter	Deutscher Orden
um 1100	um 1119	1198
Sitz an der Stelle des Salomonischen Tempels (in Jerusalem)	Hospital neben der St.-Johannes-Kirche (in Jerusalem)	aus einem deutschen Hospital in Akkon hervorgegangen

Groß- oder Hochmeister

Ordensgelübde in feierlicher Form

Stand	Aufgabe
Adlige Ritter	Pilger- oder Waffendienst
Ordenskapläne	geistliche Funktionen
Laienbrüder	Waffendienst und Handwerk

Ritterschlag
Der Ritter erhält sein Schwert aus der Hand des Königs.
Französische Miniatur, 14. Jh.

Wilhelm v. Holland wird 1247 in Köln zum Ritter geschlagen

(Aus einer belgischen Chronik des Mittelalters)

Nach der feierlichen Messe sprach der Kardinal: »Das aber ist die Regel des Rittertums: Zuvörderst mit frommer Sammlung täglich die Messe zu hören, für den katholischen Glauben kühn das Leben einsetzen, die heilige Kirche mit ihren Dienern von allen Bedrängern befreien, Witwen, Kinder und Waisen in ihrer Not beschützen, ungerechte Kriege vermeiden, unbillige Dienste verweigern, für die Rettung eines jeden Unschuldigen den Zweikampf annehmen, Turniere allein der kriegerischen Übung wegen besuchen, dem römischen Kaiser oder dessen Stellvertreter in zeitlichen Dingen ehrfurchtsvoll gehorchen, das Reich mit aller seiner Kraft unversehrt erhalten, die Lehen des Reichs oder Kaisers in keiner Weise veräußern und unsträflich vor Gott und Menschen in dieser Welt leben.« Darauf folgte das Gelübde und der Ritterschlag durch den König von Böhmen.

Das weiße Malteserkreuz auf rotem Grund

Die Johanniter hatten schon vor ihrer Teilnahme an den Kreuzzügen die caritativen Aufgaben der Krankenpflege an den Pilgern wahrgenommen. Da sie 1530 die Insel Malta zum Besitz erhielten, wurde der Johanniterorden allgemein Malteserorden genannt. 1798 wurde er von Napoleon aufgelöst.
Heute wirkt in manchen Ländern der Malteserhilfsdienst, der junge Menschen zu selbstloser Hilfe vereint.

Das rote Kreuz auf weißem Grund

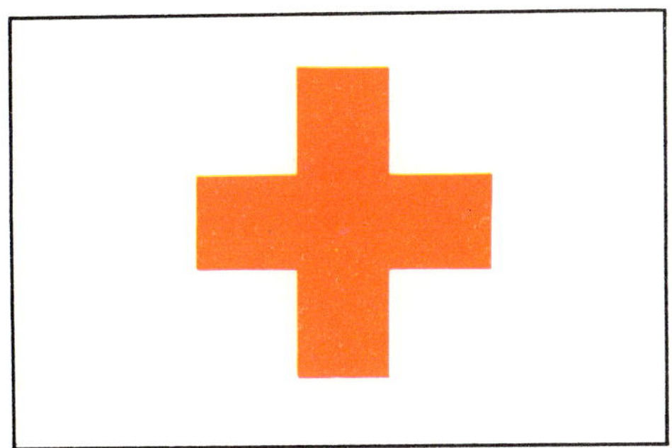

Auf einer Reise im Juni 1859 kam der Schweizer Kaufmann Henri Dunant (1828–1910) unmittelbar nach der Schlacht von Solferino auf das Kampffeld. Schwerverwundete lagen zwischen den Toten, ohne jede Aussicht auf Hilfe. Das Bild des Schreckens und Grauens ließ Dunant keine Ruhe. Er erreichte schließlich die Einberufung einer Konferenz, die 1864 in Genf das Internationale Rote Kreuz gründete. Zu Ehren Dunants wurde als Zeichen für diese Hilfsorganisation die farbliche Umkehrung des Schweizer Landeswappens gewählt.

Hilfe im Zeichen des Kreuzes

Die Mitglieder der Ritterorden bildeten drei Klassen:

Die adligen Ritter hatten die Aufgabe, die Pilger auf ihrer Wallfahrt ins Heilige Land zu schützen – notfalls sogar mit Waffen – und die Erkrankten zu pflegen.

Die zweite, kleinere Gruppe war die der Ordenskapläne. Sie war für die geistliche Betreuung aller Ordensmitglieder zuständig.

Die dritte Gruppe bildeten die Laienbrüder, die für die materielle Betreuung des Ordens zu sorgen hatten. Sie übernahmen alle erforderlichen Handwerke und auch den Waffendienst.

Vor dem Eintritt legten die Mitglieder die Ordensgelübde (Armut, Gehorsam, Keuschheit) in feierlicher Form ab. Zumeist lebten sie dann gemeinsam in den Ordensburgen. Die Leitung hatte der Großmeister (= Hochmeister), der gewählt wurde.
Reichtum und fehlende Aufgaben ließen das ursprüngliche Ideal der Ordensritter schnell verblassen. Die Ritterorden wurden bedeutungslos oder lösten sich auf.

Die Idee jedoch, Armen, Kranken und Pilgern helfend beizustehen, lebt weiter, z. B. im internationalen Roten Kreuz.

1864

wird die Genfer Konvention als völkerrechtliche Übereinkunft beschlossen. Darin wird u. a. festgelegt:

- Verwundete, Kranke und Sanitätspersonal sind im Krieg als neutral zu betrachten.
- Kriegsgefangene sind menschenwürdig zu behandeln.
  16 Staaten unterzeichnen.

Die Schrecken zweier Weltkriege führen zur Erweiterung der Konvention:

1929 (Genf)

- Krankentransporte und Krankenhäuser stehen unter Schutz.
- Lazaretthilfe wird allen Verwundeten zugesagt.
  57 Staaten unterzeichnen.

1949 (Genf)

- In Kriegszeiten, bei Konflikten und in Bürgerkriegen sind Zivilpersonen zu schützen.
  54 Staaten unterzeichnen, darunter die DDR.

1954 (Genf)

- Verbot der bakteriellen und chemischen Waffen
- Internationale Kontrollen der Atomenergie.

Das Internationale Rote Kreuz ist ein loser Zusammenschluß vieler internationaler und nationaler Organisationen.

Schutz- und Erkennungszeichen:

rotes Kreuz auf weißem Grund,
roter Halbmond in den mohammedanischen Ländern (außer Iran),
roter Löwe mit der roten Sonne (Iran).

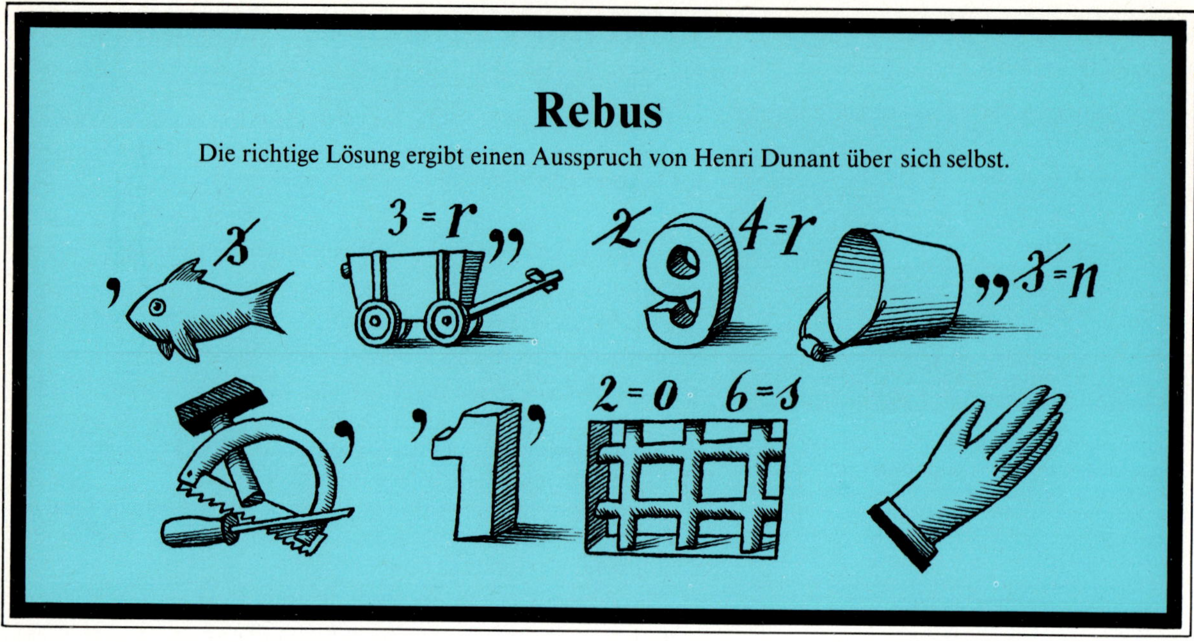

Der Kinderkreuzzug

Ja, den hat es gegeben. Kinder kann man leicht entflammen. Wohl nur deshalb war es möglich, daß der Hirtenjunge Stephan aus Frankreich und der zehnjährige Nikolaus von Köln Kinder in hellen Scharen zusammenbrachten. Was die Waffen nicht erreicht haben, das wollen sie erreichen. Vielfach gewarnt, belehrt und auch bestraft, lassen die Kinder von ihrem Vorhaben nicht ab. Sie ziehen los und wissen nicht, was sie erwartet. Die französischen Kinder kommen bei einem Schiffbruch auf dem Mittelmeer um oder werden von Sklavenhändlern aufgegriffen. Nur ein kleiner Teil kehrt zurück. Die deutschen Kinder ziehen über die Alpen. Tausende finden auf dem Marsch den Tod. Es heißt, ein kleiner Rest sei vom Bischof von Brindisi zur Heimkehr überredet worden. Und dieser kleiner Rest wird mit 20 000 beziffert. Wie viele sind losgezogen? Wie viele sind umgekommen? Wir wissen es nicht.

Mission mit dem Schwert?

Zweihundert Jahre lang ziehen immer wieder Heere aus: Franzosen, Holländer, Engländer, Deutsche, Normannen. Sie wollen etwas Gutes tun. Aber tun sie das wirklich? Für uns heute ist es schwer, die Kreuzzüge zu werten. Kann man denn mit dem Schwert das Christentum glaubhaft verkünden? Wir sagen eindeutig nein dazu. Aber damals muß diese Einsicht nicht so leicht zu gewinnen gewesen sein. Selbst ein so kluger Mann wie der hl. Bernhard von Clairvaux, der als ein bestimmender Geist seiner Zeit gilt, ruft die Christen zum Kreuzzug. Der zweite Kreuzzug gilt als sein Werk. 1141 haben die türkischen Moslems Edessa zurückerobert, ihr Druck gegen den Kreuzfahrerstaat wird immer massiver. Ein zweiter Kreuzzug scheint die Rettung zu sein. Aber er scheitert. Auch wenn die Engländer und Niederländer, die auf dem Seeweg unterwegs waren, Lissabon den Mauren abnehmen und so einen Teilerfolg erringen: der zweite Kreuzzug wird ein Mißerfolg. Große Enttäuschung macht sich breit, Bernhard muß sich gegen schwere Vorwürfe wehren. Insgesamt wurden 7 Kreuzzüge unternommen. Außer dem ersten enden alle mit Niederlagen. Streitigkeiten unter den Führern, unter den Heeren, Verrat und Eigeninteressen und vor allem das ungezügelte Leben der Ritter verhindern den Erfolg.

So gerieten die Kreuzzüge immer mehr in Verruf. Die anfängliche Begeisterung erlosch. Das christliche Anliegen wurde mehr und mehr zu einem politischen.

Erstürmung eines islamischen Kastells durch die Kreuzritter. Zeichnung nach einem mittelalterlichen Glasfenster, St-Denis, Paris

Die Kreuzzüge

		Führung	Anlaß/Ziel	Ergebnis
1.	1096–1099	• Keine zentrale Führung, Peter v. Amiens, **Gottfried von Bouillon**	• Eroberung des Hl. Landes, • Befreiung der Christen vom Druck der Türken	• Eroberung von Edessa, Antiochia und **Jerusalem**, • Errichtung eines Königreiches Jerusalem; • Gründung: Ritterorden
2.	1147–1149	• Aufruf durch den hl. Bernhard; • König Ludwig VII. v. Frankreich; • König Konrad III. v. Deutschland	• Druck der Moslems auf die Kreuzfahrerstaaten, 1141 erobern diese Edessa.	• Mißerfolg des Kreuzzuges wegen Zwistigkeiten; **Nebenerfolg:** 1147: Kreuzfahrerflotte nimmt Lissabon den Mauren ab.
3.	1189–1191	• Kaiser Friedrich I. (Barbarossa)	• Sultan Saladin erobert 1187 Jerusalem und den größten Teil des Hl. Landes.	• Der gut geplante Kreuzzug **scheitert**, da der Kaiser in Kleinasien ertrinkt und das Heer sich auflöst.
4.	1202–1204	• Päpstlicher Beauftragter	• Rückeroberung des Hl. Landes, • Wiedervereinigung mit der Ostkirche	• Kreuzzug endet in Konstantinopel wegen politischer Händel.
	Kinderkreuzzug 1212	• Hirtenjunge Stephan; • Nikolaus von Köln (10 Jahre alt)	• Gewaltlose Eroberung des Hl. Landes	• Totaler Fehlschlag: Tausende Kinder sterben oder werden Sklaven. 20000 deutsche Kinder bewegt der Bischof v. Brindisi zur Umkehr.
5.	1217–1221	• Päpstlicher Legat	• Unterwerfung Ägyptens, Islam überwinden!	• Schwere Niederlage der Kreuzfahrer: 1221
6.	1228–1229	• Kaiser Friedrich II.	• Rückgewinnung des Hl. Landes	• Mit starkem Heer im Rücken **Verhandlungen:** • Jerusalem für Pilger frei
7.	1248–54 1270	• König Ludwig IX., der Heilige, von Frankreich	• Ägypten unterwerfen! • Bekehrung des Sultans	• **Niederlage**, König und Heer in Gefangenschaft. • Auch dieser Versuch scheitert. Unterwegs Tod des Königs.

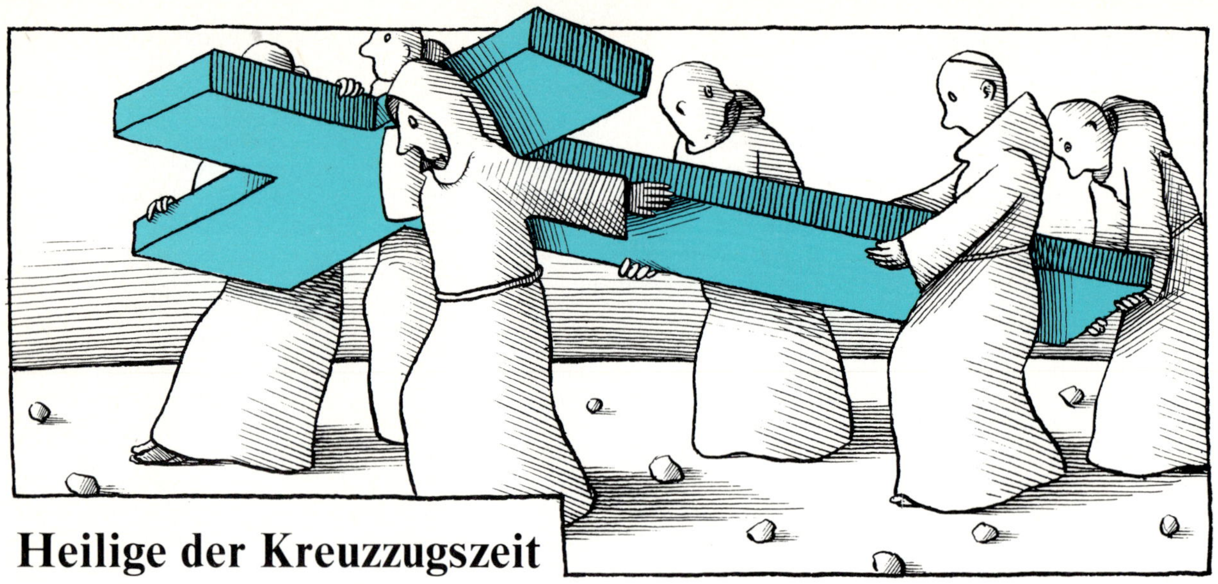

Heilige der Kreuzzugszeit

Benno (1010–1106), Bischof, Kanoniker, entstammte einem sächsischen Adelsgeschlecht und wurde Bischof von Meißen. Von Kaiser Heinrich IV. abgesetzt, weil er dessen Politik nicht unterstützte. Er gilt als Apostel der Sorben (Wenden).
Seine Reliquien befinden sich im Liebfrauendom zu München. *Fest: 16. Juni*

Anselm von Canterbury (1033–1109), Erzbischof, Begründer der Scholastik, wurde in Italien geboren, war in Frankreich Mönch und Abt und starb als Erzbischof von Canterbury (England). Er gilt als Vater der scholastischen Theologie, die den Glauben für die Vernunft einsichtig machen will. *Fest: 21. April*

Norbert von Magdeburg (oder Xanten [1080–1134]), Ordensgründer und Erzbischof von Magdeburg, stammte aus Xanten am Rhein, war Domherr in Köln und gründete den Prämonstratenserorden. Als großer Prediger und als Erzbischof von Magdeburg bemühte er sich um die Erneuerung der Kirche. Seine Reliquien befinden sich seit 1627 im Kloster Strahov in Prag. *Fest: 6. Juni*

Bernhard von Clairvaux (1090–1154), Ordensgründer, Kirchenlehrer, stammte aus burgundischem Adel. 1112 trat er ins Reformkloster Cîteaux ein; von dort aus gründete er weitere Niederlassungen, u. a. in Clairvaux. Er gilt als großer Förderer des Zisterzienserordens auf der Grundlage der Benediktinischen Regel.
Er warb predigend für den (zweiten) Kreuzzug und war Berater von Königen und Päpsten. Er zählt zu den großen Geistern seines Jahrhunderts. *Fest: 20. August*

Hildegard von Bingen (1098–1179), Äbtissin, Mystikerin; die hochbegabte, ja geniale Frau war durch Wort und Schrift Ratgeberin vieler Menschen. Man nennt sie zu Recht die erste Naturwissenschaftlerin und erste schriftstellernde Ärztin. Ihre Dichtungen künden von Gottesliebe und vom Staunen vor der Schöpfung. Sie ist nie heiliggesprochen, aber immer als heilig verehrt worden. *Fest: 17. September*

Thomas Becket (1118–1170), Erzbischof, Kanzler in England; er war Kanzler des englischen Königs Heinrich II. und wurde durch diesen in heftigen Streit um die Freiheit der Kirche gezogen. Thomas wurde wegen seiner klaren Haltung von vier Adligen in der Kathedrale von Canterbury erschlagen. Sein Grab ist einer der großen Wallfahrtsorte in England. *Fest: 29. Dezember*

Dominikus (um 1170–1221), Priester, Ordensgründer, entstammte einer angesehenen altspanischen Familie. Auf einer Reise nach Rom lernte er in Südfrankreich die Irrlehre der Waldenser kennen. Er gründete 1215 den Predigerorden, der in den folgenden Jahrhunderten zu den großen Erneuerungskräften in der Kirche gehörte. *Fest: 8. August*

Franziskus (1182–1226), Ordensgründer, war der Sohn eines reichen italienischen Vaters und einer französischen Mutter. Nach dem Erlebnis von Krieg und Krankheit suchte er in einem Leben von totaler Armut seinen Weg der Christusnachfolge. Mit Gleichgesinnten gründete er den Orden der Minderen Brüder (Franziskaner).
Fest: 4. Oktober

Hermann Josef (1150–1241 [1225]), Ordenspriester, Mystiker; Hermann entstammte einer armen Kölner Familie und wurde Mitglied des Prämonstratenserordens. Er war ein bedeutender Prediger und geistlicher Führer, gab der Marienverehrung Impulse und fügte seinem Namen, aus besonderer Verehrung des hl. Josef, dessen Namen bei. Gehört zu den großen Mystikern seiner Zeit. *Fest: 21. Mai*

Albertus Magnus (= Albert der Große [1193–1280]), Bischof, Kirchenlehrer, wurde schon zu Lebzeiten »der Große« genannt. Er beherrschte das gesamte philosophische und theologische Wissen seiner Zeit. Er war Mönch im Dominikanerorden, zeitweilig Bischof von Regensburg und als Professor Lehrer des hl. Thomas von Aquin. Albert lehrte vor allem in Köln und Paris. *Fest: 15. November*

Elisabeth von Thüringen (1207–1231), Landgräfin von Thüringen, war Tochter des ungarischen Königs Andreas II. und seiner Frau Gertrud von Andechs. Mit 4 Jahren kam sie an den Hof von Eisenach, wurde später mit dem Landgrafen Ludwig vermählt und nach dessen Tod von der Wartburg vertrieben. Sie führte ein armes Leben nach dem Vorbild des hl. Franz und verzehrte sich in der Pflege der Kranken und Armen. Mit 24 Jahren starb sie in Marburg. *Fest: 19. November*

Bonaventura (1218–1274), Bischof, Kirchenlehrer, soll als Kind vom hl. Franz geheilt worden sein und von ihm den Namen Bonaventura erhalten haben. In Paris studierte er zur gleichen Zeit wie Thomas von Aquin, wurde dann Ordensgeneral der Franziskaner, starb im gleichen Jahr wie Thomas und gilt als einer der größten Kirchenlehrer des Mittelalters. *Fest: 15. Juli*

Thomas von Aquin (1225 oder 1226–1274), Ordenspriester, Kirchenlehrer, wurde im Kloster Monte Cassino erzogen, trat dann in den Dominikanerorden ein und war in Köln Schüler des hl. Albert. Thomas ist der bedeutendste Vertreter der scholastischen Philosophie und Theologie, aber auch ein begnadeter religiöser Dichter (vgl. GL, Nr. 546: »Gottheit, tief verborgen«). *Fest: 28. Januar*

Gertrud von Helfta (1256–1302), Ordensfrau, auch »die Große« genannt, Mystikerin der Herz-Jesu-Verehrung, lebte in der Abtei Helfta bei Eisleben. *Fest: 17. November*

Kreuzzug der Liebe

Vinzenz von Paul (um 1580–1660)

Vinzenz von Paul. Gemälde von Simon Francois (Paris)

Sein Leben fällt in die Zeit des Dreißigjährigen Krieges. Wie ganz Europa blutet auch sein Vaterland Frankreich aus Hunderten von Wunden. Im Inneren tobt der Krieg des Kardinals Richelieu gegen die Hugenotten, nach außen führt der gleiche Kardinal im Bündnis mit Gustav Adolf von Schweden Krieg gegen das katholische Habsburg. Der Krieg ist etikettiert als Religionskrieg. In Wirklichkeit aber geht es um blanke Macht. Wer erhält die Vormachtstellung in Europa? Vinzenz von Paul gibt die Antwort der Liebe auf diese Frage.

Vinzenz von Paul wird um 1580 in einem Dorf in Südfrankreich geboren. Er hat sieben Geschwister. Vinzenz will Priester werden. Gönner ermöglichen ihm den Besuch der Schule und das Studium. Dann finden wir ihn in Paris. Der junge Priester ist am Ziel. Er hat gute Einkünfte und dank seiner Begabungen eine blendende Karriere vor sich. Hier könnte seine Biographie enden wie bei vielen seiner Studiengenossen. Der Aufstieg aus der Armut ist gelungen, nun wird gelebt. Aber hier beginnt plötzlich ein anderer Vinzenz zu wachsen. Unvermutet verschenkt er alles Geld, geht in die Seelsorge und kümmert sich voller Eifer um die Armen und Unwissenden seiner Pfarrei. Was war geschehen? Er war einem Menschen begegnet, einem Priester, der ihn mit wenigen Worten aufrüttelte. Es war Kardinal Berulle, der Gründer des französischen Oratoriums. Diese Begegnung wurde für Vinzenz zum neuen Anfang.

Bald gründet er eine Gemeinschaft von Priestern, die wie er denken und handeln wollen. Sie nehmen sich der Not der Landbevölkerung an, kümmern sich um Strafgefangene und Ausgestoßene. Eines Sonntags kommt eine Frau zu ihm in die Sakristei und erzählt ihm von einer Frau, die in einem abgelegenen Dorf krank liegt und keinerlei Hilfe erfährt. Von der Not angerufen, sucht er nach einer Lösung und gründet die »Frauen der Liebe«. Diese Vereinigung von Frauen hilft dem Landpfarrer bei der Linderung vieler Not. Aber diese Frauen haben daheim ihre Familien und andere Pflichten. So erkennt Vinzenz bald die Notwendigkeit einer neuen Gründung. Er schafft das Institut der Vinzentinerinnen. Ein neuer Orden? Ja und nein. Einen Orden wollte Vinzenz nicht gründen. Aber andererseits brauchen die Frauen eine Lebensordnung und einen Ort in der Kirchengemeinschaft. Sie sollen auf den Straßen sein und in den Häusern der Armen; sie sollen aber auch eine Gemeinschaft bilden, in der sie sich geborgen wissen. Mit großer Liebe entwirft Vinzenz diese Lebensordnung der Vinzentinerinnen. Obwohl die Frauen in der einfachen Tracht der Landfrauen einhergehen, erkennt bald jeder in ihnen die »barmherzige Schwester«. Vinzenz ist ein Mann von Phantasie. Er schafft mit seinen »Schwestern« Häuser für Findelkinder, er baut Häuser für entlassene Strafgefangene, organisiert in Hungersnot die Versorgung der Bevölkerung. Riesige Summen gehen durch seine Hände; aber er verschenkt alles – er verströmt sich im Verschenken.

Vinzentinerin in der Tracht der holländischen Frauen (Foto von 1960)

Auch um die Priester kümmert sich Vinzenz. Nicht alle haben eine gründliche Ausbildung wie er erhalten. Und nicht alle brennen vom Feuer des Evangeliums. Vinzenz sammelt die jungen Männer um sich, die Priester werden wollen. Er bildet sie an Herz und Seele.

Dieser Mann, durch dessen Hand Millionen flossen, bleibt bedürfnislos und arm. Vom Fieber geschüttelt und ein schmerzendes Bein hinter sich her ziehend, stirbt er wie ein Bauer beim Pflügen, am 27. September 1660.

Er verwirklicht das Wort, das er seinen Schwestern gesagt hatte: »Wenn wir alles für unsern Herrn hergeschenkt haben und nichts mehr zu schenken übrigbleibt, dann legen wir den Schlüssel unter die Tür und wandern still davon.«

Nach Franz Peter Sonntag

Gott hat keine gelehrten Leute nötig zum Gelingen seiner Werke. Er wählt im Gegenteil häufig ganz einfache Männer, wie die Apostel waren, um die Welt zu bekehren.

Vinzenz von Paul

Kirche in der Sorge um die reine Lehre

Der hl. Augustinus, Sandsteinstatue an der Kathedrale in Dresden

Augustinus (354–430) ist erst als Erwachsener Christ geworden. Als Bischof von Tagaste und später von Hippo (beide in Nordafrika) genoß er schon zu Lebzeiten den Ruf eines geistigen Riesen. Die Kirche verehrt ihn als Kirchenlehrer. Abgebildet wird er vor allem mit einem Herzen oder mit einem Kind (= Jesuskind) zu Füßen.

Die mit Anführungszeichen versehenen Texte dieses frei erfundenen Dialogs sind aus Briefen des hl. Augustinus übernommen.

Auflösung von S. 392 (Rebus):

ICH WAR EIN WERKZEUG IN GOTTES HAND.

Interview mit einem Bischof

Reporter: Herr Aurelius Augustinus, Sie sind Bischof der katholischen Kirche. Es wird gesagt, Sie selbst hätten die Anwendung von Gewalt gegen Irrlehrer befürwortet und damit späteren Mißbräuchen Vorschub geleistet.

Augustinus: Du spielst auf die Inquisition an?

Reporter: Auch auf die Hexenprozesse und auf die Gewaltanwendung bei den Kreuzzügen.

Augustinus: »Nicht jeder, der dich schont, ist dein Freund. Nicht jeder, der dich schlägt, dein Feind. Wer einen Tobsüchtigen bindet und einen Schlafsüchtigen aufrüttelt, fällt beiden lästig und liebt doch beide.« Solche Worte habe ich vor 1500 Jahren in einem Brief geschrieben. Und du wirst zugeben, daß sie noch heute gelten.

Reporter: In Ihren Briefen kann man aber auch nachlesen, daß Sie vom Kaiser verhängte Strafen gegen Irrlehrer billigten. Sie haben sich allerdings klar gegen die Todesstrafe ausgesprochen. Gefängnis, Züchtigung und Entzug des Eigentums haben Sie aber befürwortet. Auf Ihre Stimme wurde gehört. Galten und gelten Sie doch heute als einer der größten Denker der Kirche.

Augustinus: Siehst du: Als Denker, wie du sagst, habe ich schon damals wichtige Gründe gegen die Anwendung von Gewalt gegen Irrlehrer gewußt und auch gesagt. Das Beispiel, das ich um mich herum erlebte, hat mich aber belehrt, daß zum Schutze des reinen Evangeliums und der Wahrheit der katholischen Kirche eine harte Hand notwendig war. »Strafe kann auch eine Form von Liebe sein.«

Reporter: Das ist wohl nur zu begreifen aus den Verwicklungen und dem Verständnis von Recht und Gesetz der damaligen Zeit.

Augustinus: Sicher. Aber nicht nur. Ein Mörder wird auch zu deiner Zeit noch bestraft, indem ihm die persönliche Freiheit entzogen und er in ein Gefängnis gesperrt wird. Das geschieht zum Schutz des Wohles aller. Gleichzeitig ist es eine Strafe für die Untat.

Reporter: Mord und Irrlehre sind aber doch zwei Paar Schuhe!

Augustinus: Für den antiken Menschen meiner Zeit und für das Mittelalter nicht. Der Glaube wurde als das höchste Gut des Christen verstanden. Der Abfall davon galt als schlimmstes Verbrechen. Davor sollte jeder, notfalls auch durch Strafe, bewahrt werden.

Reporter: Es wird angeführt, daß die Kirche zwar das Urteil gesprochen hat, aber die Ausführung dem Staat überließ. Ich meine, auch diese Tatsache entlastet die Kirche nicht von ihrer Verantwortung.

Augustinus: Nein. Aber es ist – du hast es eben selbst angesprochen – bei der Beurteilung von geschichtlichen Dingen die Denkweise der jeweiligen Zeit zu beachten. Das Mittelalter kannte die Verbrennung auch für Zauberer, Mörder, Falschmünzer und andere Untäter. Du mußt zudem die enge Verbindung von Staat und Kirche bedenken. Die Irrlehrer bedrohten ja auch die Grundlage der staatlichen und gesellschaftlichen Ordnung.

Reporter: Schon lange vor Ihrer Zeit, Herr Bischof, machten die Römer Unterschiede bei der Hinrichtung. Bekanntlich wurden römische Staatsbürger enthauptet, während über Sklaven der schmähliche und qualvolle Tod am Kreuz verhängt wurde. Bedeutet dann 1000 Jahre später die Verbrennung nicht einen Rückfall in alte Grausamkeit?

Augustinus: Du merkst selbst, daß dir dieser Vergleich nicht gelingen will. Römisches Recht und germanisches Recht haben ganz verschiedene Wurzeln. Bei den Germanen gab es keine Sklaven, alle waren freie Menschen. Dafür aber kannten sie die Abhängigkeit von guten oder bösen Geistern. Der Mensch konnte total in die Macht der einen oder anderen geraten. Als Ergebnis kam er nach dem Tod in den Himmel der Götter oder in das Höllenfeuer der Teufel. Diese

Vorstellungen hielten sich lange, auch als deine Vorfahren schon Christen geworden waren. In ihrer Vorliebe für Zeichen und Symbole sahen sie im Feuertod das Höllenfeuer. Wer durch sein Tun oder Reden zeigte, daß er den Himmel verschmähte, hatte keine Wahl mehr.
Trotzdem – ich bleibe dabei – rechtfertigen solche Einsichten den Verbrennungstod als Strafe für Irrlehrer in keiner Weise. Du weißt wie ich, »daß niemand zur Einheit mit Christus gezwungen werden soll. Wir müssen das Wort wirken lassen, den Irrtum durch Erörterung bekämpfen und durch Gründe besiegen, damit wir nicht gezwungene Katholiken bekommen.«

Die Inquisition

Die »Guten Menschen«

In den romanischen Ländern machte sich im 11. Jahrhundert eine Bewegung breit, deren Mitglieder sich »die Reinen« nannten (griech.: Katharer). Daraus bildete sich das Wort »Ketzer«. Schnell griff diese neue Bewegung um sich, weil ihre Forderungen von hohen Idealen getragen wurden. Die Grundgedanken brachten Kreuzfahrer vom Balkan mit. Von Köln aus drang diese griechisch-christliche Irrlehre bis nach England und Spanien vor.
Sie selbst nannten sich »Christiani« oder »Boni homines« (= Gute Menschen). Waldenser und Albigenser sind Gruppen dieser größten mittelalterlichen Sekte.

Der teuflischen Welt entsagen

Der Grundgedanke, aus dem sich alle Einzelheiten der Lehre ableiten lassen, ist der Gegensatz zwischen

der Seele des Reinen	und	der von Gott abgefallenen bösen Welt

Die Anhänger der Sekte wollten zu diesen reinen Seelen gehören. Auf dem Wege zur Reinheit mußten sie Buße tun und der teuflischen Welt entsagen. Nur wer der Sekte beitrat, hatte die Möglichkeit, zum Himmel heimzukehren. Er mußte jede Berührung mit der Welt vermeiden (Ehe, Fleischgenuß, Arbeit, Krieg usw.), um nicht sündig zu werden.
Die Kirche lehnten sie als Werk des Teufels ab. Trotzdem übernahmen sie im Laufe der Zeit Beichte, Bußordnungen, Taufe und andere Riten.
Das Entstehen der Sekte wurde begünstigt durch das Fehlen von zwei wichtigen Faktoren in der Kirche:
1. Es fehlte bis dahin ein formuliertes christliches Weltverständnis, und
2. es fehlte die Verwirklichung der Seelsorge in dieser Zeit.
Als die Kirche, namentlich durch das Wirken der Dominikaner und Franziskaner dieses nachholte – nicht ohne Herausforderung durch die Katharer –, verlor die Sekte ihre Bedeutung.

Der Streit um die Wahrheit

1. Luzis Lösung
Sie sind Schwestern. Die ältere Luzi geht gern zum Religionsunterricht. Die jüngere Kathrin nicht. Luzi kann das nicht begreifen. Der Glaube ist doch so wichtig für das Leben! Aber sie kann Kathrin mit Worten nicht überzeugen. Da verhaut die große Schwester die kleine . . .
2. Die Lehre rein bewahren
Die Kirche war mit Recht besorgt um die Reinerhaltung der Lehre. Die Katharer sagten dasselbe von sich. Die stärkere Seite, also kirchliche wie weltliche Obrigkeit und aufgebrachte Volksmassen, nahm das Recht auf Gewaltanwendung für sich in Anspruch. Zum Teil willkürlich wurden Menschen der Irrlehre bezichtigt und dafür bestraft. Nicht selten vermischten sich bei den Stärkeren die religiösen Ziele mit Aberglauben, Politik und Privatinteressen.
3. Die Kirche will das Recht schützen
Um die Willkür der weltlichen Obrigkeit oder des Volkes zu zügeln, schuf die Kirche eine Gerichtsorganisation, die allein für die Ausforschung von Irrlehrern zuständig sein sollte. Ein Verdächtiger sollte nicht mehr wie Freiwild behandelt werden können. War aber ein Beharren an einer Irrlehre erwiesen, dann

**Wenn du die Ewigkeit ins Auge faßt,
dann wirst du dich von dem,
was es in diesem
sterblichen Leben zu leiden gibt,
nicht verwirren lassen.**

Franz von Sales

sollte die weltliche Macht die Strafe vollziehen. Dieses kirchliche Gericht und auch das Gerichtsverfahren nennen wir Inquisition (von lat. inquirere [= ausforschen]).

4. Die Praxis sieht ganz anders aus

Mit der Einrichtung der Inquisition wollte die Kirche die Sorge um den wahren Glauben und die Maßnahmen dazu nicht mehr dem Belieben einzelner überlassen, sondern durch ein ordentliches Gerichtsverfahren regeln. Das war, für sich betrachtet, ein Fortschritt. Doch die Wirklichkeit sah vielfach anders aus. Im Eifer um die Lehre vergaßen einzelne Vertreter der Kirche bei der Inquisition ein Stück der Lehre Christi. Peinliche Verhöre, also Verhöre mit Folter, Kerkerhaft und Hinrichtung durch Verbrennung gehörten zu den Methoden der Inquisition.

Gegen krasse Auswüchse und Rechtsverletzungen erhoben bedeutende Theologen und Kirchenmänner der Zeit ihre Stimme. Die Einrichtung der Inquisition aber billigten sie.

1187 Gründung der Inquisition durch den Papst

1231 Inquisition den Dominikanern als Sonderaufgabe übertragen

1233 In Deutschland kommt mit der Ermordung des Inquisitors **Konrad von Marburg** die Inquisition zum Erliegen.

1252 Der Papst erlaubt, die Folter anzuwenden, um Geständnisse zu erreichen.

5. Was sagen wir heute dazu?

Wir müssen die Inquisition als eines der dunkelsten Kapitel in der Geschichte der Kirche beklagen. Aber wir tragen als Glieder der Kirche auch das Kreuz ihres Versagens.

Zu einer gerechten Wertung allerdings müßten wir die gesamten Lebens- und Gesellschaftsanschauungen des Mittelalters berücksichtigen. Dazu könnte aber ein eigenes ganzes Buch geschrieben werden. (Lies noch S. 377 und 402.)

Manche europäischen Länder blieben von der Inquisition verschont, so z. B. Polen, Ungarn, England. Sie ist auch nicht durch Jahrhunderte hin gleich intensiv tätig gewesen. In Deutschland war sie nach der Ermordung Konrads von Marburg 1233 abgeklungen, wurde aber 300 Jahre später im Zusammenhang mit dem Hexenwahn wieder tätig.

6. Die spanische Inquisition

Unrühmliche Bedeutung erlangte die Inquisition in Spanien besonders in der Zeit von 1478 bis 1484. Hier hatte sie mehr polizeiliche Funktion, da sie an den König und seinen Machtapparat gebunden war. Die Bischöfe, die zugleich weltliche Herrscher waren, bedienten sich dieser Machtmittel des Staates. – Die spanische Inquisition ging scharf gegen die Juden und die Mauren (Anhänger des Islam in Spanien) vor, aber auch gegen verdächtige Landsleute. Tausende endeten auf dem Scheiterhaufen. In Spanien wurde das Amt des Großinquisitors geschaffen. Diesem Kirchenmann unterstanden alle Inquisitionstribunale.

Das Inquisitionsverfahren

Der Inquisitor forscht verdächtige Personen aus.
Dann erfolgt die Anzeige, der ein Gerichtsverfahren folgt.

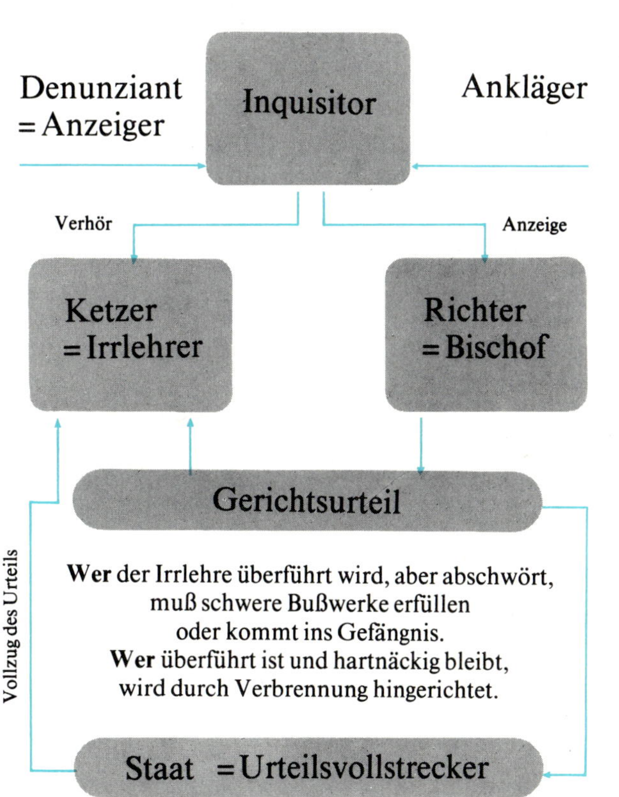

Ketzerverbrennung

Der Heilige auf dem Schafott

Thomas More (1478–1535)

König Heinrich VII. von England beantragt beim Parlament einen Steuerbetrag von 40 000 Pfund für die Heirat seiner Tochter. Die Abgeordneten des Unterhauses empfinden das als ungebührliche Last für das Volk, das sie vertreten, aber sie fürchten die Macht des Königs. Keiner wagt, seine Meinung offen auszusprechen. Da erhebt sich der jüngste Volksvertreter, der 25jährige Rechtsanwalt Thomas More. Ruhig, aber sicher legt er dar, daß man um des königlichen Aufwandes willen das Volk nicht noch mehr in Anspruch nehmen dürfe. Sein kühnes Wort findet begeisterten Widerhall. Nun treten auch die anderen hervor. Die Forderung des Königs wird abgelehnt. Der Abgeordnete More aber zieht sich den bitteren Haß des Königs zu und nimmt vom politischen Leben Abstand.

Wer ist dieser klare Kopf, der da so unerschrocken auftaucht? In London geboren, am Canterbury College in Oxford erzogen, ist er mit 15 Jahren bereits Student des Rechtes, 4 Jahre lebt er bei den Kartäusern in London. Seine Mutter hat er kaum gekannt, um so mehr hängt er an seinem Vater, dem Ritter More, der auf eine gute Erziehung seines Sohnes Wert legt. Als Student widmet er sich keineswegs nur dem Recht. Humanistische Studien verbinden ihn schon mit dem späteren Gelehrten Erasmus von Rotterdam, mit dem er zeit seines Lebens in persönlicher Freundschaft verbunden bleibt. Nun geht Thomas zum Studium nach Löwen und Paris, wo er die berühmten Universitäten besucht.

Erst nach dem Tode Heinrichs VII. kehrt er zur Politik zurück. Thomas wird einer der besten Freunde des neuen Königs Heinrichs VIII. Der König betraut den begabten Thomas mit wichtigen diplomatischen Missionen, adelt ihn und erwählt ihn zum Vertrauten und schließlich zum Kanzler. Thomas hat inzwischen eine Familie gegründet, mit der er ein glückliches Leben führt.

Aber die Freundschaft zwischen König und Kanzler wird auf eine harte Probe gestellt, weil Heinrich die Scheidung seiner Ehe beim Papst erzwingen will. Der Papst lehnt ab. Der König verschärft seine Haltung gegen den Papst. Daraufhin legt More sein Amt als Kanzler nieder, was ihm den Verlust seines Vermögens einbringt. Inzwischen hat der König gegen das Recht der Kirche das Hoffräulein Anna Boleyn geheiratet. Thomas war den Feierlichkeiten ferngeblieben. Um seine Entscheidung zu rechtfertigen, ernannte sich Heinrich zum Oberhaupt der englischen Kirche und verlangte, daß diese Stellung durch einen Eid (Suprematseid) von seinen Beamten anerkannt wurde. Thomas More und sein Freund, der greise Erzbischof John Fisher, lehnten dieses Ansinnen ab und wurden daraufhin ins Gefängnis geworfen. Für Thomas More folgen nun 15 Monate Haft im Tower zu London. Selbst der König versucht, seinen ehemaligen Freund zur Leistung des Eides zu überreden. Auch die Angehörigen bitten ihn unter Tränen, doch nachzugeben. Aber Thomas hat noch die Kraft, sie aufzurichten und zu trösten.

Im Prozeß wegen Hochverrats richtet er als sein eigener Verteidiger besonnene Worte an die Geschworenen. Jedoch die Einschüchterung des Königs hat ihre Früchte gebracht: Thomas More und John Fisher werden zum Tode durch Enthauptung verurteilt. Am 6. Juli 1535 werden die beiden zum Richtplatz geführt. Als Thomas das Schafott besteigt, umarmt er den Henker und dankt ihm für diesen Liebesdienst. Dann hebt er die Hand. Es entsteht atemloses Schweigen. »Ich sterbe als treuer Diener meines Königs, aber auch als treuer Sohn meiner Kirche. Gott schütze England!« Nach diesen Worten kniet er nieder und betet das Schuldbekenntnis. Als er seinen Kopf auf den Richtblock legt, nimmt er den Bart beiseite und sagt: »Der wenigstens hat keinen Hochverrat begangen.«

Der Mann, der ein genialer Politiker, ein fruchtbarer Schriftsteller und einer der größten Söhne Englands war, stirbt, weil er Gott mehr gehorchte als den Menschen.

Thomas More

Gebet des hl. Thomas Morus

Schenke mir eine gute Verdauung, Herr, und auch etwas zum Verdauen. Schenke mir Gesundheit des Leibes, mit dem nötigen Sinn dafür, ihn möglichst gut zu erhalten.

Schenke mir eine Seele, der die Langeweile fremd ist, die kein Murren kennt und kein Seufzen und Klagen, und laß nicht zu, daß ich mir allzuviel Sorgen mache um dieses sich breit machende Etwas, das sich »Ich« nennt.

Herr, schenke mir Sinn für Humor, gib mir die Gnade, einen Scherz zu verstehen, damit ich ein wenig Glück kenne im Leben und anderen davon mitteile.

Auflösung von S. 419 (Guter Rat am Schluß):

Christophorus (Foto S. 155) SUCH
Gottesdienst ... (Foto S. 371) EGOTT
Jugendkonzil ... (Foto S. 303) UND DU
Die Wallfahrtskirche ... (Foto S. 237) WIRST
Diese Ehrengarde ... (Foto S. 26) IHN
Der heilige Felsen ... (Foto S. 127) FINDEN

SUCHE GOTT, UND DU WIRST IHN FINDEN.

Der Hexenwahn

Die weisen Frauen:
Der Glaube an Hexen ist aus den religiösen Vorstellungen der Germanen hervorgegangen. Es wird vermutet, daß das Vorbild für die Hexe die Priesterinnen oder die sogenannten weisen Frauen sind. Diese bereiteten unter Hersagen von Sprüchen und Liedern einen zauberkräftigen Sud, mit dessen Hilfe sie, so heißt es, Haß und Liebe, langsames Hinsiechen, Mißwuchs, Unwetter, aber auch Heilung von Krankheiten bewirken konnten.

Vom Frühlingsopfer zum Hexensabbat
Nach der Christianisierung der Germanen erhält sich der Stand der weisen Frauen weiter. Aber man sieht an ihnen nur noch schlechte Fähigkeiten: Ihre Verbindung zum Gott Wodan wird als ein Bündnis mit dem Teufel gedeutet. Das Attribut Wodans, der Donnerblitz, verwandelt sich in den Hexenbesen, das Opfer am Frühlingsanfang zum Hexensabbat.
Kein Wunder, wenn die Menschen des Mittelalters sich Erkrankungen, Mißwuchs, Landplage als Werke der boshaften Hexen erklären. Und wer konnte wohl eine Hexe sein? Als Beweis für das Bündnis mit dem Teufel reicht schon ein vom Üblichen abweichendes Äußeres aus, eine Mißbildung des Körpers, oft schon der bloße Verdacht oder auch nur die Abneigung gegen einen Menschen.

Zauber als Verbrechen gegen die Religion
Der »Sachsenspiegel«, das älteste mittelalterliche Rechtsbuch (aus dem Jahre 1221), bewertet die Zauberei genau wie die Vergiftung oder den Unglauben und bedroht sie mit dem Feuertod. Der Feuertod war schon nach ältestem germanischem Recht die Strafe für Giftmischerei. Seit dem Mittelalter wurde die »Hexerei« als Verbrechen gegen die Religion angesehen und der Zuständigkeit der Kirche übergeben. Diese behandelte sie mit den gleichen Verfahren und Strafen wie die Ketzerei. Das Inquisitionsverfahren versuchte auf jede Weise ein Geständnis zu erlangen. Weigerten sich die Angeklagten, dem Teufel abzuschwören, wurden sie dem Staat zur Vollstreckung der Todesstrafe (durch Verbrennen) ausgeliefert. Die erste »Hexenverbrennung« erfolgte 1275 in Toulouse.
Im Jahre 1489 erscheint in Köln der berüchtigte »Hexenhammer«, in dem die Realität von Teufelsbündnissen »bewiesen« und gezeigt wird, wie weltliche und geistliche Richter gegen »Hexen« verfahren müssen.

Hexenwahn
Erstaunlich ist die Tatsache, daß der Hexenwahn erst am Ende des Mittelalters ausbricht und sich bis lange in die Neuzeit hinein hält. Unzählige Frauen, Mädchen und auch Männer starben auf dem Scheiterhaufen. Wie können nach über einem halben Jahrtausend Christentum solche Wahnvorstellungen so um sich greifen?
Zwei Hinweise versuchen eine Erklärung:
Erst im 15. Jahrhundert wurde der Stechapfel durch Zigeuner nach Mitteleuropa gebracht und verbreitet. Der Genuß soll, ähnlich wie Haschisch, das Gefühl des Fliegens hervorrufen. Ein Bestandteil des Hexentrankes, der bei den Anklagen fast immer genannt wird, ist dieser Stechapfel.
Außerdem waren ab Ende des 15. Jahrhunderts bei Gerichtsverfahren nicht mehr, wie bis dahin, Beweise notwendig. Es genügte das Geständnis des Angeklagten, das mit der Folter herbeigeführt wurde.
Der Wahn des Hexenglaubens wurzelte so tief, daß es lange dauerte, bis er besiegt wurde. Gegen den Hexenwahn traten vor allem der Jesuit und Dichter Friedrich von Spee (Anfang 17. Jh.), der reformierte Prediger Balthasar Bekker in Amsterdam (Ende 17. Jh.) und Christian Thomasius mit seinen »Lehrsätzen von dem Laster der Zauberei« (1703) auf. Die Gesetzgebung hat den Hexenprozeß Mitte des 18. Jahrhunderts zuerst in Preußen, dann in Österreich abgeschafft. Der letzte Hexenprozeß fand 1793 in Poznań statt.

Hexen rüsten für den Hexensabbat
Graphik von Hans Baldung Grien, 1510

Hexenverbrennung

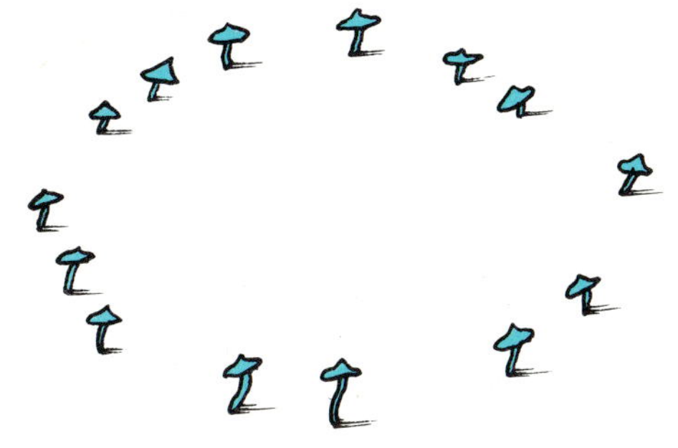

Trutz Nachtigall

Friedrich von Spee im Kampf gegen den Hexenwahn (1591–1635)

Nicht im Mittelalter, sondern zu Beginn der Neuzeit kam es zu wirklichen Hexenjagden. Ein abergläubisches Volk suchte und fand Sündenböcke für vielerlei Unglück, für Krankheit, Mißernte, Seuchen. Die Inquisition, bisher zum Aufspüren von Ketzerei eingesetzt, verfolgte nun auch die Hexen, unterstützt durch die »Hexenbulle« von Papst Innozenz VIII. (1484) und den »Hexenhammer« (1489), ein Buch gegen die Hexen, für weltliche Gerichte geschrieben. Jetzt schien es so, als gehöre der Hexenwahn durchaus zum christlichen Glauben und als sei jeder Verteidiger von angeblichen Hexen von vornherein der Ketzerei und des Teufelsbündnisses verdächtig.

»Zu Osnabrück fielen dem Wahn in 3 Monaten des Jahres 1583 nicht weniger als 121 Menschen zum Opfer. In Würzburg wurden in den beiden Jahren 1616 und 1617 insgesamt 187 Hexen hingerichtet, 1627–1630 sogar 1200 . . .« (Gisbert Franz).

Nicht nur das unwissende Volk, sondern auch gelehrte Männer (sogar Luther) fürchteten sich vor Hexen. Das Vorgehen gegen sie wurde auch damit gerechtfertigt, daß man ihre Seele vom Teufel befreien und für das ewige Leben retten müsse. Vorherrschend war freilich die Angst vor den Hexen. Ihre Ausrottung empfand man als Segen. Man meinte, Gott damit einen Dienst zu leisten. Friedrich von Spee, ein Jesuitenpater aus Paderborn, hatte als Beichtvater mehr als 200 angebliche Hexen zum Tode geleitet und kannte ihre Qualen in der Folter. Er durchschaute den Irrsinn der Prozesse: »Die ganze offizielle Hexenlehre stützt sich nur auf Ammenmärchen und auf erpreßte Geständnisse Gefolterter. Gott weiß es, wie oft ich das unter tiefen Seufzern und in durchwachten Nächten überdacht habe und mir doch kein Mittel einfallen wollte, der Wucht der öffentlichen Meinung Einhalt zu gebieten.«

Friedrich Spee stand völlig allein mit dieser Ansicht. Dennoch wagte er die Veröffentlichung eines Buches, das ihn für immer berühmt gemacht hat. »Cautio criminalis« ist sein Titel und bedeutet etwa: »Vorsicht, ihr Herren Richter!« Er fordert: »Man soll mit den Hexenprozessen aufhören, da feststeht, daß viele Unschuldige mit hereingezogen werden.«

Das Buch erntet zunächst entrüsteten Widerspruch, aber schließlich wurde es doch wirksam. Übersetzungen ins Deutsche, Flämische, Polnische und Französische beweisen das. Allmählich – im Bund mit der voranschreitenden Aufklärung – brachte es die Hexenprozesse zum Erliegen.

Er selbst hatte freilich wegen dieses Buches und seiner klaren, unbeugsamen Haltung viele Schwierigkeiten. Er wurde beinahe aus dem Jesuitenorden ausgestoßen. In der Stadt Peine entging er knapp einem Mordanschlag. Ein Schädelbruch hinterließ Kopfschmerzen und Schwindelanfälle sein ganzes Leben lang, und die Kopfnarbe trug ihm den Namen eines »lebenden Martyrers« Christi ein.

Der Jesuit und Hochschulprofessor verlor nie seine Freude und seine Liebe zur Kirche, er blieb tief mit Gott verbunden. Woher man das weiß? Er hat noch andere Bücher geschrieben. Sein »Güldenes Tugendbuch« und sein Liederbuch »Trutz Nachtigall« sind erst nach seinem Tode gedruckt worden.

Viele seiner Lieder singen wir heute noch. Am ergreifendsten ist das Lied, in dem sich Spee – auch aus bitterer eigener Erfahrung – in das Leiden Jesu am Ölberg versenkt: »Bei stiller Nacht zur ersten Wacht.« Viele seiner Lieder hat er geschrieben, während er als Philosophieprofessor und Domprediger in Paderborn lebte. Zehn Jahre später lehrte er in Köln. Aber er lehrte nicht nur Moraltheologie, er lebte auch die Liebe. Es ist überliefert, daß der Professor Verwundete und Pestkranke pflegte – es war ja mitten im Dreißigjährigen Krieg. Dabei holte sich Spee den Tod. Er war nur 44 Jahre alt geworden. Aber noch heute klingt sein Osterjubel:

»Laßt uns erfreuen herzlich sehr, alleluja!
Maria seufzt und weint nicht mehr, alleluja!«

Friedrich Spee SJ

Imprimatur

Kirchliche Druckerlaubnis

Imprimatur: *lat. »es werde gedruckt«*

In Büchern, die von katholischen Verlagen herausgegeben werden, finden wir manchmal den Vermerk »Mit kirchlicher Druckerlaubnis« oder »Imprimatur . . .«. Siehe auch in diesem Buch.

Dies besagt, daß der Bischof oder sein Beauftragter die Übereinstimmung des Buchinhaltes mit der Lehre der Kirche festgestellt hat. Die Kirche muß wissen, was in ihrem Namen gedruckt wird.

Das erfordert die Sorge um die reine Lehre. Nach dem katholischen Kirchenrecht ist das Imprimatur erforderlich für Übersetzungen der Heiligen Schrift, für liturgische Bücher, für Gebetbücher und solche, die die Glaubens- und Sittenlehre behandeln.

Die Kontrolle des Inhalts vor dem Erscheinen nennt man Bücherzensur.

Sündigen ist menschlich;
sich der begangenen Sünden
zu rühmen,
ist teuflisch.

Girolamo Savonarola

Index

Index: lat. »Verzeichnis«, meist für ein Verzeichnis in Abc-Folge verwendet.

Ähnlich ist es mit dem Index. Er entstand aus der Sorge der Mutter Kirche um ihre Kinder. Der »Index librorum prohibitorum«, wie er vollständig heißt, ist das Verzeichnis der von der katholischen Kirche »verbotenen Bücher«. Diese Bücher durften nur mit kirchlicher Erlaubnis gelesen werden. Der erste päpstliche Index erschien 1559, d. h. in einer Zeit, in der durch Reformation und viele naturwissenschaftliche Schriften der Glaube oftmals verunsichert war. Die Kirche wollte durch das Verbot die Menschen vor Zweifel in Glaubensfragen bewahren. Der Index war daher als Schutzmaßnahme gedacht und ist so ähnlich zu verstehen wie das heute bei uns verantwortungsbewußt durchgeführte Besuchsverbot für nicht jugendfreie Filme.
Heute gilt die Liste der »verbotenen Bücher« faktisch nicht mehr. Die Kirche spricht aber den Gläubigen ins Gewissen und mahnt sie, alle gegen den christlichen Glauben und die Sittenlehre der Kirche gerichteten Schriften zu meiden.
Seit es Bücher gibt, haben gesellschaftlich mächtige Gruppen (Religionen, Staaten) die gegen ihr Bestehen gerichteten Bücher und Schriften verboten, eingezogen oder vernichtet.

Gefängnisaufzeichnungen von P. Delp:

Man muß selbst einmal Gefängnishaft ausgehalten haben, um zu wissen, was für unser inneres Wesen da gesagt wird.
Man muß einmal im engen Raum und in Eisen gewesen sein ... Und dabei wissen: du bist ohnmächtig. Du hast keinen Schlüssel, und deine Tür hat innen kein Schloß, und dein Fenster ist vergittert und liegt so hoch, daß du nicht einmal hinausschauen kannst ...

So sieht der Bildhauer Friedrich Press den Glaubenszeugen Pater Delp SJ.

Wer anders denkt, muß sterben.

P. Alfred Delp während der Verhandlung vor dem Volksgerichtshof

Pater Delp (1907–1945)

Wer ist dieser Mann, der hier vor Gericht steht? Was hat er verbrochen?
Er ist der 38jährige Pater Alfred Delp, ein von Natur aus heiterer und lebensfroher Mensch. 1926, kurz nach dem Abitur, tritt er in den Jesuitenorden ein. 1935 wird er zum Priester geweiht. Der Ordensobere bestimmt den überaus Begabten zum Mitarbeiter der Zeitschrift »Stimmen der Zeit« in den Bereichen Zeitkritik und Soziologie. Aber diese richtungweisende Zeitschrift ist den braunen Machthabern ein Dorn im Auge. Sie muß 1939 »wegen Papiermangel« ihr Erscheinen einstellen. Pater Delp wird nun als Seelsorger in München eingesetzt. Er nimmt Verbindung zu einer Gruppe katholischer und evangelischer Christen auf, die sich einig sind im geistigen, waffenlosen Widerstand gegen die Hitlerdiktatur und die schon über eine Gesetzgebung für die Zeit nach dem Sturz Hitlers beraten. Häufiger Treffpunkt ist das Gutshaus des Grafen Helmut von Moltke in Kreisau bei Schweidnitz in Schlesien.
Am 20. Juli 1944 scheiterte ein Attentat hoher Offiziere der Wehrmacht auf Hitler. Alle Beteiligten wurden sofort gefaßt und hingerichtet. Auch alle Mitglieder des »Kreisauer Kreises« wurden verhaftet. Obwohl ihnen keine Verbindung zu den Attentätern nachzuweisen war, erging Anklage gegen sie wegen Hochverrats.
Pater Delp wird am 28. Juli 1944 festgenommen und ins Strafgefängnis Berlin-Tegel überstellt. Hier schreibt er mit gefesselten Händen seine berühmten Aufzeichnungen »Im Angesicht des Todes«. Insgeheim kann er unter bescheidenen Bedingungen die heilige Messe in der Zelle feiern. Ein alter Wärter sagte damals: »Das sind mir neuartige Insassen hier im Gefängnis, jetzt auf meine alten Tage! Die halbe Nacht beten sie, am Tage studieren sie, und für unsereins haben sie immer noch ein gutes Wort.«
Pater Delp hofft auf einen guten Ausgang des Prozesses. Aber gegen den berüchtigten Blutrichter Freisler hat er keine Chance. Freisler haßt alles Christliche, erst recht alles Katholische, und am meisten einen Jesuiten. Am 11. Januar 1945 spricht er das Todesurteil. Am 2. Februar wird Pater Delp in Plötzensee erhängt.
Einen Tag danach ereilt den Blutrichter Freisler der Tod bei einem Bombenangriff. Im Keller des Volksgerichtshofes erschlagen ihn herabstürzende Balken.
Unweit der Hinrichtungsstätte Plötzensee – heute Mahnmal und Gedenkstätte für die Opfer der Hitlerdiktatur – haben Berliner Katholiken die Kirche »Regina Martyrum« errichtet.

Nikolaus Kopernikus

wurde 1473 in Thorn (Toruń) als Sohn eines Großkaufmanns geboren. 1491 begann der junge Mikołaj das Studium der Mathematik und der Astronomie an der Krakauer Universität. 1496 ging er noch nach Italien, um an den berühmten Universitäten von Bologna und Padua Rechtswissenschaft und Medizin zu studieren. Trotzdem galt seine ganze Liebe der Astronomie. 1503 kehrte Kopernik nach Polen zurück. Als Kanoniker des Bischofs von Ermland konnte er in Frombork neben seiner Diözesanarbeit und neben dem Arztberuf seine astronomischen Beobachtungen fortsetzen. Mit selbstgebauten Instrumenten und Meßgeräten untersuchte er die Planetenbewegungen. Er las aber auch astronomische Werke der Antike, z. B. den »Almagest« von Ptolemäus. 1530 hatte er seine Beobachtungen und Berechnungen in dem Manuskript »Über die Umdrehungen der Himmelskörper« zusammengestellt. Darin schreibt er:

»In der Mitte aber von allen steht die Sonne. Denn wer möchte in diesem schönsten Tempel diese Leuchte an einen andern oder besseren Ort setzen, als von wo sie das Ganze zugleich erleuchten kann?«

Trotz aller Bemühungen konnte Kopernik die Richtigkeit seines Systems noch nicht zwingend beweisen. Deshalb wollte er sein Buch nicht veröffentlichen.

»Aber meine Freunde brachten mich, der ich lange zauderte, sogar mich widersetzte, davon wieder ab; unter ihnen vorzüglich der in jeder Art des Wissens berühmte Cardinal von Capua, Nicolaus Schonberg; nächst ihm mein sehr geliebter Tidemann Giese, Bischof von Culm, der sich mit gleichem Eifer der Kirche und allen guten Wissenschaften widmet. Dieser nun hat mich oft ermahnt und durch zuweilen hinzugefügte Vorwürfe angetrieben, daß ich mein Buch herausgeben sollte ...«

Kopernik gab nach langem Zögern nach. Sehr vorsichtig stellte er sein System als Arbeitshypothese vor. Um den Verdacht der Ketzerei von sich zu weisen, widmete er sein Buch Papst Paul III. (1534–1549), einem Kenner und Verehrer der Astronomie.

Ein völlig neues Weltbild mußte damals auf Widerstand stoßen, denn die Weltordnung nach der Heiligen Schrift galt als unerschütterlich. So äußerte z. B. Martin Luther 1539 in einer seiner Tischreden über Kopernik, dieser Dummkopf wolle die ganze Astronomiekunst umwerfen. Aber wie die Heilige Schrift verkünde, habe Josua der Sonne befohlen stillzustehen und nicht der Erde.

1543 erschien in Nürnberg das Werk des Kopernik im Druck. Kopernik hat es nicht mehr gesehen; er starb mit 70 Jahren im Mai 1543 in Frombork.

Im Zuge der Gegenreformation wurde das Buch von Kopernik auf den Index gesetzt und erst 1820 wieder daraus gestrichen.

Diese Briefmarken wurden zum 500. Geburtstag von Kopernikus von der Vatikanischen Post herausgegeben. Links: Nikolaus Kopernikus, rechts: Toruń, seine Geburtsstadt.

Galileo Galilei

Galileo Galilei

gilt als Begründer der modernen Naturwissenschaft, weil er wiederholte, sorgfältig ausgeführte Experimente als notwendig erachtete. Er wurde 1564 in Pisa als Sohn eines Mathematikers und Musiktheoretikers geboren. 1581 begann Galilei das Studium der Medizin, Mathematik und Physik. Ab 1589 lehrte er selbst als Professor an den Universitäten in Pisa und Padua. Später war er Hofmathematiker in Florenz. Schon als Student machte er Entdeckungen. Er fand die Gesetze der Pendelschwingungen und die Gesetze des freien Falls. Er baute ein Fernrohr und benutzte es als erster für Himmelsbeobachtungen. Dabei entdeckte er, daß der Jupiter von mehreren Monden umkreist wird. Diese Entdeckung überzeugte ihn von der Richtigkeit der Kopernikanischen Lehre. In seiner Schrift über die Sonnenflecke setzte sich Galilei erstmals offen für das neue Weltbild ein. In Streitgesprächen bestritt er die Gültigkeit der Bibel als Quelle naturwissenschaftlicher Erkenntnis. Das führte 1616 zum Inquisitionsprozeß gegen ihn, genauer: gegen die Kopernikanische Lehre. Ergebnis: Galilei erhielt Lehrverbot. Das Buch von Kopernikus kam auf den Index. In den folgenden Jahren verfaßte Galilei eine Schrift, geistreich und mit Eleganz in Gesprächsform abgefaßt, zur Verteidigung des kopernikanischen Weltbildes. Er führte drei Personen ein, eine verteidigt das kopernikanische, die zweite das ptolemäische System, die dritte wägt die Gründe gegeneinander ab. Es gelingt Galilei sogar, das Imprimatur in Rom zu erlangen. Den Zensoren blieb der wahre Sinn des Buches verborgen. Von den »Aristotelikern« wurde die Schrift sofort heftig angegriffen. Es gelang ihnen, Galilei beim Papst zu verdächtigen: In der Person des Simplicio, der Galilei seltsame Gründe gegen die Erdbewegung in den Mund lege, spotte er über die Einfalt des Papstes. Die Schrift wurde nun als höchst gefährlich verdammt. Galilei mußte sich vor dem Inquisitionsgericht verantworten und versprechen, nie wieder »über diesen Gegenstand« zu schreiben. Seine letzten Lebensjahre verbrachte er erst in strenger, dann in milder kirchlicher Haft. In dieser Zeit forschte er unermüdlich weiter, er legte die Fundamente der mechanischen Physik. Galilei starb 1642 in der Nähe von Florenz. Er besaß wenige Bücher, »denn«, so hatte er erklärt, »die Natur ist das beste Buch«.

Giordano Bruno

wurde 1548 in Nola (Italien) geboren, trat 1563 in den Dominikanerorden ein. Wegen seiner Zweifel an der Lehre der Kirche mußte er aber 1576 den Orden wieder verlassen. Giordano setzte sich für die Unabhängigkeit der Naturwissenschaften und der Philosophie von der kirchlichen Autorität ein. Er entwarf in Begeisterung für die Kopernikanische Lehre ein philosophisches System: »Das Universum ist unendlich und durchwaltet von der göttlichen Weltseele.«
Mit dieser Anschauung geriet Giordano Bruno in Widerspruch zur kirchlichen Lehre. Die Folge war für ihn ein unstetes Wanderleben: Genf (die Calvinisten lehnten ihn auch ab!), Toulouse, Lyon, Paris (die »blinden« Anhänger des Aristoteles nötigten ihn, Paris zu verlassen), London, Marburg, Wittenberg (wo er eine Lobrede auf Luther hielt), Prag, Frankfurt am Main und Zürich waren die Stationen seines Lebens. 1592 kehrte er auf Einladung eines Adligen, der Unterricht in der Magie verlangte, nach Italien zurück. Bald jedoch zeigte ihn sein Gastgeber, der sich betrogen glaubte, der Inquisition an. Nach siebenjähriger Gefangenschaft und vergeblichen Versuchen, ihn zum Widerruf zu bewegen, wurde er 1600 in Rom als Ketzer auf dem Scheiterhaufen verbrannt.

»Ich glaube an die Gewaltlosigkeit«

Martin Luther King (1929–1968)

Der eine:
Die Neger streiken.

Der andre:
Und die Polizei schaut zu? Das wäre ja neu! Wie das?

Der eine:
Keiner benutzt den Omnibus. Alle gehen zu Fuß zur Arbeit und in die Schulen.

Der andre:
Warum nennst du das einen Streik?

Der eine:
Bisher durften die Neger nur die Stehplätze auf der Plattform benutzen. Die Sitzplätze waren für die Weißen. Schwarze durften nur bestimmte Kinos besuchen und Geschäfte betreten. Viele Weiße behandeln bis heute die Schwarzen wie Ware oder wie Tiere.

Der andre:
Warum machen sie nicht einen Aufstand? Sie sind doch so viele!

Der eine:
Weil ihr Führer keine Gewaltanwendung duldet. Er sagt, Jesus habe gezeigt, daß Gewaltlosigkeit stärker ist. Jede Gewalt zeugt wieder Gewalt. Dann nimmt das Blutvergießen kein Ende.

Der andre:
Wer ist dieser Mann?

Der eine:
Es ist der Baptistenpfarrer Dr. Martin Luther King. Er sagt: Vor Gott sind alle Menschen gleich. Man muß die Schwarzen wie die Weißen behandeln.

Der andre:
Da hat er recht. Aber was soll der Streik?

Der eine:
Sie gehen nun schon über ein Jahr lang zu Fuß in dieser Stadt, alle Mann. Sie wollen eben ein Zeichen setzen, aufmerksam machen auf ihre Situation. Und ihr Pfarrer sagt: »Das tun wir mit guten Mitteln.« Das Durchhalten ist nicht bequem für sie.

Der andre:
Was meist du: Werden sie es schaffen?

Der eine:
Ich hoffe es. Aber es ist nicht leicht. Die Polizei wartet auf Gewalttaten, um mit Gewalt antworten zu können.
Aber auch unter den Negern sind solche, die lieber heute als morgen zuschlagen möchten. Denen ist der Pfarrer mit seiner Predigt von der Liebe im Wege.

Sprecher:
Nach 381 Streiktagen erlaubte die Regierung der Vereinigten Staaten von Amerika den Negern, auch die Sitzplätze im Bus zu benutzen.
Ein kleiner Schritt zur Gleichberechtigung war getan. Martin Luther King erhielt für sein unerschrockenes Eintreten 1964 den Friedensnobelpreis.
Vier Jahre später traf ihn die Kugel eines feigen Mörders. Die Neger heulten auf und fühlten sich alle getroffen. Nur 39 Jahre alt war der Pfarrer geworden. Die Größe eines Lebens hängt nicht ab von der Zahl der Jahre, sondern von der Art, wie es gelebt wird.
Einen Tag vor seiner Ermordung, am 3. April 1968, schrieb er:

Wie jeder andere möchte ich ein langes Leben leben.
Es ist schon etwas dran an einem langen Leben.
Aber ich sorge mich nicht mehr darüber.
Ich möchte nur den Willen Gottes ausführen.

Ansichten über die Erde und ihre Stellung im Weltall

(Ein Rätsel mit Bildern)

Aus den einzelnen Sätzen und Bildern auf diesen Seiten sollst du dir selbst die Geschichte zusammenstellen:

1.
Die Lösung der kleinen Mathematikaufgaben gibt dir die Reihenfolge der Aussagen an.

2.
Wenn du die Bilder den Aussagen richtig zuordnest und dann die Kennzahl des Bildes mit der Nummer des Satzes multiplizierst, nennt die Summe aller elf Produkte eine Jahreszahl. In diesem Jahr wurde Galilei von der Kirche rehabilitiert.

$\frac{18}{\sqrt{9}}$	Meine Beobachtungen mit dem **Fernrohr** bestätigen das **heliozentrische System**.
$(2+3)\times 2$	**Die Bibel ist kein Physikbuch**. In verschiedenen literarischen Gattungen bezeugt sie das Heilshandeln Gottes und die Erfahrungen der Menschen mit Gott.
$7(8-2\times 3)-11$	Die Erde ist eine Kugel und wird von der Sonne und den Planeten umkreist **(geozentrisches Weltsystem)**.
$\frac{\sqrt{64}}{3+5}$	**Die Erde ist eine flache Scheibe** im Mittelpunkt des Weltalls. Sonne, Mond und Planeten werden von den Göttern gelenkt.
3^2	Mit dem **Gravitationsgesetz** lassen sich die Bahnen der Planeten erklären.
$7^2-6\times 7$	**Das heliozentrische Weltsystem** stimmt nicht mit der Bibel überein, also **kann** es **nicht richtig sein**.
$\frac{9\times 4}{20-2}$	**Die Erde ist eine Kugel**. Beweis dafür ist der kreisförmige Schatten bei der Mondfinsternis.
$10-(2+3)$	**Die Sonne steht im Mittelpunkt.** Die Erde und die Planeten bewegen sich um die Sonne. Zwingend kann ich dieses heliozentrische Weltsystem aber noch nicht beweisen.
2^2	**Philosophie und Theologie gehören zusammen.** Was die alten Griechen lehrten, paßt genau zu unserer Theologie. Der Mensch ist das bevorzugte Geschöpf, dem sich Gott durch Christus geoffenbart hat. Für uns ist die Welt geschaffen, und zu unserem Heil kam Christus in die Welt. Die Erde ist der feste Mittelpunkt, um den sich alles dreht.
2^3	**Die Planetenbahnen sind Ellipsen**, in deren einem Brennpunkt die Sonne steht.
$\sqrt{36}+\sqrt{25}$	Galilei ist **zu Unrecht von der Kirche verfolgt** worden.

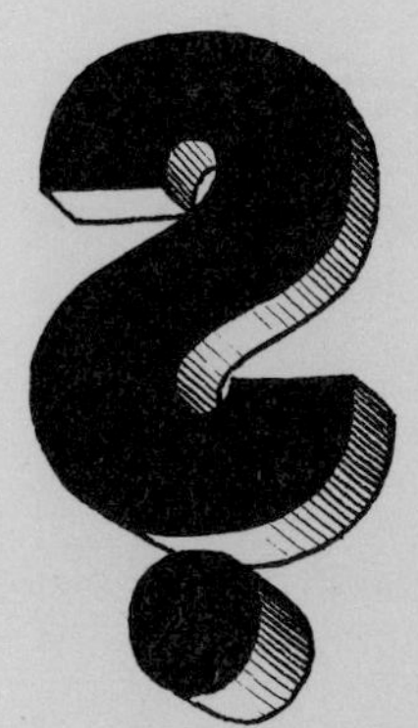

ALTER ORIENT

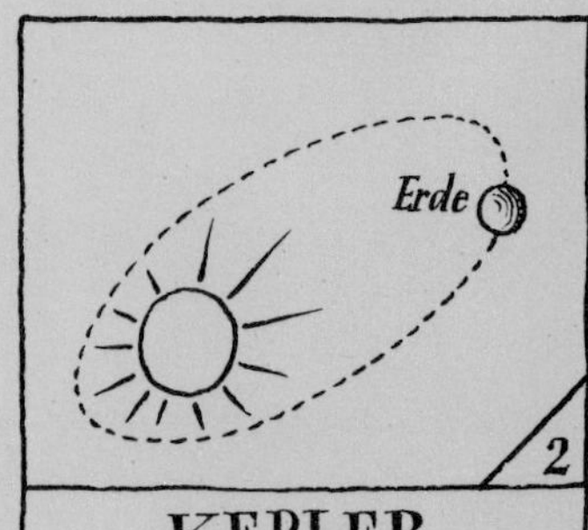

KEPLER

ARISTOTELES

KOPERNIKUS

NEWTON

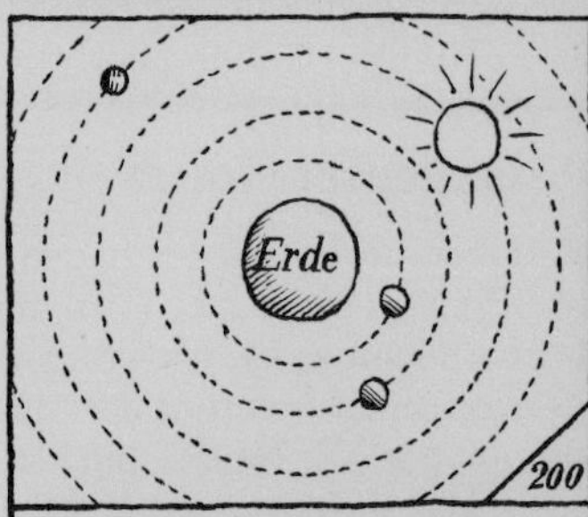

PTOLEMÄUS

GALILEI

THEOLOGEN

THOMAS VON AQUIN

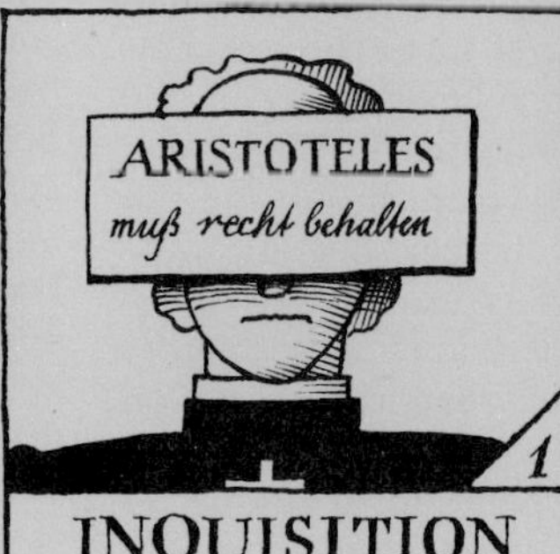

INQUISITION

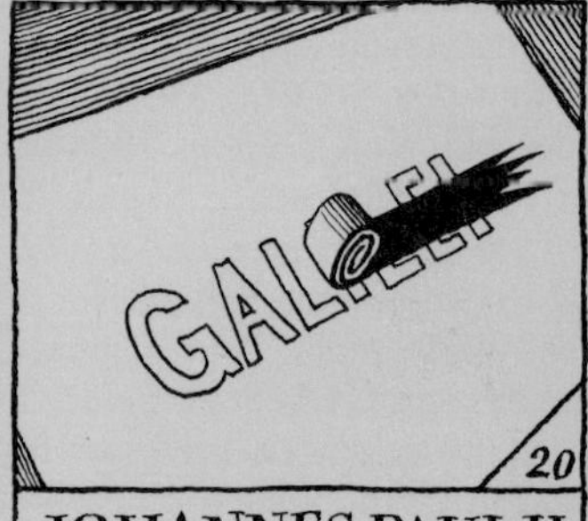

JOHANNES PAUL II

Pierre Teilhard de Chardin

Ordensmann – Wissenschaftler – Priester

Pater Teilhard de Chardin

Pater Maréchal aus Löwen schrieb 1934 an Pierre Teilhard de Chardin: »Keiner hat heute so wie Sie alle theologischen, philosophischen und naturwissenschaftlichen Voraussetzungen für das Problem der Evolution in Händen.«

Wer war dieser Teilhard de Chardin?

Er wurde 1881 in einem kleinen Ort bei Clermont Ferrand (Frankreich) als viertes von elf Kindern geboren. Seine Liebe galt schon als Kind Gott und den Steinen. Mit achtzehn Jahren tritt er in den Jesuitenorden ein. Von 1905 bis 1908 ist er Lehrer für Physik und Chemie an einer katholischen Schule in Ägypten. In der Freizeit unternimmt er Wanderungen in die Wüste. Immer hat er die Lupe und den Geologenhammer bei sich.

Nach seiner Priesterweihe 1911 widmet er sich auch weiterhin der Erforschung des fossilen Lebens. Seine Ordensoberen erwarten von Teilhard, der inwischen als Professor für Geologie und Paläontologie ans Institut Catholique nach Paris berufen worden war, daß er die Lehre Darwins widerlege. Er tut es, aber anders, als es seine nicht so weitblickenden Vorgesetzten erwarten. Seine Lehrtätigkeit führt deshalb bald zu Schwierigkeiten. Auch Neid und Mißgunst verfolgen den Gelehrten. Die Oberen finden es ratsam, ihn von einem Ordensbruder zu einer Expedition in die östliche Mongolei einladen zu lassen.

Asiatisches Abenteuer

Er feiert täglich die heilige Messe, betet sein Brevier, macht seine geistlichen Übungen, und den Rest seines Daseins verbringt er unausgesetzt in den Laboratorien und auf Expeditionen: ruhelos auf den Spuren des Vormenschen und des frühen Menschen. Forscher und Christ! Tag für Tag hat er in jenem Grenzland zugebracht, wo sich biblisches und naturwissenschaftliches Weltbild widersprechen. Der gewaltige Umfang der Ausgrabungsfunde und die Überzeugung von der einzigartigen Stellung des Menschen im Reich des Lebens haben ihn unablässig angetrieben, an einer größeren und tieferen Auffassung der Evolution zu arbeiten.

Monatelang ist er mit Maultierkarawanen, auf Pferden und im Zweiräderkarren unterwegs, von eisiger Kälte, sengender Hitze, Naturkatastrophen und plündernden Banden bedroht. Nichts entgeht dem erfahrenen Auge. 1928 entdeckt er mit anderen Forschern, 50 km von Peking entfernt, die Schädeldecke des Chinamenschen (Sinanthropos Pekinensis). Das ist einer der bedeutendsten Funde des 20. Jahrhunderts.

Beim Ausbruch des zweiten Weltkrieges im Jahre 1939 wird Teilhard in Peking festgehalten. In dieser unfreiwilligen Gefangenschaft entwirft er sein Hauptwerk »Der Mensch im Kosmos«. 1946 kehrt der Forscher nach Paris zurück und verbringt sechs Jahre in seiner schmucklosen Ordenszelle. Um ihn versammeln sich Studenten, Gelehrte, Geologen, Gläubige und Ungläubige. 1948 legt er sein Buch der Zensur in Rom vor. Er wird abgewiesen. In kirchlichen Kreisen zweifelt man weder an Teilhards genialem Geist noch an seiner gläubigen Gesinnung.

Der Abenteurer Gottes

Teilhard reist immer wieder zu den verschiedensten Brennpunkten der Forschung, nach Nord- und Südamerika, nach Südafrika, von wo aus nach seiner Meinung der Mensch sich ausgebreitet hat. Die Neider und kleinen Geister bringt das in Bewegung. Teilhard ist ein Stein des Anstoßes. Am 10. April 1955, am Ostersonntagabend, fällt der vierundsiebzigjährige rastlose Wanderer mitten in einer lebhaften Diskussion, vom Schlag gerührt, zu Boden. Einen Monat vorher hatte er geäußert, er möchte an einem Tag der Auferstehung sterben.

Das Schicksal war hart. Teilhard hat keines seiner Hauptwerke gedruckt gesehen. Zwei Wege hatten Pater Teilhard offengestanden, den Konflikt zu beseitigen: entweder das Ordenskleid abzulegen oder das Forschergewissen zu opfern. Er hat beides abgelehnt. Unmittelbar vor seinem Tode schrieb er: »Es genügt, wenn die Wahrheit ein einziges Mal in einem einzigen Geist erscheint, und nichts kann sie je mehr daran hindern, alles zu ergreifen und alles in Brand zu setzen.«

Die mittelalterlichen Universitäten

Universität

von lat. universitas litterarum (= Gesamtheit der Wissenschaften); alte Form der Hochschulen, hervorgegangen aus Klosterschulen (Schulpforta, St. Gallen), Domschulen (Erfurt) oder Stadtschulen.

Wichtigste Universitäten und ihre Gründungsjahre:

Bologna (Italien)	um 1088
Paris	1200
Oxford (älteste in England)	1249
Prag	1348
Wien	1365
Köln	1388
Erfurt (aufgelöst 1816)	1392
Leipzig	1409
Greifswald	1456

Im Mittelalter sind Hauptlehrfächer:

Philosophie – als Grundstudium
Theologie – mit Vorrang unter allen Fächern
Recht
Medizin

Universitätsvorlesung vor 500 Jahren

Die Theologieprofessoren täten gut daran, alle eine Lehrzeit durchzumachen, wie ich sie in diesem Augenblick erlebe. Ich beginne zu glauben, daß es eine gewisse Sicht der realen Welt gibt, die manchen Gläubigen genauso verschlossen ist wie die Welt des Glaubens denen, die nicht glauben.

(Pater Teilhard de Chardin SJ)

Die alte Universität Erfurt

Lange Zeit halten nur Priester und Ordensleute Vorlesungen an den Universitäten. Lehrveranstaltungen finden in Klöstern (z. B. Leipzig) oder andern kirchlichen Gebäuden und später in eigenen Schulgebäuden statt.
Meistens sind die Universitäten mit Zustimmung des Papstes errichtet worden, bilden aber eine unabhängige Körperschaft. Ihr Einfluß im Mittelalter als sog. »dritte Macht« (neben Staat und Kirche) wird durch die Bedeutung der Sorbonne (Universität in Paris) unterstrichen:
Im Streit zwischen Papst und Kaiser wird die Sorbonne als Vermittler eingeschaltet.

Bedeutende Mönche als Hochschullehrer:

hl. Albert der Große († 1280)
– Paris
hl. Thomas von Aquin († 1274)
– Paris, Köln
hl. Bonaventura († 1274)
– Paris, Oxford
Meister Eckhart († 1328)
– Köln, Paris
Martin Luther († 1546)
– Erfurt, Wittenberg
Joh. Duns Scotus († 1308)
– Oxford, Paris, Köln

Die alte Universität hat eine eigene Verfassung, die den Lehrbetrieb und das Leben der Professoren und Studenten regelt. Die Studenten sind in Nationengruppen gegliedert. Sie dürfen ohne weiteres die Schule wechseln (fahrende Schüler). Sie sind an der Selbstverwaltung der Hochschule beteiligt.

Die Universität verleiht Lehrgrade (akademische Grade):
Baccalaureat, Lizentiat, Doktorat, Magister
– zur Ausübung der Lehrtätigkeit,
– auch Rangerhöhung (Doktortitel).

Seit der Neuzeit entwickeln sich die Universitäten sehr verschieden weiter. Einzelne Gebiete werden als Akademien (Fachhochschulen) herausgelöst, z. B. Medizinische Akademie, Militärakademie, Maschinenbau-Hochschule, Technische Universität. Damit wird eine größere Spezialisierung möglich.

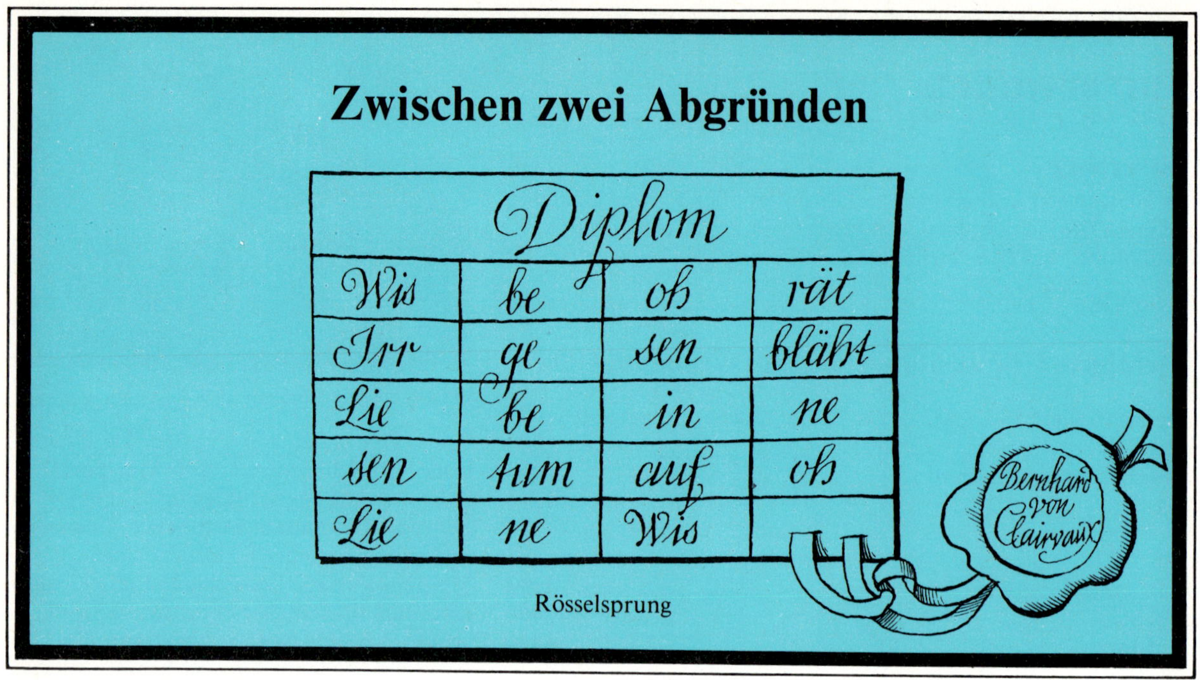

Zwischen zwei Abgründen
Diplom
Wis be oh rät
Irr ge sen bläht
Lie be in ne
sen tum auf oh
Lie ne Wis
Bernhard von Clairvaux
Rösselsprung

Edith Stein
(1891–1942)

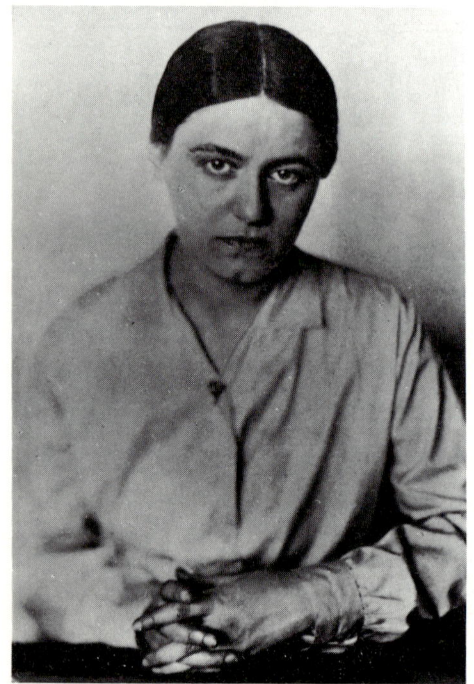
Edith Stein

Sich an Christus halten,
das kann man nicht,
ohne ihm zugleich nachzufolgen.

Edith Stein

Von der Universität ins Kloster

»Von meinem dreizehnten bis einundzwanzigsten Lebensjahr war ich Atheistin, weil ich nicht an das Dasein Gottes glauben konnte«, sagt sie von sich selbst.

Als elftes Kind einer strenggläubigen jüdischen Holzhändlerfamilie am 12. Oktober 1891 in Breslau geboren, beginnt Edith Stein nach glänzendem Abitur, Philosophie zu studieren. Aufgrund ihres überragenden Intellektes, zähen Willens und Ehrgeizes gehört sie sofort zum engsten Kreis um Professor Husserl.

1915 pflegt sie als Rot-Kreuz-Hilfsschwester die Kranken in einem Seuchenlazarett. 1916 erwirbt sie den akademischen Grad eines Dr. phil. und wird wissenschaftliche Assistentin bei Prof. Husserl in Freiburg. Sie strebt nach selbständiger wissenschaftlicher Laufbahn: »Ich kann mich in den Dienst einer Sache stellen . . ., aber im Dienst eines Menschen stehen, kurz gesagt, gehorchen, kann ich nicht.« Auf der unvoreingenommenen Suche nach der Wahrheit, der ihr Leben gilt, findet sie den Weg zum christlichen Glauben.

Der Prozeß ihrer Bekehrung begann mit einer menschlichen Erfahrung: Sie wurde erschüttert vom völlig überzeugten christlichen Glauben der Frau eines 1917 gefallenen Freundes.

Jahre des Fragens folgen. Sie entdeckt das »Phänomen« katholische Kirche. Im Sommer 1921 weilt sie zu Besuch bei ihrer Freundin, der Wissenschaftlerin Hedwig Conrad-Martius. Vor dem Schlafengehen greift sie aufs Geratewohl das »Leben der heiligen Theresia von Avila« aus dem Bücherschrank. »Als ich« – am nächsten Morgen – »das Buch schloß, sagte ich mir: Das ist die Wahrheit.« Der tiefste Sinn war ihr aufgeleuchtet: »Gott allein genügt.«

Am Neujahrstag 1922 empfängt sie die Taufe. Sie stellt ihre Universitätskarriere zurück und übernimmt als Lehrerin eine Stelle am Lehrerinnenseminar der Dominikanerinnen in Speyer. Nebenher schreibt sie philosophische Schriften, unter anderem über Thomas von Aquin. Im Benediktinerkloster Beuron findet sie eine geistliche Heimat und begegnet der Liturgie, die von den Mönchen dort in Psalmgebet und Eucharistie sorgsam gepflegt wird. Oft ist sie unterwegs, um Vorträge zu halten. 1932 wird sie Dozentin am Pädagogischen Institut in Münster, erhält aber schon 1933 Lehrverbot.

Aber Edith Stein erschüttert diese Maßnahme nicht. Ohnehin hatte sie vor, dem Orden der Karmelitinnen beizutreten. Nun erfolgt dieser Schritt. Im Karmel zu Köln erhält sie den Ordensnamen Theresia Benedicta a Cruce (= vom Kreuz).

»Nicht die menschliche Tätigkeit kann uns helfen, sondern das Leiden Christi. Daran Anteil zu haben ist mein Verlangen.« Inzwischen wüten die NS-Machthaber in Deutschland gegen die Juden. Tausende werden in die Konzentrationslager geschleppt und dort umgebracht. Kinder, Frauen, Männer werden über Nacht all ihrer Habe beraubt und gewaltsam abtransportiert. Nur, weil sie Juden sind! Um den Karmel in Köln nicht zu gefährden, weicht Schwester Theresia Benedicta a Cruce in den Karmel nach Echt in Holland aus. Aber die Deutschen besetzen 1940 Holland und gehen wie in allen besetzten Ländern sofort zur Judenverfolgung über. Nach drei Jahren der Geborgenheit droht jetzt der geborenen Jüdin wieder Gefahr. Die Flucht in die neutrale Schweiz ist vorbereitet. Aber die SS-Mannschaften sind schneller.
Am 2. August 1942 wird das Kloster umstellt und Schwester Benedicta zusammen mit ihrer leiblichen Schwester Rosa, die ihr in den Karmel gefolgt war, verhaftet. Eine zusammengelaufene Volksmenge macht laut ihrem Unwillen Luft. Aber es nützt nichts. Die Endstation einer Reise ins Ungewisse heißt für Edith Stein und ihre Schwester Rosa: Auschwitz. Dort sind sie mit vielen Tausenden von verschleppten Juden verschollen. Sie wurden wohl mit Gas vergiftet und verbrannt. Keine Spur ist von ihnen geblieben. Als amtliches Todesdatum ist im Niederländischen Staatsanzeiger der 9. August 1942 angegeben. *(Nach: »Lebensbilder«)*

Ein jüdischer Geschäftsmann, der der Vergasung entging, sagte:
»Unter den am 5. August eingelieferten Gefangenen fiel Schwester Benedicta auf durch ihre große Ruhe und Gelassenheit. Der Jammer im Lager und die Aufregung bei den Neueingetroffenen war unbeschreiblich. Schwester Benedicta ging unter den Frauen umher, tröstend, helfend, beruhigend wie ein Engel. Viele Mütter, fast dem Wahnsinn nahe, hatten sich schon tagelang nicht um ihre Kinder gekümmert und brüteten in dumpfer Verzweiflung vor sich hin. Schwester Benedicta nahm sich sofort der armen Kleinen an, wusch und kämmte sie, sorgte für Nahrung und Pflege.«

Elektrisch geladener Stacheldrahtzaun im ehemaligen KZ Auschwitz

---

Auflösung von S. 406 (Ansichten über die Erde und ihre Stellung im Weltall):

$\frac{\sqrt{64}}{3+5}$	$= 1$	Alter Orient
$\frac{9\times 4}{20-2}$	$= 2$	Aristoteles (394–322 v. Chr.)
$7(8-2\times 3)-11$	$= 3$	Ptolemäus (90–160 n. Chr.)
2^2	$= 4$	Thomas von Aquin (gest. 1274)
$10-(2+3)$	$= 5$	Kopernikus (1473–1543)
$\frac{18}{\sqrt{9}}$	$= 6$	Galilei (1564–1642)
$7^2-6\times 7$	$= 7$	Inquisition
2^3	$= 8$	Kepler (1571–1630)
3^2	$= 9$	Newton (1643–1727)
$(2+3)\times 2$	$= 10$	Theologen, 20. Jahrhundert
$\sqrt{36}+\sqrt{25}$	$= 11$	Johannes Paul II.

$1\times 10 = 10$
$2\times 5 = 10$
$3\times 200 = 600$
$4\times 4 = 16$
$5\times 40 = 200$
$6\times 70 = 420$
$7\times 1 = 7$
$8\times 2 = 16$
$9\times 50 = 450$
$10\times 3 = 30$
$11\times 20 = 220$
$\overline{1979}$

1979 erklärte Papst Johannes Paul II., daß Galilei zu Unrecht von der Kirche verfolgt worden sei.

Gabe und Aufgabe

Suche die folgenden Begriffe und unterstreiche die Buchstaben, die durch die eingeklammerten Zahlen bezeichnet sind. Sie ergeben, hintereinander gelesen, einen Ausspruch von Kardinal Bengsch (ß = ss; ü = ue)

1. Vorname einer Ordensfrau, Opfer des Rassenwahns im 20. Jahrhundert (3, 5)
2. großer Denker des Altertums (2, 4, 8)
3. Jesuit und Archäologe, gest. 1955 (3, 8)
4. Jesuitenpater, Märtyrer des antifaschistischen Widerstandskampfes (1)
5. ungarische Heilige auf der Wartburg (3, 7, 9)
6. Stadt, früher mit Universität, heute Priesterseminar (4)
7. frühere Bezeichnung für einen Irrgläubigen (2, 3, 5, 6)
8. Versuch, Jerusalem gewaltlos unter christliche Herrschaft zu bringen (4, 5, 6)
9. frühere kirchliche Gerichtsorganisation gegen Irrlehrer (3, 4)
10. Nachdichtung des Evangeliums im frühen Mittelalter (2, 3)
11. Konzilsstadt am Bosporus, 451 n. Chr. (4, 6, 9)
12. Form des Aberglaubens bis ins 18. Jahrhundert (6, 7)
13. philosophisch-theologische Denkweise an mittelalterlichen Universitäten (2, 3, 8)
14. alte Universitätsstadt an der Ostsee (10)
15. Stadt in Frankreich mit alter Universität (2, 5)
16. Gründer eines Bettelordens, lateinische Form seines Namens (7, 10)
17. Tagungsort eines Konzils in der Reformationszeit (3, 4, 5)
18. Hoheitsgebiet des Papstes bis 1870 (2, 4, 5, 9)
19. mittelalterliche Bezeichnung für die Amtseinsetzung eines Geistlichen (3, 4, 10)
20. Name der Pariser Universität (1)
21. italienischer Physiker, der für die Lehre von Kopernikus eintrat (4, 6)
22. Anführer eines Kreuzzuges (1)
23. Astronom und Domherr von Frombork (4, 6)

Die Kirche erneuert sich

Das Apostelkonzil in Jerusalem

Schon die Apostel mußten sich wenige Jahre nach Gründung der Kirche mit einem schweren Problem auseinandersetzen.
Einige Christen in der Stadt Antiochia verlangten von allen, die Christen werden wollten: »Ihr sollt auch das Gesetz der Juden annehmen und danach leben. Dann könnt ihr auch Christen werden« (vgl. Apg 15). Das aber hätte der Heidenmission des Apostels Paulus einen schweren Schlag versetzt. So reiste dieser mit Barnabas nach Jerusalem, um mit Petrus und anderen Aposteln über dieses Problem zu beraten. Deshalb nennen wir diese Zusammenkunft das **Apostelkonzil**. Die Apostel entschieden sich gegen diese Forderung. Damit leisteten sie der Kirche einen großen Dienst. Die Heiden fanden leichter den Weg zur Kirche, und auch die Verschmelzung der Juden und Heiden zu einer Kirche wurde erleichtert. Von innen her waren damit der Ausbreitung des Christentums keine Grenzen mehr gesetzt.

Irrlehren in der Kirche

Nach der Konstantinischen Wende drohte der Kirche von außen zunächst keine Gefahr mehr.
Aber es bahnte sich eine neue, ganz andere Gefahr an. Eine falsche Lehre machte der Kirche ungefähr hundert Jahre lang ziemlich schwer zu schaffen. Sie wurde durch Arius verbreitet, einen Priester aus Alexandrien. Er behauptete: Jesus Christus ist nicht Gott. Er ist nicht ewig, sondern von Gott erschaffen. Er ist also nur ein Geschöpf, wenn auch ein sehr hohes. – Mit dieser Lehre trat er in seinen Predigten auf und gewann bald viele Anhänger, darunter sogar einige Bischöfe. Diese Lehre breitete sich aus, und bald war die Einheit der ganzen Kirche bedroht. Es mußte etwas geschehen.
Der Kaiser Konstantin sah in der Uneinigkeit der Christen auch eine Gefahr für die Einheit seines Reiches. So beschloß er, diesen Streit auf einem Konzil zu schlichten.

Das erste ökumenische Konzil: Nikaia (Nizäa)

In Nikaia, im Nordwesten Kleinasiens, fand dieses Konzil im Jahre 325 statt. Es wurde von ungefähr 300 Bischöfen besucht. Auch Arius war anwesend. Die Lehre der Kirche wurde vor allem vom Bischof Alexander von Alexandrien und seinem Diakon Athanasius verteidigt. Man stritt oft so lebhaft und erregt, daß manchmal sogar der Kaiser selbst eingreifen und die Streitenden beschwichtigen mußte.
Schließlich verurteilte die überwiegende Mehrheit der Bischöfe die Lehre des Arius als Irrlehre und bekannte Jesus Christus als »Gottes eingeborenen Sohn, aus dem Vater geboren vor aller Zeit; Gott von Gott, Licht vom Licht, wahrer Gott vom wahren Gott, gezeugt, nicht geschaffen, eines Wesens mit dem Vater«. Dieselben Worte sprechen wir heute noch im Großen Glaubensbekenntnis während des Gottesdienstes. Obwohl Arius mit seinen Freunden vom Kaiser in die Verbannung geschickt wurde, kam es trotzdem noch zu langen Kämpfen, bis sich die Entscheidung des Konzils von Nikaia endgültig durchsetzen konnte.

Der Streit von Ephesus

Der Bischof Nestorius von Konstantinopel war der Meinung, daß der Sohn Gottes im Himmel und der Mensch Jesus auf der Erde eigentlich zwei verschiedene Personen seien. Er fand mit seiner Lehre zeitweilig sogar die Zustimmung des Kaisers Theodosius. Dieser versammelte im Jahre 431 die Bischöfe nach **Ephesus**, um

Konzilsversammlung in Trient
Kupferstich nach dem Gemälde von Elia Maurizio, 17. Jh.

Das Konzil von Trient

In Deutschland trat von 1517 an ein Mann auf, der auch die Reform der Kirche zu seinem Anliegen machte: Martin Luther. In der Schweiz wirkte Zwingli und in Frankreich Calvin. Die von ihnen und Luther ausgelöste Bewegung nennen wir »Reformation«. In dieser Reformation ging es allerdings nicht nur um die Beseitigung äußerer Mißstände, sondern auch um tiefere Fragen, die den Glauben und die Lehre der Kirche berührten. So wurde der Wunsch immer lauter, es möge ein Konzil einberufen werden. Dieses trat dann in den Jahren 1545–1563 mit einigen Unterbrechungen in der Stadt Trient, im Süden Tirols, zusammen.
Viele hofften: »Ob wohl dieses Konzil die Einigung bringen wird?« Aber in diesem Punkt waren die versammelten Bischöfe überfordert. Die Spaltung war schon zu tief. Trotzdem war die Arbeit des Konzils nicht nutzlos. Es wurde eine gute Arbeit geleistet. Zunächst ging man auf die Anliegen der Reformatoren ein und stellte diesen die Lehre der Kirche gegenüber. Es ging um die Quellen des Glaubens, die Frage der Rechtfertigung, die Martin Luther stark betonte, und um die Lehre von den Sakramenten. Danach beschäftigte man sich mit der heiligen Messe. Wichtig war den Konzilsvätern die Beseitigung vieler Mißstände in der Kirche. Es wurde festgelegt: Die Bischöfe dürfen ab jetzt nur noch *ein* Bistum verwalten, damit sie sich besser um die ihnen anvertrauten Menschen kümmern können. Die Ausbildung der Priester soll künftig in Seminaren erfolgen. Die Seelsorger richten ihre besondere Aufmerksamkeit auf die christlichen Familien, vor allem soll auf die christliche Erziehung der

diese Frage zu klären. (Die Stadt Ephesus ist durch den »Brief an die Epheser« bekannt. Der hl. Paulus hat dort eine Zeitlang gelebt.) Auf dem Konzil wurde die Lehre des Nestorius verurteilt und festgehalten: In Jesus Christus finden wir Gott. Mensch und Gott bilden in ihm eine Einheit. – Um dieses Geheimnis klar auszudrücken, gab man Maria den Namen »Gottesgebärerin«. Der Streit um die Frage »Wie verhält sich die Gottheit und Menschheit in Jesus Christus zueinander?« kam immer noch nicht zur Ruhe. Und deshalb wurde zwanzig Jahre später, im Jahre 451, bereits wieder ein Konzil einberufen, diesmal nach **Chalkedon**. Ungefähr 600 Bischöfe nahmen daran teil. Der damalige Papst Leo I. schrieb an die Versammlung einen Brief. Hierin wird erklärt:

»Jesus Christus ist nicht nur wahrer Gott, sondern auch ganzer Mensch. In dem wirklichen Menschen Jesus Christus erscheint der wirkliche Gott. Wie Gott ist, finden wir in ihm, der geboren wurde, gestorben und auferstanden ist und durch seinen Geist heute in der Kirche weiterlebt.« Dieser Brief wurde von der Mehrheit der Bischöfe begeistert angenommen und als richtige Lehre bestätigt.

Konzil

von lat. concilium (= Versammlung); Kirchenversammlung, auf der die Bischöfe mit dem Papst zur Entscheidung kirchlicher Fragen zusammenkommen. Wir unterscheiden:

Partikularkonzile, das sind Versammlungen von Teilkirchen (Bistümer, Länderkirchen usw.) und

ökumenische Konzile, d. h. »allgemeine«, die Gesamtkirche betreffend. Die katholische Kirche zählt bis zum Zweiten Vatikanischen Konzil 21; die Ostkirche läßt für sich nur die 7 bis zur Kirchenspaltung (1054) gelten.

(Lies dazu S. 50 f und 72!)

Die Mehrzahl kann heißen: Konzilien oder Konzile.

Synode

(griech.: Versammlung). Die Bezeichnung ist

1. gleichbedeutend mit Konzil,
2. heute aber meist für die Versammlung von Teilkirchen angewandt (Partikularkonzil)
3. in den evangelischen Kirchen üblich:
   a) für eine Kirchenversammlung einer Landeskirche,
   b) für ein gewähltes Gremium, das die Kirche zwischen den Kirchenversammlungen leitet.

Tridentinum

ist die lat. Bezeichnung für das Konzil, das von 1545 bis 1563 in der italienischen Stadt Trient stattfand. Auch: Trienter oder Tridentiner Konzil.

Symbolum

(griech./lat.) nennt man eine kirchliche Bekenntnisformel, z. B. das **Symbolum Apostolicum** = Apostolisches Glaubensbekenntnis. Es ist die älteste Zusammenfassung der frühchristlichen Glaubenswahrheiten und stammt in seinen wesentlichen Teilen aus dem 2. Jahrhundert.

Das **Nicäno-Konstantinopolitanische Symbolum** = sog. Große Glaubensbekenntnis wurde auf dem Konzil zu Nizäa (= Nikaia) 325 formuliert und auf dem Konzil von Konstantinopel 381 ergänzt.

Kinder geachtet werden. Schließlich wendet man sich gegen den Mißbrauch im Ablaßwesen, der auch ein Anlaß zur Glaubensspaltung war.

Wir können heute noch sagen: Hier ist die Kirche wirklich erneuert worden. Man versuchte auch, streng darauf zu achten, daß die Beschlüsse dieses Konzils überall verwirklicht wurden. Besondere Verdienste kommen hier dem jungen Orden der Gesellschaft Jesu zu. In Deutschland hat sich besonders Petrus Canisius mit seinem Katechismus hervorgetan.

Die Schlußsitzung des Trienter Konzils am 4. Dezember 1563 im Dom zu Trient
Gemälde von Tizian

Karl Borromäus

Einem alten Mailänder Adelsgeschlecht entstammend, wurde er am 2. Oktober 1538 auf der väterlichen Burg Arona am Lago Maggiore geboren. Nach vierjährigem Studium in Pavia, das der Neunzehnjährige mit dem Doktor beider Rechte abschloß, ging er auf Einladung seines Oheims, Pius' IV., nach Rom, wo er am 31. Januar 1560 zum Kardinal ernannt wurde. Zum erstenmal in der Geschichte der Kirche trug das Nepotentum (= Verwandtenwirtschaft) der Renaissance-Päpste, das schon viel Unheil gebracht hatte, reiche, ja heilige Früchte.

Karl Borromäus, der Heilige, der die Beschlüsse des Konzils von Trient in die Praxis umsetzte
Gemälde in seinem Geburtshaus

Karl Borromäus war als Sekretär seines Oheims nicht nur ein unermüdlicher Arbeiter, sondern wurde zugleich ein leuchtendes Vorbild in seinem religiösen wie privaten Leben. An der letzten Phase des Konzils von Trient wirkte er nicht nur als Kardinalstaatssekretär der Kirche, sondern in entscheidenden Sitzungen auch als persönlicher Teilnehmer an hervorragender Stelle mit. Als Freund des Komponisten Palestrina machte er sich um die Erneuerung der Kirchenmusik verdient. Vor allem *seinem* Einfluß im Kardinalskollegium war es zuzuschreiben, daß nach dem Tod seines Oheims 1566 der aus dem Dominikanerorden stammende Kardinal Michele Ghisleri zum Papst gewählt wurde, der nicht nur als der große Reformpapst, sondern als der hl. Pius V. in die Geschichte einging.

Im September 1565 trat Karl Borromäus das ihm ein Jahr zuvor verliehene Amt des Erzbischofs von Mailand an und begann sofort, mit unerschütterlichem Eifer die Beschlüsse der Trienter Konzils durchzuführen. Durch seine aufopfernde, die Grenzen des Menschenmöglichen schier überschreitende Liebestätigkeit während der Hungersnot von 1570 und vor allem während der großen Pest von 1576, die man heute noch »die Pest des hl. Karl« nennt, wurde er zum ,Vater des Vaterlandes. Persönlich lebte Karl Borromäus, der für die Errichtung neuer Kirchen und für die Verschönerung des Gottesdienstes keine Mühe scheute, strenger und härter als ein Einsiedler in der Wüste. Er begnügte sich mit wenigen und äußerst frugalen Mahlzeiten, trug auch in den kältesten Wintern nie Handschuhe und schlief nur wenige Stunden auf seinem Strohsack, der von einem rauhen hanfenen Tuch bedeckt war. Während der Pest verschenkte er sogar dieses Bett, um auf einem Brett oder zwei Stühlen zu ruhen.

Karl Borromäus starb am 3. November 1584, nach kurzem Fieber, erst sechsundvierzig Jahre alt. Sein Testament, das er zu Beginn der großen Pest verfaßt hatte, wurde noch einmal zum Beweis seiner Liebe zu Mailand und vor allem zu seinen Armen. Am Allerheiligentag 1610 wurde er in die Schar der Heiligen aufgenommen.

G. Popp

Die Schlußsitzung des I. Vatikanischen Konzils 1870

Wie Kirche lebt

Darüber sagt ein Ausspruch von Jesus etwas Wichtiges aus. Zur Lösung mußt du wissen, daß es sich um eine Geheimschrift handelt. Das Alphabet ist nämlich verrutscht. So stimmt zwar die Folge der Buchstaben. Aber A beginnt erst bei F oder bei J. Wie heißt der Ausspruch?

TL WTBF LABO AOBF FK JBFKBJ KXJBK SBOPXJJBIQ PFKA, AX YFK FZE JFQQBK RKQBO FEKBK

Das Erste Vatikanische Konzil

Bis zum nächsten Konzil sollten diesmal über 300 Jahre vergehen. Europa wurde durch den Dreißigjährigen Krieg erschüttert, der viel Elend über die Menschen brachte.

Die aufkommende Naturwissenschaft stellte die Kirche vor Probleme. Es kam zu manchem Mißverständnis und vereinzelt auch zu Fehlentscheidungen, wie uns der Fall des Gelehrten Galilei zeigt. Aber alles das können wir nur richtig beurteilen, wenn wir die Zeitumstände genau kennen. Es traten auch bald Menschen auf, die nicht mehr Christen sein wollten, und solche, die nicht mehr an Gott glaubten. Andererseits wurde durch die Entdeckung neuer Erdteile die Mission belebt.

Die Kirche hatte sich in dieser Zeit zwar über die ganze Welt verbreitet, lebte aber überall zwischen Andersdenkenden (Diaspora). Es wurde notwendig, daß sich die Kirche dieser neuen Situation stellte. In den Jahren 1869–1870 tagte das Erste Vatikanische Konzil in Rom. Von den rund 1050 Bischöfen der Erde nahmen 774 aus allen fünf Erdteilen daran teil. Sie wollten vor allem neue Sicherheit in Glaubensaussagen schaffen. So wurde ein Glaubensdekret angenommen mit den Kapiteln: Dasein und Erkenntnis eines persönlichen Gottes – Notwendigkeit der göttlichen Offenbarung – Das Wesen des Glaubens – Das Verhältnis von Glauben und Wissen. Weiterhin stellte das Konzil fest: »Der Papst ist dann unfehlbar, wenn er als oberster Lehrer aller Christen in Fragen des Glaubens und der Sitten etwas endgültig entscheidet.« Diese Unfehlbarkeit verdankt die Kirche dem Heiligen Geist, der in der Kirche lebt und sie vor allem Irrtum bewahrt. Um diesen Glaubenssatz hat es harte Auseinandersetzungen gegeben. Nach dem Konzil sammelten sich Laien und Theologen, die dieses Unfehlbarkeitsdogma ablehnten, in der Altkatholischen Kirche. (Lies dazu auf Seite 80).

Weitere Themen konnten nicht mehr abgeschlossen werden, z. B. Kirchliche Disziplin, Aufgaben der Bischöfe, Seelsorge, die Einführung eines Einheitskatechismus. Wegen der unterschiedlichen Situation in den einzelnen Ländern gingen die Ansichten weit auseinander; es kam zu langen Debatten.

Der Ausbruch des Deutsch-Französischen Krieges führte zum vorzeitigen Abbruch des Konzils. Die Kirche hoffte auf eine Weiterführung. Damals konnte niemand ahnen, daß diese erst rund 90 Jahre später möglich sein würde, nämlich auf dem von Johannes XXIII. einberufenen II. Vatikanischen Konzil.

Reform an Haupt und Gliedern

Konzilien

helfen Fragen der Zeit zu beantworten, Probleme der Zeit zu lösen.

Anlaß oder Ziel	Konzil	Zeit	Ergebnis
Irrlehren Christus: Gott oder Mensch? Gott und Mensch?	Nikaia (Nizäa) I. Konstantinopel I. Ephesus Chalkedon Konstantinopel II. Konstantinopel III. Nikaia II. Konstantinopel IV.	325 381 431 451 553 680–681 787 869–870	**Glaubens-bekenntnis:** Christus ist Gott und Mensch in *einer* Person
Weltliche Macht und Verweltlichung in der Kirche Staat ←→ Kirche Kirche – geistliche Macht? – weltliche Macht? – Dienst an der Welt?	Lateran I. Lateran II. Lateran III. Lateran IV. Lyon I. Lyon II. Vienne Konstanz Basel-Ferrara-Florenz Lateran V.	1123 1139 1179 1215 1245 1274 1311–1312 1414–1418 1431–1442 1512–1517	**Die Kirche klärt und festigt ihre Organisation:** Bestimmungen über: Priester, Bischöfe, Papstwahl, Konzil, Klerikerbildung, Predigtwesen, Bücherzensur, Kirchengebote **Zeitfragen:** Kreuzzüge u. ä.
Protestanten Kirche – göttlich? – menschlich? Mißstände!	Trient	1545–1563	**Reformdekrete gegen Mißstände** im kirchlichen Leben **Festlegung und Abgrenzung** der Lehre gegenüber den Protestanten
Antikirchliche Zeitströmungen menschlicher Verstand ←→ Hl. Geist	Vaticanum I.	1869–1870	**Festigung des Papsttums** (Unfehlbarkeit)
Überwindung der Kluft zwischen Welt und Kirche	Vaticanum II.	1962–1965	**Öffnung zur Welt**

Zungenbrecher für Lernfreudige

Was ist das? ☞ **Niko ephka koko niko lalalala lylyvi kobala trivava**

Das sind die Anfänge aller 21 ökumenischen Konzile.

Auflösung von S. 411 (Gabe und Aufgabe):

1. Edith Stein, 2. Aristoteles, 3. Teilhard, 4. Delp, 5. Elisabeth, 6. Erfurt, 7. Ketzer, 8. Kinderkreuzzug, 9. Inquisition, 10. Heliand, 11. Chalcedon, 12. Hexenwahn, 13. Scholastik, 14. Greifswald, 15. Paris, 16. Franziskus, 17. Trient, 18. Kirchenstaat, 19. Investitur, 20. Sorbonne, 21. Galilei, 22. Gottfried, 23. Kopernikus.

IHR SEID DIE HUETER DER QUELLEN, WACHT, DASS SIE NICHT VERSIEGEN.

Auflösung von S. 410 (Zwischen zwei Abgründen):

WISSEN OHNE LIEBE BLÄHT AUF; LIEBE OHNE WISSEN GERÄT IN IRRTUM.

Auflösung von S. 417 (Was Kirche ist):

Das II. Vatikanische Konzil nennt die Kirche »PILGERNDES VOLK GOTTES«.

Der Petersdom ist zu einer Konzilsaula umgestaltet worden. Es tagt die Generalversammlung des II. Vatikanischen Konzils.

Die Fenster auf!

Das Zweite Vatikanische Konzil

Es war schon eine Überraschung, als Papst Johannes XXIII. Anfang des Jahres 1959 seine Absicht erklärte, ein allgemeines Konzil für die ganze Kirche einzuberufen! Was waren seine Gründe? Das sagt uns am besten eine Anekdote aus der Zeit, als er das Konzil vorbereitete. Manche Mitarbeiter des Papstes waren nämlich gar nicht so begeistert von seinem Plan. Diese Riesenarbeit! Wer soll das alles schaffen? Wozu denn überhaupt dieses Konzil? Der Papst hörte sich einmal ihr Stöhnen ruhig an, ging dann zum Fenster, öffnete es und sagte: »Deswegen.« Frische Luft soll in die Kirche. Deshalb sollen die Bischöfe der ganzen Erde zusammenkommen. Die Kirche soll sich erneuern, damit auch der heutige Mensch durch sie den Weg zu Christus und seiner Wahrheit finden kann. Außerdem soll hier beraten werden, wie am besten der Weg zu suchen ist, auf dem wir die Einheit mit den getrennten Glaubensgemeinschaften erlangen können.

Ein Konzil kann nicht von einem Tag zum anderen einberufen werden. Das leuchtet jedem ein. So eine große Versammlung muß gut vorbereitet sein. Schon vorher gilt es, die organisatorischen Fragen zu klären und die Themen festzulegen, über die gesprochen werden soll. Wenn man dies alles bedenkt, wird man zugeben, daß ungefähr drei Jahre als Vorbereitungszeit nicht zu lange gewesen sind. In 16 Bänden mit 12 000 Seiten wurden die Fragen und Wünsche aller Bischöfe und vieler Professoren an Priesterseminaren und Universitäten gesammelt. Die vorbereitenden Arbeiten waren so umfangreich, daß sich 12 Kommissionen mit den einzelnen Anliegen (Liturgie, Leitung der Diözesen usw.) zu beschäftigen hatten, zu denen Bischöfe mit ihren Fachberatern aus allen Erdteilen gehörten. Die dabei erarbeiteten Schriftstücke sollten dann den Teilnehmern des Konzils vorgelegt werden.

Die Konzilsväter erhalten ihre Ausweise.

Auflösung von S. 414 (Wie Kirche lebt):

Jesus sagt: »WO ZWEI ODER DREI IN MEINEM NAMEN VERSAMMELT SIND, DA BIN ICH MITTEN UNTER IHNEN« (Mt 18,20).

Auch die Konzilsväter brauchen Pausen.

Wenn's beim Konzil regnet...

Am 11. Oktober 1962 war es dann soweit: Das Konzil konnte eröffnet werden. Über 2100 Kardinäle, Patriarchen, Bischöfe, Weihbischöfe, Äbte und Ordensgenerale versammelten sich mit dem Papst in der Peterskirche zu Rom. Nach den Eröffnungsfeierlichkeiten begann man in den darauffolgenden Tagen sogleich mit der Arbeit in dem großen Anliegen »Die Erneuerung der Kirche in der heutigen Zeit«.

Oft mußte die halbe Nacht durchgearbeitet werden, damit alles rechtzeitig fertig wurde. War dann die Diskussion über eine Vorlage abgeschlossen, kam es zu einer großen Schlußabstimmung, wobei jeder stimmberechtigte Konzilsteilnehmer mit Ja oder Nein stimmen oder sich der Stimme enthalten konnte. Solch eine Abstimmung war immer ein wichtiger Augenblick. Stimmten die meisten Konzilsväter mit Ja, dann wurde die Vorlage vom Papst unterschrieben und war somit gültig.

Mitten in der Arbeit des Konzils traf die Kirche ein schwerer Schlag. Papst Johannes XXIII., der das Konzil einberufen und mit ganzer Kraft unterstützt hatte, starb am Pfingstmontag des Jahres 1963. Da nach kirchlichem Gesetz mit dem Tod eines Papstes auch das Konzil beendet ist, erhob sich die bange Frage: Was wird nun? Wird der neue Papst die Arbeit des Konzils fortsetzen? Die Antwort des neuen Papstes, Pauls VI., ließ nicht lange auf sich warten: Ja, das Konzil wird weitergehen. So kam es im September 1963 zur Eröffnung der zweiten Sitzungsperiode, welcher in den nächsten beiden Jahren zwei weitere folgten. Im Jahre 1965 wurde das Konzil offiziell beendet.

Das Ergebnis der Arbeit des Konzils waren Dokumente von großem Wert für die Kirche. Worin dieser Wert im einzelnen bestand, merkte man sehr bald in der Neugestaltung des Gottesdienstes. Andere Beschlüsse wurden allmählich verwirklicht. Diese Arbeit ist auch jetzt noch in vollem Gange.

Was Kirche ist
Das hat uns das
Zweite Vatikanische Konzil
ausführlich gesagt.
Es vergleicht die Kirche mit dem Leib Christi, mit einer Mutter, mit einer heiligen Stadt und einer kleinen Herde. Ein Bild gebraucht es vor allem. Wie das heißt, sagt das Rätsel.
1=g
2=o
6=s
k

Die Ergebnisse des Konzils werden verwirklicht

Das Konzil war eine weltweite Versammlung. Aber jedes Volk hat andere Bedürfnisse, andere Ansichten, anderes Brauchtum; ja sogar von Gemeinde zu Gemeinde gibt es unterschiedliche Anliegen. Eine Großstadt zum Beispiel braucht andere seelsorgliche Methoden als eine Landgemeinde.
So müssen die Gedanken und Impulse des Konzils bis nach unten in die kleinste Gemeinde getragen werden.
Diejenigen, die dafür Verantwortung tragen, wissen, daß es letztlich nicht um Konzil und Synode und Papier und Beschlüsse geht, sondern um das Evangelium, um Erneuerung, Umkehr, Aufbruch. Sie wissen auch, daß ihr Sinnen und Planen nur mit dem Heiligen Geist zu seinem Ziel führt.

Der Grundstein für den Kirchenneubau (1980) in Dresden-Zschachwitz wird gesegnet.

Bistum:

Priester und Gemeindemitglieder versammeln sich auf der **Synode**.

Der Beratung des Bischofs dienen auch

der Pastoralrat:

Laien und Priester beraten den Bischof bei der Aufgabe der Verkündigung und der Seelsorge.

der Priesterrat:

Angelegenheiten der Priester werden mit dem Bischof beraten.

Dekanat:

Damit sich Gemeinden auch gegenseitig helfen und gemeinsame Vorhaben verwirklicht werden können, ist der **Dekanatsrat** eingerichtet. Er besteht aus Laien und Priestern der verschiedenen Gemeinden.

Pfarrei:

Der **Pfarrgemeinderat** soll dem Pfarrer bei der Leitung der Gemeinde helfen. Die Erneuerung der Kirche soll bis in die unterste Zelle wirksam werden. Sie bleibt dauernde Aufgabe der gesamten Kirche.

Guter Rat am Schluß

Du siehst hier 6 Ausschnitte von Fotos aus diesem Buch. Suche die Bilder und schreibe dir die angegebenen Buchstaben (Zählung vom ersten Wort an) der Bildlegende auf. Sie ergeben, zeilenweise nach unten gelesen, einen Rat der hl. Therese von Avila.

5. 12. 1. 2.

5. 1. 2. 3. 4.

2. 5. 6. 6. 2.

4. 2. 11. 13. 12.

2. 7. 10.

11. 6. 16. 1. 2. 16.

Seligpreisungen

Selig,
die über sich selbst lachen können, denn sie werden sich köstlich amüsieren.

Selig,
die einen Berg von einem Maulwurfshügel unterscheiden können,
es wird ihnen viel Ärger erspart bleiben.

Selig,
die fähig sind, sich auszuruhen und zu schlafen, ohne dafür eine Entschuldigung zu suchen, sie werden weise genannt werden.

Selig,
die schweigen und zuhören können,
sie werden viel Neues lernen.

Selig
seid ihr, wenn ihr ein Lächeln bewundern und eine Grimasse vergessen könnt,
euer Weg wird voller Sonnenschein sein.

Selig
seid ihr, wenn ihr das Benehmen anderer immer mit Wohlwollen beurteilen könnt, man wird euch für naiv halten, aber die Liebe fordert es.

Selig,
die vor dem Handeln nachdenken und vor dem Nachdenken beten,
sie werden viele Dummheiten vermeiden.

Selig
seid ihr, wenn ihr lächelnd schweigen könnt, wenn man euch ins Wort fällt oder euch widerspricht, dann hat die Frohe Botschaft angefangen, euer Herz zu verwandeln.

Selig
seid ihr vor allem, wenn ihr den Herrn erkennt in allen, die euch begegnen,
denn dann habt ihr das wahre Licht und die echte Weisheit gefunden.

(Aus Frankreich)

Quellenverzeichnis der Texte

Nichtausgewiesene Texte stammen von Alexander Ziegert und Gudrun Schlechte. Einzelbeiträge, die stark verändert wurden, schrieben Christel Jensch (Kirche, Bistümer), Maria Keuchel (Ostkirche) und Lothar Kuczera (Orden). Ihnen dankt der Herausgeber. Für übernommene Beiträge, die unten aufgeführt sind, gebührt den Autoren und Verlagen freundlicher Dank.

24 *Namen, die die Päpste nahmen*
in: L'Osservatore Romano, Deutschsprachige Ausgabe, August 1977

34 *Der Apfelbaum*
in: Exodus, Religionsunterricht 4. Schuljahr, Kösel-Verlag, München 1974, S. 128

42 *Aus meiner Kindheit*
in: Jahr des Herrn, St. Benno-Verlag, Leipzig 1954, S. 81

76 *Aus meiner Kindheit und Jugendzeit*
in: Albert Schweitzer, Aus meiner Kindheit und Jugendzeit,
Evangelische Verlagsanstalt, Berlin 1953, Seiten 39–41, stark gekürzt

106 *Marco Polo im Lande Kathai*
in: Willi Meinck, Die seltsamen Reisen des Marco Polo
Der Kinderbuchverlag, Berlin, 10. Auflage (1965?), Seiten 148–154, sehr stark gekürzt

110 *Wer kein Liebes hat...*
aus: Gotama Buddha »Worte der Vollendung«
Prachner-Verlag, Wien/Stuttgart
hier nach: Hausbuch, St. Benno-Verlag, 1975
Gotama Buddha »Worte der Vollendung«, Seite 187 (Frei von Schmerzen)

113 *Benares, die heilige Stadt am Ganges*
Originalmanuskript von Dr. Heinz Langer, Dresden

115 *Hindus des 20. Jahrhunderts über Christentum und Religion*
Mahatma Gandhi
aus: St. Benno-Verlag, Leipzig, Abreißkalender
Forderungen Gandhis an die Christen
aus: E. St. Jones: Der Christus der indischen Landstraße,
Furcheverlag Hamburg, 12. Auflage, Seite 101
Jawaharlal Nehru an seine 13jährige Tochter Indira
aus: Nehru »Briefe an Indira«
Progress-Verlag Johann Fladung GMBH Düsseldorf, 2. deutsche Auflage 1958, Seite 101

130 *Das volle Bethaus*
aus: Martin Buber, Die Erzählungen der Chassidim,
Manesse Verlag, Zürich

132 *Gleiches Maß*
aus: Martin Buber, Die Erzählungen der Chassidim
Manesse Verlag, Zürich
hier nach: Marienhausbuch,
St. Benno-Verlag / Verlag F. W. Cordier 1972,
Die schwere Buße, Seite 67

134 *Gott singt*
aus: Martin Buber, Die Erzählungen der Chassidim
Manesse Verlag, Zürich

153 *Lieber, heilger Nikolas (Kanon)*
in: Altenberger Singebuch, Christophorus-Verlag, Freiburg im Breisgau, 3. Auflage, 1951, S. 124

154 *Die Legende vom Bauern Simon*
in: Religionsbuch 7, Verlag Ludwig Auer, Donauwörth 1974, S. 70

155 *Legende vom heiligen Christophorus*
in: Religionsbuch 7, Verlag Ludwig Auer, Donauwörth 1974, S. 73

159 *Mathilde*
in: Religionsbuch 7, Verlag Ludwig Auer, Donauwörth 1974, S. 131

174 *Die Wallfahrt*
nach: F. P. Sonntag, Die Wallfahrt, in: Marienkalender 1977,
St. Benno-Verlag / Verlag F. W. Cordier 1976, S. 14

182 *In England wird eine Kirche gebaut*
in: S. Seifert, Quellen und Dokumente zur Kirchengeschichte von ihren Anfängen bis zur Glaubensspaltung,
St. Benno-Verlag, Leipzig 1965, S. 75

238 *Tacui: Ich habe geschwiegen*
nach: Hans Hümmler, Helden und Heilige, Verlag Haus Michaelsberg, Siegburg 1954, S. 245

243 *Der Dichter Carpani...*
aus: Hausbuch, St. Benno-Verlag, Leipzig 1965
In nomini Domini – Joseph Haydn, Seite 322
(nach Willi Reich)

243 *Mannheim, 20. Dezember*
aus: Hausbuch, St. Benno-Verlag, Leipzig 1965
Mozarts Briefe, Seite 397

258 *Chinesische Fabel*
aus: Altchinesische Fabeln
Reclams Universal-Bibliothek Leipzig, Band 363, 5. Auflage 1976, Seite 54 (Pilgerfahrt nach dem Süden)

275 *Leo Tolstoi, Der alte Fischer*
Herkunft unbekannt

294 *Der Seiltänzer von Becchi*
aus: Wilhelm Hünermann, Der endlose Chor
St. Benno-Verlag, Leipzig 1953, Seiten 36–38

303 *Was sind Diakonissen?*
Originalmanuskript von Dr. Reinhard Turre, Halle

310 *Israel – das Land, wo Jesus lebte*
nach: Exodus, Religionsunterricht 3. Schuljahr, Kösel-Verlag, München / Patmos-Verlag Düsseldorf 1974, S. 36

311 *Jerusalem*
in: Exodus 3, Seite 42

315 *Das Tote Meer*
nach: Franz Kaiser, Hier ist heiliges Land,
Schwabenverlag Stuttgart
hier nach: Ausgabe des St. Benno-Verlages, 1958, S. 100 f.

318 *Die Strafe der Kreuzigung*
in: Alfred Läpple, Die Bibel – heute,
Verlag M. Lurz, München 1962, Seite 152

321 *Jesus hat viele Namen*
in: Exodus 4, Seite 102

322 *Eine Ziege wird weltberühmt*
nach: Paul Dissemond, Das Buch der Bücher
St. Benno-Verlag, Leipzig 1962, Seite 27

324 *Die Bibel an der Kette*
nach: Paul Dissemond, Das Buch der Bücher, St. Benno-Verlag 1962, S. 40

372 *Der Kaufmann Mauri*
in: Marienkalender,
St. Benno-Verlag Leipzig / Verlag F. W. Cordier, Heiligenstadt 1968, Seite 64 (gezeichnet B. E.)

402 *Trutz Nachtigall*
nach: Unterwegs, Religionsbuch 9/10,
Verlag Ludwig Auer 1975, Seite 136–138

403 *Pater Delp*
aus: Alfred Delp, Gesammelte Schriften,
Band 4: Aus dem Gefängnis.
© 1984 by Verlag Josef Knecht,
6000 Frankfurt am Main.

410 *Edith Stein*
nach: Christliche Persönlichkeiten, St. Benno-Verlag, Leipzig / Verlag F. W. Cordier, Heiligenstadt 1975

412 *Die Kirche erneuert sich*
Originalbeitrag von Norbert Stryczek, Rositz

412 *Das Konzil von Trient*
Originalbeitrag von Norbert Stryczek, Rositz

413 *Karl Borromäus*
nach: G. Popp, Die Großen der Kirche, Arena-Verlag, Würzburg 1960, Seite 343

414 *Das Erste Vatikanische Konzil*
Originalbeitrag von Norbert Stryczek, Rositz

416 *Die Fenster auf!*
Originalbeitrag von Norbert Stryczek, Rositz

Bildnachweis

Siegfried Adler, Böhlitz-Ehrenberg: 12,1 · 19 · 44 · 54 · 157 · 164,4 · 173,2 · 215 · 271,2 · 283,3 · 286,3 · 296,1 · 296,3 · 297,1 · 304 · 374 · 396,2 ·
Amsuss, Graz: 276,2
Arbeitsstelle für pastorale Hilfsmittel, Magdeburg: 320,1
Autorenarchiv: 20,1 · 48,2 · 62,1 · 62,2 · 67,3 · 80,1 · 80,2 · 98,2 · 101 · 102 · 120,3 · 130,1 · 132,3 · 137 · 155 · 161 · 163,3 · 164,3 ·173,1 · 187 · 189 · 191 · 204,2 · 206,1 · 206,3 · 221 · 228,1 · 232,3 · 233 · 247,1 · 247,2 · 247,3 · 248,1 · 249,1 · 252,3 · 253,2 · 263 · 266 · 268,2 · 282,1 · 283,2 · 284 · 286,2 · 287 · 293,1 · 294,2 · 296,4 · 298 · 310 · 328,2 · 355 · 357,4 · 358 · 361,1 · 362,2 · 363 · 376,1 · 378,2 · 379 · 382,1 · 383 · 389,1 · 389,2 · 390 · 392 · 395 · 399 · 401,2 · 408 · 414
St. Benno-Verlag, Leipzig: 29,1 · 33 · 37,1 · 39 · 71,2 · 100 · 145,8 · 192,3 · 351,2
Günther Beyer, Weimar: 145,7 · 352,2
Klaus G. Beyer, Weimar: 40 · 194,5 · 354,4
Bildarchiv Foto Marburg: 50,1 · 50,2 · 195,1 · 220,3 · 239,1 · 244,2 · 357,3 · 389,2 · 401,1 · 412
Christoph Birkner, Schwarzenberg: 53 · 265,1 · 291,2
Bistum Dresden–Meißen, Ordinariat: 12,1 · 37,2
Fridrun Bitterlich, Dresden: 81,1 · 81,2
Günther Bittner, Berlin: 276,3
Christengemeinschaft, Dresden: 88,1
Christophorus-Verlag, Freiburg i. Br.: 36
Deutsche Akademie der Künste, Berlin: 277,2
Deutsche Fotothek, Dresden: 21,1 · 35,2 · 37,3 · 38 · 51 · 61,2 · 62,3 · 64,1 · 65 · 66,1 · 67,1 · 67,2 · 71,1 · 73,2 · 76,1 · 85 · 86,1 · 86,2 · 90,2 · 91 · 93,1 · 118,2 · 122,1 · 134 · 176 · 193,3 · 194,3 · 194,4 · 199,1 · 201,1 · 201,2 · 203,1 · 203,2 · 204,1 · 209,4 · 210,2 · 210,4 · 213,1 · 216,2 · 216,4 · 217,1 · 217,2 · 217,3 · 218,1 · 218,2 · 218,3 · 219,2 · 219,3 · 220,2 · 222 · 226,1 · 226,2 · 229,2 · 230,1 · 230,2 · 230,3 · 231 · 234,2 · 236,1 · 236,2 · 237,1 · 237,2 · 238,1 · 238,2 · 239,2 · 240,1 · 240,2 · 240,3 · 242,1 · 242,2 · 242,3 · 243,1 · 243,2 · 245,1 · 246,1 · 246,2 · 250,1 · 252,1 · 252,2 · 267 · 269,1 · 269,3 · 276,1 · 282,3 · 286,1 · 290 · 324,2 · 329 · 352,1 · 352,3 · 353,2 · 354,3 · 370,1 · 376,2 · 385 · 386 · 400 · 404,2
Hermann Dieck, Magdeburg: 149,2 · 380
Ruppert Dymarczyk, Erfurt: 199,3 · 199,4 · 211,1 · 224
Eulenspiegel Verlag, Berlin : 333
Foto-Bornschlegel, Staffelstein: 235,1 · 235,2
Foto-Causa, Dresden: 35,1 · 56,2 · 311 · 313 · 314,2
Fotostudio Quedlinburg: 194,2
Erich Fritzsch, Dresden: 248,2
Generalvikariat Fulda: 366,1
Glockenmuseum Apolda: 225,2
Eberhard Grond, Dresden: 328,1 · 418
Theodor Gust, Meißen: 145,1 · 145,4 · 145,6 · 354,1
K. Haselau, Berlin: 232,2 · 402,1
Fritz Hege, Naumburg: 200 · 202,1 · 365,1
Kurt Heine, Bautzen: 70
Albert Hornemann, Erfurt: 366,2
Institut für Denkmalpflege, Dresden: 199,2 · 276,2
Wim van der Kallen, Seckau: 270
Oskar Kaubisch, Bautzen: 268,1
Kirche Jesu Christi der Heiligen letzten Tage: 95,1 · 95,2
Harald Kirschner, Leipzig: 46,1
Foto Klaunick, Berlin: 14,1 · 20,2
KNA, Frankfurt (M.): 17,2 · 21,2 · 21,3 · 21,5 · 22,1 · 22,2 · 23,2 · 24,1 · 24,2 · 25 · 26 · 32 · 52,1 · 62,4 · 75 · 76,2 · 76,3 · 83,1 · 88,2 · 92,2 · 98,1 · 158 · 164,1 · 166,1 · 167,1 · 167,2 · 207 · 213,3 · 228,2 · 258 · 265,2 · 282,2 · 283,1 · 292 · 297,2 · 297,3 · 303,2 · 303,3 · 362,1 · 371,4 · 396,1 · 403,2 · 404,1 · 410 · 411 · 413,1 · 413,2 · 417,2
Karl-Heinz Kraemer: 120,2
Alix Krahmer, Erfurt: 145,3
Gerhard Kroll, Leipzig: 127 · 320,2 · 320,3 · 320,4 · 322 · 323
Dr. Heinrich Kunkel: 319
Kunstdienst der Ev.-luth. Landeskirche, Radebeul: 62,5 · 90,1 · 120,1 · 130,2 · 132,1 · 132,2 · 133,1 · 133,2 · 324,1
Kunstverlag Schmiedicke, Leipzig: 66,3 · 216,3
Werner Lange, Leipzig: 23,1
Dr. Heinz Langer, Dresden: 49,1 · 49,2 · 109,2 · 109,3 · 110,2 · 111,2 · 111,3 · 112 · 113,1 · 113,2 · 114,1 · 114,3 · 118,1 · 119,1 · 119,2 · 121,2 · 122,2 · 124,1 · 124,2 · 128,1 · 128,3
Heinrich Loew, Leipzig: 31
Martin Lücke, Leipzig: 21,4
Foto Lutz, Erfurt: 12,2
Friedemann Mahlhus, Friedensau: 79
Missio Aachen: 370,2 · 370,3 · 371,1 · 371,2 · 371,3
Wilhelm Müller, Erfurt: 108,1 · 108,2 · 109,1 · 109,4 · 110,1 · 111,1 · 114,2 · 119,3
Museum für Vorgeschichte, Halle: 361,2
Foto Nixdorf, Berlin: 145,5 · 273,1
Gerhart Ohrt, Graz: 223
Jürgen Pietsch, Leipzig: 214
Peter Pietschmann: 193,2
Friedrich Press, Dresden: 351,1 · 403,1
Veronika Riedel, Zwickau: 225,1
Siegrid Rodemann, Halle: 181 · 271,1
Erich Ruffer, Leipzig: 55 · 121,1
Sächsische Landesbibliothek Dresden: 66,2
Martin Salowsky, Crostwitz: 273,2
Ernst Schäfer, Weimar: 192,1 · 192,2 · 192,4
Dr. Jakob Schlaffke, Köln: 138,1
Clemens Schlechte, Dresden: 149,1 · 211,2 · 244,1 · 276,4 · 397
Gudrun Schlechte, Dresden: 35,3 · 74 · 84 · 145,2 · 164,5 · 177 · 185 · 186 · 209,1 · 210,3 · 234,1 · 245,2 · 248,3 · 250,2 · 250,3 · 253,1 · 294,1 · 304,1 · 354,2 · 364
Heiner Schmorrde, Herrnhut: 87,1 · 87,2
Karl Schollmeier, Erfurt: 29,2 · 46,2 · 47 · 48,2 · 123,1 ·

123,2 · 125,1 · 125,2 · 126,1 · 126,2 · 129 · 180 · 228,3 · 249,2 · 314,1
Schönstatt-Verlag, Vallendar: 301
H. Schulze, Berlin: 268,2 · 409,2
Eduard Seifert, Großlohra: 14,2 · 160 · 272 · 293,2
Franz Seifert, Malchin: 92,1
Josef A. Smolonski, Bochum-Werne: 72,2 · 416,1 · 417,1
Spartaco Appetiti, Rom: 416,2
Jens Srugies, Dresden: 11 · 17,1
Staatliche Museen zu Berlin: 42 · 138,2 · 409,1
Staatsarchiv Dresden: 61,1
Gisela Uhlmann, Leipzig: 82 · 93,2 · 94
VEB Bibliographisches Institut, Leipzig: 232,1 · 232,2 · 268,3 · 402,1 · 409,2
Wallraf-Richartz-Museum, Köln: 220,1
Kurt Woisetschläger: 235,3
Zentralbild/NTB: 83,1 · 291,1
Alexander Ziegert, Dresden: 43 · 52,2 · 52,3 · 52,4 · 56,1 · 64,2 · 73,1 · 128,2 · 131 · 156 · 163,1 · 163,2 · 164,2 · 166,2 · 166,3 · 172 · 193,1 · 194,1 · 202,2 · 206,2 · 209,3 · 210,1 · 212 · 213,3 · 216,1 · 259 · 353,1 · 353,3 · 356 · 357,1 · 357,2 · 378,1 · 382,2 · 382,3 · 387 · 398
Herbert Zschunke, Leipzig 163,4

Register

ISBN 3-7462-0006-7
Redaktionsschluß: 1. September 1984

5. Auflage 1989
Lizenznummer 480/118/89
LSV 6212
Printed in the German Democratic Republic
Fotosatz und Reproduktionen: Graphischer Betrieb Jütte, Leipzig
Druck und Bindearbeiten: Grafische Werke Zwickau
03950

Kirchliche Druckerlaubnis: Dresden, den 1. Juni 1981
G. Ahne, Generalvikar